全國高等院校古籍整理研究工作委員會規劃重點項目
二〇一一—二〇二〇年國家古籍整理出版規劃項目
國家古籍整理出版專項經費資助項目

俞樾全集

汪少華　王華寶｜主編

群經平議

壹

（清）俞樾｜著
王其和｜整理

鳳凰出版社

圖書在版編目（CIP）數據

群經平議 / （清）俞樾著 ； 王其和整理. -- 南京 ：
鳳凰出版社，2021.9（2022.6重印）
（俞樾全集 / 汪少華，王華寶主編）
ISBN 978-7-5506-3479-4

Ⅰ. ①群… Ⅱ. ①俞… ②王… Ⅲ. ①經籍—研究
Ⅳ. ①Z126.27

中國版本圖書館CIP數據核字(2021)第144634號

書　　名	群經平議
著　　者	(清)俞　樾 著　王其和 整理
責任編輯	孫　州
裝幀設計	姜　嵩
出版發行	鳳凰出版社(原江蘇古籍出版社) 發行部電話025-83223462
出版社地址	江蘇省南京市中央路165號,郵編:210009
照　　排	南京凱建文化發展有限公司
印　　刷	蘇州市越洋印刷有限公司 江蘇省蘇州市吴中區南官渡路20號,郵編:215104
開　　本	880毫米×1230毫米　1/32
印　　張	40
字　　數	699千字
版　　次	2021年9月第1版
印　　次	2022年6月第2次印刷
標準書號	ISBN 978-7-5506-3479-4
定　　價	298.00圓(全二册)

(本書凡印裝錯誤可向承印廠調换,電話:0512-68180788)

《俞樾全集》編委會

主編

汪少華　王華寶

編委（按音序排列）

白朝暉　傅　傑　顧莉丹　胡文波　黄曙輝

劉珈珈　羅雄飛　倪永明　喬秋穎　喬玉鈺

孫　煒　滕振國　田松青　王其和　王倩倩

魏慶彬　謝超凡　顔春峰　張曉青　張燕嬰

目録

前言

清代是訓詁學的全面復興時期。以戴震爲首的皖派學者倡導把文字、音韻、訓詁綜合研究的治學方法，强調「詁訓之旨，本於聲音」「就古音以求古義」（王念孫《廣雅疏證·自序》），以聲音通訓詁，取得了巨大成績。高郵王念孫、王引之父子被譽爲「乾嘉之首」，代表了清代訓詁學的最高成就。到了道咸時期的晚清，訓詁學從全盛開始走向了衰微。但晚清訓詁學上承乾嘉遺緒，下啓近現代訓詁學先聲，涌現了一批訓詁學家，取得了顯著成績。俞樾就是其中的傑出代表之一。

俞樾（一八二一—一九〇七），字蔭甫，號曲園，浙江德清人，晚清著名經學家、訓詁學家。道光元年（一八二一）十二月二日，俞樾生於浙江省德清縣城關鎮東門外南埭村。祖父俞廷鑣，乾隆甲寅（一七九四）恩科欽賜副貢。祖母夏氏、戴氏。父親俞鴻漸，嘉慶丙子（一八一六）科舉人，母蔡氏、生母姚氏。道光十七年（一八三七）俞樾應鄉試，中丁酉科副榜第十二名。道光三十年（一八五〇）中庚戌科進士，授翰林院庶吉士、編修。其覆試詩題爲「淡煙疏雨落花天」，俞樾首句云「花落春仍在」，爲曾國藩所激賞，評價爲「咏落花而無衰颯意，與小宋《落花》詩意相類」，被定爲第一名，這是俞樾受知於曾國藩之始。俞樾後遂以「春在堂」名其全書，志曾氏之知遇也。咸豐五年（一八五五）俞樾簡放河南學政。咸豐七年（一八五七），俞樾因御史曹登庸彈劾其試題割裂經義而被免官，回鄉後專心著述、教書。俞樾曾主講蘇州紫陽書院、上海求志書院、歸安龍湖書院、杭州詁經精舍等，其中在杭州詁經精舍講學時間最長，達三十一年之久，被後人譽爲「東南大師」「道咸之冠」，培養了章太炎、戴望、黄以周、黄以恭、朱一新、施補華、王詒壽、馮一梅、繆荃孫、吴慶坻、吴承志、袁昶等一大批有聲於時的弟子，聲名遠播日本、朝鮮、東南亞等地。光緒三十二年（一九〇六）十二月二十三日（公曆爲一九〇七年二月五日），俞樾卒於蘇州寓廬，終年八十六歲。《清史稿·儒林傳》《清儒學案·曲園學案》等有傳。俞樾的生平事迹亦可參看周雲青《俞曲園先生年譜》、徐澂《俞曲園先生年譜》、章太炎《俞先生傳》、繆荃孫《俞先生行狀》、俞潤民和陳煦《德清俞氏：俞樾　俞陛雲　俞平伯》、馬曉坤《清季淳儒——俞樾傳》、張欣《花落春仍在：俞樾和他的弟子》、謝超凡《游心與呈藝：晚清文化視閾下的俞樾及其文學著述》等相關論著。

俞樾在三十八歲之前，熱衷於科舉和功名，後來由於仕途不順，因人言罷官後，轉求治學之路。在《群經平議·序目》中，俞氏記述了自己是如何開始走上治學道路的。他説：

道光之元，樾始生焉。生六歲而母氏姚太恭人授之《論語》《孟子》及《禮記·大學》《中庸》二篇。十歲受業於戴貽仲先生，始習爲時文。十五歲從先朝議君讀書常州，粗通群經大義。其明年入縣學，又明年應鄉試，廁名副榜，於是嫥力爲科舉之文。越七年而舉於鄉，又六年而成進士，入翰林，則年已三十矣。自以家世單寒，獲在華選，惴惴惟不稱職是懼，不皇它也。咸豐七年，自河南學政免官歸，因故里無家，僑寓吴下石琢堂前輩五柳園中。當是時，粤賊據金陵已五年，東南數千里幾無完城。朝廷命重臣督師，四出討賊，才智之士争起言兵。余自顧無所能，閉户發篋，取童時所讀諸經復誦習之，於是始竊有譔述之志矣。家貧不能具書，假於人而讀焉，有所得必録之，治經之外旁及諸子，妄有訂正，兩《平議》（筆者按：指《群經平議》和《諸子平議》）之作，蓋始此矣。

俞樾一生潛心治學，著力校釋群經、諸子，著作等身。除了在經學、語言學方面取得突出成就外，俞樾在史學、小説、詩歌、戲曲、書法、佛學等領域也都頗有造詣。俞樾所有著作合輯爲《春在堂全書》，凡五百餘卷，其中《群經平議》《諸子平議》《古書疑義舉例》是其學術代表著作。從學術淵源上看，俞樾治學宗高郵王念孫、王引之父子。他在《曲園自述詩》中寫道：「十年春夢付東流，尚冀名山一席留。此是揅求經義始，瓣香私自奉高郵。」詩下自注曰：「是年（一八五八）夏間無事，讀高郵王氏《讀書雜志》《廣雅疏證》《經義述聞》而好之，遂有意治經矣。」又云：「嘗試以爲治經之道大要有三：正句讀，審字義，通古文假借。得此三者以治經，則思過半矣。……三者之中，通假借爲尤要。諸老先生惟高郵王氏父子發明故訓，是正文字，至爲精審。所著《經義述聞》，用漢儒『讀爲』『讀曰』之例者居半焉。」（《群經平議·序目》）這正是對清代乾嘉學派治學方法的總結、繼承和發揚。俞樾的弟子章太炎在《俞先生傳》中曾評價俞樾的三部代表著作説：「治群經不如《述聞》諦，諸子乃與《雜志》抗衡。及爲《古書疑義舉例》，輜察鰓理，疏紾比昔，牙角才見，紬爲科條，五寸之矩，極巧以展，盡天下之方，視《經傳釋詞》益恢郭矣！」《清史稿·儒林傳·俞樾》曰：「（俞樾）生平專意著述，先後著書，卷帙繁富，而《群經平議》《諸子平議》《古書疑義舉例》三書，尤能確守家法，有功經籍。……因著《群經平議》，以附《述聞》之後；其《諸子平議》，則仿王氏《讀書雜志》而作，校誤文，明古義，所得視《群經》爲多；又取《九經》、諸子舉例八十有八，每一條各舉數事以見例，使讀者習知其例，有所據依，爲讀古書之一助。」

《群經平議》始作於咸豐八年（一八五八），至同治三年（一八六四）全部完成，凡三十五卷，這是俞樾的第一部經學著作。俞樾仿王引之《經義述聞》體例，對《周易》《尚書》《周書》《毛詩》《周禮》《儀禮》《大戴禮記》《禮記》《春秋公羊傳》《春秋穀梁傳》《春秋左傳》《國語》《論語》《孟子》《爾雅》等十五部文獻進行平議，主要内容有兩個方面：一是對經文或注文存在的訛誤進行校勘；二是對漢唐舊注甚至是同時代學者的觀點加以駁正，發明己意，提出新説。下面主要對俞樾在校勘和訓詁上取得的成績和特點加以簡述，以供讀者參考。

一、校勘内容豐富，方法科學，重視分析致誤之由，結論較爲精審

俞樾治學非常重視對古書的校勘。他説：「夫欲使我受書之益，必先使書受我之益，不然『割申勸』爲『周田觀』，『而肆赦』爲『内長文』，且不能得其句讀，又烏能得其旨趣乎？」又説：「余喜讀古書，每讀一書必有校正。」（孫詒讓《札迻》卷首俞樾《序》）據統計，俞樾校釋過的典籍達五十餘種，主要集中在《群經平議》《諸子平議》《古書疑義舉例》《茶香室經説》等代表著作中，爲我國古籍文獻的整理留下了寶貴財富。俞樾訂正了諸多文獻的文字訛誤、衍脱或錯簡，

方法科學，很多結論可成定讞，得到了後世學者的肯定和認可。如在孫詒讓《札迻》所校的七十八種諸子典籍中，有三十一種以俞氏所校本爲底本，或底本之一；鍾文烝所作《穀梁補注》曾參考《群經平議》，並於《穀梁平議》中采録若干條；沈肖巖作《田間詩學補注》亦從《群經平議》中刺取數十條。由此可見俞樾校勘之學對後世的影響之大。

俞樾在校勘古書時，繼承了漢唐學者的校勘成果和術語，根據古書訛誤的不同情況，采用了不同的校勘術語，如「某當作某」「某當爲某」「某乃某字之誤」「某讀爲某」「奪」「脱」「衍」「倒」等，具有較强的系統性和規範性。在《群經平議》中，俞樾主要對經文在傳抄過程中出現的訛誤進行辨正，有時也對注文進行校勘。在校勘過程中，俞氏能够綜合運用本校、對校、他校和理校等各種校勘方法。如《大戴禮記平議》「衆信弗主」，俞樾認爲：「『信』乃『言』字之誤。『衆言弗主』與上文『亂言而弗殖，神言弗致也』，下文『靈言弗與，人言不信不和』文法一律。……今作『信』者，即涉下文『人言不信不和』句而誤。」這是根據上下文句式一律進行校勘。又如《大戴禮記平議》：「天地以合，四時以洽，日月以明，星辰以行，江河以流，萬物以昌，好惡以節，喜怒以當。」俞樾認爲：「『日月以明』四字『當在『四時以洽』之上。其文曰：『天地以合，日月以明。四時以洽，星辰以行。』兩句一韻，自此至終篇竝同。今本在『四時以洽』之下，則失其韻矣。」這是根據語音關係進行校勘。再如《周書平議》：「上賢而不窮。」注曰：「窮謂不肖之人。」俞樾云：「『不』字疑『下』字之誤，故孔注以『窮』爲『不肖』，蓋謂上賢而下不肖也。若是『不』字，則上賢而不不肖，文不可通，孔氏必不作是解矣。」這是根據注文進行校勘。俞樾在校勘時還十分注重古書的語法特點，認爲如果不符合古代語法規律，則可能原文有訛誤。如《禮記平議》：『敬慎重正，而後親之，禮之大體，而所以成男女之别，而立夫婦之義也。』俞樾云：「『禮之大體而』五字，衍文也。……不獨於義不當有，且以文法論，『所以』上亦不當有『而』字也。」此條俞氏除了從文義上分析外，還從「所以」之上不當有「而」字的語法規律上斷定「禮之大體而」當爲衍文，具有很强的説服力。

在校勘古籍時，俞樾不僅系統論述了古書訛誤的不同形式，如衍、誤、脱、倒、錯簡、篇章等，而且深入分析了古書訛誤的各種原因，總結校勘條例。在《古書疑義舉例》中，他總結了古書文字訛誤的三十二種類型。從俞氏所列舉的古書致誤原因看，主要可分爲兩類：一類爲因傳寫致誤，如「楷書相似而誤例」「涉注文而誤例」「兩字形似而衍例」「涉上下文而衍例」「涉注文而衍例」「因傳寫而誤倒例」「因形似而脱例」「重文作二畫而脱例」「以旁記字入正文例」「一字誤爲二字例」「二字誤爲一字例」，等等；另一類是因後人臆改致誤，如「不識古字而誤改例」

「據他書而誤改例」「因後世常語而誤改例」「兩字義同而衍例」「不明協韻而誤倒例」「因誤衍而誤删例」「以注説改正文例」「兩文疑複而誤删例」「因誤衍而誤倒例」「因誤字而誤補例」，等等。除此之外，俞樾還指出許多古書文字容易發生訛誤的規律，如「古書『士』『出』字多互誤」「『循』『脩』二字，隸書相似，往往致誤」「古書遇數目字，往往錯誤」「『見』『得』二字往往相亂」「古書『爲』『而』二字往往混淆，蓋由草書相似而誤」「古書從『賁』、從『貴』之字往往相亂」「古書從『巫』、從『巠』之字往往相混」，等等。這些條例的總結對於古書校勘的規律化和理論化具有重要意義。

二、在訓詁實踐中提出了諸多訓詁基本原則

第一，俞樾認爲訓詁的目的是爲了通經，但訓詁首先要理解詞義。在《群經平議·序目》中，俞樾提出治經之大要在「正句讀，審字義，通古文假借」，「三者之中，通假借爲尤要」的觀點，指出「詁經當先明字義」（《周易平議》「原筮，元永貞，无咎」條），這就抓住了訓詁學的關鍵。訓詁的核心問題是詞義問題，如果詞義不通，那麼訓詁也就無從談起。古文多假借，不明通假則容易望文生訓，也就不能正確理解文意，正如王引之所云「學者改本字讀之，則怡然理順；依借字解之，則以文害辭」（《經義述聞·通説下》「經文假借」條），因此俞樾在校釋群經、諸子

時非常重視古書破通假的問題，列爲訓詁的首要，這與乾嘉學派的觀點是一脉相承的。

第二，俞樾認爲訓釋詞義時不能衹求訓詁通，而且要符合原文之意，提出了「隨文釋義」的訓詁原則。俞樾在訓詁實踐中已經注意到了詞義和訓詁的聯繫與區别，注意到詞的存儲義與使用義的區别。如《周易平議》：「卑以自牧也。」王弼注曰：「牧，養也。」俞樾云：「『牧』固訓『養』，然『卑以自養』於義未合。《荀子・成相篇》『請牧基，賢者思』，楊倞注曰：『牧，治。』然則『卑以自牧』者，卑以自治也。《方言》曰：『牧，司也。』又曰：『牧，察也。』司、察二義皆與『治』義近，雖亦從『牧養』一義而引申之，然詁經者當隨文以求其義，未可徒泥本訓矣。」

第三，俞樾反對附會穿鑿、追逐新奇的做法。俞氏認爲衹要訓詁可通，符合文意即可，其在《諸子平議》中明確指出「凡古書之義，必求其安，未可喜新而厭故也」（《晏子春秋平議》「景公燕賞于國内」條），「不達假借之旨，務穿鑿而喜新奇，宋以後説經者多此類矣」（《法言平議》「桐子之命也」條）。

第四，俞樾反對增字解經。「增字解經」是訓詁實踐中常見的一種弊病。王引之在《經義述聞》中專門有「增字解經」條論説之。俞樾在訓詁實踐中對於舊注增字解經的現象也屢加批評，多言「增字釋經，非經旨也」（《周易平議》「涣奔其机」條）。如《尚書平議》：「光被四表。」

枚氏傳曰：「故其名聞充溢四外。」俞樾云：「『光被四外』，甚爲不辭。《詩·噫嘻篇》正義引鄭注曰：『堯德光耀及四海之外。』然經文但曰『四表』，不曰『四海之表』，增字解經，亦非經旨。」

以上訓詁原則雖然衹是俞樾在校釋群經、諸子時隨文出現，並没有系統深入地展開論述，但不可否認的是，這些原則是對乾嘉訓詁學的進一步繼承和弘揚，體現了俞樾治學的樸學之風。

三、首次提出「以子證經」的訓詁方法

俞樾在訓詁實踐中非常注重諸子之書在訓詁中的作用。他在《諸子平議·序目》中首次提出了「以子證經」的訓詁方法。他説：「聖人之道，具在於經，而周秦兩漢諸子之書，亦各有所得，雖以申、韓之刻薄，莊、列之怪誕，要各本其心之所獨得者而著之書，非如後人剽竊陳言，一倡百和者也。且其書往往可以考證經義，不必稱引其文而古言古義居然可見。」俞樾的這種「以子證經」的方法無疑是有助於訓詁的，因爲諸子之書與群經之書大多在同一時代或相隔不遠，故所言可以互相參照。俞樾的這種訓詁思想也體現了清代學者打破漢、唐傳統訓詁學衹

研究經書而不涉及諸子的弊端，研究的範圍和視野更加廣闊。俞樾通過這種方法解決了一些訓詁學上的争論。如《尚書・堯典》「舜讓於德，弗嗣」，俞樾在《尚書平議》中認爲「弗嗣」當讀爲「弗怡」，王引之《經義述聞》亦持此論，然「嗣」與「怡」音義俱不相近。俞樾後從《列子・仲尼》「舜不辭而受之」之文證得《尚書》古本當作「舜讓於德，弗辭」，於訓詁、文理俱可通，較前説爲長。

四、重視因聲求義，以聲音通訓詁

清代訓詁學取得巨大成就的一個重要原因就是突破了文字字形的限制，以聲音通訓詁。王念孫《廣雅疏證・自序》説：「竊以詁訓之旨，本於聲音。故有聲同字異，聲近義同；雖或類聚群分，實亦同條共貫……今則就古音以求古義，引伸觸類，不限形體。」段玉裁在《廣雅疏證・序》中説：「小學有形、有音、有義，三者互相求，舉一可得其二。有古形、有今形，有古音、有今音，有古義、有今義，六者互相求，舉一可得其五……聖人之制字，有義而後有音，有音而後有形。學者之考字，因形以得其音，因音以得其義。治經莫重於得義，得義莫切於得音。」俞樾在前輩學者取得的巨大成就的基礎上，充分認識到漢字形、音、義之間的關係，把「因聲求義」理論運用到訓詁實踐當中，在《群經平議》中屢屢提出「聲同者義亦同。古書多叚借，以聲爲主，不泥其形也」（《尚書平議》「敷佑四方」條）、「讀古書者當依聲而求字，勿逐字而求解」（《尚書平議》「古我前後，罔不惟民之承保。后胥慼，鮮以不浮于天時」條）、「『秣』字從禾從末，義即存乎聲，謂禾末也」（《周官平議》「四郊之賦，以待稍秣」條）、「古訓多存乎聲，以聲求之，義斯在矣」（《毛詩平議》「我龍受之」條）、「古書雙聲疊韵之字，皆兩字一義，且其義存乎聲，亦無一定，讀者當各隨文解之，然後其旨可見」（《禮記平議》「爲大夫累之」條），等等。俞氏所説的「聲」指的是漢字的讀音，也即是對「因聲求義」的闡發，説明俞氏對音義關係的把握是比較深入的，這與段、王之説也是一脉相承的。

俞樾「因聲求義」訓詁方法的運用主要體現在破除通假字和系聯同源詞上。如《周官平議》「以土圭土其地」，俞樾云：「『土其地』之『土』即讀爲『度』。土、度聲近，故通用也。」《春秋外傳國語平議》「物一不講」，俞樾云：「講當讀爲構，講與構竝從冓聲，古音相同，故得通用。」等觀點，探求詞與詞之間的同源關係。如《周易平議》「以此毒天下而民從之」，俞樾云：「毒通作篤，篤通作督，皆聲近而義同。此傳『毒』字當讀爲『督』，《爾雅・釋詁》『督，正也』，以此督天下，言以此正天下也。」《周書平議》「就，會也」，俞樾云：「『就』與『集』一聲之轉，《詩·小旻篇》『是用不集』，《韓詩》作『是用不就』，《毛傳》亦曰：『集，就也。』是『就』與『集』聲近義通。《爾雅·釋言》『集，會也』，此云『就，會也』，蓋即讀『就』爲『集』，故訓『會』耳。」有時俞樾還能利用「右文説」理論考釋詞義，如《爾雅平議》「耇、老，壽也」，俞樾云：「《説文·老部》：『耇，從老省，句聲。』《句部》：『句，曲也。』故凡從句聲之字皆有曲義。《竹部》：『笱，曲竹捕魚笱也。』《羽部》：『翑，羽曲也。』《疒部》：『痀，曲脊也。』竝其證也。『耇老』之『耇』，蓋即『痀』之異文，老人之脊必曲，故以爲名。」俞樾歸納從「句」得聲的形聲字耇、笱、翑、痀等是一組同源詞，並有「曲」之義，糾正前人誤説，十分精彩。

五、注重語法分析，具有較强的歷史語法觀

清代訓詁學之所以取得巨大的成就，除了古音學發達、因聲求義理論的廣泛運用之外，語法學的發展也是一個重要原因。孫良明先生在《中國古代語法學探究》中指出：「清人在繼承前人的語法分析基礎上，發展語法分析，也取得『輝煌的成就』，集中國語法學之大成。」清代訓詁學家在訓詁實踐中非常注重語法分析，從術語上看，清人的訓詁學著作中除了頻頻出現宋

元時代已經使用的「句法」名稱外，又開始頻頻出現「文法」這一名稱。據統計，王念孫《讀書雜志》用「句法」七十五次，不用「文法」；王引之《經義述聞》用「句法」五次，用「文法」三次；馬瑞辰《毛詩傳箋通釋》用「句法」五次，用「文法」八次；劉寶楠《論語正義》用「句法」五次；俞樾《群經平議》用「文法」四十八次，用「句法」二十二次；《諸子平議》用「文法」三十次，用「句法」二十三次。「句法」和「文法」在清人的著作中都指的是句子的結構方式或語詞的配置規則。俞樾具有較强的古今語法的觀念，認爲不能用後代的語法規律解釋古代的語法現象。他在《古書疑義舉例・序》中强調説：「執今人尋行數墨之文法，而以讀周秦兩漢之書，譬猶執山野之夫，而與言甘泉、建章之巨麗也。」在訓詁實踐中，俞樾經常批評後人不明古代文法而誤校或誤釋，如「執後世之文法以讀聖經，失之泥矣」（《周易平議》「言天下之至動而不可惡也」條）、「後世不達古人文法，無以得其義矣」（《禮記平議》「大王之道也」條）、「後人不知古人文法之變，而異義横生，不可從也」（《毛詩平議》「牧人乃夢」條），等等。

俞樾在訓詁實踐中也多用句式結構相同或相似的句子進行類比，從而分析句讀或考釋詞義，多言「句法正同（相似）」「文法正同（相似）」「文法一律」「句法一律」等，這正是在王念孫、王引之等「文同一例」「比例而知」訓詁方法基礎上的繼承和發展，説明俞樾在訓詁實踐中能够自覺地進行語法分析，對句式結構的把握比較清楚。如《尚書平議》「今往何監非德？于民之中，尚明德之哉」，俞氏云：「此當以『德』字絶句，言自今以往當何所監視，豈非德乎？『何監非德』，與上文『何擇非人、何敬非刑、何度非服』文法一律。枚讀『監』字爲句，非也。」這是俞樾運用句式一律的原則糾正古人句讀之誤。再如《大戴禮記平議》「昔有虞戴德何以」，俞樾云：「戴當讀爲載，古字通用。……『載德何以』與《四代篇》『載事何以』文法一律。孔氏彼注曰『載，行也』，『載德何以』亦謂行德何以也。」這是俞樾運用句式一律的原則考釋詞義。這樣的例子在《群經平議》中俯拾皆是。

除此之外，俞樾在訓詁實踐中還采用其他多種訓詁方法，如利用對文、印證方言、根據全書文例、利用古人名字對應關係，等等。限於篇幅，就不再一一舉例分析了。

由於俞樾處於乾嘉之後，且私淑高郵王氏，對王氏因聲求義的訓詁方法有濫用的趨勢，總體上看不如王氏精審。正如洪誠先生在《訓詁學·緒論》中所言「依聲破字是合理的訓詁法，但是濫用通轉，附會穿鑿，是王氏以後訓詁的通病」。俞樾訓詁有時好立新説，證據不足而牽强附會，這是其主要缺點。李慈銘在《越縵堂讀書記·經部》「《群經平議》」條中評價俞樾説：「其書涵泳經文，務抉難詞疑義，而以文從字順求之，蓋本高郵王氏家法，故不主故訓，惟求達詁，亦往往失於武斷，或意過其通，轉涉支離。然多識古義，持論有本，證引疏通，時有創獲，同時學者，未能或之先也。」這個評價應該是比較客觀公允的。由於《群經平議》最先完成，俞樾自己也認識到在校釋過程中存在諸多不足之處，表示其中「頗有未安者」，「余説經之書，《平議》最先出，而亦最疏」（《春在堂雜文四編七·彭麗崧易經解注傳義辨正序》）。因此俞樾在之後的著作《茶香室經説》中對《群經平議》的一些觀點有所修正，這也體現了俞樾治學誠實嚴謹、勇於改過的精神。

衆所周知，乾嘉之後，傳統訓詁學進入了衰微階段。究其原因，除了傳統訓詁學自身陷入了繁瑣考據、脱離現實的窠臼外，與中國當時的社會政治狀況也密切相關。由於受農民起義和資本主義侵入的雙重壓力，晚清政府内憂外患，社會動蕩不安。處在這種歷史條件下，學者大多不能潛心研究學術，尤其是清代學術的發祥地——江浙一帶，飽受戰争破壞，文獻損毁嚴重，學者遷徙避禍，更無餘力發揚學術。在《春在堂隨筆》卷四中，俞樾描述了當時由於戰亂而教育凋敝的情形：「惟東南兵燹之後，市廛寥落，村聚凋殘，學額雖增，而應試之人轉減。是以入學甚易，乃有未窺六甲已博一衿者。文風日薄，士習日囂。」在這種形勢之下，學術是很難有更大發展的。俞樾一生也因戰亂而屢屢遷移，居無定所。根據徐澂《俞曲園先生年譜》中的記載，咸豐十一年（一八六一），「俄聞山寇將至，先生（筆者按：指俞樾）又移居城外槎浦村，賃小樓三間以居。秋，上虞失守，先生以槎浦亦不可居，乃坐牛車走海濱，棲於草舍，旋復間關走寧波，附輪抵上海，賃一舟，於黄浦江中度歲。」同治元年（一八六二），「先生以洪、楊之亂，流離遷徙，靡有定居，乃由海道至天津」。俞樾在《群經平議・序目》中也提及：「其後江浙皆陷于賊，流離遷徙，靡有定居，《平議》兩書卒未忍棄。同治建元之歲，由海道至天津，寓於津者三載，而《群經平議》三十五卷乃始告成。」在如此惡劣的外部環境中，俞樾仍然能够堅守傳統壁壘，保持樸學之風，繼承乾嘉餘緒，在經學、訓詁學領域取得突出成就，這是十分難能可貴的。

以上主要談了俞樾在校勘、訓詁等方面的成績和不足。關於俞樾在經學方面的思想和成就，可參看羅雄飛《俞樾的經學研究及其思想》一書，此不贅述。

下面再談一下《群經平議》的版本情况。據俞樾《序目》，同治四年（一八六五）春，天津張汝霖率先刊刻了第十四卷《考工記世室重屋明堂考》，《群經平議》逐漸爲外界所知，並受到當時學者的重視。同治五年（一八六六）夏四月，由友人出資開雕，歷時八個多月，於同治六年（一八六七）春，《群經平議》全書刊刻完成。這是該書最早完成的刻本，其後收入《春在堂全書》中。由於《春在堂全書》影響巨大，後來不斷加以刊刻，陸續有同治十年及光緒三年、五年、七年、八年、九年、十五年、二十三年、二十五年、二十八年本等（以下簡稱「《春在堂》本」），都屬同一版本系統。光緒十四年（一八八八）王先謙等人編刻《皇清經解續編》，在卷一三六二至一三九六中收入《群經平議》（以下簡稱「清經解續編本」），由長沙王賓、善化劉鐸加以校讎，但缺少卷前《序目》。這是《群經平議》的另一個版本系統。王先謙在重刻《春在堂》本時，不僅改變了原書的版式和樣貌，而且糾正了《群經平議》中的一些缺漏和謬誤，如卷三《尚書一》「黎民阻飢」條，俞樾引《儀禮・大射禮》之文，《春在堂》本「儀禮」誤作「儀祖」，清經解續編本正作「儀禮」，不誤；卷三《尚書一》「予欲聞六律、五聲、八音，在治」條，俞樾引傳「又以出納仁義禮智信五德之言」之句，《春在堂》本脱「信」字，清經解續編本「信」字未脱；卷九《毛詩二》「樂土樂土」條，「《東方之日篇》疊『在我室兮，在我室兮』兩句」中，上「兮」字，《春在堂》本誤作「矣」，而清經解續編本不誤。二〇〇二年《續修四庫全書》據光緒二十五年《春在堂全書》刊本加以影印（收入第一百七十八册，以下簡稱「續修四庫本」），二〇一〇年鳳凰出版社據南京博物院藏光緒末增訂重刊本《春在堂全書》影印出版（以下簡稱「光緒重刊本」），這是目前較爲常見的《群經平議》之版本。

本次整理《群經平議》，我們采用光緒重刊本爲工作底本，主要參校了清經解續編本、續修四庫本等諸版本，同時亦用引文之原書進行了校核。此外，光緒重刊本末卷附有俞樾門生蔡啓盛的《〈春在堂全書〉校勘記》（以下簡稱「《校勘記》」），這實際上是《春在堂全書》的一個勘誤表，其中涉及《群經平議》的勘誤共計五十一條（含補遺兩條），具有重要的校勘價值。俞樾對這個《校勘記》也非常看重，特意刊刻於全書之後。本次整理，我們也充分利用此《校勘記》，將底本中出現的訛誤加以改正。據孟巍隆先生的研究，在國家圖書館和華東師範大學圖書館藏有俞樾《群經平議》的手稿本，其中國家圖書館藏有十五卷，華東師範大學圖書館藏有四卷，二者内容並不交叉，應該是屬於同一抄本，具有較爲珍貴的校勘價值。此次整理，我們也吸收了孟巍隆先生的一些研究成果，在此謹致謝忱。

本次整理，對底本出現的明顯文字訛誤、脱文、衍文等，改正原文，出校記；底本不誤而他本有誤，不出校記；對因避諱而改字的，回改文字，首見時出校記，以後徑改，不再出校記；若屬於異文，非明顯錯誤，則保留原文，出校記加以説明；對底本中出現的異體字、俗字、古字、通假字等，一般保留原貌，個别舊字形改爲新字形，以便全書統一。還需要説明的是，由於俞樾引用古注繁多，爲行文簡便，文中涉及的傳、注、箋、集解、正義等，均不加書名號。

在標點斷句時，如果遇到俞樾與古人句讀意見不一致之處，則以俞樾的意見爲準，以便讀者閱讀。如《尚書平議》「今往何監非德于民之中尚明聽之哉」句，枚傳於「監」字絶句，俞樾認爲當於「德」字絶句，因此我們將此條標點作：「今往何監非德？于民之中，尚明聽之哉！」當然，有些句讀，俞樾的意見也未必正確，但我們也以此爲原則統一處理，如《孟子平議》「吾不忍其觳觫若無罪而就死地」句，一般認爲應在「觳觫」後絶句，「若」字屬下讀，但俞樾認爲「若，猶然也」，當於「若」字絶句，「觳觫若」，即「觳觫然」。因此我們按照俞氏的意見將此句標點爲：「吾不忍其觳觫若，無罪而就死地。」

我對俞樾的關注，始於二〇〇二年至二〇〇五年攻讀博士學位期間。在滕師志賢先生的指導下，我將俞樾訓詁學研究作爲自己的畢業論文選題。三年時間裏，我認真閱讀了《群經平議》《諸子平議》《古書疑義舉例》《茶香室經説》等俞樾學術代表作，同時也參考了大量有關俞樾的年譜、傳記等史料，最終撰成了二十餘萬字的博士學位論文，並順利通過答辯，得到了答辯委員會專家們的一致好評。二〇一一年，在博士學位論文的基礎上，專著《俞樾訓詁研究》在齊魯書社出版，這是國内第一部以俞樾訓詁學爲研究對象的學術著作，榮獲山東省社科優秀成果獎。近年來，學界對俞樾的研究越來越重視，涌現了一大批高質量的研究成果。二〇一三年，非常榮幸得到復旦大學汪少華先生的邀請，參與《俞樾全集》的編纂整理，並具體負責

《群經平議》的點校工作。經過七八年的不斷修改、完善，幾易其稿，《群經平議》整理本終於要面世了。借此機會，特别感謝主編汪少華先生、王華寶先生在整理過程中給予的指導和幫助，同時也十分感謝鳳凰出版社編審林日波先生和責任編輯孫州先生爲本書出版付出的辛勞。孫州先生在審讀書稿時認真負責，精益求精，提出了諸多修改意見，提升了本書的點校質量。

二〇二一年恰逢俞樾誕辰二百周年。《群經平議》整理本的出版，正是我們向曲園先生表達崇高敬意和深切懷念的最好方式。俞樾治學廣博，涉獵廣泛，在《群經平議》中旁徵博引，引用文獻數量驚人，而本人才疏學淺，讀書不多，加之時間和精力所限，錯訛之處在所難免，敬請方家批評指正。

王其和　謹識

二〇二一年一月初稿

五月定稿於泉城濟南

序目

《群經平議》三十五卷，德清俞樾撰。樾自爲序録曰：道光之元，樾始生焉。生六歲而母氏姚太恭人授之《論語》《孟子》及《禮記·大學》《中庸》二篇。十歲受業於戴貽仲先生，始習爲時文。十五歲從先朝議君讀書常州，粗通群經大義。其明年入縣學，又明年應鄉試，廁名副榜，於是婷力爲科舉之文。越七年而舉於鄉，又六年而成進士，入翰林，則年已三十矣。自以家世單寒，獲在華選，惴惴惟不稱職是懼，不皇它也。咸豐七年，自河南學政免官歸，因故里無家，僑寓吴下石琢堂前輩五柳園中。當是時，粤賊據金陵已五年，東南數千里幾無完城。朝廷命重臣督師，四出討賊，才智之士争起言兵。余自顧無所能，閉户發匧，取童時所讀諸經復誦習之，於是始竊有譔述之志矣。家貧不能具書，假於人而讀焉，有所得必録之，治經之外旁及諸子，妄有訂正，兩《平議》之作，蓋始此矣。其後江浙皆陷于賊，流離遷徙，靡有定居，《平議》兩書卒未忍棄。同治建元之歲，由海道至天津，寓於津者三載，而《群經平議》三十五卷乃始告成。念少年精力爲舉業所秏，通籍後又居館職，習詩賦；至中歲以後始退而覃經，所謂「困而學之」者非歟？庸足以知聖人之微言大義乎！雖然，本朝經學之盛，自漢以來未之有也。余幸生諸老先生之後，與聞緒論，粗識門户。嘗試以爲治經之道大要有三：正句讀，審字義，通古文假借。得此三者以治經，則思過半矣。《詩》曰：「昔我有先正，其言明且清。」聖人之言豈有不明且清者哉？其詰籀爲病，由學者不達此三者故也。三者之中，通假借爲尤要。諸老先生惟高郵王氏父子發明故訓，是正文字，至爲精審。所著《經義述聞》，用漢儒「讀爲」「讀曰」之例者居半焉。或者病其改易經文，所謂「焦明已翔乎寥廓，羅者猶視乎藪澤」矣。余之此書，竊附王氏《經義述聞》之後，雖學術淺薄，儻亦有一二言之幸中者乎？以其書成最先，故列所著書弟一，今録其目于左方。

論語二

第三十二卷

孟子一

第三十三卷

孟子二

第三十四卷

爾雅一

第三十五卷

爾雅二

是書也成，藏之匧中未出也。同治四年春，天津有張少巖汝霖者取其書第十四卷刻之，以此卷專論《考工記》世室、重屋、明堂制度，可單行也。壽陽相國見而好之，寓書曰：「歷代明堂之制，見于秦氏《五禮通考》，其中辨正舊注者不爲無功，要亦互有出入，未足以難鄭也。陳氏《五經異義疏證》采輯近儒新説，又案而不斷，鮮所折衷。吾子據《隋書・宇文愷傳》訂正《考工記》一字之衍，遂使記文八十一字略無齟齬，且於鄭注之誤駁正無遺，三代世室、重屋、明堂相因之制燦然在目，而秦、漢以來規模亦略具於斯，誠覃思精義，有功經傳者也。」閻夢巖農部汝弼亦好之，介相國而求焉，於是人始稍稍知有此書矣。是年夏，宋雪帆侍郎以使事至津，索觀《三禮平議》，謂余曰：「高郵王氏之學固極精審，然多考訂于一字一句之閒。若子之書，則有見其大者，殆將駕而上之乎！」因謀以《儀禮平議》二卷刻之京師。余旋南歸，未果也。余既南歸，蔣薌泉撫部時爲吾浙方伯，雄才英略，獨冠當代，既已夷險登荒，胥兩浙之民而衽席之；又將興起人文，作養士類，以副朝廷求治之意。知余有此書，力以槧刻自任。杭州劉笏堂太守以余書尚無定本，宜以時寫定，贈洋泉四十爲寫書費。太守故清貧，問其所自來，乃得之假貸者。余笑曰：「此亦君循吏傳中一事矣。」五年春，方伯出巨貲，鳩衆工登全書於版，未竟厥功，遷廣東巡撫去。笏堂承公命始終之，開雕於夏四月，越八月而書成。經理其事者爲丁松生丙，任校讎者爲高伯平均儒，皆與有力焉。嗟乎！本朝經術昌明，諸老先生説經之書浩如煙海，余此書又何足道？而諸巨公必欲刻而行之世，豈以其中固有一二言之幸中者乎？抑或以數十年來兹道衰息，將振而起之，而姑以余此書爲嚆矢乎？後之君子，必有以辨之。

群經平議卷一

周易一

初九。（《乾》）

正義曰：「陽爻稱九，陰爻稱六，其説有二：一者，乾體有三畫，坤體有六畫，陽得兼陰，故其數九，陰不得兼陽，故其數六；二者，老陽數九，老陰數六，老陰老陽皆變，《周易》以變者爲占。所以老陽數九、老陰數六者，以揲蓍之數，九遇揲則得老陽，六遇揲則得老陰，其少陽稱七，少陰稱八，義亦準此。」

樾謹按：八卦成列，本皆三畫之卦，因而重之，則皆六畫之卦。乾以⚊爲一畫，坤以⚋爲一畫，不得以乾爲三畫，坤爲六畫也。如其説，將震、坎、艮爲五畫卦，巽、離、兑爲四畫卦乎？

然則前一説不可通矣。其後一説，以老陰老陽爲説，自不可易，而究其所以爲老陽老陰者，則徒執揲蓍之數以求之。夫揲蓍之數，人之所定，非天之所爲也。聖人何爲必以九爲老陽，七爲少陽，六爲老陰，八爲少陰乎？是必有一定之理，先儒未有能見及者。今按：陽之數以三而奇，陰之數以二而偶。《周書·武順篇》曰「男生而成三，女生而成兩」，是其義也。《説卦傳》曰「參天兩地而倚數」，正義引鄭注曰「三之以天，兩之以地」，竊謂九、六之數起於此矣。乾卦三陽，陽之數三，三其三則爲九，故九者，乾之數也；坤卦三陰，陰之數二，三其二則爲六，故六者，坤之數也。以是推之，震、坎、艮皆一陽二陰，其數七；巽、離、兑皆一陰二陽，其數八。《易》用九、六，不用七、八者，用老不用少，統于尊也。於是聖人即本此數以揲蓍，凡三少則所存者三十六，四之得九，是爲老陽；三多則所存者二十四，四之得六，是爲老陰；一少兩多則所存者二十八，四之得七，是爲少陽；一多兩少則所存者三十二，四之得八，是爲少陰。夫九與六所以爲老陽老陰，而七與八所以爲少陽少陰者，即本乎八卦之數，非以意爲之也。明乎此，而用九、用六之義可無疑矣。

夕惕，若厲。（九三）

樾謹按：近讀以「夕惕若」爲句，武氏億《經讀攷異》謂漢唐舊讀竝連「夕惕若厲」爲句，引

《淮南子·人閒訓》、《漢書·王莽傳》、《説文》「鶻」字注、《風俗通義》、《後漢書·謝夷吾傳》爲證。今按：近讀固非，漢唐舊讀以「夕愓若厲」四字爲句，實亦未得。此當以「夕愓」二字爲句。「君子終日乾乾，夕愓」，猶言終日乾乾，終夕愓愓也。語有繁簡耳。「若厲」二字自爲句，猶《夬》九三言「若濡」，《萃》初六言「若號」也。《文言》曰：「故乾乾因其時而愓，雖危，無咎矣。」「雖危」二字，正解「若厲」之義。然則漢唐舊讀，其亦未可從矣。

坤。（彖辭）

《釋文》曰：「坤，本又作巛。巛，今字也。」

樾謹按：《説文·土部》「坤」下竝無作巛重文。《川部》曰：「巛，貫穿通流水也。《虞書》曰：『濬く巜距巛。』」是巛即川字，非坤字也。疑巛當讀爲順，《説卦傳》「乾，健也；坤，順也」，而乾卦古即謂之健，《象傳》「天行健」，即天行乾也。乾卦謂之健，故坤卦謂之順矣。此作巛者，乃順之叚字，順從川聲，古文以聲爲主，故順或作川。《説文·臤部》曰：「臤，古文以爲賢字。」《可部》曰：「哥，古文以爲歌字。」然則以川爲順，猶以臤爲賢、以哥爲歌矣。孔子贊《易》，既正其名曰坤，而古文流傳至漢世尚有存者。是以《孟郁修堯廟碑》作川，《孔廟置卒史碑》作巛，《韓勑修孔廟後碑》作巜，《史晨祠孔廟奏銘》作巛，《魏修孔子廟碑》作巛，皆是隸書川字。

至陸德明作《釋文》時尚有作巛之本，而皆莫識其爲順之叚字。近世學者或謂巛六畫不連，連者是川字，妄爲區別，更失之遠矣。

履霜。（《坤》初六）

《釋文》曰：「鄭讀履爲禮。」

樾謹按：履霜之義，明白無疑，鄭讀爲禮，義不可通。疑鄭氏所據本作「禮霜」，鄭注則曰「禮，讀爲履」，蓋禮、履聲近而義通。《禮記·祭義篇》「禮者，履此者也」，《白虎通·禮樂篇》「禮之爲言履也」，禮霜即履霜，經文作禮，鄭破叚字而讀以本字，乃解經之恒例。後人用注説改經文，又以既改之經文改注，而陸氏承其誤耳。經典中如此者甚多，段氏玉裁《經韻樓集》舉《周禮》「葅讀爲鉏」「蜮讀爲蟈」數事可證。

小貞吉，大貞凶。（《屯》九五）

正義曰：「貞，正也。出納之吝謂之有司，是小正爲吉；若大人不能恢弘博施〔一〕，是大正爲凶。」

〔一〕弘，原文避諱作「宏」，今改作「弘」，後徑改，不再出校。

樾謹按：《周官・太卜》曰：「凡國大貞，卜立君，卜大封。」鄭司農曰：「貞，問也。國有大疑，問於蓍龜。」據此，則以大事問謂之大貞，以小事問謂之小貞。「小貞吉，大貞凶」，言可小事，不可大事也。正義訓貞爲正，未得經意。《說文・卜部》曰「貞，卜問也。從卜，貝以爲贄」，又曰「占，視兆問也」，是貞與占同義。《周官・天府》「季冬，陳玉，以貞來歲之吉凶」〔一〕，猶云占來歲之吉凶也。鄭司農訓貞爲問，甚得古義。康成謂「問於正者，必先正之，乃從問焉」，其義轉迂矣。

利用刑人，用説桎梏。（《蒙》初六）

王弼注曰：「蒙發疑明，刑説當也。」正義曰：「以蒙既發去，疑事顯明，刑人説桎梏皆得當。」

樾謹按：《爾雅・釋詁》：「刑，常也。」「利用刑人」，猶《尚書・立政》所云「其惟克用常人」耳。常人者，有常之人。《周書・皇門篇》「苟克有常」，孔晁注曰「常謂常德」，是其義也。此爻之義，言發蒙者利用有常之人，又當寬之，故曰「利用刑人，用説桎梏」也。《釋詁》刑訓常，又訓

〔一〕吉凶，《周禮注疏》作「媺惡」。

法，故《象傳》曰：「利用刑人，以正法也。」若如王注以刑爲刑罰之刑，則「刑人」與「説桎梏」義正相反，判然兩事，《象傳》不當偏舉一端矣。

師或輿尸，凶。（《師》六三）

集解引虞氏曰〔一〕：「尸在車上，故輿尸凶矣。」

樾謹按：以「輿尸」爲尸在車上，則但云「師輿尸」足矣，如六四「師左次」，不必言「師或左次」也。程傳曰：「輿，衆也。尸，主也。」訓尸爲主，本《爾雅・釋詁》文，殊勝古義。但輿訓衆，則六五曰「弟子輿尸」，豈可云「弟子衆主」乎？輿當讀爲與，《襄二年左傳》「使正輿子賂夙沙衛」，又《十年傳》「王叔陳生與伯輿争政」，又《三十一年傳》「生去疾及展輿」，又《定五年傳》「囚闉輿罷」，《釋文》竝曰：「輿，本作與。」《史記・孔子弟子傳》「曾參，字子輿」，《家語》作「子與」，是輿、與古通用。「師或輿尸」者，師或與尸也，言師或與爲主，如後世有觀軍容使之類，故凶也。「弟子輿尸」者，弟子與尸也，言既使長子帥師，又使弟子與爲主，如晉河曲之戰有趙穿，是也。

〔一〕虞，原文作「盧」，今據《周易集解》改。

原筮，元永貞，无咎。（《比》彖辭）

集解引干寶曰：「原，卜也。《周禮》三卜，一曰原兆。」又引蜀才曰：「原究筮道，以求長正。」

樾謹按：《周官》「太卜掌三兆之法：一曰玉兆，二曰瓦兆，三曰原兆」，鄭注曰：「原，原田也。」然則原兆特三兆之一，以其象似原田，故名之曰原，豈可即訓原爲卜乎？干氏之説疏矣。蜀才謂「原究筮道」，此與正義所云「原窮其情，筮決其意」，竝爲望文生訓。今按：比之「原筮」，猶蒙之「初筮」，《説文・灥部》：「驫，水泉本也。」重文「原」，曰「篆文驫省」〔二〕，是原之本義水泉本也，今俗加水作源，即其字也，故引申之則有始義。《漢書・元帝紀》注引晉灼曰：「原，本也。始祖之廟，故曰本也。」原筮之原，當從此訓，正與「後夫凶」相對。正義解「後夫凶」曰：「親比貴速，若及早而來，人皆親附，故在先者吉；若在後而至者，人或疏己，親比不成，故後夫凶。」此説極合經旨。「原筮，元永貞，无咎」，即所謂在先者吉也。孔穎達能得此旨，而不得「原」字之解，故知詁經當先明字義矣。顧氏炎武《日知録》曰：「元者，本也。後人以『原』字代

〔二〕 驫省，今本《説文》作「从泉」。

之，不知何解。原者，再也。《易》『原筮』、《周禮》『原蠶』、《文王世子》『末有原』、《漢》『原廟』，皆作『再』字解。師古曰『原，重也』，與『本來』之義全不相同。」按：顧氏此説極爲疏闊，原之訓本，於經有徵，《禮記·孔子閒居篇》「必達於禮樂之原」，鄭注曰：「原猶本也。」且「原廟」之「原」，晉灼與師古異義，在《漢書》已有兩説矣，安得謂「原」止訓「再」乎？

不寧方來[一]。

樾謹按：傳曰：「不寧方來，上下應也。」王注曰：「安則不安者託焉，故不寧方所以來，上下應故也。」據注是以「不寧方」三字連讀，甚爲不辭，殆失之矣。《考工記》：「祭侯之辭曰：『惟若寧侯，無或若女不寧侯，不屬於王所。』」此「不寧」二字之義也。方之言竝也，《説文·方部》：「方，併船也，象兩舟省，總頭形。」是方之本義爲兩舟相竝，故方即訓竝。《儀禮·鄉射禮》曰「不方足」，鄭注曰：「方猶併也。」《聘禮》注曰：「今文竝皆爲併。」是併、竝同字，方訓併，即訓竝。《尚書·微子篇》「小民方興」，《史記·宋世家》作「竝興」，蓋史公以詁訓字代之也。「不寧方來」猶云「不寧竝來」，言不寧者無不來，故傳曰「上下應也」。

[一] 寧，原文避諱作「寗」，今改作「寧」。後徑改，不再出校。

邑人不誡。（《比》九五）

正義曰：「『邑人不誡，吉』者，雖不能廣普親比，於自己相親之處，不妄加討罰，所以己邑之人不須防誡而有吉也。」

樾謹按：此承「王用三驅」而言，王者田獵所至，非敵人侵犯，何防誡之有？誡當讀爲駭，《周官・太僕職》曰「始崩，戒鼓」，鄭注曰：「故書戒爲駭。」是其例也。「邑人不誡」，言不驚駭也。孔氏以本字讀之，非是。

既雨既處。（《小畜》上九）〔一〕

注曰：「剛不能侵，故既處也。」正義曰：「三不能侵，不憂危害，故已得其處也。」

樾謹按：以「既處」爲「已得其處」，則與「既雨」之意不倫矣。《説文・几部》：「処，止也。得几而止，從几從夊。」重文「處」，曰「処，或從虍聲」，是處之本義爲止，故《詩・江有汜篇》「其後也處」、《鳧鷖篇》「公尸來燕來處」，毛傳竝曰：「處，止也。」「既雨既處」者，既雨既止也。止謂雨止，猶言既雨既霽也。《説文・雨部》：「霽，雨止也。」不曰「既止」，而曰「既

〔一〕「九」字原脱，今據《周易正義》補。

處」，取於韻協耳。

幽人貞吉。（《履》九二）

注曰：「在幽而貞，宜其吉。」正義曰：「『幽人貞吉』者，既无險難，故在幽隱之人，守正得吉。」

樾謹按：正義以「幽人」爲幽隱之人，非古義也。集解引虞翻曰：「訟時二在坎獄中，故稱『幽人』。」惠氏定宇《周易述》引《尸子》曰「文王幽於羑里」，《荀子》曰「公侯失禮則幽」，證「幽人」爲幽繫之人。今按：虞説是矣，而未盡也。傳曰「作《易》者，其有憂患乎」？又曰「《易》之興也，其當殷之末世，周之盛德邪？當文王與紂之事邪」？以此推之，則文周之《易》自有微辭，必如干令升之注《易》，援殷周之事一一比附，斯固失之。然竟謂無所寓意，則亦所謂「頌其詩，讀其書，不知其人」者也。太史公曰「文王囚而演《周易》」，然則所稱「幽人」者，殆指文王而言乎？爻辭稱「幽人」者二，《履》九二與《歸妹》九二是也。虞氏謂「履自訟來」，則歸妹當自解來。訟初爻變而成履，《訟》之九二曰「不克訟，歸而通其邑人三百户，无眚」，此寓文王歸國之事也，故《履》九二曰「幽人貞吉」。解初爻變而成歸妹，《解》之九二曰「田獲三狐，得黄矢，貞吉」，則并牧野之事而寓之。牧野之役，紂與二妻授首，事見《周書・克殷篇》，其即所謂三狐歟？《左傳》曰：「狐蠱，乃其君也[一]。」或古《易》説固如此矣，故《歸妹》九二曰：「利幽人之貞。」自來言《易》者未見及此。

視履考祥。（上九）

注曰：「處履之極，履道成矣，故可視履而考祥也。」正義曰：「上九處履之極，履道已成，故視其所履之行善惡得失，考其禍福之徵祥。」

樾謹按：《爾雅·釋詁》曰：「考，成也。」王注云「履道成矣，故可視履而考祥」，「成」字正釋「考」字，言視其所履以成其祥。祥者，善也。正義謂「考其禍福之徵祥」，則尚有禍有福，傳何以言「大有慶」乎？非經意，且非注意矣。

拔茅，茹以其彙。（《泰》初九）

注曰：「茅之爲物，拔其根而相牽引者也。茹，相牽引之貌也。三陽同志，俱志在外，初爲類首，已舉則從，若茅茹也。」

樾謹按：《漢書·劉向傳》「《易》曰『拔茅，茹以其彙，征吉』」。在上則引其類，在下則推其

[一] 乃，《春秋左傳正義》《春秋左傳注疏》均作「必」。

類」，注引鄭氏曰：「茹，牽引也。」王注正用鄭義，惟以「茅茹」連讀，則非也。傳曰「拔茅征吉，志在外也」，是中閒「茹以其彙」四字當爲一句。「茹以其彙」者，牽引以其類也。集解引虞翻以「茹」爲茅根，則亦以「茅茹」連讀，竝與傳違矣。

同人于宗。（《同人》六二）

注曰：「應在乎五，唯同於主，過主則否。用心褊狹，鄙吝之道。」正義曰：「係應在五，而和同於人，在於宗族，不能弘闊，是鄙吝之道，故《象》曰『吝道也』。」

樾謹按：正義所說，非注意也。王氏蓋訓宗爲主，故曰「唯同於主，過主則否」也。《一切經音義》卷九引《字林》曰「宗，尊也，亦主也」，正義不知王訓宗爲主，而以「宗族」釋之，則與注義違矣。然王氏此注，恐亦未得經旨。二五本是正應，若臣之於君，妻之於夫，二之唯同于五，乃其正也，豈得以爲吝道乎？集解引荀爽曰：「宗者，衆也。上下衆陽，皆欲與二爲同。陰道貞静，從一而終。今宗同之，故吝也。」此說視王注爲長。

匪其彭，无咎。（《大有》九四）〔一〕

注曰：「三雖至盛，五不可舍，能辯斯數，專心承五，常匪其旁，則无咎也。旁謂三也。」正義曰：「匪，非也；彭，旁也。謂九三在九四之旁。」

樾謹按：《釋文》「其彭，步郎反，子夏作旁」，王氏以彭爲旁，與《子夏傳》合。注中「盛」字正釋「彭」字之義，《廣雅·釋訓》：「彭彭、旁旁，盛也。」王氏之意，以彭與旁皆有盛義，故經字作彭，而注從《子夏傳》作旁，旁即彭也，非謂旁側也。正義誤會注意，謂「九三在九四之旁」，殊失其旨。惟王氏專以九三一爻爲盛，似與經義有未盡合。今按：大有内卦爲乾，初、二、三皆陽爻，是陽之極盛者也。九四一爻雖與三陽同類，然近于六五之尊，專心承五而不與下之三陽合，故曰「匪其彭」。匪之言分也，《周官·太宰職》「匪頒之式」，司農曰「匪，分也」，《廪人職》「以待國之匪頒」，鄭注曰「匪讀爲分」，竝其證也。《説文·文部》：「斐，分別文也。」斐與匪古亦通用，是匪有分別之義。「匪其彭」者，言下之三陽雖盛，而能分別之，不與合也。傳曰「匪其彭，明辯晳也」，所謂「明辯晳」者，正以其能自分別矣。王氏專以九三一爻爲盛，又不解「匪」字

〔一〕四，原文作「五」，今據《周易正義》改。

之義，故其所説不了也。

厥孚交如。（六五）

正義曰：「交，接也。」

樾謹按：凡言「如」者，若「乘馬班如」「泣血漣如」之類，大率皆形容之詞。正義訓交爲交接，殆非也。交當讀爲皎，六五一爻居外卦離體之中，爲明之主，故其信皎然。皎之言明也，《詩·大車篇》「謂予不信，有如皦日」，此即「厥孚皎如」之義。

鳴謙。（《謙》上六）

樾謹按：《謙》上六「鳴謙」與六二同，然六二傳曰「中心得也」，上六傳曰「志未得也」，何傳義不同如是？疑上六「鳴謙」當作「冥謙」，猶《豫》上六曰「冥豫」也。兩爻皆以陰柔居卦之終，故同爲冥耳。《升》上六曰「冥升」，正同此例。鄭康成讀「冥豫」之「冥」爲「鳴」，見《釋文》，蓋不知《謙》上六之「鳴」當作「冥」，而反疑《豫》上六之「冥」當作「鳴」，失之矣。

貞疾。（《豫》六五）

樾謹按：貞之言當也，《尚書·洛誥篇》「我二人共貞」，《釋文》引馬注曰：「貞，當也。」六五當九四一陽之上，故有「貞疾」之象。傳曰「六五貞疾，乘剛也」，以「乘剛」釋「貞疾」，可知「貞」字之義。正義曰「正得其疾」，失之迂矣。

先甲三日，後甲三日。（《蠱》彖辭）

樾謹按：此與《巽》九五之「先庚三日，後庚三日」，先儒所說，義皆未安。蠱之先、後甲，以春之日言也，《月令》所謂「其日甲乙」也。巽之先、後庚，以秋之日言也，《月令》所謂「其日庚辛」也。蠱爲有事之卦，故以春之日言，見始事之義。巽爲申命行事之卦，故以秋之日言，見繼事之義。言甲不言乙，言庚不言辛，舉甲、庚以包乙、辛也。古人行事，每以先後三日爲節，如《冠禮》「前期三日，筮賓」，此先三日之例也；子生，「三日，卜士負之」，此後三日之例也。蠱之「先甲」「後甲」，巽之「先庚」「後庚」，皆以示行事之節，見方春而有事，則宜先甲三日，後甲三日；方秋而有事，則宜先庚三日，後庚三日也。說者或牽合五行方位，或附會丁辛癸之字義，胥失之矣。

幹父之蠱。（初六）

集解引虞翻曰：「幹，正。蠱，事也。」

樾謹按：《蠱》卦諸「幹」字，竝當作「斡」。《說文·斗部》「斡，蠡柄也」，柄則有秉執之義，故引申之得訓爲主。字亦通作「管」，《漢書·食貨志》「欲擅斡山海之貨」，師古注曰：「斡讀與管同，謂主領也。」又《車千秋傳》「自以爲國家興榷筦之利」，注曰：「筦即管字，義與斡同〔一〕，皆爲主也。」蓋古音斡與管相近，《匡謬正俗》引《字林》曰「斡音管」〔二〕，故其義亦通用。「斡父之蠱」「斡母之蠱」竝言主領其事也。漢隸或以斡爲斡，《執金吾丞武榮碑》「内斡三事」，斡即斡也。《漢書·竇憲傳》〔三〕「内斡機密」，《劉向傳》「斡尚書事」，其字竝作「斡」，蓋皆沿漢隸之謁。此卦諸「斡」字猶是矣。虞氏訓斡爲正，然則九二曰「斡母之蠱，不可貞」，是爲正母之事不可正也，豈可通乎？《文言》曰「貞者，事之斡也」「貞固足以斡事」，兩「斡」字亦當爲「斡」。「事之斡也」，猶云事之主也；「足以斡事」，猶云足以主事。正義引莊氏之説，以斡爲斡濟，非是。

咸臨。（《臨》初九）

注曰：「咸，感也。感，應也。」

樾謹按：《雜卦傳》曰：「咸，速也。」《臨》卦二陽既長，則有沛然莫禦之勢，故初九、九二兩

〔一〕 斡，《漢書》顔注作「斡」。
〔二〕 匡謬正俗，原作「匡俗正謬」，今徑改。
〔三〕 漢書，當爲「後漢書」。

爻竝曰「咸臨」，言臨之速也。《荀子·議兵篇》曰「善用兵者感忽悠闇，莫知其所從出」〔一〕，楊倞注曰：「感、忽、悠、闇，皆謂倏忽之頃也〔二〕。」學者但知咸之訓感，感之訓應，而不知感有「感忽」之義，故失其旨矣。

甘臨。（六三）

注曰：「甘者，佞邪説、媚不正之名。」

樾謹按：此爻之義，與《復》六二「休復」同。休，美也；甘，亦美也。一陽生爲復，二陽生爲臨，《復》六二一陰，與初九一陽相比，故曰「休復」，言以其復爲美也。《臨》六三一陰，與初二兩陽相比，故曰「甘臨」，言以其臨爲美也。傳曰「甘臨，位不當也」，然則所以「无攸利」者，以位不當之故，而非以「甘臨」之故。注乃曲坐以「不正之名」，失經意矣。

知臨。（六五）

注曰：「處於尊位，履得其中，能納剛以禮，用建其正，不忌剛長而能任之，委物以能而不

〔一〕出，原文作「也」，今據《荀子·議兵篇》改。

〔二〕頃，《荀子》楊注作「間」。

犯焉，則聰明者竭其視聽，知力者盡其謀能，不爲而成，不行而至矣。大君之宜，如此而已，故曰『知臨，大君之宜，吉』也。」《釋文》曰：「知音智，注同。又如字。」

樾謹按：注中惟「知力」之「知」當音智。然云「聰明者竭其視聽，知力者盡其謀能」，則是泛論事理，非以「知力」字解經文「知」字也。經文「知」字，王氏蓋讀如本字。正義曰「是知爲臨之道」，此説與王氏合。《釋文》依王注作音，乃首云「音智」，失之矣。

觀其生，君子无咎。（《觀》上九）

注曰：「『觀我生』，自觀其道也；『觀其生』，爲民所觀者也。」「『生』猶動出也。」

樾謹按：王注以「觀我生」爲觀其道，又訓「生」爲「動出」，正義因謂「道是開通生利萬物」，故「道得名生」，其義殊爲迂曲。生當讀爲性，《周官·大司徒職》「辨五地之物生」，杜子春讀生爲性，是其例也。「觀我生」，即觀我性也；「觀其生」，即觀其性也。率性之爲道，故傳曰「觀我生進退，未失道也」。京房説此經曰「言大臣之義，當觀賢人，知其性行」，然則以「觀其生」爲「觀其性」，漢人固有此解矣。

屨校滅趾。（《噬嗑》初九）

正義曰：「屨，謂著而踐履也。」

樾謹按：《説文・履部》：「屨，履也。」然屨、履二字，義自有别。《詩》云「糾糾葛屨，可以履霜」，不得易之曰「糾糾葛履，可以屨霜」。蓋「屨舄」字可作「履」，「踐履」字必不可作「屨」也。《周易》「履霜」「履虎尾」，字皆作「履」，此文不云「履校」，而云「屨校」，義殊可疑。且校之爲物，雖施於足，然非著而踐履之也。集解引虞翻曰：「屨，貫趾足也。」訓屨爲貫，疑其字未必作屨。《説文・女部》：「婁，空也。」《史記・律書》曰：「婁者，呼萬物且内之也。」以物内空中則有貫義，或虞本固作「婁」歟？婁校者，内其足於校中也。後人因下有「滅趾」之文，改其字作「屨」，似是而實非矣。

白馬翰如。（《賁》六四）

注曰：「鮮絜其馬，翰如以待。」正義曰：「『白馬翰如』者，但鮮絜其馬，其色翰如，徘徊待之，未敢輒進也。」

樾謹按：注言「翰如以待」，則王氏之意不以「翰如」爲馬色也。《禮記・檀弓篇》正義引鄭注曰：「翰猶幹也，見六四適初未定，欲幹而有之。」是鄭君讀翰爲幹，王氏此注蓋陰從鄭讀，但不用其「幹而有之」之義。《廣雅・釋詁》：「幹，安也。」王氏之意讀翰爲幹，而訓幹爲安，「翰如」猶安然也，故曰「翰如以待」。正義以「翰如」爲馬色，則「待」字無著矣，乃又增出「徘徊」字，豈注意乎？

剥牀以辨。（《剥》六二）

注曰：「辨者，足之上也。」正義曰：「辨謂牀身之下，牀足之上，足與牀身分辨之處也。」

樾謹按：王氏解「剥牀以足」爲「猶剥牀之足」，足屬牀，故辨亦屬牀。然其解「剥牀以膚」曰「牀既剥盡，以及人身」，則膚又屬人而不屬牀，三句之義不一律矣。且牀足與牀身分辨之處，果何物乎？王氏此注殊不可從。集解引鄭注曰「足上稱辨」，虞注曰「指間稱辨」，竝以人身言，其義雖較安而亦無塙據。今按：辨當作胖，脅肉也。《禮記・内則篇》「鵠鴞胖」，鄭注曰「胖謂脅側薄肉」，是也。人卧則脅與牀最近，故初爻曰「以足」，二爻曰「以胖」；以者，及也，《小畜》九五「富以其鄰」，集解引虞注曰：「以，及也。」然則「剥牀以足」謂剥牀而及足，「剥牀以胖」謂剥牀而及胖，「剥牀以膚」謂剥牀而及膚，三句一律。胖作辨者，古字通也。《儀禮・士虞禮》「以其班祔」，注云「古文班，或爲辨，今文爲胖」，蓋辨、胖音近，故今文爲胖者，古文或爲辨也。《少牢饋食禮》「司馬升羊右胖」，注云「古文胖皆爲辯」，辯亦猶辨也。

剥牀以膚。（六四）

樾謹按：足與辨何莫非膚？此「膚」字必實有所指，與他處言「膚」者不同。《説文・肉部》：「臚，皮也，從肉盧聲。」重文「膚」，曰「籒文臚」，是臚、膚一字也。《一切經音義》卷二十二引《釋名》曰「腹前曰臚」，「剥牀以膚」當從此義。蓋六二曰「以辨」，辨者，脅肉也；此曰「以膚」，由脅側而及腹前，爲害尤切，故傳曰：「切近災也。」

有厲利已。（《大畜》初九）

注曰：「四乃畜已，未可犯也。故進則有厲，已則利也。」《釋文》曰：「利已，夷止反。下及注『已則』『能已』同。或音紀，姚同。」

樾謹按：《釋文》依王注讀「已」爲「已止」之「已」，故音夷止反。「已則」之文即見此注，「能已」之文於注不見。下文傳曰「有厲利已，不犯災也」，注曰「處健之始，未果其健者，故能利已」，陸德明所見本蓋作「故能已」，與今不同也。然王氏經注亦有異同，集解載王弼曰：「四乃畜已，未可犯也。進則災危，有厲則止，故能利已。」是李鼎祚所見王注與陸德明所見王注其文不同。若從李本，則王氏讀經文「已」字正作「人已」之「己」，故有「四乃畜已」之文。又按：六四注曰：「處艮之始，履得其位。能止健初，距不以角，柔以止剛，剛不敢犯。抑鋭之始，以息强争，豈唯獨利？乃將『有喜』也。」曰「初」、曰「始」，皆以初九一陽而言。曰「豈唯獨利」，則兼利初九明矣。故自初九言之即謂之利己，蓋抑鋭息争，在初九，與有利焉。

其有厲也，正所以利己也。若讀爲「已止」之「已」，則全失其義矣。王氏此注疑後人竄改，當依集解訂正。

老夫得其女妻。（《大過》九二）

集解引虞翻曰：「二體乾老，故稱老夫。女妻謂上兑，兑爲少女，故曰女妻。」

樾謹按：虞氏此注雖若極塙，然於九五「老婦得其士夫」，又曰「兑爲少，故稱士夫」，豈兑既爲女妻，又爲士夫乎？是不可通矣。此兩爻之義，當以旁通及二五升降之例求之。大過與頤旁通，大過互體乾，是爲老夫，以大過二之頤五，則上體成巽，是爲「老夫得其女妻」。頤互體坤，是爲老婦，以頤二之大過五，則上體成震，是爲「老婦得其士夫」。大過二之頤五，得正者也，故无不利；頤二之大過五，則失正矣。故傳曰「亦可醜也」。兩爻之義如此，先儒徒以本卦求之，宜其不得耳。

險且枕。（《坎》六三）

注曰：「枕者，枕枝而不安之謂也。」

樾謹按：注中「枝」字乃枝柱之義，言枝柱之而不安也。然其義迂曲，殆非塙詁。鄭易作「檢且枕」，謂木在手曰檢，在首曰枕，説見《釋文》。然檢是何物，于古無徵，鄭説亦未足據。今按：枕當爲沈，《釋文》謂「古文作沈」，是也。《莊子·外物篇》「慰暋沈屯」，《釋文》引司馬注曰：「沈，深也。」「險且沈」者，險且深也。上文曰「來之坎坎」，可謂險矣；下文曰「入于坎窞」，可謂深矣。「險且沈」一語，上承「坎坎」之文，下起「坎窞」之義，自「沈」誤作「枕」，而其義全失矣。又按：《釋文》曰「《九家》作『玷』」，「玷」字之義，亦與「沈」近。《説文·水部》：「沈，陵上滈水也，一曰濁默也。」然則「沈」與「默」通，《楚辭·九辨篇》「或默點而汙之」。《九家》作「玷」者，玷猶點也。若是「枕」字，則《九家》何以作「玷」乎？

祇既平。（九五）

注曰：「祇，辭也。」

樾謹按：經言「祇既平」，則「祇」字必實有所指，非語辭也。《釋文》曰：「祇，京作禔。《説文》同，安也。」然「禔」訓安，則與「平」義相近，當云「禔且平」，不當云「禔既平」矣；又引鄭云「當作坻，小丘也」〔一〕。以文義而言，鄭爲得之。然祇從氏聲，坻從氐聲，兩聲絶遠，古不相通，則亦非也。祇當作氏，《説文·氏部》曰：「巴蜀名山岸脅之堆旁箸欲落墒者曰氏，氏崩，聲聞

〔一〕 丘，原文避諱作「𠀉」，今改作「丘」。後徑改，不再出校。

數百里。象形，乁聲。楊雄賦曰『響若氏隤』。」今按：「響若氏隤」，出楊子雲《解嘲》文，《文選》作「坻隤」，《漢書》作「阺隤」，從土、從𨸏，皆後人所加耳。此經「祗既平」，即「氏隤」之「氏」，氏隤則平矣。古本《周易》蓋止作「氏既平」，京房讀氏爲禔，後人遂於「氏」旁加「示」，所謂説誤于前，文變于後也，而古字古義皆不可見矣。

咸其股，執其隨。（《咸》九三）

注曰：「股之爲物，隨足者也。進不能制動，退不能静處，所感在股，『志在隨人』者也。『志在隨人』，所執亦以賤矣。用斯以往，吝其宜也。」

樾謹按：此爻之辭，與《艮》六二云「艮其腓，不拯其隨」文法相似。王氏彼注曰「隨謂趾也」，此注因《象傳》有「志在隨人」之語，故解「隨」字不以形體言，其見殊拘。孔子作傳以釋經，以「志在隨人」明周公所以取象於隨者，其義如此。至周公之辭既曰「執其隨」，則「隨」字自必實有所指，經取其象，傳釋其義，豈可并爲一談乎？惟《艮》注以隨爲趾，亦無依據。正義曰「腓動則足隨之，故謂足爲隨」，此亦曲説也。王氏既以股爲隨足之物，豈又以足爲隨腓之物乎？轉展遷就，以成其説，遂使字無定詁，經無定義，殊非注經之體矣。竊疑隨乃骽之叚字，古無「骽」字，故以「隨」爲之。「執其隨」者，執其骽也；「不振其隨」者，不振其骽也。隨從隋聲，與妥聲相近。《儀禮·士虞禮》注曰「今文墮爲綏」，《特牲饋食禮》注曰「墮與挼讀同」，是隋聲、妥聲之字，古每通用也。「骸」雖後出之字，然從骨妥聲，亦必有本，蓋因古叚「隨」爲之，故依其聲而製此字耳。

羸其角。（《大壯》九三）

注曰：「貞厲以壯，雖復羝羊，以之觸藩，能無羸乎？」

樾謹按：《釋文》曰：「羸，律悲反，又力追反，下同。馬云『大索也』。徐『力皮反』。王肅作『縲，音螺』，鄭、虞作『纍』，蜀才作『累』，張作『虆』。」是此字諸家各異，其爲叚借字明矣。竊謂《周易》「羸」字皆以作「纍」者爲正。《説文·糸部》：「纍，綴得理也。一曰大索也。」故凡以索係物即謂之纍，《成三年左傳》「兩釋纍囚」，杜注曰：「纍，係也。」然則「纍其角」，即係其角也。集解引侯果曰：「用壯觸藩，求應於上，故角被拘羸矣。」此古義也。拘羸猶言拘係也。《姤》初六「羸豕孚蹢躅」，集解引虞翻曰：「巽繩操之，故稱羸也。」《井·彖辭》「羸其瓶」，集解引荀爽曰：「初欲應五，今爲二所拘羸，故凶也。」荀、虞之説皆同，可徵古義矣。王氏於此「羸」字無所發明，至「羸豕」，則臆解爲「牝豕」，「羸其瓶」則解爲「幾至而覆」，望文生訓，前後異義，殊不可從。正義於此云「拘羸，纏繞也」，蓋用古義爲説；於「羸其瓶」，云「拘羸其瓶而覆之」。

「覆之」之説雖徇王注，「拘羸」之説仍古義也。惟「羸豕」不言「拘羸」，則以王注與古義絶遠，不能比而同之耳。

喪羊于易。（六五）

樾謹按：《釋文》：「易，陸作埸，謂疆埸也。」《朱子語類》曰：「喪羊于易，不若解作『疆埸』之『埸』〔二〕，《漢·食貨志》『疆埸』之『埸』正作『易』，後有『喪牛于易』亦同此義。」今按：埸、易古通用，易即埸也。然既曰「喪羊于易」，則自從「易」字取義。傳曰「喪羊于易，位不當也」，竊謂此爻與《旅》上九「喪牛于易」其義正同。羊者，兑象也；牛者，離象也。離之爲牛，不見於《説卦傳》，故虞仲翔斥爲俗説。然《左傳》載叔孫莊叔之言，已有「純離爲牛」之文，則其説古矣。大壯自三至五互兑，故有羊象，六五不當位，易而爲九五，斯當位矣，然而喪羊矣，是謂「喪羊于易」。旅上體爲離，故有牛象，上九不當位，易而爲上六，斯當位矣，然而喪牛矣，是謂「喪牛于易」。蓋疆易也，變易也，古本無二字，於文則爲疆易之易，於義則爲變易之易，凡《易》之辭，皆當以是求之。乃「喪羊于易，无悔」，而「喪牛于易則凶」者，蓋大壯六五變則爲夬，《夬》之

〔二〕《朱子五經語類》卷二十一無「解」字。

九五曰「莧陸夬夬，中行无咎」，此《大壯》六五喪羊所以无悔也；旅上九變則爲小過，《小過》之上六曰「弗遇過之，飛鳥離之，凶」，此《旅》上九喪牛所以凶也。辭也者，各指其所之，故同而異矣。

明夷于南狩，得其大首。（《明夷》九三）

集解引《九家易》曰：「暗昧道終，三可升上而獵於五，得據大陽首位，故曰『明夷于南狩，得其大首』。」

樾謹按：大陽首位而曰「大首」，不辭甚矣。首當讀爲道，古首、道字通用。《周書·芮良夫篇》「予小臣良夫稽道」，《群書治要》作「稽首」；《史記·秦始皇紀》「追首高明」，《索隱》曰「《會稽刻石》文，首作道」，竝其證也。「得其大首」猶云得其大道。蓋自三至五互震，《説卦傳》震「爲大塗」，故有得其大道之象，大道即大塗也。

其人天且劓。（《睽》六三）

《釋文》引馬云：「剠鑿其額曰天。」集解引虞翻曰：「黥額爲天。」

樾謹按：《易》凡言「天」者，大率爲乾、爲陽，此乃以爲剠額之名，不亦異乎？馬、虞之説皆非也。天疑兀字之誤，《説文·足部》「䟤，斷足也」，重文「趴」，曰：「䟤，或從兀。」《莊子·德充符篇》「魯有兀者」，《釋文》曰「李云『刖足曰兀』」，蓋即「跀」之省也。其人兀且劓，猶《困》九五曰「劓刖」也。古文「天」作「兲」，見《玉篇》，故「兀」誤爲「天」矣。

《損》：有孚，元吉，无咎。可貞。（《損》彖辭）

正義曰：「先儒皆以『无咎』『可貞』各自爲義，準下王注曰『損下而不爲邪，益上而不爲諂，則何咎而可正』，則王注以『无咎』『可貞』共成一義。」

樾謹按：此非經旨也。《易》有言「不可貞」者，如《節》彖辭「苦節不可貞」，《蠱》九二爻辭「幹母之蠱不可貞」，是也；亦有言「可貞」者，如《坤》六三爻辭「含章可貞」，是也。「无咎」「可貞」，自各爲義，且如《无妄》九四曰「可貞，无咎」，又豈共成一義乎？

往不勝，爲咎。（《夬》初九）

樾謹按：爲咎猶有咎也。《孟子・滕文公篇》「將爲君子焉？將爲野人焉」，趙注曰：「爲，有也。」又《盡心篇》「爲閒不用」，注曰：「爲閒，有閒也。」然則「爲」可訓「有」，「有咎」而曰「爲咎」，亦猶「有閒」而曰「爲閒」也。《莊子・大宗師篇》「莫然有閒」，《釋文》曰：「本亦作『爲閒』。」可證古字之通。

羸豕孚蹢躅。（《姤》初六）

注曰：「孚，猶務躁也。」

樾謹按：此「孚」字與他言「孚」者不同，故王注以「務躁」釋之，蓋讀孚爲浮。然以義求之，不當如王氏所讀。孚之言孚乳也，《禮記·月令篇》「玄鳥至」〔一〕，鄭注曰：「燕以施生時來巢人堂宇而孚乳。」又「田獵罝罘、羅網、畢翳、餧獸之藥，毋出九門」，注曰：「爲鳥獸方孚乳，傷之逆天時也。」是孚乳得兼鳥獸言。「羸豕孚蹢躅」，言拘羸之豕方孚乳而蹢躅也。《姤》之初，一陰始生，故有豕孚乳之象。《説文·爪部》：「孚，卵孚也。一曰信也。」徐鍇曰：「鳥之乳卵皆如其期，不失信也。」此經「孚」字訓爲「孚乳」，與全經「孚」字訓「信」者義不相背。若如王注訓爲「務躁」，則與全經「孚」字絶異矣。

舊井无禽。（《井》初六）

注曰：「久井不見渫治，禽所不嚮，而況人乎？」

樾謹按：井水至深，非瓶綆不能汲，禽無從取而飲之，雖非舊井，禽亦不嚮也，王注殆不可

〔一〕 玄，原文避諱作「元」，今改作「玄」。後徑改，不再出校。

從。古者羽毛鱗介通名爲禽，《白虎通・田獵篇》曰「禽者何？鳥獸之總名」，此其所説猶有未盡。《國語・魯語》「登川禽」，韋昭注曰：「川禽，鼈蜃之屬。」然則禽之名并通乎水族矣。下文「井谷射鮒」，《釋文》曰：「鮒，魚名也。《子夏傳》謂蝦蟇。」魚與蝦蟇皆可謂之禽，舊井無水，則此屬皆無從生矣，故曰「舊井无禽」。傳曰「舊井无禽，時舍也」，集解引干寶曰：「舊井，謂殷之未喪師也，亦皆清絜，无水禽之穢。」此與傳義不合，而以「水禽」釋經文「禽」字，則其義甚塙，「水禽」即《國語》所謂「川禽」也。學者但知二足而羽謂之禽，於是此爻之義不可通矣。

己日乃孚。（《革》彖辭）

注曰：「即日不孚，已日乃孚也。」集解引干寶曰：「天命已至之日也。」

樾謹按：「已日」二字，甚爲不辭。顧氏《日知録》引朱子發之説，以此「已」字爲「戊己」之「己」，當從之。《禮記・月令篇》：「中央土，其日戊己。」蠱之「先甲」「後甲」，以春之日言也；巽之「先庚」「後庚」，以秋之日言也，其説見前矣。革之「己日」則以中央土之日言之。春日言甲，秋日言庚，而中央土之日不言戊者，戊日不孚，己日乃孚，正見其過中而當變革也。改字從己，或以此歟？故自「己日」之義明，而蠱之甲、巽之庚，亦不必曲爲之説矣。

億喪貝。（《震》六二）

注曰：「億，辭也。」

樾謹按：集解引虞翻曰：「億，惜辭。」干寶曰：「億，歎辭。」王氏之義殆亦同此。然歎惜之辭，施于喪貝，則得矣。六五曰「億无喪」，恐不可通也。《釋文》引鄭注曰「十萬曰億」，然在此爻尚可以爲所喪之貝數，六五「億无喪」，亦不可通。今按：《襄二十五年左傳》「不可億逞」，杜注曰：「億，度也。」《荀子・賦篇》「暴至殺傷而不億忌者與」，楊注曰：「億謂以意度之也。」古字億與意通，《論語》「億則屢中」，《漢書・貨殖傳》作「意則屢中」。此經兩言「億」，蓋以意揣度而決勝負，如《後漢書・梁冀傳》所謂「意錢之戲」者，有勝負則有得喪，故六二曰「億喪貝」，六五曰「億无喪」也。

其君之袂不如其娣之袂良。（《歸妹》六五）

注曰：「袂，衣袖，所以爲禮容者也。」集解引虞翻曰：「兑爲口，乾爲衣，故稱袂。」

樾謹按：此皆拘文牽義，未足以説《易》也。《説卦傳》曰「震爲決躁」，又曰「兑爲附決」，此兩「決」字即《歸妹》爻辭兩「袂」字。因「其君之決」「其娣之決」文不成義，故變而稱袂，聲近而義通也。《説文・水部》：「決，行流也。」是「決」有「行」義。傳曰「以貴行也」，此「行」字正解經文「袂」字，可知袂之當爲決矣。君者，震也，君固乾象，而震得乾之初爻，是謂「帝出乎震」，故亦得稱君，「君之袂」猶言震之決也。娣者，兑也，「兑爲少女」，故稱娣，「娣之袂」猶言兑之決也。震二之兑五成歸妹，是《歸妹》六五即《震》六二，所謂「其君之袂」也。兑五之震二亦成歸妹，是《歸妹》九二即《兑》九五，所謂「其娣之袂」也。然以震二之兑五，則不當位矣，故曰「其君之袂不如其娣之袂良」，猶言以震二行而之兑五而成歸妹，不如以兑五行而之震二而成歸妹也。袂猶決也；決者，行也。凡《易》之詞大率如此，善學者從聲音訓詁以求《易》，則思過半矣。

斯其所，取災。（《旅》初六）

注曰：「最處下極，寄旅不得所安，而爲斯賤之役，所取致災，志窮且凶〔一〕。」

樾謹按：王氏蓋讀斯爲廝，故云「斯賤之役」，然於文義殊爲未安。此當以「斯其所」爲句。《説文・斤部》「斯，析也」，析之則離，故斯亦訓離。《爾雅・釋言》：「斯，離也。」《列子・黄帝篇》「不知斯齊國幾千萬里」，張湛注曰：「斯，離也。」然則「斯其所」者，離其所也。「斯其所，取

〔一〕凶，《周易正義》《周易注疏》均作「困」。

災」，言離其所乃取災害也。此爻「斯其所」與六二「旅即次」，義正相反。

渙奔其机。（《渙》九二）

注曰：「机，承物者也，謂初也。二俱无應，與初相得，而初得散道，離散而奔，得其所安，故『悔亡』也。」

樾謹按：經無「得」字，增字釋經，非經旨也。《説文·夭部》「奔，走也，從夭，賁省聲」，故賁與奔古通用。《詩》「鶉之奔奔」，《禮記·表記》引作「鶉之賁賁」，是也。「奔其机」當作「賁其机」。《射義》「賁軍之將」，鄭注曰：「賁讀爲僨，僨猶覆敗也。」《大學》「此謂一言賁事」，《釋文》曰：「賁，本又作僨，猶覆敗也。」然則「賁其机」者，猶言敗其机也。當渙之時，敗其所依者，而轉得獨行其志，故傳曰「得願也」。

渙其血，去逖出，无咎。（上九）

樾謹按：傳曰「渙其血，遠害也」，則當以「渙其血」三字爲句，疑「血」下古更有「血」字，當作「渙其血，血去逖出，无咎」。古人遇重文多省不書，但于字下加二畫以識之，傳寫因奪去耳。「血去逖出，无咎」，猶《小畜》六四曰「血去惕出，无咎」也。上「血」字乃本字，下「血」字乃「恤」之叚字，《小畜》釋文曰「血，馬云當作恤，憂也」，得其義矣。彼作「惕出」，此作「逖出」者，《説文・心部》「愓，或從狄作愁」，故此叚「逖」爲之耳。易聲、狄聲之字，古往往相通，《詩・泮水篇》「狄彼東南」，箋云「狄，當作剔」，《釋文》云「韓作鬄」。又「簡狄」，《漢書・古今人表》作「簡逷」，竝可爲證。

亨小利貞。（《既濟》彖辭）

集解引虞翻曰：「泰五之二，小謂二也。柔得中，故亨小。」

樾謹按：傳曰「《既濟》『亨』，小者亨也。『利貞』，剛柔正而位當也」，是彖辭本無「小」字，止云「《既濟》亨，利貞」，故傳以「小者亨」釋「亨」字，以「剛柔正而位當」釋「利貞」二字也。其作「亨小」者，涉《未濟》「亨，小狐汔濟」之文而衍耳。虞氏以「亨小」絶句，甚爲不辭。朱子《本義》倒其文曰「小亨」，并謂傳文「亨」上當有「小」字，胥失之矣。

高宗伐鬼方。（九三）

集解引虞翻曰：「鬼方，國名。乾爲高宗，坤爲鬼方。」

樾謹按：《繫辭傳》曰：「精氣爲物，游魂爲變，是故知鬼神之情狀。」虞氏有「乾神坤鬼」之説，凡經傳言鬼者，率以坤爲鬼釋之，此未得也。傳本泛論，不必專指乾坤。竊謂鬼神猶陰陽也，乾神、坤鬼，必古有是説。故《觀・彖傳》曰「聖人以神道設教」，蓋否九四變而成觀，上體之乾一陽又失，是有鬼道焉。鬼道不可以爲教，則聖人仍以神道設教，其義在六四，曰「觀國之光，利用賓于王」。虞氏説《易》以坤爲國，乾爲王。夫觀下有坤則有國，上無乾則無王也，而曰「利用賓于王」，此即聖人之以神道設教也。以乾、坤例坎、離，坎得乾中爻，神也；離得坤中爻，鬼也。既濟，離下坎上，以上體之坎視下體之離，是謂鬼方，故于九三曰「高宗伐鬼方」。未濟，坎下離上，以下體之坎視上體之離，是謂鬼方，故于九四曰「震用伐鬼方」。推之《睽》上九曰「載鬼一車」，睽上體爲離，自三至五互體爲坎，坎有輿象，見《説卦傳》。上九離爻而在互體坎上，以坎車載離鬼，故曰「載鬼一車」也。徒以坤爲鬼，未得厥旨。

又按：集解引干寶曰：「鬼方，北方國也。坎當北方，故稱鬼。」然《汲冢古文》云〔一〕：「武丁三十二年伐鬼方，次于荆。」惠氏棟《九經古義》據此謂「荆楚古稱鬼方」，其説甚塙。離爲南方之卦，鬼方亦南方之國，足見聖人取象之精。自説《易》者不得其解，并鬼方之國而失之矣。

〔一〕 冢，原文作「冡」，今據《〈春在堂全書〉校勘記》改。

繻有衣袽。（六四）

注曰：「繻，宜曰濡。衣袽，所以塞舟漏也。」

樾謹按：經無「舟漏」之文，王注非也。集解引虞翻曰：「乾爲衣，故稱繻。袽，敗衣也。乾二之五，衣象裂壞，故『繻有衣袽』。」若然，則但云「繻有袽」足矣，何必更言「衣」乎？虞說亦非也。又引盧氏曰：「繻者，布帛端末之識也。袽者，殘幣帛可拂拭器物也。繻有爲衣袽之道也，四處明闇之際，貴賤无恒，猶或爲衣，或爲袽也。」若然，則是繻有可衣可袽之道，不得但云「繻有衣袽」也。且布則曰布，帛則曰帛，何以止舉其端末之識而曰「繻」乎？盧說亦非也。今按：《漢書・終軍傳》「關吏予軍繻」，張晏曰：「繻，符也。書帛裂而分之，若券契矣。」蘇林曰：「繻，帛邊也，舊關出入皆以傳。傳煩，因裂繻頭以爲符信也。」竊以漢制多因古，春秋時紀子帛名裂繻，然則裂帛爲符，亦古制所有，殆猶上古結繩之遺意矣。此爻「繻」字即「終軍棄繻」之「繻」。《說文・糸部》：「絮，絜縕也，一曰敝絮。從糸奴聲。《易》曰：『需有衣絮。』」是經文「袽」字古作「絮」。「敝絮」之說，疑本古《易》說，故京房即作「絮」也。「繻有衣絮」者，言以繻爲符，而所裂之處乃有衣中之敝絮，則不足以取信，故至終日之久猶有戒心，而傳則申其義曰「有所疑也」。傳曰「有疑」，則「繻」是所以爲信之物，明矣。

東鄰殺牛，不如西鄰之禴祭。（九五）

集解引虞翻曰：「泰、震爲東，兑爲西，坤爲牛，震動五殺坤，故『東鄰殺牛』；在坎多眚，爲陰所乘，故『不如西鄰之禴祭』。禴，夏祭也。離爲夏，兑動二體，離明得正，承五順三，故『實受其福，吉大來也』。」

樾謹按：虞注以既濟爲泰五之二，故其説如此，實則此爻之象即在本卦，不必遠求之泰卦也。集解引崔憬曰：「居中當位於既濟之時，則當是周受命之日也。五坎爲月，月出西方，西鄰之謂也；二應在離，離爲日，日出東方，東鄰之謂也。離又爲牛，坎水克離火，東鄰殺牛之象。禴，殷春祭之名，按《尚書》，克殷之歲，『厥四月哉生明，王來自商，至于豐。丁未，祀于周廟』，四月，殷之三月，春也，則明『西鄰之禴祭』得其時而受祉福也。」今按：崔氏此説，以下體離爲東鄰，上體坎爲西鄰，又以牛爲離象，皆得之矣。惟必牽合殷周時事，而以「禴」爲殷春祭之名，則非也。既言周事，何不從周制而必從殷制乎？《漢書·郊祀志》引此文作「瀹祭」，《一切經音義》二十五引《通俗文》曰：「以湯煮物曰瀹。」然則瀹祭者，坎象也，謂以坎水瀹而祭也。東鄰以離言，牛亦以離言；西鄰以坎言，瀹亦以坎言。因其字變作「禴」，不從水而從示，故其義不顯矣。《萃》六二、《升》九二竝曰「孚乃利用禴」，「禴」亦當作「瀹」。虞注於《升》九二曰

「禴，夏祭也。孚謂二之五成坎爲孚，離爲夏，故『乃利用禴』」，夫二之五成坎，則禴是坎象明矣。必取互體之離爲説，何爲乎？推之《萃》六二「孚乃利用禴」，亦以二動之五言，二動之五，則五動之二，而下體成坎矣。惟升二之五當位，萃二之五不當位，故《升》九二曰「孚乃利用禴，无咎」，而《萃》六二曰「引吉，无咎，孚乃利用禴」。「无咎」之文在「孚乃利用禴」之上，明所以无咎者，以「引吉」不以用禴也。此兩爻之文所以同而異也。

群經平議卷二

周易二

六位時成，時乘六龍以御天。（《乾》　以下《彖傳》）

注曰：「大明乎終始之道，故六位不失其時而成。升降无常，隨時而用，處則乘潛龍，出則乘飛龍，故曰『時乘六龍』也。」

樾謹按：《爾雅·釋詁》：「時，是也。」《尚書·舜典》「惟時懋哉」，《史記·五帝紀》作「維是勉哉」；《臯陶謨》「咸若時」，《夏本紀》作「皆若是」。蓋時、是古通用，故史公遇「時」字，每以「是」字代之。「六位時成」，猶《詩》云「百禄是遒」「百禄是總」也。「時乘六龍以御天」，猶《繫辭傳》云「是興神物以前民用」也，「時」乃語詞，蓋言乾之爲德，大明乎終始之道，故六位於是成，於是乘六龍以御天也。語詞而以實義釋之，恐非傳義。

天造草昧。（《屯》）

注曰：「造物之始，始於冥昧，故曰『草昧』也。」

樾謹按：《廣雅・釋言》：「草，造也。」造與草本疊韻字，故聲近而義通。此當以「造草」二字連文，草亦造也。「天造草昧」，言天道造草之時，猶冥昧也。王注云「始於冥昧」，正得其解，但以「草昧」連讀，則失之。

以此毒天下而民從之。（《師》）

注曰：「毒，猶役也。」集解引干寶曰：「毒，荼苦也。」《釋文》引馬云：「治也。」

樾謹按：《尚書・微子篇》「天毒降災荒殷邦」，《史記・宋世家》作「天篤下災亡殷國」；《昭二十二年左傳》「司馬督」，《漢書・古今人表》作「司馬篤」，是毒通作篤，篤通作督，皆聲近而義同。此傳「毒」字當讀爲「督」，《爾雅・釋詁》：「督，正也。」以此督天下，言以此正天下也。《呂氏春秋・順民篇》「湯克夏而正天下」，高注曰：「正，治也。」正有治義，故督亦有治義。馬訓「治」，於傳義爲近。干氏、王氏之説，胥失之矣。

地道變盈而流謙。（《謙》）

集解引崔憬曰：「高岸爲谷，深谷爲陵，是爲變盈而流謙，地之道也。」

樾謹按：如崔氏説，則盈謙皆變矣，此泥「變」字之義而失之也。《吕氏春秋·至忠篇》「顔色不變」，高注曰：「變，毁也。」是「變」有「毁」義。「地道變盈而流謙」，言毁盈而流謙也，與「天道虧盈」義正相近。又《剥·彖傳》：「剥，剥也。柔變剛也。」「柔變剛」者，柔毁剛也。集解引荀爽曰「五者至尊，爲陰所變」，于義轉迂矣。

分剛上而文柔。（《賁》）

注曰：「剛柔不分，文何繇生？故坤之上六來居二位，『柔來文剛』之義也。柔來文剛，居位得中，是以『亨』。乾之九二，分居上位，『分剛上而文柔』之義也。剛上文柔，不得中位，不若柔來文剛，故『小利有攸往』。」

樾謹按：如注義，則「柔來文剛」亦可云坤之上六分居二位，何獨於剛上文柔乃言分乎？是於「分」字之義未得也。此卦六二一陰爻居初、三兩陽爻之閒，所謂「柔來而文剛」也；九三、上九兩陽爻包四、五兩陰爻於中，所謂「分剛上而文柔」也。以其有兩陽爻，故言「分」。若依注義專指上九一爻，又何分之有？宜其説之不得也。

鼎，象也。（《鼎》）

注曰：「法象也。」

樾謹按：六十四卦皆觀象繫辭，而獨於鼎言象，義不可通。集解引虞翻曰「象事知器，故獨言象也」，此亦曲爲之説耳。象當爲養，《説文·人部》：「像，象也，從人象聲，讀若養字之養。」凡《説文》「讀若」之字，其聲既同，其義亦通，如「勼，聚也，讀若鳩」，而今「勼聚」字即作「鳩」；「筥，厚也，讀若篤」，而今「筥厚」字即作「篤」，竝其例也。《周易》「象」字依《説文》本當作「像」，像讀若養，則亦可叚爲「養」矣。「鼎，象也」，猶云「鼎，養也。」下文云「聖人亨以享上帝，而大亨以養聖賢」，是其義也。學者不知「象」爲「養」之叚字，故不得其義。

漸之進也。（《漸》）

注曰：「之於進也。」

樾謹按：王氏讀「漸」字絶句，殆非也。此承《晉》傳而言，《晉》傳曰：「晉，進也。」故此傳曰「漸之進也」，所以別於晉之進也。晉與漸，雖竝有「進」義，然漸則以漸而進，其義微有不同，故曰「漸之進也，女歸吉也」，正義曰「漸漸而進之，施於人事，是女歸之吉也」，此説極合傳義。經曰「漸，女歸吉」，傳則釋之曰「漸之進也，女歸吉也」，辭義本無可疑，自王氏誤讀「漸」字絶句，後儒遂疑「之」字爲衍文矣。

乘木舟虚也。（《中孚》）

注曰：「乘木於用舟之虚，則終已无溺也。用中孚以涉難，若乘木舟虚也。」

樾謹按：王氏此注，所説不了。集解引王肅曰：「中孚之象，外實内虚，有似可乘虚木之舟也。」若然，則當言「虚舟」，不當言「舟虚」矣。《詩·谷風篇》正義引鄭注曰：「舟謂集板，如今自空大木爲之曰虚，即古又名曰虚，總名皆曰舟。」鄭君此注亦有奪誤，阮氏《校勘記》謂「自」當作「船」，未知是否。至「虚」字之義，當以鄭注爲塙，總名曰舟，别名曰虚，而合言之曰「舟虚」。猶《禮記》言「魚鮪」，魚，其總名；鮪，其别名。《左傳》言「鳥烏」，鳥，其總名；烏，其别名。古人屬文自有此例也。二王不解「虚」字，故所説皆非。

天行健。（《乾》　以下《象傳》）

樾謹按：健即乾也，以健爲乾，亦猶以順爲坤，説詳《坤·象辭》。武氏億《經讀考異》謂：「乾，古作𠊟，見《古今韻會》。」今按：𠊟即健之異文，猶巛即順之省文。若竟以𠊟爲古「乾」字，亦猶王肅注《家語》竟以巛爲古「坤」字，胥失之矣。

知光大也。（《坤》六三）

注曰：「知慮光大，故不擅其美。」

樾謹按：光與廣通，「光大」即廣大也，説詳王氏引之《經義述聞》。知當讀爲志，《禮記·緇衣篇》「爲上可望而知也，爲下可述而志也」，鄭注曰：「志猶知也。」然則知亦猶志也，《列子·湯問篇》「女志彊而氣弱，故足於謀而寡於斷」，張湛注曰：「志謂心智。」蓋志、知古通用，「知慮」字可以「志」爲之，故「志氣」字亦可以「知」爲之。知廣大也，言其志之廣大也。

衍在中也。（《需》九二）〔一〕

集解引虞翻曰：「衍，流也。中謂五也。」荀爽曰：「二應於五，水中之剛，故曰沙。知前有沙漠而不進也。體乾處和，美德優衍，在中而不進也。」

樾謹按：二説以荀爲長。《詩·伐木篇》「釃酒有衍」，毛傳曰：「衍，美貌。」是衍即有「美」義。「衍在中也」，猶云美在中也，正與九三傳云「災在外也」相對成義。

〔一〕二，原文作「三」，今據《周易正義》改。

患至掇也。（《訟》九二）〔一〕

集解引荀爽曰：「下與上争，即取患害，如拾掇小物而不失也。」《釋文》曰：「鄭本作惙，陟劣反，憂也。」

樾謹按：二説義均未安。惟此字鄭、荀各異，疑皆非本字。古字蓋止作「叕」，荀訓「拾掇」，故從手；鄭訓「憂」，故從心耳。《説文·叕部》：「叕，綴聯也。」「患至叕也」，言患害之來，綴聯不絶也。今各本皆作「掇」，古字古義俱亡矣。

不足以與行也。（《履》六三）

樾謹按：「以」字衍文也。傳文本云「眇能視，不足以有明也。跛能履，不足與行也」，古「與」「以」二字通用，上句用「以」字，下句用「與」字，文異而義同。《史記·貨殖傳》曰：「智不足與權變，勇不足以決斷，仁不能以取予。」《漢書·楊雄傳》曰：「建道德以爲師，友仁義與爲朋。」與、以互用，正與此同。學者不知「與」字之即「以」字，而更加「以」字於「與」字之上，轉爲不辭矣。

〔一〕 二，原文作「三」，今據《周易正義》改。

卑以自牧也。（《謙》初六）

注曰：「牧，養也。」

樾謹按：「牧」固訓「養」，然「卑以自養」於義未合。《荀子·成相篇》「請牧基，賢者思」，楊倞注曰：「牧，治。」然則「卑以自牧」者，卑以自治也。《方言》曰：「牧，司也。」又曰：「牧，察也。」司、察二義皆與「治」義相近，雖亦從「牧養」一義而引申之，然詁經者當隨文以求其義，未可徒泥本訓矣。

「咸臨，吉无不利」，未順命也。（《臨》九二）

注曰：「若順於五，則剛德不長，何繇得『吉无不利』乎？全與相違，則失於感應，其得『咸臨，吉无不利』，必未順命也。」正義曰：「『未順命』者，釋『无不利』之義。未可盡順五命，須斟酌事宜，有從有否，故得『无不利』也。」

樾謹按：傳文止曰「未順命也」，竝無有順有不順之義，王氏此説殊不可通。集解引荀爽曰：「陽感至二，當升居五，群陰相承，故『无不利』也。陽當居五，陰當順從，今尚在二，故曰『未順命也』。」若然，則「咸臨，吉无不利」以陽升之五而言，「未順命也」又以陽在二而言，兩句各成一義，全非孔子作傳以解經之旨矣。荀氏此説亦未盡合。今按：《雜卦傳》曰：「咸，速也。」「咸臨」者，言臨之速也，其説已詳爻辭。傳意蓋言咸臨所以吉无不利者，以陽尚在二，未升之五，群陰尚未順從，故欲其臨之速也。自「咸」字失解，遂并傳義而不可通矣。

天下雷行，物與无妄。（《无妄》）

注曰：「與，辭也，猶皆也。天下雷行，物皆不可以妄也。」

正義曰：「按諸卦之象，直言兩象，即以卦名結之。今云『物與无妄』者，欲見萬物皆无妄，故加『物與』二字也。」

樾謹按：「物與无妄」，四字卦名也，因卦名多兩字者，而此獨四字，則於文不便，故但曰「无妄」。猶「習坎」，二字卦名也，因「乾、坤、震、巽、離、艮、兑」皆一字，而「習坎」獨二字，則於文不便，故但曰「坎」也。《坎·象辭》稱「習坎」，而《无妄·象辭》不稱「物與无妄」，則已從省矣，惟《象傳》尚存其舊耳。正義所云殊爲曲説，世傳《歸藏》卦名有大毒畜、小毒畜也。雖未必可據，然毒與育通，《老子》釋文曰「毒之，今作育」，是也。育之義爲養，畜之義亦爲養，單言之曰「小畜」「大畜」，重言之曰「小毒畜」「大毒畜」，未爲無義。是故「小毒畜」「大毒畜」，三字卦名也；「物與无妄」，四字卦名也。聖人設卦觀象而命以名，安在其不可以三字、四字乎？

滕口説也。（《咸》上六）

注曰：「『咸其輔頰舌』，則『滕口説也』。『憧憧往來』，猶未光大，況在滕口，薄可知也。」正義曰：「『滕口説也』者，舊説字作『滕』，徒登反。滕，競與也。鄭玄又作『媵』。媵，送也。王注義得兩通，未知誰同其旨也。」

樾謹按：王氏蓋從鄭作「媵」，「媵」之義爲「送」，故以「憧憧往來」爲説，取「往」與「送」義相近也。若作「滕」，則與「憧憧往來」全不相涉矣。正義謂「義得兩通」，猶未達王氏之旨。

君子以自昭明德。（《晉》）

注曰：「以順著明，自顯之道。」正義曰：「『自昭明德』者，昭亦明也，謂自顯明其德也。周氏等爲照，非注旨也。」

樾謹按：集解引鄭玄曰：「地雖生萬物，日出於上，其功乃著，故君子法之而以明自照其德。」虞翻曰：「君子謂觀乾。乾爲德，坤爲自，離爲明。乾五動以離日自照，故以自照明德也。」鄭所傳者費氏《易》，虞所傳者孟氏《易》，而其字皆作「照」，然則古本固不作「昭」矣。照與昭古通用，照明即昭明也。《孫叔敖碑》「處幽暗而照明」，《劉熊碑》「誕生照明」，竝其證也。此傳之義，當從王弼作「昭」，其字當從鄭、虞作「照」，竟作「昭」，則非古字矣。

下不厚事也。（《益》初九）

注曰：「時可以大作，而下不可以厚事，得其時而无其處，故『元吉』，乃得『无咎』也。」正義曰：「厚事，猶大事也。」

樾謹按：經言「利用爲大作」，而傳言「不可厚事」，則傳與經異旨矣，恐非也。《説文》「厚，古文作垕」，故「厚」字即與「后」通。《禮記・檀弓篇》「后木」，正義曰：「《世本》云『厚』，此云『后』，其字異耳。」是「厚」與「后」古字通用之證。后訓後，厚亦訓後，《釋名・釋親屬篇》曰：「后，後也。」《釋言語》曰：「厚，後也。」《莊子・列禦寇篇》注「静而怯，乃厚其身耳」，《釋文》曰：「元嘉本『厚』作『後』。」然則「下不厚事」猶云下不後事，蓋下不可徒受上之益，雖當損上益下之時，必「利用爲大作」，乃「元吉，无咎」。此即「事君，敬其事而後其食」之義。

「莫益之」，偏辭也。（《益》上九）

注曰：「獨唱莫和，是偏辭也。」

樾謹按：《釋文》：「偏辭，音篇，孟作『徧』，云『周帀也』。」尋繹文義，以作「徧」爲長。惟「周帀」之訓，尚未盡善。此「徧」字解經文「莫」字，徧之言盡也。《淮南子・主術篇》「則天下徧爲儒墨矣」，高注曰：「徧猶盡也。」是其義也。凡言「莫」者，如「莫非」「莫不」之類，皆是極盡之辭。若有不盡然者，即不得言「莫」矣，故曰「莫益之，偏辭也」。王氏所據本作「偏」，是以所解未得傳義。集解引虞翻曰：「偏，周帀也。三體剛凶，故至上應，乃益之矣。」是其字正作「偏」，而其義即用孟氏「周帀」之說。然經言「莫益之」，而注言「乃益之」，豈可通乎？學者但當據虞注以訂正經文，不必苟同其說也。

積小以高大。（《升》）

《釋文》曰：「『以高大』，本或作『以成高大』。」

樾謹按：集解引虞翻曰：「君子謂三。小謂陽息復時，復小爲德之本，至二成臨。臨者，大也。臨初之三，巽爲高。二之五，艮爲慎，坤爲積，故慎德積小成高大。」是虞氏之《易》正與或本同。然下言「高大」，則上宜言「卑小」，今但言「積小」，疑本作「積小以成大」。正義曰：「『君子以順德，積小以高大』者，地中生木，始於毫末，終至合抱。君子象之，以順行其德，積其小善，以成大名。」然則孔氏所據本正作「積小以成大」，故以「積小善」釋「積小」之義，「成大名」釋「成大」之義也。此蓋古本如是，後誤衍「高」字而作「積小以成高大」，又誤刪「成」字而作「積小以高大」，皆於文義未安，胥失之矣。正義云云，是其所據本不誤，其述經文必作「積小以成大」，今作「積小以高大」，此後人以既誤之經改不誤之疏，非孔氏之舊也。且其上文曰「『地中生木，升』者，地中生木，始於細微，以至高大，故爲升象」，此文易之曰「地中生木，始於毫末，終至合抱」，蓋前言「高大」者，以卦名升，故必加「高」字以見升象；此言「合抱」者，以傳云「積小以成大」，言「大」不言「高」，故但言「合抱」，以見其大也。此孔氏措辭之密，學者可藉以考正經文矣。

行惻也。（《井》九三）

注曰：「行感於誠，故曰惻也。」

樾謹按：經文曰：「井渫不食，爲我心惻。可用汲，王明，竝受其福。」傳曰：「『井渫不食』，行惻也。求『王明』，受福也。」但稱述經文而其義自見，孔子作傳自有此例。如《比·象傳》曰「《比》之初六，『有他吉』也」，《大有·象傳》曰「《大有》初九，无交害也」，此類甚多，不可枚舉。傳文「行」字即經文「爲」字，《墨子·經上篇》曰：「行，爲也。」然則「行惻」即「爲惻」。正義解經文曰「爲，猶使也」，而《淮南子·説山篇》高誘注曰：「行，猶使也。」蓋「行」之與「爲」其義通矣。王注云「行感於誠」，實非傳義。

信如何也。（《鼎》九四）

注曰：「不量其力，果致凶災，信如之何！」正義曰：「言信有此不可如何之事也。」

樾謹按：注及正義説皆于文義未安。「信」當讀爲「身」，《周官・大宗伯職》「侯執信圭」，鄭注曰：「信當爲身。」是其證也。又信、伸古通用，《荀子・儒效篇》「是猶傴伸而好升高也」，楊注曰：「伸讀爲身。」亦其證也。「信如何也」，即身如何也。既覆公餗，其身將如之何，言必不免也。王氏解爻辭曰：「既覆公餗，體爲渥沾，知小謀大，不堪其任，受其至辱，災及其身，故曰『其形渥，凶』也。」此正與傳義合，但不知「信」爲「身」之叚字，故於傳文不得其解耳。

君子以居賢德善俗。（《漸》）

注曰：「賢德以止巽則居，風俗以止巽乃善。」正義曰：「君子求賢德使居位，化風俗使清善。」

樾謹按：「賢德」「善俗」，相對成文，「居」字包下二事而言，當漸進之時，不可不慎，必有賢德善俗而後居之，故曰「君子以居賢德善俗」。《荀子・勸學篇》曰「君子居必擇鄉」，是其義也。自解者誤以「居賢德」爲一事，「善俗」爲一事，遂有疑「賢」字爲衍文者矣。

天際翔也。（《豐》上六）

注曰：「翳光最盛者也[一]。」正義曰：「如鳥之飛翔於天際，言隱翳之深也。」

樾謹按：鳥飛翔於天際，何以轉謂之「隱翳」？王氏蓋從「翔」字取義。《淮南子・俶真篇》「雖欲翺翔，其勢焉得」，高注曰：「鳥之高飛，翼上下曰翺，直刺不動曰翔。」然則「翔」者，鳥高飛而張其兩翼也，故有「翳光」之義。正義云云，似于王氏之旨尚未達也。

失時極也。（《節》九二）

集解引虞翻曰：「極，中也。未變之正，失時極矣。」

樾謹按：九二雖未變之正，然不可謂失中也。「極」當讀爲「亟」，《荀子・賦篇》「出入甚極」，又曰「反覆甚極」，楊注竝曰：「極讀爲亟。」是古字通也。「失時亟也」，猶云亟失時耳。《論語・陽貨篇》「好從事而亟失時」，是其義也。蓋初九居卦之初，故「不出户庭，无咎」。至九二而猶「不出門庭」，則其失時也亟矣，故凶也。

[一] 盛，《周易正義》作「甚」。

君子以慎辨物居方。（《未濟》）

注曰：「辨物居方，令物各當其所也。」正義曰：「君子見未濟之時剛柔失正，故用慎爲德，辨别衆物，各居其方，使皆得安其所，所以濟也。」

樾謹按：物之所處謂之居，處置其物亦謂之居。《考工記・輿人》曰「凡居材，大與小無并」，《弓人》曰「居榦之道，菑栗不地，則弓不發」，皆「處置」之義也。是故「辨物」者，分别其品物也；「居方」者，處置其方位也。「辨物」「居方」，相對成義，謂辨别衆物，各居其方，非傳義矣。

方以類聚，物以群分。（《繫辭傳》）

樾謹按：「方」之言四方也，「物」之言萬物也。四方各以類聚，如《爾雅・釋地》云「太平之人仁，丹穴之人智，太蒙之人信，空桐之人武」，是也。萬物各以群分，如《大戴記・易本命篇》云「有羽之蟲三百六十，而鳳皇爲之長；有毛之蟲三百六十，而麒麟爲之長；有甲之蟲三百六十，而神龜爲之長；有鱗之蟲三百六十，而蛟龍爲之長；倮之蟲三百六十，而聖人爲之長」，是也。《樂記》正義引鄭注曰：「類聚群分，謂水火也。」集解引虞翻曰：「坤方道靜，故以類聚；乾物動行，故以群分。」又引《九家易》曰：「『方以類聚』謂姤卦，陽爻聚於午；『物以群分』謂復卦，陰爻群於子。」其説皆以求深而反失之。至鄭君注《樂記》云「方謂行蟲也，物謂殖生者也」，則又失之小矣。

悔吝者，憂虞之象也。

韓康伯注曰：「失得之微者，足以致憂虞而已，故曰『悔吝』。」正義曰：「經稱『悔吝』者，是得失微小，初時憂念虞度之形象也。」

樾謹按：集解引干寶曰：「悔亡則虞，有小吝則憂。憂虞未至於失得，悔吝不入於吉凶。事有小大，故辭有急緩，各象其意也。」干氏之意，蓋以「虞」爲驩虞之虞，故云「未至於失得」，言雖憂而未至有失，雖虞而未至有得也。韓伯此注與干寶説同，正義以爲「憂念虞度」，失注意矣。惟如干説，實亦未合，傳但言「悔」，不言「悔亡」，乃曰「悔亡則虞」，豈可通乎？《廣雅・釋詁》曰：「虞，驚也。」然則「憂虞」猶言「憂驚」也。或以爲「驩虞」，或以爲「虞度」，胥失其解。《廣雅》此訓，殆古《易》説歟？

齊小大者存乎卦。

注曰：「齊，猶言辯也。」

樾謹按：「齊」之訓「辯」，初無依據。韓意蓋謂「齊小大」與「辯吉凶」語意相近耳，殆非也。「齊小大」正與「列貴賤」同，「齊」猶言「列」也。《淮南子・原道篇》「齊靡曼之色」，高注曰：

「齊，列也。」是「齊」可訓「列」。《莊子·盜跖篇》「齒如齊貝」，「齊貝」猶列貝也。「列貴賤者存乎位，齊小大者存乎卦」，曰「列」、曰「齊」，辭異而義同，猶未及乎「辯」之也。《繫辭》焉而明吉凶，斯辯矣，故又曰「辯吉凶者存乎辭」，韓伯謂「齊猶辯」，殊非傳意。

憂悔吝者存乎介。

注曰：「介，纖介也。王弼曰：『憂悔吝之時，其介不可慢也。』即『悔吝者，言乎小疵也』。」

樾謹按：所引王弼説見《略例·明卦適變通爻篇》。其文曰：「故當其列貴賤之時，其位不可犯也；遇其憂悔吝之時，其介不可慢也。」以文義求之，似王氏讀「介」爲「眇」，故以「其位」「其介」對文竝舉。《釋文》於《略例》出「其介」二字，云「音眇」，此得王氏之意者也。又曰「本又作『分』，符問反」，蓋「界限」之「眇」與「分量」之「分」義得兩通，故陸氏竝存之，不以爲誤也。韓伯訓「介」爲「纖介」，本王肅、干寶之説，乃又引王弼説以證之，殆未達弼旨矣。《釋文》於此出「乎介」二字，云「音眇，注同」。王肅、干、韓云『纖介也』」，是陸氏讀此傳仍從王弼作「眇」，所謂「注同」者，即注中「其介不可慢」之「介」也。「纖介」之説別屬之王肅、干、韓，其所見塙矣。

其静也專。

注曰：「專，專一也。」

樾謹按：下文云「夫坤，其静也翕，其動也闢」，翕與闢正相對。此云「夫乾，其静也專，其動也直」，專與直亦必相對，殆非「專一」之謂也。「專」當作「摶」，《説文·手部》：「摶，圜也。」《考工記·梓人》「摶身而鴻」，鄭注曰：「摶，圜也。」又《廬人》《弓人》注竝同。《楚辭·橘頌篇》「圓果摶兮」，王逸注曰：「摶，圜也。楚人名圜爲摶。」然則「其静也摶」，猶言其静也圜。圜者，乾之本體也。摶、直、翕、闢，皆言其狀，非言其德。「摶」作「專」者，叚字耳。《史記·秦始皇紀》「摶心壹志」，叚「摶」爲「專」也；此云「其静也專」，叚「專」爲「摶」也。《釋文》曰：「專，陸作摶。」「摶」即「摶」字之譌矣。

成性存存，道義之門。

注曰：「物之存成，由乎道義也。」正義曰：「此明易道既存天地之中，能成其萬物之性，使物生不失其性。存其萬物之存，使物得其存成也。性，謂稟其始也。存，謂保其終也。」

樾謹按：繼之者善，成之者性，但能保其成之之性，使長存而勿失，即道義之所從出也，故曰「成性存存，道義之門」。《爾雅·釋訓》曰：「存存，在也。」邢昺疏即引《繫辭》「成性存存」以證之，是「存存」重言，非有兩義。正義以「成性」爲一事，「存存」爲一事，解爲「存其萬物之存」，下「存」字果何指乎？

言天下之至賾而不可惡也。

正義曰：「謂聖人於天下至賾之理必重慎明之，不可鄙賤輕惡也。」

樾謹按：惡之言麤也。《國語·齊語》「惡金以鑄鉏夷斤欘」，韋昭注曰：「惡，麤也。」《儀禮·既夕記》「主人乘惡車」，亦取「麤惡」之義。天下之理至賾，必詳悉言之，方能共曉，故曰「言天下之至賾而不可惡也」，謂不可麤略也。惡與善爲對文，《釋名·釋言語》曰：「善，演也，演盡物理也。」盡物理謂之善，然則不盡物理謂之惡矣。正義以爲「鄙賤輕惡」，夫天下之理，豈有可賤惡者？知其不然也。

言天下之至動而不可亂也。

《釋文》曰：「鄭本作『至賾』，云『賾當爲動』，《九家》亦作册。」集解引虞翻曰：「動，舊誤作『賾』也。」

樾謹按：以鄭、虞説觀之，是古本此句作「言天下之至賾」，與上句同。正義曰「若以文勢上下言之，宜云『至動而不可亂也』」，然則孔穎達所據本亦作「至賾」矣。學者徒見上文「賾」與「動」對舉，故改「賾」爲「動」，不知此文「言天下之至賾而不可惡也」「言天下之至賾而不可亂也」，實專承「天下之賾」而言。下文云「擬之而後言，議之而後動」，然後覆説「動」字。若謂此文「賾」字必與「動」對，則下文「動」字何以不與「賾」對乎？蓋「天下之賾」「天下之動」，文雖平列，意實相承，不必兩兩對舉也。執後世之文法以讀聖經，失之泥矣。其兩云「言天下之至賾」，似乎繁複，乃古人自有此文法。《孟子·梁惠王篇》：「故王之不王，非挾泰山以超北海之類也；王之不王，是折枝之類也。」《離婁篇》：「瞽瞍底豫而天下化，瞽瞍底豫而天下之爲父子者定。」若以後世文法繩之，兩「王之不王」、兩「瞽瞍底豫」，亦可省其一矣。

小人而乘君子之器，盗思奪之矣。上慢下暴，盗思伐之矣。

正義曰：「言君子合乘車。今應負之人而乘車，是小人乘君子之器也，則盗竊之人思欲奪之矣。小人居上位必驕慢，而在下必暴虐。爲政如此，大盗思欲伐之矣。」

樾謹按：《詩·泮水篇》「思樂泮水」，《禮記·禮器篇》正義作「斯樂泮水」；《我行其野篇》「言歸思復」，唐石經作「言歸斯復」，蓋「思」「斯」竝語詞，古亦通用。「盗思奪之矣」「盗思伐之矣」，兩「思」字均與「斯」字同，猶曰「盗斯奪之矣」「盗斯伐之矣」，正義以實字解之，未合古義。

聖人以此洗心。

注曰：「洗濯萬物之心。」

樾謹按：傳言「洗心」，不言「洗萬物之心」，韓注非也。《釋文》出「洗心」二字〔一〕，曰：「劉瓛悉殄反，盡也。王肅、韓悉禮反，京、荀、虞、董、張、蜀才作先。」今按：「洗心」之義當從劉瓛說。《尚書・酒誥篇》「自洗腆」，《釋文》曰：「洗，先典反，馬云『盡也』。」然則「洗」之訓「盡」，古有此義。「以此洗心」者，以此盡心也。《禮記・王制篇》：「刑者，侀也；侀者，成也。一成而不可變，故君子盡心焉。」文義與此相近。《説文・歺部》：「殄，盡也。」劉音「悉殄反」，蓋即讀如「殄」，故訓「盡」也。京、荀諸本作「先」，乃「洗」字之省，而集解引虞注曰：「以蓍神知來，故以先心。」若然，則當云「聖人以此先知」，何言「先心」乎？

《易》窮則變，變則通，通則久。是以「自天祐之，吉无不利」。

樾謹按：以上下文法言之，此數語殊爲不倫。疑「《易》窮則變，變則通，通則久」，乃上篇「動則觀其變而玩其占」以下之脱簡。「是以『自天祐之，吉无不利』」，乃文之重出者也，當移至上篇，曰「是故君子居則觀其象而玩其辭，動則觀其變而玩其占。《易》窮則變，變則通，通則久。是以『自天祐之，吉无不利』」。至此篇則云「神農氏没，黄帝、堯、舜氏作，通其變，使民不

〔一〕洗，原文作「先」，今據《經典釋文》改。

倦，神而化之，使民宜之。黄帝、堯、舜垂衣裳而天下治，蓋取之乾、坤」。

動而不括。

注曰：「括，結也。君子待時而動，則无結閡之患也。」

樾謹按：「括」與「适」通，《書·君奭篇》「南宫括」，《大傳》作「南宫适」，是其證也。《説文·辵部》：「适，疾也。讀與『括』同。」然則「不括」即不适，言不疾也。藏器於身，待時而動，是君子不急於動，故曰「動而不适」。韓注訓「括」爲「結」，又加「閡」字以成其義，失之迂矣。

於稽其類。

集解引侯果曰：「於，嗟也。」

樾謹按：《爾雅·釋詁》：「爰、粤，於也。」《詩·桑中篇》「爰采唐兮」，《儀禮·士冠禮》「爰字孔嘉」，毛傳、鄭注竝曰：「爰，於也。」《漢書·叙傳》「尚粤其幾」，應劭曰〔一〕：「粤，於也。」然則「於稽其類」猶云「爰稽其類」「粤稽其類」耳。侯訓爲「嗟」，則讀爲「烏」，轉於文義未安矣。

〔一〕劭，原文作「邵」，今據清經解續編本《群經平議》改。

因貳以濟民行。

注曰：「貳則失得也。」

樾謹按：《釋文》：「因貳，音二。鄭云：當爲弍。」集解引虞翻曰：「二謂乾與坤也。」是虞、韓皆與鄭讀同。然聖人何不明舉此二者以示人，而但曰「貳」，「貳」者何物乎？後人各以意求之，或以爲乾坤，或以爲失得，而聖人之傳幾同秦客之廋辭、楚王之隱語矣，殆非也。《周官·小宰之職》曰「掌邦之六典、八灋、八則之貳」，鄭司農云：「貳，副也。」《司勳職》曰「大功，司勳藏其貳」，鄭注曰：「貳猶副也。功書藏于天府，又副于此者，以其主賞。」《司盟職》曰「既盟則貳之」，注曰：「『貳之』者，寫副當以授六官。」以此考之，凡有正書而寫其副本曰「貳」。古者，三《易》之法掌于太卜，民間不得見也。然聖人吉凶與民同患，亦欲使之知所趨避，因寫副本行之邦國，使民皆得取決焉，故曰「因貳以濟民行，以明失得之報」。

是故變化云爲。

正義曰：「『是故變化云爲』者，《易》既備含諸事，以是之故，物之或以漸變改，或頓從化易，或口之所云，或身之所爲也。」

樾謹按：「變化云爲」與下句「吉事有祥」一律，「云」亦「有」也。《廣雅·釋詁》曰：「云，有也。」《文選・陸機〈答賈長淵詩〉》曰「公之云感」，注引應劭《漢書注》曰：「云，有也。」《國語・晉語》曰「其誰云弗從」，韋昭注曰：「誰有弗從。」是亦訓「云」爲「有」也。「變化云爲」即變化有爲，言其變化必有所爲也。變化有爲，故「象事知器」；「吉事有祥」，故「占事知來」。上句用「云」字，下句用「有」字，文異而義同。古書往往有此，《尚書・洪範篇》「水曰潤下，火曰炎上，木曰曲直，金曰從革，土爰稼穡」，「爰」即「曰」也；《爾雅・釋魚篇》「俯者靈，仰者謝，前弇諸果，後弇諸獵」，「諸」即「者」也。疊句成文而虚字不同，不可枚舉。若從正義之説，「變化云爲」分爲四事，則與下文不屬矣。

不易乎世。（《文言》）

王注曰：「不爲世俗所移易也。」

樾謹按：「易」當讀爲「施」。《詩・皇矣篇》「施于孫子」，鄭箋云：「施猶易也。」故施、易二字古亦通用。《何人斯篇》「我心易也」，《釋文》曰：「易，《韓詩》作『施』。」《戰國策・韓策》「易三川而歸」，《史記・韓世家》作「施三川」，皆其證也。《白虎通・號篇》引《尚書》「不施予一人」，即《盤庚篇》「不惕予一人」，「施」通作「易」，故通作「惕」，亦其證也。「不易乎世」者，不施乎世也，言不得設施乎世也。不施乎世，故不成名，而爲龍德之隱矣。

善世而不伐。

正義曰：「謂爲善於世而不自伐。」

樾謹按：傳言「善世」，不言「爲善於世」，正義所説非其旨也。「世」當作「大」，《禮記·曲禮篇》「不敢與世子同名」，鄭注曰：「世或爲大。」《公羊春秋·文十三年》「世室屋壞」、《昭二十五年》「樂世心」，《左》《穀》經文「世」竝作「大」。《桓九年左傳》正義曰：「諸經稱『世子』及『衛世叔申』，經作『世』字，傳皆爲『大』。然則古者『世』之與『大』，字義通也。」「善世而不伐」者，善大而不伐也。下句曰「德博而化」，善世與德博，義正一律。世與博，皆「大」也。

君子以成德爲行，日可見之行也。

正義曰：「言君子之人，當以成就道德爲行，令其德行彰顯，使人日可見其德行之事，此君子之常也。」

樾謹按：如正義所説，甚爲不辭。此「日」字疑「曰」字之誤。《大畜》九三「曰閑輿衛」，《釋文》云：「曰，音越，曰猶言也。鄭人實反〔一〕，云『日習車徒』。」然則「曰」「日」二字之相亂，在本

〔一〕實，原文作「習」，今據《經典釋文》改。

書已有徵矣。「君子以成德爲行，曰可見之行也」，猶云君子以成德爲行，言可見之行也。「曰」譌作「日」，於義難通矣。

蓋言順也。

樾謹按：此「順」字，即《象傳》「馴致其道」之「馴」，集解於《象傳》引《九家易》曰「馴猶順也」，蓋馴、順竝從川聲，《説文・馬部》「馴，馬順也」，是二字聲義俱同。「馴致其道」，即順致其道；「蓋言順也」，即蓋言馴也。正義於彼云「言順其陰柔之道，習而不已」，於此云「蓋言順習陰惡之道，積微而不已」，是孔氏猶知順、馴之同義，唐時古訓未湮也。

然後能變化，既成萬物也。（《説卦》）

集解引虞翻曰：「乾道變化，各正性命，成既濟定，故『既成萬物』矣。」

樾謹按：《繫辭傳》云：「初帥其辭〔一〕，而揆其方，既有典常。」集解引侯果曰：「盡有典常，非虚設也。」是侯氏訓「既」爲「盡」。此云「既成萬物」，義亦與彼同，猶言盡成萬物也。傳本泛論，必牽合卦名，此最虞氏之失。

〔一〕 帥，《周易正義》《周易注疏》均作「率」。

巽，入也。

樾謹按：《説文・丌部》「巽，具也。從丌𢀩聲」〔一〕，「顨，巽也。從丌從頭」。此《易・顨卦》『爲長女，爲風』者」。以此推之，疑古《説卦傳》當曰「顨，巽也」，不曰「巽，入也」，蓋嘗徵之《彖傳》矣。《彖傳》每不言卦名，而言卦之名義，如坎下艮上則曰「險而止」、震下兑上則曰「動而説」，皆是也。獨至巽卦則皆曰「巽」，無曰「入」者。《小畜》曰「健而巽」，《蠱》曰「巽而止」，《觀》曰「順而巽」，《大過》曰「巽而説行」，《恒》曰「巽而動」，《益》曰「動而巽」，《升》曰「巽而順」，《鼎》曰「巽而耳目聰明」，《漸》曰「止而巽」，《中孚》曰「説而巽」，《彖傳》無一「入」字，然則《説卦傳》不作「巽，入也」明矣。蓋卦名本作「顨」，《説卦傳》釋其義曰「顨，巽也」，《彖傳》言「巽」者，皆「顨」之名義也。自卦名變作巽，則「巽，巽也」二字無别，於是用《序卦傳》義改作「巽，入也」，而古字古義俱亡矣。

爲蕃鮮。

正義曰：「鮮，明也。取其春時草木蕃育而鮮明。」

樾謹按：「蕃育」「鮮明」則成兩義，當曰「爲蕃」「爲鮮」，不得合言之曰「爲蕃鮮」也。「蕃」

〔一〕𢀩，原文作「巽」，今據《説文》改。

讀爲「播」。《周官・大司樂職》「播之以八音」，故書「播」爲「藩」，杜子春云：「藩當爲播。」然則《周易》叚「蕃」爲「播」，猶《周官》故書叚「藩」爲「播」，蕃、藩、播，竝從番聲，古音同也。鮮之言散也，《國語・周語》「地無散陽」，漢《白石神君碑》作「地無鱻陽」，「鮮」與「鱻」同。是故「爲蕃鮮」猶云「爲播散」也。震動故有「播散」之義。後人不通古音，斯失其解矣。

爲廣顙。

樾謹按：《釋文》「廣，鄭作黄」，當從之。上文「爲寡髮」，本作「爲宣髮」，集解引虞翻曰：「爲白故宣髮。」《考工記》鄭注曰：「頭髮皓落曰宣。《易》『巽爲宣髮』。」是鄭説與虞同。「爲宣髮」「爲黄顙」「爲多白眼」，三句皆以色言也，今作「寡髮」「廣顙」，失之矣。

爲曳，其於輿也，爲多眚。

樾謹按：「爲曳」二字，似宜在「其於輿也」之下，「其於輿也，爲曳」，如《睽》六三「見輿曳」是也。睽自三至五，正有坎象，以經注經，莫塙于此矣。「爲多眚」以下於輿義不相蒙，自「爲曳」二字誤倒在上，乃以「多眚」屬「輿」。集解引虞翻曰「坤爲大車，坎折車軸，故爲車多眚」，未免曲爲之説矣。

豫必有隨，故受之以隨。以喜隨人者，必有事，故受之以蠱。（《序卦》）

樾謹按：「以喜」二字，疑當在「必有隨」之上，其文曰「豫以喜，必有隨，故受之以隨。隨人者必有事，故受之以蠱。」正義引鄭注曰「喜樂而出，人則隨從」，正解「豫以喜必有隨」之義，可據以訂正。

節而信之，故受之以中孚。

注曰：「孚，信也。既已有節，則宜信以守之。」

樾謹按：《説文・卩部》：「卩，瑞信也。守國者用玉卩，守都鄙者用角卩〔一〕，使山邦者用虎卩，士邦者用人卩，澤邦者用龍卩，門關者用符卩，貨賄用璽卩，道路用旌卩。象相合之形。」今經典相承皆以「節」爲之，韓伯之意蓋謂「節」猶「卩」也，所以爲信也，故曰「既已有節，則宜信而守之」。晉人猶知古義，唐以後不復知此矣。

比樂師憂。（《雜卦》）

注曰：「親比則樂，動衆則憂。」

〔一〕卩，原文作「節」，今據《説文》及清經解續編本《群經平議》改。

樾謹按：「比樂師憂」，實《周易》中之精義，韓伯此注殊爲膚淺。集解引虞翻曰：「比五得位建萬國，故樂；師三失位輿尸，故憂。」亦非其旨也。蓋「比樂師憂」即需、訟之一利涉、一不利涉也。需卦坎在上，是未出險，未出險則宜往而出險，故曰「利涉大川」。訟卦坎在下，是已出險，已出險則不宜又入險，故曰「不利涉大川」。此需、訟一利涉、一不利涉之別也。然需、訟之「利涉」「不利涉」以乾言也，乾陽上升，故需、坎在上，爲未出險，而訟、坎在下，爲已出險。若師、比則當以坤言矣。坤陰下降，故比、坎在上，爲不遇險，而師、坎在下，爲遇險。不遇險故樂，遇險故憂，「比樂師憂」正與需、訟之「利涉」「不利涉」相反，而實一義也。請更以蹇、解、井、困四卦明之。艮、震皆陽卦也，陽則上升，故艮上有坎爲蹇，而震下有坎則解矣。兑、巽皆陰卦也，陰則下降，故巽上有坎爲井，而兑下有坎則困矣。傳曰「井通而困相遇也」，明井、坎在上則巽陰已通，困、坎在下則兑陰降，而適與相遇也。知井之通則知比之樂矣，知困之相遇則知師之憂矣。余著《易貫》一書，頗發明「憂」「樂」之旨，以明處憂患之道。此書專孿古訓，於《易》義未及敷陳，姑撮其大旨如此。

賁，无色也。

注曰：「飾貴合衆，无定色也。」

樾謹按：「无定色」，不可謂之「无色」，韓注非也。集解引虞翻曰「五動巽白，故无色也」，若然，則賁變爲家人矣，舍賁之本卦而取義於家人，不亦遠乎？虞注亦非也。然「无色」之義，殊不可曉。《釋文》引傅氏云：「賁，古『斑』字，文章貌。」鄭云：「賁，變也，文飾之貌。」王肅云：「賁，有文飾，黄白色。」以諸説觀之，「賁」安得云「无色」？惟上九「白賁无咎」，王注曰：「處飾之終，飾終反素。」是「无色」之義，但可以言上九一爻，豈可以言全卦乎？疑「无」當作「亓」，乃古文「其」字，《集韵》曰「其，古作亓」，是也。噬嗑，食也；賁，色也。食、色正相對成文。因「賁」止一字，故加「其」字以足之，曰「賁，亓色也」，亓、无形似，遂譌爲「无色」矣。

兑見而巽伏也。

注曰：「兑貴顯説，巽貴卑退。」

樾謹按：「兑見而巽伏」者，陰始于上而極于下也。畫卦者必自下而上，故有「震長男，巽長女」之説。然陰陽之理，實不盡于此。冬至之日一陽自地而升，夏至之日一陰自天而降，此陽升陰降之定理也，故《雜卦傳》有震起艮止、兑見巽伏之説。震所以爲起者，陽始于下也；艮所以爲止者，陽極于上也，此學者所知也。兑所以爲見者，陰始于上也；巽所以爲伏者，陰極于下也，此學者所未知也。請以否、泰二卦明之：三陽在上，三陰在下，則陽已升、陰已降而不復交矣，聖人因名之曰否；三陰在上，三陽在下，則陽升陰降而交焉，聖人因名之曰泰，是可見陰陽之理矣。不然，天位乎上，地位乎下，豈非天地之正位，何以爲否乎？夫伏羲之卦猶倉頡之字也，畫卦之法必自下而上，亦猶作字之法，必自左而右也。一卦有一卦之意，非必自下而上，亦猶一字有一字之意，非必自左而右也。然則「兑見巽伏」之説，與「巽長兑少」之説，何妨各成一義乎！

群經平議卷三

尚書一

光被四表。（《堯典》）

枚氏傳曰：「故其名聞充溢四外。」

樾謹按：「光被四外」，甚爲不辭。《詩·噫嘻篇》正義引鄭注曰：「言堯德光耀及四海之外。」然經文但曰「四表」，不曰「四海之表」，增字釋經，亦非經旨。今按：《僖二十八年左傳》：「表裏山河。」表、裏皆以衣爲喻，是故「四表」猶四裔也。《説文·衣部》：「表，上衣也，從衣從毛，古者衣裘以毛爲表。」又曰：「裔，衣裾也。」是「表」與「裔」本義皆屬衣。以其在極外而言則曰「四表」，猶衣之有表也；以其在極末而言則曰「四裔」，猶衣之有裔也。《文選·西都賦》曰

「表以太華終南之山，帶以洪河涇渭之川」，表、帶竝言，得古義矣。

克明俊德。

傳曰：「能明俊德之士任用之，以睦高祖玄孫之親。」

樾謹按：此句當與上文「光被四表，格于上下」連讀，言光被四表，格于上下，由其克明俊德。《禮記・大學篇》引此文而釋之曰「皆自明也」，是謂堯自明其德，非謂明俊德之士也。「以親九族，九族既睦；平章百姓，百姓昭明；協和萬邦，黎民於變時雍」，皆兩句爲一義，與「慎徽五典，五典克從；納于百揆，百揆時叙；賓于四門，四門穆穆；納于大麓，烈風雷雨弗迷」八句正相似。僞孔傳割「慎徽五典」以下爲《舜典》，蓋正取此數語與《堯典》相配也。其後僞作二十八字者，終之曰「玄德升聞，乃命以位」，則固以舜之玄德配堯之俊德矣。

厥民因。

傳曰：「因，謂老弱因就在田之丁壯以助農也。」

樾謹按：經文止言「厥民」，安知其爲老弱者乎？傳義似非經意也。因之言重襲也，《説文・艸部》曰：「茵，車重席。」《廣雅・釋器》曰：「複襂謂之裀。」蓋「因」有「重複」之義，以其爲重席而從艸作「茵」，以其爲複襂而從衣作「裀」，其義通也。「厥民因」與下文「厥民隩」文異而義相近。隩，本作「奧」，見段氏玉裁《古文尚書撰異》。奧，深也；「因」有「重複」之義，則亦「深」也。大暑、大寒，人不可犯，皆宜深居以避之。《禮記·月令篇》於仲夏之月、仲冬之月竝曰「處必掩身」，是其義也。

胤子朱啟明〔二〕。

傳曰：「胤，國。子，爵。朱，名。」正義曰：「夏王仲康之時，胤侯命掌六師，《顧命》陳寶有胤之舞衣，故知古有胤國。『胤』既是國，自然『子』爲爵，『朱』爲名也。馬融、鄭玄以爲『帝之胤子曰朱也』。求官而薦太子，太子下愚以爲啟明，揆之人情，必不然矣。」

樾謹按：枚説是也。《説文·糸部》「絑，純赤也。《虞書》『丹朱』如此」，蓋《虞書》有「胤子朱」之「朱」，有「朱虎熊羆」之「朱」，有「丹朱」之「朱」，許君謂「『丹朱』如此」，然則「胤子朱」與「朱虎」不如此明矣。不然「胤子朱」之文最在前，何舍前而舉後乎？即此可見壁中古文「胤子朱」與「丹絑」兩字不同，其非一人明甚。孔傳雖僞，然此説實勝馬、鄭舊義，學者不可不知也。

〔二〕胤，原文避諱作「允」，今改作「胤」。後徑改，不再出校。

試可乃已。

傳曰：「唯鯀可試，無成乃退。」

樾謹按：經言「試可」，不言「可試」；經言「乃已」，不言「無成乃已」，傳義非也。「已」當作「以」，《禮記・檀弓篇》「則豈不得以」，鄭注曰：「以，已字。」又曰：「以與已，字本同。」《周易・損》初九「已事遄往」，《釋文》曰：「已，本亦作以。」《論語・先進篇》「毋吾以也」，《釋文》曰：「以，鄭本作已。」皆「已」「以」通用之證。以，用也。「試可乃以」者，言試之而可乃用之也，《史記・五帝紀》作「試不可用而已」，蓋不知「已」當作「以」，而疑「試可乃已」文義難通，遂改「可」爲「不可」。古書之難讀久矣。

巽朕位。

傳曰：「巽，順也。言四岳能用帝命，故欲使順行帝位之事。」《釋文》引馬注曰：「巽，讓也。」《史記集解》引鄭注曰：「入處我位。」

樾謹按：諸説於文義均未安。《史記・五帝本紀》「巽」作「踐」，當從之。《尚書》作「巽」者，叚字也，踐從戔聲，古音與「巽」近。《史記・仲尼弟子傳》「宓不齊，字子賤」「任不齊，字子選」，賤從戔聲，選從巽聲，而皆名「不齊」，是其證矣。説者不知「巽」爲踐之叚字，望文生訓，失之。

舜讓于德，弗嗣。（《舜典》）〔一〕

樾謹按：《文選·典引》曰「有于德不台淵穆之讓」，李善注引《漢書音義》曰：「古文『台』爲『嗣』。」是《古文尚書》作「嗣」，《今文尚書》作「台」。台即怡字，故《史記·五帝紀》集解引徐廣曰：「《今文尚書》作『不怡』也。」古文「台」爲「嗣」，猶《韓詩》「嗣音」作「詒音」，《公羊春秋》「治兵」作「祠兵」，乃叚借字。《史記·五帝紀》作「不懌」，則以訓詁字代之也。史公《自序》曰：「唐堯遜位，虞舜不台。」竊謂史公雖得「台」字之義，而于經文句讀有未審也。此經「嗣」字當從今文作「怡」，其義則從史公作「懌」，而以「舜讓于德」爲句，「弗台」爲句。「舜讓于德」者，言舜讓于有德之人也。他如「讓于稷契暨皋陶」「讓于殳斨暨伯與」，皆有所讓之人。而此無之者，蓋舜實亦未見有可讓之人，但不敢便陟帝位，故讓于有德者。若曰天下自當有其人，姑待之耳。「弗怡」者，堯弗怡也。堯聞其讓而不怡懌，蓋不允其讓也，故其下遂繼之曰「正月上日，受終于文祖」。不然，如下文諸臣之讓，史臣必書「帝曰：『俞，女往哉』」，或云「帝曰：『俞，往哉！女諧』」，此文「舜讓」之下，堯猶無一言，何以即紀受終之事乎？

〔一〕舜典，原文脱，今據《尚書注疏》補。

如五器。

姚氏傳曰：「器，謂圭璧。如五器，禮終則還之。」

樾謹按：姚方興以「如五器」連下「卒乃復」爲義，蓋即馬融說。《太平御覽·禮儀部》引馬注曰：「五器，上五玉。禮終則還之，三帛以下不還。」是也。然如其說，則但曰「五玉卒乃復」，豈不甚明？必變其文曰「五器」，何歟？《隱八年公羊傳》疏引鄭注曰：「如者，以物相授與之。言授贄之器有五，卿、大夫、上士、中士、下士也。」鄭氏此說于古無徵，且以物相授與而謂之「如」，亦未詳何義，殆不可用也。今按：如猶同也，《廣雅·釋言》曰：「如，均也。」上文「同律度量衡」，傳曰：「律法制及尺丈、斛斗、斤兩，皆均同。」然則「如」與「同」竝有「均」義。律度量衡言「同」，五器言「如」，其義一也。五器者，五兵也。《國語·周語》「阜其財求而利其器用」，韋注曰：「器，兵甲也。用，耒耜之屬也。」是古謂兵器爲「器」。《大戴記·用兵篇》：「公曰：『蚩尤作兵與？』子曰：『否。蚩尤，庶人之貪者也，及利無義，不顧厥親，以喪厥身。蚩尤惛慾而無厭者也，何器之能作？』」公問「作兵」，子言「作器」，此古謂「兵」爲「器」之明證。蓋器械之中以兵爲重，故得專以器名。《禮記·少儀篇》「不度民械」，鄭注曰：「械，兵器也。」謂兵器爲器，猶謂兵器爲械矣。《司馬法》曰：「弓矢圍，殳矛守，戈戟助，凡五兵，長以衛短，短以救長。」

是古者兵器有五，故謂之「五器」。天子巡守，所至必均同之，故曰「如五器」也。「五兵」之說，諸傳記所載不一，今姑依《司馬法》爲說，其詳見孔氏廣森《禮學卮言》。

卒乃復。

樾謹按：姚傳襲馬融之說，以此句連上「如五器」爲義，未得其旨，辯見前矣。《隱八年公羊傳》疏引鄭注曰：「卒，已也。復，歸也。巡守禮畢，乃反歸矣。」然每方禮畢輒歸，道里迂遠，于事不便。且下文言「歸」，此文言「復」，文既不同，義亦當異，若如鄭注，何不言「卒乃歸」，而必言「卒乃復」乎？今按：《周官・宰夫職》曰「諸臣之復」，鄭注曰：「復之言報也，反也。反報於王，謂於朝廷奏事。」又《太僕職》曰「掌諸侯之復逆」，注曰：「復謂奏事也。」「卒乃復」當從此義，謂每一方禮畢，舜輒使人反報于堯也。下文「歸，格于藝祖」，方是舜自歸。曰「復」、曰「歸」，經固別而言之，何後人尚混而一之乎？

歸，格于藝祖。

傳曰：「藝，文也。言祖則考著。」

樾謹按：姚以「藝祖」即「文祖」，蓋陰用鄭義。鄭君說上文「受終于文祖」曰：「文祖者，五府之大名，猶周之明堂。」見《史記集解》。又說此文「歸，格于藝祖」曰：「藝祖，文祖，猶周之明堂。」見《詩・我將篇》正義。是鄭意正謂「藝祖」即「文祖」也，姚襄其說，但不以爲明堂耳。今按：文祖之説，自以鄭義爲塙。《尚書帝命驗》曰：「帝者，承天立五府。五府者，五帝之廟，蒼曰靈府，赤曰文祖，黄曰神斗，白曰顯紀，黑曰玄矩。」然則舉文祖之一名以包靈府、神斗衆名，猶舉明堂之一名以包青陽、總章諸名也。王者，南面而聽天下，嚮明而治，故舜之受終必於文祖，猶周公朝諸侯必于明堂也。孫氏星衍、江氏聲竝宗其説，洵無以易之矣。惟以「藝祖」謂即「文祖」，恐未必然。文祖、藝祖既有異名，必非同實。若文、藝一也，何以前後倶言「文祖」，此獨變文言「藝」乎？且藝之訓文，亦非古訓。《周官》以禮、樂、射、御、書、數爲六藝，猶言材藝也。漢世遂以六經爲六藝，而後世因之有「文藝」之稱，豈可以説唐虞之書乎？《尚書大傳》作「歸，假于禰祖」，《史記・五帝本紀》亦云「歸，至于禰祖廟」，此自是古文、今文之異，然「文祖」無異文，而「藝祖」「禰祖」古今文不同，即此可知「藝祖」之非即「文祖」矣。《釋文》引馬、王云：「藝，禰也。」以藝爲禰，是以今文説古文。上文「受終于文祖」，馬云：「文祖，天也。天爲文萬物之祖，故曰文祖。」是馬融之意，固以「文祖」「藝祖」爲有別矣。惟藝之爲禰，殊無依據。孫氏星衍謂「聲相近」，此未得也。藝當讀爲暬，暬從執聲，古「藝」字止作「執」，《漢書・楚元王傳》注曰：「執，古『蓺』字。」《司馬遷傳》注曰：「蓺，古『藝』字。」蓋古作「執」，後作「蓺」，又作「藝」，轉相加而愈非古矣。是故以「藝」爲「暬」，實以「埶」爲「暬」。古文以聲爲主，省不從日，亦猶以「哥」爲「歌」，以「臤」爲「賢」之例也。《國語・楚語》「居寢有暬御之箴」，韋注曰：「暬，近也。」「暬」之義爲「近」，「禰」之義亦爲「近」。《襄十三年左傳》正義曰：「禰，近也，於諸廟，父最爲近也。」《隱元年公羊傳》疏引舊説云：「禰，示旁爾，言雖可入廟，是神示，猶自最近于己，故曰禰。」以是推之，疑古字止作「爾」。爾，近也。其後又加「示」旁者，神之也，故《説文》無「禰」字也。字亦通作「昵」。《高宗肜日篇》「典祀無豐于昵」，《釋文》引馬曰：「昵，考也，謂禰廟也。」然則以「暬」爲「禰」，猶以「昵」爲「禰」。昵即暱之或體。暱與暬竝在《説文・日部》，其説解曰「暱，日近也」，「暬，日狎習相慢也」，二字之義相近。考廟最親，有狎近之義，故或謂之暬，或謂之昵，實一義也。自後世以「爾」字加「示」作「禰」，遂爲定名，而「暬」「昵」之名皆廢矣，又安知此經「藝」字爲「暬」字之叚借乎？今破「藝」爲「暬」，以申明馬説，明今古文文異而義同。鄭君「明堂之説」可以説文祖，不可以説藝祖。至姚氏竊鄭義而變其説，更不足論矣。

鞭作官刑。

傳曰：「以鞭爲治官事之刑。」

樾謹按：《史記集解》引馬注曰：「爲辨治官事者爲刑。」姚傳正用馬注，惟「官」字之義，自來未得。今按：官、館古同字。《説文·食部》：「館，客舍也，從食官聲。」《𠂤部》：「官，吏事君也，從宀𠂤。𠂤猶衆也。此與『師』同意。」夫以宀覆衆，正合「客舍」之義。「官」即古「館」字明矣。許君分「官」「館」爲二，誤也。《漢書·賈誼傳》「學者所學之官也」，《文翁傳》「修起學官於成都市中」，字竝作「官」，不作「館」，《漢書》多古字也，説詳余所著《字義載疑》。原官之始，蓋專爲庶人在官者而設，彼皆從田閒來，不有以舍之，何以從事于公乎？在國曰市井之臣，在野曰草莽之臣，故在官者即謂之官。其後遂相承以爲「吏事君者」之名，而「官」之本義反爲所奪，乃更製「館」字以爲客舍之名。館所以從食者，以庶人在官皆得食禄故也。此經「鞭作官刑」，蓋以警庶人在官之游惰者。若以今字書之，當云「鞭作館刑」，馬、姚之義，均有未盡。

達四聰。

樾謹按：《文十八年左傳》杜注曰：「闢四門，達四窻，以賓禮衆賢。」此古説之幸存者也。四聰，即四窻也。《釋名·釋宫室》曰：「窻，聰也，於内窺外爲聰明也。」是窻、聰聲近而義通。闢四門，所以明四目也；達四窻，所以達四聰也。門與目聲義俱隔，故兩言之；窻與聰聲義俱通，故一言之，言聰即言窻也。此承「格于文祖」而言。鄭君云「文祖猶周之明堂」，然則四門、四窻，明堂之制也。古明堂之制，四旁爲兩夾，兩夾皆有窻，故曰「四旁兩夾窻，白盛」，説詳《考工記世室重屋明堂考》。四窻即四旁之窻也。四門在前，故以喻目；四窻在旁，故以喻耳，是可見古義之精矣。

黎民阻飢。

傳曰：「阻，難。衆人之難在於飢。」

樾謹按：《詩·思文篇》正義引鄭注曰：「阻，阸也。」姚義與鄭相近。《釋文》曰：「馬融注《尚書》作『祖，始也』。」《漢書·食貨志》「舜命后稷，以黎民祖飢」，孟康曰：「祖，始也。古文言『阻』。」是作「阻」者古文，作「祖」者今文，馬用今文説耳。竊謂阻、祖皆「且」之叚字，古字祖、阻皆與且通。商祖庚卣、祖乙卣，其「祖」字皆作「且」。《儀禮·大射禮》曰「且左還」〔一〕，鄭注曰：「古文且爲阻。」是其證也。《説文·且部》：「且，薦也。」然則「黎民且飢」猶云「黎民薦飢」。《詩·雲漢篇》「飢饉薦臻」，毛傳曰：「薦，重也。」正義引《爾雅·釋天》「仍飢爲荐」，謂「薦、荐字異義同」。「黎民薦飢」正「仍飢」之義也。「且」字古文作「𠀃」，几在地上，有薦籍之意，故訓爲薦。作祖、作阻，均其叚字，因其作「祖」而訓爲「始」，因其作「阻」而訓爲「阸」，俱未免望文生訓矣。

〔一〕儀禮，原文作「儀祖」，今據《儀禮注疏》及清經解續編本《群經平議》改。

女后稷。

正義曰：「稷是五穀之長，立官主此稷事。『后』訓君也。帝言：『女君此稷官，布種是百穀以濟救之。』上文『讓於稷、契』，《益稷》云『暨稷』，《呂刑》云『稷降播種』，《國語》云『稷爲天官』。單名爲『稷』，尊而君之稱爲『后稷』，非官稱『后』也。」

樾謹按：稷曰后稷，猶夔曰后夔、羿曰后羿，所謂「尊而君之」者，是也。帝命其臣，何得亦從尊稱而曰「女后稷」乎？若謂「女君此稷官」，不辭甚矣。《詩・思文篇》正義引鄭注曰：「汝居稷官，種蒔五穀。」疑鄭君所據本作「女居稷」，今作「后」者，「后」與「居」形似，又經傳多言「后稷」，因而致誤也。《國語・周語》：「昔我先王世后稷，以服事虞夏。」「后」字亦當作「居」。「世居稷」者，世居稷官也。今作「世后稷」，則不成義矣。韋注曰「后，君也」，是其所據本已誤。

寬而栗。

傳曰：「寬弘而能莊栗。」

樾謹按：《史記集解》引馬融曰：「寬大而敬謹戰栗也。」姚義即本馬融説。然「莊栗」之義與下文「無傲」相近。傳曰「簡失之傲」，然則寬不失之傲也。此「栗」字疑非「戰栗」之謂，栗猶秩也。《詩・良耜篇》「積之栗栗」，《説文》引作「穦之秩秩」。《哀二年公羊傳》「戰于栗」，《釋文》曰：「栗，一本作秩。」是栗與秩古通用。「寬而栗」猶寬而秩也，言寬大而條理秩然也。《爾雅·釋訓》曰「條條、秩秩，智也」，是其義也。《禮記·表記篇》「寬而有辨」，鄭注曰：「辨，别也，猶『寬而栗』也。」然則鄭君以「寬而栗」爲寬而有辨别，得其旨矣。

歌永言。

傳曰：「歌詠其義，以長其言。」正義曰：「作詩者，直言不足以申意，故長歌之，教令歌詠其詩之義。以長其言，謂聲長續之。定本經作『永』字，明訓『永』爲長。」

樾謹按：《史記·五帝本紀》作「歌長言」，是亦訓「永」爲長。然訓「永」爲長，則下句「聲依永」爲聲依長矣，於義難通。蔡沈《集傳》曰：「大抵歌聲長而濁者爲宫，以漸而清且短則爲商、爲角、爲徵、爲羽，所謂『聲依永』也。」夫五聲既有長短清濁之不同，即不得言「依永」也，豈將獨存宫聲而廢其四聲乎？蔡説非也。今按：《漢書·禮樂志》曰：「歌咏言，聲依咏。」《藝文志》曰：「詩言志，歌詠言。」是《今文尚書》「永」作「詠」，當從之。「詩言志，歌詠言」，謂詩所以言其志，歌所以詠其言也。依其所詠以定五聲，是謂「聲依詠」；又患其不和也，而以六律六吕和之，是謂「律和聲」。《古文尚書》作「永」者，即「詠」之叚字耳。《釋文》曰「永，徐音詠」，得之矣。

庶明厲翼。（《皋陶謨》）

枚傳曰：「衆庶皆明其教令〔一〕，而自勉厲，翼戴上命。」正義引鄭注曰：「厲，作也，以衆賢明作輔翼之臣。」

樾謹按：枚傳增字太多，未得經旨。鄭注以「庶明」爲「衆賢明」，亦近不詞。「明」當讀爲「萌」，《周官·占夢》「乃舍萌于四方」，杜子春讀「萌」爲「明」，又曰「其字當爲『明』」，是明、萌古通用也。《史記·三王世家》「加以姦巧邊萌」，索隱曰：「萌，一作甿。」《漢書·霍去病傳》「及厥衆萌」，《劉向傳》「民萌何以勸勉」，師古注竝曰：「萌與甿同。」是古人每叚「萌」爲「甿」。《呂氏春秋·高義篇》「比於賓萌」，《鹽鐵論》「三代之盛無亂萌」，《文選·上林賦》「以贍萌隸」，《長楊賦》「遐萌爲之不安」，《吴都賦》李注引《戰國策》「臣觀人萌謠俗」，《漢成陽靈臺碑》「以育苗萌」，《楊震碑》「凡百黎萌」，皆是也。然則「庶萌」猶言庶民矣。《詩·卷阿篇》「有馮有翼」，鄭箋曰：「翼，助也。」「庶萌厲翼」，言庶民勉厲以助上也。「惇叙九族」猶《堯典》言「九族既睦」，「庶萌厲翼」猶《堯典》言「黎民於變時雍」。九族舉至近者，庶萌舉至遠者，故曰「邇可遠在兹」。

〔一〕《尚書正義》《尚書注疏》均無「令」字。

《論語》曰「君子篤於親則民興於仁」，此所以「惇叙九族」而「庶萌厲翼」也。

簡而廉。

傳曰：「性簡大而有廉隅。」

樾謹按：《禮記・中庸篇》「簡而文，温而理」，鄭注曰：「猶簡而辨，直而温也。」然則此經「廉」字，鄭讀爲「辨」，言雖簡約而有分別也。《論語・陽貨篇》「古之矜也廉」，鄭注曰：「魯讀廉爲貶。」《禮記・玉藻篇》「立容辨卑」，鄭注曰：「辨讀貶。」廉、辨竝可讀爲「貶」，是其聲相近也，故鄭讀此經「廉」字爲「辨」。凡人惟過于簡約則無等威〔一〕，易於無別，《書》曰「簡而辨」，《禮》曰「簡而文」，其義一也。鄭説洵長于枚矣。

剛而塞。

傳曰：「剛斷而實塞。」正義曰：「剛而能斷，失於空疏。必性剛正而内充實，乃爲德也。」

樾謹按：「剛而能斷」，安見必「失之空疏」？正義所説非也。「塞」當讀爲「思」，《堯典篇》「欽明文思」，《今文尚書》作「塞」，正義引鄭注曰：「慮深通敏謂之思。」此古文説也。《後漢

〔一〕性，原作「惟」，今據俞樾《群經平議》手稿本改。

書・郅惲傳》注引鄭注《尚書考靈燿》曰：「道德純備謂之塞。」此今文説也。是鄭君各依本字爲説。《釋文》引馬融曰「道德純備謂之思」，則以今文「塞」字之義爲古文「思」字之義矣，説詳段氏《撰異》。蓋思、塞雙聲，故義得相通。《堯典》「思」字，馬以「塞」字讀之，然則《皋陶謨》「塞」字亦可以「思」字讀之。「剛而塞」者，剛而思也。剛斷之人恐或不能審思，則失之於不當斷而斷者多矣，故必「剛而思」，乃爲德也。

百僚師師。

傳曰：「師師，相師法也。」

樾謹按：《爾雅・釋詁》曰：「師，衆也。」《廣雅・釋訓》曰：「師師，衆也。」猶之「雍雍」爲和，「雍雍」亦爲和；「肅」爲敬，「肅肅」亦爲敬，古人之詞類然。「百僚師師」乃衆盛之貌，猶《詩》言「濟濟多士」也。《微子篇》「卿士師師非度」，《梓材篇》「我有師師，司徒、司馬、司空、亞旅〔一〕」，凡言「師師」皆言衆也。馬融解「卿士師師非度」，曰：「卿士以下轉相師效爲非法度。」見《史記集解》，枚傳以「師師」爲「相師法」，蓋即襲馬融説，然非古義矣。

〔一〕 亞，《尚書正義》《尚書注疏》均作「尹」。

無教逸欲。有邦。

傳曰：「不爲逸豫貪欲之教，是有國者之常。」

樾謹按：「逸豫」「貪欲」非美名也，必無以此爲教者，且經文止「有邦」二字，乃增益之曰「是有國者之常」，非經旨矣。今按：教之言效也，《説文・教部》：「教，上所施下所效也。」《太平御覽》引《春秋元命包》曰：「教之爲言效也，言上爲而下效也。」《釋名・釋言語》曰：「教，效也，下所法效也。」蓋教從𡥈聲，《説文・子部》曰「𡥈，效也」〔一〕。𡥈從爻聲，《周易・繫辭傳》曰：「爻也者，效此者也。」是爻、𡥈、教三字，竝聲近而義通。「無教逸欲」，猶無效逸欲，與「無若丹朱傲」同義。「有邦」二字屬下讀，「有邦兢兢業業」，言有國者不可不慎也。

自我五禮有庸哉。

傳曰：「天次秩有禮，當用我公、侯、伯、子、男五等之禮以接之，使有常。」正義曰：「王肅云『五禮謂王、公、卿、大夫、士』。鄭玄云『五禮，天子也，諸侯也，卿大夫也，士也，庶民也』。此無文可據，各以意説耳。」

〔一〕 效，今本《説文》作「放」。

樾謹按：王肅本「天子立三公、九卿、二十七大夫、八十一元士」爲説，枚則專以諸侯言，其義皆有所未盡，鄭義盡之矣。而江氏聲據《曲禮》「禮不下庶人」，謂庶人通用士禮，不別爲庶人制禮，于是又自爲説，謂五等諸侯爲三，卿大夫四，士五，而引《周禮》「上公九命，侯伯七命，子男五命」，證「五等諸侯爲三」，其説似塙矣，然不及天子，義終未安。今按：「五禮」者，天子也，公侯也，伯子男也，卿大夫也，士庶人也。《僖二十九年左傳》曰：「在禮，卿不會公、侯，會伯、子、男可也。」此可證公侯與伯子男之禮不同。《昭四年傳》左師「獻公合諸侯之禮六」、子産「獻伯、子、男會公之禮六」，其曰「公」者，蓋兼「侯」而言，「公合諸侯」謂公侯合伯子男也，「伯子男會公」謂伯子男會公侯也。《哀十三年傳》「伯合諸侯，則侯帥子男以見於伯」，此「伯」字，杜注謂「諸侯長」，非五等之伯。其曰「侯」者，蓋兼「公」而言；其曰「子男」者，蓋兼「伯」而言，謂公侯帥伯子男以見於伯也。古者公侯爲一等，伯子男爲一等，鄭合公侯伯子男而一之，分士、庶人而二之，固其説之小疏矣。

予思日孜孜。

傳曰：「言己思日孜孜不怠，奉承臣功而已。」

樾謹按：上文臯陶云「思曰贊贊」，正義曰：「經云『曰』者，謂我上之所言也。」是其字作

「曰」，音越，今作「日」，讀人實反，誤也。禹此語與臯陶之語相承，則其字亦當作「曰」。因臯陶言「思曰贊贊」，故禹言「予思曰孜孜」也。「曰」者，語詞，「思曰贊贊」者，思贊贊也；「思曰孜孜」者，思孜孜也。正義解上文「曰」字未得其旨，然即其語知上文是「曰」字，可知此文亦是「曰」字矣。蓋兩語相承，不容有異也。

奏庶艱食。

傳曰：「艱，難也。衆難得食處，則與稷教民播種之。」

樾謹按：如枚傳，則當移「庶艱食」三字於「曁稷播」之上，必非經旨矣。《釋文》曰：「艱，馬本作根，云根生之食，謂百穀。」然「根食」二字，甚爲不辭。《詩・思文篇》正義引鄭注曰：「教民種澤物菜蔬難戹之食。」然菜蔬之類不爲甚難，且經止言「艱食」，安知其爲菜蔬乎？恐亦非經旨矣。今按：「艱」當讀爲「饎」，《說文・堇部》：「艱，從堇艮聲。」重文「囏」，曰「籀文艱從喜」。蓋喜聲之轉即爲欣，《成十三年左傳》「曹公子欣時」，《十六年公羊傳》作「喜時」，是其證也。喜轉爲欣，則與「艮」聲相近，故篆文「艱」從艮聲，籀文「囏」從喜聲也。囏從喜，饎亦從喜，兩字聲同，故得通用。《儀禮・士虞禮》《特牲饋食禮》鄭注竝曰：「炊黍稷曰饎。」《爾雅・釋訓篇》釋文引《字林》曰：「饎，熟食也。」然則「饎食」謂熟食，正與「鮮食」相對成義。先時「隨山刊木」，猶未播種，止得鳥獸之屬而食之，故曰「曁益奏庶鮮食」。此時「決九川，距四海，濬畎澮距川」，田疇已可耕種，兼得黍稷之食，故曰「曁稷播，奏庶鎼食鮮食」也。馬融「百穀」之説，於義正合，但必作「根食」，則轉未安耳。鎼、根竝從艮聲，蘬、鎼竝從喜聲，以六書叚借之例求之，皆無不合，而「鎼食」之義則視「根食」之義爲長矣。《禮記・樂記篇》「天地訢合」，鄭注曰：「訢讀曰熹。」「訢」從斤聲，得讀爲「熹」。故「鎼」從艮聲，得讀爲「鎼」也。

予欲聞六律、五聲、八音，在治，忽以出納五言，女聽。

傳曰：「言欲以六律和聲音，在察天下治理及忽怠者。又以出納仁義禮智信五德之言〔一〕，施于民以成化。」

樾謹按：枚以「忽」爲「忽怠」，與「治理」相對，義殊未安。至蔡沈傳竟云「忽，治之反也」，更爲肊説矣。「忽」字鄭作「曶」，《史記集解》引鄭注云：「曶者，臣見君所秉，書思對命者也。君亦有焉，以出内政教於五官。」如其説，則「曶」即今「笏」字，笏以出納五言，不辭甚矣。然以鄭注繹之，蓋於「治」字絶句，而以「曶」字屬下讀，其解非也，其讀是也。「予欲聞六律、五聲、八

〔一〕信，原文脱，今據《尚書正義》及清經解續編本《群經平議》補。

音在治」者，聲音之道與政事通，故欲聞六律、五聲、八音以在察天下之治理也。「曶以出納五言」者，「曶」乃語詞。《説文・曰部》云：「曰，詞也，從口乙聲，亦象口氣出也。」又云：「曶，出气詞也，從曰，象气出形。」然則曰、曶二字，古人竝用爲語詞。「曶以出納五言」者，以出納五言也。「曶」乃語辭，不當以實義求之。《漢書・律曆志》曰〔一〕「『予欲聞六律、五聲、八音、七始，訓以出内五言，女聽』。予者，帝舜也。言以律吕和五聲，施之八音，合之成樂。七始者，天、地、四時、人之始也。順以歌詠五常之言，聽之則順乎天地，序乎四時」云云，班氏此解以「順」字釋「訓」字，「順以歌詠五常之言」，即「訓以出内五言」也，古文今文文字雖異，而句讀則同，可證枚傳以「治忽」連讀之非矣。又按：《漢志》「訓」字，今本譌作「詠」，段氏《撰異》據《隋書・律曆志》訂正，今從之。

既載壺口。（《禹貢》）

樾謹按：「既載壺口，治梁及岐」，與下文「既修太原，至于岳陽」文義一律。舊讀以「冀州既載」爲句，非也。蔡傳曰「經始治之謂載」，言「既」又言「始」，甚爲不詞。《白虎通・四時篇》

〔一〕曆，原文避諱作「厤」，今改作「曆」。後之「律厤」徑改爲「律曆」，不再出校。

曰：「載之言成也。」「既載壺口」言禹治壺口既成，乃治梁岐也。壺口不言治者，文見于下，故省于上也。猶下文「既修太原，至于岳陽」，岳陽不言修者，文見于上，故省于下也。此古人屬詞之法也。

厥賦貞，作十有三載，乃同。

傳曰：「貞，正也。州第九，賦正與九相當。」

樾謹按：《史記集解》引鄭注曰：「貞，正也。治此州正作不休，十三年乃有賦，與八州同，言功難也，其賦中下。」夫兖賦中下，經無明文，鄭何以知之？且訓「貞」爲「正」，而云「正作不休」，義亦難曉。及讀枚傳「正與相當」之説，始悟鄭意。鄭訓「貞」爲「正」者，蓋謂「正當」也。《廣韵》曰：「正，正當也。」厥田中下，厥賦亦中下，賦正與川相當，他州無田賦同等者，獨兖則然。如曰「厥田惟中下」「厥賦惟中下」，則於詞累矣，故變文曰「厥賦貞」也。《洛誥》「我二人共貞」，《釋文》引馬曰「貞，當也」，「厥賦貞」亦此義也。枚傳「正與相當」之説，蓋竊鄭舊義，謂「賦第九」則有意異鄭耳。鄭注又曰「治此州正作不休，十三年乃有賦，與八州同」者，「正作」之「正」蓋涉上文「貞，正也」而誤，當云「治此州工作不休，十三年乃有賦，與八州同」，故繼之曰「言功難也」。自「工作」誤爲「正作」，而鄭義晦矣。江氏聲《尚書集注》乃改鄭注「中下」爲「下下」，强鄭從枚，其失已甚。信述古之難也。

嵎夷既略。

《史記集解》引馬注曰：「用功少曰略。」

樾謹按：略當爲垎。《説文・土部》：「垎，土乾也。一曰堅也。」「嵎夷既垎」正當從「土乾」之訓，水退而土乾也。作「略」者，叚借字，垎、略竝各聲，从土、从田，義得相通。《説文・田部》：「�，城下田也。」《漢書・翟方進傳》注引張晏曰：「堧，城郭旁地。」《廣雅・釋水》曰：「甿，池也。」王逸注《七諫》曰：「陂池曰坑。」然則垎之爲略，猶畍之爲堧、甿之爲坑矣。

厥土赤埴墳。

傳曰：「土黏曰埴。」

樾謹按：《釋文》：「埴，市力反，鄭作哉，徐、鄭、王皆讀曰熾。」《文選・蜀都賦》注引鄭注曰：「熾，赤也。」是經文「埴」字，鄭本作「哉」，讀爲「熾」，訓爲「赤」。枚傳乃今文家説，非古文家説也。惟鄭義亦有未安，既言赤矣，何必又言熾乎？「哉」字仍當讀如本字。赤者，赤色也；哉者，雜色也。《周易・豫》九四「勿疑朋盇簪」，虞氏本「簪」作「哉」，曰：「哉，聚會也。」雜色謂之哉，正取「聚會」之義。《周官・縫人職》鄭注曰：「柳之言聚，諸飾之所聚。《書》曰『分命和仲，度西曰柳穀』。」賈公彦疏曰：「柳者，諸色所聚。日將没，其色赤，兼有餘色，故曰柳穀。」赤戠猶柳穀也。「穀」即《説文》「穀」字，亦赤色。日色赤而又聚有諸色謂之柳穀，土色赤而又聚有諸色謂之赤戠矣。下文曰「厥貢惟土五色」，蔡沈傳曰：「徐土雖赤，而五色亦閒有之。」不知五色即包于一「戠」字之中。經固有文，不待後人增益其義也。

陽鳥攸居。

林之奇《尚書全解》曰：「諸儒之説皆以『陽鳥』爲雁，竊獨疑之。此篇所叙治水，詳見九州之下者，莫非地名。此州上言『彭蠡』，下言『三江』『震澤』，獨于此三句中言『雁』，非惟文勢不稱，考之九州亦無此例也。古地名取諸鳥獸，如虎牢、犬丘之類多矣。《左·昭二十年》『公如死鳥』，杜注『衛地名』。又鄭有鳴雁，在陳留縣；漢北邊有雁門，安知『陽鳥』非地名乎？」

樾謹按：林説是矣，然未盡也。古「鳥」「島」通用。《釋名·釋水》曰：「島，到也，人所奔到也。亦言鳥也，人物所趨如鳥之下也。」《集韻·二十二皓》曰：「島，古作鳥。」《群經音辨》曰「鳥，海曲也。」是以「冀州島夷皮服」，《史記·夏本紀》作「鳥夷」；「揚州島夷卉服」，《漢書·地理志》作「鳥夷」，《後漢書·度尚傳》注引此亦作「鳥夷」，然則「陽鳥」即「陽島」也。古文止作「鳥」，鳥夷也，陽鳥也，一也。後人于「鳥夷」之「鳥」皆改作「島」，而「陽鳥」之「鳥」則因誤解爲

「雁」，轉得仍古文之舊，而其爲地名則益無知者矣。林氏雖知「陽鳥」爲地名，然不知「鳥」即「島」字，而引「虎牢」「犬丘」之類以證之，蓋古字亡而古義之湮久矣。《説文·山部》：「島，海中往往有山可依止曰島。」然島亦不必在海中。《史記·司馬相如傳》「阜陵別島」，正義曰：「水中山曰島。」字亦作「隯」，《文選·西京賦》「長風激於別隯」，注曰：「水中之洲曰隯，音島。」然則所謂「陽鳥」者，雖不知何地，要亦此類也。《吕氏春秋·恃君覽》有「揚島」，豈即《禹貢》「陽鳥」歟？至「鳥夷」之「鳥」，字當作「鳥」，而義則仍當爲「島」。鄭注曰「東方之民搏食鳥獸者」，則未免望文生訓矣。

九江孔殷。

傳曰：「江於此州界分爲九道，甚得地勢之中。」

樾謹按：《史記》作「九江甚中」，枚義即本史公説。然以經例求之，如「九河既道」「三江既入」之類，末一字皆言水之治，「九江孔殷」亦當同之，殆非「甚中」之謂也。今按：孔當訓大，《老子》「孔德之容」，河上公注曰：「孔，大也。」殷猶定也，《堯典篇》「以殷仲秋」，《五帝紀》作「以正仲秋」；「以閏月定四時」，《五帝紀》作「以閏月正四時」，史公以訓詁字易經文，殷訓正，定亦訓正，然則「殷」「定」同義，固《尚書》家之師説矣。「九江孔殷」者，九江大定也，言九江之水東合大江，故水勢大定也。正義引鄭注曰：「殷猶多也。九江從山谿所出，其孔衆多，言治之難也。《地里志》九江在今廬江潯陽縣南，皆東合爲大江。」按鄭君説，九江自是古義，而以「孔殷」爲「其孔衆多」，不辭甚矣。雖古文家舊説，殆不可用。

厥名包匭菁茅。

正義曰：「鄭康成以『厥名』屬下『包匭菁茅』爲句。匭，猶纏結也。菁茅，茅之有毛刺者。重之，故既包裹而又纏結也。」

樾謹按：「厥名包匭菁茅」與「厥篚玄纁璣組」文法一律，當以鄭讀爲正。太史公以「厥名」屬上「三邦底貢」爲句，作「三國致貢其名」，集解引馬融注曰「三國所致貢，其名美也」，枚傳從之，殆非經旨矣。然「厥名」二字，鄭注不傳，不知鄭作何解？《周官・外史》「掌達書名于四方」，鄭注曰：「古曰名，今曰字。」蓋古謂字曰名，故以文字題識即謂之名。亦或作銘，《司勳》曰「銘書于王之大常」，注曰：「銘之言名也。生則書于王旌，以識其人與其功也。」《禮記・祭統》曰「銘者，自名也」，鄭注曰「銘謂書之刻之以識事者也」。蓋書以識事，古但謂之「名」，後人因器物題識或須刻之，故從金作「銘」耳。「厥名包匭菁茅」者，因既包裹而又纏結，不可識別，乃以文字題其上，亦重之之意也。他物則否，故「包匭菁茅」獨言「厥名」也。

岷嶓既藝。

《釋文》曰：「嶓，音波。徐甫河反。韋音播。」

樾謹按：《説文》無「嶓」字。壁中古文蓋止作「播」，後人因其是山名，輒改從手者爲從山，而其音猶從播之本音，故韋昭「音播」也。播與波古通用，上文「熒波既豬」，馬、鄭、王本作「播」，《周官·職方氏》「其浸波溠」，鄭注云「波讀爲播」，竝其證也。播與波通，故亦得讀從波音，此陸德明所以「音波」也。以音求之，古字作「播」無疑矣。

四隩既宅。

樾謹按：「四隩既宅」，即《堯典》所謂「宅嵎夷」「宅南交」「宅西」「宅朔方」者也，故九山、九川、九澤皆言九，而此獨言四也。《國語·周語》：「宅居九隩，合通四海。」「九隩」亦當作「四隩」，涉上文「九山」「九川」「九澤」「九藪」「九原」而誤也。辯見《國語》。

五百里侯服，百里采，二百里男邦，三百里諸侯。

樾謹按：上文「甸服」曰百里、二百里、三百里、四百里、五百里，皆積而計之也。二百里者，合百里而言；三百里者，合二百里而言；四百里者，合三百里而言；五百里者，合四百里而言也。下文「綏服」「要服」「荒服」曰三百里、二百里皆不積而計之，三百里則自爲三百里也，二百里則自爲二百里也。獨此文曰「百里采，二百里男邦」，則積而計之也，所謂二百里者，合百里而言也。曰「三百里男邦」，則又不積而計之。所謂三百里者，自爲三百里也。以前後文準之，似乎自亂其例矣。疑「三百里」本作「二百里」，傳寫誤加一畫耳。「百里采，二百里男邦，二百里諸侯」適合五百里之數，皆不積而計之也。《史記・夏本紀》《漢書・地里志》竝同今本，無可據以訂正。然尋繹文義，其誤自見。蓋「甸服」分爲五等，若曰「百里賦納總，百里納銍，百里納秸服，百里粟，百里米」，則於文不便，故積而計之曰百里、二百里、三百里、四百里、五百里。至「侯服」以下或分三等，或分二等，自無庸積而計之矣。若如今本，將使人積而計之乎？則止于三百里；將使人不積而計之乎？則又成六百里。疑誤後人，莫此爲甚，而於太史公及馬、鄭之説，皆不可通矣。《堯典》「咨女二十有二人」，王氏引之謂當作「三十有二人」：四岳爲四人，十二牧爲十二人，禹、稷、契、皋陶、垂、益、伯夷、夔、龍爲九人，殳、斨、伯與爲三人，朱、虎、熊、羆爲四人，合之爲三十二人，説詳《經義述聞》。此文「二」譌爲「三」，猶彼文「三」譌爲「二」。凡若斯類，其數顯然，即可從而訂正，似無容別求證據也。

二百里流。

傳曰：「流，移也。言政教隨其俗。」

樾謹按：《廣雅・釋詁》：「流，末也。」《漢書・外戚傳》：「託長信之末流。」是「流」有「末」義。故冕玉之垂者謂之瑬；旌旗之「游」，字亦作「旒」，其義竝通也。此二百里最居五服之末，故謂之「流」矣。枚傳訓「移」，未得其旨。

怠棄三正。（《甘誓》）

傳曰：「怠惰棄廢天地人之正道。」

樾謹按：《史記集解》引鄭注曰：「三正，天地人之正道。」枚傳即本鄭注。然天地人之正道，但謂之「三正」，於義未明，恐鄭義非也。《釋文》引馬注曰：「建子、建丑、建寅，三正也。」若然，則有扈氏所建何正？豈亦如秦人之建亥乎？經無明文，疑不足據。今按：《爾雅・釋詁》曰：「正，長也。」故古謂官長爲正。《昭二十九年傳》「木正曰句芒」，杜注曰「正，官長也」，是其義也。《襄二十五年左傳》「齊人賂晉六正」，注曰：「三軍之六卿。」竊謂「三正」「六正」，其義正同。據《周官》「王六軍，大國三軍，次國二軍，小國一軍，軍將皆命卿」，雖未知夏制如何，然上文「乃召六卿」，《詩・棫樸篇》正義引鄭注曰：「六卿，六軍之將。」是

「王六軍、六卿」與周制同。然則「大國三軍、三卿」宜亦同矣。是故「三正」者，三卿也，猶晉六卿謂之六正也。大國三卿皆命于天子，以天子之命卿而怠棄之，則其不奉王命，任用私人，可見矣，故以爲罪也。

御非其馬之正。

傳曰：「御以正馬爲政。」

樾謹按：《史記・夏本紀》作「御非其馬之政」。尋繹枚傳，似以「正馬」釋「政」字，其所據經文亦當作「政」也。惟「御非其馬之政」，於義難通，「政」疑「攻」字之誤。上文曰「左不攻于左，女不恭命。右不攻于右，女不恭命」，此文曰「御非其馬之攻，女不恭命」，三「攻」字同義。「御非其馬之攻」猶云御不攻于御也。「攻」誤作「政」，猶鄭注「工作不休」，今誤作「正作不休」也。說見《禹貢》「厥賦貞」下。

予則孥戮女。

傳曰：「孥，子也。非但止女身，辱及女子。」

樾謹按：如枚說，則經文當言「戮女孥」矣，非經義也。《周官・司厲》注鄭司農云：「今之爲奴婢，古之罪人也，故《書》曰『予則奴戮女』，《論語》曰『箕子爲之奴』。」是古本止作「奴」，不作「拏」。《漢書·季布欒布傳》：「贊曰：『奴僇苟活。』」此固《尚書》家舊説。然上文云「用命賞于祖，不用命戮于社」，明是「誅戮」之「戮」。此承「戮于社」而言，不當别爲「戮辱」之「戮」，疑「奴」當讀爲「拏」。《文選·長笛賦》注引《蒼頡篇》曰：「拏，捽也，引也。」「予則拏戮女」，言予則捽引而戮女也。枚傳固非，舊説恐亦未是耳。

群經平議卷四

尚書二

我后不恤我衆，舍我穡事而割正夏。（《湯誓》）

傳曰：「我后，桀也。正，政也。言奪民農功而爲割剥之政。」

樾謹按：《史記·殷本紀》曰「舍我嗇事而割政」，無「夏」字，枚傳亦不及「夏」字，是「夏」字衍文也。後人因正義曰「爲割剥之政于夏邑」，故妄增之耳。然傳義與經旨未合，蓋經旨正如蔡傳所謂「亳邑之民憚伐桀之勞」者，宋儒雖短于詁訓，至其體會古人語意，則有獨得之見，未可盡没也。「我后」當謂湯。「割」讀作「害」，《大誥》「天降割于我家」，《釋文》曰：「割，馬本作害。」是割與害古通也。「害」即下文「時日害喪」之「害」，今作「曷」，乃後人所改。《孟子·梁惠王篇》引作「時日害喪」，可證古本作「害」也。《詩・葛覃篇》毛傳曰：「害，何也。」亳衆蓋曰「我后不恤我衆，舍我穡事，而何正乎」？故湯告之曰「予畏上帝，不敢不正」也。《史記》作「政」者，正之爲政，猶害之爲割，竝叚借字耳。

有衆率怠弗協。

傳曰：「衆下相率爲怠惰，不與上和合。」

樾謹案：《史記集解》引馬注曰：「衆民相率怠憧，不和同。」枚傳正用馬注，然非經旨也。經方言桀之無道，乃又責民之怠惰，斯不然矣。怠讀爲殆，古怠與殆通。《詩・玄鳥篇》「受命不殆」，鄭箋曰：「受天命而行之，不解殆。」《論語・爲政篇》「思而不學則殆」，何晏注曰：「徒使人精神疲殆。」「解殆」與「疲殆」，其字竝當作「怠」，而經皆作「殆」，是怠、殆通也。此文「怠」字當爲「危殆」之「殆」，言「夏王率遏衆力，率割夏邑」，故其民率危殆而弗協也。三「率」字皆語詞。《詩・思文篇》「帝命率育」，毛傳曰：「率，用也。」馬注以「相率」釋之，亦誤矣。

盤庚遷于殷，民不適有居。（《盤庚上》）

樾謹案：「遷于殷」，是既遷矣；「民不適有居」，是既遷之後民有所不便，非未遷以前民不樂遷也。嘗取《盤庚》三篇反覆推求，竊謂《盤庚》之作當從《史記・殷本紀》說。《紀》云：「帝盤庚崩，弟小辛立，是爲帝小辛。帝小辛立，殷復衰。百姓思盤庚，乃作《盤庚》三篇。」是《盤庚》之作在小辛時，作《盤庚》所以諷小辛也，傷今思古，猶《小雅·楚茨》諸篇之義也。《吕氏春秋·慎大覽》曰：「武王乃恐懼，太息流涕，命周公旦進殷之遺老，而問殷之亡故，又問衆之所説、民之所欲。殷之遺老對曰：『欲復盤庚之政。』武王於是復盤庚之政。」然則《史記》謂「百姓思盤庚」，信有徵矣。《盤庚》之作，因百姓思盤庚而作，則所重者盤庚之政也。其首篇述盤庚遷殷之後，以常舊服、正法度，即所謂盤庚之政也。此作書之本指也。其中下兩篇則取盤庚未遷與始遷之時，告誡其民之語附益之，故雖三篇而伏生止作一篇也。《後漢書·文苑傳》杜篤《論都賦》曰：「盤庚去奢，行儉于亳。」李賢注引《帝王世紀》曰：「盤庚以耿在河北，迫近山川，自祖辛以來，奢淫不絶，盤庚乃南渡〔一〕，徙都于亳。」正義引鄭注意亦略同，是盤庚之政，去奢行儉之政也。篇首曰：「盤庚遷于殷，民不適有居。」蓋民習于耿之奢淫，故至殷而不適有居，言不安于所居也。盤庚「以常舊服、正法度」，而告之曰「無傲從康」，又曰「不昬作勞，不服田畝，越其罔有黍稷」，又曰「各長于厥居，勉出乃力，聽予一人之作猷」，又曰「自今至于後日，各恭爾

〔一〕《後漢書》「渡」下有「河」字。

事，齊乃位，度乃口，罰及爾身，弗可悔」，所再三致告者，皆勉以本業，戒以荒淫，正與去奢行儉之指合。且曰「自今至于後日」，則爲既遷後所作可知。使其時尚未遷，則但可如中篇之末所云「今予將試以汝遷」，不當曰「自今至于後日」也。又自「王若曰格汝衆」至「罰及爾身，弗可悔」，凡數百言，無一語及遷。至中篇，則屢言之曰「視民利用遷」，又曰「今予將試以女遷，安定厥邦」，又曰「今予將試以汝遷，永建乃家」，豈非中篇述未遷時語，故屢及之，上篇乃盤庚遷殷後「正法度」之言，與遷無涉乎？故以當時事實而言，《盤庚中》宜爲上篇，《盤庚下》宜爲中篇，《盤庚上》宜爲下篇。曰「盤庚作，惟涉河以民遷」者，未遷時也；曰「盤庚既遷，奠厥攸居」者，始遷時也；曰「盤庚遷于殷，民不適有居」者，則又在後矣。惟「奠厥攸居」而「民不適有居」，此盤庚所以必正法度也。然則作《書》者何以顛到其序乎？曰：作《書》之序如此也。《盤庚》之作，百姓追思之而作也。思盤庚，思其政也，故始所作者，蓋止今之上篇，載盤庚遷殷正法度之言而已，無中篇、無下篇也。然而盤庚未遷與始遷時再三致告其民者，民猶孰而能詳也，於是亦附其後焉，此中、下兩篇所以作也。序《書》者不能不曰三篇，在作《書》者則以上篇爲主，而中、下兩篇特附焉者也。是故《盤庚》三篇宜仍伏生之舊合爲一篇，而仿漢石經之例，「罰及乃身，弗可悔」之下空一格，接「盤庚作」，「永建乃家」之下空一格，接「盤庚既遷」，以見古人附録之體，而其義則從《史記》，爲百姓追思而作。上篇所載皆盤庚遷殷後之言，則篇中文義自明矣。

率籲衆慼，出矢言曰。

樾謹按：《盤庚上篇》既曰「盤庚遷于殷」，又曰「盤庚斆于民，由乃在位」，一篇而兩用發端之語，先儒未有得其義者。今按：《説文·頁部》「籲，呼也。《商書》曰『率籲衆戚』」，是「慼」本作「戚」，今作「慼」者，後人依枚傳義改之也。「率」乃語詞，《詩·思文篇》毛傳曰：「率，用也。」盤庚因遷殷之後，民不適有居，用是呼衆戚近之臣，使之出而矢言于民也。「籲」之義當從《説文》訓「呼」。古彝器銘詞每用「呼」字，《無專鼎》曰：「王呼史友，册命無專。」《頌鼎》曰：「王呼史號，生册命頌。」《師遽敦》曰：「王呼師朕錫師遽貝十朋。」《師酉敦》曰：「王呼史秄門册命師酉。」《吴彝》曰：「王呼史戊册命吴。」此類甚多。然則「籲衆戚」者，呼衆戚也，正古人紀載之體。自「我王來，既爰宅于兹」至「底綏四方」凡九十四字，皆盤庚使人依己意爲此言。故《盤庚》之文聱牙難讀，而此九十四字獨爲明順，蓋譔述之文與面命者不同也。其文至「底綏四方」已畢，下乃盤庚進其臣而親誥之，與上文不相蒙，故各以「盤庚」發端焉。

我王來，既爰宅于兹。

樾謹按：「我王」即謂盤庚也。盤庚自言皆稱「予」，此則使衆近臣出而陳辭，非盤庚自言，故稱「我王」也。來者，自耿來亳也。爰之言易也，《僖十五年左傳》「晉於是乎作爰田」，服注曰：「爰，易也。」「既爰宅于兹」，言既易宅于兹也。《盤庚上篇》爲遷殷後作，此其明證矣。

不能胥匡以生，卜稽曰：「其如台。」

樾謹按：《商書》言「其如台」者四，《湯誓篇》「夏罪其如台」，《高宗肜日篇》「乃曰『其如台』」，《西伯戡黎篇》「今王其如台」，《殷本紀》皆易其文曰「奈何」。惟此篇「卜稽曰『其如台』」，《本紀》不載，以類求之，則亦當爲「柰何」，蓋古語如此也。「曰」字句中語助，非卜詞也，言我民不適有居，則是奢淫無度，不能相正以生矣，雖卜稽可柰何？當以「卜稽曰其如台」六字爲句，「曰其」猶「越其」也。下文曰「越其罔有黍稷」，「越」與「曰」古通用耳。傳曰「卜以決疑，不疑何卜？」盤庚之遷，蓋不用卜，故有非敢違卜之言，説詳下篇。當時臣民必有以此爲口實者，故盤庚言苟不能以法度相正以生，雖卜亦無如何耳。

先王有服。

傳曰：「先王有所服行。」

樾謹按：枚義迂曲，殆非也。《説文・又部》：「𠬝，治也，從又從卪。卪，事之制也〔一〕。」然則「服事」之「服」字，本作「𠬝」，今經傳皆作「服」，「服」行而「𠬝」廢矣。「卪」爲事之制，故「服」亦爲「制」，鄭石制字子服，是也。《襄三十年左傳》「子産使都鄙有章，上下有服」，「上下有服」言上下有制也。杜注曰「公卿大夫服不相踰」，則誤以爲「車服」之「服」矣。《吕氏春秋・樂成篇》曰：「田有封洫，都鄙有服。」高注曰：「服，法服也。」然都鄙有法服，義不可通，疑高氏原注曰「服，法也」。蓋「服」爲「制」，故亦爲「法」，淺人不知其義，妄加「服」字耳。此云「先王有服」，言先王有制也。盤庚遷殷之後，因民習以耿之奢淫，不適有居，故以先王之制告之。其下云「以常舊服，正法度」，所謂「常舊服」，即先王之制矣。

于今五邦。

傳曰：「湯遷亳，仲丁遷囂，河亶甲居相，祖乙居耿，我往居亳，凡五徙國都。」正義曰：「孔

〔一〕制，今本《説文》作「節」。

以盤庚意在必遷，故通數往居亳[一]，爲五邦。鄭、王皆云湯自商徙亳，數商、亳、囂、相、耿爲五。計湯既遷亳，始建王業，此言先王遷都，不得遠數居亳之前充此數也。」

樾謹按：《釋文》引馬融云：「五邦謂商丘、亳、囂、相、耿也。」其説亦與鄭同。請以漢人舊説破之。張平子《西京賦》曰「殷人屢遷，前八而後五」，據《書序》自契至于成湯凡八遷，湯始居亳，從先王居，然則後五遷當從亳始，若并商丘數之，則不足前八遷之數矣。枚傳悉本《書序》，自不可易，但因不知上篇爲遷殷後作，而曰「我往居亳」，則疑不可并今所欲遷者而預數之；正義謂意在必遷，故通數爲五。此説殊爲迂曲，故自《盤庚上篇》之義明，而五邦之數亦定矣。

盤庚斅于民由乃在位。

傳曰：「斅，教也。教人使用汝在位之命。」

樾謹案：傳義非也。《説文・教部》：「斅，覺悟也。」蓋民之不適有居，由于奢淫成俗，而民之奢淫成俗，實由在位者導之。盤庚覺悟于民之不適有居，由于在位者之故，而欲以法度正之，故曰「盤庚斅于民由乃在位」，九字作一句讀。其下曰「以常舊服、正法度，曰『無或敢伏小

[一]《尚書正義》《尚書注疏》「往」上有「我」字。

人之攸箴』」，文義本一氣。正義曲徇枚傳，曰「先教民，又戒臣」，失之矣。

予告女訓女，猷黜乃心。

傳曰：「告女以法教，謀退女違上之心。」

樾謹按：此當以「予告女訓女」五字爲句，「告女訓女」與中篇「承女俾女」文法正同。「猷黜乃心」四字爲句，傳云「謀退女違上之心」，即釋「猷黜乃心」之義。「謀退」上無「女」字，知經文「猷黜」上不當連「女」字也。今讀「予告女訓」爲句，不如枚傳爲長。惟傳以「猷」爲「謀」，義亦未安。《說文》無「猷」字，《文選·張茂先〈女史箴〉》「王猷有倫」，注引《詩》「王猶允塞」云：「猷與猶古字通。」是「猷」即「猶」字也。「猶」通作「由」，《莊十四年左傳》正義曰「古者猶、由二字義得通用」，是也。由，用也，猷亦用也，言予告女訓女，用黜女違上之心也。中篇曰：「暨予一人猷同心。」「猷同心」者，用同心也。傳曰：「謀同心徙。」蓋不知其爲語詞而訓爲實義，胥失之矣。

王播告之修，不匿厥指。

傳曰：「王布告人以所修之政，不匿其指。」

樾謹按：《說文·言部》：「譒，敷也。《商書》曰：『王譒告之。』」近世學者皆據此謂當於

「之」字絶句。然「修」字屬下讀，殊不成義，恐《説文》或奪去「修」字，未足據也。惟如傳義解爲「王布告人以所修之政」，亦於經文不合。經言「播告之修」，不言「播告以所修」也。「修」，疑當讀爲「迪」，「修」字本從攸聲，《多方篇》「不克終日勸于帝之迪」，《釋文》云：「迪，馬本作攸。」然則以「修」爲「迪」，猶以「攸」爲「迪」也。《吕刑篇》「惟時伯夷〔一〕、播刑之迪」，與此經「播告之迪」文義正同。迪者，道也。枚氏於彼傳解爲「伯夷布刑之道」，然則「播告之迪」亦謂布告之道也。盤庚進其臣而告之，期於開誠布公，使群臣同諭，故首言先王布告之道如此，見我今日亦率由是道也。因叚「修」爲「迪」，故學者不得其解耳。

惟女含德，不惕予一人。

傳曰：「女不從我命，所含惡德，但不畏懼我耳。」

樾謹按：經文止言「含德」，不言「含惡德」，傳乃增出「惡」字，非經旨矣。含之言藏也，懷也。《國語·楚語》「土氣含收」，韋注曰：「含，藏也。」《戰國策·秦策》「含怒日久」，高注曰：「含，懷也。」「惟女含德」者，惟女懷藏其德也。惕當讀爲施，《白虎通·號篇》引《尚書》曰「不施

〔一〕惟，《尚書正義》作「非」。

予一人」，即《盤庚》此文。段氏《撰異》謂古文作「惕」，今文作「施」。其實古文「惕」字當從今文讀作「施」字。施，本字；惕，叚字，言女懷藏其德，不施及予一人也。含與施正相應成義。下文曰「女克黜乃心，施實德于民」，「施德于民」，即施予一人，君、民一體也。上用叚字，下用本字，古書自有此例。解爲「畏懼」，非其旨矣。

女不和吉言于百姓。

傳曰：「責公卿不能和喻百官。」

樾謹按：枚傳未得「和」字之義。和，當讀爲「宣」，《禹貢篇》「和夷底績」，《水經·桓水》注引鄭注曰：「和，讀曰桓。」桓與宣竝從亘聲，古亦通用，《魏策》「魏桓子」，《韓子·説林篇》作「魏宣子」，是其證也。「和」可讀爲「桓」，故亦可讀爲「宣」矣。「女不和吉言于百姓」者，女不宣布吉言于百姓也。枚以本字讀之，非是。

世選爾勞。

傳曰：「選，數也。言我世世數女功勤。」

樾謹按：傳訓「選」爲「數」，於義迂曲，非經旨也。選，當讀爲「纂」，《爾雅·釋詁》：「纂，繼也。」《禮記·祭統篇》「纂乃祖服」，《襄十四年左傳》「纂乃祖考」，《國語·周語》「纂修其緒」，其義竝同。「世纂爾勞」者，世繼爾勞也，故下文曰「予不掩爾善」也。選從巽聲，纂從算聲，古音相近。《説文·食部》：「籑，具食也，從食算聲。」重文「饌」，曰：「籑，或從巽。」是巽聲、算聲相近之證。《詩·柏舟篇》「不可選也」，《後漢書》朱穆《絶交論》引作「不可算也」。「選」之通作「纂」，猶「選」之通作「算」矣。

盤庚作，惟涉河以民遷。（《盤庚中》）

傳曰：「爲此南渡河之法，用民徙。」正義曰：「鄭玄云『作渡河之具』，王肅云『爲此思南渡河之事』，此傳言『南渡河之法』，皆謂造舟船渡河之具，是濟水先後之次，思其事而爲之法也。」

樾謹按：經文止言「盤庚作」，不言「造作舟船」，諸説皆非經旨，由不知《盤庚中篇》實爲《上篇》故也。《孟子·公孫丑篇》曰：「由湯至於武丁，賢聖之君六七作。」與此「作」字同。「盤庚作」猶《繫辭傳》曰「神農氏作」「黄帝堯舜氏作」也，「盤庚作，惟涉河以民遷」，言盤庚既即位，承祖乙之後，奢侈逾禮，故思涉河以民遷也。中、下兩篇皆附録盤庚遷都之事，故以此發端。中篇曰「盤庚作，惟涉河以民遷」，下篇曰「盤庚既遷」，正相因也。上篇曰「盤庚遷于殷」，則爲遷殷後事。自後人泥于篇第，因并「盤庚作」之義而失之矣。下云「乃話民之弗率」，蓋上篇是遷殷後事，故曰「不適」，言既遷而民不便也；中篇是未遷時事，故曰「弗率」，言將遷而民弗從也。

乃話民之弗率。

傳曰：「話，善言。」

樾謹按：《詩·板篇》《抑篇》毛傳竝曰：「話，善言也」。話之爲善言，固古訓矣，然此經「話」字在「民之弗率」上，則非善言之謂也。「善言民之弗率」，於義豈可通乎？話，當讀爲「佸」，《説文·人部》：「佸，會也。」字亦作「括」，《詩·車舝篇》「德音來括」，傳曰：「括，會也。」蓋皆聲近而義通。盤庚會合民之弗率者而誥之，故曰「乃話民之弗率」。「話」即「佸」之叚字，不當以本義説之。

古我前後，罔不惟民之承保。后胥慼，鮮以不浮于天時。

傳曰：「言我先世賢君，無不承安民而恤之。民亦安君之政，相與憂行君令。浮，行也。少以不行於天時者，言皆行天時。」

樾謹按：枚讀「保后胥慼」爲句，非也。《洛誥篇》「承保乃文祖受命民」亦以「承保」連文。江氏聲讀「罔不惟民之承保」爲句，洵長於舊讀矣。「后胥慼」當自爲句，「胥慼」者，相憂也，言憂民之憂也。「鮮」讀爲「斯」，《詩・瓠葉篇》鄭箋云：「今俗語斯白之字作鮮，齊魯之閒聲近斯。」是鮮與斯聲近義通。「浮」讀爲「佛」，《後漢書・襄楷傳》注曰：「浮屠即佛陀，但聲轉耳。」「鮮以不浮于天時」者，斯以不佛于天時也。《説文・口部》：「咈，違也。」古書每以「佛」爲之，《法言・寡見篇》「佛乎正」，李軌注曰：「佛，違也。」《文選・非有先生論》「夫談者有悖於目而佛於耳」，李善注引《字書》曰：「佛，違也。」竝其證也。又曰：「佛，扶勿切。」是佛與扶爲雙聲，而浮從孚聲，與扶爲疊韵，故「浮」得讀爲「佛」也。此言君常憂民之憂，斯于天時無所違失。若從枚傳則但曰「鮮不浮天時」，文義已足，而「以」字「于」字皆贅矣。江氏聲據漢石經「戚」作「高」，因讀「后胥高鮮」爲句，爲之説曰「小山別大山爲鮮，言前後相度高山之處而徙居之」，其説甚鑿，恐不可從。漢石經作「高」者，亦聲之轉也。《孟子・萬章篇》「舜見瞽瞍，其容有蹙」，《韓非子・忠孝篇》作「舜見瞽瞍，其容造焉」，蹙從戚聲，造從告聲，而得相通，然則「戚」聲之轉即如「告」矣。高與告聲近，故「皋」字通作「高」，又通作「告」，是其例也。漢石經「戚」作「高」，正猶「蹙」之爲「造」矣。讀古書者當依聲而求字，勿逐字而求解。浮之爲佛，戚之爲高，其義絶遠，殆難爲拘文牽義者道矣。

承女俾女。

傳曰：「今我法先王，惟民之承，故承女使女徙。」

樾謹按：俾之訓使，蓋本《釋詁》文。然如傳義，則「俾女」下必增出「徙」字，於文方足矣。《説文・人部》：「俾，益也。」字亦作「錍」，《會部》曰：「錍，益也。」又通作「埤」，《廣雅・釋詁》曰：「埤，益也。」俾與錍、埤聲義皆同。「承女俾女」者，承引女，俾益女也，與「予告女訓女」句法相似，説詳上篇。

惟喜康共。

傳曰：「惟與女共喜安。」

樾謹按：如傳義，則當云「惟喜共康」，於義方明，不當云「惟喜康共」也，傳義殆失之矣。《廣雅・釋詁》：「拱，固也。」共、拱古通用，《論語・爲政篇》「居其所而衆星拱之」，《釋文》「共，鄭作拱」，是也。「惟喜康共」者，惟喜安固也。「康」之義爲「安」，「共」之義爲「固」，康、共二字平列。上文「承女俾女」，承、俾二字亦平列。枚説竝于文義未安。

予若籲，懷茲新邑。

傳曰：「言我順和懷此新邑。」

樾謹按：《小爾雅·廣詁》：「若，女也。」《説文·頁部》：「籲，呼也。」「予若籲」者，予女呼也，猶言予呼女也。《詩·匪風篇》「懷之好音」，《皇矣篇》「予懷明德」，毛傳竝曰：「懷，歸也。」「懷茲新邑」者，歸此新邑也，言予呼女歸此新邑，亦惟女故耳。枚氏於上篇「率籲衆戚」，訓「籲」爲「和」，此「籲」字亦訓「和」。段氏玉裁謂籲音同籥，籥音同龠。《説文》「龠，樂之竹管，三孔，以和衆聲也」，故訓爲「和」。今按：龢、龤字竝從龠，然則籲之訓和，自是古訓。然以「率籲衆戚」爲率和衆憂之人，以「予若籲，懷茲新邑」爲「我順和，懷此新邑」，實于文義未安。學者固不得因枚傳之僞而廢「籲，和」之古訓，要不得因「籲」有「和」義而曲從枚傳也。

乃咸大不宣，乃心欽，念以忱動予一人。

傳曰：「女皆大不布腹心，敬念以忱感動我[一]，是女不盡忠。」

樾謹案：枚氏于句讀未審。此當以「乃咸大不宣」爲句，「乃心欽」爲句，「念以忱動予一

[一] 忱，《尚書正義》《尚書注疏》均作「誠」。

人」爲句。宣者，明也。《僖二十七年左傳》「未宣其用」，《國語·晉語》「武子宣法以定晉國」，杜注、韋注竝曰：「宣，明也。」是其義也。「欽」，言欽欽然也，《詩》曰「憂心欽欽」，是其義也。重言之曰欽欽，單言之曰欽，古語類然。故毛傳、鄭箋每以重言釋一言，如「咥其笑矣」，傳、箋竝曰：「咥咥然。」「垂帶悸矣」，傳、箋竝曰：「悸悸然。」「條其歗矣」，傳、箋竝曰：「條條然。」皆其例也。《爾雅·釋詁》曰：「念，思也。」「念以忱動予一人」，與下篇「念敬我衆」文法正同，言汝不憂朕心之所困，乃皆大不明，乃心欽欽然，思以誠意感動予一人，冀不遷也。枚讀「欽念以忱」爲句，故上下文皆失其讀矣。

爾忱不屬，惟胥以沈。

傳曰：「女忠誠不屬逮古，苟不欲徙，相與沈溺。」

樾謹按：經言「不屬」，而傳言「不屬逮古」，增字釋經，非經旨也。《釋文》引馬云「獨也」，「屬」之訓「獨」，蓋以聲訓。《荀子·成相篇》「剄而獨鹿弃之江」，楊注曰：「獨鹿與屬鏤同，本或作屬鏤。」然則「屬」之與「獨」，古通用也。「爾忱不獨」，義不可解，疑「忱」字馬本作「沈」。「爾沈不獨，惟胥以沈」，言不獨爾自沈溺，且相與共沈溺也，「獨」字、「胥」字正相應成義。沈與忱，字形相近，《詩·采薇篇》正義引鄭《周易注》曰：「慊，讀如『群公溓』之『溓』。」古書篆作立心，與水相近，讀者失之，故作『慊』。」然則沈之爲忱，猶溓之爲慊，竝由立心與水相近之故耳。馬注雖存于《釋文》，而因「沈」誤爲「忱」，遂無能申明其義者。王氏鳴盛謂「當云不獨」，大非古人以聲相訓之旨矣。

今予命女，一無起穢以自臭。

傳曰：「我一心命女，女違我，是自臭敗。」

樾謹按：經言「命女一」，不言「一心命女」，傳義非也。「一」字當屬下讀。《大戴記·衛將軍文子篇》「則一諸侯之相也」，《荀子·勸學篇》「一可以爲法則」，盧辯、楊倞注竝曰：「一，皆也。」「一無起穢以自臭」者，皆無起穢以自臭也。「今予命女」當自爲句，不連「一」字讀。

我先后綏乃祖乃父，乃祖乃父乃斷棄女，不救乃死。

傳曰：「言我先王安女父祖之忠。今女不忠，女父祖必斷絶棄女命，不救女死。」

樾謹按：經文本一氣連屬，若如傳義加入「今女不忠」一轉，恐非經旨也。「綏」，當讀爲「退」，《文十二年左傳》「乃皆出戰交綏」，杜注曰：「《司馬法》曰：『逐奔不遠，從綏不及。逐奔不遠則難誘，從綏不及則難陷。』然則古名退軍爲綏。」正義引《司馬法》云：「『將軍死綏』，舊説綏，卻也。」是綏與退，古字通也。《禮記·檀弓篇》「文子其中退然如不勝衣」，鄭注曰：「退或爲妥。」即其例矣。「綏乃祖乃父」者，退乃祖乃父也。此承上文「女有戕，則在乃心」而言，謂女有戕害人之心，我先后已知之，必因孫子之不賢而斥退乃祖乃父，於是乃祖乃父亦斷棄女，不救乃死也。

乃祖乃父丕乃告我高后，曰：「作丕刑于朕孫。」

《釋文》曰：「『我高后』，本又作『乃祖乃父』。」

樾謹按：「乃祖乃父丕乃告乃祖乃父」，義不可通。段氏玉裁謂當於「告」字絶句，此亦曲説也。「我高后」既作「乃祖乃父」，則「乃祖乃父」必作「我高后」。《釋文》既云「『我高后』，本又作『乃祖乃父』」，亦必云「『乃祖乃父』，本又作『我高后』」，傳寫奪去之耳。尋繹文義，似以別本爲長。上文云「茲予有亂政，同位具乃貝玉」，此當於「政」字絶句。《昭六年左傳》曰：「夏有亂政而作禹刑，商有亂政而作湯刑，周有亂政而作九刑。」「茲予有亂政」義與彼同。枚傳訓「亂」爲「治」，非也。同位，同在朝廷之位者，指群臣而言。群臣之貪，由于君政之亂，故曰「茲予有亂政，句。同位具乃貝玉」，於是我高后丕乃告乃祖乃父，曰：「作丕刑于朕孫。」朕孫，盤庚自謂也。上文「曷不暨朕幼孫有比」，枚傳曰「幼孫，盤庚自謂」，然則此文「朕孫」亦盤庚自謂，明矣。以其有亂政，故作大刑也。上言「乃祖乃父乃斷棄女，不救乃死」，此言高后「作丕刑于朕孫」，一就臣言，一就君言，言君臣將同受其罰也。上文「失于政，陳于兹，高后丕乃崇降罪疾，曰：『曷不暨朕幼孫有比。』」亦是一就君言，一就臣言。蓋自「予念我先神后之勞爾先」至「迪高后，丕乃崇降弗祥」，皆反覆申明不遷之害，君臣上下竝有大咎。説者誤解「兹予有亂政」一節爲責臣之辭，則於義偏矣。既以此一節爲責臣之辭，於是疑朕孫當指臣，不應出於高后之口，遂改「我高后丕乃告乃祖乃父」爲「乃祖乃父丕乃告我高后」，而經意全晦，賴有陸氏《釋文》猶可藉以訂正耳。至下文「迪高后」之「迪」，乃發端之詞，説詳王氏引之《經傳釋詞》。自改經文爲「乃祖乃父丕乃告我高后」，枚傳遂訓「迪」爲「道」，「言女父祖開道湯，大重下不善以罰女」，其不辭甚矣。

弔由靈。（《盤庚下》）

傳曰：「弔，至。靈，善也。非廢，謂動謀於衆，至用其善。」

樾謹按：訓「弔」爲「至」，文義迂曲，非經旨也。「弔」訓「至」，亦訓「善」，《詩·節南山篇》「不弔昊天」，毛傳曰：「弔，至。」鄭箋曰：「至猶善也。」《粊誓篇》「無敢不弔」，正義曰：「弔訓至也。鄭云：至猶善也。」是「弔」之訓「善」，固《尚書》家舊説矣。弔，善也；靈亦善也。「弔由靈」者，善用其善謀也。下文「宏兹賁」，枚傳曰：「宏、賁，皆大也。」善用其善謀謂之「弔由靈」，猶大此大業謂之「宏兹賁」也。若謂「弔」「靈」不當竝訓「善」，則「宏」「賁」亦不當竝訓「大」乎？

各非敢違卜用，宏兹賁。

傳曰：「君臣用謀，不敢違卜用，大此遷都大業。」

樾謹按：此當於「用」字絶句。《大誥篇》曰「寧王惟卜用，克綏受兹命。今天其相民，矧亦惟卜用」，竝以「卜用」連文。此云「各非敢違卜用」，義亦然也。《説文·用部》：「用，可施行也。從卜中。」是「用」字本從卜中會意，《尚書》「卜用」連文，於本義最近。「宏兹賁」三字爲句，與「弔由靈」一律。弔、靈皆善也；宏、賁皆大也，正見古人用字之精。又按：經云「非敢」，傳云「不敢」，亦於經義未合。蓋盤庚遷殷實不用卜，觀中篇無一語及卜可知矣。不然，盤庚方叚鬼神禍福之説以聳動其民，使得吉卜，亦當如周公《大誥》屢及之矣，何不一言乎？當時臣民必有以此爲口實者，故盤庚於既遷之後，自解之曰「各非敢違卜用」也。「各」乃語詞，《廣雅·釋詁》「各，詞也」，徐鍇《説文繫傳》於「曰」篆下云：「凡稱詞者，虚也，語气之助也。」枚傳不知「各」爲語詞，而以君臣言，斯失之矣。《廣雅》「各，詞也」一訓，必有所受之。王氏念孫《疏證》疑爲「若」字之譌，非然也。

尚皆隱哉！

傳曰：「相隱括共爲善政。」

樾謹案：枚解「隱」爲「隱括」，是也。此必古訓相承如此，枚竊取之。而以「共爲善政」足成之，則非其義矣。隱括與檃栝同，《荀子·性惡篇》楊倞注曰：「檃栝，正曲木之木也。」耿俗奢淫逾禮，不正甚矣，盤庚遷都之意本在於此，故既遷之後，即欲以法度正之，因呼邦伯師長、百執事之人而告之曰「尚皆隱哉」，欲其去奢淫之舊俗而就法度也。其下曰「朕不肩好貨」，又曰「無總于貨寶」，皆與去奢行儉之旨合，故知漢人所傳爲不虛也。漢石經「隱」作「乘」，「乘」字義不可曉，疑當爲「繩」。《詩·緜篇》鄭箋曰：「乘，聲之誤，當爲『繩』也。」是其例矣。《淮南子·時則篇》「繩者，所以繩萬物也」，高注曰：「繩，正也。」則亦與「檃栝」同義。今古文文異而義同。上篇曰「不能胥匡以生」，匡亦正也，「不能胥匡」，是不就檃栝也。然則盤庚「以常舊服，正法度」即由「隱哉」一語發其端矣。觀其文義，《盤庚上篇》實與《下篇》相承。前人泥于篇第，未有能見及此者也。

降年有永有不永。（《高宗肜日》）

樾謹按：降年之永不永，疑與「正厥事」無涉。正義引鄭注曰：「年命者，惷愚之人尤愒焉，故引以諫王也。」於義亦未安。祖己豈當以王爲惷愚之人邪？嘗反覆推求，於《漢書·五行志》而得此經之旨。《五行志》引劉歆説，以爲「鼎，宗廟之器。主器奉宗廟者，長子也。野鳥自外來，入爲宗廟器主，是繼嗣將易也」。歆此説雖或附會，亦必有所自。商自陽甲以來，諸君享年不永。據《竹書紀年》，陽甲四年，小辛三年，小乙十年，惟盤庚二十八年耳。高宗承小乙之後，見先君皆不永年，而肜祭之日又有此異，爲繼嗣將易之象，必將悚然震動。《殷本紀》云：「武丁懼。」懼者，懼此也。又云「祖己曰『王勿憂，先修政事』」而已，史公增「勿憂」一語，乃善於説經者。篇中自「惟天監下民，典厥義」至「乃曰其如台」，皆告王使勿憂也。「非天夭民，民中絶命」，《史記》作「非天夭民，中絶其命」，是下一「民」字當爲衍文。「天既孚命」，漢石經「孚」作「付」，亦當從之。孚之爲付，猶桴之爲柎也。祖己之意，蓋謂天之降年有永不永，非天夭民而絶其命也，乃「民有不若德、不聽罪」之故耳。天既付命于人，人苟能正其德，雖有妖孽，其柰何哉？「乃曰其如台」，與《盤庚篇》「卜稽曰其如台」義同，猶言越其奈何也，説見《盤庚上篇》。祖己因武丁恐懼，故爲此言，使王勿憂。自「王司敬民」以下始是進戒之詞，故以「嗚呼」發之也。古大臣進言于君，從容不迫如此，是可見其愛君之誠矣。然非史公「勿憂」二字，則篇中之義不顯，故知西漢經師之説爲可寶也。

嗚呼！王司敬民，罔非天，胤典祀，無豐于昵。

傳曰：「胤，嗣。昵，近也。歎以感王入其言，王者主民，當敬民事。民事無非天所嗣。常也，祭祀有常，不當特豐於近廟。」

樾謹按：傳文當曰「典，常也」，傳寫奪「典」字耳。無非天所嗣，釋「罔非天胤」之義。「典，常也。祭祀有常」，釋「典祀」之義。孔穎達據誤本作正義，乃讀傳文「民事無非天所嗣常也」九字爲一句，而釋之曰「民事無非天所繼嗣以爲常道者也」，則大非傳義矣。然如傳義，讀「罔非天胤」爲句，實亦未安，疑當以「罔非天」爲句。「王司敬民」，「司」字《史記》作「嗣」，當從之，言王嗣位敬行民事，罔非天所命也。祖己言此者，見天降下民作之君，人君乃天所命以治民者也。其位雖傳之自父，其命實受之自天，不當私其所親也。「胤典祀」自爲句。《爾雅·釋詁》曰：「胤，繼也。」「典」當爲「殄」，《考工記·輈人》「是故輈欲頎典」，司農云：「典讀爲殄。」是其證也。《釋詁》曰：「殄，絶也。」「胤殄祀」者，繼絶祀也，言當繼續其已絶之祀，無徒豐於近廟也。按《殷本紀》自祖乙以後，陽甲、小辛、小乙四君皆兄弟相及。《通典》卷五十一引賀循議曰「殷之盤庚，不序陽甲之廟，而上繼先君，以弟不繼兄故也」，賀循此議，必《尚書》家舊說。以其說推之，則盤庚止立父祖乙廟而不立兄陽甲廟。小辛之於盤庚，小乙之於小辛，亦必猶是矣。

高宗繼父小乙之後，其止立父小乙廟，而世父陽甲、盤庚、小辛皆無廟，從可知也。此實當時闕典，故祖己以繼續已絶之祀，無徒豐于近廟，爲高宗諷也。通篇皆告王使勿憂，而其訓于王者止此數語，蓋此下尚有《高宗之訓》一篇，必詳言之，而今亡矣。此篇告王勿憂之意爲多，故以《高宗肜日》名篇；下篇所載當詳言其所訓于王之事，故以《高宗之訓》命篇也。不然，何不分爲上、下兩篇，而必異爲之名乎？

天既訖我殷命。（《西伯戡黎》）

樾謹按：是時殷猶未亡，乃云「既訖我命」，義不可通。古書「既」與「其」每通用，《禹貢》「濰淄其道」，《史記·夏本紀》作「既道」；《詩·常武篇》「徐方既來」，《荀子·議兵篇》引作「徐方其來」，竝其證也。「天既訖我殷命」，當作「天其訖我殷命」，蓋以「格人元龜，罔敢知吉」，故推度天意如此也。此篇以「天其訖我殷命」發端，猶《微子篇》以「殷其弗或亂正四方」發端也，皆事前推度之辭。若作「既訖」，則似乎事後之論矣。

格人元龜。

傳曰：「至人以人事觀殷，大龜以神靈考之，皆無知吉。」正義曰：「格訓爲至。至人謂至道之人，有所識解者也。」

樾謹按：至道之人謂之至人，義殊未安。元，大也；格亦大也。元龜者，大龜也。格人者，大人也。《史記》「格」作「假」，《爾雅·釋詁》：「假，大也。」《方言》曰：「凡物之壯大者而愛偉之，周秦之間謂之假。」此經字雖作「格」，義與「假」同。即以「格，至」之義而論，《釋詁》曰：「晊，大也。」《釋文》曰：「本又作至。」然則至亦大也。格之義爲至，即爲大矣。凡有「大」義者皆有「美善」之義，元訓大，亦訓善，即其例也。《論衡·卜筮篇》引此經而釋之曰「賢者不舉，大龜不兆」，是王仲任以格人爲賢者，義自可通。孔穎達以爲「至道之人」，則失之矣。

指乃功。

傳曰：「言殷之就亡，指女功事所致。」

樾謹按：枚傳未解「指」字之義。指，致也，言致極爾之事，必將爲戮也。《詩·武篇》「耆定爾功」，毛傳曰：「耆，致也。」指與耆古字通用，《皇矣篇》「上帝耆之」，《潛夫論·班禄篇》引作「上帝指之」，是其證也。《書》言「指乃功」，《詩》言「耆爾功」，文異而義同，美惡不嫌同辭。

我祖厎遂陳于上。（《微子》）

傳曰：「言致遂其功〔一〕，陳列於上世。」

樾謹按：「厎遂陳于上」，蓋以德言。下文曰「我用沈酗于酒，用亂敗厥德于下」，紂所亂敗者，即湯所厎遂而陳者也。上句不言德者，文見於下，故省于上，古人自有此文法也。傳不知此，而增出「功」字，失之。

我用沈酗于酒。

樾謹按：《無逸篇》傳「以酒爲凶曰酗」，是枚氏所據本固作「酗」，故其説如此，必非枚氏私造此字，而自爲之説也。陸德明謂《説文》作「酌」，然《説文》「酌」篆下竝不引此經。壁中古文作「酌」與否，未可知也。《玉篇・酉部》：「酌，許具切。凶酒曰酌醬。」又出「酗」字，曰「同上」。《玉篇》之字多本於《説文》，安知古本《説文》「酌」篆下不更有重文作「酗」者乎？鄭康成注《周官・司救》亦有「酗醬」之文，不得謂漢時無「酗」字矣。蓋「酗」者，會意字也；「酌」者，形聲字也。經典相承之字，苟合六書之旨，皆可各從其舊。江氏聲必謂「酗」不成字，改從《説文》作

〔一〕《尚書正義》《尚書注疏》「言」下有「湯」字。

「酌」，失之泥矣。

好草竊姦宄。

傳曰：「草野竊盜，又爲姦宄於外內。」

樾謹按：枚氏解「草竊」之義，殊爲望文生訓。江氏聲曰「莠害苗爲草竊」，引《吕氏春秋·辯土篇》文爲證〔一〕。然彼文云：「夫四序參發，大甽小畝，爲青魚胠，苗若直獵，地竊之也；既種而無行，耕而不長，則苗相竊也；弗除則蕪，除之則虚，則草竊之也。」此自是吕氏譔造之語，非古人名「莠害苗爲草竊」也，不得因「草竊」二字適與此經合，遂引以爲證。孫氏星衍引《廣雅·釋言》「鈔，掠也」，謂與草聲相近，其説視江氏爲長。然讀「草」爲「鈔」，於古無徵，如其説則「盜」聲與「草」聲亦相近，直讀爲「盜竊」，豈不更徑易乎？江、孫兩説，殆皆未塙。今按：「竊」當讀爲「蔡」，《莊子·庚桑楚篇》「竊竊乎又何足以濟世哉」，《釋文》曰：「竊竊，本作察察。」然則「竊」之爲「蔡」，猶「竊竊」之爲「察察」也。「草竊」者，草蔡也。《説文·丯部》：「丯，艸蔡也，象艸生之散亂也。」是「草蔡」有「散亂」之義，古語然也。其本義屬草，引而申之則凡散亂

〔一〕辯，原文作「辨」，今據《吕氏春秋》改。

者皆得謂之「草蔡」，故與「姦宄」連文。「好草蔡」即好亂也。「草蔡」之語止見于許氏之書，他無所見。古語久湮，而此經又叚「竊」爲「蔡」，於是其義益晦矣。

凡有辜罪，乃罔恒獲。

傳曰：「皆有辜罪，無秉常得中者。」

樾謹按：經文止有「獲」字，無「中」字，傳義非也。詳此經之義，正《牧誓》所謂「乃惟四方之多罪逋逃，是崇是長，是信是使，是以爲大夫卿士」者。《昭七年左傳》曰：「周文王之法曰『有亡，荒閱』，所以得天下也。」又曰：「昔武王數紂之罪，以告諸侯曰『紂爲天下逋逃主，萃淵藪』。」皆可以説此經。蓋文王之法，有罪人逃亡則大蒐其衆，期于必得，而紂則反是，故當時以爲逋逃之淵藪，「凡有辜罪者，乃罔恒獲」也。「罔恒獲」猶言常不得。使倒其文曰「乃恒罔獲」，則其義便明顯，而非古書佶屈之體矣。

我其發出狂，吾家耄遜于荒[一]**。今爾無指告，予顛隮，若之何其？**

樾謹按：《史記·宋微子世家》曰：「微子度紂終不可諫，欲死之。及去，未能自決，乃問

〔一〕 吾，原文作「我」，今據《尚書正義》《尚書注疏》及清經解續編本《群經平議》改。

于太師、少師。」是微子之問，有一死一去兩意，故上文既決「殷之淪喪」，又特呼父師、少師而發此問，乃微子作誥之本意也。「我其發出狂」，此去之之説也。「狂」，《史記》作「往」，集解引鄭注曰：「發，起也。紂禍敗如此，我其起作出往也。」是其義也。「吾家耄遜于荒」，此死之之説也。正義引鄭注曰：「耄，亂也〔一〕。」蓋不忍斥言紂昏亂，故言吾家昏亂，與上文「我用沈酗于酒」，不言紂而言我，語意正同。遜，古與「馴」通，故《堯典》「五品不遜」，《史記·五帝紀》作「馴」，《周易·坤》初六《象傳》曰「馴致其道」〔二〕，《釋文》引向秀曰：「馴，從也。」「荒」讀爲「亡」，下文「天毒降災荒殷邦」，《史記》作「天篤下災亡殷國」，是讀「荒」爲「亡」，正古文家説，此「荒」字當亦同也。「吾家耄遜于荒」，言吾家亂而從于亡，蓋欲從紂死，不忍斥言，故微其詞也。微子之意，若曰：我其發出往乎，抑吾家亂而從于亡乎？今爾無指告，我則或去或死，不知所從，無所措手足矣，故曰「予顛隮」也。「若之何其」，乃致其問之之意。枚傳謂「如之何其救之」，亦非當日語意也。微子之意晦于千載，賴史公數語猶可得其梗概耳。「吾家耄遜于荒」，《史記》作「吾家保于

〔一〕《尚書正義》《尚書注疏》「亂」上有「昏」字。
〔二〕初六，原文作「六二」，今據《周易正義》改。

喪」，保、耄同聲，惟無「遜」字，疑或奪誤，然觀上句「狂」字，《史記》作「往」，此句「荒」字，《史記》作「喪」，則微子一去一死兩意，居然可見。下文「詔王子出迪」，蓋就微子之意而爲決之也。

降監殷民，用乂讎斂，召敵讎不怠。

傳曰：「下視殷民，所用治者，皆重賦傷民、斂聚怨讎之道，而又亟行暴虐，自召敵讎不解怠。」

樾謹按：如傳義，則「讎斂」與「召敵讎」一也，何必重復言之乎？《釋文》曰「讎，如字，下同」，此依傳義作音也。又曰「徐云鄭音疇，馬本作『稠』，云數也」，是鄭本上「讎」字與下異讀，馬本則并異其字矣。段氏玉裁謂鄭亦讀「讎」爲「稠」，非也。鄭蓋讀「讎」爲「疇」，故「徐云鄭音疇」也。《一切經音義》卷一引《國語》賈注曰：「一井爲疇，九夫爲一井。」《孟子·盡心篇》「易其田疇」，趙注亦曰：「疇，一井也。」鄭讀「讎」爲「疇」，當從此訓。殷制用助法，上所應得者惟公田所入而已，其外皆民之私田，上不得而斂之也。此云「疇斂」則是按井而斂之，是所取不止公田矣，殆紂時所加賦歟？「乂」當爲「刈」，據《説文》乂、刈本一字也。王逸注《離騷》曰：「刈，穫也。」「降監殷民，用乂疇斂」，言下視殷民，方用刈穫之時，計疇而斂之也。鄭義每存乎音，以音求之，往往可得其義矣。

群經平議卷五

尚書三

王朝至于商郊牧野。（《牧誓》）

傳曰：「紂近郊三十里地名牧。」正義曰：「繼牧言野，明是牧地。而鄭玄云『郊外曰野，將戰于郊，故至于牧野而誓』，豈王行已至于郊，乃復倒退適野，誓訖而更進兵乎？何不然之甚也！」

樾謹按：此當以「郊牧野」三字連文。《爾雅·釋地》：「邑外謂之郊，郊外謂之牧，牧外謂之野。」此正釋《尚書》「郊牧野」三字之義。合言之曰「郊牧野」，從省則但曰「牧野」。《詩·大明篇》「牧野洋洋」，是也。又從省則但曰「牧」，《國語·周語》曰「庶民弗忍，欣戴武王，以致戎于商牧」，是也。此篇以《牧誓》名篇，是武王作誓實在郊外之牧，而史臣併舉「郊野」者，是時諸侯會者八百，車徒衆多，其所屯聚必非一處，前軍及郊，後軍至野，中軍在牧，亦情事所應爾也。鄭注稱「郊外曰野」，是鄭君所見《爾雅》與今本異。然據《尚書》以治《爾雅》，則固以今本爲長矣。又《爾雅》此篇之後總題曰「野」，蓋「野」者，對邑而言。邑外郊，郊外牧，牧外野，野外林，林外坰，雖分五名，然郊、牧、林、坰，實皆「野」也，故亦有稱「牧之野」者。《詩·閟宫篇》「致天之屆，于牧之野」，《禮·大傳篇》曰「牧之野，武王之大事也」。「牧」稱牧之野，猶「坰」稱坰之野，《駉篇》曰「駉駉牡馬，在坰之野」，是也。坰之野即林外之坰，牧之野即郊外之牧，若以「牧」爲地名，豈「坰」亦魯之地名乎？

惟家之索。

傳曰：「索，盡也。」

樾謹按：惟家之盡，于義未安，枚説非也。《周官·方相氏》「以索室毆疫」，即此「索」字之義。牝雞晨鳴，必有妖孽，當索室以毆除之，故曰「惟家之索」。武王以諸侯伐紂，爲天下除暴亂，亦猶索室毆疫也，故以爲喻耳。

昏棄厥遺王父母弟不迪。

樾謹按：《隸釋》載石經作「厥遺任父母弟不迪」，段氏玉裁謂未知今文家説如何，其實乃誤字也。漢人隸書王、壬二字往往無别，《武梁石室畫象》「秦王」作「秦壬」，又《魯峻碑》陰「壬端」「壬輔」竝即「王」字，可證也。《文七年左傳》「宋公王臣卒」，《釋文》曰：「本或作壬臣。」蓋亦隸體混淆之故。此經「王」字，漢人書作「壬」字，因又加人旁作「任」耳。《韓非子·外儲説左篇》「王登爲中牟令」，《吕氏春秋·知度篇》作「任登」，即其例也。蔡邕等正定六經文字，而此等字未能正定，固其小疏。或因經師舊讀，學者共曉，字雖作「任」，讀仍爲「王」，相習已久，無庸改易其舊耳。懼好古之士不加詳審，或滋異説，故具論之。「不迪」之「迪」，當讀爲「由」，《漢書·楊雄傳》注曰「迪，由也」，是迪與由聲近義通。由者，用也，故《周本紀》即作「不用」，蓋史公讀「迪」爲「由」，而以詁訓字易之也。枚傳曰「不接之以道」，迂矣。

弗迓，克奔以役西土。

傳曰：「商衆能奔來降者，不迎擊之，如此則所以役我西土之義。」

樾謹按：經但言「奔」，不言「降」；經但言「迓」，不言「擊」；經但言「役西土」，不言「役西土之義」，傳義非也。《史記·周本紀》「弗迓」作「不禦」，集解引鄭注曰：「禦，彊禦，謂彊暴也。

克，殺也。不得暴虐殺紂師之奔走者〔一〕，以爲周之役也〔二〕。」其説亦甚迂曲。蓋説此經者皆先有成見，以爲聖人仁義之師，宜乎其言藹如，然後相稱。不知上文明言「尚桓桓，如虎如貔，如熊如羆，于商郊」，下文又言「勖哉夫子！爾所弗勖，其于爾躬有戮」，則此文必是勉以殺敵致果，方合作誓之本旨，不當如先儒所云也。「迓」字宜從《史記》作「禦」，《廣雅·釋詁》：「禦，止也。」字亦通作「衙」，《釋名·釋樂器》曰：「衙，止也。」「弗禦」者，弗止也，軍旅有進無退，故勉以弗止也。「克奔以役西土」六字爲句。奔讀如奮，《詩·行葦篇》毛傳「奔軍之將」，《釋文》曰「奔，音奮。」是「奔」得讀如「奮」也。「克奔以役西土」者，克奮發以從我西土之役也。此篇本爲友邦冢君及從征庸蜀諸國而作〔三〕，故有「以役西土」之語。自「尚桓桓」以下至「克奔以役西土」，文義本一氣連屬，欲其尚克如此也。學者失其義，因失其讀矣。

〔一〕《史記》「暴」下無「虐」字。

〔二〕《史記》「以」上有「當」字。

〔三〕冢，原文作「冡」，今據清經解續編本《群經平議》及《〈春在堂全書〉校勘記》改。

惟天陰騭下民。（《洪範》）

傳曰：「騭，定也。天不言而默定下民。」正義曰：「傳以騭即質也，質訓爲成，成亦『定』義，故爲『定』也。」

樾謹按：《宋世家》作「維天陰定下民」，疑史公讀「騭」爲「敕」。《臯陶謨篇》「敕天之命」，枚傳曰：「敕，正也。」《夏本紀》作「陟天之命」，「騭」之爲「敕」，猶「敕」之爲「陟」也。敕訓正，正與定古字通，故史公作「定」，而枚傳從之。正義謂「騭」即質也，非是。

建用皇極。

傳曰：「皇，大。極，中也。」

樾謹按：以「皇、極」爲「大、中」，固古義也，然下文言「皇建其有極」「惟皇作極」，一以「大」「中」訓之，實有不可通者。蔡傳曰：「皇，君也。極猶北極之極，至極之義，標準之名。」其説殊勝。下文曰「皇極之敷言」，又曰「凡厥庶民極之敷言」，蓋以「皇極」「庶民極」相對爲文，説本馬注，見《史記集解》。然則「皇」之爲「君」無疑矣。「極」爲「準則」，蓋亦古有此義。《詩·殷武篇》「商邑翼翼，四方之極」，猶言四方之準則也。《後漢書·樊準傳》引作「四方是則」，李賢注曰：「《韓詩》之文。」蓋「極」有「準則」之義，故《毛詩》作「極」，《韓詩》作「則」也。《昭十三年左傳》「貢獻無極」，猶言貢獻無有準則也。上文曰「貢之無藝」，服注曰：「藝，極也。」杜注曰：「藝，法制。」藝與極同義，「藝」爲法制，則「極」亦法制矣。《周禮・序官》「設官分職，以爲民極」，「民極」者，民之準則也，猶云以爲黔首則也。《國語・越語》「無過天極」，「天極」者，天之準則也，猶云順帝之則也。凡斯之類，皆可證成其義。

金曰從革。

傳曰：「金可以改更。」正義曰：「金可以從人改更。」

樾謹按：枚傳不説「從」字之義。《史記集解》引馬融曰：「金之性從人而更。」正義即本馬注，然其説殊未安。木之曲直亦是從人，何獨於金言之乎？「從革」猶言因革也。《漢書・外戚傳》注曰：「從，因也，由也。」蓋從與由義同。《詩・南山篇》「衡從其畝」，《釋文》曰「從，《韓詩》作由」，是也。「由」之義爲「因」，故「從」之義亦爲「因」。金之性可因可革，是爲「從革」，猶木之性可曲可直，是爲「曲直」也。

四曰司空。

傳曰：「主空土以居民。」

樾謹按：《史記集解》引馬融之説，亦與枚同。《白虎通・封公侯篇》曰：「司空主土，不言土言空者，空尚主之，何況於實？」此説殊爲迂曲。疑「司空」之「空」當讀爲「工」，以空爲工猶以功爲工、以紅爲工也。《周官·肆師職》「凡師不功」，鄭注曰：「古者工與功同字。」《漢書·哀帝紀》「害女紅之物」，如淳曰：「紅亦工也。」是「工」字可從力作「功」，從糸作「紅」，則亦可從穴作「空」矣。蓋古人作字有省偏旁者，如以「臤」爲「賢」之類；亦有加偏旁者，如以「割」爲「害」之類。試以《尚書》言之，《大誥篇》「殷小腆」，王肅曰：「腆，主也。」則「腆」即「典」字也；《吕刑篇》「明明棐常」，《墨子》作「明明不常」，則「棐」即「非」字也。然則「空」即「工」字，復何疑乎？冬官主百工之事，故謂之「司工」。其職雖亡，而《小宰職》曰「冬官掌邦事」，不曰「冬官掌邦土」，則「司空」之爲「司工」明矣。工與功通，功者，事也，惟其司工，故掌邦事也。《冬官》亡而以《考工記》補之，未爲無見。《王制》曰「司空執度，度地居民」，此乃匠人之事，固亦冬官所屬，且其下文曰「興事任力」，則仍是掌邦事，非掌邦土也。後人不知「空」爲「工」之叚字，因有主空土之説，而僞古文遂曰「司空掌邦土」矣。

而康而色。

傳曰：「女當安女顔色，以謙下人。」

樾謹按：下「而」字訓「女」，上「而」字不訓「女」，乃語詞也。此句承上文「皇則受之」而言。

「皇則受之，而康而色」，言不但受之，而又當和女之顔色以受之也。「康」之義爲「安」，故亦爲「和」。《史記·樂書》正義曰：「康，和也。」枚傳因「皇則受之」與上文「女則念之」相對，「念之」下更無他文，則「受之」下亦不得箸此四字，乃以此四字屬下爲義，其所見殊泥矣。

是彝是訓。

傳曰：「不失其常，則人皆是順矣。」

樾謹按：枚傳以「順」字解「訓」字，蓋本之《史記》。不知下文「于帝其訓」「是訓是行」，兩「訓」字《史記》作「順」，至此句作「是夷是訓」，不作「順」也。集解引馬注曰：「是大中之道而常行之〔一〕，用是教訓天下。」是馬本於此句亦不作「順」也。惟馬以「彝」爲「常」，不如史公以「彝」爲「夷」。夷，陳也。「是夷是訓」者，是陳列之，是訓教之也，此以君言也。下文曰「是順是行」者，是順從之，是奉行之也，此以民言也。君宜順天，故曰「于帝其順」；民宜從君，故曰「以近天子之光」。下兩「訓」字讀爲「順」，此一「訓」字讀如本字，史公分別最明，枚混而一之，誤矣。

〔一〕《史記集解》無「之道」二字。

一曰正直。

傳曰：「能正人之曲直。」

樾謹按：經言「正直」，不言「正曲直」，傳義非也。正直與剛克、柔克竝爲三德，義當一律。「正直」者，以正道相切直也。「剛克、柔克」者，以剛柔相克治也。《爾雅・釋訓》曰：「丁丁、嚶嚶，相切直也。」郭注曰：「以喻朋友切磋相正。」此「直」字之義也。故其下曰「平康正直，彊弗友剛克，燮友柔克。沈潛剛克，高明柔克」，言平康者，以正道相切直而已；彊弗友者、沈潛者，宜以剛克之；燮友者、高明者，宜以柔克之也。如傳義，則不可通矣。

曰克。

傳曰：「兆相交錯。」

樾謹按：兆相交錯，何以謂之克？正義引鄭注曰「克者，如雨氣色相侵入」，《史記集解》引鄭注曰「克者，如祲氣之色相犯也」，兩文不同而皆從「侵克」取義〔一〕，然則何不竟謂之祲，與雨、霽、圛、雺一律乎？今按：《說文・克部》：「克，肩也，象屋下刻木之形。」重文「𠅞」，曰：「古

〔一〕兩，原文作「雨」，今據清經解續編本《群經平議》及《〈春在堂全書〉校勘記》改。

文。」夫克既訓肩，何以又取象刻木？於義不可解。疑古文作「𠧮」者，乃《尚書·洪範》「曰克」之本字，壁中古文也。其上從占，以其爲占之用也；其下作朩，象其形也。雨、霽、圛、雺有可取象，而「𠧮」則無可取象，故特製此字。猶卦有八，皆叚他字以命之，而特製「坤、畁」二字；聲有五，皆叚他字以命之，而特製「䨐」一字也。「𠧮」字之義，或解爲「侵克」，或解爲「交錯」，皆各就其下之朩爲説。「刻木」一義，亦必《尚書》家舊説也。因「𠧮」字讀如「克」，後人遂即以「克」字爲之，亦猶「畁」止作「巽」，「䨐」止作「羽」也。許氏因以「𠧮」爲「克」之古文，不特《尚書》「曰克」之義不可知，并「克」篆説解而亦失之矣。《説文·卜部》：「𠧩，《易》卦之上體也，從卜每聲。《商書》：『曰貞、曰𠧩。』」然則「曰克」之「克」，壁中古文作「𠧮」，亦猶「曰悔」之「悔」，壁中古文作「𠧩」，從占與從卜同也。許氏惜未表而出之耳。

四曰攸好德。

傳曰：「所好者德福之道。」正義曰：「鄭云：『民皆好有德也。』王肅云：『言人君所好者道德爲福。』《洪範》以人君爲主，上之所爲，下必從之。人君好德，故民亦好德，事相通也。」

樾謹按：鄭、王及枚氏之説，皆讀「好」爲「好尚」之「好」。《漢書·五行志》曰「貌之不恭。

其極惡〔一〕，順之，其福曰攸好德」，此今文家説，以「好德」與「惡」對，則「好」字讀如「美好」之「好」，其説似較古文爲長。蓋以好人之德爲福，不如自有美好之德更爲福也。古字「攸」與「修」通，《史記·秦始皇紀》「德惠修長」，索隱曰：「王劭按：張徽所録會稽南山《秦始皇碑文》，『修』作『攸』。」是其證也。「攸好德」即修好德，人能修飾其美德，如《孟子》所謂「飽乎仁義，不願人之膏粱；令聞廣譽施於身，不願人之文繡」，是亦福也。《張衮碑》曰：「令德攸兮。」「攸」亦「修」之叚字，令德即好德也。疑今文家固以「攸」爲「修」矣。

若爾三王，是有丕子之責于天。（《金縢》）

傳曰：「大子之責，謂疾不可救於天。」正義曰：「責謂負人物也。『大子之責於天』，言負天一大子。」

樾謹按：傳義不了，正義説更迂曲矣。又引鄭注曰：「丕讀爲不。愛子孫曰子。玄孫遇疾，若女不救，是將有不愛子孫之過，爲天所責，欲使爲之請命也。」此説視枚爲長，而以上下文勢求之，則亦未安。今按：「是」通作「實」。故《秦誓篇》「是能容之」，《禮記·大學篇》作「實能

〔一〕《漢書》「惡」上有「曰」字。

容之」也。「若爾三王，實有丕子之責于天，以旦代某之身」，三句一氣連屬。「丕」字，《史記》作「負」，「負子」者，諸侯疾病之名。《禮記·曲禮篇》正義引《白虎通》曰：「天子病曰不豫，言不復豫政也；諸侯曰負子，子，民也，言憂民不復子之也。」是「負子」之義，本爲「不子」，故此經作「丕子」，丕與不古通用也。《桓十六年公羊傳》何休解詁又曰：「天子有疾稱不豫，諸侯稱負茲。」古文以聲爲主，無定字耳。凡人有病則須子孫扶持之，周公事死如生，故仍以人事言，謂爾三王在天，若有疾病，扶持之事，必須子孫任其責，則請以旦代某也。下文曰「乃玄孫不若旦多材多藝，不能事鬼神」，可知此文所言是事鬼神之事矣。三王生前皆未爲天子，故仍從諸侯之稱也。自來説者未達此義，惟孔氏廣森《經學卮言》解「丕子」二字與愚合。然孔氏以「丕子」屬武王言，謂告神謙，故從諸侯病辭，則非也。武王有疾可云「丕子」，不可云「有丕子之責于天」，且與上文「若爾三王」文義不貫，而與下文「能事鬼神」之意，亦不屬矣。

予仁若考，能多材多藝。

傳曰：「我周公仁能順父，又多材多藝，能事鬼神。」正義曰：「『考』是父也，故『仁能順父』。既能順父，又多材多藝，能事鬼神，言己可以代武王之意。」

樾謹按：如傳義，則是改經文爲「予仁能若考」矣。且既告三王，亦不應專稱「考」，傳義非也。《史記・魯世家》作「旦巧能，多材多蓺」，王氏念孫曰：「考、巧古字通。若、而語之轉，『予仁若考』者，予仁而巧也，故能多材多蓺，能事鬼神。」其説見《經義述聞》。今按：王説是矣，然未盡也。「仁」當讀爲「佞」，《説文・女部》：「佞，巧讇高材也。」大徐本作「從女信省」，小徐本作「從女仁聲」。段氏玉裁曰：「《晉語》『佞之見佞，果喪其田』，古音『佞』與『田』韻，則仁聲是也」，佞從仁聲，故得叚「仁」爲之。「予仁若考」者，予佞而巧也。佞與巧義相近，仁與巧則不類矣。《史記・周本紀》「爲人佞巧」，亦以佞巧連文，是其證也。古人謂才爲佞，故自謙曰「不佞」。佞而巧，故「多材多蓺，能事鬼神」也。至「多材多蓺」上，以文義論之，似不必有「能」字。江氏聲《集注》以「仁若」二字爲衍文，讀「巧能」二字爲句。孫氏星衍《注疏》讀「仁若巧能」四字爲句，義均未安。古「能」「而」二字通用，《履》六三「眇能視，跛能履」，李氏《集解》本「能」皆作「而」，虞注曰：「眇而視，跛而履。」《鹽鐵論》：「忠焉能勿誨乎？愛之而勿勞乎？」崔駰《大理箴》「或有忠能被害，或有孝而見殘」，皆「能」「而」通用之證。「予仁若考，能多材多蓺」者，若，而也，能亦而也，猶曰「予佞而巧，而多材多蓺」也。此「能」字與「能事鬼神」之「能」不同，故下文曰：「乃玄孫不若旦多材多蓺，不能事鬼神。」「多材多蓺」上不更箸「能」字，可知兩「能」字不同也。

敷佑四方。

傳曰：「布其德教，以佑助四方。」

樾謹案：枚訓「敷」爲「布」，而增出「德教」字以成其義，非經旨也。《史記集解》引馬注曰：「布其道，以佑助四方。」其失亦與枚同。敷之言徧也，《詩·賚篇》曰「敷時繹思」，鄭箋曰：「敷，徧也。」字通作「普」，亦通作「溥」。《詩·般篇》曰「敷天之下」，《北山篇》曰「溥天之下」，《孟子·萬章篇》曰「普天之下」，是敷、溥、普文異義同。「佑」乃俗字，當作「右」，而讀爲「有」。《儀禮·有司徹篇》「右几」，鄭注曰：「古文右作侑。」右、侑通用，故右、有亦得通用。《宣十五年公羊傳》曰：潞子「離於狄〔一〕，而未能合於中國，晉師伐之，中國不救，狄人不有。」「不有」即不右，言狄人不助也。彼叚「有」爲「右」，此叚「右」爲「有」，聲同者義亦同。古書多叚借，以聲爲主，不泥其形也。「敷佑四方」者，普有四方也，言武王受命于帝廷，普有四方，爲天下主也。

〔一〕《春秋公羊傳注疏》「狄」上有「夷」字。

乃并是吉。

樾謹案：三卜皆吉，一言可蔽，既曰「一習吉」，又曰「乃并是吉」，何也？「并」當作併，竝也。《説文・从部》：「并，相從也。」《人部》：「併，竝也。」二字義亦可通。「乃併是吉」，言王與周公竝吉也。上文曰「我其以璧與珪歸俟爾命」，《史記集解》引馬注曰：「待爾命，武王當愈，我當死也。」蓋周公本意請以身代，三龜皆吉，則武王當愈，不待言矣。武王愈，周公宜死。及啓籥見書，更詳審之，乃知王與周公竝吉也。不然，則上文「以旦代某」之言，更無歸宿，一似聖人苟爲美詞，以冀動聽，自言而自食之，斯不然矣。下文「公曰：『體，王其罔害』」，此決武王之不死也。又曰「予小子新命于三王，惟永終是圖」，此知己亦不死也。「惟永終是圖」當即書中之詞。其後武王既喪，周公相成王，成文、武之德，所謂「永終是圖」者，至此乃驗。大王、王季、文王實叚卜以命周公，而公知之也，故曰「予小子新命于三王」。而其後告二公之言，亦曰「我之弗辟，我無以告我先王」，正以受命先王故也。《史記・魯世家》載周公告大公望、召公奭曰：「大王、王季、文王，三王之憂勞天下久矣，於今而後成。」此即周公受命三王，永終是圖之意也。「乃并是吉」，《史記》作「乃見書遇吉」。《論衡・卜筮篇》曰：「周武王不豫，周公卜三龜。公曰：『乃逢是吉。』」蓋《今文尚書》「并」作「逢」，故史公以爲「遇吉」，不知「逢」即「併」也。

「逢」聲之轉與「旁」相近。《史記・龜策傳》曰：「桀有諛臣，名曰趙梁。教爲無道，勸爲貪狼。繫湯夏臺，殺關龍逢。」逢與梁、狼爲韻。後世因誤有從夆、從夅之别。《廣韻・三鍾》收「逢」字，《四江》收「逄」字，其實則一聲之轉也。是故「併」之爲「逢」，猶「竝」之爲「傍」也。《列子・黄帝篇》「竝流而承之」，《釋文》曰：「竝音傍。」《史記・秦始皇紀》「竝河而東」，集解引服虔《漢書》注曰：「竝音傍。」「竝」之爲「傍」、「併」之爲「逢」，皆聲之轉，文異而義實不異也。史公易以「遇」字，失之矣。

公曰：「體。」

傳曰：「公視兆曰：『如此兆體，王其無害。』言必愈。」

樾謹按：「體」字以一言爲句，乃發語之辭，慶幸之意也。《詩・氓篇》曰「爾卜爾筮，體無咎言」，《釋文》曰：「體，《韓詩》作『履』，幸也。」然則「體」亦猶「幸」也，《禮記・玉藻篇》「君定體」，鄭注曰：「體，視兆所得也。」引此文「周公曰體」爲證。然則鄭已不得其解，枚襲其説，更無譏矣。

周公居東二年，則罪人斯得。

傳曰：「周公既告二公，遂東征之，二年之中，罪人此得。」

樾謹按：經文止言「居東」，則非東征也，故上文「我之弗辟」，馬、鄭皆以爲「避居東都」。此文「罪人斯得」，其非謂誅管、蔡明矣。《詩·鴟鴞篇》正義引鄭注曰：「罪人，周公之屬黨。盡爲成王所得。謂之罪人，史書成王意也。」此亦不然。成王當日容或以周公之黨爲罪人，及事既大白，即成王亦知其無罪矣，豈有史官於事後作史册以傳信後世，而仍謂之罪人乎？蔡傳曰：「二年之後，王始知流言之爲管、蔡。」此亦不然。夫是非曲直，必無竝行之理，既知管、蔡流言，則又何疑乎周公？乃必待風雷之變，發金縢之書而後悔而迎公乎？今按：「罪人斯得」之文即承「周公居東二年」之後，是周公得之而非成王得之也。所謂「得之」者，謂得流言之所自起也。上文曰「管叔及其群弟乃流言於國」，此自史臣事後紀實之辭。若當其時，則但聞「公將不利於孺子」之言播滿國中，其倡自何人，傳自何地，非獨成王與二公不知，雖周公亦不知也。及居東二年，乃始知造作流言者實爲管、蔡，故曰「罪人斯得」。《詩·皇矣篇》「皇赫斯怒」，《板篇》「無獨斯畏」，鄭箋竝曰：「斯，盡也。」其注此經曰「盡爲成王所得」，則亦訓「斯」爲「盡」。「罪人斯得」者，言盡得其主名也。《墨子·耕柱篇》：「周公旦非關叔，辭三公，東處于商蓋。」此周公避居之明證。關叔即管叔，商蓋即商奄，皆古文叚借字也。周公既至商奄，與東人相習，故能盡得其狀，而王與二公則猶未之知也。此當日之情事，故於其避居東也，可見周公之仁；而於罪人之盡得也，可見周公之智。

矧曰其有能格知天命。（《大誥》）

傳曰：「安人且猶不能，況其有能至知天命者乎？」

樾謹按：《漢書·翟方進傳》載王莽《大誥》作「況其能往知天命」，以「格」爲「往」，乃古訓也。《爾雅·釋言》：「格，來也。」訓「格」爲「往」，如「亂」爲「治」、「故」爲「今」之例。蓋物之既來謂之「格」，物未來而我往逆之亦謂之「格」。《僖十五年左傳》「輅秦伯」，《宣二年傳》「狂狡輅鄭人」，杜注竝曰：「輅，迎也。」輅，即「格」字，因戰陳必用車，故以從車之「輅」字爲之，其實即「格來」之義所引申也。《莊子·人閒世篇》釋文引崔云：「逆擊曰詻。」此蓋合「格」「挌」二字之義爲説。逆者，格之訓；擊者，挌之訓。詻與格、挌竝從「各」聲，其義得通，故「詻」訓「逆擊」也。「格知天命」，猶曰逆知天命。莽用《雅》訓以易經文，當云「來知天命」，乃不曰「來」而曰「往」者，欲人易曉也。枚傳云「至知天命」，則仍是「來」字之義，泥于古訓不能變通。正義曰「其能至於知天之大命」，則恐并失枚意矣。

予不敢閉于，天降威，用。

傳曰：「天下威用，謂誅惡也。言我不敢閉絶天所下威用而不行，將欲伐四國。」

樾謹按：王莽《大誥》作「予豈敢自比於前人乎？天降威明，用寧帝室，遺我居攝寶龜」，是莽讀此《誥》於「予不敢閉」絶句。其作「比」者，必今文家説，於義似短，然其句讀則是也。上文云「敷賁敷前人受命」，此「閉」字正與兩「敷」字相應。惟不敢閉，故敷陳之也。「于」字莽《誥》所無，孫氏星衍讀「于天降威」四字爲句，引《釋詁》「粤，于也」爲解。然下文「天降威，知我國有疵，民不康」，無「于」字；《酒誥》曰「天降威，我民用大亂喪德」，亦無「于」字。疑此「于」字本在「閉字」之上。「予不敢于閉」，猶下文曰「敢弗于從」，傳寫誤倒之耳。「用」字屬下讀，「用寧王」三字，如莽《誥》之義，則爲天用寧我王室。然「寧王」字篇中屢見，自當從枚傳以爲文王。《君奭篇》正義引鄭注曰：「寧王，文王也。」枚義即鄭義也。「天降威，用寧王，遺我大寶龜，紹天明，即命曰『有大艱于西土，西土人亦不静』」，此天降威命，用寧王所遺之寶龜以告我也。「即命」者，即寶龜以命之也。蔡傳以「有大艱」二語爲龜兆預告，甚得其旨，但以「用」字屬上讀，則尚仍枚傳之失耳。

天降威，知我國有疵，民不康，曰：「予復反鄙我周邦。」

樾謹按：王莽《大誥》曰：「天降威，遺我寶龜，固知我國有呰災，使民不安，是天反覆右我漢國也。」據此則「予復反鄙我周邦」七字當作一句，蓋今文家讀如此，於義殊勝，當從之。「曰」

與上文「即命曰」同，乃天叚寶龜以告也。「復反」猶反復也，語有倒順耳。《禮記·月令篇》「命舟牧覆舟，五覆五反」，先言覆，後言反，與此正同。蓋「反復」「復反」義皆得通。後人習聞「反復」，尟聞「復反」，故於此經失其解也。「鄙」當作「啚」，經傳皆通用「都鄙」字，而「啚」廢矣。《說文·亩部》：「啚，嗇也。」《嗇部》：「嗇，愛濇也。」啚爲嗇，即爲愛濇，故莽《誥》作「右」，右之言助也，愛之斯助之矣，是其義通也。啚聲、右聲，據段氏《說文》同在古音第一部，是其音亦相近也。予者，設爲天之言，與《詩》「予懷明德」同。「予復反啚我周邦」者，蓋愛之甚則必反復之。《詩·蓼莪篇》「顧我復我」，鄭箋曰：「復，反覆也。」即可以說此經矣。疑此句與上文「有大艱」云云相屬，當日以寶龜卜之，其詞蓋曰「有大艱于西土，西土人亦不靜，予復反啚我周邦」三句皆卜詞也。周公述卜詞未畢，而閒以「越茲蠢，殷小腆，誕敢紀其敘」數語者，見卜詞之有徵也，於是將再述卜詞，故又以「天降威」發之，猶曰「天降威，用寧王，遺我大寶龜，紹天明」也。因其詞緐，故省之耳。莽《誥》「天降威」下更有「遺我寶龜」四字，此可證矣。「知我國有疵，民不康」者，即括上文「有大艱」二語之意。「國有疵」即所謂「有大艱于西土」也，「民不康」即所謂「西土人亦不静」也。重言之則於文複矣，故約其意如此，見卜詞本相屬也。下文曰「朕卜并吉」，又曰「予得吉卜」，蓋因卜詞有「予復反啚我周邦」一語，故云然。天意如此，則吉可知矣。

若止曰「有大艱于西土，西土人亦不静」，安知其吉與否乎？

今蠢，今翼。日。

傳曰：「今天下蠢動，今之明日。」

樾謹按：「今之明日」，義不可通，疑「今蠢」「今翼」兩義相對。翼，本作「翌」，衛包改作「翼」，説詳段氏《撰異》。《説文・蚰部》：「蠢，蟲動也。」《羽部》：「翊，飛皃。」翌，即「翊」之變體。蠢以蟲喻，翊以鳥喻。字又變作「狘」，《文選・吴都賦》「趁譚狘猔」，李注曰：「相隨驅逐，衆多皃。」上文「越兹蠢」專以武庚言，此文「今蠢今翌」則見武庚蠢動，而淮夷從之。狘猔，衆多也。「日」字屬下爲義。《文七年左傳》「日衛不睦」、《襄二十八年傳》「日其過此也」〔一〕、《昭七年傳》「日君以夫公孫段爲能任其事」、《十六年傳》「日起請夫環」，竝與此「日」字同。蓋左氏正因《尚書》有此文法而循用之耳。「日民獻有十夫予翼」，言近日民之賢者十夫來翼佐我也。枚傳見「翌日」連文，適與《金縢篇》同，遂讀「今翌日」爲句，誤矣。

〔一〕 八，原文作「六」，今據《春秋左傳正義》改。

天棐忱，辭其考我民。

傳曰：「言我周家有大化誠辭，爲天所輔，其成我民矣。」

樾謹按：下文曰「越天棐忱」，《康誥》曰「天畏棐忱」，《君奭》曰「若天棐忱」，竝于「忱」字絶句，此亦當然，自來以「天棐忱辭」爲句，非也。「棐」之訓「輔」，雖本《爾雅・釋詁》文，然古字多叚借，不得概以本字釋之。經凡言「棐忱」者，竝當讀爲「非」，古「棐」「匪」字通，《漢書・地理志》録《禹貢》文，凡「貢匪」之「匪」皆作「棐」，然則叚「棐」爲「非」，猶叚「匪」爲「非」也。《吕刑》「明明棐常」，枚傳亦以爲「輔行常法」，然《墨子・尚賢篇》作「明明不常」，則固讀「棐」爲「非」矣。《君奭篇》「天難諶」，《漢書・王莽傳》引作「天應棐忱」，此可見凡言「棐忱」者，猶言「非忱」也。「辭」字屬下讀。「辭」，籀文作「嗣」，壁中古文亦必作「嗣」，乃「嗣」之叚字。此承「予不敢不極卒寧王圖事」而言。「嗣其考我民」者，謂天命不常，嗣王宜先成我民也。《高宗肜日篇》「王司敬民」，《史記》作「王嗣敬民」，此經云「嗣其考我民」，文義正相近。作「司」作「辭」，竝叚字也。莽《誥》作「天輔誠辭」，則失其讀久矣。

厥子乃弗肯堂，矧肯構？

傳曰：「子乃不肯爲堂基，況肯構立屋乎？」

樾謹按：經言「堂」，不言「堂基」，傳必增「基」字者，以其對「構」而言，疑「堂」亦必「構立而成」，「弗肯堂」「矧肯構」於義未安，故增「基」字以成其義也。若然，則經文何不即云「弗肯基」而必云「弗肯堂」乎？傳義非也。蓋古所謂堂者有二，其一爲前堂後室之堂，其一爲四方而高之堂。《禮記・檀弓篇》「吾見封之若堂者矣」，鄭注曰：「堂形四方而高。」是知古人封土而高之，其形四方，即謂之「堂」。故《文選・西京賦》注引宋均《太玄經注》曰〔一〕：「堂，高也。」〔二〕《廣雅・釋詁》曰：「堂，明也。」堂之義爲高，爲明，則堂之制可見矣。《金縢篇》釋文曰：「壇，馬云土堂。」《楚辭・大招篇》「南房小壇」，王逸注曰：「壇猶堂也。」夫壇與堂得通稱，則堂之制又可見矣。楊倞注《荀子・彊國篇》曰：「明堂，壇也，謂巡守至方岳之下，會諸侯，爲宫三百步，四門，壇十有二尋，深四尺，加方明其上。」以楊氏此注考之，則方岳下之明堂皆是封土爲壇，非有如《周書》所謂「四阿、反坫、重亢、重郎」者也。疑堂之初制，止是如此，故室字從宀，而堂字從土不從宀也。此經以堂、構對言，見封土以爲堂且不肯，又安責其構立屋乎？經文本極分明，後人不達

〔一〕太，原文作「大」，今據揚雄《太玄經》改。
〔二〕宋均，《文選・西京賦》作「宋衷」。

古制，故失其解。

紹聞衣德言。（《康誥》）

傳曰：「繼其所聞，服行其德言。」

樾謹按：服行其德言謂之「衣德言」，不辭甚矣。衣，疑「㫺」字之誤，乃古文「旅」字也。《書序》曰：「周公既得命禾，旅天子之命，作《嘉禾》。」枚傳訓「旅」爲「陳」。「旅德言」者，陳德言也，言布陳其德言也。因古文作「㫺」，故誤爲「衣」字耳。古書「㫺」誤作「衣」者，往往有之。《周書·武稱篇》「冬寒其衣服」，「衣」字亦當作「㫺」而讀爲「穭」，今誤作「衣」而又衍「服」字矣；《官人篇》「愚依人也」，「依」字亦當作「㫺」而讀爲「魯」，今誤作「衣」而又加人旁矣。其説詳見《周書》。《尚書》與《周書》同出周初史臣之手，故其文字有可參考也。

無康好逸豫。

傳曰：「無自安好逸豫寬身，其乃治民。」

樾謹按：經文「豫」字，衍文也。傳以「自安」釋「康」字，以「逸豫」釋「逸」字，非經文有「豫」字也。僞《五子之歌》曰：「太康尸位，以逸豫滅厥德。」故枚傳遇「逸」字每以「逸豫」釋之。《酒誥》「不敢自暇自逸」，傳曰：「不敢自寬暇，自逸豫。」《無逸篇》「君子所其無逸」，傳曰：「歎美君子之道，所在念德，其無逸豫。」又云「先知稼穡之艱難，乃逸」，傳曰：「稼穡農夫之艱難，事先知之，乃謀逸豫。」又云「乃逸乃諺」，傳曰：「乃爲逸豫遊戲，乃叛諺不恭。」又云「生則逸」，傳曰：「生則逸豫無度。」《多方篇》「有夏誕厥逸」，傳曰：「有夏桀不畏天戒而大其逸豫。」又云「爾乃惟逸惟頗」，傳曰：「若爾乃爲逸豫頗僻。」凡此之類，皆以「逸豫」釋經文「逸」字，經文止言「逸」，不言「逸豫」也。此經「豫」字即涉傳文而誤衍耳。《漢書・武五子傳》「毋桐好逸」，蓋「康」聲轉而爲「空」，與「同」聲相近，故《古文尚書》作「康」，《今文尚書》作「桐」也，然則「逸」下無「豫」字有明證矣，當據以訂正。

自作不典。

傳曰：「自爲不常。」

樾謹按：典，當讀爲「腆」。《儀禮・記》「辭無不腆」、《燕禮》「寡君有不腆之酒」，鄭注竝曰「腆，善也。」「自作不腆」者，自作不善也。古「典」與「腆」通用，《大誥》「殷小腆」，王肅曰：「腆，主也。」是肅讀「腆」爲「典」也。「典主」之「典」可作「腆」，故「腆善」之「腆」可作「典」矣。《多方篇》「爾乃自作不典」義同。

非終，乃惟眚災。

樾謹按：《潛夫論・述赦篇》引作「乃惟眚哉」，當從之。上文云「非眚，乃惟終」，「眚」下無「災」字，則此文宜亦無「災」字也。「乃惟眚哉」與《洛誥》「乃時惟不永哉」，文法正相近。「哉」「災」聲近，因而致誤耳。

適爾。

樾謹按：傳及正義均不解「適」字之義。《一切經音義》六、《華嚴經音義》上竝引《三蒼》曰：「適，始也。」然則「適爾」者，始爾也，正見其非終也。

有叙時，乃大明服。

傳曰：「歎政教有次叙，是乃治理大明，則民服。」

樾謹按：《僖二十三年左傳》「《周書》有之曰『乃大明服』」，《荀子・富國篇》「《書》曰『乃大明服』」，據《左》《荀》所引，知「時」字當屬上讀。然「有叙時」三字文義難明。上文曰「越厥邦厥民，惟時叙」，下文曰「乃女盡遜曰時叙」，疑此文亦當作「有時叙」而誤倒之耳。「有時叙」者，有是次叙也。有是次叙，則治理大明，而民服矣。

非女封刑人殺人，無或刑人殺人非女封。又曰劓刵人，無或劓刵人。

樾謹按：釋此經者皆以「刑人殺人」與「劓刵人」爲對文，「又曰」二字遂不可解。夫「劓刵人」即「刑人也」，本非對舉之辭，當讀「非女封刑人殺人」爲句，「無或刑人殺人非女封」爲句，言非女封手自刑人，手自殺人也。然凡刑人殺人，無非女封，爲政不可不慎也。「又曰」之「又」，讀爲「有」，「有曰劓刵人，無或劓刵人」者，言人告女曰此人當劓、此人當刵，則有之矣。然劓之刵之，仍由女封，他人無得而劓之，無得而刵之也。刑人如此，殺人從可知，舉輕以見重，正申明「無或刑人殺人非女封」之意。下文云「又曰『要囚』服念五六日，至于旬時，丕蔽要囚。」「又」亦當讀爲「有」，言人有曰「要囚，女必服念，至旬時，然後丕蔽要囚」也，與「又曰劓刵人」兩文一律。又按：《尚書》每有「又曰」之文〔一〕，《多士篇》「又曰時予，乃或言，爾攸居」，《君奭篇》「又曰『天不可信』」、「又曰『無能往來』」，《多方篇》「又曰『時惟爾初，不克敬與和』」，諸稱「又曰」者，皆未詳何義。《君奭篇》正義曰：「此經言『又曰』，傳不明解。鄭云『人又云』，則鄭以此『又曰』爲周公稱人之言也。王肅云『重言天不可信，明己之留蓋畏其天命』，則肅意

〔一〕 文，原文作「人」，今據清經解續編本《群經平議》改。

以周公重言，故稱『又曰』。」是「又曰」之義，鄭、王各異。此篇「又曰要囚」，正義引顧氏云：「『又曰』者，周公重言之。」則亦與王肅同。然古書竝無以「又曰」當重言者。或引石鼓文凡疊字作〓爲證，然疊字作〓可也，重言作「又曰」則使人難曉，古人必不如是苟簡也。且《尚書》中「孺子其朋，孺子其朋」「生則逸，生則逸」，皆重言也，竝無作「又曰」者，王肅之説不可從也。鄭以「又曰」爲「人又云」，是鄭讀「又」爲「有」。「人又云」者，人有云也。然則《康誥》兩「又曰」讀爲「有曰」，正合鄭義矣。

于父不能字厥子，乃疾厥子。于弟弗念天顯，乃弗克恭厥兄。

傳曰：「於爲人父不能字愛其子，乃疾惡其子，是不慈。於爲人弟不念天之明道，乃不能恭事其兄，是不恭。」

樾謹按：《儀禮·士冠禮》「宜之于假」，鄭注曰：「于猶爲也。」《聘禮記》「賄在聘于賄」，注曰：「于讀曰爲。」蓋古于、爲同聲，故得通用。「于父不能字厥子」，猶曰爲父不能字厥子也。「于弟弗念天顯」，猶曰爲弟弗念天顯也。枚不知「于」即是「爲」，而訓「于」爲「於」，又增「爲」字以成其誼，失之矣。

作求。

傳曰：「我是其惟殷先智王之德，用安治民，爲求等。」

正義曰：「爲求而等之。」

樾謹按：傳意蓋讀「求」爲「逑」。《詩·關雎》傳曰：「逑，匹也。」故曰「爲求等」，猶曰爲逑匹也。《爾雅·釋訓》「惟逑鞫也」〔一〕，《釋文》曰：「逑，本作求。」是求、逑通用之證。正義曰「求而等之」，未得傳意。

朝夕曰：「祀茲酒。」惟天降命，肇我民，惟元祀。（《酒誥》）

傳曰：「朝夕勑之：『惟祭祀而用此酒，不常飲。』惟天下教命，始令我民知作酒者，惟爲祭祀。」

樾謹按：如枚傳之義，則「祀茲酒」三字文不成義矣。此「祀」字乃「已」之叚借字。《周易·損》初九「已事遄往」，《釋文》曰：「已，虞作祀。」此叚「祀」爲「已」之證。「已茲酒」者，止此酒也。文王誥毖之詞，至明切矣。「惟天降命」即承「已茲酒」而言，謂止酒非一人之私言，惟天

〔一〕鞫，原文作「鞠」，今據《爾雅義疏》改。

降命也，蓋重其事，故託之天命耳。「肇我民，惟元祀」，言與我民更始，惟此元祀也。「元祀」者，文王之元年。上文曰「肇國在西土」，「肇國」者，始建國之謂，故知是文王元年也。曰「元祀」者，猶用殷法也，蓋文王元年即有此命，故云然耳。上「祀」字叚爲「已」，下「祀」字乃本字，古書一簡之中同字異義，往往有之。

亦罔非酒惟行。

傳曰：「使民亂德，亦無非以酒爲行者。」

樾謹按：「以酒爲行」，文義不明。「行」當作「衍」，字之誤也。《淮南子·泰族篇》「不下廟堂而行四海」，今本「行」誤作「衍」，是其例矣。「衍」讀爲「愆」，《昭二十一年左傳》「豐愆」，《釋文》曰：「『愆』，本或作『衍』。」是「愆」與「衍」古字通。「亦罔非酒惟愆」，正與下文「亦罔非酒惟辜」，語意一律。

越庶國飲，惟祀德將無醉。

傳曰：「於所治衆國飲酒，惟當因祭祀以德自將，無令至醉。」

樾謹按：此「祀」字亦「已」之叚字，與上文「祀茲酒」同。古已、以通用。此當讀「越庶國飲」爲句，枚傳所謂「於所治衆國飲酒」也。「惟已德將無醉」爲句，「已」讀爲「以」，枚傳所謂惟當「以德自將，無令至醉」也。因不知「祀」之爲叚字，而誤以本字説之，遂於經旨大失矣。

爾大克羞耇惟君。

傳曰：「女大能進老成人之道，則爲君矣。」

樾謹按：傳義非也。此與上文「奔走事厥考厥長」義同。「耇」即老也，「君」即長也，因「耇君」連文則不辭，故加「惟」字以成句，猶《禹貢》曰「齒革羽毛惟木」也。下文曰「又惟殷之迪諸臣惟工」，與此正同。「臣惟工」者，臣與工也；「耇惟君」者，耇與君也。《説文・丑部》「羞，進獻也」，「爾大克羞耇惟君，爾乃飲食醉飽」，言爾克進獻爾考與爾長，爾乃亦得以飲食醉飽也。「大」乃語詞，無實義。朱氏彬《經傳攷證》有《釋大》一篇詳言之。

作稽中德。

傳曰：「爲考中正之德。」

樾謹按：「稽」字從禾，《説文・禾部》：「禾，木之曲頭，止不能上也。」故「稽」亦有「止」義。《説文・稽部》：「稽，留止也。」凡從「稽」之字如穡、如𥠖，俱有「止」義。「作稽中德」者，稽，止也，言「爾克永觀省」，則所作所止無不中德也。中，讀如「從容中道」之「中」，枚傳以「爲考中正之德」，失之。

我西土棐徂，邦君、御事、小子，尚克用文王教。

傳曰：「我文王在西土，輔訓往日國君及治御事者[一]，下民子孫，皆庶幾能用上教。」

樾謹按：「輔訓往日」，文不成義。棐，當讀爲「非」，説見《大誥篇》「天棐忱」矣。徂，往也，《荀子・解蔽篇》「不慕往」，楊注曰：「往，古昔也。」然則「我西土棐徂」者，言我肇國西土，至今未遠，非古昔也。故邦君、御事、小子，尚克用文王教也。

不克畏死辜，在商邑越殷國，滅無罹。

傳曰：「紂疾狠其心，不能畏死，言無忌憚。紂聚罪人在都邑而任之，於殷國滅亡無憂懼。」

樾謹按：《白虎通・京師篇》引《尚書》曰「在商邑」，即此文也，則「辜」字當屬上讀。「不克畏死辜」者，言其不能畏死罪也。「在商邑越殷國，滅無罹」者，《爾雅・釋詁》曰：「在，察也。」「越」與「與」同，《尚書》連及之詞每用「越」字。《大誥》「王若曰，大誥猷爾多邦，越爾御事」，又曰「肆予告我友邦君，越尹氏、庶士、御事」，皆其例也。「在商邑越殷國」，猶言在商邑與殷國。

[一] 治御，《尚書正義》《尚書注疏》均作「御治」。

商邑以紂所都言，殷國蓋通指王畿千里之内。紂察見商邑與殷國將滅亡而無憂，此即「不克畏死辜」之證也。

弗惟德馨香，祀登聞于天，誕惟民怨。

傳曰：「紂不念發聞其德，使祀見享，升聞于天，大行淫虐，惟爲民所怨咎〔一〕。」

樾謹按：「登聞于天」上箸「祀」字，殊爲不辭。枚義亦迂曲，非經旨也。「祀」乃「已」之段借字，已、以古通用，説見上文。此當於「香」字絶句，猶曰「弗惟德馨香，以登聞于天」也。又傳解「弗惟」爲「不念」，蓋用《爾雅・釋詁》「惟，思也」之義，然「不念德馨香」亦爲不辭。《文選・東京賦》「卜惟洛食」，薛綜注曰：「惟，有也。」是「惟」可訓「有」。「弗惟德馨香」，猶言弗有德馨香也。「誕惟民怨」，猶言誕有民怨也。蓋無德以聞于天，則所有者民之怨咎而已。《尚書》中「惟」字可訓「有」者甚多，《皋陶謨》「時乃功惟叙」，言有叙也；《大誥》「卜陳惟若兹」，言有若兹也；《吕刑》「五過之疵，惟官、惟反、惟内、惟貨、惟來」，言有官、有反、有内、有貨、有來也。「惟」之訓「有」，蓋古訓矣。

〔一〕咎，原文作「咨」，今據《尚書注疏》改。下「咎」字同。

王曰：「封。」（《梓材》）

樾謹按：《梓材》一篇竝無誥康叔之文，直以篇首一「封」字，故不得不屬之康叔耳，嘗三復之而有疑焉。《康誥》之首有「惟三月載生魄」至「乃洪大誥治」四十八字，此文於全篇無涉，蔡氏《集傳》因用蘇氏之説，移此文於《洛誥》之首。然「周公咸勤，乃洪大誥治」與「周公拜手稽首曰『朕復子明辟』」，文不相屬。且既云「周公咸勤」，則篇中當有慰勞五服之語，《洛誥》豈有是耶？然則此四十八字在《康誥》、在《洛誥》皆贅旒也。竊疑當在《梓材》之首。「王曰封」者，涉《康誥》《酒誥》之文而誤衍「封」字也。「王曰『以厥庶民暨厥臣，達大家，以厥臣達王，惟邦君』」，正合「侯、甸、男邦、采、衛，百工播民和，見士于周」之文。蓋因五服之臣民咸在，進而誥之，故以此發端也。篇中文義雖不盡可解，然曰「庶邦享作，兄弟方來」，又曰「庶邦丕享」，又曰「和懌先後迷民」，皆與篇首四十八字相應。其曰「姦宄殺人，宥」，又曰「戕敗人，宥」，蓋因四方民大和會而播曠蕩之恩也。「若稽田」「若作室家」「若作梓材」三喻皆明營洛邑之不可已，與《大誥篇》「若考作室」兩喻文義相似，皆誥衆之詞，故多爲譬喻以明之。因篇首衍「封」字，遂誤以爲誥康叔，而篇中文義晦矣。楊子《法言·問神篇》曰：「昔之説《書》者，序以百，而《酒誥》之篇俄空焉，今亡夫。」《酒誥》見在而云「俄空」，自來不得其説。按：楊子明言「昔之説《書》

者，序以百」，則所謂今亡者，自是其序，非謂其書。若以書而言，則上文固云「不備過半」，非止一篇之空矣。今《書序》云：「成王既伐管叔、蔡叔，以殷餘民封康叔，作《康誥》《酒誥》《梓材》。」楊子之意，蓋以《酒誥》當自有序，不與《康誥》相屬，故有俄空之歎。其説必有所受之也。夫《酒誥》且不與《康誥》相屬，則《梓材》更可知矣。後人見《康誥》《酒誥》《梓材》同屬一序，因疑《梓材》首四十八字總冒三篇，不得專屬《梓材》，乃移而置之《康誥》之首。又以三篇同序，謂《梓材》亦是誥康叔者，遂于篇首加「封」字，而其誤乃不可復正矣。原其所以致誤之由，蓋始于今文家説。《尚書大傳》載伯禽與康叔見周公，三見而三笞，乃見商子而問焉。商子曰：「橋者，父道也；梓者[一]，子道也。」此事亦見《説苑·建本篇》《論衡·譴告篇》，蓋古相傳有此事。今文家見《康誥》《酒誥》之後有《梓材》之篇，遂據以爲説，史公於《衛世家》亦有「示可法則」之文[二]。然《梓材篇》豈有此義邪？故知《梓材》一篇不屬康叔也。

[一] 梓，原文作「杍」，今據清經解續編本《群經平議》改。
[二] 示可法則，《史記》作「示君子可法則」。

若作室家，既勤垣墉，惟其塗塈茨〔一〕**。若作梓材，既勤樸斲，惟其塗丹雘。**

傳曰：「如人爲室家，己勤立垣牆，惟其當塗塈茨蓋之。爲政之術，如梓人治材爲器，己勞力樸治斲削，惟其當塗以漆丹以朱而後成。」正義曰：「二文皆言『斁』，即古『塗』字，明其終而塗飾之。其室言『塗塈』，『塈』亦塗也，不是以物塗之。『茨』謂蓋覆也。『器』言『塗丹雘』，『塗』『丹』皆飾物之名，謂塗丹以朱雘。『雘』是采色之名，有青色者，有朱色者，故鄭玄引《山海經》云：『青丘之山，多有青雘。』此經知是『朱』者，與『丹』連文故也。」

樾謹按：傳義既不分明，正義以「塗、塈」爲一事，「茨」爲一事，「塗、丹、雘」共爲一事，兩句不一律，兩「塗」字又異義，非經旨也。惟經文「塗」字，據正義是「斁」字，此則可據以訂正者。按《漢書·張衡傳》「惟盤逸之無斁」，注曰：「斁，古『度』字。」是「斁」「度」通。《說文·丹部》「雘」下引《周書》「惟其敗丹雘」，蓋壁中古文叚「敗」爲「度」，孔安國因漢時「斁」「度」通用，故以「斁」字易之耳。《爾雅·釋詁》曰：「度，謀也。」言既勤垣墉，則惟謀塈茨之事；既勤樸斲，則惟謀丹雘之事也。《說文·土部》：「塈，仰塗也。」《艸部》：「茨，以茅葦蓋屋也。」是「塈」「茨」

〔一〕塈，原文作「暨」，今據《尚書注疏》改。

爲二事。塈者，以土塗之；茨者，以草蓋之也。「丹」「雘」亦爲二事，丹者朱色，雘者青色也。正義既引鄭注以「雘」爲「青雘」，又因與「丹」連文，輒斷爲「朱」，失之矣。

庶邦享，作兄弟方來。

傳曰：「衆國朝享于王，又親仁善鄰爲兄弟之國，萬方皆來賓服。」

樾謹案：枚以「作兄弟」爲句，「方來」爲句，甚爲不辭，當以「作兄弟方來」五字爲句。作者，使也，《儀禮・鄉飲酒禮》「作相爲司正」，《鄉射禮》「作上耦射」「作衆賓射」，《燕禮》及《大射儀》「小臣作下大夫」，《聘禮》及《公食大夫禮》「則公作大夫」，鄭注竝曰「作，使也」。又《周禮・司士》「作六軍之士」，注曰：「作，使之也。」是「作」有「使」義也。方之言竝也，《說文・方部》：「方，併船也。」「方」之本義爲兩船相併，故即訓「併」。《鄉射禮》曰「不方足」，注曰：「方猶併也。」《聘禮》注曰：「今文『竝』皆爲『併』。」是併、竝同字，方訓併，即訓竝，故《微子篇》「小民方興」，《宋世家》作「竝興」也。「作兄弟方來」者，使兄弟竝來也，言使兄弟之國竝來朝享也。

群經平議卷六

尚書四

惟二月既望，越六日乙未。（《召誥》）

傳曰：「周公攝政七年二月十五日，日月相望〔一〕，因紀之。於已望後六日，二十一日。」

樾謹按：枚傳本劉歆《三統術》，班固作《漢書·律曆志》載之。而《史記·魯世家》亦謂是「成王七年二月乙未」，則《尚書》家舊説固然矣。惟鄭康成以爲是周公居攝五年，二月、三月當爲一月、二月。近來言鄭學者多宗其説，乃即以《尚書》徵之，鄭説恐未必然也。《康誥篇》曰：

〔一〕相，原文作「既」，今據《尚書正義》改。

「惟三月哉生魄，周公初基，作新大邑于東國洛，四方民大和會。侯、甸、男邦、采、衛，百工播民和，見士于周。周公咸勤，乃洪大誥治。」《釋文》引馬云：「魄，朏也。謂月三日始生兆朏，名曰魄。」《説文·月部》：「霸，月始生霸然也。承大月，二日；承小月，三日。從月䨣聲。《周書》曰『哉生霸』。」是魄者，霸之叚字，壁中古文本作「霸」，後人因經傳相承作「魂魄」字，遂誤以「魄」爲月質，而有死霸朔、生霸望之説，與《禮記·鄉飲酒義篇》「月三日則成魄」、《白虎通·日月篇》「三日成魄，八日成光」諸説皆不合矣。是故「哉生魄」當以馬注爲正。「惟三月哉生魄，周公初基，作新大邑于東國洛」，即此篇「越若來三月，惟丙午朏。越三日戊申，大保朝至于洛，卜宅」也。《康誥篇》正義引鄭注以「基」爲「謀」，蓋本《釋詁》文，當從之。丙午朏，周公始定作新邑之謀，故越三日戊申，太保至洛卜宅也。兩篇皆言「三月」，可知「三月」字不誤。鄭必破二月爲一月，三月爲二月，未足據也。又《康誥》篇首四十八字，愚以文義求之，當在《梓材》篇首，説已見前矣。然則下文所謂「越七日甲子，周公乃朝用書，命庶殷侯甸男邦伯」者，其即《梓材》一篇乎？《梓材》《召誥》《洛誥》三篇相屬，皆作洛邑時事。因《梓材》篇首四十八字誤置《康誥》篇首，鄭不知彼文「三月既生魄」即此「三月丙午朏」，故滋異説耳。枚氏於彼傳曰「周公攝政七年三月始生魄，月十六日，明消而魄生」，是枚氏固知彼三月即此三月矣。惟以「始生魄」爲「月十六日」，未合古義。以此經證之，周公作書以命庶殷，實是二十一日甲子之事。彼止言始謀之日者，以詳見此經，故略之也。若以哉生魄爲十六日，則是戊午社于新邑之明日己未矣，是日不見于此經，其無事可知。史臣紀周公作誥，必述其所自始，故以「哉生魄」發端。若必欲實載其日，則自當言二十一日甲子，豈宜虚舉十六日己未乎？蓋枚氏雖知彼三月即此三月，而猶不知彼「哉生魄」即此「丙午朏」，故所説未盡合耳。

則達觀于新邑營。

傳曰：「周公通達觀新邑所營，言周徧。」

樾謹按：「達觀」非「周徧」之謂。達者，同也，言周公與召公同觀也。《禮記・禮器篇》「君子達亹亹焉」，鄭注曰：「達，猶皆也。」是其義也。凡《古文尚書》作「達」，《今文尚書》皆作「通」，説詳段氏《譔異》。此文「達」字今文亦必作「通」。《後漢書・來歷傳》注曰：「通，猶共也。」共即同也，蓋同、通音義俱相近。《説文・行部》：「衕，通街也。」《竹部》：「筒，通簫也。」通街謂之衕，通簫謂之筒，是通、同一義也。達爲通，故亦爲同。新邑本召公所經營，周公既至，自必與召公同觀。但以「周徧」釋之，未得其義。

面稽天若。

傳曰：「禹亦面考天心而順之。」

楲謹按：若，順也。順即道也。《論衡・本性篇》引陸賈曰：「人能察己所以受命則順，順之爲道。」《國語・楚語》以「違而道」「從而逆」相對，是古人謂順爲道。「天若」即天順，天順即天道也。枚但知「若」之爲「順」，不知「順」之爲「道」，而古義湮矣。《康王之誥篇》「用奉卹厥若」，「厥若」者，其道也。枚傳訓「若」爲「順」，而曰「奉憂其所行順道」，則「道」字轉爲增出矣。

顧畏于民碞。

傳曰：「碞，僭也。又當顧畏於下民僭差禮義。」

楲謹按：《說文・石部》：「碞，磛碞也。從石品。《周書》曰：『畏于民碞。』讀與巖同。」又《品部》：「嵒，多言也。從品相連。《春秋傳》曰：『次于嵒北。』讀與聶同。」是《說文》引此經作「碞」，不作「嵒」，而王厚齋《困學紀聞》《蓺文志攷》二書皆云《說文》顧畏于民嵒，多言也，尼輒切，與《說文》不合，故段氏玉裁譏其踳駁。夫王氏經學視近代諸儒誠爲疏闊，然在宋儒之中亦其傑出者，必非不見《說文》而臆說者也，何至踳駁至此？疑王氏所見《說文》與今不同。其「碞」篆下引《春秋傳》「次于碞北」而云「讀與聶同」，其「嵒」篆下引《周書》「畏于民嵒」而云「讀與巖同」，此蓋許君之真本也。「嵒」字與「嵒」字相似，《說文・山部》「嵒，山巖也。從山品。讀若吟」，《尚書》「嵒」字傳寫誤作「嵒」，則與「暫碞」之「碞」其義相近，因又誤爲「碞」。枚傳不得其解，妄生「僭差」之訓，而古字古義俱失矣。《釋文》曰：「碞，五咸反。徐又音吟。」夫「吟」乃「嵒」之音也，《尚書》既作「碞」，何以徐邈又音「吟」？可知古本有作「嵒」者也。雖同是誤本，而作「嵒」之本視作「碞」之本又爲古矣。後人日習枚傳，遂據以改易《說文》，而《尚書》與《春秋傳》遂皆失其本字。夫「碞」爲暫碞，則《春秋》之「碞北」，蓋以其地在山巖之北而得名也，今移置「嵒」篆下，則失其義矣。「嵒」爲多言，則《尚書》之「畏于民嵒」，即《詩》所謂「畏人之多言」也，今移置「碞」篆下則又失其義矣。當從王厚齋所引訂正，未可妄譏其踳駁也。

知今我初服，宅新邑。

傳曰：「天已知我王今初服政，居新邑。」

樾謹按：枚解「知」字之義，殊爲迂曲。孫氏星衍曰：「知，或語辭。」此說是也。《說文・矢部》：「知，詞也。」次「矤」「矣」兩篆之閒，然則古人固用「知」爲語助，《召誥篇》所用「知」字皆是也。「夫知保抱攜持厥婦子，以哀籲天」，「知」乃語辭，言夫保抱攜持厥婦子也。正義引王肅云「匹夫知欲安其室」，則失之迂曲矣。「我不敢知曰，有夏服天命，惟有歷年。我不敢知曰，不我不敢其延，惟不敬厥德，乃早隊厥命」，「知」亦語辭，「我不敢知曰」者，我不敢曰也。枚傳曰「我不敢獨知，亦王所知」，則失之迂曲矣。蓋語辭而釋以實義，宜其皆不可通也。

朕復子明辟。（《洛誥》）

傳曰：「周公盡禮致敬，言我復還明君之政於子。子，成王。年二十成人，故必歸政而退老。」蔡沈《集傳》曰：「復，如『逆復』之『復』。成王命周公往營成周，周公得卜，復命于王也。謂成王爲子者，親之也。謂成王爲明辟者，尊之也。周公相成王，尊則君，親則兄之子。明辟者，明君之謂。先儒謂成王幼，周公代王爲辟，至是反政成王，故曰『復子明辟』。夫有失，然後有復，武王崩，成王立，未嘗一日不居君位，何復之有哉？」

樾謹按：王氏應麟《困學紀聞》曰：「《洛誥》『復子明辟』，荆公謂周公得卜，復命於成王也。漢儒居攝還政之説，於是一洗矣。」是蔡傳之説本於荆公而不言者，恥襲其説也。然荆公之説實亦漢儒之舊説。蓋漢儒雖言周公居攝，而解此經「復子明辟」，則亦以爲復命成王。何以知之？《漢書・王莽傳》曰「成王加元服，周公則致政〔一〕。《書》曰『朕復子明辟』，周公常稱王

〔一〕王莽，原文作「元后」，今據《漢書・王莽傳》改。

命，專行不報，故云我復子明君也〔一〕。」是漢儒亦以「復」爲「逆復」之「復」。平時周公稱王命專行，無須復命。至是成王已長，周公將歸政，退從臣禮，故須復命也。蓋復命成王即是明己將歸政，而初非以歸政爲「復子明辟」也。《書序》稱「周公往營成周，使來告卜」，經文發端即云「周公拜手稽首曰：『朕復子明辟。』」其爲復命成王，文義了然，漢人豈不知之？豈待宋儒刱獲乎？枚氏作傳，習聞周公居攝之說，乃用以說此經曰「言我復還明君之政于子」，夫經文但言「復子明辟」，不言復子明辟之政，枚氏此解自不可通，而漢儒舊説則固不爾也。荆公刱解適與漢儒舊説暗合。近來宗漢學者反循用枚說，誤矣。

我卜河朔黎水，我乃卜澗水東、瀍水西，惟洛食。我又卜瀍水東，亦惟洛食。

正義曰：「以帝王所都，不常厥邑。夏、殷皆在河北，所以博求吉地，故令先卜河北，不吉乃卜河南也。顔氏云〔二〕：『先卜河北黎水者，近於紂都，爲其懷土重遷，故先卜近以悅之。』用鄭康成之說，義或然也。」

〔一〕云，《漢書·王莽傳》作「言」。
〔二〕顔，原文作「顧」，今據《尚書正義》改。

樾謹按：帝王所都既不常厥邑，何必以夏、殷舊都而輒往從之乎？若謂先卜近以悦之，則是愚其民并誣其神矣。是二説皆非也。《史記・周本紀》載武王之言曰：「我南望三途，北望嶽鄙，顧瞻有河，粤瞻洛、伊，毋遠天室。」《周書・度邑篇》亦有此文，大略相近。周公先卜黎水者，即武王「顧瞻有河」之意，故不直曰「黎水」，而必曰「河朔黎水」。繫黎水於河，其意在河也。曰黎水不吉，改卜澗水、瀍水，則舍河而就洛矣。既得吉卜，乃詳其所在曰「澗水東、瀍水西」。曰瀍水東而要皆以洛爲主，即武王「粤瞻洛伊」之意，故兩言「惟洛」，其意在洛也。後人不達此旨，則不特先「卜河朔黎水」之意不可見，并兩言「惟洛」亦不知其何意矣。又按：「食」字之義，《詩・王風譜》正義引鄭注曰：「皆可長久居民，使服田相食。」其説殊爲迂曲。枚傳曰「卜必先墨畫龜，然後灼之，兆順食墨」，此亦不然。《周官・占人》曰：「君占體，大夫占色，史占墨。」營洛乃王者大事，不占體而占墨，何歟？《周易・井》初六《象傳》「井泥不食」，李氏《集解》引虞注曰：「食，用也。」《國策・衛策》「始君之所行於世者，食高麗也。」高注曰：「食，用也。」《老子》「而貴食母」，河上公注曰：「食，用也。」是「食」可訓「用」。「我卜河朔黎水」，不言食，言此處所不用也。「我乃卜澗水東、瀍水西，惟洛」，「我又卜瀍水東，亦惟洛」，兩處皆曰「食」，則皆所用也。古謂「用」爲「食」，亦謂「食」爲「用」。《韓非子・外儲説左篇》：「孔子御坐於魯哀公，哀公賜之桃與黍，哀公：『請用。』」「請用」即請食也。《荀子・禮論篇》「祭，齊大羹而飽庶羞，貴本而親用也」，楊注曰：「用，謂可用食也。」皆其證也。《説文・亯部》：「亯，用也。」「亯」字訓「用」，而從亯會意，此即「用」與「食」義通之證。自古義湮，而此經「食」字遂不可解矣。

伻來，來視予卜休恒吉。

傳曰：「言公前已定宅，遣使來，來視我以所卜之美，常吉之居。」正義曰：「來來，重文，上『來』言使來，下『來』爲視我卜也。鄭云『伻來來者，使二人也』，與孔意異。」

樾謹按：「來來」重文，殊不可解。如正義所説，則下「來」字贅矣。至鄭義亦有未安，倘使者三人，豈當疊三「來」字乎？疑上「來」字爲本字，下「來」字乃「賚」之叚字。賚者，賜也，錫也。「賚視予」者，錫視予也。古人重其事則曰「錫」，《堯典》「師錫帝曰」，是也。「賚」與「錫」同義，因其字叚作「來」，故學者失其義耳。

孺子其朋，孺子其朋。其往！

傳曰：「少子慎其朋黨，少子慎其朋黨，戒其自今已往。」

樾謹按：《後漢書・爰延傳》：「帝左右者，所以咨政德也。故周公曰『其朋其朋』〔一〕，言慎所與也。」是枚傳之説正漢人舊説。然以文義求之，實有未安。經言「其朋」，不言「慎其朋」也；經言「其往」，不言「戒其往」也。李賢注《後漢書》引《尚書》「孺子其朋，孺子其朋，慎其往」，此「慎」字疑誤衍，而足利古本遂據以增入經文，謬矣。今按：兩「朋」字當讀爲「倗」。《廣雅・釋詁》：「倗，不也。」《玉篇・人部》：「倗，匹肯切，不也。」謂不爲倗，蓋古語如此。據《説文》「倗，讀若陪位之陪」。陪從咅聲。咅者，相與語唾而不受也。然則古人謂不爲倗，其聲蓋即如咅矣。此經作「朋」不作「倗」者，本取其聲，不取其義，故不必定作「倗」字也。上文曰「予齊百工，伻從王于周。予惟曰：『庶有事。』」蓋周公將歸政，故使百工從王也。成王乃命之曰「女受命篤弼，丕視功載，乃女其悉自教工」，兩「女」字皆謂周公也。凡成王與周公言皆稱「公」，此稱「女」者，自周公述之故也。成王蓋使周公視群臣有功者記載之，不必請命于己，故曰「乃汝其悉自教工」。《廣雅・釋詁》曰：「教，效也。」《釋言》曰：「效，考也。」然則教亦考也，欲周公自稽考百工，如攝政時事也。周公不敢當，故力辭之，曰「孺子其倗，孺子其倗」，猶曰孺

〔一〕《後漢書》「公」下有「戒成王」三字。

子其無然，孺子其無然。重言之者，見意之決也。學者不達此旨，乃并上文而俱失其解矣。「其往」者，即下文所謂「往新邑」。周公欲王往治新邑，故勉之曰「其往」耳。

女惟沖子惟終。

傳曰：「惟當終其美業。」

樾謹按：《君奭篇》「其終出于不祥」，《釋文》曰：「終，馬本作崇。」蓋「終」與「崇」聲近義通。《詩·蝃蝀篇》「崇朝其雨」，毛傳曰：「崇，終也。」是其證也。此文「惟終」當作「惟崇」，「女惟沖子惟崇」與《召誥》曰「有王雖小，元子哉」文義正同。《禮記·祭統篇》「崇事宗廟社稷」，鄭注曰：「崇，猶尊也。」言女雖沖幼，然女位甚尊，故宜敬識百辟享也。如枚傳，則與下意不貫矣。

公無困哉，我惟無斁其康事。

傳曰：「公必留，無去以困我哉。我惟無厭其安天下事。」

樾謹按：經文「哉我」二字傳寫誤倒，傳文下「我」字乃衍文也。成王之意，謂公既厭其安天下事，則必去我，而我乃困矣，故曰「公無困我哉，惟無斁其康事。」《周書·祭公篇》亦曰「公無困我哉」，文與此同，可證也。《漢書·元后傳》《杜欽傳》引作「公無困我」，其無「哉」字者，以語辭故省之耳。枚傳云「公必留，無去以困我哉」，是枚本「哉」上正有「我」字。經文傳寫誤倒，於是後人於傳文「惟無厭之上」又增「我」字，而義不可通矣。夫周公將歸政，故成王有「無斁」之語。若云「我惟無斁」，則成王於安天下事，豈宜有所厭倦，此又何必道哉？後人但疑「哉」字爲「我」字之誤，而不知「哉我」二字之誤倒，則其所見猶未盡得矣。

用告商王士。（《多士》）

傳曰：「用王命告商王之衆士。」

樾謹按：此當以「王士」二字連文。「王士」之稱，猶《周易》言「王臣」、《春秋》書「王人」、傳稱「王官」，其義一也。《周書·世俘篇》「癸丑，薦殷俘王士百人」，此「王士」二字連文之證。

上帝引逸，有夏不適逸。

傳曰：「言上天欲民長逸樂。有夏桀爲政，不之逸樂。」

樾謹按：逸樂非所以爲政，枚義非也。王充《論衡·語增篇》曰：「『上帝引逸』，謂虞舜也。舜承安繼治，任賢使能，恭己無爲而天下治。」又《自然篇》亦引此經，其説略同。然無爲而治，豈易言邪？謂桀以不能無爲而治，遂致滅亡，于義更非矣。蓋説此經者皆未明「引」字之義。《素問·五常政大論》「是謂收引」，王注曰：「引，斂也。」又《異法方宜論》「天地之所收引也」，注曰：「引謂牽引使收斂也。」然則「上帝引逸」者，言上帝不縱人逸樂，有逸樂者，則收引之，勿使大過也。「有夏不適逸」者，適之言節也。《呂氏春秋・重己篇》「故聖人必先適欲」，高注曰：「適猶節也。」《管子・禁藏篇》：「故聖人之制事也，能節宮室，適車輿以實藏。」是「適」與「節」同義，言夏桀不自節其逸樂也。人知「引」有引申之義，不知「引」亦有收引之義，蓋古訓反覆相通類如此。自「引」字之義不明，而「引逸」與「適逸」俱失其旨矣。

予惟率肆矜爾。

傳曰：「惟我循殷故事，憐愍女。」正義曰：「『循殷故事』，此『故』解經中『肆』字。」

樾謹按：《論衡・雷虚篇》：「紂至惡也，武王將誅，哀而憐之，故《尚書》曰：『予惟率夷憐爾。』」是《今文尚書》「肆」作「夷」、「矜」作「憐」，段氏玉裁謂皆同部字，是也。惟訓「夷」爲「誅」，于義未合。《周官・行夫職》注曰：「夷，發聲。」然則「夷」乃語辭，「予惟率夷憐爾」者，予惟率憐爾也。率者，用也。《詩・思文篇》「帝命率育」，毛傳曰：「率，用也。」是其義也。今文、古文其字雖異，其義則同。「肆」亦語辭，「予惟率肆矜爾」者，予惟率矜爾也。枚傳解「率肆」爲「循殷故事」，失其義矣。凡《尚書》中「肆」字，如「肆予」「肆女」之類，皆可以語辭讀之。解者或訓爲「陳」，或訓爲「故」，胥失之矣。

繼爾居。

傳曰：「繼汝所當居爲。」

樾謹按：枚義甚爲不詞，非經旨也。繼當作綏，《説苑·指武篇》「損其有餘而繼其不足」，《淮南子·道應篇》「繼」作「綏」，是其例也。「綏爾居」者，安爾居也。《盤庚下篇》「奠厥攸居，乃正厥位，綏爰有衆」，義與此同。《爾雅·釋詁》曰：「綏，繼也。」《漢書·律曆志》曰：「蕤，繼也。」綏、蕤竝與「綏」通。《禮記·明堂位》「夏后氏之綏」，鄭注曰：「綏當爲緌，讀如冠蕤之蕤。」緌、蕤竝訓繼，則「繼」之與「綏」義亦可通也。

既誕，否則侮厥父母曰：「昔之人無聞知。」（《無逸》）

樾謹按：「誕」字，漢石經作「延」；「否」字，漢石經作「不」，俱當從之。《爾雅·釋詁》：「延，長也。」長與久同義。此承「乃逸乃諺」而言，其始逸豫遊戲、叛諺不恭而已，及既長久，則且輕侮其父母也。「不」乃語辭，枚傳以「不欺」解之，未得其旨。下文「民否則厥心違怨，否則厥口詛祝」，段氏玉裁曰：「否則，皆『丕則』之誤。上文『丕則有愆』，《康誥篇》『丕則敏德』，此處文理蒙上直下，恐不似今人俗語云『否則』也。」按：段説固是，然「不」「丕」「否」古字通用，亦不必以「否」字爲誤。「延」之爲「誕」，猶「不」之爲否。《漢書·古今人表》「赧王延」，《史記索隱》作「誕」。學者不達叚借之例，而必泥本字爲説。然則由逸豫而叛諺而欺誕，事本相因，何不曰「乃逸乃諺乃誕」，而變其文曰「既誕」乎？

文王卑服。

傳曰：「文王節儉，卑其衣服。」

樾謹按：衣服非宫室，不可言卑，枚義非也。《釋文》曰：「卑，馬本作俾，使也。」則可知非「卑高」之「卑」矣。然馬訓爲使，義亦未安。俾者，比之叚字。《詩・皇矣篇》「克順克比」，《禮記・樂記篇》作「克順克俾」；《漸漸之石篇》「俾滂沱矣」，《論衡・明雩篇》作「比滂沱矣」，是俾、比音近義通。《周官・遂師職》曰「比叙其事而賞罰」，然則文王比服者，服，事也，言文王比叙其事也。字亦作「庀」，《國語・魯語》曰「夜庀其家事」，又曰「子將庀季氏之政焉」，竝同此義。

惠鮮鰥寡。

傳曰：「又加惠鮮乏鰥寡之人。」

樾謹按：「惠鮮鰥寡」與上句「懷保小民」語本相對，若以「鮮鰥寡」三字連文，則與上句不一律矣。蔡傳曰「於小民則懷保之，於鰥寡則惠鮮之」，甚得經旨。然其解「惠鮮」云「鰥寡之人垂首喪氣，賚予賙給之，使有生氣」，則望文生訓，大不詞矣，由宋人不通古訓故也。鮮，當讀爲賜。《詩・瓠葉篇》鄭箋曰：「今俗語『斯白』之字作『鮮』，齊魯之間聲近『斯』。」是古音「鮮」與「斯」近，故「鮮」與「賜」聲亦相近。《禹貢》「析支」，《大戴禮・五帝德篇》作「鮮支」，《後漢書・西羌傳》作「賜支」，蓋析、鮮、賜皆一聲之轉也。「惠鮮鰥寡」，猶云惠賜鰥寡，正與「懷保小民」一律。《漢書・谷永傳》引作「惠于鰥寡」，此自《今文尚書》之異，然亦可見「鮮」之與「惠」義本不殊，故今文無「鮮」字。枚傳「鮮乏」之訓，不可從也。

用咸和萬民。

傳曰：「用皆和萬民。」

樾謹按：咸亦和也。《詩・常棣篇》箋曰：「周公弔二叔之不咸。」正義曰：「咸，和也。」蓋「咸」即「諴」字之省。《説文・言部》：「諴，和也。」「用咸和萬民」者，用諴和萬民也。傳以爲「皆和萬民」，則不辭矣。

乃非民攸訓，非天攸若。

傳曰：「夫耽樂者，乃非所以教民，非所以順天。」

樾謹按：若，順也；訓亦順也。《廣雅・釋詁》曰：「訓，順也。」「非民攸訓」，言非民所順也；「非天攸若」，言非天所順也，文異而義實不異。枚氏於《洪範篇》諸「訓」字皆以「順」字釋之，此「訓」字乃以爲「教」，何也？下文曰「此厥不聽，人乃訓之，乃變亂先王之政刑」，言人乃順從其意，以變亂舊法也。枚傳曰「人乃教之以非法」，亦失之矣。

時則有若保衡。（《君奭》）

傳曰：「太甲繼湯，時則有如此伊尹爲保衡，言天下所取安，所取平。」正義曰：「《詩》稱『實維阿衡，實左右商王』，鄭云：『阿，倚。衡，平也。伊尹，湯所依倚而取平。』至太甲改曰保衡，保，安也，言天下所取安，所取平。此皆三公之官，當時爲之號也。」

樾謹按：阿、保一也，「阿」即「娿」之叚字。《説文·女部》：「娿，女師也。讀若阿。」古書即以「阿」爲之。《史記·范睢傳》曰：「居深宫之中，不離阿保之手。」《列女傳·貞順傳》曰：「下堂必從傅母保阿。」並以「阿保」連文，可知「阿」猶「保」也。伊尹爲太保，故謂之保衡。保衡猶保奭也。保奭者，保，其官；奭，其名。保衡者，保，其官；衡，其字，蓋伊氏尹名而衡字也。鄭康成謂「伊陟，伊尹之子」，則「伊」是其氏，明矣。伊尹自稱尹躬，則「尹」是其名，明矣。尹之義爲正，衡之義爲平。楚屈原名平，而《離騷》曰「名余曰正則」，是「平」與「正」同，故名尹字衡也。《詩》謂之「阿衡」，《書》謂之「保衡」，阿、保字異而義同。鄭意伊尹在湯時稱阿衡，在太甲時稱保衡，殊非古義。其解阿衡、保衡，迂曲不合，更無論矣。至伊摯之稱見于《孫子·用閒篇》。彼文曰：「殷之興也〔一〕，伊摯在夏。周之興也，吕牙在殷。」以伊尹爲伊摯，以吕尚爲吕牙，蓋戰國時記載之異，皆與經不合，恐未足據也。此經先稱伊尹，後稱保衡，其氏、其官、其名、其字，具見于此矣。

故殷禮陟配天。

傳曰：「故殷禮能升配天。」

樾謹按：夏、殷之君，生雖稱王，死則稱帝，故《史記》于《夏》《殷本紀》無不稱帝者。《禮記·曲禮篇》「措之廟，立之主，曰帝」，鄭注曰：「同之天神。」然則「殷禮陟配天」者，謂殷人之禮，死則配天而稱帝也。《竹書紀年》：「凡帝王之終皆曰陟。」此經「陟」字，義與彼同，言殷有賢臣爲之輔佐，故有殷之君無失德者，死則配天稱帝，其子孫享國長久，多歷年所也。傳義未得。

〔一〕《孫子兵法》「殷」上有「昔」字。

誕無我責收，罔勗不及。

傳曰：「女大無非責我留。今與女留輔成王，欲收教無自勉不及道義者。」

檝謹按：枚傳於「責」字絶句，而以「收」字屬下讀，「收罔勗不及」，甚不可解。如傳義，亦太迂迴矣。「收」當屬上讀。收者，成也，《周易·井》上六「井收勿幕」，王弼注曰：「井功大成，在此爻矣，故曰井收。」是「收」有「成」義也。此承「小子同未在位」而言，成王冲幼，雖已即政，與未在位同，若無我責求其收成，則無能勗勉其所不及也，故曰「誕無我責收，罔勗不及」。誕者，語辭，不必訓爲「大」，説詳王氏《經傳釋詞》。「責」之本義爲「求」，《説文·貝部》：「責，求也。」以「非責」釋之，義亦未協。

乃惟以爾多方之義民，不克永于多享。（《多方》）

傳曰：「天所以不與桀，以其乃惟用女多方之義民爲臣，而不能長久多享國故。」

檝謹按：枚傳于「義」字不知其作何解。《立政篇》「茲乃三宅無義民」，王氏念孫曰：「義與俄同，衺也。言居賢人於官而任之，則三宅無傾衺之民也。」詳見《經義述聞》。此説爲先儒所未發，然「義民」字已見此篇，王説顧不之及。孫氏星衍于《立政篇》用王氏説，于此篇則用江氏聲之説，謂「義民」猶「民儀」，前後異訓，殆失之矣。此篇「義」字亦當讀爲「俄」，言天所以不與桀，以其惟用女多方傾衺之民爲臣，故不能長久多享國也。「義」爲「俄」之叚字，王氏引《吕刑》「鴟義姦宄」及《大戴禮·千乘篇》「誘居室家有君子曰義」、《管子·明法解篇》「雖有大義，主無從知之」爲證。今以其説推之，《文十八年左傳》「掩義隱賊」，「義」亦「俄」也。義、賊皆不善之事，故掩蓋之、隱蔽之也。字亦作「議」，《管子·法禁篇》「法制不議，則民不相私」，「議」亦「俄」也，言法制不傾衺，則民不相私也。字又作「儀」，《荀子·成相篇》「君法儀，禁不爲」，「儀」亦「俄」也，此與上文「君法明，論有常」相對成文，言君法明盛，則其論有常，君法傾邪則當禁之，使不爲也。皆可爲證。

簡代夏作民主。

傳曰：「大代夏政，爲天下民主〔一〕。」

樾謹按：「簡」固訓「大」，然「大代夏作民主」，殊爲無義。《皋陶謨》「笙鏞以閒」，枚傳曰：「閒，迭也。」簡與閒古字通用，「簡代夏作民主」，謂迭代夏作民主也。

〔一〕主，原文作「生」，今據《尚書正義》及清經解續編本《群經平議》改。

天惟五年，須暇之子孫，誕作民主，罔可念聽。

傳曰：「天以湯故，五年須暇湯之子孫，冀其改悔。而紂爲民主，肆行無道，事無可念，言無可聽。」

樾謹按：《詩·武篇》正義引此經曰：「天惟五年，須暇湯之子孫。」蓋即用枚傳義，而又增益「湯」字，然實經文所無，不足據也。《皇矣篇》正義曰：「《多方》云『天惟五年，須夏之子孫』，注云：『夏之言假，天覬紂能改，故待假其終，至五年欲使傳子孫』。」是鄭解此經「子孫」又以爲紂之子孫，與經文語意實亦未合。惟據鄭注，知經文「假」字本是「夏」字，因鄭注訓「夏」爲「假」，枚本從之，而又變其字作「暇」耳。今按：上文曰「非天庸釋有夏，非天庸釋有殷」，以夏、殷竝言，則此經「夏」字當即上文「夏」字也。蓋天既降喪于殷，則宜更求民主，而夏后氏有大功德于民，天所不忍釋，雖其後未有聖人，然「惟狂克念即聖」矣，故以五年須待夏后氏之子孫，欲其誕作民主，而夏后氏之子孫「罔可念聽」者，於是又「求爾多方」，而亦「罔堪顧之」，故「惟我周王，靈承于旅」也。此云「罔可念聽」，下云「罔堪顧之」，文義相近，皆非專指一人之辭。蓋多方非一人，而夏之子孫在周尚有杞、鄫諸國，則在殷時亦非一人也。自鄭君誤訓「夏」爲「假」，而經義全失矣。說互詳《詩·皇矣篇》。

爾曷不夾介乂我周王。

傳曰：「夾，近也。女何不近大見治於我周王。」

樾謹按：《一切經音義》卷十二引《倉頡》曰：「夾，輔也。」《爾雅·釋詁》曰：「介，助也。」然則「夾介」猶言輔助也，《哀十六年左傳》「是得艾也」，杜注曰：「艾，安也。」乂、艾古通用，然則「乂我周王」，猶言安我周王也。枚以「夾介」爲「近大」，不辭殊甚。又訓「乂」爲「治」，而加「見」字以成其義，亦非經旨。

我有周惟其大介賚爾。

傳曰：「我有周惟其大大賜女。」

樾謹按：枚氏因「大介」連文，介亦大也，因釋爲「大大」，則不辭甚矣。《說文·大部》：「夰，大也。從大介聲，讀若蓋。」今經典無「夰」字，蓋皆叚「介」爲之，凡訓「大」之「介」，皆「夰」之叚字也。此經疑用「夰」本字，其文曰「我有周惟其夰賚爾」，「夰賚」即大賚也。後人罕見「夰」字，遂誤分爲「大」「介」二字耳。

用咸戒于王曰：「王左右常伯、常任、準人、綴衣、虎賁。」（《立政》）

傳曰：「周公用王所立政之事，皆戒於王曰：常所長事，常所委任，謂三公六卿；準人平法，謂士官；綴衣掌衣服；虎賁以武力事王，皆左右近臣，宜得其人。」

樾謹按：上文「周公若曰：『拜手稽首，告嗣天子王矣。』」正義引王肅曰：「于是周公會群臣共戒成王〔一〕，其言曰『拜手稽首』是周公讚群臣之辭。」然則周公會群臣共戒成王，故云「用咸戒于王」，枚傳之義非也。王左右常伯、常任、準人、綴衣、虎賁，蓋不敢斥尊者，故歷呼王左右者而告之，猶後世人臣進言，不敢斥言天子而曰陛下也。枚傳不知此義，乃曰「皆左右近臣，宜得其人」，經文竝無「宜得其人」之意，增義釋經，非其旨矣。下文又書「周公曰」者，蓋雖會戒成王而其辭實出周公一人之口，故下文曰「予旦已受人之徽言，咸告孺子王」也。

惟羞刑暴德之人，同于厥邦。

傳曰：「惟進用刑，與暴德之人同于其國，竝爲威虐。」

樾謹按：枚氏以「刑」爲「刑罰」之「刑」，則「暴德」足以包之，乃累言之曰「刑暴德」，不辭甚

〔一〕于是，《尚書正義》作「於時」。

矣，枚義非也。刑與庸同義，故《爾雅》「刑」「庸」竝訓「常」。刑之與庸，猶形之與容，「刑」「形」「庸」「容」，聲義竝同。「惟羞刑暴德之人」者，惟進庸暴德之人也。庸者，用也，故《尚書》每以「刑用」連文，《召誥篇》「小民乃惟刑用于天下」，《多方篇》「厥民刑用勸」。刑即用也，猶《無逸篇》「不皇暇食」，皇即暇也；《多方篇》「克堪用德」，克即堪也。古人自有複語耳。枚不知「刑」與「庸」同義，故於「刑」「用」皆失其解。《昭十二年左傳》「形民之力」，「形」亦與「庸」同，言用民之力也。説詳《左傳》。

藝人。

傳曰：「況大都邑之小長，以道藝爲表幹之臣。」

樾謹按：藝，當讀爲「埶」，與「藝祖」之「藝」同，説詳《堯典》。「藝人」者，埶御之人也。此「藝人」猶上之「左右攜僕」。下云「表臣百司」猶上之「百司庶府」，但有内外臣之别耳。公卿都邑亦自有埶御之人。《儀禮·有司徹篇》：「獻私人于阼階上。」然則立政之埶人，其即《禮》所謂私人歟？「私」與「埶」一也，因其字作「藝」，枚氏遂以「道藝」釋之，殆非古義。

阪尹。

傳曰：「阪地之尹長。」正義曰：「鄭玄以『三亳阪尹』者共爲一事，云『湯舊都之民服文王者，分爲三邑，其長居險，故言阪尹。蓋東成皋，南轘轅，西降谷也』。」

樾謹按：枚解「阪尹」與鄭義同，但不連「三亳」解稍異耳。《昭二十三年左傳》「單子從阪道，劉子從尹道」，疑此經「阪尹」即所謂阪道、尹道者，乃地名也。「夷微、盧、烝、三亳、阪、尹」，以一「夷」字總領下文。微也、盧也、烝也、三亳也、阪也、尹也，其地皆有蠻夷錯處，故以「夷」字冠之。蔡傳曰「烝，或以爲衆，或以爲夷名」，蓋「夷名」近是矣。此見文王、武王敬事上帝，立民長伯，雖蠻夷之地亦不敢忽也。但列其地，不詳其官，亦猶《禹貢篇》「終南惇物，至于鳥鼠」，空舉山名，不言治意，蒙上爲文，從可知也。先儒所説「阪尹」之義，殆皆未得矣。

文王罔攸兼于庶言。

傳曰：「文王無所兼知於毁譽衆言。」

樾謹按：經文止言「罔攸兼」，不言「罔攸兼知」，傳義非也。兼者，絶也。《考工記・輪人》「外不廉而内不挫」，鄭注曰：「廉，絶也。」《説文・火部》作「熑」〔一〕，曰「火熑車網絶也」，引《周禮》曰：「煣牙外不熑。」《水部》又有「溓」字，其一説曰：「中絶小水也。」是從「兼」得聲之字每

〔一〕 熑，今本《説文》作「熑」。下「熑」字同。

有「絶」義。《孟子》稱「周公兼夷狄」，即絶夷狄也，説詳《孟子》。此經云「文王罔攸兼于庶言」者，文王于庶言無所絶也。下文曰「庶獄庶慎，惟有司之牧夫」，又曰「庶獄庶慎，文王罔敢知于兹」，蓋文王博采衆言，有司牧夫各得其人，故庶獄庶慎，文王不與知也。下文于「庶獄庶慎」曰「文王罔敢知」，此文「于庶言」曰「文王罔攸兼」，其義各殊。枚傳誤讀「文王罔攸兼于庶言庶獄庶慎」爲句，因失其義矣。

其惟克用常人。

傳曰：「其惟能用賢才爲常人。」

樾謹按：傳增「賢才」字以釋經，非經旨也。上云「繼自今立政，其勿以憸人，其惟吉士」，此云「繼自今後王立政，其惟克用常人」，「常人」即「吉士」也。《皋陶謨篇》「彰厥有常吉哉」，是其義也。《儀禮·士虞禮記》「薦此常事」，鄭注曰：「古文常爲祥。」然則「常」「祥」聲近義通，故上文言「吉士」，此言「常人」也。傳義失之。

恐不獲誓言嗣。《顧命》

傳曰：「恐不得結信出言嗣續我志。」

樾謹按：傳義迂迴，非經旨也。誓與矢古通用，《爾雅·釋詁》：「矢，陳也。」「嗣」當作

「嗣」，乃籒文「辭」字。言病日臻，既彌留，恐不獲陳言辭，茲故審訓命女也。古「辭」「嗣」字聲近義通。《大誥篇》「辭其考我民」，「辭」當讀爲「嗣」，此云「恐不獲誓言嗣」，「嗣」當讀爲「辭」。學者多以本字讀之，失其旨矣。

俾爰齊侯吕伋，以二干戈、虎賁百人。

傳曰：「使桓、毛二臣各執干戈，於齊侯吕伋索虎賁百人。」

樾謹按：《爾雅·釋詁》：「俾，使也。」又曰：「俾，從也。」此經「俾」字當訓爲「從」。「俾爰齊侯吕伋」者，從於齊侯吕伋也。蓋桓、毛及吕伋三人皆受命逆子釗，先書桓、毛二臣者，王人也，不以外先内也。從於齊侯者，齊侯，尊也，不以卑臨尊也。枚傳遇「俾」字皆訓爲使，遂謂「使於齊侯吕伋索虎賁」，因臆爲之説，曰「伋爲天子虎賁氏」。夫虎賁氏下大夫，豈齊侯所宜爲歟？且上文既言「命」矣，此文「俾」字又訓「使」，則是命仲桓、南宫毛使於齊侯吕伋，於文無乃複歟？可知其非經旨矣。

二人雀弁，執惠。

傳曰：「惠，三隅矛。」

樾謹按：「惠」爲兵器，必叚借字，而未有得其本字者。《説文・叀部》「惠」篆下有重文「𧶠」〔一〕，曰：「古文惠。」疑此即「執惠」之本字。其字從𠦃者，象三隅之形；從惠者，其聲也。壁中古文本作「𧶠」，孔安國以今文讀之作「惠」，許氏遂誤以「𧶠」爲「惠」之古文，而此經「惠」字無得其本字者矣。

夾兩階戺。

傳曰：「堂廉曰戺。」

樾謹按：凡側邊皆謂之廉，堂有堂之廉，階有階之廉。此云「夾兩階」，則「戺」者，階廉也，非堂廉也。《儀禮・聘禮》：「鼎九，設于西階前，陪鼎當内廉。」此「階」亦有廉之證。蓋東階以西邊爲内廉，西階以東邊爲内廉，當内廉者，當西階東邊之廉也。此傳疑本作「階廉曰戺」，學者知有堂廉，不知有階廉，遂誤改爲堂廉，而「戺」義遂失矣。程氏瑶田《釋宫小記》有「夾兩階戺圖説」，最爲明塙，當從之。

〔一〕 叀，原文作「惠」，今據《説文》改。

宅授宗人同。

傳曰：「太保居其所，授宗人同。」正義曰：「太保居其所，於受福酒之處，足不移。」

樾謹按：上文「王三宿，三祭，三咤」，正義引鄭注曰：「徐行前曰肅，卻行曰咤。王徐行前三祭，又三卻復本位。」《釋文》曰：「咤，亦作宅。」然則「咤」「宅」同字。此文「宅授宗人同」，依鄭義則爲「卻行授宗人同」耳。《說文·宀部》：「詫，奠爵也。从宀託聲。《周書》曰：『王三宿，三祭，三詫。』」是壁中古文字本作「詫」。奠爵之說，亦古文家舊義。王肅訓「咤」爲「奠爵」，枚傳從之，自非無據。鄭君本爲古文之學而不用舊說，别爲「卻行」之義者，正以下有「宅授宗人同」之文。若既奠矣，又何授焉？故以「咤」爲「卻行」，則「宅授宗人同」義亦可通，足徵鄭注之精也。枚傳非不知「咤」「宅」同字，但于「三咤」既從奠爵之說，則此文「宅」字不得不更爲之說。正義以「足不移」申明之，失之迂曲矣。

王義嗣，德答拜。（《康王之誥》）〔一〕

傳曰：「康王以義繼先人明德，答其拜，受其幣。」

〔一〕「康王之誥」原在下條「丕平富，不務咎」之下，今據《尚書正義》移至此處。

樾謹按：傳以「王義嗣德」四字連文，失其讀矣。《襄十四年左傳》載吴季札之言曰「君義嗣也，誰敢奸君」，杜注曰：「諸樊適子，故曰義嗣。」疑適子謂之義嗣，古有此稱。此經不直曰「王」而曰「王義嗣」者，蓋當喪未君之稱也。《文九年公羊傳》曰：「毛伯者何？天子之大夫也。何以不稱使？當喪未君也。踰年矣，何以謂之未君？即位矣而未稱王也。」是古者天子未終喪不稱王。上文書「王」者，所謂緣民臣之心，不可一日無君也。此文書「王義嗣」者，所謂緣孝子之心，則三年不忍當也。據《覲禮》「侯氏再拜稽首」，無「王答拜」之文，是康王答拜正以未成君而從降禮，故於此獨稱「王義嗣」也。「德答拜」三字連讀，德讀爲「特」。古「德」字作「悳」，《詩·柏舟篇》「實惟我特」，《韓詩》作「實惟我直」。「直」通作「特」，故「悳」亦通作「特」也。《周官·司士職》「孤卿特揖」，鄭注曰：「特揖，一一揖之。」然則「特答拜」者，一一答拜也。傳失其讀，因失其旨矣。

丕平富，不務咎。

傳曰：「言先君文武道大，政化平美，不務咎惡。」

樾謹按：《爾雅·釋詁》：「平，成也。」《禮記·郊特牲篇》：「富也者，福也。」「丕平富，不務咎」，言大成其福善之事，不務爲咎惡之事也。「福」與「咎」正相對，《洪範篇》「女雖錫之福，其作女用咎」，是也。《周易·謙·彖傳》「鬼神害盈而福謙」，《釋文》曰：「福，京作富。」是「福」

與「富」古通用。枚傳不知「富」爲「福」之叚字，故不得其解耳。

用端命于上帝。

傳曰：「用受直端之命於上天。」

樾謹按：經文本無「受」字，且上帝之命又何必言「直端」乎？傳義非也。端者，始也。《説文・耑部》：「耑，物初生之題也，上象生形，下象其根也。」經典竝叚「端」爲之。《家語・禮運篇》「五行之端」，王肅注曰：「端，始也。」《孟子・公孫丑篇》「仁之端也」，趙岐注曰：「端，首也。」首即始也。「用端命于上帝」者，用始命于上帝也，言始命于上帝而爲天下主也。

女則有無餘刑，非殺。（《粊誓》）

傳曰：「汝則有無餘之刑。刑者非一也，然亦非殺汝。」

樾謹按：無餘之刑，不知何謂。正義引王肅云「父母妻子同産皆坐之」，鄭玄云「盡奴其妻子，不遺其種類」，又疑不供楨幹，未應緣坐盡及家人，遂謂「權以脅之，使勿犯」，此亦曲説矣。今按：「無餘刑」者，即《李斯傳》所謂「具五刑」也。秦漢之世有具五刑之法，先劓〔一〕，斬左右

〔一〕《漢書》「先」下有「黥」字。

趾，笞殺之，梟其首，見《漢書·刑法志》。此經曰「無餘刑，非殺」，則諸刑皆具，獨不兼大辟也。蓋軍法至重，故古有具五刑者。此因其罪未至死，故不殺之也。同是無餘刑，而殺與非殺，生死殊科。經文「非殺」二字，蓋當時律令有然。若如舊說，則「非殺」二字贅矣。

苗民弗用靈。（《呂刑》）

傳曰：「三苗之君習蚩尤之惡，不用善化民。」正義曰：「鄭玄以爲『穆王深惡此族三生凶德，故著其惡而謂之民』。」

樾謹按：《禮記·坊記篇》「先民有言」，鄭注曰：「先民謂上古之君也。」然則三苗之君謂之「苗民」，正合先民之義。鄭於此經又必曲爲之説，何也？《召誥》曰「相古先民有夏」，豈亦惡之歟？

罔中于信。

傳曰：「皆無中于信義。」

樾謹按：于猶越也，越猶與也。《康誥篇》「告女德之説于罰之行」，《多方篇》「不克敬于和」，竝用「于」字爲連及之詞，説本王氏引之《經傳釋詞》、孔氏廣森《經學卮言》。然則「罔中于信」者，無中與信也。「中」與「忠」通，《周官·大司樂職》「中和祇庸孝友」，鄭注曰：「中猶忠也。」此經「中」字亦當爲「忠」，言三苗之民皆無忠信也。傳義失之。

乃命三后，恤功于民。

傳曰：「所謂堯命三君，憂功於民。」正義曰：「憂功於民，憂欲與民施功也。」

樾謹按：憂功于民，義不可通，正義因增「施」字以成其義，非經旨也。《説文・心部》「恤，憂也，收也」，是「恤」有二義。此經「恤」字當訓爲「收」。「恤功于民」，猶云收功于民。《周易・井》上六「井收勿幕」，王注曰：「井功大成，在此爻矣，故曰井收。」是「收」有「成」義。訓「恤」爲「收」正與下文「三后成功」相應。

三后成功，惟殷于民。

傳曰：「各成其功，惟所以殷盛於民。」

樾謹按：《堯典》「以殷仲春」，枚傳曰：「殷，正也。」此經「殷」字亦當訓「正」。「殷于民」者，正于民也。王伯厚《漢藝文志考》引《墨子・尚賢中篇》作「惟假于民」。「假」與「格」通，《君奭篇》「格于皇天」「格于上帝」，《史記・燕召公世家》皆作「假」。「惟假于民」即惟格于民。格亦正也，《方言》曰：「格，正也。」「三后成功，惟殷于民，爰制百姓于刑之中」，此三句一氣相屬。「制百姓于刑之中」即所以正于民也。《後漢書・梁統傳》引此經曰「爰制百姓于刑之中」，枚本改「爰制」爲「士制」，而以「皋陶作士」釋之，則與「三后」無涉，「惟殷于民」句，遂若結上之辭，而不知其爲上下承接之語，於是「殷」字之解失矣。近來説《尚書》者如江氏聲，力闢枚氏，凡有異同之處，必舍校本而從他本，固未免太泥。然此經「士制」之當爲「爰制」，以文勢求之，實無可疑。上文曰「伯夷降典，折民惟刑」，下文曰「今爾何監，非時伯夷播刑之迪」，可知此經不及皋陶也。枚本之誤顯然矣。段氏玉裁謂其未必不本于馬、鄭、王，殆非也。

今爾罔不由慰曰勤，爾罔或戒不勤。

傳曰：「今女無不用安自居，曰當勤之。女無有徒念戒而不勤。」正義曰：「今女等諸侯無不用安道以自居，曰我當勤之哉。女已許自勤，即當必勤，女無有徒念我戒，許欲自勤而身竟不勤。戒使必自勤也。」

樾謹按：如枚傳義，則經文當作「曰勤」，唐石經作「日」，誤也。惟枚義迂曲，未得經旨。穆王之意，蓋謂今女等無不用以自安，曰我已勤矣，女等無有自戒其不勤者。「慰」與「戒」正相反。惟其以勤自慰，故不知以不勤自戒也。經義本極簡明，傳義反嫌詞費矣。

告爾祥刑。

傳曰：「告女以善用刑之道。」

樾謹按：祥，古通作「常」，説見《立政篇》。「告爾祥刑」者，告爾常刑也。《莊十四年左傳》曰「周有常刑」，正謂此矣。傳訓「祥」爲「善」，而以「用刑之道」足成其義，殆非也。

何度非及。

傳曰：「當何所度？非惟及世輕重所宜乎？」

樾謹按：枚因《史記》作「何居非其宜」，故爲此説，實非經旨也。《及》乃「服」字之誤，《僖二十四年左傳》「子臧之服，不稱也夫」，《釋文》作「子藏之及」曰「一本作『之服』」。蓋服從𠬝聲，古或止作「𠬝」，𠬝、及形似，故易譌耳。《堯典》曰「五刑有服，五服三就」，此篇曰「上刑適輕，下服；下刑適重，上服」，《周官・小司寇》曰：「以施上服下服之刑。」刑以服言，蓋古語也。「何敬非刑，何度非服」，言汝何所敬非五刑乎，汝何所度非五服乎？《史記》作「宜」者，《爾雅・釋詁》：「服、宜，事也。」服與宜同訓，故經文作「服」，《史記》作「宜」。自「服」誤作「及」，而《史記》作「宜」之故，遂不可曉。枚傳牽合其説而義益乖矣。

今往何監非德？于民之中，尚明聽之哉！

傳曰：「自今已往，當何監視？非當立德於民，爲之中正乎？庶幾明聽我言而行之哉！」

樾謹按：此當於「德」字絶句，言自今以往當何所監視，豈非德乎？「何監非德」，與上文

「何擇非人？何敬非刑？何度非服」文法一律。枚讀「監」字爲句，非也。中者，獄訟之成也，《周官・鄉士職》「士師受中」，鄭注曰：「受中，謂受獄訟之成也。」是古謂獄訟之成爲中，故曰「于民之中尚明聽之哉」，枚傳連上「非德」爲句，因失其義。

追孝于前文人。（《文侯之命》）

傳曰：「繼先祖之志爲孝。」

樾謹按：「追孝」，猶言追養繼孝也，《禮記・祭統篇》曰：「祭者，所以追養繼孝也。」古鐘鼎款識每有「追孝」之文。《追敦》曰「用追孝于前文人」，語與此同。《楚良臣余義鐘》曰「以追孝先祖」，《郙遣敦》曰「用追孝于其父母」，亦與此文義相近，是「追孝」乃古人常語。又《都公敦》曰「用享孝于乃皇祖，于乃皇考」，《陳逆簠》曰「以享以孝于大宗」，享、孝竝言，可知所謂「追孝」者，以宗廟祭祀言也。犬戎之難，文武幾不血食。自平王東遷，周室復存，然後春秋享祀，不致廢隊，得以追孝于前文人。文侯之功大矣。故特言此，所以大其功也。傳但謂繼志爲孝，是猶未達古義矣。

民訖自若，是多盤。（《秦誓》）

傳曰：「言民之行己，盡用順道，是多樂。」正義曰：「訖，盡也。自，用；若，順；盤，樂也。

盡用順道則有福，有福則身樂。」

樾謹按：傳義與下意不屬，非當日援引之旨，良由誤解「盤」字也。盤當作般，《盤庚篇》釋文曰：「盤，本又作般。」《君奭篇》「甘盤」，《史記·燕世家》作「甘般」，此經正義訓「盤」爲「樂」，亦用《爾雅·釋詁》「般，樂也」之文，是「盤」與「般」通。《說文·舟部》：「般，辟也。」然則「多般」猶云多辟，《詩·板篇》「民之多辟」，鄭箋曰：「民之行多爲邪辟。」是其義也。民訖自若是多般〔一〕，言民盡自順其意，故多辟也，正枚傳所謂「悔前不順忠臣」者，而于下意亦相屬矣。

惟古之謀人，則曰未就予忌。

傳曰：「惟爲我執古義之謀人，謂忠賢蹇叔等也，則曰未成我所欲，反忌之耳。」

樾謹按：傳以「則曰未就予」五字連讀，而以「忌」字别爲一句，文義未安。段氏玉裁曰：「《說文·心部》：『惎，毒也，從心其聲。《周書》曰：「來就惎惎。」』『來』字當是『未』字之誤。『惎惎』之上當脱『予』字，下『惎』字之下當有闕文。如『圛』，升雲半有半無；『塈』，疾惡也；『莫席』，『纖蒻席也』，皆引《書》而釋之，與其字之本義不必合。」今按：段說是矣，然「惎」字當

〔一〕訖，原文作「汔」，今據清經解續編本《群經平議》改。

作何解？段氏謂當作「惎，教也」，此用《宣十二年左傳》杜注，然「未就予教」，亦於義未安。竊謂此「惎」字當訓「謀」。《廣韻》：「惎，教也，一曰謀也。」「未就予惎」者，未能成我之所謀也。考之《左傳》，杞子以襲鄭之謀來告，穆公訪之蹇叔，蹇叔云云，公辭焉，此即所謂「未就予惎」矣。「惎」之訓「謀」，蓋古訓也。《爾雅·釋詁》：「基，謀也。」《玉篇·言部》：「諆，謀也。」「惎」與「基」「諆」，竝聲近而義通。壁中古文作「惎」，說古文者讀爲「忌」，雖聲亦相近而義則非矣，宜枚傳之不得其解也。

禹别九州，隨山濬川，任土作貢。（《序》）

正義曰：「諸序皆言作某篇，此序不言『作《禹貢》』者，以發首言『禹』，末言『貢』〔一〕，篇名足以顯矣。百篇之序，此類有三。『微子作誥父師、少師』，不言『作《微子》』；『仲虺作誥』，不言『作《仲虺之誥》』，與此篇皆爲理足而略之也。」

樾謹按：正義之說非也。彼既云「微子作誥」「仲虺作誥」，自不必言「作《微子》」「作《仲虺之誥》」矣。若此序止是首言「禹」末言「貢」，作《書》之意未彰，豈可不言「作《禹貢》」乎？疑此

〔一〕《尚書正義》《尚書注疏》「末」上均有「句」字。

序本云「禹别九州，隨山濬川任土，作《禹貢》」，因「禹」字偶闕，讀者遂以「任土作貢」四字爲句。不知「隨山濬川任土」乃渾括篇首「禹敷土，隨山刊木，奠高山大川」三句之意，固不及貢賦也。段氏玉裁疑「任土作貢」下當有「作《禹貢》」三字，蓋猶未見及此。

太康失邦，昆弟五人，須于雒汭，作《五子之歌》。

段氏玉裁《譔異》曰：「《五子之歌》，惠氏定宇《古文尚書考》據《左氏傳》、《外傳》、《離騷》、《周書・嘗麥解》、王符《潛夫論》、韋昭《國語注》證枚頤書之僞矣。竊謂《墨子》作『武觀』，《楚語》作『五觀』，武即五也。以《左傳》『斟灌』，《夏本紀》作『斟戈氏』、『若干』或言『若柯』、『桓表』讀如『和表』例之，歌即觀也。五子之歌，即五觀也。之歌，蓋謂往觀地，觀地即雒汭，韋注最爲明確。約之曰『五觀』，詳之曰『五子之歌』，謂五子爲五觀，或省『五』言『觀』，皆以國名之也。五子必非五人。汲郡古文曰『放王季子武觀于西河』，云『季子』則一人也。《序》言『五人』，猶經言『五子』也。作僞者泥於『歌』字，敷衍五章。《尚書》不當以詩歌名篇，固不待辨而自明者。」

樾謹按：枚氏《古文尚書》之僞固不待言矣，至段説亦非塙論。《尚書》篇名，如《高宗之訓》《微子之命》，凡「之」字皆語詞，「五子之歌」正同一律，以「之歌」爲「往觀」，失之鑿矣。又謂

《尚書》不當以詩歌名篇，夫記動記言，史職也。有韻無韻，皆言也。曾謂古之史臣止記無韻之言，不記有韻之言乎？《喜起》之歌何爲而載於《虞書》也？梁《昭明文選》尚知合詔令詩賦而竝録之，近代始有分詩文爲二集者，其可以律古史乎？《楚辭·離騷》云「啟九辨與九歌兮，夏康娱以自縱。不顧難以圖後兮，五子用失乎家巷」，王逸注曰：「言大康不遵禹、啟之樂，更作淫聲，放恣情慾，以自娱樂，不顧患難，不謀後世，卒以失國，兄弟五人，家居閭巷，失尊位也。」《墨子·非樂篇》引《武觀》文，亦有「萬舞翼翼，章聞于天」之語。然則「歌」字自當仍以本字讀之。所謂「五子之歌」，蓋即其更作淫聲以自娱樂者也。史録其歌，或以爲戒乎？且古所謂淫聲者，必非如後世《玉樹後庭花》之比。疑當日即因《九辨》《九歌》之舊而更新之，亦頗有考定潤色之功，方將播之瞽矇，以爲一代之雅樂，故史臣不得不録，而孔子亦未嘗無取焉。然不能效法禹之明德而徒斤斤於聲音之道，則亦末矣。《墨子·非樂》遂援爲口實，設使其歌尚在，吾知其文辭古雅，意義深厚，必高出三百篇之上，可知也。孔子於《詩》不删鄭、衛，則其於《書》也，何容不録《五子之歌》乎？以淫聲貶之，乃墨氏之言，吾儒論古宜别有卓識矣。若夫「五觀」「武觀」之異，亦有可得而言者。《竹書紀年》云：「帝啟十一年，放王季子武觀于西河。十五年，武觀以西河叛。彭伯壽帥師征西河，武觀來歸。」《潛夫論·五德志篇》曰：「夏后啟子太康、仲康更立，兄弟五人，皆有昏德，不堪帝事，降須洛汭，是謂五觀。」以是二説言之，帝啟封其季子於觀，是謂武觀。其後得罪而放之西河，則西河非即是觀。漢東郡畔觀縣，乃武觀以叛之地，而非其始封之觀也。觀地在洛汭，韋昭之注當矣。武觀來歸之後，或仍居觀，或即留而不遣，均不可知。至太康失邦，乃就季子之故封而居之，兄弟五人更立於觀，是謂「五觀」。此「武觀」「五觀」之所爲同而異也。段氏謂「歌」即是「觀」，固屬臆説；謂「武」即是「五」，亦近於武斷矣。且序明言「兄弟五人」，而謂「五子」非「五人」，豈可通乎？今以《書序》爲據，則《五子之歌》是太康失邦後所作。意者降須洛汭，朝覲訟獄，一無所預，乃審定音律，有所更正，《五子之歌》由是而作。古人著書每在困窮之日，文王囚而演《周易》，仲尼厄而作《春秋》，皆其事也。五子之作歌，雖未足比于二者，要亦近之矣。《離騷》所云似乎五子因此而失國，蓋沿墨氏之餘論，未足據也。東晉古文僞造歌詞，與春秋以來相傳之舊説，顯爲乖錯。近世學者人人知之，乃如段氏之説，并不信有五子作歌之事，毋乃楚失而齊亦未得也乎？

殷既錯天命，微子作誥父師、少師。

樾謹按：「微子作誥父師、少師」，義似未足。疑「誥」下更有「誥」字，蓋曰「微子作誥，誥父師、少師」。因古重字不再書，止于字下作二畫，傳寫誤奪之耳。

康王命作册畢，分居里，成周郊，作《畢命》。

樾謹按：此序幾不可讀。據《史記·周本紀》「康王命作策畢公分居里，成周郊」，疑序奪「公」字。然《吕刑·序》曰「吕命，穆王訓夏贖刑，作《吕刑》」，吕不言侯，或畢亦不言公，古人語簡故也。「分居里，成周郊」，不知何義。據《君陳篇》序曰：「周公既没，命君陳分正東郊成周，作《君陳》。」疑康王命畢公與成王命君陳事同，「分居里，成周郊」當作「分居東郊成周」，東與里相似而誤。「郊」字本在「成周」之上，傳寫倒之，遂不可讀耳。「東郊成周」蓋當時有此稱。鄭注曰「天子之國五十里爲近郊，今河南洛陽相去則然」，見《周官·載師》疏。自王城而視成周，尚在近郊五十里之内。《洛誥篇》鄭注以澗水東、瀍水西爲王城，瀍水東爲成周，是成周在王城之東，因謂之「東郊成周」矣。

群經平議卷七

周書

□爵以明等極。（《度訓》）

孔晁注曰：「極，中也。貴賤之等，尊卑之中也。」

樾謹按：孔訓「極」爲「中」，則「等極」二字義不相屬矣。極猶則也，《詩·殷武篇》「商邑翼翼，四方之極」，《後漢書·樊準傳》引作「四方是則」，李賢注曰：「《韓詩》之文也。」蓋「極」有「準則」之義，故《毛詩》作「極」，《韓詩》作「則」，説詳《尚書·洪範篇》。此云「等極」猶等則也。上文云「度小大以正，權輕重以極，明本末以立中」，既言「極」，又言「中」，知「極」之不訓「中」矣。

知哀以知慧。

樾謹按：「慧」讀爲「惠」，古字通用。《論語・衛靈公篇》「好行小慧」，鄭注曰：「魯讀慧爲惠。」是其證也。《説文・叀部》：「惠，仁也。」「知哀以知惠」，言知哀之則知仁之矣。《吕氏春秋・論人篇》曰：「哀之以驗其人。」「人」即「仁」之叚字。「哀之以驗其仁」，與此文「知哀以知惠」同義。因叚「人」爲「仁」，叚「慧」爲「惠」，學者乃皆失其解矣。

是故民主明醜以長子孫，子孫習服鳥獸，仁德土宜天時百物行治。

樾謹按：疊「子孫」二字，文義未安，下「子孫」字，蓋衍文也。此當以「是故民主明醜以長子孫」爲句，「習服鳥獸」爲句，「仁德土宜天時百物行治」爲句。「仁」讀爲「人」，《大武篇》「四凶：一攻天時，二攻地宜，三攻人德」，正與此文同。仁德即人德，土宜即地宜也。「人德、土宜、天時、百物行治者」，行猶用也，猶言人德、土宜、天時、百物用治也。《周官》「司爟掌行火之政令」，鄭注曰：「行猶用也。」孔晁不知「仁」爲「人」之叚字，故失其讀，因失其解。至「民主」二字，趙氏曦明謂「民」爲「明」字之誤，朱氏右曾謂「主」爲「王」字之誤。本書多言「明王」，尟言「民主」，當依之訂正。

通道通天以正人。（《命訓》）

樾謹按：此當作「道天以正人」，道猶通也。《法言·問道篇》曰：「道也者，通也，無不通也。」《襄三十一年左傳》「不如小決使道」、《荀子·禮論篇》：「道及士大夫」，杜預、楊倞注竝曰：「道，通也。」然則「道天以正人」，猶云通天以正人。疑古本亦有作「通天以正人」者，傳寫者誤合兩本爲一，則曰「道通天以正人」，於是文不成義。後人又以「道」上加「通」字，而爲「通道通天」矣。下文云「正人莫如有極，道天莫如無極。道天有極則不威，不威則不昭；正人無極則不信，不信則不行」，皆以「道天」「正人」對舉，正承此文而言，可知此文當作「道天以正人」，不當作「通道通天以正人」也。董子曰：「道之大，原出於天。」若作「通道通天」，則先言道，後言天，近於《老子》所謂「有物混成，先天地生」者，恐非周初聖人之書所有之義也。下文又曰「夫天道三，人道三」，是天有道，人亦有道，更可知此文之不以「道」與「天」與「人」對舉矣。由後人不知「道天」即爲「通天」，因致此誤耳。

人有常順。（《常訓》）

樾謹按：順當讀爲訓，古字通也。其下文曰「順在可變」，即孔子「有教無類」之義。下文又曰「古者因民以順民」，亦言因民以訓民也。若如本字讀之，則「順」即「因」也，因民以順民，文義複矣。

上賢而不窮。

注曰：「窮謂不肖之人。」

樾謹按：「不」字疑「下」字之誤，故孔注以「窮」爲「不肖」，蓋謂上賢而下不肖也。若是「不」字，則上賢而不不肖，文不可通，孔氏必不作是解矣。

夫民群居而無選。

注曰：「選，行也。」

樾謹按：《詩·猗嗟篇》「舞則選兮」，毛傳曰：「選，齊也。」高誘注《吕氏春秋·觀世篇》《淮南子·精神篇》竝曰：「齊，等也。」然則「群居而無選」，猶言群居而無等。《程典篇》「無政無選」，又曰「選官以明訓」。凡言「選」者，其義竝爲齊等。《史記·平準書》：「吏道益雜不選。」是「不選」有殽雜之義。此言「無選」，猶彼言「不選」矣。孔訓選爲行，未得其旨。

大武劍勇。（《文酌》）

樾謹按：劍武，義不可通。「劍」當讀爲「驗」，言大武所以驗其勇也。劍、驗竝從僉聲，故得通用。《墨子・雜守篇》：「守節出入，使主節必疏書，署其情，令若其事，而須其還報以劒驗之。」「劒驗」二字亦不可通，蓋古本止作「須其還報以劒之」，叚「劒」爲「驗」，劒之即驗之也。校者旁注「驗」字，以明「劒」當爲「驗」，因誤入正文，古書往往有此。王氏念孫《讀書雜志》以「劒驗」爲「參驗」之誤，然「參」之與「劒」形聲絶遠，無由致誤，其説非也。此文假「劒」爲「驗」，正與彼同。且以字義言之，《説文・馬部》：「驗，馬名。」竝無「徵驗」義。凡言徵驗者，當作「譣」。《説文・言部》：「譣，問也。」是其本字也。然則「驗」亦叚字，安在「驗」可叚而「劒」不可叚乎？

三取戚免梏，四樂生身復。

注曰：「戚，近也。免梏，無患也。」

樾謹按：《大武篇》「四赦」：「二取威信復，三人樂生身。」與此文大略相似，疑各有誤字，不可强通。此文「取戚」當從《大武篇》作「取威」，於義爲長。梏猶攪也，《後漢書・馬融傳》：「《廣成頌》曰：『梏羽群。』」李賢注曰：「《字書》梏從手，即古文『攪』字，謂攪亂也。」然則「取威免梏」殆謂取足以示威而無攪亂之乎？

服美義淫。（《糴匡》）

注曰：「淫，過。」

樾謹按：孔晁不釋「義」字。謝氏墉曰：「凡義之所當爲者，皆可過盛。」此謬説也。義當讀爲儀，《周官·肆師》注曰「古者書『儀』，但爲『義』」，是其證也。儀淫者，威儀盛也，故與「服美」竝舉。《詩·有客篇》「既有淫威」，此言「儀淫」，彼言「淫威」，其旨相近。

年饑，則勤而不賓，舉祭以薄。

樾謹按：「賓舉」二字傳寫誤倒，當作「年饑〔一〕，則勤而不舉，賓祭以薄」。勤之言憂勤也，《僖二年穀梁傳》「不雨者，勤雨也」，《釋文》曰「勤，麋氏音覲」，《集韵》去聲二十二稕：「勤，渠吝切，憂也。《春秋傳》『勤雨』，麋氏説。」此「勤」字，當從麋讀。「勤而不舉」，言憂勤而不舉也。《周官·膳夫職》曰：「王日一舉，鼎十有二，物皆有俎，以樂侑食。大喪則不舉，大荒則不舉，大札則不舉，天地有災則不舉，邦有大故則不舉。」然則「年饑則勤而不舉」，正合《周官》「大荒不舉」之義。「賓祭以薄」，言賓與祭皆從薄也。上文曰「成年穀足，賓祭以盛」，又曰「年儉穀不

〔一〕饑，原文作「荒」，今據《逸周書》改。

足，賓祭以中盛」，可證此文「舉祭以薄」之誤。

冬寒其衣服。（《武稱》）

注曰：「寒衣爲敗其絲麻。」

樾謹按：「冬寒其衣服」，義不可通，孔注亦曲説也。據《大武篇》「四時：一春違其農，二夏食其穀，三秋取其刈，四冬凍其葆」，孔注曰：「凍葆謂發露其葆聚。」其文與此篇大略相同。疑此文本作「冬寒其旅」，《史記・天官書》曰「主葆旅事」，是「旅」與「葆」同義。「冬寒其旅」，猶冬寒其葆也。《後漢書・光武紀》李賢注曰：「旅，寄也。不因播種而生，故曰『旅』，今《字書》作『穭』，音吕，古字通。」然則「冬寒其旅」亦就在田野者而言，方與上文「春違其農，秋伐其穡，夏取其麥」三句一律。若作「冬寒其衣服」則不類矣。「旅」字，古文作「𣥬」，與「衣」字相似，「𣥬」誤爲「衣」，後人又加「服」字耳。孔注但曰「寒衣」，疑其所見本尚無「服」字也。

爵位不謙。

注曰：「謙，損也。」

樾謹按：謙之言絶也。《考工記・輪人》「外不廉而内不挫」，鄭注曰：「廉，絶也。」《説文・火部》作「熑」[一]，曰「火煣車網絶也」，引《周禮》曰：「煣牙外不熑。」蓋「熑」其本字其義爲「火煣車網絶」，引申之則凡絶者皆謂之「熑」。今《周禮》作「廉」，乃其叚字。此文作「謙」，亦其叚字也。「爵位不謙」，言有爵位者不絶其爵位也。《説文・水部》：「溓，一曰中絶小水也。」是從「兼」得聲之字，每有「絶」義。《孟子》稱「周公兼夷狄」，「兼」亦「絶」也。説詳《孟子》。

童壯無輔。（《允文》）

樾謹按：輔當讀爲悑，悑、輔竝從「甫」聲，故叚「輔」爲「悑」也。《説文・心部》：「悑，惶也。從心甫聲。」或體作「怖」，「童壯無悑」，言無使惶懼也。

五遠宅不薄。（《大武》）

注曰：「雖遠居皆厚之。」

樾謹按：「遠宅」二字無義。據《大開武篇》亦有「五和」，其文曰「一有天維國，二有地維義，三同好維樂，四同惡維哀，五遠方不争」，與此篇所言「五和：一有天無惡，二有人無郄，三

[一] 熑，原文作「爀」，今據《説文》改。下「熑」字同。

同好相固，四同惡相助〔一〕，五遠宅不薄」，大略相同。疑「遠宅」亦當作「遠方」，字之誤也。觀孔晁「遠居」之解，是其所據本已誤作「宅」矣。

三哀：一要不羸，二喪人，三擯厥親。

注曰：「哀敵人之困窮如此。要當爲惡。」盧氏文弨曰：「所當哀者，羸病者也，失位者也，六親不能收卹者也。正文『要不』字訛，注亦難曉。梁處素云『不羸』當作『不羸』，不足也。下文『必羸』，程榮本亦誤作『必羸』，可知此字亦訛。」

樾謹按：梁說是也。惟「要」之義難解，即從孔注作「惡」，義亦難通。「要」疑「粟」字之誤。「粟不羸」者，穀不足也。《糴匡篇》所謂「年儉，穀不足」，是也。

四赦：一勝人必羸，二取威信復，三人樂生身，四赦民所惡。

樾謹按：以所列四事言之，「赦」特其一事，且居四者之末，何得統目之曰「四赦」乎？據《文酌篇》「四教：一守之以信，二因親就年，三取戚免梏，四樂生身復」，其三、其四與此文二、三略同。然則此文「四赦」疑亦當作「四教」，教、赦字形相似，又涉「四赦民所惡」句，適「四赦」

〔一〕助，原文作「取」，今據《逸周書》及《群經平議》手稿本改。

二字相連，因致此誤耳。

因其耆老，及其總害。（《大匡》）

樾謹按：「總」字之義無解，疑當作「利」。利，古文作「秎」；總，俗書作「揔」，其上半相似，因而致誤。下文曰「鄉問其利，因謀其菑」，與此文正相應。

樂不牆合。

樾謹按：「牆合」二字無義。盧氏文弨曰：「牆合，即所謂宮縣。」然古書無以「宮縣」爲「牆合」者，亦曲説也。疑此文本作「樂不合」。古人作樂必合之於廟，《詩·有瞽篇》序曰「始作樂而合乎祖」，是也。「樂不合」者，不合樂也。因涉下句「牆屋有補無作」之文而誤衍「牆」字耳。

乃作程典，以命三忠。（《程典》）

樾謹按：「三忠」未知何義。盧氏文弨訂爲「三恧」，曰：「《戰國策》『臣』作『恧』，古文也。然一忠爲臣，其義殊淺。《顏氏家訓》言北朝喪亂之餘，書迹鄙陋，乃以百念爲憂，言反爲變，不用爲罷，追來爲歸，更生爲蘇，先人爲老，偏滿經傳〔一〕。然則『恖』字亦其時所造無疑。《論語・釋文》於《泰伯》《先進篇》俱有『恖』字，云古『臣』字。」錢氏大昕《養新餘録》以「不精小學」譏之，是也。盧説恐未足據。且所謂三臣者，果何指乎？據《大匡篇》「王乃召冢卿、三老、三吏」，孔注：「三吏，三卿也。」疑此文「三忠」乃「三吏」之誤，「吏」字闕壞，後人遂妄改爲「忠」耳。

德開開乃無患。

樾謹按：「德開開」文不成義。疑「德」字上有「愼德」二字。其原文蓋云「思地愼制，思制愼人，思人愼德，愼德德開，開乃無患」，皆以四字爲句。古人遇重文多省不書，止於字下作二小畫，傳寫誤奪之耳。

土勸不極美美不害用。

樾謹按：二句不可解，疑當作「土物不極美不害」，與上句「牛羊不盡齒不屠」相對成文。「物」誤爲「勸」，「美」字重出，「用」字即涉下句「用乃思愼」而誤衍也。害當讀爲割。《書・大誥

〔一〕 偏，原文作「偏」，今據《〈春在堂全書〉校勘記》改。

篇》「天降割于我家」，《釋文》曰：「割，馬本作害。」是「害」與「割」古字通用。割猶刈也，《廣雅·釋詁》割、刈同訓「斷」，然則「土物不盡美不割」猶言土物不盡美不刈也。《文傳篇》曰「無伐不成材」，即其義矣。

商饋始于王。（《酆保》）

樾謹按：此當作「饋始于商王」，蓋言祀上帝之後而饋膰肉，從商王始也。其下文云「因饗諸侯，重禮庶吏」，蓋先商王，次及諸侯，次及庶吏也。今作「商饋始于王」，則文不成義矣。

不深乃權不重。

樾謹按：此當作「不深不重，乃權不重」，蓋承上文「深念之哉，重維之哉」而言，謂不深念之，不重維之，則其權不重也。後人因兩句皆有「不重」字，疑爲衍文，誤删其一，不知「乃權不重」之「重」爲「輕重」之「重」，「不深不重」之「重」爲「重複」之「重」，字雖同而義則異也。且此兩句以「重」「重」二字爲韵，下文曰「從權乃慰，不從乃饋」，以「慰」「饋」二字爲韵，竝四字一句。今奪「不重」二字，則句法參差不齊，而亦失其韵矣。

利維生痛。（《文儆》）

樾謹按：此文云「民何嚮非利？利維生痛，痛維生樂，樂維生禮，禮維生義，義維生仁」，下文云「何嚮非私？私維生抗，抗維生奪，奪維生亂，亂維生亡，亡維生死」。下文所生五者，皆不美之事，則此文五者宜皆美事，方相對成義。而云「利維生痛」，殊不可曉。疑「痛」字當讀作「通」，「痛」與「通」聲近而義同，故《釋名・釋疾病》曰：「痛，通也。通在膚脈中也。」「利維生通，通維生樂」者，利則流通，流通則無所鬱結，故樂矣。

土廣無守可襲伐，土狹無食可圍竭。（《文傳》）

樾謹按：「圍竭」二字義不相屬。「圍」疑「匱」字之誤。《潛夫論・實邊篇》引《周書》曰：「土多人少，莫出其材，是謂虛土，可襲伐也。土少人衆，民非其民，可遺竭也。」「遺」亦當爲「匱」。唐人書從匚之字，或變作辶，如匝作迊、匹作辷、匣作迎、陋作陋之類，《干祿字書》可考。「匱」變作「遺」，因誤爲「遺」也。彼所引雖與此不同，然大旨相近，可知此文之當作「匱竭」矣。

天降寤于程，程降因于商，商今生葛，葛右有周，維王其明用開和之言，言孰敢不格。（《大開武》）

樾謹按：「程」字不當疊，「降寤于程」「降因于商」，皆天之所降也，若作「程降因于商」，則義不可通矣。「葛」字亦不當疊，孔注曰：「商朝生葛，是祐助周也。」可知所據本不疊「葛」字也。「言」字亦不當疊，孔注曰「可否相濟曰和，欲其開臣以和，則忠告之言無不至也」，是孔讀「維王其明用開和之」爲句，「言孰敢不格」爲句，可知所據本不疊「言」字也。今疊「葛」字、「言」字，義不可通，當依孔注訂正。惟孔解「開和」句，於義未安。此當以「維王其明用開和之言」爲句，「孰敢不格」爲句。「開和」乃書名，《武儆篇》曰：「丙辰，出金枝郊寶開和細書。」

何畏非道，何惡非，是不敬殆哉。

樾謹按：「是」上有闕文，當云「何畏非道，何惡非□，是不敬殆哉。」上文云「何敬，何好，何惡，時不敬殆哉」，此文之「是不敬」即上文之「時不敬」，時猶是也。《尚書·堯典篇》「惟時茂哉」，《史記·五帝紀》作「維是勉哉」；《皋陶謨篇》「咸若時」，《夏本紀》作「皆若是」，竝其證也。「是」字連「不敬」讀，則「是」上闕一字明矣。

物周爲器。（《寶典》）

注曰：「周用之爲器。」

樾謹按〔一〕：經文當云「物用爲器」，注文當云「用，句。用之爲器」，今作「周」者，皆字之誤。

一孝，子畏哉，乃不亂謀。

樾謹按：「子」乃「孝」字之誤，鄭君注《禮》所謂壞字也。當讀曰「一孝，句。孝畏哉，乃不亂謀」，猶下文曰「二悌，悌乃知序」，「悌」下疊「悌」字，則「孝」下必當疊「孝」字矣。又下文曰「三慈惠，兹知長幼」，亦有奪誤，當作「三慈惠，慈惠知長幼」。「慈惠」下疊「慈惠」字，猶「孝」下疊「孝」字、「悌」下疊「悌」字也。「兹」字即「慈」之壞字，亦猶「子」字即「孝」之壞字也，傳寫奪誤而其迹幸尚可尋。謝氏墉以「兹」爲衍文，盧刻遂删去之而其迹泯矣，亦見古書之未可輕改也。

欲與無□則，欲攻無庸，以王不足。（《寤儆》）

樾謹按：此三句本無闕文，當以「欲與無則」爲句。「欲與無則，欲攻無庸，以王不足」，每

〔一〕 謹，原文作「經」，今據清經解續編本《群經平議》及《〈春在堂全書〉校勘記》改。

句皆四字，言欲與之而無則，欲攻之而無庸，以王則不足也。下文周公之言曰「奉若稽古維王，克明三德維則，戚和遠人維庸」，正對此三句而言。淺人不知「無則」「無庸」相對成文，而以「則」字屬下句，因疑「欲與無」下尚有闕文，乃加空圍以識之耳。

教之以服。（《武穆》）

注曰：「教之以服先王法服也[一]。」

樾謹按：《説文》「服」從𠬝；「𠬝」從卩；卩，事之制也。故鄭石制字子服，是「服」有「法制」之義。「教之以服」，服即法也。孔以「法服」釋之，豈所教止在衣服乎？失其旨矣。

惟風行，賄賄無成事。（《和寤》）

注曰：「人之歸惠，如草應風。如用賄，則無成事。」

樾謹按：下「賄」字乃「則」字之誤。其原文蓋曰「后降惠于民，民罔不格，惟風行，賄則無成事」，故孔注云云，是其所據本尚未誤也。王氏念孫《讀書雜志》謂「行」下當有「草」字，而今本脱之。此説非也。注中「草」字乃孔氏增出，以明風行之義，非必正文有「草」字也。《大明武

[一] 王，原文作「生」，今據清經解續編本《群經平議》改。

篇》曰「侵若風行」，與此義同。王氏又謂「賄賄無成事」上更有脱文，由不知下「賄」字乃「則」字之誤故耳。「賄」與「則」左旁竝從貝，因而致誤。注中「賄則」連文，即本正文，可據以訂正。

王食無疆。（《武寤》）

樾謹按：「王」當作「玉」，所謂維辟玉食也。古玉字、王字竝三畫而連其中，故易致混，又涉下句「王不食言」而誤。此篇文皆用韵，以四字爲句，多頌美之詞，「玉食無疆」義亦然也。

泰顛、閎夭皆執輕吕以奏王，王入，即位于社，太卒之左。（《克殷》）

注曰：「執王輕吕當門奏太卒，屯兵以衛也。」

樾謹按：此文本作「泰顛、閎夭皆執輕吕以奏王太卒，王入，即位于社之左」，故孔注如此，蓋其所據本未誤也。《書·堯典》「敷奏以言」，枚氏傳曰：「奏，進也。」「奏王太卒」者，言進王之太卒以衛王也。孔注加「當門」二字正明「奏」字之義。「王入即位于社之左」，言王位在社左也。後人誤讀「皆執輕吕以奏王」爲句，謂與「周公把大鉞，召公把小鉞，以夾王」相對成文，因移「大卒」字於「社」字之下。而不知「夾王」可通，「奏王」不可通。且下句「王入，即位于社太卒之左」，「社太卒」連文，更不成義矣。

大匡封攝，外用和大。（《大匡》）

注曰：「和平大國。」

樾謹按：此二句文義難明。據下文曰「中匡用均，勞故禮新；小匡用惠，施舍靜衆」，疑此文本作「大匡用和，大封攝外」，乃與下二句一律。「大匡用和」猶「中匡用均」「小匡用惠」也。「大封攝外」者，《儀禮・士冠禮》鄭注曰「攝猶整也」，言大封諸侯以整攝畿外之地也。傳寫者奪「用和大」三字而誤補之「封攝外」之下，其義遂不可通矣。孔注亦曲爲之説，於義不了也。

傾九戒。（《文政》）

注曰：「順此戒也。」

樾謹按：「傾」字之義難明，當依注文作「順」，「順」與「傾」形似而誤耳。注文亦有奪字，當云「順，順此戒也」，猶上文「濟九醜」句注曰「濟，謂濟其醜以好也」，皆先舉經字而釋之，注奪一「順」字，而其義遂晦，遂并經文而莫能是正矣。

思義醜□。

樾謹按：《大匡篇》曰「思義醜貪」，疑此文所闕亦「貪」字也。

五民之利。

樾謹按：「民之利」三字於義未足，疑民上闕一字，「五□民之利」與下文「七祇民之死」「九足民之財」一律。

示有危傾。

樾謹按：示當爲亓，古「其」字也。古「其」字或作「亣」，《玉篇》「其」下更出「亣」字，曰「古文」，是也。又或作「亓」，《集韵》「其，古作亓」，是也。此文「亓」字當讀爲「基」，《詩·昊天有成命篇》「夙夜基命宥密」，《禮記·孔子閒居篇》引作「夙夜其命宥密」，是「其」與「基」古通用。此蓋叚「其」爲「基」，而又從古文作「亓」也。「亓有危傾」，言其基有危傾之勢，不可不戒，故爲九戒之一也。學者少見「亓」字，因改爲「示」耳。

充虛爲害。

注曰：「陰陽姦謂之充，國無人謂之虛也。」

樾謹按：孔解「充」字，非也。《荀子·儒效篇》「若夫充虛之相施易也」，楊倞注曰：「充，實也。」是「充」與「虛」正相對。《大聚篇》曰「殷政總總若風草，有所積，有所虛，和此如何」，孔注曰：「有積有虛，言不平也。」可證此篇「充虛爲害」之義。

立勤人以職孤，立正長以順幼。（《大聚》）

樾謹按：此當作「立正長以勤人，立職孤以順幼」，蓋立正長所以勤民事，而立職孤所以使幼者得遂其生也。正長也，職孤也，皆其名也；勤人也，順幼也，皆其事也。「立職孤以順幼」與下句「立職喪以卹死」文法正同。管子治齊，凡國都有掌孤，孤幼不能自生者屬之，此即「立職孤以順幼」之事。掌孤猶職孤也，蓋成周之遺制矣。今作「立勤人以職孤，立正長以順幼」，則義不可通。猶上句「畜百草以備五味」，誤作「畜五味以備百草」，竝傳寫者倒其文也。王氏念孫已訂正「百草」句，惜未及此。

教芓與樹蓺。

樾謹按：此當作「教與樹蓺」，「與」猶「以」也，說見王氏引之《經傳釋詞》。「教與樹蓺」，即教以樹蓺也。古「與」「予」通用，疑古本叚「予」爲「與」，作「教予樹蓺」，後人據別本作「與」者訂正，遂竝存「予」「與」二字，因又誤「予」爲「芓」耳。《管子·地員篇》「其草宜芓茅」，今本作「其草宜黍秫與茅」，蓋誤「芓」爲「與」，而因加「黍秫」二字，不知「黍秫」已見上文，且非草也，辨見《諸子平議》。彼誤「芓」作「與」，此誤「與」作「芓」，正可互證。

時四月既旁生魄，越六日，庚戌，武王朝至燎于周，維予沖子綏文。（《世俘》）

樾謹按：「文」下當有闕文。據下文「用小牲羊犬豕于百神水土，于誓社，曰：『惟予沖子綏文考。』」然則此文亦當作「綏文考」明矣。朱氏右曾《集訓》曰：「文，文德也，勝殷遏劉，庶自此可綏天下以文德也。」此曲爲之説，與下文不合。

凡厥有庶告焚玉四千。

注曰：「衆人告武王焚玉四千也。」

樾謹按：「告焚」二字當在「四千」之下，其文曰「時甲子夕，商王紂取天智玉琰五，環身厚以自焚，凡厥有庶玉四千，告焚。五日，武王乃俾千人求之，四千庶玉則銷，天智玉五在火中不銷。」蓋「庶玉」二字連文，此云「凡厥有庶玉四千」，故下云「四千庶玉則銷」，兩文相應。「告焚」二字自爲句。既告焚之，五日，武王乃使人求之。所謂告焚者，以商王紂自焚告，非以焚玉告也。若如孔注，則豈有不告紂之自焚而專告玉焚者乎？即以玉論，天智玉爲重而庶玉則輕矣，又豈有不以天智玉五告而顧以庶玉四千告者乎？揆之事理，皆不可通，蓋由傳寫者誤移「告焚」二字於「玉四千」之上。孔氏不能訂正，故失其解耳。

昏憂天下。（《商誓》）

樾謹按：「昏憂」連文，義不可通。「憂」當作「擾」，「擾」字隸變作「擾」，闕其左旁則爲「憂」矣。《昭十四年左傳》注曰：「昏，亂也。」《襄四年傳》注曰：「擾，亂也。」是「昏」「擾」同義。「昏擾天下」，言亂天下也。

官庶則荷，荷至乃辛。（《五權》）

樾謹按：「荷」字當讀爲「苛」，古字通也。「辛」字無解，且於韵亦不協，疑「㚔」字之誤。《説文·㚔部》：「㚔，所以驚人也。一曰俗語以盜不止爲㚔。」煩苛之至，民必驚擾，此與前説合。《老子》曰「法令滋章，盜賊多有」，則與後説亦合，且與上文韵亦相協。「㚔」字隸變作「幸」，凡執字、報字，左旁今皆爲「幸」，是其證也。「幸」與「辛」相似，因而致誤耳。

人庶則匱，匱乃匿。

樾謹按：「匿」當讀爲「慝」，言人衆則必匱乏，匱乏則必競爲姦慝矣。古「匿」與「慝」同聲而通用。《尚書大傳》「朔而月見東方謂之側匿」，《漢書·五行志》作「仄慝」，是其證也。《説文》無「慝」字，古字止作「匿」耳。

周公格左閎門，會群門。（《皇門》）

樾謹按：《尚書·堯典》「闢四門」，《詩·緇衣篇》正義引鄭注曰：卿士之職，使爲已出政教於天下。四門者，卿士之私朝在國門，後世東門襄仲，桐門右師，取法於古也。又《周官·大司馬職》「帥以門名」，鄭注曰：「軍將皆命卿。古者軍將蓋爲營治於國門，魯有東門襄仲，宋有桐門右師，皆上卿爲軍將者。」然則此篇所云「會群門」者，言會集衆卿士也。《序》云「周公會群臣于閎門」，經作「群門」，《序》作「群臣」，竝不相背。《玉海》九十、二百六十九兩引此經，竝作「會群臣」，則後人不達「門」字之義，而據《序》以改經也。篇内云「乃維其有大門宗子勢臣，罔不茂揚肅德」，可證「門」字之非誤。朱氏右曾本從《玉海》作「會群臣」，失之矣。

以家相厥室弗衈，王國王家，維德是用。

注曰：「言勢人以大夫私家，不憂王家之用德。」

樾謹按：《祭公篇》曰「汝無以家相亂王室，而莫衈其外，尚皆以時中乂萬國」，文義與此略同。疑此文「厥室」上亦當有「亂」字，而今本脱之。「弗衈」二字屬上句讀。「以家相亂厥室弗衈」，猶云「以家相亂王室，而莫衈其外」也。「王國王家，維德是用」，猶云「尚皆以時中乂萬國」也。孔注以「弗衈」屬下讀，失之。

又五日，土潤溽暑。（《時訓》）

樾謹按：「暑」字衍文也。此當云「又五日，土潤溽」。下文「土潤不溽暑」，當作「土不潤溽」，説詳《禮記・月令篇》。

將帥不和。

樾謹按：上文云「鶡旦猶鳴，國有訛言」，下文云「茘挺不生，卿士專權」，「言」與「權」爲韵。此云「虎不始交，將帥不和」，「和」字不入韵，疑必有誤。古本當作「將帥不讙」，「讙」與「歡」古通用，《禮記・樂記篇》「鼓鼙之聲讙」，鄭注曰：「讙，或爲歡。」「將帥不讙」，即將帥不歡也。《一切經音義》卷十二曰：「讙，古文作吅。」此文「讙」字，疑從古文作「吅」，因誤爲「和」耳。

純行不二曰定。（《謚法》）

樾謹按：此本作「純行不忒曰定」。古書「忒」字或以「貣」字爲之，《尚書・洪範篇》「衍忒」，《史記・宋微子世家》作「衍貣」，是其證也。「貣」譌作「貳」，後人因改爲「二」矣。《史記正義》引此文作「純行不爽曰定」，《爾雅・釋言》曰：「爽，忒也。」是「不忒」與「不爽」同義。《後漢書・蔡邕傳》注又作「純行不差曰定」，《周易・豫卦・彖傳》鄭注曰：「忒，差也。」是「不忒」與

「不差」亦同義。若如今本作「不二」，則與「不爽」「不差」之義絶遠矣。《禮記・緇衣篇》引《詩》曰「淑人君子，其儀不忒」，《釋文》曰：「不忒，他得反，本或作貳」，蓋亦叚「貳」爲「忒」，因誤「貣」爲「貳」也。此文又改「貳」作「二」，學者益無從訂正矣。

柔質受諫曰慧。

樾謹按：盧校曰「慧，舊作惠」，當從之。慧、惠古通用字，《論語・衛靈公篇》「好行小慧」，鄭注曰：「魯讀慧爲惠。」是其證也。此句與上文「柔質慈民曰惠，愛民好與曰惠」，本爲一條。蓋柔質慈民謂之惠，愛民好與則就「慈民」而推言之，柔質受諫則就「柔質」而推言之，以見有其一節者亦得謚之曰「惠」也。因其字叚作「慧」，後人遂分爲兩謚，恐非其舊。

就，會也。

樾謹按：「就」與「集」一聲之轉，《詩・小旻篇》「是用不集」，《韓詩》作「是用不就」，毛傳亦曰：「集，就也。」是「就」與「集」聲近義通。《爾雅・釋言》「集，會也」，此云「就，會也」，蓋即讀「就」爲「集」，故訓「會」耳。

四塞九采之國。（《明堂》）

樾謹按：「采」乃「米」字之誤。「米」讀爲「蕃」，蓋「蕃」省作「番」，「番」又省作「米」也。九蕃之國，即《周禮》所謂「九州之外謂之蕃國」，説詳《禮記・明堂位篇》。

二曰方與之言以觀其志，志殷以淵。（《官人》）

樾謹按：「方與之言以觀其志」八字當在上文「以觀其備」之下。原文蓋曰「復徵其言以觀其精，曲省其行以觀其備，方與之言以觀其志，此之謂觀誠」，三句相對成文，皆觀誠之事也。今誤在「二曰」之下，則不類矣。「志殷以淵」四字上當有「其」字，「其志殷以淵」與下文「其氣寬以柔，其色儉而不諂」，亦三句相對成文。今奪「其」字則又不類矣。

愚依人也。

樾謹按：「依」字義不可通，疑是「㳺」字之誤。「㳺」乃古「旅」字，《説文》曰「古文以爲魯衛之魯」，然則「愚㳺」猶「愚魯」也。「㳺」誤作「衣」，因誤作「依」矣。《武稱篇》「冬寒其衣服」，「衣」亦「㳺」字之誤，説已見前。此文又加人旁作「依」，學者益無從是正矣。

歐人蟬蛇，蟬蛇順，食之美。（《王會》）

注曰：「東越歐人也，比交州蛇特多，爲上珍也。」

樾謹按：「蟬」即「鱓」之叚字。《一切經音義》卷十六引《訓纂》曰：「鱓，蛇魚也。」《山海經》郭注曰：「鱓魚如蛇。」蓋以其似蛇而得蛇名，實非蛇也。孔氏竟以蛇釋之，謬矣。又按：此當於「順」字絶句。「順」讀爲「馴」，《易・坤・象傳》「馴致其道」，九家注曰：「馴猶順也。」是「馴」與「順」音近而義通。「蟬蛇順」者，言其性馴善也。雖有蛇名而實非蛇，故曰「馴」，明其與蛇異也。下乃曰「食之美」，朱氏右曾《集訓》讀「順食之」爲句，釋曰「順謂縱切之」，斯大誤矣。

姑妹珍。

注曰：「姑妹國，後屬越。」

樾謹按：盧氏文弨以「姑妹」爲即「姑蔑」，是也。至「珍」字當爲一物，而説者皆未詳。今按：乃「珧」字之誤，「珧」字篆書作「□」，與「珍」相似，因而致誤。《爾雅・釋魚》：「蜃，小者珧。」《山海經・東山經》：「其中多蜃珧。」是「珧」與「蜃」同類。此云「姑妹珧」，下句云「具區文蜃」，正以類相從矣。

茲白者，若白馬，鋸牙食虎豹。

樾謹按：「若白馬」當作「若馬」，此言獸形如馬，非必白馬，乃相似也。孔注曰：「茲白，一名駮。」今考諸書言駮者，《爾雅・釋獸》曰：「駮，如馬，倨牙食虎豹。」《詩・晨風篇》毛傳文與《爾雅》同。《説文・馬部》曰：「駮，獸，如馬，倨牙食虎豹。」其文蓋即本此，而皆言「如馬」，不言「如白馬」，然則「白」爲衍文無疑矣。《文選・王元長〈曲水詩序〉》李善注引此文曰：「茲白者若馬。」「馬」上正無「白」字，可據以訂正。

都郭生生欺羽。

注曰：「都郭，北狄。生生，獸名。」

樾謹按：「欺羽」似別爲一物。然下文止曰「生生若黄狗，人面能言」，不及「欺羽」，未詳其義。疑「欺羽」二字當在下文「奇幹善芳」之上，其文曰「欺羽奇幹善芳，奇幹善芳者，頭若雄雞，佩之令人不昧」。蓋「欺羽」爲國名，「奇幹善芳」爲鳥名。《文選・王元長〈曲水詩序〉》曰：「文鉞碧砮之琛，奇幹善芳之賦，紈牛露犬之玩，乘黄茲白之駟。」紈牛露犬、乘黄茲白，竝出此篇，皆爲所貢之物。然則「奇幹善芳」亦當爲物名，不得以「奇幹」爲國名矣。若以「奇幹」爲國名，則當云「白民乘黄」「義渠茲白」，方與「奇幹善芳」一律也。《山海經・西山經》曰「翼望之山有鳥焉，名曰鵸鵌，服之令人不厭」，注引《周書》曰：「獻芳不眯。」然則郭所見《周書》當作「奇餘獻芳」，故引以爲「鵸鵌」之證。欺羽之國或即所謂翼望歟？觀「奇幹」之或爲「奇餘」，而郭氏且引以證《山海經》之「鵸鵌」，則「奇幹」之非國名益信。蓋由「欺羽」二字誤入上文，讀者遂以「奇幹」爲國名，國名不當複舉，乃於下句删去「奇幹」二字耳。孔晁於此文不釋「欺羽」之義，是所據本未誤。下注當云「欺羽亦北狄。奇幹善芳，鳥名」，今作「奇幹亦北狄。善芳，鳥名」，此後人所改，非其舊也。郭璞引《周書》注《山海經》當云「奇餘獻芳不眯」，今作「獻芳不眯」，亦後人删之，非其舊也。若無「奇餘」二字，則與《山海經》之「鵸鵌」何涉？郭氏乃泛引之乎？

蠻楊之翟。

注曰：「楊州之蠻貢翟鳥。」王氏念孫曰：「蠻楊，本作『楊蠻』，故孔注曰『楊州之蠻貢翟鳥』，今本『楊蠻』二字倒轉，則義不可通。」

樾謹按：王説是矣，而未盡也。此篇之例，皆於國名之下即繫以所貢之物，如「稷慎大麈」「穢人前兒」「良夷在子」之類，皆是也。又或加「以」字，如「會稽以鼉」「義渠以茲白」之類，從未有於國名下加「之」字以足句者。此云「楊蠻之翟」與通篇句法不倫，疑本作「楊之蠻翟」，故孔注曰「楊州之蠻貢翟鳥」也。

離丘漆齒。

樾謹按：《文選·曲水詩序》李善注引此文作「離身染齒」，且引《爾雅》「北方有比肩人」爲證。疑《周書》原文作「離軀」，軀即身也，因「軀」字俗書作「躯」，《玉篇·身部》「軀」下有「躯」字，曰「同上，俗」，是也。「躯」字闕壞，止存右旁，遂作「離丘」矣。李善所見本作「離身」，蓋傳寫之異文，猶「漆齒」之作「染齒」也，或竟從《選》注改「丘」爲「身」，失之矣。

朕皇祖文王、烈祖武王，度下國，作陳周。（《祭公》）

樾謹按：「作陳周」三字義不可曉，孔氏無注。朱氏右曾《集訓》曰「制作陳布周密」，則失之迂曲矣。今按：作者，始也，《詩·駉篇》毛傳曰：「作，始也。」是其義也。「陳」與「甸」通，《信南山篇》「維禹甸之」，《周禮·稍人》注引作「維禹敶之」，敶即陳也。「作陳周」者，始甸周也。《國語·周語》曰：「邦内甸服。」《説文·田部》：「甸，天子五百里地。」此言文王、武王規度下國，始定成周之地，以爲甸服也。讀者不知「陳」爲「甸」之叚字，故不得其解耳。「陳」與「甸」古同聲，甸之爲陳，猶齊陳氏之爲田氏。

維天貞文王之董用威。

注曰：「貞，正也。董之用威，伐崇黎也。」

樾謹按：此本作「維天貞文王，句。董之用威」，故孔注曰：「董之用威，伐崇黎也。」今本「董之」二字誤倒，當據注乙正。孔解「貞」字之義未得。「貞」當訓「定」，《釋名·釋言語》曰：「貞，定也。」文王之時天命已定矣，故曰「貞」。

既畢，丕乃有利宗，丕維文王由之。

注曰：「既終之，則有利于宗，皆由文、武之德也。」

樾謹按：「丕維文王由之」，本作「丕維文武由之」，故注曰「皆由文武之德」，若如今本則注不當增出「武」字矣。上文曰「以予小子，揚文、武大勳」，又曰「自三公上下，辟于文、武，文、武之子孫，大開方封于下土」，竝以「文武」連文，此亦當然，宜據注訂正。

賞罰無位。（《史記》）

樾謹按：「位」與「立」古字通。無猶不也，説詳王氏引之《經傳釋詞》。「賞罰無位」即賞罰不立也。

奉孤而專命者〔一〕，謀主必畏其威而疑其前事。

注曰：「謀主，謂孤長大也。前事，謂專命。」

樾謹按〔二〕：「謀主」二字不可曉，疑當作「其主」，言其主必畏而疑之也。「其」誤作「某」，又

〔一〕 而，《逸周書》作「以」。

〔二〕 謹，原文作「謀」，今據清經解續編本《群經平議》及《〈春在堂全書〉校勘記》改。

誤作「謀」耳。《周書·序》曰：「穆王因祭祖不豫，詢某守位，作《祭公》。」「詢某」即「詢謀」，或古本《周書》「謀」字多省作「某」，後人概加言旁，遂并此文「其」誤作「某」者一律加之，而爲「謀主」矣。注中「謀主」亦「其主」之誤。孔意蓋以經文所謂其主者，乃就其孤長大之日言之，故曰「其主，謂孤長大也」。若如今本作「謀主」，則孤長大之後，何以謂之謀主乎？

文武不行者亡。

樾謹按：「文」字，衍文也。其下曰「昔者西夏性仁非兵，城郭不脩，武士無位」云云，是西夏之亡以武不行，非以文不行也。「武不行者亡」與上文「武不止者亡」義正相對。阪泉氏用兵無已而亡謂之「武不止」，然則西夏性仁非兵而亡當謂之「武不行」矣。今衍「文」字，義不可通。

其川涇納。（《職方》）

樾謹按：《周官·職方氏》作「涇汭」，然「汭」非水名，《説文·水部》「汭，水相入也」，竝無水名之訓。《尚書》之「嬀汭」「渭汭」「洛汭」，《左傳》之「漢汭」「渭汭」「雒汭」「滑汭」「豫章之汭」，無作水名解者。惟《職方氏》「涇汭」爲水名，即《漢書·地理志》右扶風汧縣之芮也。蓋既非本義，故亦無定字，《周禮》作「汭」，《漢書》作「芮」，此經作「納」，皆從内聲之字也。《説文》於

「湛」篆下曰「没也」，又云「一曰湛水，豫州浸」，蓋既著其本義，又著其别義，《水部》諸篆如此者多矣。而「汭」篆下竝無「一曰汭水，雍州川」之文，疑許君所見《周官》未必作「汭」也。盧本據《周官》訂正作「涇汭」，恐轉非古書之舊。下文「河内曰冀州，其浸汾露」，亦與《周官》作「汾潞」不同。盧謂「露、潞古通用」，「露」可爲「潞」，安在「納」不可爲「汭」乎？

遠人來驩，視道如咫。（《太子晉》）

樾謹按：驩讀爲觀。下文曰「國誠寧矣，遠人來觀」，即其證也。

應事則易成。（《王佩》）

樾謹按：此篇自「王者所佩在德，德在利民，民在順上」至「危亡在不知時」，凡二十九句皆有「在」字，獨此句作「則」字，與上下文不一律。疑當作「應事在易成」。易之言速也，《史記・天官書》「填星其居久，其國福厚；易，福薄」，徐廣曰：「易猶輕速也。」《漢書・天文志》「大白所居久，其國利；易，其鄉凶」，蘇林曰：「易，疾過也。」是「易」有「疾速」之義，故與「久」爲對文。事機之來間不容髮，故曰「應事在易成」，易成，猶速成也。後人不解「易」字之義，而以「難易」之「易」解之，則「在」字之義不可通，因改爲「則」字矣。

謀成在周長。

注曰：「周，忠信也。」

樾謹按：「周長」二字義不可通。注以「忠信」爲解，要亦曲説也。「周」疑「用」字之誤，「謀成在用長」，言在擇其長者而用之。

朕則名汝。（《周祝》）

注曰：「名汝，善惡也。」

樾謹按：名猶命也。《孟子·公孫丑篇》「其閒必有名世者」，《漢書·劉向傳》引傳曰「聖人不出，其閒必有命世者焉」，《三國志·荀攸傳》注引《傅子》曰「孟子稱五百年而有王者興，其閒必有命世者」，蓋「命」與「名」古通用。《廣雅·釋詁》曰：「命，名也。」然則「名」亦猶「命」也。「朕則名汝」者，朕則命汝也。《御覽》引《韓詩傳》曰「古者必有命民，有能敬長憐孤、取舍好讓者，命於其君，然後敢飾車駢馬。未得命者，不得乘車。」又《潛夫論·浮侈篇》曰：「古者必有命民，然後乃得衣繪綵而乘車馬。」是古有命民之事，故曰「朕則命汝」也。孔注未得其義。

食器甀迤，膏侯屑侯。（《器服》）

樾謹按：王氏念孫以「迤」爲「匜」字之誤，當從之。「甀匜」者，二器也；「膏侯屑侯」者，器中所實也。侯讀爲餱，《説文・食部》：「餱，乾食也。」「膏餱」，蓋和之以脂膏；「屑餱」，蓋雜之以薑桂之屑。《儀禮・既夕篇》注曰「屑，薑桂之屑」，是也。《文選・思玄賦》曰「屑瑶蕊以爲餱兮」，此「屑餱」二字之證。作「侯」者，叚字也。朱氏右曾以「迤膏侯屑」爲句，以下「侯」字屬下句讀，失之。

商謀啓平周，周人將興師以承之，作《酆謀》。（《周書序》）

樾謹按〔一〕：「商謀啓平周」義不可曉，疑當作「商啓謀乎周」。《大開》《小開序》曰「文啓謀乎後嗣」，與此文法正同。啓猶發也。「啓謀」也者，猶《禮記・内則篇》所云「出謀發慮」也。文王之謀後嗣與商之謀周，其爲謀也不同，然其啓謀則一也。「啓謀」二字誤倒，而「乎」字又誤「平」，乃失其義矣。

〔一〕 謹，原文作「謀」，今據清經解續編本《群經平議》及《〈春在堂全書〉校勘記》改。

群經平議卷八

毛詩一

有蕡其實。（《桃夭》《國風·周南》）

傳曰：「蕡，實貌。」

樾謹按：蕡者，大也。「有蕡其實」，言其實之大也。《汝墳篇》「遵彼汝墳」，傳曰：「墳，大防也。」《靈臺篇》「賁鼓維鏞」，傳曰：「賁，大鼓也。」蕡與墳、賁，字異而義同。

肅肅兔罝。（《兔罝》）

傳曰：「肅肅，敬也。兔罝，兔罟也。」箋云：「罝兔之人，鄙賤之事，猶能恭敬，則是賢者衆多也。」正義曰：「此美其賢人衆多，故爲敬。《小星》云『肅肅宵征』，故傳曰：『肅肅，疾貌。』

《鴇羽》《鴻雁》説鳥飛，文連其羽，故傳曰：『肅肅，羽聲也。』《黍苗》説宫室，箋云：『肅肅，嚴正之貌。』各隨文勢也。」

樾謹按：如正義所説，則「肅肅」本無定義，各依文勢釋之。此經云「肅肅兔罝」，不云「肅肅罝兔」，則以器言，非以人言，傳釋爲「敬」，恐失之矣。「肅肅」乃説兔罝之形。《文選·西京賦》「飛罕潚箾」，薛綜注曰：「潚箾，罕形也。」李善曰：「《説文》曰『罕，網也』。潚音肅，箾音朔。」然則以「肅肅」説罝形，猶以「潚箾」説罕形。肅肅，疊字也；潚箾，疊韵也。

公侯干城。

傳曰：「干，扞也。」箋云：「干也，城也，皆以禦難也。此罝兔之人，賢者也，有武力，可任爲將帥之德。諸侯可任以國守，扞城其民，折衝禦難於未然。」

樾謹按：毛以「干」爲「扞」之叚字，故曰「干，扞也」。鄭以「干」爲「戰」之叚字，故曰「干也，城也，皆以禦難也」。如毛意，則「干」爲「扞衛」之「扞」，「公侯干城」者，言公侯可用以扞衛其城也。如鄭意，則「干」爲「戰盾」之「戰」，「公侯干城」者，言公侯可用以爲干，用以爲城也。箋中「扞」字必是「干」字之誤，鄭止依經文用「干」字爲「戰」之叚字，不依毛公讀爲「扞」也，故正義云「鄭惟干城爲異」。自箋文「干」誤爲「扞」，則混傳、箋而一之，或反疑正義之非矣。

維鳩方之。（《鵲巢》 《召南》）

傳曰：「方，有之也。」

樾謹按：「方之」猶附之也，方、附一聲之轉。《漢廣篇》「不可方思」，傳云：「方，泭也。」《谷風篇》鄭箋文同。方之爲附，猶方之爲泭也。《説文·彳部》：「徬，附行也。」《漢書·李尋傳》集注曰：「旁，附也。」徬從旁聲，旁從方聲，而皆訓「附」，則「方」亦有「附」義矣。《昭十七年左傳》「鲂也以其屬死之」，《周官·太卜》鄭注引此文「鲂」作「鮒」。《禮記·明堂位篇》「周以房俎」。注曰：「房謂足下跗也。」竝方聲、付聲相通之證。「維鳩方之」，言維鳩附之也。「附」有「附益」之義，故傳曰「有之也」。

憂心惙惙。（《草蟲》）

傳曰：「惙惙，憂也。」

樾謹按：首章云「憂心忡忡」，次章云「憂心惙惙」，故《爾雅·釋言》曰：「忡忡、惙惙，憂也。」而毛公即本以爲説。然其解首章不曰「忡忡，憂也」，而曰「忡忡猶衝衝也」，以是推之，「惙惙」亦當自有意義矣。《説文·叕部》：「叕，綴聯也。」「惙」字從叕，即有「綴聯」之意。《荀子·非十二子篇》「綴綴然」，楊注曰：「不乖離之貌。」「不乖離」，即是相綴聯也。「憂心惙惙」，猶曰憂心綴綴，言憂心聯屬不絕也，因其言憂，故字從心耳。且以文義求之，首章曰「憂心忡忡」，承之曰「我心則降」，傳曰：「降，下也。」蓋「忡」有「衝突」之意，故以「降下」之意承之也。次章曰「憂心惙惙」，承之曰「我心則説」。説之言釋也，《説文・言部》曰：「説，釋也。」蓋「惙」有「綴聯」之意，故以「解釋」之意承之也。卒章曰「我心傷悲」，承之曰「我心則夷」，夷之言悦也，《爾雅・釋言》：「夷，悦也。」蓋直言傷悲，故以「夷悦」之意承之也。傳訓「説」爲「服」、「夷」爲「平」，然則詩人之旨，雖毛公不能盡得矣。

誰謂雀無角。（《行露》）

傳曰：「不思物變而推其類，雀之穿屋，似有角者。」箋云：「物有似而不同，雀之穿屋不以角，乃以咮。今彊暴之男召我而獄，不以室家之道於我，乃以侵陵。物與事有似而非者，士師所當審也。」

樾謹按：傳、箋之意，皆謂雀實無角，故其説如此。然下章云「誰謂鼠無牙〔一〕，何以穿我墉」，鼠之穿墉，若不以牙，復以何物乎？兩章文義一律，鼠實有牙，則雀亦實有角。竊疑所謂

〔一〕 謂，原文作「無」，今據《毛詩正義》改。

角者，即其喙也。鳥喙尖鋭，故謂之角。詩人之意，謂雀無角，則何以穿我屋？女無室家之道，則何以速我獄？此論其常也。乃事物之變，則有大不然者，故曰「誰謂雀無角，何以穿我屋？誰謂女無家，何以速我獄」，正見其出人意計之外，聽訟者不可不察也。「角」字之義，自來皆屬獸言。《説文・角部》「角，獸角也」，其實「角」字本義當爲鳥喙。《漢書・董仲舒傳》「予之齒者去其角，傅之翼者兩其足」，此二句以鳥、獸對言。「予之齒者去其角」，謂獸有齒以齧，即不得有角以啄也；「傅之翼者兩其足」謂鳥有兩翼以飛，即不得有四足以走也。若以角爲獸角，則牛、羊、麋、鹿之類，有齒復有角者多矣，安得云「予之齒者去其角」乎？《文選・射雉賦》「裂膆破觜」，注曰：「觜，喙也。」觜爲鳥喙而其字從角，可知「角」字之義矣。今俗謂口爲嘴，蓋即「觜」字而加口旁也。

林有樸樕。（《野有死麕》）

傳曰：「樸樕，小木也。」箋云：「樸樕之中及野有死鹿，皆可以白茅包裹，束以爲禮。」正義曰：「林有樸樕，謂林中有樸樕之木也。故箋云『樸樕之中及野有死鹿』，不言林者，則林與樸樕爲一也。」

樾謹按：「林有樸樕，野有死鹿」兩文相對。如鄭箋之意，則林有樸樕爲一處，野爲一處，

「有死鹿」三字總承上兩處而言，不辭甚矣，古人無此文法也。《駉篇》毛傳：「邑外曰郊，郊外曰野，野外曰林，林外曰坰。」上章「野有死麕」，毛以「郊外曰野」解之。然則此章「林」「野」對文，「野」爲郊外之野，「林」亦當爲野外之林，毛雖無文，學者可以隅反矣。「林有樸樕，野有死鹿，白茅純束」，謂以白茅束此樸樕及死鹿也。學者但知「白茅純束」止以「野有死鹿」言，與上章「野有死麕，白茅包之」同義，而不知其兼以「林有樸樕」言，於是不得其解矣。《綢繆篇》「綢繆束薪」，正義曰：「言薪在田野之中，必纏綿束之，乃得成爲家用，以興女在父母之家，必以禮娶之，乃得成爲室家。」然則林有樸樕，以白茅束之，正與「綢繆束薪」同義。上章止言「野有死麕」，故曰「白茅包之」；此章兼言「林有樸樕」，故曰「白茅純束」，以死鹿可包，樸樕不可包也。詩人之義其密如此，鄭猶未之得也。

報我不述。（《日月》）（《邶風》）

傳曰：「述，循也。」箋云：「不循禮也。」

樾謹按：報我不循，於義未明，鄭以「不循禮」足成其義，疑亦非經旨也。《釋文》曰「述，本亦作術」，當從之。《説文・行部》：「術，邑中道也。」道德之道與道路之道，本無異義，故《禮記・樂記篇》「不接心術」，《大傳篇》「服術有六」，鄭注竝曰：「術猶道也。」然則不術猶不道，言報我不以道也。《文選·廣絶交論》注引《韓詩》曰「報我不術」，薛君曰：「術，法也。」是作「述」者，《毛詩》；作「術」者，《韓詩》。「術」，正字，「述」，叚字也。薛義視毛義爲長，然訓「術」爲「法」，不如訓「術」爲「道」，於義更安矣。

不我以歸。（《擊鼓》）

箋云：「不與我歸期。」

樾謹按：箋增「期」字，非經旨也。詳繹詩意，蓋從征之士有因傷病不得歸者，故作此詩。下章云「爰居爰處，爰喪其馬」，傳曰：「有不還者，有亡其馬者。」傳以「不還」解「爰居爰處」，蓋居處於彼，是不得還也；又亡其馬，則終無還理矣，故欲其家人求之于林之下也。然則此章「不我以歸」，乃實不與歸，非止不與歸期矣。

展矣君子，實勞我心。（《雄雉》）

傳曰：「展，誠也。」箋云：「誠矣君子，愬於君子也。君之行如是，實使我心勞矣。」正義曰：「言君之誠如是，志在婦人矣。君子聞君行如此，實所以病勞我心也。」

樾謹按：鄭以「誠矣君子」爲「愬於君子」，未知於毛意何如？正義解爲「君誠如是」矣，又未知於鄭意何如？而要皆迂曲，非經旨也。《方言》曰：「蹇、展，難也。齊、晉曰蹇。山之東西凡難貌曰展。荆吴之人相難謂之展，若秦、晉言相憚矣〔一〕。」是「展」與「蹇」音義相近。「蹇」即「蹇」字。《廣雅·釋詁》「蹇、展，難也」，即本《方言》文也。「展矣君子」，猶云蹇矣君子，言其難也。此詩乃婦人以君子久役而作。首章云「我之懷矣，自詒伊阻」，此「我」字，我其夫也；次章云「展矣君子，實勞我心」，此「我」字，婦人自我也。毛傳曰「阻，難也」，然則「展矣君子」與「自詒伊阻」文義正相屬。惟其「自詒伊阻」，故曰難矣哉，我之君子，實使我心爲之憂勞也。

中心有違。（《谷風》）

傳曰：「違，離也。」箋云：「徘徊也。」

樾謹按：「違」當爲「媁」。《説文·女部》：「媁，不説貌。」字亦通作「愇」，《廣雅·釋詁》曰：「愇，恨也。」又或叚「違」爲之，《文選·幽通賦》曰「違世業之可懷」，曹大家曰：「違，恨也。違或作愇。」是其證也。「中心有違」，猶云中心有恨，傳、箋竝失之。《釋文》引《韓詩》曰：「違，很也。」很、恨義同，《廣雅·釋詁》曰：「很，恨也。」韓説殆勝於毛矣。

〔一〕《方言》「言」上有「之」字。

遑恤我後。

箋云：「遑，暇。恤，憂也。」

樾謹按：《禮記·表記篇》《襄二十五年左傳》引此文竝作「皇恤我後」，蓋古字止作「皇」，後加辵作「遑」也。「皇」當讀爲「況」，《尚書·無逸篇》「無皇曰」，漢石經作「毋兄曰」。「則皇自敬德」，正義曰「王肅本『皇』作『況』」，漢石經作「則兄曰敬德」，「兄」即古「況」字。《秦誓》「我皇多有之」，《公羊傳》作「而況乎我多有之」，皆「皇」「況」聲近義通之證。《尚書大傳》「皇于聽獄乎」，鄭注曰：「皇猶況也。」然則「我躬不閱，皇恤我後」，猶云我躬不容，況憂我後。箋訓「皇」爲「暇」，則其義轉迂矣。

不我能慉。

傳曰：「慉，養也。」箋云：「慉，驕也。」

樾謹按：《説文·心部》「慉」下引此文作「能不我慉」，當從之。「能」與「寧」通，《正月篇》「寧或滅之」，《漢書·谷永傳》引作「能或滅之」。然則「能不我慉」猶言寧不我慉，與《日月篇》「寧不我顧」句法正同。彼箋曰「寧猶曾也」，「曾不我慉，反以我爲讎」兩句文意正一氣相生。後人不解「能」字之義，誤倒其文耳。慉者，好也。古音「畜」「好」相近，故《孟子》曰：「畜君者，好君也。」《呂氏春秋・適威篇》引《周書》曰「民善之則畜也，不善之則讎也」，高注曰：「《周書》，周公所作。畜，好也。」詩人以「慉」「讎」對文，正本《周書》。彼作「畜」者，叚字也。傳、箋所訓，均未得其旨。

瑣兮尾兮。（《旄丘》）

傳曰：「瑣、尾，少好之貌。」正義曰：「瑣者，少貌。尾者，好貌。」

樾謹按：尾亦少也。「尾」與「微」通，《尚書・堯典》「鳥獸孳尾」，《史記・五帝紀》作「字微」。《漢書・古今人表》「尾生晦」，師古注曰：「即微生畝也。」《莊子・盜跖篇》「尾生與女子期於梁」，《釋文》曰：「尾，本作微。」《釋名・釋形體》曰：「尾，微也。」是尾、微聲近義通。「瑣兮尾兮」猶云瑣兮微兮，蓋即「式微式微」之意。「流離之子」，詩人以自喻。流離即倉庚，一名黄離留者，陸璣以爲「梟」，非是。

簡兮簡兮。（《簡兮》）

傳曰：「簡，大也。」箋云：「簡，擇。」正義曰：「毛以爲：衛不用賢，有大德之人兮，有大德之人兮。鄭以爲：衛君擇人兮，擇人兮。」

樾謹按：傳、箋兩義，均有未安，即正義所衍説，其不辭實甚矣。「簡」當讀爲「僩」，《説文·人部》：「僩，武貌。」字亦作「撊」，《方言》曰：「撊，猛也。」「僩兮僩兮」乃武猛之貌，下句云「方將萬舞」，萬舞者，武舞也。《周易·豫·象傳》「先王以作樂崇德」，李氏《集解》引鄭注曰：「王者功成作樂，以文得之者作籥舞，以武得之者作萬舞。」《禮記·文王世子篇》「春夏學干戈，秋冬學羽籥」，鄭注曰：「干戈，萬舞，象武也。羽籥，籥舞，象文也。」證以《左傳》楚公子元振萬，而夫人曰「先君以是舞也，習戎備也」，則鄭義殊塙。此經「方將萬舞」，毛傳曰「以干羽爲萬舞」，誤兼文武言，鄭易之曰「萬舞，干舞也」，則固謂「萬舞」是武舞矣。「僩兮僩兮」，乃武猛之貌，與萬舞正合，猶下章言「公庭萬舞」，而繼之曰「有力如虎」也。簡者，「僩」之叚字，《淇澳》傳曰：「僩，寬大也。」「僩」本爲武貌，而訓大者，義與「簡」通也。彼「僩兮」之「僩」可訓「大」，則此「簡兮」之「簡」可訓「武」。必泥本字以求之，斯不得其旨矣。

終窶且貧。（《北門》）

傳曰：「窶者，無禮也。貧者，困於財。」箋曰：「君於己禄薄，終不足以爲禮，又近困於財。」

樾謹按：如箋義，則窶即貧所致，言窶不必更言貧矣，何以云『窶且貧』乎？《一切經音義》卷一引《蒼頡》曰「無財備禮曰窶」，與箋義同。然其字從宀，則「窶」之本義當屬居處。《說文·

宀部》：「窶，無禮居也。」此「窶」之本義也。所謂無禮居者，乃陝小之謂。《史記·滑稽傳》「甌窶滿篝」，正義曰：「甌窶謂高地陝小之區。」是「窶」有「小」義。《方言》「篆，小者，南楚謂之簍」。又云「冢〔一〕，小者謂之塿」，則凡從「婁」得聲者竝有「小」義矣。窶，從宀婁聲，當爲小屋。《爾雅·釋宮》曰：「陝而修曲曰樓。」義與相近。屋小則堂室奧阼之制不備，不可以行禮，故曰「無禮居」，引申之則凡無禮者皆得謂之「窶」，毛公此傳，是也。凡陝小者亦得謂之「窶」。《釋名·釋姿容》曰：「窶數，猶局縮，皆小意也。」又引申之，凡貧者亦得謂之「窶」，《爾雅·釋言》曰「窶，貧也」，郭璞注曰：「謂貧陋。」經文止言「貧」，而注必兼言「陋」者，《説文·𨸏部》：「陋，阨陝也。」郭氏之意蓋謂「窶」得訓「貧」者，乃從陝小之義引申之也。然則「窶」之爲「貧」，展轉引申，非其本義。而鄭箋必謂「祿薄不足爲禮」，使「窶」與「貧」并爲一談，非經意且非傳意矣。《葛藟篇》「終遠兄弟」，傳曰「已相遠矣」，箋云「今已遠棄族親」，是傳、箋竝訓「終」爲「已」也。衛之忠臣仕於闇君，言既已不見禮遇，又且貧也。孟子論仕，有見行可之仕，有際可之仕，有公養之仕。夫仕於闇君，則已非見行可之仕矣，乃并不能接

〔一〕 冢，原文作「冡」，今據《方言》及《〈春在堂全書〉校勘記》改。

之以禮，養之以財，則際可之仕、公養之仕，俱不足言，宜其不得志也。「窶」是一事，「貧」又是一事，傳義甚明。先言「窶」，後言「貧」者，賢者恥無禮，尤甚於患貧也。

北風其喈。（《北風》）

傳曰：「喈，疾貌。」

樾謹按：《説文・口部》：「喈，鳥鳴聲也。」《葛覃篇》「其鳴喈喈」，傳曰：「和聲之遠聞也。」他如《風雨篇》「雞鳴喈喈」，《鼓鐘篇》「鼓鐘喈喈」，《烝民篇》「八鸞喈喈」，凡言「喈喈」者皆取其聲之和。《爾雅・釋訓》「噰噰、喈喈，民協服也」，亦「和協」之意。此經「喈」字傳訓爲「疾」，未詳其義。竊謂「喈」當作「湝」，《説文・水部》：「湝，水流湝湝也。一曰湝，寒也。《詩》曰：『風雨湝湝。』」今《詩》無此文，疑《説文》錯誤，當引此詩「北風其湝」也。一章曰「北風其涼，雨雪其雱」，二章曰「北風其湝，雨雪其霏」，涼與湝、雱與霏，義皆相近。「湝」當從《説文》「一曰寒也」之訓。「其涼」「其湝」義同，猶「雱，盛貌」，「霏，甚貌」，「其雱」「其霏」義亦同也。傳訓爲「疾」，蓋從「水流湝湝」取義，謂風之疾如水之流也。

副笄六珈。（《君子偕老》）（《鄘風》）

傳曰：「副者，后夫人之首飾，編髮爲之。笄，衡笄也。珈，笄飾之最盛者。」箋云：「珈之言加也。副既笄而加飾，如今步摇上飾。古之制所有，未聞。」

樾謹按：鄭箋不解「副」字，正義亦不言毛、鄭同異。考《周官》「追師掌王后之首服，爲副、編、次」，鄭注曰：「副之言覆，所以覆首爲之飾，其遺象若今步繇矣，服之以從王祭祀。編，編列髮爲之，其遺象若今之假紒矣，服之以桑也。次，次第髮長短爲之，所謂髲髢，服之以見王。」然則毛公所謂「副」，正鄭君所謂「編」。《禮記·明堂位》鄭注曰：「副，首飾也，今之步摇是也。《詩》云『副笄六珈』；《周禮》『掌王后之首服爲副』。」是鄭意與毛不同。其箋《詩》雖不言「副」爲何物，然曰「珈之言加也。副既笄而加飾，如今步摇上飾」，則其説固與注《禮》同，不從毛公「編髮」之説也。《續漢書·輿服志》曰「步摇以黄金爲山題，貫白珠爲桂枝相繆，一爵九華，熊、虎、赤熊、天鹿、辟邪、南山豐大特六獸，《詩》所謂『副笄六珈』者」，然則漢固以步摇當周之副，即六珈亦尚得其大略。鄭不敢竟以漢制説經，故云「古制有，未聞」耳。《釋名·釋首飾》曰：「王后首飾曰副。副，覆也，以覆首。亦言副，貳也，兼用衆物成其飾也。」不言以髮爲之，與鄭義同。古者祭服，君衮冕，夫人副褘，然則婦人首服之有副，其猶男子首服之有冕與？毛公誤以編爲副，恐不可從。《廣雅·釋器》曰：「假結謂之鬠。」古制湮而古字亦變矣。

是紲袢也。

傳曰：「是當暑袢延之服也。」正義曰：「縐絺，是當暑紲去袢延蒸熱之服也。」又曰：「紲袢者，去熱之名，故言袢延之服。袢延是熱之氣也。」

樾謹按：傳言「當暑袢延之服」，竝無「紲去」之文。且袢延之爲熱氣，亦是臆説，非傳義也。袢延猶伴奐也，《卷阿篇》「伴奐爾游矣」，箋云：「伴奐，自縱弛之意。」「袢」與「伴」竝從半聲，「延」與「奐」古音亦相近。「當暑袢延之服」謂當暑自縱弛之服也。傳、箋均不解「紲」字，「紲」當作「褻」，《説文・衣部》兩引此經，「褻」篆下曰「是褻袢也」，「袢」篆下曰「是紲袢也」，蓋「褻」本字，「紲」叚字。惟其爲褻衣，故得自縱弛也。

美孟庸矣。（《桑中》）

傳曰：「庸，姓也。」

樾謹按：「庸」之爲姓無考。錢氏大昕謂「庸」即「閻」也，以《文十八年左傳》「閻職」，《史記・齊世家》作「庸」爲證。然古男子不以姓行，則「閻職」非姓也。又引《漢書・谷永傳》「閻妻」爲證，此則得之。惟此詩作于惠公時，姜、弋、庸必當時貴姓，乃其時閻姓無聞焉，詩人何取而詠之乎？庸姓疑即熊姓，《説文》：「熊，從能，炎省聲。」炎與庸一聲之轉。《尚書・洛誥篇》

「無若火始炎炎」,《漢書·梅福傳》引作「毋若火始庸庸」,「熊」從炎聲,故得通作「庸」。《春秋》所書魯夫人,姜氏爲多,而亦有弋氏、熊氏,《襄四年》「夫人弋氏薨」、《宣八年》「夫人熊氏薨」,是也。魯、衛兄弟國,其所與爲昏姻者,宜亦大略相近。詩人以孟姜、孟弋、孟熊竝言,蓋耳目聞見此三姓最大也。《昭七年左傳》正義曰「古人讀熊皆于陵反」〔一〕,然古無韵書,聲之輕重緩急不能齊同。後漢《劉鎮南碑》「熊」與「豐」爲韵,然則庸之與熊,何不可通?必謂「熊」字古止「于陵反」一音,泥矣。

作于楚宫。(《定之方中》)

傳曰:「楚宫,楚丘之宫也。仲梁子曰:『初立楚宫也。』」

樾謹按:此與下句「作于楚室」,兩「于」字竝當作「爲」。《文選·魏都賦》張載注及謝朓《和伏武昌》詩、王融《曲水詩序》李善注引此經竝曰「作爲楚宫」「作爲楚室」,蓋「于」與「爲」古通用。段氏玉裁《詩經小學》已及之矣。惟未及「作」字之義。《駉篇》「思馬斯作」,傳曰:「作,始也。」「作于楚宫」者,始爲楚宫也;「作于楚室」者,始爲楚室也。仲梁子曰:「初立楚宫。」明

〔一〕 讀熊,《春秋左傳正義》《春秋左傳注疏》均作「讀雄與熊者」。

以「初」字釋「作」字，自來未得其義。

匪直也人。

傳曰：「非徒庸君。」

樾謹按：王氏念孫據《廣雅》「匪，彼也」之文，讀「匪」爲「彼」，詳見《經義述聞》，其説是也。「匪直也人」猶云彼直者人。古「者」「也」二字亦通用，《論語·陽貨篇》「惡紫之奪朱也，惡鄭聲之亂雅樂也，惡利口之覆邦家者」，《孟子·盡心篇》「孩提之童無不知愛其親者，及其長也，無不知敬其兄也」，「者」「也」互用，即其例矣。「彼直者人」與「彼姝者子」句法相似。毛公生六國時，古語已不盡可通，近人訓詁之學蓋卓絶矣。

猗重較兮。（《淇澳》《衛風》）

樾謹按：《禮記·曲禮》孔疏、《論語·鄉黨》皇疏、《荀子·非相篇》楊注、《文選·西京賦》李注引此文「猗」竝作「倚」。據《節南山篇》「有實其猗」，箋曰：「猗，倚也。」則「猗」「倚」固聲近義通也。然作「猗」、作「倚」竝叚借字，其字實當作「輢」。《説文·車部》：「輢，車旁也。」「輢重較兮」，言車旁有兩較也。「較」，《説文》作「較」，曰「車輢上曲銅也。」是「較」在「輢」上，故繫於輢而言之。《楚辭·招魂》曰「檻層軒些」，句法與此相似。《西京賦》曰「戴翠帽，倚金較」，則已誤解此經「倚」字矣。

碩人之薖。（《考槃》）

傳曰：「薖，寬大貌。」

樾謹按：「薖」乃草名，其爲叚字無疑，而自來未有得其字者。以義求之，蓋當作「和」。「和」字古或以「咼」爲之，《淮南子·說山篇》「咼氏之璧」，高誘注曰：「咼，古和字。」是也。又或變作「瑀」，《文選·盧子諒〈覽古詩〉》「趙氏有和璧」，李善注曰：「《琴操》曰『昭王得瑀氏璧』。」「瑀」，古「和」字，是也。此經云「碩人之薖」，蓋叚「薖」爲「咼」，而又假「咼」爲「和」，展轉相叚，古書自有此例。《釋文》曰：「《韓詩》作慍。」此則後出之字。以碩人言，故從人作「慍」；猶以璧言，故從玉作「瑀」也。首章美其寬大，次章美其和平，本各自成義。而和之聲近于「桓」，《水經·桓水篇》引鄭康成《尚書》注曰「和，讀曰桓」，是也。《長發篇》「玄王桓撥」，傳訓「桓」爲「大」，則此傳訓「和」爲寬大，於義未始不可通矣。段氏玉裁曰「薖，即『窠』之叚借」，碩人之窠，義甚不安，此不得其説而强爲之辭也。

永矢弗告。

傳曰：「無所告語也。」箋云：「不復告君以善道。」

樾謹按：此詩箋義甚失忠厚之旨。毛以爲「無所告語」，亦與「永矢」之文未合。王肅説首章「弗諼」曰「先王之道，長自誓不敢忘也」，説次章「弗過」曰「長以道自誓，不敢過差」，其義甚正。卒章「弗告」，亦當依肅義説之。「告」讀爲「捁」，《後漢書·馬融傳》：《廣成頌》曰：「梏羽群。」李賢注曰：「《字書》『梏』從手，即古文『攪』字，謂攪亂也。」《説文》無「捁」字，蓋是「攪」之或體。覺、告聲近，《釋名·釋書契》曰「告，覺也」，攪從覺，故或從告。《孟子·告子篇》曰「有牿亡之矣」，趙注以「牿」爲牿亂，蓋亦讀爲「捁」。「永矢弗告」，言長以道自誓，不敢捁亂。人苟信道未篤，則見紛華，而悦者有之矣，詩人所以長誓弗捁也。

朱幩鑣鑣。（《碩人》）

傳曰：「幩，飾也。人君以朱纏鑣，扇汗且以爲飾。鑣鑣，盛貌。」《釋文》曰：「鑣鑣，表驕反，馬銜外鐵也。一名扇汗，又曰排沫。《爾雅》云：『鑣謂之钀。』」

樾謹按：《説文·金部》：「鑣，馬銜也。」《巾部》：「幩，馬纏鑣扇汗也。」是扇汗之名屬幩，不屬鑣。傳文「人君以朱纏鑣」爲句，「扇汗且以爲飾」爲句，「扇汗」二字乃言其用，非言其名，猶曰既以扇汗，且以爲飾也。後人或即其用而名之，謂之扇汗，亦謂之排沫，要是「幩」之異名。陸氏誤以「鑣扇汗」三字連讀，乃以「扇汗」爲「鑣」之異名，則失之矣。《續漢書·輿服志》曰：乘輿，象鑣，赤扇汗；王公列侯，朱鑣，絳扇汗。可知「鑣」與「扇汗」非一物也。又陸氏此數語釋傳文「鑣」字，非釋經文「鑣鑣」字，乃繫之「鑣鑣」下，疑傳寫之誤，阮氏《校勘記》已及之。

三歲爲婦，靡室勞矣。夙興夜寐，靡有朝矣。（《氓》）

箋云：「靡，無也。無居室之勞，言不以婦事見困〔一〕。無有朝者，常早起夜卧，非一朝然，言已亦不解惰。」

樾謹按：此四句皆自言有功於夫家，宜見恩禮之意。故言我三歲爲婦，則一家之人無居室之勞矣；我夙興夜寐，則一家之人無有朝起者矣，皆由己獨任其勞故也。鄭箋所説未得詩人之旨，而以「靡有朝」爲「非一朝」，尤於文義未安。

巧笑之瑳。（《竹竿》）

傳曰：「瑳，巧笑貌。」

樾謹按：「瑳」非笑貌，乃「䶪」之叚字。《説文・齒部》：「䶪，齒參差。從齒差聲。」笑則參

〔一〕《毛詩正義》《毛詩注疏》「困」下均有「苦」字。

差齒見，故以爲巧笑之貌。

能不我知。（《芄蘭》）

傳曰：「不自謂無知，以驕慢人也。」箋云：「此幼稺之君，雖佩觿與，其才能實不如我衆臣之所知爲也。」

樾謹按：《正月篇》「寧或滅之」，《漢書·谷永傳》引作「能或滅之」，是「能」與「寧」通。《日月篇》「寧不我顧」，箋云：「寧猶曾也。」「能不我知」與「寧不我顧」同，言此幼稚之君，雖則佩觿而曾不我知也。知者，接也。《墨子·經篇》曰：「知，接也。」古謂相交接曰知，故《後漢書·宋弘傳》「貧賤之交不可忘」，《群書治要》作「貧賤之知」，是「知」有「交接」之義也。「能不我知」者，曾不我接也。下章「能不我甲」，傳訓「甲」爲「狎」，然則首章言不與我交接，二章言不與我狎習，語意正相近。說此經者不知「能」爲語辭，而以實義釋之，又不解「知」字之義，故皆失其解矣。《谷風篇》「不我能慉」，《說文》引作「能不我慉」，與此句法相同，「能」亦「寧」也，說已見前。

垂帶悸兮。

傳曰：「垂其紳帶悸悸然，有節度。」

樾謹按：《説文・心部》「悸，心動也」，「有節度」之訓與字義不合，傳説非也。「垂帶悸兮」乃刺之而非美之。「悸」之本義爲心動，引申之則凡物之動者皆可以「悸」言之。字亦作「痵」，《一切經音義》卷一曰：「悸，古文『痵』同。」《説文・疒部》：「痵，氣不定也。」是「痵」亦有動義也。詩人刺惠公，雖「容兮遂兮」，而其垂帶乃悸然常動，正見其舉動之無節，猶《左傳》以「哀衽如故衰」，見昭公之不君，即小以明大也。

一葦杭之。（《河廣》）

傳曰：「杭，渡也。」

樾謹按：葦非可以渡河之物，傳義非也。《説文・手部》「抗〔一〕，扞也」，重文「杭」，曰「抗，或從木」〔二〕，是「杭」即「抗」之或體。杭訓扞，故亦訓「蔽」，《昭元年左傳》曰「吉不能亢身，焉能亢宗」，杜注曰：「亢，蔽也。」「亢」乃「抗」之叚字。《列子・黄帝篇》曰「而以道與世抗」，《釋文》曰「抗，或作亢」，是其例也。「一葦杭之」，言一葦之闊即足以蔽之，正是極喻其狹耳。

〔一〕抗，原文作「杭」，今據《説文》及《〈春在堂全書〉校勘記》改。

〔二〕曰，原文作「日」，今據《〈春在堂全書〉校勘記》改。

爰樹之背。（《伯兮》）

傳曰："背，北堂也。"正義曰："背者，向北之義，故知在北。"

樾謹按：背，即"北"字也，古背、北同字。《國語·吴語》曰"呈師大北"，韋昭注曰："北，古之『背』字。"是也。"爰樹之背"，即爰樹之北。傳以經但言北，未言所在，故以"北堂"釋之。正義之説反涉迂曲矣。

在彼淇厲。（《有狐》）

傳曰："厲，深可厲之旁。"

樾謹按：傳意此"厲"即"深則厲"之"厲"。然水深則非狐所能涉，故以爲"深可厲之旁"，其説甚爲迂曲。且經止言"淇厲"，不言"厲旁"，傳義殆失之矣。今按：厲者，"瀨"之叚字。《説文·水部》："瀨，水流沙上也。從水，賴聲。""賴"與"厲"古音相近，《論語·子張篇》"未信則以爲厲己也"，《釋文》曰："厲，鄭讀爲賴。"《漢書·地理志》"厲鄉，故厲國也"，師古曰："厲讀曰賴。"皆其證也。瀨從賴聲，故得以"厲"爲之。《史記·南越傳》"故歸義越侯二人爲戈船、下厲將軍"，徐廣曰："厲，一作瀨。"此經"厲"字，正與彼同。"淇厲"者，淇瀨也。《楚辭·湘君篇》："石瀨兮淺淺。"《漢書·司馬相如傳》"北揭石瀨"，師古曰："石而淺水曰瀨。"是"瀨"爲水淺之處。《易》曰「小狐汔濟，濡其尾」，是水淺之處狐得涉之也。毛以爲「深可厲之旁」，則混于卒章之「淇側」。戴氏《毛鄭詩考正》曰「厲，梁之屬也」，引《水經注》「吐谷渾於河上作橋謂之河厲」爲證，則混于首章之「淇梁」。夫詩人之言自有次弟，首言「淇梁」，明易涉也；次言「淇厲」，則涉之稍難矣；卒言「淇側」，則徘徊于水厓不得涉矣，所以憂之彌甚也。混而同之，豈得其意乎？

左執簧。（《君子陽陽》《王風》）

傳曰：「簧，笙也。」正義曰：「簧者，笙管之中金薄鍱也。笙必有簧，故以簧表笙。傳以笙、簧一器，故云：『簧，笙也。』」

樾謹按：笙不能無簧，而簧不必定施於笙，簧蓋自成一器。《釋名・釋樂器》曰：「簧，横也，于管頭横施于中也。」此謂竽笙中之簧也。又曰：「以竹鐵作，于口横鼓之，亦是也。」此自成一器者也。《鹿鳴篇》「鼓瑟吹笙」「吹笙鼓簧」，瑟與笙爲二物，則笙與簧亦二物。傳以「簧」爲「笙」，非也。《文選・長笛賦》注曰「大笙謂之簧」，益非古義矣。説詳《禮記・月令篇》「調竽笙篪簧。」

右招我由敖。

箋云：「右手招我，欲使我從之於燕舞之位。」

樾謹按：上章「右招我由房」，毛傳以房爲房中之樂。此章「敖」字，傳雖無文，宜亦一律。「敖」當讀爲「驁」。《儀禮·大射儀》曰「公入，《驁》」，鄭注曰：「《驁夏》，亦樂章也。以鐘鼓奏之，其詩今亡。」「右招我由敖」，言右招我用《驁夏》之樂也。鄭解「招我由房」曰「欲使我從之於房中」，「房」以地言，故「敖」亦以地言。然「敖」爲舞位，他無所見，恐未足據也。

將其來施施。（《丘中有麻》）

傳曰：「施施，難進之意。」箋云：「施施，舒行，伺閒，獨來見己之貌。」

樾謹按：《顔氏家訓·書證篇》曰：「河北《毛詩》皆云『施施』，江南舊本悉單爲『施』。」是顔所見江南舊本竝作「將其來施」。經單言「施」，而傳、箋重言之曰「施施」，猶《氓篇》「咥其笑矣」，傳、箋重言之曰「咥咥」，《芄蘭篇》「垂帶悸兮」，傳、箋重言之曰「悸悸」。此例甚多，當以江南舊本爲正，顔反疑其誤，非也。惟傳、箋之義均未得經旨。《氓篇》「將子無怒」，傳曰：「將，願也。」《荀子·臣道篇》「爪牙之士施，則仇讎不作」，楊倞注曰：「施謂展其才也。」然則「將其來施」者，願其來而展其才也。首章言「將其來施」，次章言「將其來食」，詩人之辭自有意義。

蓋首章以子嗟言，《序》所謂「莊王不明，賢人放逐」者，正指子嗟。子嗟之才必有可用，故曰「將其來施」，欲其有所設施也。次章以子國言，子國則子嗟之父也。因其子之賢而思其父，其父之年必已老矣，不能有所設施矣，故曰「將其來食」，言願其來而以飲食頤養之，不復煩以事也。自來說《詩》者，皆未達此義。

彼留之子。

箋云：「留氏之子，於思者則朋友之子。」正義曰：「留氏之子，於思者則朋友之子，正謂朋友之身也，非與其父爲朋友。孔子謂子路『賊夫人之子』，亦此類也。」

樾謹按：此詩首章言「彼留子嗟」，次章言「彼留子國」，傳曰：「子國，子嗟父。」蓋因子嗟之賢而上及其父也。卒章言「彼留之子」，則又因子嗟之賢而下及其子也。此正詩人愛賢無已之意。鄭箋明云「於思者則朋友之子」，正義誤以「彼留之子」亦謂子嗟，故曲爲之說，殊失經旨。

敝予又改爲兮。（《緇衣》《鄭風》）

樾謹按：篇中言「予」者，皆設爲周天子之辭。《序》云：「《緇衣》，美武公也。父子竝爲周司徒，善於其職，國人宜之，故美其德，以明有國善善之功焉。」然則《緇衣》之詩固美武公，而亦見周天子之能善善。正義曰「此乃有國者善中之善」，則大謬矣，故通篇皆設爲周天子之辭。《儀禮・覲禮》「天子賜侯氏以車服」，此即所謂「敝予又改爲」也。其云「適子之館」者，《覲禮》「天子賜舍」是也。其云「還予授子之粲」者，《覲禮》「饗禮乃歸」是也。武公以諸侯入爲卿士，故用諸侯之禮，詩人紀其實耳。

無踰我里。（《將仲子》）

傳曰：「里，居也。二十五家爲里。」正義曰：「謂無踰越我里居之垣牆。」

樾謹按：二十五家之里不可逾越，故正義加「垣牆」字以成其義，然非經旨也。里猶廬也，《文選・幽通賦》「里上仁之所廬」，曹大家注曰：「里、廬，皆居處名也。」是「里」爲居處之名，與「廬」同義。《漢書・食貨志》云：「在野曰廬，在邑曰里。」是其義也。「無踰我里」猶云無踰我廬。傳以「居」釋「里」，其義已足，又申之曰「二十五家爲里」，則轉失之。

洵美且仁。（《叔于田》）

箋云：「言叔信美好而又仁。」正義曰：「仁是行之美名，叔乃作亂之賊，謂之信美好而又仁者，言國人悦之辭，非實仁也。」

樾謹按：《禮記・中庸篇》「仁者，人也」，鄭注曰：「人也，讀如相人偶之人，以人意相存問之言。」然則古所謂仁者，乃以人意相存問之意，故其字從人二也。此章以「仁」稱叔，見有叔則能以人意相存問，故巷有人。無叔則莫能以人意相存問，故巷無人也。孔穎達徒震於仁之名而不達古義，未得其旨。嘗謂詩人之辭非如後人苟且趁韻者。首章言「巷無居人」，故曰「洵美且仁」；次章言「巷無飲酒」，故曰「洵美且好」；三章言「巷無服馬」，故曰「洵美且武」。末一字皆與首句相應。《説文・馬部》曰：「馬，武也。」於人言仁，猶於馬言武，皆古訓也。

抑磬控忌，抑縱送忌。（《大叔于田》）

傳曰：「騁馬曰磬，止馬曰控，發矢曰縱，從禽曰送。」

樾謹按：磬、控雙聲，縱、送疊韻。凡古書雙聲疊韻之字皆無二義，傳以一字爲一義，恐非也。磬控、縱送竝以御言，磬即控也，言止馬也；送即縱也，言騁馬也。《淮南子・覽冥篇》「磬龜無腹」，高注曰：「磬，空也。」磬爲空，故亦爲控，古文聲近者義即相通。縱、送亦猶是矣。分爲四事，轉非古義。上文曰「叔善射忌，又良御忌」，而磬控、縱送獨承「良御」句而言，猶下章「叔馬慢忌，叔發罕忌」，而釋掤、鬯弓獨承「叔發罕」句而言也。

洵直且侯。（《羔裘》）

傳曰：「洵，均。侯，君也。」箋云：「言古朝廷之臣，皆忠直且君也。君者，言正其衣冠，尊其瞻視，儼然人望而畏之。」

樾謹按：「洵直且侯」與《叔于田》「洵美且仁」句法正同。彼箋云：「洵，信也。言叔洵美好而又仁。」然則「洵直且侯」亦言洵忠直而又君也。傳訓「洵」爲「均」，似於義未合，故鄭不從之，但曰「皆忠直且君」，則與「洵美且仁」一例。至「侯」字之義，傳訓爲「君」，而箋又引《論語》文證之，則「君」猶「威」也。「君」與「威」古音相近。《說文・艸部》：「莙，从艸君聲，讀若威。」是其證也。《爾雅・釋親》：「姑舅在則曰君舅、君姑。」《說文・女部》「威」下引《漢律》曰：「婦告威姑。」威姑即君姑也。毛訓「侯」爲「君」，即是訓「侯」爲「威」，故鄭引《論語》文以證之，明「君」之爲「威」也。正義以爲「有人君之度」，失毛、鄭之旨矣。毛不直以「威」釋「侯」而仍用《釋詁》文訓爲「君」者，以侯無威義，訓爲「君」則威義存其中矣。《釋文》引《韓詩》曰：「侯，美也。」「侯」之訓「美」，亦從「君」之義而引申之。《左傳》曰「美矣君哉」，《白虎通・號篇》曰：「皇，君也，美也。」侯爲君，故亦爲美。毛、韓之義雖異而實同，精於故訓者，可一以貫之。

三英粲兮。

傳曰：「三英，三德也。」箋云：「三德，剛克、柔克、正直也。」

樾謹按：三德，即具本詩，首章「洵直且侯」一句有二德，次章「孔武有力」一句爲一德。直也、侯也、武也，所謂三德也。鄭以《洪範》説此詩，恐未必然。

不寁故也。（《遵大路》）

傳曰：「寁，速也。」箋云：「子無惡我孿持子之袂，我乃以莊公不速於先君之道使我然。」

樾謹按：傳訓寁爲速，於義未了。箋申傳意迂曲殊甚，恐非經旨。寁之言接也，寁從疌聲，接從妾聲，兩聲相近。《説文》「箑」或作「篓」，即其例矣。《爾雅·釋詁篇》郭注曰：「捷，謂相接續也。」《釋名·釋形體》曰：「睫，接也。」《漢書·外戚傳》注曰：「倢，言接幸於上也。」是凡從「疌」得聲者竝有「接」義。此詩首章言「無我惡兮，不寁故也」，次章言「無我魗兮，不寁好也」，謂無以惡我、魗我之故，而不接續故舊之情好也。蓋今君雖失道，而先君之恩義不可忘。詩人所執祛而留之者，其辭至切矣。

遵大路兮，摻執子之手兮。

樾謹按：首章「路」字入韵，次章「路」字不入韵，猶《騶虞篇》首章「虞」字入韵，次章「虞」字不入韵；《權輿篇》首章「輿」字入韵，次章「輿」字不入韵也。合而讀之，則兩「虞」字、兩「輿」字未始不自爲韵，《詩》固有此一例也。此詩兩章竝言「遵大路兮」而一入韵，一不入韵，正與彼同。但彼在末，此在首，爲小異耳。王氏引之《經義述聞》謂此章「路」字當作「道」，變文協韵，失之矣。

東門之栗。（《東門之墠》）

傳曰：「栗，行上栗也。」箋云：「栗，人所啗食而甘耆，故女以自喻也。」

樾謹按：鄭以「栗」爲「稟栗」字，恐非傳意也。傳云「行上栗」與《左傳》「行栗」同。《襄九年傳》「斬行栗」，杜注曰：「行栗，表道樹。」若是「稟栗」字，豈鄭國表道止種栗樹而無他樹乎？抑晉師於鄭國表道之樹，止斬其栗而不及其他乎？足知其非矣。今按：「栗」當讀爲「列」。《國語·周語》曰：「列樹以表道。」古者列樹表道，故表道之樹即謂之列。「栗」與「列」聲近，故得通用。《東山篇》「烝在栗薪」，箋云：「古者聲栗、裂同也。」《四月篇》「冬日烈烈」，箋云：「烈烈猶栗栗也。」竝其證也。首章云「東門之墠」，次章云「東門之列」，墠者，除地爲墠；列者，列樹表道。鄭以本字讀之，似於經義、傳義胥失矣。

云胡不瘳。（《風雨》）

傳曰：「瘳，愈也。」

樾謹按：首章「云胡不夷」〔一〕，傳曰：「夷，説也。」卒章「云胡不喜」，喜、説義同。此章曰「不瘳」，義不倫矣。「瘳」當爲「憀」，《文選·琴賦》注曰：「憀與聊字義同。」然則不憀猶不聊也。《戰國策·秦策》曰「百姓不聊生」，高誘注曰：「聊，賴也。」《楚辭·逢尤篇》曰「心煩憒兮意無聊」，王逸注曰：「聊，樂也。」蓋人無聊賴則不樂，故「聊」有「樂」義。《泉水篇》「聊與之謀」，傳曰：「聊，願也。」「願」與「樂」意亦相近。「云胡不憀」，猶言云胡不樂，傳義失之。

〔一〕胡，原文作「故」，今據《毛詩正義》、清經解續編本《群經平議》及《〈春在堂全書〉校勘記》改。

群經平議卷九

毛詩二

揖我謂我臧兮。（《還》 《齊風》）

傳曰：「臧，善也。」

樾謹按：「臧」固訓「善」，而此「臧」字則當訓爲「壯」。壯者，盛也。《禮記·學記篇》：「約而達，微而臧。」「臧」與「微」對，則有壯盛之義可知，蓋臧、壯聲近而義通也。首章言「子之還兮」，故曰「揖我謂我儇兮」，傳曰：「還，便捷之貌。儇，利也。」是「還」與「儇」義相應也。二章言「子之茂兮」，故曰「揖我謂我好兮」，傳曰：「茂，美也。」是「茂」與「好」義相應也。此「臧」字亦當與「昌」字相應。傳訓「昌」爲「盛」，「臧」爲「善」，則義不相應矣。鄭知傳義之未安而易傳曰「昌，佼好貌」，則又與二章無別。蓋毛傳失之於「臧」，非失之於「昌」。一章以便利相譽，二章以美好相譽，三章以壯盛相譽，言各有當，未可徒泥古訓矣。

履我即兮。（《東方之日》）

傳曰：「履，禮也。」箋云：「即，就也。在我室者，以禮來，我則就之，與之去也。」

樾謹按：傳訓「履」爲「禮」，而箋申其義如此，殊於文義未安。《氓篇》「體無咎言」，《釋文》曰：「《韓詩》作『履』。履，幸也。」此經「履」字當從《韓詩》說，訓爲「幸」。「履我即矣」者，幸我就也。二章曰「履我發矣」者，幸我行也。皆男女淫奔，私相冀幸之辭。「履」之爲「幸」，蓋古語有然，韓説必非無據。毛訓「履」爲「禮」，反失其旨矣。

總角丱兮。（《甫田》）

傳曰：「總角，聚兩髦也。丱，幼穉也。」

樾謹按：「丱兮」承「總角」而言，則當爲形容總角之辭。丱之爲言貫也。《説文·𢇁部》：「𢇁，織以絲貫杼也。從絲省，丱聲。」是「𢇁」有「貫」義。此作「丱」者，即「𢇁」之叚字也。又或通作「關」。《禮記·雜記篇》「見輪人以其杖關轂而輠輪」，正義曰：「關，穿也。」是「關轂」即貫轂，亦即「𢇁」之叚字也。古字以聲爲主，不泥其形，故「𢇁」或作「關」，又或作「丱」矣。《説文》

以「貫」訓「丱」，蓋以同聲之字爲訓。「總角丱兮」者，總聚其髦以爲兩角，有交貫之象也。《昭十九年穀梁傳》「羈貫成童」，范甯注曰：「羈貫，謂交午翦髮以爲飾。」是其義也。

猗嗟名兮。（《猗嗟》）

傳曰：「目上爲名。」

樾謹按：名猶明也。《釋名·釋言語》曰：「名，明也，名實使分明也。」蓋「名」與「明」古音雖不同，然亦一聲之轉，故《禮記·檀弓篇》曰「銘，明旌也。」銘與名同。「猗嗟明兮，美目清兮」，正取清明之義。因「明」字非韵，故用「名」字代之。毛公以「名兮」「清兮」皆言美目，而「名兮」之文在美目之上，「清兮」之文在美目之下，因有「目上爲名」「目下爲清」之説，此蓋依經立義，不可泥也。後人遂將「目上爲名」四字羼入《爾雅》，竟若爲眉目閒之定稱。於是變其字作「眳」，見《文選·西京賦》薛綜注。又變其字作「顯」，見《玉篇·頁部》。不特非詩人之意，且亦非毛公作傳之意矣。

舞則選兮，射則貫兮。

傳曰：「選，齊。貫，中也。」箋云：「選者，謂於倫等最上。貫，習也。」

樾謹按：此當以傳義爲長。《伐柯篇》「籩豆有踐」，傳曰：「踐，行列貌。」「選」從巽聲，得與「踐」通。《堯典》「巽朕位」，《史記·五帝紀》作「踐朕位」，是其例也。毛公訓「選」爲「齊」，訓「踐」爲「行列貌」，其義不殊。《仲尼弟子傳》任不齊，字子選；宓不齊，字子賤。賤即踐也。可知「選」「踐」之同義矣。舞有舞之位，故以齊爲貴；射有射之侯，故以中爲貴。若如鄭義，則舞亦可言貫，射亦可言選，轉覺泛而不切矣。

糾糾葛屨，可以履霜。摻摻女手，可以縫裳。（《葛屨》《魏風》）

傳曰：「夏葛屨，冬皮屨。葛屨非所以履霜。」又曰：「婦人三月廟見，然後執婦功。」箋云：「魏俗，至冬猶謂葛屨可以履霜，利其賤也。」又云：「魏俗，使未三月婦縫裳者，利其事也。」

樾謹案：傳義但言葛屨之不可履霜，女之不可縫裳，竝無可以履霜、可以縫裳之説。疑經文兩「可」字當作「何」字，古可、何字通用。《襄十年左傳》「下而無直，則何謂正矣」，《釋文》曰：「何，或作可。」《昭八年傳》「若何弔也」，《釋文》曰：「何，本或作可。」《石鼓文》「其魚隹可」，隹可，即維何也。此古文以「可」爲「何」之證。經文云「糾糾葛屨，何以履霜？摻摻女手，何以縫裳」，故傳義云然。至鄭君作箋曰「魏俗，至冬猶謂葛履可以履霜」，則已不知「可」字爲「何」字古文矣。

美無度。（《汾沮洳》）

傳曰：「美無有度，言不可尺寸。」

樾謹按：「無度」猶「無斁」也。《振鷺篇》「在此無斁」，箋云：「人皆愛敬，無厭之者。」然則「美無度」亦謂無厭之者也。《後漢書・張衡傳》「惟盤逸之無斁兮」，李賢注曰：「斁，古『度』字。」是「度」與「斁」古通用。傳以本字讀之，而釋爲「不可尺寸」，其義轉迂矣。

美如英。

傳曰：「萬人爲英。」

樾謹案：凡言「如」者，皆取喻於物，傳義非也。「美如英」與下章「美如玉」同，英亦玉也。《著篇》「尚之以瓊英乎而」，傳曰：「瓊英，美石如玉者。」此「英」字當與彼同。《説文・玉部》：「瑛，玉光也。」古字止以「英」爲之。《穆天子傳》「枝斯之英」，郭注曰：「英，玉之精華也。」玉之精華謂之英，故石似玉者亦謂之英。《説文》：「瑩，玉色也。一曰，石之次玉者。」玉色謂之瑩，石次玉者亦謂之瑩，是其例矣。

行役夙夜必偕。（《陟岵》）

傳曰：「偕，俱也〔一〕。」

樾謹案：傳義非也。「行役夙夜必偕」與《北山篇》「偕偕士子，朝夕從事」義同。彼傳云「偕偕，彊壯貌」，則此「偕」字亦當訓「强」。《說文·人部》：「偕，强也。」是「强」乃「偕」之本義。單言之曰「偕」，重言之曰「偕偕」，其義一也。首章「行役夙夜無已」，傳曰「無解倦」，次章「行役夙夜無寐」，傳曰「無耆寐」，然則卒章言「必偕」正申前兩章之意，言夙夜之間必當自强也。訓「偕」爲「俱」，失之矣。

胡取禾三百廛兮。（《伐檀》）

傳曰：「一夫之居曰廛。」正義曰：「謂一夫之田百畝也。」

樾謹按：如傳義，則三百廛爲三百夫之田，其數太多。且一章言「廛」，二章言「億」，三章言「囷」，義亦不倫，疑傳義非也。《廣雅·釋詁》「稛、繶、纏」竝訓「束」，然則「三百廛」者，三百纏也；「三百億」者，三百繶也；「三百囷」者，三百稛也，其實皆三百束也。《說文·又部》「秉，

〔一〕俱，原文作「具」，今據《毛詩正義》及清經解續編本《群經平議》改。

禾束也」，然則三百束者，三百秉也。鄭箋於二章曰「三百億，禾秉之數」，不知三百者億之數，億猶秉也。蓋自傳失其義，故箋亦不得其解矣。

樂土樂土。（《碩鼠》）

樾謹案：《韓詩外傳》兩引此文竝作「逝將去女，適彼樂土。適彼樂土，爰得我所」，又引次章亦云「逝將去女，適彼樂國。適彼樂國，爰得我直」，當以《韓詩》爲正。詩中疊句成文者甚多，如《中谷有蓷篇》疊「嘅其歎矣，嘅其歎矣」兩句，《丘中有麻篇》疊「彼留子嗟，彼留子嗟」兩句，《東方之日篇》疊「在我室兮〔一〕，在我室兮」兩句，《汾沮洳篇》疊「美無度，美無度」兩句，皆是也。毛與韓本當不異，因古人遇疊句皆省不書，止於字下加二畫以識之。《宋書・禮樂志》所載樂府詞皆如是，如《秋胡行》疊「願登泰華山，神人共遨遊」二句，則書作「願＝登＝泰＝華＝山＝，神＝人＝共＝遨＝游＝」，是其例也。此詩亦當作「適＝彼＝樂＝土＝」，傳寫誤作「樂土樂土」耳，下二章同此。

〔一〕兮，原文作「矣」，今據《毛詩正義》及清經解續編本《群經平議》改。

職思其居。（《蟋蟀》 《唐風》）

傳曰：「職，主也。」

樾謹案：訓「職」爲「主」，於義未安。《爾雅》「職」有二訓，一曰常也〔一〕，一曰主也。「職思」之「職」當訓爲「常」，猶曰常思其居耳。次章「職思其外」、三章「職思其憂」竝同。詩中「職」字當訓「常」者甚多，如《巧言篇》「職爲亂階」，言其常爲亂階也。《大東篇》「職勞不來」，言常勞而不見勤也。今一以「主」釋之，則義轉迂矣。略舉二事，以例其餘。

良士休休。

傳曰：「休休，樂道之心。」

樾謹按：一章云「良士瞿瞿」，二章云「良士蹶蹶」，三章云「良士休休」，其義皆同，故《爾雅・釋訓》：「瞿瞿、休休，儉也。」若如傳義則與「瞿瞿」不一律矣。此「休」字當讀爲「燠休」之「休」。《昭三年左傳》杜注曰：「燠休，痛念之聲。」正義引服注曰：「若今時小兒痛，父母以口就之曰燠休。」以是推之，休休猶嘻嘻也，《僖元年公羊傳》「慶父聞之曰：『嘻。』」何休注曰：

〔一〕曰，原文作「日」，今據清經解續編本《群經平議》改。

「嘻，發痛語首之聲。」休與嘻一聲之轉。《廣雅・釋詁》：「休，喜也。」休之爲嘻，猶休之爲喜矣。「瞿瞿」以目言，「蹶蹶」以足言，「休休」以聲言，皆不敢荒淫之意。泥其字以求之，斯不得其解矣。

見此邂逅。（《綢繆》）

傳曰：「邂逅，解説之貌。」

樾謹按：「邂逅」乃古語。《莊子・胠篋篇》「解垢同異之變多」，解垢即邂逅也，與「同異」竝言，是「邂」「逅」二字各自爲義。邂之言解散也，逅之言構合也，故亦作「解搆」。《淮南子・俶真篇》「孰肯解構人閒之事乎」，高誘注曰：「解構，猶合會也。」「構」爲合會，「解」非合會，而連言之曰「解構」，古人之辭往往如此。《史記・刺客傳》「多人不能無生得失」，因「失」而連言「得」；《倉公傳》「緩急無可使者」，因「急」而連言「緩」；《後漢書・何進傳》「先帝嘗與太后不快，幾至成敗」，因「敗」而連言「成」，皆其例也，説見《日知録》卷二十七。《野有蔓草篇》「邂逅相遇」，毛傳曰：「邂逅，不期而會。」是專説「逅」字之義。此傳曰「邂逅，解説之貌」，是專説「邂」字之義。毛公生六國時，猶通古語，固知「邂」「逅」二字各自爲義。但於《野有蔓草篇》謂因「逅」而連言「邂」，於此篇又謂因「邂」而連言「逅」，故前後異義也。毛説此經必與彼異者，蓋亦順文爲説。彼經云「邂逅相遇」，故從「逅」字取義，則爲「不期而會」。此經云「見此邂逅」，若從彼説則不可通，故從「邂」字取義，訓爲「解説之貌」。婚姻失時，男女睽隔，其志鬱結不舒矣，今夕見之皆得解説。然解説在心者不可見，解説在貌者則可見，故傳以貌言之，是「説」猶「悦」也。「今夕何夕，見此邂逅」，謂見此怡悦之貌也。毛義精妙，鄭箋尚未能申説，正義更無論矣。《釋文》引《韓詩》以爲「不固之貌」，《文選・神女賦》曰：「頩薄怒以自持兮，曾不可乎犯干。」然則「不固」猶言不自持也。雖與毛異而亦從「邂」字取義，其説亦通。

嗟行之人，胡不比焉？人無兄弟，胡不佽焉。（《杕杜》）

傳曰：「佽，助也。」箋云：「君所與行之人，謂異姓卿大夫也。比，輔也。此人女何不輔君爲政令？」又云：「異姓卿大夫，女見君無兄弟之親親者，何不相推佽而助之？」

樾謹按：箋義非也。《爾雅・釋宫》曰：「行，道也。」「行之人」猶言道之人。《荀子・性惡篇》曰「塗之人可以爲禹」，與此詩「行之人」文法相似。「胡不比焉」「胡不佽焉」，「不」皆語詞。《車攻篇》「徒御不警，大庖不盈」，傳曰：「不警，警也。不盈，盈也。」《文王篇》「有周不顯，帝命不時」，傳曰：「不顯，顯也。不時，時也。」《生民篇》「上帝不寧，不康禋祀」，傳曰：「不寧，寧也。不康，康也。」此例甚多。「胡不比焉」「胡不佽焉」，猶曰胡比焉、胡佽焉，蓋言彼塗之人，胡親比之有？人無兄弟，胡佽助之有？故《序》曰「獨居而無兄弟，將爲沃所并」，鄭箋以「行之人」爲「君所與行之人」，義既迂曲，又云「女何不輔君爲政令」「何不相推佽而助之」，正義因言「猶冀他人輔之」，上文明言「豈無他人，不如我同父」，乃冀他人輔助，失詩旨矣。

父母何怙。（《鴇羽》）

傳曰：「怙，恃也。」

樾謹按：二章云「不能藝黍稷，父母何食」，三章云「不能藝稻粱，父母何嘗」，皆承上句爲義。此章云「不能藝稷黍，父母何怙」，義亦當同。「怙」乃「餬」之叚字。《説文・食部》：「餬，寄食也。」《莊子・人間世篇》釋文引李云：「餬，食也。」崔云：「字或作互，或作餂。」蓋「餬」從胡聲，亦或省從古聲，故「怙」與「餬」得以通用，猶言父母何食也。傳以本字讀之，非是。

肅肅鴇行。

傳曰：「行，翮也。」正義曰：「以上言羽翼，明『行』亦羽翼，以鳥翮之毛有行列，故稱『行』也。」

樾謹按：《説文・羽部》：「鞠，翅也。從羽革聲。」「翮，羽莖也。從羽鬲聲。」二字義近而音則絶遠，革聲古音在之咍部，鬲聲古音在支佳部〔一〕，不相混也。此傳「翮」字乃「翱」字之誤。《廣雅·釋訓》：「行行，更更也。」「行」與「更」音義相近，訓「行」爲「翱」，猶訓「革」爲「更」也。自之、支無辯，斯翮、翱不分，故此傳「翱」誤爲「翮」，而正義以「有行列」爲説，於古人以聲相訓之法，失之遠矣。

采苓采苓，首陽之巔。（《采苓》）

傳曰：「苓，大苦也。首陽，山名也。采苓，細事也。首陽，幽辟也。細事，喻小行也。幽辟，喻無徵也。」箋云：「采苓采苓者，言采苓之人，衆多非一也，皆云采此苓於首陽山之上，首陽山之上信有苓矣。然而今之采者未必於此山，然而人必信之。興者，喻事有似而非。」

樾謹按：傳、箋所説繁而無當，於詩意實未得也。首章言「采苓」，二章言「采苦」，三章言「采葑」，詩人蓋託物以見意。苓之言憐也，苦之言苦也，葑之言從也。《説文·草部》曰：「葑，須從也。」讒人之言往往飾爲哀憐辛苦之辭，動人之聽而使人必從，故以「采苓」「采苦」「采葑」

〔一〕 佳，原文作「隹」，今據《群經平議》手稿本改。

爲興也。此詩刺晉獻公聽讒而作，「采苓」「采苦」其即驪姬之夜半而泣乎？三章皆言「舍旃舍旃，苟亦無然」，箋云：「舍之焉，舍之焉，謂謗訕人，欲使見貶退也。」其即廢太子申生之事乎？首陽者，元首之象，以喻君也。傳謂「幽辟」，失之。一章言「首陽之巔」，二章言「首陽之下」，見讒人之在君側也。三章言「首陽之東」，則更有意義。《碩人篇》傳曰「東宮，齊太子也」，正義曰「太子居東宮」，然則「采葑采葑，首陽之東」，正見讒人之言切近太子矣。千載而下，以意逆志，猶可得其微意也。

逝者其耋。（《車鄰》《秦風》）

傳曰：「耋，老也。八十曰耋。」箋云：「今者不於此君之朝自樂，謂仕焉。而去仕他國，其徒使自老〔一〕。」

樾謹按：「逝者」對「今者」言，「今者」謂此日，「逝者」謂他日也。逝，往也，猶言過此以往也。箋以爲「去仕他國」，毛傳殊無此義。

〔一〕使自，《毛詩正義》《毛詩注疏》均作「自使」。

奉時辰牡。（《駟鐵》）

傳曰：「時，是。辰，時也。冬獻狼，夏獻麋，春秋獻鹿豕群獸。」箋云：「奉是時牡者，謂虞人也。」

樾謹按：「冬獻狼」以下與《周官·獸人》文略同。然虞人驅禽以待射，非如獸人獻獸以供膳，豈其冬但驅狼、夏但驅麋乎？又曰「辰牡」，豈但驅其牡者，而牝者在所不驅乎？傳、箋之説不可通也。「辰」當讀爲「麎」。《爾雅·釋獸》曰：「麋：牡，麔；牝，麎。」然則「麎牡」猶言「麀牡」矣。《釋獸》曰：「鹿：牡，麚；牝，麀。」《襄四年左傳》曰：「思其麀牡。」蓋以凡獸言之則爲牝牡，專以麋言則當爲麎麔，專以鹿言則當爲麀麚。而古人之辭往往互文見義，故《詩》言「麎牡」，傳言「麀牡」。牡者，通凡獸而言，曰麎、曰麀，專以麋鹿言，互相備也。因「麎」字省作「辰」，雖毛公不得其解矣。

方何爲期？胡然我念之。（《小戎》）

箋云：「方今以何時爲還期乎？何以然了不來，言望之也。」正義曰：「方欲以何時爲還期乎？何爲了然不來，而使我念之也。」

樾謹按：箋文「何以然」三字解經文「胡然」二字，因「胡然」之下即云「我念之」，於義似不屬，故加「了不來」三字以成其義。孔氏作正義，誤倒其文而曰「了然不來」，非箋意也，阮氏《校勘記》已辯之矣。惟經文實無「不來」字，不得增出。「方何爲期？胡然我念之」，此二句乃自解之辭。《廣雅·釋詁》：「方，始也。」言始者與我以何時爲期乎？胡然而我遽念之也。《杕杜篇》曰：「期逝不至，而多爲恤。」彼期已過，故憂之。此未及期，故猶可勿念也。上章曰「在其板屋，亂我心曲」，是亦念之至矣。次章又自解之如此。正義所謂「婦人無怨曠之志」者，於此可見。箋不知「方」之爲「始」，而曰「方今以何時爲還期乎」，於是下句不得其解矣。

俴駟孔群。

傳曰：「俴駟，四介馬也。」箋云：「俴，淺也。謂以薄金爲介之札。介，甲也。」正義曰：「俴訓爲淺，駟是四馬。是用淺薄之金，以爲駟馬之甲，故知『淺駟，四介馬也』。箋申明『俴駟』爲『四介馬』之意，以馬無深淺之量，而謂之俴駟，正謂以淺薄之金爲甲之札。金厚則重，知其薄也。」

樾謹按：毛公但以「俴駟」爲「四介馬」，竝無薄金之說。鄭訓「俴」爲「淺」，即用「小戎俴收」毛傳文。俴之訓淺，固無疑矣。以爲薄金，恐未必然。《韓奕篇》「鞹鞃淺幭」，傳曰：「淺，虎皮淺毛也。」《儀禮·既夕記》「鹿淺𧞤」，鄭注亦曰：「鹿淺，鹿夏毛也。」是凡毛之淺者皆謂之淺。古者戰馬之甲，蓋以他獸之皮毛淺者爲之，《莊十年左傳》「蒙皋皮而先犯之」，《僖二十八年傳》「胥臣蒙馬以虎皮」，皆是也。傳所以載之者，以用虎皮爲異耳。蓋馬必有甲，而甲厚則不可驅騁，故以他獸皮淺毛者爲之，使足以禦矢石，而其質仍柔輭不害馳走也。《管子·參患篇》曰「甲不堅密，與俴者同實」，尹注曰：「俴謂無甲單衣者。」可知馬之甲僅如人之單衣耳，未必以金爲札，如鄭君説也。《釋文》引《韓詩》曰「駟馬不著甲爲俴駟」，此恐傳者誤衍「不」字。若不著甲直謂之「駟」耳，何言「俴」也？毛、韓義本不異，因韓説衍「不」字，陸氏遂以異義録之矣。

蒙伐有苑。

傳曰：「蒙，討羽也。伐，中干也。苑，文貌。」箋云：「蒙，厖也。討，雜也。畫雜羽之文於伐，故曰厖伐。」

樾謹按：傳文「討」字殊不可曉，箋訓爲「雜」，義亦未詳。「討」疑「糾」字之誤。《桓二年穀梁傳》「以是爲討之鼎也」，《釋文》曰「麋氏云：『討』或作『糾』」，是其例也。《説文·丩部》：「丩，相糾繚也。」又曰：「茾，艸之相丩者。」又曰：「糾，繩三合也。」蓋茾、糾二字竝從丩爲意。繩三合謂之糾，猶艸相丩謂之茾矣。蒙之言蒙茸也，是有糾繚之義，故傳以「糾」訓「蒙」，而箋以「雜」訓「糾」。今誤爲「討」，則傳、箋之意皆晦矣。又按：「畫雜羽」之説似非經意。《尚書·粊誓》「敿乃干」，枚傳曰：「施女楯紛。」正義曰：「楯無施功之處，惟繫紛於楯，故以爲『施女楯紛』。紛如綬而小，繫於楯以持之，且以爲飾。鄭云『敿猶繫也』。」以是言之，「蒙」有「糾繚」之義，蓋即所謂「敿乃干」者，糾繚與敿繫同也。繫紛於盾，是謂「蒙伐」；以其爲盾之飾，故言「有苑」。傳、箋所説，恐皆失之。或毛傳本無「羽」字，但曰「蒙，糾也」，後人據鄭義增益耳。

遡洄從之，道阻且長。遡游從之，宛在水中央。（《蒹葭》）

傳曰：「逆流而上曰遡洄。逆禮則莫能以至也。順流而涉曰遡游。順禮未濟，道來迎之。」正義曰：「《釋水》云：『逆流而上曰遡洄，順流而下曰遡游。』孫炎曰：『逆渡者，逆流也。順渡者，順流也。』然則逆、順流皆謂渡，水有逆順，故下傳曰：『順流而涉，見其是人渡水也。』」

樾謹按：遡，《説文》作「㴑」，《水部》：「㴑，逆流而上曰㴑洄。㴑〔一〕，向也。水欲下違之而上也。」是「遡」字止可爲逆流之名，其字本從屰得聲，屰，不順也。若使逆流、順流同謂之遡，義不可通，雖有《爾雅》明文，未敢信也。此詩本刺襄公不能用周禮，兩「遡」字皆從下而上之意，

〔一〕㴑，原文作「洴」，今據《説文》改。

居今思古，故取義於「溯」。兩句之異，全在「洄」字、「游」字。《爾雅・釋水》曰：「湀闢，流川。過辯，回川。」郭璞解上句曰「通流」，解下句曰「旋流」。此經「洄」字即彼「回」字，「游」字即彼「流」字。「回」乃「洄」之省，游與流古字通。《漢書・項籍傳》「必居上游」，師古注曰：「游即流也。」溯洄、溯流，其爲溯也不異。然溯之於回川，則道阻且長，喻不以禮求之也。溯之於流川，則宛在水中央，喻以禮求之也。傳義雖亦本《爾雅》，然於字義不合，即非經義可知矣。

道阻且右。

傳曰：「右，出其右也。」箋云：「右者，言其迂迴也。」正義曰：「此説道路艱難而云『且右』，故知右謂出其右也。若正與相當，行則易到，今乃出其右厢，是難至也。箋云：『右，言其迂迴。』出其左亦迂迴。言右，取其涘、沚爲韻。」

樾謹按：出其左右，方見迂迴，僅曰「出其右」，於義未足。如正義説，豈古人之文亦苟且協韻乎？斯不然矣。《有杕之杜篇》曰「有杕之杜，生於道左」，箋曰：「道左，道東也。日之熱恒在日中之後，道東之杜，人所宜休息也。」彼言左，此言右，義可互明，左熱則右寒矣。霜降爲九月中，「白露爲霜」，則其時已寒，而道又出其右，是寒甚也。《北門篇》曰「出自北門，憂心殷殷」，傳曰：「北門，背明鄉陰。」此言右，猶彼言北也。蓋此詩之作，《序》以爲刺襄公未能用周禮，將無以固其國。今讀其詩，不見有刺意，此後人所以不信《序》説也。然一「右」字已與《北門》同意矣。

其君也哉。（《終南》）

箋曰：「其君也哉，儀貌尊嚴也。」

樾謹按：《羔裘篇》「洵直且侯」，傳曰：「侯，君也。」《釋文》引《韓詩》曰：「侯，美也。」《文王有聲篇》「文王烝哉」，傳曰：「烝，君也。」《釋文》引《韓詩》曰：「烝，美也。」是「君」與「美」義相近，故《昭元年左傳》曰：「楚公子美矣，君哉。」《白虎通・號篇》曰：「皇，君也，美也。」孔子稱舜曰「君哉，舜也」，猶曰「美哉，舜也」。此云「顔如渥丹，其君也哉」，亦美之之詞。箋云「儀貌尊嚴」，蓋與《羔裘篇》引《論語》文同義，然言各有當，或不其然。

交交黄鳥。（《黄鳥》）

傳曰：「交交，小皃〔一〕。」

樾謹按：《小宛篇》「交交桑扈」，傳與此同。又《桑扈篇》「交交桑扈」，箋云：「交交猶佼

〔一〕 皃，原文作「兒」，今據《毛詩正義》改。

佼，飛而往來貌。」是傳、箋竝以「交交」屬貌。然詩人言鳥，如「關關雎鳩」「雝雝鳴雁」，以聲言者爲多，「交交」亦當以聲言。《文選·鸚鵡賦》注引《韻略》曰：「咬咬，鳥鳴也。」《說文》無「咬」字，蓋即詩之「交交」，而後人加口旁耳。「鳥鳴」之訓，或本《三家詩》與？

百夫之特。

傳曰：「乃特百夫之德。」箋云：「百夫之中最雄俊也。」正義曰：「言百夫之德，莫及此人。此人在百夫之中乃孤特秀立，故箋申之云：『百夫之中最雄俊也。』」

樾謹按：二章「百夫之防」，傳曰：「防，比也。」三章「百夫之禦」，傳曰：「禦，當也。」然則「防」者言可以比百夫，「禦」者言可以當百夫。推之首章，義亦如是。《柏舟篇》「實維我特」，傳曰：「特，匹也。」「百夫之特」言可以匹百夫也，故曰「乃特百夫之德」。《柏舟》釋文曰：「特，《韓詩》作直，云『相當直』也。」其義與毛傳相近，若用以說此詩，亦復可通。三章「禦」字，毛訓爲「當」，即「相當直」之意也。鄭箋謂「百夫之中最雄俊」，則以「特」爲「特立」之「特」，此非申傳，乃易傳矣。正義混傳、箋一之，非是。

人百其身。

箋云：「人皆百其身，謂一身百死猶爲之。」正義曰：「我國人皆百死其身以贖之。」

樾謹按：經言「百其身」，不言百其死，箋義非也。此「其」字仍以「三良」言。首章謂奄息也，穆公以奄息從死，奄息止一身耳。若可贖之，則人願百倍其身以贖之，謂以百人從死亦所甘也。上云「維此奄息，百夫之特」，是奄息之德足以匹百夫，故願以百身代之，兩「百」字正相應。解爲「一身百死」，失其旨矣。

隰有六駮。（《晨風》）

傳曰：「駮，如馬，倨牙，食虎豹。」正義曰：「王肅云：『言六，據所見而言也。』陸璣疏云：『駮馬，梓榆也。其樹皮青白駮犖，遥視如駮馬，故謂之駮馬。下章云「山有苞棣，隰有樹檖」，皆山、隰之木相配，不宜云獸。』此言非無理也。」

樾謹按：陸以駮爲木名，誠爲有理，然「梓榆」之名，不見於《爾雅》。今以《爾雅》求之，《釋木》云：「駁，赤李。」《釋文》曰：「字亦作駮。」此木之以駮名者也。《釋草》云：「瓝，九葉。」《釋文》曰：「樊本『瓝』字作『駮』。」此草之以駮名者也。何必引「梓榆」之名爲説乎？至此經「六」字殊不可曉，王肅謂據所見而言，亦臆説也。「六」疑當爲「尖」，《説文・屮部》：「尖，菌尖，地蕈。叢生田中。從屮六聲。」徐鍇《繫傳》曰：「從屮者，象三菌叢生也。」菌以叢生而謂之尖，則凡叢生者皆得以「尖」名之。《周易・夬》九五曰「莧陸夬夬」，陸即尖也。莧叢生而曰莧陸，猶菌叢生而曰菌宍矣。六駮即菌宍、莧陸之比，六、宍、陸古字通用，陸從坴聲，坴從宍聲，宍從六聲，以六爲宍猶以陸爲宍也。駮，蓋即《釋草》之「㕙」，郭璞注曰：「今江東有草，五葉共叢生一莖，俗因名曰五葉，即此類也。」是「駮」亦叢生之物，故稱宍駮。上云「山有苞櫟」，《鴇羽篇》正義引孫炎曰「物叢生曰苞」，然則櫟曰苞，駮曰六，義正一例。六駮即宍㕙也。傳義失之，陸疏亦未爲得。

於我乎，夏屋渠渠。（《權輿》）

傳曰：「夏，大也。」箋云：「屋，具也。渠渠，猶勤勤也。言君始於我厚，設禮食大具以食我，其意勤勤然。」正義曰：「案崔駰《七依》説宫室之美云：『夏屋渠渠。』王肅云：『屋則立之於先君，食則受之於今君，故居大屋而食無餘。』義似可通。鄭不然者，詩刺有始無終。始則大具，今終則無餘，猶下章始則四簋，今則不飽，皆説飲食之事，不得言屋宅也。」

樾謹按：傳不解「屋」字，未知毛意如何。鄭訓「屋」爲「具」，雖本《爾雅》，似於文義未安。古鼎彝之屬往往刻宫室之象，薛尚功所載有册命鼎，上刻室形，阮氏《積古齋》所載有重屋父丁彝〔一〕，上刻重屋形，皆是也。《儀禮·士冠禮》鄭注曰：「周制，自卿大夫以下皆爲夏屋。」此經

〔一〕 齋，原文作「齊」，今據清經解續編本《群經平議》及《〈春在堂全書〉校勘記》改。

所謂「夏屋」者，或亦鼎彝之屬，上刻夏屋形，故即以名之。崔駰以「夏屋渠渠」説宫室之美，義自得通，而王肅據以説此經，則詩人固言飲食之器，非言宫室，宜爲孔氏所糾矣。

泌之洋洋。（《衡門》《陳風》）

傳曰：「泌，泉水也。洋洋，廣大也。」箋云：「泌水之流洋洋然。」正義曰：「《邶風》『毖彼泉水』，知『泌』爲泉水。」

樾謹按：「毖彼泉水」爲泉流之貌，「泌之洋洋」爲泉水之名，正義必合而一之，則是「泌之洋洋」爲泌然之洋洋，不成句矣。且「毖彼泉水」與「孌彼諸姬」一律，今云「泌，泉水也」，則亦將云「孌，諸姬也」，其可乎？故觀毛公「泌，泉水也」之訓，知非「毖彼泉水」之「毖」矣。蔡邕《郭林宗碑》曰：「棲遲泌丘。」以泌爲丘名，或本《三家詩》。《廣雅·釋丘》曰：「丘上有木爲柲丘〔一〕。」泌丘當即柲丘也。泌之爲丘名，爲泉名，雖未知孰是，要皆實有所指之地，非如「毖彼泉水」爲虚擬之詞也。

〔一〕木，原文作「丘」，今據《廣雅疏證》改。

誰昔然矣。（《墓門》）

傳曰：「昔，久也。」箋云：「誰昔，昔也。」

樾謹按：昔之爲久，常訓也。「誰」乃語辭，「誰昔然矣」猶云由來久矣。傳、箋之義甚明。段氏玉裁所訂《故訓傳》作「昔，夕也」，爲之説曰：「誰夕，猶今人云不記是何日也。《記》云『疇昔之夜』，疇、誰正同。」此説殊誤。陳佗無良師傅，以至於不義，惡加萬民，此豈一二日之事而以「疇昔之夜」爲比乎？且《記》云「疇昔之夜」者，疇昔，昔也，猶云昔之夜也。若訓「昔」爲「夕」，則既云夕，不必又云夜矣。段誤解《記》文，因臆改傳義，不可從也。

佼人懰兮。（《月出》）

樾謹按：《説文》無「懰」字。「懰」即《溱洧篇》「瀏其清兮」之「瀏」〔一〕，作「懰」者，字之誤也。《采薇篇》正義引鄭君《周易注》曰：「慊，讀如『群公溓』之『溓』，古書篆立心與水相近，讀者失之，故作慊。」然則「瀏」誤爲「懰」，亦猶是矣。「瀏」之義爲「清」，《説文・水部》「瀏，流清貌」，引《詩》曰「瀏其清兮」。毛意上言「瀏」，下言「清」，不當同義，故曰「瀏，深貌」。至此詩，毛惟首章

〔一〕 瀏，原文作「懰」，今據清經解續編本《群經平議》改。

有傳，二三章皆無傳，蓋義與首章同。首章「佼人僚兮」，傳曰「好貌」，此章「佼人劉兮」，《釋文》亦曰「好貌」，正得傳意。深與好從清之義而引申之。《廣雅・釋詁》曰：「靖，深也。」清之爲深，猶靖之爲深也。《碩人篇》「巧笑倩兮」，傳曰：「倩，好口輔。」清之爲好，猶倩之爲好也。此詁訓之法，後世失其傳久矣。

匪適株林，從夏南。（《株林》）

箋云：「匪，非也。言我非之株林，從夏氏子南之母，爲淫佚之行，自之他耳。觝拒之詞。」

樾謹按：鄭意以此兩句爲詩人設爲靈公觝拒之詞，然非詩意也。靈公之往夏氏，必以從夏南爲詞，故詩人刺之曰「吾君胡爲乎朝夕而適株林，從夏南乎」，殆非適株林從夏南也。如此則淫乎夏姬，意在言外矣。箋義失之。

夭之沃沃。（《隰有萇楚》）

傳曰：「夭，少也。」箋云：「疾君之恣，故於人年少沃沃之時，樂其無妃匹之意。」

樾謹按：「夭之沃沃」仍當以萇楚言，詩人固借物爲喻，不必斥言人也。《國語・魯語》「澤不伐夭」，韋注曰：「草木未成曰夭。」《漢書・貨殖傳》「澤不伐夭」，師古注曰：「夭謂草木之方長未成者。」此經「夭」字義與彼同。「沃沃」即《氓篇》所謂「其葉沃若」也。若以人言，則失其義矣。

誰能亨魚？溉之釜鬵。誰將西歸？懷之好音。（《匪風》）

箋云：「誰能者，言人偶能割亨者。誰將者，亦言人偶能輔周道治民者。」

樾謹按：經文兩「誰」字，鄭本當作「疇」。《説文・口部》：「𠷎，誰也。」經典相承以「疇」爲之。《爾雅・釋詁》曰：「疇，誰也。」鄭作箋時經文蓋作「疇能亨魚」「疇將西歸」，鄭解「疇」字爲「疇匹」之「疇」。《國語・齊語》「人與人相疇，家與家相疇」，韋注曰：「疇，匹也。」字亦作「儔」，《太玄經・劇》首曰「陽無介儔」，范望注曰：「儔，匹也。」鄭以爲儔匹中有能亨魚者，儔匹中有將西歸者，故以人偶釋之。不然則「誰能」「誰將」意甚明顯，何迂迴其詞而曰人偶乎？《詩》中言「誰」者，如「誰謂雀無角」「誰謂鼠無牙」，鄭固不以人偶釋之也，是知此經「誰」字當爲「疇」矣。

於我歸處。（《蜉蝣》）（《曹風》）

箋云：「君當於何依歸乎？」正義曰：「此國若亡，於我君之身，當何所歸處乎？」

樾謹按：正義之説，非經意且非箋意也。經云「於我歸處」，箋云「於何依歸」，蓋即以「我」爲「何」。我、何古音相近，《鶉之奔奔篇》「我以爲兄」，《韓詩外傳》引作「何以爲兄」。疑此篇「於我歸處」「於我歸息」「於我歸説」，三「我」字《韓詩》竝作「何」，鄭箋用韓義耳。《周頌・維天之命篇》「假以溢我」，《襄二十七年左傳》引作「何以恤我」，《説文・言部》引作「誐以謐我」，「何」之爲「我」，猶「何」之爲「誐」也。

蜉蝣掘閱。

傳曰：「掘閱，容閱也。」箋云：「掘閱，掘地解閱。」

樾謹按：傳、箋於「掘閱」之義均未明。《説文・土部》「堀」下引《詩》作「蜉蝣堀閱」，是「堀」乃本字，「掘」其叚借字。《説文》又有「㞐」字，曰「兔堀也」，徐鍇《繫傳》引《文子》「兔走歸堀閱」證之。《詩》之「堀閱」與《文子》「堀閱」同義。「閱」通作「穴」，《文選・風賦》「空穴來風」，注引《莊子》「空閲來風」，是其證也。一章言羽、二章言翼、三章言堀閱者，見昭公任用小人，入其朝者，如入蜉蝣之堀穴也。《漢書・鄒陽傳》曰「士有伏死堀穴巖藪之中耳」，亦以「堀穴」連文。因叚「掘閱」爲之，而毛、鄭均不得其解矣。

季女斯飢。（《候人》）

傳曰：「季，人之少子也。女，民之弱者。」正義曰：「《采蘋》云『有齊季女』，謂大夫之妻。《車舝》云『思孌季女逝兮』，欲取以配王，皆不得有男在其間，故以季女爲少女。此言『斯飢』，當謂幼者竝飢，非獨少女而已，故以『季女』爲人之少子、女子。皆觀經爲訓，故不同也。」

樾謹按：毛分「季、女」爲二義，殊爲不安。此「季女」與《車舝篇》同。彼箋云「思得孌然美好之少女，有齊莊之德者往迎之，配幽王代襃姒也」，此詩之義與彼不殊。《僖二十八年左傳》稱晉文公「入曹〔一〕，數之以其不用僖負羈，而乘軒者三百人」，《史記·晉世家》作「美女乘軒者」，然則曹共公不止遠君子近小人，且多内嬖可知，故於卒章及之，見婉孌之季女不見荅而至窮困也。《史記》增「美女」二字，必有所本，或《三家詩》説與？

四國有王。（《下泉》）

傳曰：「郇伯，郇侯也。諸侯有事，二伯述職。」箋云：「有王，謂朝聘於天子也。」

樾謹按：《焦氏易林·姤卦》云〔二〕：「下泉苞稂，十年無王。荀伯遇時，憂念周京。」據此則《三家詩》當有作「四國無王，荀伯勞之」者。「勞之」謂憂之也。《淮南子·精神篇》「竭力而勞萬民」，《氾論篇》「以勞天下之民」，高誘注曰：「勞，憂也。」《三家詩》必訓「勞」爲「憂」，焦氏用其説，故曰「憂念周京」也。以全詩語意求之，優于毛矣。

〔一〕二，原文脱，今據《春秋左傳正義》補。
〔二〕姤，原文作「蠱」，今據《焦氏易林》改。

一之日觱發。（《七月》《豳風》）

樾謹按：《七月篇》或言日，或言月，王介甫《詩説》因有陽生言日、陰生言月之説，殊近穿鑿。蓋前人徒以陰陽爲言，而未推其紀數之異也。一之日、二之日、三之日、四之日，以周正紀數也。四月、五月、六月、七月、八月、九月、十月，以夏正紀數也。公劉徙豳當有夏中葉，則其俗必循用夏正。周公作詩，陳后稷先公風化之所由，故即本豳人之俗以立言。篇名《七月》，其曰「七月流火，九月授衣」，皆夏正也。至夏正之十一月，在周爲正月。周公在周言周，故變其文曰「一之日」，以周正紀數，而又不與豳俗之用夏正者混而無别，正古人立言之善也。既曰一之日，遂繼之曰二之日，便於文也。既曰一之日、二之日，則夏正之正月、二月，不得謂之一月、二月，故從周正數之曰三之日、四之日，自是爲蠶月。蠶月者，夏之三月，以周正數之則五之日也。不言五之日者，以篇中有五月也；不言三月者，以篇中有三之日也。因取物候之有定者紀之而曰蠶月，不特屬詞之密，且正朔無定而物候有定，則《七月》一篇所紀日月，皆定於此矣。

三之日于耜。

傳曰：「于耜，始修耒耜也。」

樾謹按：四章「一之日于貉」，箋云：「往搏貉。」七章「晝爾于茅」，箋云：「往取茅。」是經文「于」字，箋皆訓爲「往」。獨此無箋，則因修耒耜不當言往耳，不知「于耜」亦往耜也。《周官》「薙氏掌殺草。冬日至而耜之」，鄭注曰：「耜之，以耜側凍土剗之。」「三之日于耜」當從此義，謂往而耜之也。「耜」乃殺草之名，非謂修耒耜。豳地晚寒，故至三之日始克耜之耳。

蠶月條桑。

箋云：「條桑，枝落之采其葉也。」正義曰：「於養蠶之月條其桑而采之，謂斬條於地，就地采之也。」

樾謹按：采桑之事尚在下文，若此句已言「斬條於地，就而采之」，則下又云「取彼斧斨，以伐遠揚」，於文複矣。且斬條於地而采之，亦不得但謂之「條桑」，箋義非也。「蠶月條桑」與「四月秀葽」文義一律。《禹貢》「厥草惟繇，厥木惟條」，《説文・草部》「蘨，艸盛貌」，引《夏書》曰「厥草惟蘨」，「蘨」爲草盛貌，則「條」爲木盛貌。此「條」字義與彼同，「條桑」言桑葉茂盛也。

猗彼女桑。

傳曰：「角而束之曰猗。」正義曰：「猗束彼女桑而采之，謂柔穉之桑不枝落者，以繩猗束而采之也。」

樾謹按：「猗」乃「掎」之叚字。《説文・手部》：「掎，偏引也。」女桑乃桑之小者，故以手引而采之也，竝無以繩束之義。

四月秀葽。

傳曰：「不榮而實曰秀。葽，葽草也。」箋云：「《夏小正》『四月，王萯秀』，葽其是乎？」正義曰：「《月令》孟夏『王瓜生』，注云：『今曰王萯生。』《夏小正》云『王萯秀』，未聞孰是。鄭以四月生者，自是王瓜。今《月令》與《夏小正》皆作『王萯』，而生、秀字異，必有誤者，故云『未知孰是』。《本草》云：『萯生田中，葉青，刺人，有實，七月采陰乾。』云七月采之，又非四月已秀，是葽已否，未能審之。」

樾謹按：「王萯」之爲「葽」，本無明文，鄭以意説之耳，未足據也。《爾雅·釋草》曰「葽繞，棘蒬」，郭注曰：「今遠志也。」疑即此經所謂「葽」者。葽、繞本疊韻字，重言之曰「葽繞」，單言之則止言「葽」矣。《本草》云「遠志，一名棘菀，一名葽繞，葉名小草」，陶注曰：「小草，狀如麻黄而青。」蘇頌《圖經》云：「亦有似大青而小者，三月開花，白色。」此云「四月秀葽」者，蓋三月而華，四月而秀；又或幽地晚寒，故較遲一月也。毛必云「不榮而實曰秀」，此亦似泥。正義引《出車》云「黍稷方華」，《生民》云「實發實秀」，是黍稷有華亦稱秀，然則《雅》訓固未可拘矣。

上入執宫功。

傳曰：「入爲上，出爲下。」箋云：「可以上入都邑之宅，治宫中之事矣。」

樾謹按：「上」「尚」古字通，「上下」之「上」可以「尚」爲之，「尚庶」之「尚」亦可以「上」爲之。《陟岵篇》「上慎旃哉」，朱子《集傳》曰「上猶尚也」，「上入執宫功」言野功既畢，尚入而執宫中之事也。其説視箋義爲長，不得因非古訓而疑之。

予所蓄租。（《鴟鴞》）

傳曰：「租，爲。」《釋文》引《韓詩》曰：「積也。」

樾謹按：「租」當讀爲「苴」，《漢書·郊祀志》「席用苴稭」，如淳曰「苴讀如租」，是租、苴古字通也。《召旻篇》「如彼棲苴」，傳曰：「苴，水中浮草。」然則「予所捋荼〔二〕，予所蓄租」，言予所捋取之荼，予所蓄聚之苴，兩句正一律。如毛、韓之義，則與上句不倫矣。

〔二〕 捋，原文作「將」，今據《毛詩正義》、清經解續編本《群經平議》及《〈春在堂全書〉校勘記》改。

不可畏也，伊可懷也。（《東山》）

箋曰：「是不足可畏，乃可爲憂思。」

樾謹按：「不」與「伊」竝語詞。「不可畏」言可畏也，「伊可懷」言可懷也。蓋言室中久無人，荒穢如此，可畏亦可懷也。箋義失之。

九十其儀。

正義曰：「舉九與十，言其多威儀也。」

樾謹按：數始於一而極於九，至十則復爲一矣。故古人之詞，凡言至多之數必曰九，若《公羊傳》「叛者九國」、《漢書》「反者九起」，是也。此言「九十其儀」與《無羊篇》「九十其犉」一律。蓋以十計者止于九十，若再益以十，即當以百計矣，是不可復益之數，故爲至多之數也。若依正義分九與十而二之，轉不見其多矣。且如「九十其犉」，可曰「九其犉，十其犉」乎？由不解古人語意故也。

籩豆有踐。（《伐柯》）

傳曰：「行列貌。」

樾謹案：「踐」當讀爲「翦」。《爾雅·釋言》曰：「翦，齊也。」翦訓齊，故爲行列之貌，言籩豆之行列翦然而齊也。《尚書序》曰「遂踐奄」，鄭注曰：「踐讀曰翦。」《禮記·玉藻篇》「弗身踐也」，鄭注曰：「踐當爲翦。」是「踐」「翦」古通用矣。

德音不瑕。（《狼跋》）

傳曰：「瑕，過也。」箋云：「不瑕，言不可疵瑕也。」

樾謹按：傳、箋義竝非也。瑕，古與「遐」通。《隰桑篇》「遐不謂矣」，《禮記·表記》引作「瑕不謂矣」，是其證也。《泉水篇》「不瑕有害」，傳曰：「瑕，遠也。」是亦讀「瑕」爲「遐」。「德音不瑕」猶曰德音不遐。「不」乃語詞，不遐，遐也，與《車攻篇》「不警，警也。不盈，盈也」，《文王篇》「不顯，顯也。不時，時也」一例，言其德音所及者遠也。

群經平議卷十

毛詩三

翩翩者鵻，載飛載下，集于苞栩。（《四牡》《小雅・鹿鳴之什》）

傳曰：「鵻，夫不也。」箋云：「夫不，鳥之慤謹者，人皆愛之，可以不勞，猶則飛則止下〔一〕，止於栩木。喻人雖無事，其可獲安乎？感厲之。」

樾謹按：鳥何與於人，豈人愛之即可以不勞乎？箋義非也。《爾雅・釋鳥》曰：「隹其〔二〕，鳺鴀。」《昭十七年左傳》正義引樊光注曰：「《春秋》云：『祝鳩氏，司徒。』祝鳩，即隹其、夫

〔一〕《毛詩正義》《毛詩注疏》均無「止」字。

〔二〕隹，原文作「佳」，今據《爾雅・釋鳥》改。後「隹」字同。

不，孝，故爲司徒。」是「夫不」乃孝鳥，其載飛載下，或以戀其父母使然。故詩因「不違將父」「不違將母」而有感於翩翩之鵻也。《南有嘉魚篇》亦云「翩翩者鵻」，傳曰：「鵻，壹宿之鳥。」箋云：「壹宿者，壹意於其所宿之木也。」此箋所云「鳥之慤謹者」，蓋亦此意，而不知大非傳義矣。夫「鵻」字，毛已於此經解訖，壹宿之鳥不即繫於此傳下者，因彼經下文云「嘉賓式燕」，又思毛公之意謂鵻是壹宿之鳥，今夕宿此，明夕又宿此，與下文「又」字相關合也。然則詩人託物起興，各有所取，此經取其孝，彼經取其壹，雖同一鵻而所取不同。鄭君殆猶未得其旨矣。

原隰裒矣，兄弟求矣。（《常棣》）

傳曰：「裒，聚也。求矣，言求兄弟也。」箋云：「原也、隰也，以相與聚居之故，故能定高下之名。猶兄弟相求，故能立榮顯之名。」

樾謹按：傳、箋均未解「求」字之義。《説文・辵部》：「逑，斂聚也。」求與逑古字通。《爾雅・釋訓篇》釋文曰「逑，本作求」，是其證也。裒訓聚，求亦訓聚，蓋以原隰之相聚，喻兄弟之相聚耳。

和樂且孺。

傳曰："孺，屬也。"箋云："屬者，以昭穆相次序。"

樾謹按：六章云"和樂且湛"，七章云"和樂且湛"，兩章之義必當一律。《鹿鳴篇》"和樂且湛"，傳云"湛，樂之久"，若孺訓爲屬，則與"和樂且湛"不一律矣。"孺"當讀爲"愉"，孺從需聲，愉從俞聲，兩聲相近。《隱二年左傳》"紀裂繻"，《公》《穀》皆作"紀履緰"；《桓六年傳》"申繻"，《管子·大匡篇》作"申俞"；《爾雅·釋言篇》釋文曰"渝，舍人作繻"；《方言》郭注曰"襦，字亦作褕"，竝其證也。《說文·心部》："愉，樂也。"既言和樂而又言愉，猶"和樂且湛"，既言和樂而又言湛，湛亦樂也。《說文·女部》"媅，樂也"，"湛"即"媅"之叚字。

無酒酤我。《伐木》

傳曰："酤，一宿酒也。"箋云："酤，買也。"正義曰："既有一宿之酒，不得謂之無酒。《論語》云『酤酒市脯不食』，是古買酒爲酤酒，故易之爲『酤，買也』。"

樾謹按：王者燕其族人，必無酤酒於市之理，此自以傳義爲長。"有酒湑我，無酒酤我"，言有酒則茜之，無酒則釀之也。經言"酤我"正見無酒之意。必言酤者，取其成之易，若必經久而成，則無及矣。《玉篇・鹽部》：「鹽，倉卒也。」《淮南子・道應篇》「斲輪大疾則苦而不入」〔一〕，高誘注曰：「苦，急意也。」酤與鹽、苦同聲，亦有急義，故一宿之酒謂之酤。下文曰「迨我暇矣，飲此湑矣」，然則「酤」是倉卒而成，經固自釋其義矣。

蹲蹲舞我。

傳曰：「蹲蹲，舞貌。」

樾謹按：《猗嗟篇》「舞則選兮」，傳訓選爲齊，此云「蹲蹲」，義與「選」同。《史記・周本紀》「遵修其緒」，徐廣曰：「遵，一作選。」然則「選」之通作「蹲」，猶「選」之通作「遵」也。《漢書・揚雄傳》「蹲蹲如也」，師古注曰：「蹲蹲，行有節也。」毛公訓「蹲蹲」爲舞貌，亦言其行之有節，正與「選」之訓「齊」同義。

俾爾單厚。（《天保》）

傳曰：「單，信也。或曰：單，厚也。」箋云：「單，盡也。」

樾謹按：傳、箋三説，當以訓「厚」者爲定。「俾爾單厚」，單、厚一義也，猶下文「俾爾多

〔一〕 斲，原文作「斷」，今據《淮南子》改。

益」，多、益亦一義也。《説文・㗊部》：「單，大也。」《墨子・經篇》曰：「厚，有所大也。」是大與厚義相近。《北門篇》毛傳曰：「敦，厚也。」《方言》曰：「敦，大也。」《長發篇》毛傳曰：「厖，厚也。」《爾雅・釋詁》曰：「厖，大也。」「單」訓大，亦訓厚，猶「敦」與「厖」訓「厚」亦訓「大」矣。

何福不除。

傳曰：「除，開也。」箋云：「皆開出以予之。」

樾謹按：如傳、箋義，甚爲不詞，非經旨也。「除」當讀爲「儲」。《易・萃・象傳》「君子以除戎器」，《釋文》曰「除，本作儲」，是其例也。「何福不儲」，言何福而不儲積之也，正與上句「俾爾單厚」相應。儲積之則厚矣。猶下文曰「以莫不庶」，庶，衆也，與上句「俾爾多益」亦相應也。

君曰卜爾。

傳曰：「卜，予也。」

樾謹按：《楚茨篇》「卜爾百福」，箋亦云「卜，予也」。卜之訓予，雖本《爾雅》，其義絶遠。據《爾雅・釋詁》曰「台、朕、賚、畀、卜、陽，予也」，郭注曰：「賚、畀、卜，皆賜與也，與猶予也，因通其名耳。」是郭意以賚、畀、卜爲賜予之予，台、朕、陽爲予我之予。其實「卜」亦予我之予也。《禮記・檀弓篇》「卜人師扶右」，鄭注曰：「卜當爲僕，聲之誤也。」卜、僕聲既相近，義亦得通。

《説文》「璞，或作圤」，即其例也。《爾雅》「卜」字疑當作「僕」，故訓爲「予」，猶今人自言稱僕矣，説詳《爾雅》。毛、鄭據以解此經「卜」字，恐未可從。《大田篇》「秉畀炎火」，《釋文》曰：「《韓詩》秉作卜。卜，報也。」卜、報一聲之轉。《白虎通・蓍龜篇》曰：「卜，赴也。」赴與報亦聲近義通。《禮記・少儀篇》「毋報往」，鄭注曰：「報讀爲赴疾之赴。」卜既訓赴，亦得訓報。古義即存乎聲，《韓詩》説殆勝於毛矣。

期逝不至，而多爲恤。（《杕杜》）

正義曰：「女室家言，本與我期，已往過矣，於今猶不來至，由是而使我念之，多爲憂以致病矣。」

樾謹按：此「多」字當讀爲「亦祇以異」之「祇」。祇，適也，言本與我期者，欲我知有歸期而不憂也。今期已往而猶不至，則適使我憂傷而已。「多」與「祇」古同聲而通用，詳見《襄二十九年左傳》及《論語・子張篇》正義。若云「多爲憂」，則不辭矣。

爲龍爲光。（《蓼蕭》 《南有嘉魚之什》）

傳曰：「龍，寵也。」箋云：「爲寵爲光，言天子恩澤光耀，被及己也。」正義曰：「爲君所寵遇，爲君所光榮。」

樾謹按：經言「爲龍爲光」，不言爲所寵爲所光，傳、箋之義似均與經文語意未合。此「龍」字仍當讀如本字。《廣雅·釋詁》：「龍、日，君也。」「爲龍爲光」猶云爲龍爲日，竝君象也。《賈子·容經篇》曰：「龍也者，人主之譬也。」《禮記·祭法篇》「王宫祭日也」，鄭注曰：「王，君也。」日稱君，是龍、日爲君象，古有此義。變日言光，以協韻也。《周易·説卦傳》「離爲日」，而虞注於《未濟》六五及《夬·象傳》竝曰「離爲光」，於《需·象辭》則曰「離日爲光」，是日與光義得相通。《文選·張孟陽〈七哀詩〉》「朱光馳北陸」，注曰：「朱光，日也。」陸士衡《演連珠》「重光發藻」，注曰：「重光，日也。」詞賦家以日爲光，非無本矣。光與明同義，《禮記·禮器篇》「大明生于東」，注曰：「大明，日也。」日謂之光，猶謂之明也。光與景亦同，《文選·王元長〈曲水詩序〉》「揆景緯以裁基」，注曰：「景，日也。」日謂之光，猶謂之景也。此言遠國之君朝見於天子，故曰「既見君子，爲龍爲光」，龍、光竝以天子言也。《柏舟篇》「母也天只」，傳曰：「天，謂父也。」彼變父言天以協韻，此變日言光亦取協韻，《詩》固有此例矣。乃《昭十二年左傳》叔孫昭子説此詩有曰「宴語之不懷，寵光之不宣」，則已同毛傳義。《左傳》晚出，先儒致疑，若斯之類，恐未可據。

一朝饗之。（《彤弓》）

傳曰："一朝，猶早朝。"

樾謹按：經既言"朝"，其早不待言矣。"早"乃"甲"字之誤。甲爲十日之首，故引申之爲第一之稱，如甲令、甲第之類是也。《楚辭·哀郢篇》"甲之鼂吾以行"，鼂即朝字，疑"甲朝"乃六國時常語，故毛公即用以説詩，謂詩人言一朝猶今人言甲朝耳。後人不曉"甲"字之義而臆改爲"早朝"，失其旨矣。《大明篇》"會朝清明"，傳曰："會，甲也。"毛公之意，蓋以會、甲雙聲，古得通用，會朝即甲朝，甲朝即一朝也。自此傳誤，而彼傳之義亦不可解矣。

六月棲棲。（《六月》）

傳曰："棲棲，簡閱貌。"

樾謹按：棲猶妻也，妻之言齊也。《禮記·祭義篇》"齊齊乎其敬也"，正義曰："齊齊，謂整齊之貌。"棲棲與齊齊同，故訓爲"簡閱貌"。下句"戎車既飭"，傳曰："飭，正也。"與上句"六月棲棲"文義相承。《有客篇》"有萋有且"，傳曰："萋、且，敬慎貌。"萋之與棲，義亦通也。近解謂棲棲猶遑遑，蓋本《論語·憲問篇》正義。其説非是，辯見《論語》。

侵鎬及方。

箋云：「鎬也、方也，皆北方地名。」正義曰：「王肅以爲鎬京，故王基駁曰：據下章云『來歸自鎬，我行永久』，言吉甫自鎬來歸，猶《春秋》『公至自晉』『公至自楚』，亦從晉、楚來歸也〔一〕。孫毓亦以箋義爲長。」

樾謹按：毛傳説上句「整居焦穫」云：「焦穫，周地接于玁允者。」而於鎬、方則無解，疑毛公之意正同王肅之説，以鎬爲鎬京。蓋焦穫乃周藪。《爾雅·釋地》「周有焦護」，郭璞注曰：「今扶風池陽縣瓠中是也。」在今爲陝西西安府三原縣。玁允既居焦穫，復由焦穫内侵，則鎬、方不得更在焦穫之外明矣。「侵鎬及方」者，侵鎬京而及其方也。方猶竟也，古者建國必用開方之法計之，故四竟謂之四方，竟内謂之方内。《史記·孝文紀》「方内安寧」是也。《出車篇》「往城于方」，猶言往城于竟。傳曰「方，朔方」，蓋逆探下文爲説，明此所謂方者，乃近北之一方，非其餘三方也。正義曰：「北方大名皆言朔方。此直言方，即朔方也。」是知朔之可言方，而不知東西南之亦可言方，大非毛意矣。毛於此無傳者，蓋既知焦穫爲周地，則「侵鎬及方」，

〔一〕來歸，《毛詩正義》《毛詩注疏》均作「歸來」。

其爲侵鎬之邊竟，固不待言。即下句「至于涇陽」亦可知其所在矣。《漢書・地里志》安定郡「涇陽，开頭山在西，《禹貢》涇水所出，東南至陽陵入渭。」按：漢涇陽縣乃今甘肅平涼府平涼縣，此漢之涇陽，非詩人所詠之涇陽也。水北曰陽，「至于涇陽」，謂至涇水之北耳，非必其在涇水所出之开頭山也。後世於涇水所出之處設縣，名之曰涇陽，在周時未有此名，詩人并不知後世有此縣，未可以漢地名爲周地名也。所謂涇陽者，即指其入渭之處。陽陵，故城在今陝西西安府高陵縣，高陵在府東北七十里。上文「焦穫」在今西安府三原縣，三原在府北九十里，然則居焦穫而侵及涇陽，固勢所必至者矣。春秋時晉伐秦必由涇水，《成十三年》曰「師遂濟涇」，《襄十四年》曰「及涇不濟」，周時玁允侵及涇陽，疑即春秋時秦晉用兵之路，故下文曰「薄伐玁允，至于太原」，傳曰「言逐出之而已」，蓋即從其來路逐之也。太原之地，毛、鄭皆無説，朱子《集傳》曰：「太原亦曰太鹵，今在太原府陽曲縣。」其説是也。《史記・匈奴傳》：「韓王信降匈奴[一]。因引兵南踰句注，攻太原，至晉陽下。」周時玁允之禍，正與漢匈奴同，漢文帝幸太原，即用吉甫伐玁允故事也。《日知録》謂「太原當即今之平涼」，若是晉陽之太原，「豈有寇從西來，

〔一〕 王，原文脱，今據《史記》補。

兵乃東出者乎」？顧氏之説，蓋誤以漢之涇陽爲詩之涇陽故耳。其致誤之由，皆因鄭君解鎬、方爲北方地名，而不知其即爲周之鎬京，於是并涇陽所在而失之，故爲詳考如此。然則「來歸自鎬」當作何解？曰：吉甫此行遠至大原，若依「公至自晉」「公至自楚」之例，當云「來歸自大原」，方與上文「薄伐玁狁，至于大原」文義相應。今乃云「來歸自鎬」者，蓋上云「吉甫燕喜，既多受祉」，謂吉甫既伐玁狁而歸，天子以燕禮樂之，又多受賞賜也；繼之曰「來歸自鎬，我行永久。飲御諸友，炰鼈膾鯉」，則又言吉甫自鎬京歸其私邑，與其私人燕飲也。王基所疑，殆未達此耳。

逸豫無期。（《白駒》　《鴻雁之什》）

傳曰：「何爲逸樂無期以反也。」

樾謹按：期當讀爲朞。《荀子》書每用「朞」字爲「窮極」之義。《王霸篇》「目欲朞色，耳欲朞聲」，楊倞注曰：「朞，極也。」亦或作「期」，《議兵篇》「已朞三年，然後民可信也」，此與《宥坐篇》「朞三年而百姓往矣」文義正同。楊注以爲過一朞之後，非也。詩中言「無期」者，如《南山有臺篇》「萬壽無期」，及此篇「逸豫無期」，皆謂無窮極也。荀子固傳《詩》者，其書屢用「朞」字，殆古詩説如此。毛謂「無期以反」，則是期日之期，失之矣。

無相猶矣。（《斯干》）

傳曰："猶，道也。"箋云："猶當作瘉。瘉，病也。"

樾謹按：猶當讀爲猷。《説文・女部》："猷，醜也。""式相好矣，無相猷矣"，好與猷相對成義。《遵大路篇》"無我魗兮，不寁好也"，正義曰："魗與醜，古今字。"《正月篇》"好言自口，莠言自口"，傳曰："莠，醜也。"此以"猷"與"好"對，猶彼以"魗"與"好"對、"莠"與"好"對也。猶、猷竝從酉聲〔一〕，故得通用，傳、箋均失之。《鼓鐘篇》"其德不猶"，猶亦猷也，箋亦誤讀爲"瘉"。

無非無儀。

傳曰："婦人質無威儀也。"箋云："儀，善也。婦人無所專於家事，有非，非婦人也；有善，亦非婦人也。"

樾謹按：箋義非也。婦道雖無成，然不可以無善爲教。"非"當讀爲"斐"，《爾雅・釋訓》"有斐君子"，郭注曰："斐，文貌。"《毛詩》作"有匪君子"，傳曰："匪，文章貌。"匪與非，《詩》每

〔一〕 酉，原文作"酒"，今據文意及《群經平議》手稿本改。

通用，《木瓜篇》「匪報也」，箋曰[一]：「匪，非也。」「匪」可爲「斐」，則「非」亦可爲「斐」。傳曰「婦人質無威儀」，「質」字正解「無斐」之義，猶曰無文章、無威儀也。鄭不解傳意，以毛未説「非」字，别爲之説，失之矣。

九十其犉。（《無羊》）

傳曰：「黄牛黑脣曰犉。」

樾謹按：傳義本《爾雅·釋畜》「黑脣曰犉」之文，然「九十其犉」乃是約計其大數，不應專舉黑脣者。《爾雅》曰「牛七尺爲犉」，郭注引《詩》「九十其犉」，似得《詩》意。蓋七尺之牛，牛之大者，舉大足以見小，故曰「九十其犉」，言牛之七尺者已有九十，則小者可知也。《良耜篇》「殺時犉牡」亦當從此訓，傳竝以「黄牛黑脣」釋之，非是。

牧人乃夢，衆維魚矣，旐維旟矣。大人占之：「衆維魚矣，實維豐年；旐維旟矣，室家溱溱。」

傳曰：「陰陽和則魚衆多矣。溱溱，衆也。旐、旟，所以聚衆也。」

[一] 箋，原文作「傳」，今據《毛詩正義》改。

樾謹按：如傳義，則上句止夢見魚衆，下句止夢見旐旟，竝無如朱子《集傳》所載或説人乃是魚，旐乃是旟者也。然兩「維」字頗不易解。王氏引之《經義述聞》曰：「上『維』字訓『乃』，下『維』字訓『與』。」陳氏奂《毛傳疏》曰：「上『維』字訓『其』，下『維』字訓『與』。」然兩句本一律，而「維」字乃上下異訓，恐不然也。此詩占夢與《斯干篇》同，彼云「吉夢維何？維熊維羆，維虺維蛇。大人占之：維熊維羆，男子之祥；維虺維蛇，女子之祥。」此篇「維」字與彼不異，「衆維魚矣」，猶云維衆魚矣；「旐維旟矣」，猶云維旐旟矣。古人之文往往有此例。如《尚書·君奭篇》曰「迪惟前人光」，猶云惟迪前人光也，故枚傳曰：「但欲蹈行先王光大之道。」又曰「天惟純佑命」，猶云惟天純佑命也，故枚傳曰：「惟天大佑助其王命。」「衆維魚矣，旐維旟矣」，亦猶是耳。後人不知古人文法之變，而異義橫生，不可從也。

無小人殆。（《節南山》《節南山之什》）

傳曰：「無以小人之言，至於危殆。」箋云：「殆，近也。無小人近。」

樾謹按：傳、箋義竝非也。「無小人殆」與上文「勿罔君子」義同，猶云無殆小人，到其文以協韻耳。詩意蓋謂勿誣罔君子，勿危殆小人也。《論語·爲政篇》「學而不思則罔，思而不學則殆」，罔、殆對文，即本于此。

君子如届，俾民心闋。

傳曰：「届，極。闋，息。」箋云：「届，至也。君子，斥在位者。如行至誠之道，則民鞠凶之心息〔一〕。」

樾謹按：「君子如届，俾民心闋。君子如夷，惡怒是違」，兩句反覆相明，與《巧言篇》「君子如怒」「君子如祉」句法相似。届與夷，猶怒與祉也。《説文・尸部》：「届，行不便也。」與夷之訓易，義正相反。字亦通作「艐」，《爾雅・釋詁篇》釋文引孫炎曰：「艐，古届字。」《説文・舟部》：「艐，船著不行也。」亦即行不便之意。闋者，閉也，《説文・門部》：「闋，事已閉門也。」傳訓闋爲息，乃從事已之義引申之。凡經傳「闋」字或訓終，或訓止，其義竝同，而不知言各有當。此經「闋」字不取事已之義，而取閉門之義，言君子所行如不便於民，則上下之情不通，而民之心閉矣。君子所行如平易近人，則民自去其惡怒之心也。兩句相對成義，傳、箋均未達其旨。

式月斯生。

箋云：「式，用也。用月此生，言月月益甚也。」

〔一〕 凶，《毛詩正義》《毛詩注疏》均作「訩」。

樾謹按：用月此生，甚爲不辭，箋義疑非經旨也。「月」乃「抈」之省，《説言・手部》：「抈，折也。」《太玄經・羡》：「上九：車軸折，其衡抈。」范望注亦曰：「抈，折也。」式抈斯生，言用折其生也。蓋「亂靡有定」，故民不得遂其生而夭折也。字又與「扤」通。《説文・手部》：「扤，動也。」《國語・晉語》曰「其爲本也固矣，故不可抈也」，韋注曰：「抈，動也。」是抈、扤同義。蓋從月、從兀之字聲近而義通，《説文・足部》「跀，或從兀」，即其例也。《正月篇》曰「天之扤我」，《釋文》曰：「扤，徐又音月。」然則此言「抈」，彼言「扤」，文異義同矣。

有菀其特。（《正月》）

箋云：「阪田崎嶇墝埆之處，而有菀然茂特之苗。」

樾謹按：茂特之苗但謂之「特」，於文未明。凡《詩》所云如「有蕡其實」「有鶯其羽」「有略其耜」「有捄其角」之類，末一字皆實有所指，非虚擬之詞，「有菀其特」亦猶是也。「瞻彼阪田，有菀其特」，與《桑柔篇》「瞻彼中林，甡甡其鹿」句法相似。「特」當爲三歲獸名。《伐檀篇》「胡瞻爾庭有縣特兮」，傳曰：「獸三歲曰特。」《周官・大司馬職》司農注亦曰「三歲曰特」，是也。《白帖》卷八十引此文作「有宛其特」，是經文「菀」字本不從草，後人因鄭訓爲「菀然茂特」，因并經文改爲「菀」耳。阪田之中有宛然之特，正見宗周既滅，田野荒蕪，故繼之曰「天之扤我，如不我克」也。

彼求我，則如不我得。

箋云：「彼，彼王也。王之始徵求我，如恐不得我，言其禮命之繁多。」

樾謹按：以箋説考之，此經當以「彼求我」三字爲句、「則如不我得」五字爲句。《禮記・緇衣篇》引此經，而鄭君解之曰「言君始求我，如恐不得我」，讀亦與此同也。近人讀「彼求我則」四字爲句，文不成義，殊不可從。

乃棄爾輔。

正義曰：「爲車不言作輔，此云『乃棄爾輔』，則輔是可解脱之物，蓋如今人縛杖於輻以防輔車也。」

樾謹按：毛、鄭皆不解「輔」字，未詳何物。正義所言近於臆説矣。《説文・革部》：「鞲，車下索也。」疑輔即是鞲，輔從甫聲，鞲從尃聲，而尃亦從甫聲，是其聲同也。輔爲車下索，故從車，而其質則革也，因又變爲從革之鞲，尃聲即甫聲也。猶鬴爲鍑屬，故從鬲，而其質則金也，因又變爲從金之釜，父聲即甫聲也，説詳余所著《字義載疑》。下文曰「無棄爾輔，員于爾輻」，傳曰：「員，益也。」其實員者，旋也，古員、云同字。十二章「昏姻孔云」，傳曰：「云，旋也。」「員于爾輻」，即云于爾輻，謂旋繞于其輻也。《周易·小畜》九三「輿説輻」，《釋文》曰：「輻，本亦作輹。」疑此經「輻」字亦「輹」字之誤。輹即所謂伏兔也，《釋名·釋車》曰：「屐，似人屐也。又曰伏兔，在軸上似之也。又曰輹，輹，伏也，伏於軸上也。」是「輹」即伏兔之異名。伏兔下有革繫之于軸之上，其名曰轐。《説文·車部》：「轐，車伏兔下革也。」是也。所謂輔者，殆以伏兔之爲物，其任至重，恐非一革所能勝，故又以此輔轐之不足歟？其名曰輔，即取輔助之義。《爾雅·釋詁》：「輔，俌也。」蓋輔助字古本從人作「俌」，其從車作「輔」者，爲車下索之專名，乃經典皆叚「輔」爲「俌」，於是又别製從革專聲之「鞲」字耳。《僖十五年左傳》正義引《子夏易傳》曰：「輹，車下伏菟也。形如伏菟，以繩縛於軸，因名縛也。」按：「縛」即「鞲」字，乃縛伏兔於軸者，而非即伏兔，《子夏傳》所云，混伏兔與鞲而一之矣。《説文》曰：「輹，車軸縛也。」《周易·大畜》釋文曰：「輹，車下縛也。」其説皆誤，附辨於此。

于何不臧。（《十月之交》）

正義曰：「於何不善乎？猶言一何不善。」

樾謹按：于即吁字，《騶虞篇》「于嗟乎騶虞」，是其證也。「于何不臧」猶曰于嗟乎，何其不臧？正義以爲「於何不善」，失之。

豔妻煽方處。

傳曰：「煽，熾也。」箋云：「七子皆用后嬖寵方熾之時，竝處位。言妻黨盛，女謁行之甚也。」

樾謹按：《釋文》曰：「處，一本作熾。」此涉鄭箋而誤也。傳云「煽，熾也」，是煽即熾矣，何又言熾乎？箋雖有「方熾」二字，然「方」在「熾」上，則非經文「方」字也。經文「方」字，鄭蓋訓爲「竝」，故經云「方處」，箋云「竝處位」也。《説文·方部》：「方，併船也。」《爾雅·釋水》「大夫方舟」，郭注曰：「併兩船。」蓋「方」之本義爲兩舟相竝，故「方」即訓「竝」，《尚書·微子篇》「小民方興」，《史記·宋世家》作「竝興」，是其證也。後人誤解鄭箋，致并經文而妄易之，不可從也。

題彼脊令。（《小宛》）

傳曰：「題，視也。」箋云：「題之爲言視睇也。」

樾謹按：篇首「宛彼鳴鳩」，傳曰：「宛，小貌。」「題彼脊令」與「宛彼鳴鳩」句同，宛以鳩言，題應以脊令言，傳、箋訓「題」爲「視」，則以人言矣。凡《詩》所云「鴥彼晨風」「弁彼鸒斯」「翩彼飛鴞」，上一字皆屬鳥，傳、箋非也。題當讀爲提，《僖二年穀梁傳》注「不言提其耳」，《釋文》

曰：「提，本作題。」是提與題古通用。《小弁篇》「歸飛提提」，傳曰：「提提，群貌。」「題彼脊令」之「題」，即「歸飛提提」之「提」也。又按，題與提竝叚借字，其本字當作「徥」。《説文・彳部》：「徥徥，行貌。」《方言》：「凡細而有容謂之嫢，或曰徥。」「歸飛徥徥」當從《説文》訓爲「行貌」，「徥彼脊令」當從《方言》訓爲「細而有容」，與「宛彼鳴鳩」義正相近。

哀我填寡。

傳曰：「填，盡。」箋云：「哀哉我窮盡寡財之人。」

樾謹按：填當讀爲矜，矜字從令，俗從今，誤也。令聲與真聲古音相同，《左傳》「顛軨」，《漢書》「滇零」，竝疊韻字，是古音相近之證。《周官・大司徒職》「則民慎德」，鄭注曰：「謂矜其善德，勸爲善也。」以「矜」訓「慎」，亦以同聲相訓。填之爲矜，猶慎之爲矜也。「哀我填寡」，即哀我矜寡。毛以本字讀之而訓爲「盡」，恐未得經旨。《釋文》曰：「《韓詩》作『疹』。疹，苦也。」《爾雅・釋言》曰：「矜，苦也。」然則「疹」與「矜」亦聲近而義通矣。

予之佗矣。（《小弁》）

傳曰：「佗，加也。」正義曰：「此佗謂佗人也。言舍有罪，而以罪予佗人，是從此而往加也，故曰『佗，加也』。」

樾謹按：正義之説迂迴難通，非古訓也。《説文·人部》：「佗，負荷也。」荷與加聲近義通，佗訓荷，故亦訓加。字亦作「拕」，《周易·訟》上九「終朝三褫之」，鄭本作「三拕之」，注曰：「三加之也。」拕之訓加，豈亦可云「謂佗人」乎？

君子無易由言。

箋云：「由，用也。王無輕用讒人之言。」

樾謹按：《抑篇》「無易由言」，箋云：「由，於也。女無輕易於教令。」此云「君子無易由言」，義與彼同，言君子無易於言，人之耳有屬於垣者，不可不慎也。箋訓「由」爲「用」，其義轉迂矣。

昊天已威，予慎無罪。昊天大幠，予慎無辜。（《巧言》）

傳曰：「慎，誠也。」

樾謹按：《白駒篇》「慎爾優游」傳、《巷伯篇》「慎爾言也」箋竝曰「慎，誠也」，與此文同。《荀子·勸學篇》「真積力久則入」，楊倞注曰：「真，誠也。」蓋慎、真古通用。《史記·魯世家》「真公」，《漢書·古今人表》作「慎公」，是其證也。「予慎無罪」「予慎無辜」，猶云予真無罪、予真無辜耳。《日知録》言五經無「真」字，不知古人即叚「慎」爲「真」也。

往來行言。

箋云：「善言者，往亦可行，來亦可行，於彼亦可，於己亦可，是之謂行也。」

樾謹按：箋義迂迴，非經旨也。行言者，輕浮之言。《九章算術・盈不足章》曰：「醇酒一斗，直錢五十。行酒一斗，直錢一十。」行與醇對。《説文・酉部》「醇，不澆酒也」，是「行」爲澆薄也。《潛夫論・浮侈篇》曰：「以完爲破，以牢爲行。」行與牢對，亦不堅固之意。小人之言輕浮無根，故謂之行言，曰「往來」者，正見其無定也。《尚書・盤庚篇》：「而胥動於浮言。」《金縢篇》：「乃流言于國。」「浮言」「流言」，竝與「行言」同。《廣雅・釋詁》曰：「流，行也。」《釋訓》曰：「浮浮，行也。」是浮與流皆有行義也。《泂酌篇》「泂酌彼行潦」，傳曰：「行潦，流潦也。」流言謂之行言，猶流潦謂之行潦矣。《管子・君臣下篇》「淫悖行食之徒」，尹知章注曰：「行食，游食也。」游言謂之行言，猶游食謂之行食矣。詩人以柔木興行言。柔木，木之柔脃者也。行言，言之浮薄者也。足知其取喻之精矣。

爾居徒幾何？

箋云：「女所與居之衆，幾何人？」

樾謹按：與居之衆謂之居徒，則不詞矣。「居」當訓爲蓄，《論語・公冶長篇》「臧文仲居蔡」，皇侃疏曰：「居猶蓄也。」「爾居徒幾何」，言爾所蓄徒衆幾何人也。

及爾如貫。（《何人斯》）

箋云：「我與女俱爲王臣，其相比次，如物之在繩索之貫也。」

樾謹按：箋義迂迴，非也。貫謂羈貫，《昭十九年穀梁傳》「羈貫成童」，范甯注曰：「羈貫，謂交午翦髮以爲飾。」是也。《甫田篇》「總角丱兮」，傳曰：「丱，幼穉也。」貫即丱也。上文曰：「伯氏吹壎，仲氏吹篪。」言童穉兄弟相與嬉戲，此情好之最篤者。我與爾之情亦如是，故曰「及爾如貫」，言如總角時無猜忌也。

爲鬼爲蜮。

傳曰：「蜮，短弧也。」箋云：「使女爲鬼爲蜮也，則女誠不可得見也。」

樾謹按：鬼誠不可見，若短弧則實有其物，豈遂不可見乎？《漢書·東方朔傳》「人主之大蜮」，師古注曰：「蜮，魅也。」《文選·東京賦》「八靈爲之震慴〔一〕，況鬾蜮與畢方」，李善注引《漢舊儀》曰：「魊，鬼也。魊與蜮古字通。」然則此經「蜮」字亦當爲「魊」。鬼也，魊也，一物也。傳

〔一〕慴，原文作「疊」，今據《文選·東京賦》改。

以爲「短弧」，非是。

既往既來，使我心疚。（《大東》　《谷風之什》）

箋云：「既，盡。疚，病也。言譚人自虛竭餫送而往，周人則空盡受之，曾無反幣復禮之惠。」

樾謹按：「既」雖訓「盡」，然盡往盡來，殊不成義。且譚人困於役而傷於財，得免爲幸，豈責報於周乎？「既」當作「餼」。《禮記・中庸篇》「既廩稱事」，鄭注曰：「既讀爲餼。」正義曰：「既與餼字聲同，故讀既爲餼。」「既往既來」，言周之役繇，佻佻公子往來不給，往者餼之，來者餼之，以致甚困，故「使我心疚」也。

不以服箱。

傳曰：「服，牝服也。箱，大車之箱也。」箋云「以，用也。牽牛不可用於牝服之箱。」

樾謹按：李善注《文選・思玄賦》引此文作「不可以服箱」，據箋文似當有「可」字，今本奪之耳。至傳、箋釋「服」字皆未合。服當讀爲負，服、負一聲之轉。《淮南子・人閒篇》「負輦載粟而至」，《御覽・治道部》「負輦」作「服撻」，是服、負古通用。《考工記・車人》注鄭司農曰「服讀爲負」，即其例也。「不可以服箱」猶云不可以負箱，言牽牛雖有牛名，而不可以負車箱也。

如以「服」爲牝服，則當云「不可以駕服箱」，如下章云「不可以挹酒漿」，文義方足。如但曰「不可以酒漿」，則文不成義矣。故知「服」非牝服也。古詩曰「南箕北有斗，牽牛不負軛」，皆用此詩之文，則「服」讀爲「負」，有明徵矣。

神保是饗。（《楚茨》）

傳曰：「保，安也。」箋云：「其鬼神又安而享其祭祀。」

樾謹按：「先祖是皇，神保是饗」，兩語相對。下文又曰「神保是格」「神保聿歸」，朱子《集傳》因以神保爲尸之嘉號，疑爲近之。然既曰「皇尸載起」，又曰「神保聿歸」，明亦未可以爲一也。保，蓋「師保」之「保」，《書序》「召公爲保，周公爲師」，是也，言保以兼師耳。《尚書·盤庚篇》曰：「兹予大享于先王，爾祖其從與享之。」《周官·司勳》曰：「凡有功者，銘書于王之大常，祭于大烝。」是古者烝祭以功臣配食。上文曰「以往烝嘗」，故并及之。其人皆先王師保之臣，故尊之曰「神保」。《長發》卒章兼及阿衡，即其例也。阿衡，《書·君奭篇》謂之「保衡」，然則阿、保一也。

君婦莫莫。

箋云：「君婦，謂后也。」

樾謹按：下文曰「諸宰君婦，廢徹不遲」，若以君婦爲后，而叙於諸宰之下，殊爲不倫，疑君婦非謂后也。古音君與群同，《周書·謚法篇》：「從之成群曰君。」《白虎通·號篇》：「君之爲言群也。」又《三綱六紀篇》：「君，群也。」《廣雅·釋言》亦曰：「君，群也。」蓋聲近者，義即相通。上文「先祖是皇」，箋云：「皇，暀也。」皇可爲暀，則君亦可爲群。君婦者，群婦也。《周官·九嬪》曰「贊后薦徹豆籩」，群婦即指九嬪之屬。不斥言后而曰群婦，正詩人立言之謹也。群婦則無嫌與諸宰連文，且宰曰諸宰，婦曰群婦，文正相對也。

信彼南山。（《信南山》）

箋云：「信乎彼南山之野。」

樾謹按：此以《信南山》名篇，猶之乎《節南山》也。「節彼南山」「信彼南山」語本一律。「節彼」之「節」，傳訓爲「高峻貌」，則「信彼」之「信」亦當以山之形狀言，不得如箋所云「信乎彼南山」也。古信、申同字，信當讀爲申，《爾雅·釋詁》「申，重也。」《離騷》「申申其詈余」，王逸注曰：「申申，重也。」「信彼南山」猶言申申然者彼南山，蓋言其山形之複沓也。「節彼南山」下云「維石巖巖」，故言其山形之高峻。「信彼南山」下云「畇畇原隰」，故言其山形之複沓。詩人之辭，固各指所之矣。

以我齊明。（《甫田》　《甫田之什》）

傳曰：「器實曰齊，在器曰盛。」箋云：「以潔齊豐盛，與我純色之羊，秋祭社與四方。」正義曰：「經、傳多『齊盛』連文，故傳因齊解盛。」

樾謹按：經文言「齊明」，傳箋竝言「齊盛」，正義以爲因齊解盛。然經文本無「盛」字，傳、箋且因齊而及之，經文實有「明」字，傳、箋均不之及，何邪？今按：齊明即齊盛也，《爾雅·釋詁》：「明，成也。」成與盛古字通，明既訓成，亦得訓盛。《淮南子·説林篇》「長而愈明」，高注曰：「明猶盛也。」《禮記·明堂位》正義曰：「明堂，盛貌。」竝其證也。然則「齊明」之即「齊盛」無疑矣。

禾易長畝。

傳曰：「易，治也。長畝，竟畝也。」

樾謹按：易當讀爲施。古施、易二字通用。《何人斯篇》「我心易也」，《釋文》曰：「易，《韓詩》作施。」是其證也。《禮記·樂記》引《詩》「施于孫子」，鄭注曰：「施，延也。」《皇矣篇》箋云：「施之言易也，延也。」「禾易長畝」，言禾連延竟畝耳。傳訓「易」爲「治」，失之。

既庭且碩。（《大田》）

傳曰：「庭，直也。」箋云：「衆穀生，盡條直茂大。」

樾謹按：上文言「播厥百穀」，猶未言百穀之生，此遽言條直茂大，於義未安。庭當讀爲挺，《説文・手部》：「挺，拔也。」《吕氏春秋・仲冬紀》「荔挺出」，高誘注曰：「挺，生出也。」「既挺且碩」謂百穀既生，又且碩大也。庭、挺同聲，故得通用。《考工記・弓人》注曰：「挺，直也。」然則訓「庭」爲「直」，亦是讀「庭」爲「挺」也。

先集維霰。（《頍弁》）

傳曰：「霰，暴雪也。」正義曰：「以比幽王漸致暴虐，且初爲霰者，久必暴雪，故言暴雪耳，非謂霰即暴雪也。」

樾謹按：暴之言爆爍也。《桑柔篇》「捋采其劉」，傳曰：「劉，爆爍而希也。」箋云：「捋采之，則葉爆爍而疏。」是「爆爍」有希疏之義。字亦作「暴樂」，《爾雅・釋詁》：「毗劉，暴樂也。」重言之曰「暴樂」，單言之則曰「暴」，猶重言之曰「毗劉」，單言之則曰「劉」也。暴雪者，謂雪初下暴樂而希也。《説文・日部》：「暴，晞也。」暴之爲希，猶暴之爲晞，其義得通。《爾雅・釋天》曰「雨霓爲霄雪。」霄與暴聲近，暴雪即霄雪。正義所説，非傳意矣。

辰彼碩女。（《車舝》）

傳曰：「辰，時也。」箋云：「喻王若有茂美之德，則其時賢女來配之。」

樾謹按：傳、箋義竝非也。辰讀爲振，《廣雅·釋言》：「辰，振也。」《白虎通·五行篇》：「辰則振之也。」是辰、振聲近義通。《麟之趾篇》「振振公子」，傳曰：「振振，仁厚也。」《殷其雷篇》「振振君子」，傳曰：「振振，信厚也。」重言之爲「振振」，單言之爲「振」，猶《采薇篇》曰「楊柳依依」，而此曰「依彼平林」，重言之爲「依依」，單言之爲「依」也。詩以「依彼平林」喻「辰彼碩女」，傳曰「依，茂木貌」，則「辰」亦形容碩女之詞，不得訓「辰」爲「時」矣。

有壬有林。（《賓之初筵》）

傳曰：「壬，大。林，君也。」箋云：「壬，任也，謂卿大夫也。諸侯所獻之禮既陳於庭，有卿大夫，又有國君，言天下偏至，得萬國之歡心。」

樾謹按：鄭讀「壬」爲「任」是也，以爲卿大夫，非也。卿大夫不得列於國君之上，且以「任」爲「卿大夫」，義亦迂曲。古音任與男相近，故《禹貢》「男邦」，《史記·夏本紀》作「任國」；《酒誥》「侯甸男衛」，《白虎通·爵篇》作「侯甸任衛」。然則任者，男也。《公羊傳》曰：「《春秋》伯、子、男，一也。」舉男足以兼伯、子矣。有任謂有小國之君，有林謂有大國之君。傳訓「林」爲

「君」，則「君」固通稱而得專指大國者。據《爾雅·釋詁》「公、侯，君也」，不及伯、子、男，是古大國之君始謂之「君」，後乃以爲通稱耳。小國列于大國之上者，亦猶《禹貢》先男邦後諸侯也。

威儀怭怭。

傳曰：「怭怭，媟嫚也。」

樾謹按：《說文·人部》：「佖，威儀也。從人必聲。《詩》曰：『威儀佖佖。』」是許所據本作「佖」，其解爲「威儀」，與毛迥異，疑「威儀」上當有「失」字。上文「威儀幡幡」，傳曰：「幡幡，失威儀也。」許意「佖佖」猶「幡幡」，故曰「佖，失威儀也」，正用毛義，傳寫奪「失」字而義不可通。《韻會》《廣韻》等書竟曰「有威儀」，失之遠矣。《漢書·楊雄傳》「駢衍佖路」，師古注曰：「佖，次比也。」次比，故有媟嫚之義。《法言·學行篇》「頻頻之黨」，李軌注謂「黨比游宴」，然則「佖佖」與「頻頻」，聲近而義通矣。

不知其秩。

傳曰：「秩，常也。」

樾謹按：下言「不知其郵」，箋云：「郵，過也。」此「秩」字若從傳義，則與下章不類矣。秩當作失，《爾雅·釋鳥》「秩秩，海雉」，《釋文》曰：「秩秩，本又作失失。」是「秩」與「失」通。「不知其失」，正與「不知其郵」同義。

是謂伐德。

箋云：「醉至若此，是誅伐其德也。」

樾謹按：德不可言誅伐，伐猶發也。《考工記·匠人》「一耦之伐」，鄭注曰：「伐之言發也。」是「伐」與「發」義通。《谷風篇》「無發我笱」，《釋文》引《韓詩》曰：「發，亂也。」此經「伐」字當讀爲「發」，而從《韓詩》訓「亂」，言醉至此，是亂其德也。箋義失之。

亦是戾矣。（《采菽》《魚藻之什》）

傳曰：「戾，至也。」箋云：「戾，止也。諸侯有盛德者，亦優游自安止於是，言思不出其位。」

樾謹按：此當以傳義爲長。「亦是戾矣」承上章「亦是率從」而言。上箋云「諸侯之有賢才之德，能辯治其連屬之國，使得其所，則連屬之國亦循順之。」然則此云「優哉游哉，亦是戾矣」，義與上同，言諸侯能優游其連屬之國，則連屬之國亦從之而至矣。箋訓「戾」爲「止」而引《論語》説之，轉於義未安。正義申傳曰「明王之德能如此，亦如是至美矣」，此未得傳意也。

後予極焉。（《菀柳》）

傳曰：「極，至也。」箋云：「極，誅也。」

樾謹按：極當爲愋。《説文・心部》「愋，疾也」，言其後乃憎疾我也，與「後予邁焉」一律，説詳下章。

後予邁焉。

箋云：「邁，行也。」

樾謹按：《白華篇》「視我邁邁」，傳曰：「邁邁，不悦也。」《説文・心部》：「怖，恨怒也。《詩》曰：『視我怖怖。』」是今《詩》作「邁邁」者，乃「怖」之叚字。此「邁」字亦當讀爲「怖」，言其後乃不悦我也。「後予愋焉」「後予怖焉」義本一律，因「愋」借「極」字、「怖」借「邁」字而傳、箋皆不得其旨矣。

臺笠緇撮。（《都人士》）

傳曰：「臺，所以禦暑。笠，所以禦雨也。」箋云：「臺，夫須也。都人之士以臺皮爲笠。」正義曰：「臺，草名，可以爲笠則一也。而傳分之者，笠本禦暑，故《良耜》曰『其笠伊糾』；因可以禦雨，故傳分之，以充二事焉。以緇、撮爲一，知臺、笠不二矣。」

樾謹按：《南山有臺篇》正義引傳曰：「臺，所以禦雨。」疑此傳暑、雨二字誤倒，段氏所訂《詁訓傳》已正之矣。惟傳既分爲二事，則當與箋不同。若如箋義「以臺皮爲笠」，安得曰「臺，所以禦雨；笠，所以禦暑」乎？疑毛公所據經文作「簦笠緇撮」。《説文·竹部》：「簦，笠蓋也。」「笠，簦無柄也。」二篆相連，即本《毛詩》。《國語·吴語》：「簦笠相望於艾陵。」唐尚書云：「簦笠，夫須也。」蓋讀簦笠爲臺笠，如鄭箋説也。古音臺在之咍部，簦在蒸登部，此二部古得相通。「得來」之爲「登來」、「耳孫」之爲「仍孫」，皆其例也。毛作「簦笠」，鄭作「臺笠」，故其説不同。正義據鄭本以解傳，宜其迂曲而不可通矣。《女曰鷄鳴篇》「知子之來之，雜佩以贈之」，「贈」可韻「來」，故「簦」可爲「臺」。乃陸德明作《釋文》時已無作「簦」之本，則古義之湮久矣。

言綸之繩。（《采緑》）

箋云：「綸，釣繳也。君子往狩與，我當從之，爲之韔弓。其往釣與，我當從之，爲之繩繳。」正義曰：「謂釣竿之上須繩〔一〕，則己與之作繩。」

〔一〕釣，原文作「鈞」，今據《毛詩正義》及清經解續編本《群經平議》改。

樾謹按：經文曰「言綸之繩」，不曰「言綸其繩」，與上句本不一律。箋以「韔弓」「繩繳」對舉，則知此句「繩」字與上句「韔」字對，此句「綸」字與上句「弓」字對。《爾雅·釋器》曰：「繩之謂之縮之。」郭璞注曰：「縮者，約束之。」「言綸之繩」，蓋謂君子釣訖，則其綸我爲收束之耳，與「言韔其弓」文不一律，而義則同。正義謂「與之作繩」，非是。

其葉有幽。（《隰桑》）

傳曰：「幽，黑色也。」

樾謹按：《伐木篇》「出自幽谷」，傳曰：「幽，深也。」《斯干篇》「幽幽南山」，傳曰：「幽幽，深遠也。」此文「幽」字，義亦當同，蓋葉盛則望之深遠矣。與上文「其葉有難」「其葉有沃」一律，不必爲黑色也。

露彼菅茅。（《白華》）

傳曰：「露亦有雲。」箋云：「白雲下露養彼，可以爲菅之茅。」正義曰：「言露亦有雲者，露雲氣微，不映日月，不得如雨之雲耳，非無雲也。」

樾謹按：傳、箋竝以「露」爲「雨露」之「露」，非經旨也。正義更曲明露之有雲，以證成傳義，甚無謂矣。《釋名·釋天》曰：「露，慮也，覆慮物也。」「覆慮」蓋古語，亦謂之「覆露」，《漢書・鼂錯傳》「今陛下配象天地〔一〕，覆露萬民」，《嚴助傳》「陛下垂德惠以覆露之」，《淮南子・時則篇》「包裹覆露，無不囊懷」，竝以「覆露」連文，即「覆慮」也，露、慮一聲之轉耳。「露彼菅茅」，言英英白雲，覆慮此菅茅也。毛公生六國時，古語已不盡可通，無怪顏師古注《漢書》、高誘注《淮南子》，於「覆露」之「露」皆以爲「雨露」字矣。

不皇朝矣。（《漸漸之石》）

箋云：「皇，王也。將率受王命東行而征伐，役人罷病，必不能正荆舒，使之朝於王。」正義曰：「王肅云：『武人，王之武臣征役者。言皆勞病，東行征伐東國，以困病不暇修禮而相朝。』此自王肅之説，毛意無以見其爲然，正以《詩》中諸言『不皇』多爲『不暇』，故存其説代毛耳。」

樾謹按：「不皇」即「不暇」，王肅説是也。若從鄭訓爲「王」，則首章「不皇朝」義尚可通，二、三章之「不皇出」「不遑他」，實不可通矣。至王肅之説，於義亦未盡得。正義曰：「受命出征，務服前敵，無暇相朝，自其常事，不當以此爲怨。」然則「不皇朝」者，非謂不暇相朝也。朝當

〔一〕配象天地，《漢書》作「配天象地」。

讀爲周，《汝墳篇》「惄如調飢」，傳曰：「調，朝也。」朝之爲周，猶調之爲朝也。上文「山川悠遠，維其勞矣」，箋以「勞勞廣闊」解之，惟廣闊，故不遑周也。二章云：「山川悠遠，曷其没矣？武人東征，不遑出矣。」傳訓「没」爲「盡」，惟其無盡，故不皇出也。「不皇周」「不皇出」皆見山川悠遠之意。然周者環周，出者直出。出且不皇，周更無論，二章視首章，其詞爲尤切矣。

群經平議卷十一

毛詩四

帝命不時。（《文王》《大雅·文王之什》）

傳曰：「不時，時也。時，是也。」

樾謹按：《清廟篇》曰：「不顯不承。」《孟子·滕文公篇》引《書》曰：「丕顯哉，文王謨。丕承哉，武王烈。」竝以「顯」與「承」相對，「不顯不承」即丕顯丕承也。此云「有周不顯，帝命不時」，猶云「有周丕顯，帝命丕承」，「時」與「承」一聲之轉。《儀禮·特牲饋食篇》「詩受之」，鄭注曰：「詩猶承也。」《説文·人部》：「侍，承也。」時之爲承，猶詩之爲承、侍之爲承，古音之咍與蒸登兩部得相通也。毛訓「時」爲「是」，失其義矣。

陳錫哉周。

傳曰：「哉，載。」箋云：「乃由能敷恩惠之施以受命，造始周國。」

樾謹按：箋以「陳」爲「敷陳」之「陳」，非經旨也。陳當讀爲申，陳錫即申錫也。《烈祖篇》「申錫無疆」，傳訓申爲重，是也。「陳」字本從申得聲，古文作敶，故得與「申」通矣。「哉」字之義，傳訓爲「載」，箋訓爲「始」，《宣十五年左傳》及《國語・周語》引此文竝作「陳錫載周」，則傳義是也。杜預注《左傳》曰：「言文王布陳大利，以賜天下，故能載行周道。」韋昭注《國語》曰：「言文王布賜施利，以載成周道。」此二注皆訓陳爲布，未達叚借之旨。至解「載」字，則韋説得之。蓋「成」字之義與「申」字相應，「申」字之義與上文「亹亹文王，令聞不已」相應。亹亹猶勉勉也。惟文王勉之又勉，故令聞不已；惟其令聞不已，故能申錫無疆載成周道也。下云「本支百世」，則所申錫者不止其身，且下及子孫矣。

厥猶翼翼。

傳曰：「翼翼，恭敬。」箋云：「猶，謀。」

樾謹按：《廣雅・釋詁》：「由，用也。」古字由與猶通，然則「厥猶翼翼」者，厥用翼翼也。箋訓「猶」爲「謀」，則誤以語辭爲實義矣。翼翼，衆也，《漢書・禮樂志》「其鄰翼翼」，師古注曰：「翼翼，衆貌。」是也。「世之不顯，厥猶翼翼。思皇多士，生此王國」，「翼翼」即以多士言。傳訓「恭敬」，亦失之矣。

常服黼冔。

傳曰：「黼，白與黑也。冔，殷冠也。」正義曰：「周冕無繢繡之飾，則殷冔亦不以黼爲飾。黼自衣服之所有也。《禮器》云：『冕，諸侯九旒。』注曰：『似夏、殷制。』則殷之諸侯祭服亦九章，而下不止於黼而已，舉一章而表之耳。」

樾謹按：黼謂黼領也。《爾雅·釋器》曰：「黼領謂之襮。」郭注曰：「繡刺黼文以褗領。」《唐風·揚之水篇》「素衣朱襮」〔一〕，傳曰：「襮，領也。諸侯繡黼，丹朱中衣。」然則黼領自是諸侯之制。此經以黼、冔竝言，黼是領，冔是冠也。正義以黼屬衣，謂「舉一章以表之」，非是。

王之藎臣，無念爾祖。

傳曰：「藎，進也。」箋云：「今王之進用臣，當念女祖爲之法。王，斥成王。」

樾謹按：上方言文王德盛，殷士咸來歸之，此忽言今王之進用臣，義不相屬。「王之藎

〔一〕揚，原文作「楊」，今據《毛詩正義》改。

臣」，蓋即指殷士也。殷士服殷之服，來助周祭，文王見而勸勉之曰「此孰非王之藎臣乎」？王謂殷王也。藎者，「㶳」之叚字，《説文・火部》：「㶳，火餘木也」，經典相承作「燼」，《桑柔篇》「具禍以燼」，箋曰「災餘曰燼」，是也。引申之，凡物之餘皆謂之燼，《國語・吴語》曰「然後安受其燼」，韋注曰：「燼，餘也。」字亦通作「藎」，《方言》：「藎，餘也。秦晉之間炊薪不盡曰藎。」《廣雅・釋詁》亦曰：「藎，餘也。」「王之藎臣」猶言王之餘臣，以其從殷而來，故謂之王之餘臣，猶曰波及晉國者，君之餘也。其人皆商之孫子，故以無念爾祖勖之。爾祖者，斥殷先哲王也。下章繼之曰「無念爾祖，聿修厥德。永言配命，自求多福」，皆文王勸勉殷士之詞，忠厚之至也。《振鷺篇》曰「以永終譽」，《有客篇》曰「降福孔夷」，其意正與此同。「殷之未喪師」以下，乃始戒成王耳。詩意若曰：商之子孫，固宜念爾之祖，聿修厥德，而我周之子孫亦宜以殷爲鑒，無遏爾躬也。鄭以「王之藎臣」即爲「斥成王」，則大畨矣。正義謂毛當同鄭，不然也。

俔天之妹。（《大明》）

箋云：「尊之如天之有女弟。」

樾謹按：天之女弟，其名甚異，恐非詩人立言之本旨也。《周易・歸妹》王注曰：「妹者，少女之稱。」然則天之妹猶言天之少女耳。《時邁篇》「昊天其子之」，王者爲天之子，則以其配爲天之女，義正相當也。《韓非子・詭使篇》「女妹有色」，又曰「女妹私義之門」，所謂女妹者，亦是少女之稱，非女弟也。

纘女維莘，長子維行。

傳曰：「纘，繼也。莘，大姒國也。長子，長女也。維行，大任之德焉。」箋云：「使繼大任之女事於莘國，莘國之長女大姒則配文王，維德之行。」

樾謹按：以「纘女」爲繼大任之女事，文甚迂迴，非經旨也。纘當作薦，《崧高篇》「王纘之事」，《潛夫論・志氏姓篇》作「王薦之事」，是其例也。《昭五年左傳》「求昏而薦女」，杜注曰：「薦，進也。」「纘女維莘」猶薦女維莘，言進女以爲昏者，實維莘國也。此句但言女，未言長幼，故又曰「長子維行」，言莘之長女於是乎行也。《儀禮・喪服篇》鄭注曰：「凡女行於大夫以上曰嫁，行於士庶人曰適人。」即此「行」字之義。傳、箋所説，均未得也。

維師尚父。

傳曰：「師，太師也。尚父，可尚可父。」箋云：「尚父，吕望也，尊稱焉。」正義曰：「《史記・齊世家》云：『太公望吕尚者，東海上人。西伯出獵，得之，曰「吾太公望子久矣」，故號之曰「太公望」。載與俱歸，立爲太師。』劉向《别録》曰：『師之，尚之，父之，故曰師尚父。父亦男子之美號。』《大誓》注云：『師尚父，文王於磻溪所得聖人吕尚，立以爲大師，號曰尚父，尊之。』其言皆與可尚父義同。」

樾謹按：諸説皆六國時好事者之言。古人名字相配，尚者，上也，上則爲人所望，故名望字尚也。其字也。太公蓋名望而字尚父。《詩》云「維師尚父」，與言「程伯休父」同，尚父乃其曰太公者，始封之君之尊稱，猶周之太王、吴之太伯、晉之太叔也。其後田齊之有國，始於田和而謂之太公和。以後證前，知太公望猶太公和矣。《史記》「太公望子」之説，與毛傳「可尚可父」之説，皆齊東野語，不足徵也。

迺宣迺畝。（《緜》）

箋云：「時耕曰宣。乃時耕其田畝。」正義曰：「『時耕曰宣』，無他文也，鄭以義言之耳。」

樾謹按：鄭釋「宣」字，未得其義。宣當作趄。蓋古者田畝有三歲一易之制。何休《公羊解詁》曰：「司空謹别田之高下美惡，分爲三品，上田一歲一墾，中田二歲一墾，下田三歲一墾。肥饒不得獨樂，墝埆不得獨苦，故三年一换主易居，財均力平。」是其事也。《説文・走部》有「趄」篆，曰「趄田易居」，即謂此。《左傳》「爰田」、《國語》「轅田」，皆其叚字。此經「宣」字亦「趄」之叚字，宣、趄竝從「亘」得聲，於叚借之例更近矣。蓋疆理既定之後，即定趄田之制，以均其肥瘠。「迺宣迺畝」，言乃趣易其田畝也。周制三年一易，實始於此。鄭以爲時耕其田畝，此則憂百畝之不易者農夫也，不足見古公規制之大矣。

縮版以載。

箋云：「既正則以索縮其築版，上下相承而起。」

樾謹按：箋以「載」爲「承載」之「載」，非也。載當讀爲栽，《禮記·中庸篇》「上天之載」，鄭注曰：「載讀曰栽。」是其例也。《哀元年左傳》正義曰：「栽者，豎木以約版也。」「縮版以栽」，謂既以索縮其築版，又豎木以約之也。鄭讀從本字，未得經旨。

鼛鼓弗勝。

箋云：「百堵同時起，鼛鼓不能止之，使休息也。《周禮》曰：『以鼛鼓鼓役事。』」正義曰：「引《周禮》者，《地官·鼓人》文。彼云『鼓役事』，此或云『止役事』，以上有止之之文而因設耳。定本云『鼓役事』。」

樾謹按：《周禮》原文「以雷鼓鼓神祀」以下凡六句竝作「鼓」，無異文，此引《周禮》不當作「止役事」也。《周禮》疏曰：「起役、止役皆用鼛鼓，兩處義得相兼。」此亦曲爲之説。竊謂鄭於「弗勝」二字，未得其義也。此章陾陾、薨薨、登登、馮馮，皆以聲言，百堵皆興，則衆聲竝作，鼛鼓之聲轉不足以勝之矣，故曰「鼛鼓弗勝」，非謂不能止之也。毛傳惟「馮馮」訓爲「聲」，「陾陾」則曰「衆也」，「登登」則曰「用力也」。然《説文・𨸏部》「陾，築牆聲也」，知《三家詩》固有以「陾陾」爲聲者，則薨薨、登登竝以聲言，從可知矣。

柞棫拔矣，行道兑矣。

傳曰：「兑，成蹊也。」箋云：「今以柞棫生柯葉之時，使大夫將師旅出聘問，其行道士衆兑然，不有征伐之意。」

樾謹按：箋義非傳意也。《爾雅・釋詁》：「拔，盡也。」《説文・手部》：「拔，擢也。」《廣雅・釋詁》：「拔，除也。」蓋大王始遷之時，土廣人稀，樹木充塞，其後生齒日繁，以次開闢，向來柞棫之區，今擢除既盡而成道路，故曰：「柞棫拔矣，行道兑矣。」「行道」連文，行亦道也。《爾雅・釋宫》：「行，道也。」非謂行道者也。《皇矣篇》「柞棫斯拔，松柏斯兑」，傳曰：「兑，易直也。」此經「兑」字與彼不殊，彼謂柞棫拔除而松柏挺然直立，此謂柞棫拔除而行道坦然平易也。易直之義通于此經矣。毛於此不釋「兑」字，而但曰「兑，成蹊也」，蓋謂此經以道路言，異於彼經以樹木言也。彼此貫通，固非鄭箋所能望矣。

古之人無斁，譽髦斯士。（《思齊》）

傳曰：「古之人無厭於有名譽之俊士。」箋云：「古之人，謂聖王明君也。口無擇言，身無擇行，以身化其臣下，故令此士皆有名譽於天下，成其俊乂之美也。」

樾謹按：傳、箋之義皆非也。「古之人」謂古老之人，《尚書·無逸篇》「否則侮厥父母曰：昔之人，無聞知」，枚氏傳解爲「古老之人」是也。此承上文「肆成人有德，小子有造」而言，惟成人有德，故古老之人不見厭惡；惟小子有造，故其俊士無不安樂也。譽讀爲豫，《昭二年左傳》「宣子譽之」，趙岐注《孟子》引作「豫」。《孟子·梁惠王篇》「一游一豫」，服虔注《左傳》引作「譽」，是譽、豫古通用。《爾雅·釋詁》：「豫，樂也。」又曰：「豫，安也。」故「豫」與「無斁」互文見義，無厭斁則豫樂可知，豫樂則無厭斁亦可知矣。「髦斯士」者，髦士也。「斯」乃語詞，《詩》中多有此例。「螽斯羽」者，螽羽也；「兔斯首」者，兔首也，說詳王氏引之《經傳釋詞》。下句「髦斯士」與上句「古之人」文正相配。古之人即古人，髦斯士即髦士。上句先言「古之人」，後言「無斁」；下句先言「譽」，後言「髦斯士」，錯綜成文，亦猶「迅雷風烈」之比。詩人立言之妙，雖毛、鄭其猶未得矣。

維此二國。（《皇矣》）

傳曰："二國，殷、夏也。"箋云："二國謂今殷紂及崇侯也。"正義曰："一紂而言二國，則是取類而言，故以二國爲殷紂、夏桀也。紂既喪殷，桀亦亡夏，其惡既等，故配而言之。孫毓云：『天觀衆國之政，求可以代殷之人。先察王者之後，故言商而及夏。夏者，夏禹之世。時爲二王之後者，不得追斥桀也。桀亡國六百餘年，何求於將代殷而惡之乎？』或以毓言爲毛義，斯不然矣。天求代殷之人，當觀可代之國。一姓不再興，亡國不再王。先察王者之後，欲何爲哉！"

樾謹按：鄭以二國爲殷紂、崇侯，其義未安。崇侯乃是人臣，何得竝稱二國？正義謂紂乃亡國之主，可以同之崇侯。夫既可同之崇侯，則亦可同之密、阮、徂、共，何不并稱六國，而必以二國、四國分别言之乎？竊謂孫毓之説，雖未知於毛意如何，然此詩之旨實當以孫説爲長。《尚書·多方篇》曰："非天庸釋有夏，非天庸釋有殷，乃惟爾辟，以爾多方，大淫圖天之命，屑有辭。"即此詩所謂"維此二國，其政不獲"也；又曰："天惟五年，須夏之子孫，誕作民主，罔可念聽。"然則孫毓所謂"先察王者之後"，信有徵矣。又曰"天惟求爾多方，大動以威，開厥顧天。"即此詩所謂"維彼四國，爰究爰度"也；又曰："惟爾多方，罔堪顧之，惟我周王，靈承于旅，克堪用德，惟典神天，天惟式教我用休，簡畀殷命，尹爾多方。」即此詩所謂「上帝耆之，憎其式廓」。乃眷西顧，此維與宅」也。蓋《皇矣篇》首章與《尚書·多方篇》大旨相同，皆謂殷既失道，天又顧念夏后氏子孫，欲以代殷。乃夏之子孫無可顧者，又博求之四方之國，而四方之國亦無其人，於是大命遂集於有周也。《多方篇》「須夏之子孫」，今從鄭義作「須暇之子孫」，於是經義遂晦，并此詩而失其解矣。説互詳《尚書》。

帝遷明德。

傳曰：「徙就文王之德也。」

樾謹按：帝徙明德，似爲不辭。《説文·辵部》：「遷，登也。從辵䙴聲。」《舁部》：「䙴，升高也。或從卩作㦮。」師古注《漢書·地理志》《郊祀志》竝以「㦮」爲古「遷」字，是遷、㦮古通用。㦮爲升高，故遷爲登，乃其本義也。自「遷徙」之義盛行，而本義亡矣。此經「遷」字當從本義，言帝因文王之明德而登進之也。

比于文王。

箋云：「王季之德，比于文王，無有所悔也。必比于文王者，德以聖人爲匹。」

樾謹按：王季，父也。文王，子也。父比于子，義殊未安。上文「維此王季」，《昭二十八年左傳》及《禮記·樂記》所引竝作「維此文王」，正義謂《韓詩》亦作「文王」，是此經毛、韓不同。韓於上文既作「維此文王」，則於此文必作「比于王季」。若使上下俱作「文王」，必無是理也。以文義而論，似以《韓詩》爲長。文王比于王季，猶大姒嗣大任之徽音。太任不必賢于大姒，王季不必聖于文王，立言之體宜爾也。毛本上下誤倒耳。

無然畔援。

傳曰：「無是畔道，無是援取。」箋云：「畔援，猶跋扈也。」《釋文》引《韓詩》曰：「畔援，武强也。」

樾謹按：傳分「畔援」爲二義，非也。畔援即畔喭也，《論語·先進篇》「由也喭」，鄭注曰：「子路之行，失於畔喭。」正義曰：「舊注作『吸喭』，《字書》『吸喭，失容也』。言子路性行剛强，常吸喭失禮容也。」此與韓、鄭義正合。援、喭音近，故得通用，猶美士曰彦，美女曰媛，亦取音義相近也。《玉篇》又引作「無然伴换」，蓋古人雙聲疊韻之字，皆無一定，畔援也，吸喭也，伴换也，一而已矣。《卷阿篇》「伴奐爾游矣」，「伴奐」，即「伴换」也。箋曰：「伴奐，自縱弛之意。」蓋即跋扈之義而引申之，美惡不嫌同詞。傳以爲廣大有文章，正義申明之曰「伴然而德廣大，奐然而有文章」，則分伴、奐爲兩義，與此傳分畔、援爲兩義，其失維均。

無矢我陵。

傳曰：「矢，陳也。」箋云：「矢，猶當也。」

樾謹按：矢當作弛，《江漢篇》「矢其文德」，《禮記・孔子閒居篇》引作「弛其文德」，是矢、弛古通用。《國語・魯語》「文公欲弛孟文子之宅」，韋注曰：「弛，毁也。」「無弛我陵」，言無毁我陵也。字本作「阤」，《説文・𨸏部》：「阤，小崩也。」《周語》「聚不阤崩」，注曰：「大曰崩，小曰阤。」《漢書・劉向傳》「山陵崩阤」，正可爲「無弛我陵」之證。傳、箋義竝未得也。

不長夏以革。

傳曰：「革，更也。不以長大有所更。」箋云：「夏，諸夏也。不長諸夏以變更王法者。」

樾謹按：傳、箋之説，均于義未安。《禮記・中庸篇》引上句「不大聲以色」，又引孔子曰「聲色之於以化民，末也」，則「聲色」二字自是平列，謂不大其聲與色也。朱子《集傳》曰：「以猶與也。」得其解矣，而於此句則曰「未詳」。今按：長之言常也，《廣雅・釋詁》曰「長，常也」，又曰「長，久也」，久亦常也。夏之言假也，《釋名・釋天》曰：「夏，假也，寬假萬物使生長也。」革之言急也，《禮記・檀弓篇》「若疾革」，鄭注曰：「革，急也。」急與寬假義正相反。明德之君，寬以濟猛，猛以濟寬，亦如天道然。夏之寬假，秋之緧迫，各以其時而異，故曰「不長夏以革」也。

以爾鉤援。

傳曰：「鉤，鉤梯也，所以鉤引上城者。」正義曰：「鉤援一物，正謂梯也。以梯倚城，相鉤引而上，援即引也。」

樾謹按：下句「與爾臨衝」，傳曰：「臨，臨車。衝，衝車。」正義曰：「臨者，在上臨下之名；衝者，從旁衝突之稱。」臨、衝非一車，則鉤、援當亦非一物，蓋皆兵器也。鉤、句古字通。兵器曲者謂之句。《考工記・廬人》「句兵欲無彈」，鄭注曰：「句兵，戈戟屬。」是也。直者謂之援，《考工記・冶氏》「援四之」，鄭司農曰：「援，直刃也。」是也。《晏子春秋・雜篇》「曲刃鉤之，直兵推之」，《吕氏春秋・知分篇》「直兵造胷，句兵鉤頸」，古言兵器必兼曲直，故詩以「鉤援」竝言。鉤、援有曲直之分，臨、衝有從上從旁之别，正見古人立言之不苟矣。

是絶是忽。

傳曰：「忽，滅也。」正義曰：「忽滅者，言忽然而滅，非訓忽爲滅也。」

樾謹按：正義之説，未得古訓。《爾雅・釋詁》：「忽、滅，盡也。」則忽與滅義同矣。《説文・心部》：「忽，忘也。」古忘與亡通，忽訓忘，即訓亡，《方言》：「忽，芒也。」「芒，滅也。」忽之言芒，芒之言滅，其義自通。孔氏謂「忽然而滅」，失之矣。

庶民子來。（《靈臺》）

箋云：「衆民各以子成父事而來攻之。」

樾謹按：朱子《集傳》曰：「如子趣父事，不召自來。」然鄭箋之意實不如此，蓋謂衆民樂於就役，凡有私事各使其子成之，而自來攻作也。至《孟子》引此文而趙岐解之曰「衆民自來趣之，若子來爲父使也」，此則《集傳》之説矣。鄭説失之迂曲，趙説又太巧，恐皆非經旨。《史記·律書》曰：「子者，滋也，言萬物滋於下也。」蓋古音子與滋同，故《周易·明夷》六五「箕子之明夷」，《釋文》曰：「今《易》『箕子』作『荄滋』。」此文「子」字亦當讀爲「滋」。《説文·水部》：「滋，益也。」《昭三年左傳》「宮室滋侈」，《十六年傳》「爲罪滋大」，杜注竝曰：「滋，益也。」《老子》曰：「民多利器，國家滋昏。人多伎巧，奇物滋起。」《吕氏春秋·懷寵篇》曰：「行地滋遠，得民滋衆。」《漢書·吴王濞傳》曰：「徵求滋多。」《酷吏·咸宣傳》曰：「盜賊滋起。」其義竝同。「經始勿亟，庶民滋來」，言文王寬假之而庶民益來也。因叚「子」爲「滋」，而説者遂望文生訓，使經文之平易者變爲艱深矣。《一切經音義》卷三曰：「滋，古文孖同。」是「滋」字，古文有從二子者，則「子來」之爲「滋來」無疑矣。

下武惟周。（《下武》）

傳曰：「武，繼也。」箋云：「下猶後也。後人能繼先祖者，維有周家最大。」

樾謹按：以「下武」爲「後繼」，其義迂曲，殊不可通。《序》曰：「下武，繼文也。」箋云：「繼文者，繼文王之王業而成之。」夫「文」字既爲文王之文，則「武」字亦即武王之武。「下武」者，猶言武王在下也。《文王篇》曰「文王在上」，正與「下武」相對成義。下猶後也，上猶前也。彼《序》曰「文王受命作周也」，文王在上，既受命作周，又繼以在下之武王，而有周之業成矣，故曰「下武維周」。《周頌·武篇》曰「嗣武受之」，下武猶嗣武也。

既伐于崇。（《文王有聲》）

正義曰：「武功之中，既兼伐崇，而別言『既伐于崇』者，以其功最大，其伐最後，故特言之。」

樾謹按：「既伐于崇，作邑于豐」，兩句初非對文。「于崇」之「于」當作「邘」，亦國名也。《尚書大傳》：「文王受命，一年斷虞芮之訟，二年伐邘，三年伐密須，四年伐犬夷，五年伐耆，六年伐崇。」此云「既伐邘崇」，蓋言邘言崇，而密須也、犬夷也、耆也，皆包其中矣。若《史記》所載次第，與《大傳》不同，虞芮決獄之後，明年伐犬戎，明年伐密須，明年敗耆國，明年伐邘，明年伐崇侯虎，而作豐邑，未知與《大傳》孰是。然如史公說，則伐邘崇與作豐邑事適相連，故詩人連及之，事或然也。「邘」作「于」者，如酆之爲豐，郱之爲祭，古文省邑旁耳。毛公無傳，未知其說云何。鄭解上句「有此武功」曰：「謂伐四國及崇之功也。」則已不知下句「既伐于崇」爲邘、崇二國矣。

誕置之隘巷。（《生民》《生民之什》）

傳曰：「天生后稷，異之於人，欲以顯其靈也。帝不順天，是不明也，故承天意而異之於天下。」

樾謹按：不夫而孕之說，毛所不信，其見卓矣。然以人道生子，自是常事，何異之有？爲父母者，何知天意欲異之乎？宜後之學者舍毛而從鄭矣。今按：此詩之意在「后稷呱矣」一句，蓋直至鳥去之後，后稷始呱，然則前此者后稷未嘗呱也。凡人之初生，無不呱呱而泣。后稷生而不呱，是其異也。於是人情駭怪，僉欲棄之。帝嚳所以不禁者，明知神聖之子，雖寘死地必無所妨，姑從衆意，以顯其異。於隘巷、於平林、於寒冰，愈棄愈遠，且亦愈險，聖人不死，昭然可見。而后稷亦既呱矣，於是收而養之，而名之曰棄，志異也。詩人歌咏其事，初不言其棄之之由，而於其卒也曰「后稷呱矣」，蓋没其文於前而著其義於後，此正古人文字之奇，乃學者則莫之能得矣。

實方實苞。

傳曰：「方，極畝也。」正義曰：「方者，正方之義。謂極盡壟畝，種無不生，地皆方正有苗，故以方爲極畝。」

檝謹按：方與旁通，《尚書·堯典篇》「共工方鳩孱功」〔一〕，《史記·五帝紀》作「共工旁聚布功」，《大禹謨篇》「方施象刑惟明」，《新序·節士篇》作「旁施象刑維明」，竝其證也。《說文·上部》：「旁，溥也。」毛意「方」即「旁」之叚字，有溥偏之義，故訓爲「極畝」。孔以「方正」說之，非毛意矣。

籩豆静嘉。（《既醉》）

箋云：「乃用籩豆之物，潔清而美。」

檝謹按：鄭意以潔清訓静，以美釋嘉，其實静亦嘉也。《藝文類聚》引《韓詩》曰：「東門之栗，有静家室。」静，善也。《尚書·堯典篇》「静言庸違」，《史記·五帝紀》作「善言」，蓋静、善一

〔一〕 孱，《尚書正義》《尚書注疏》均作「僝」。

聲之轉耳。静與嘉其義同。

永錫爾類。

傳曰：「類，善也。」箋云：「孝子之行，非有竭極之時，長以與女之族類，謂廣之以教道天下也。《春秋傳》曰：『潁考叔〔一〕，純孝也，施及莊公。』」

樾謹按：下章云「永錫祚胤」，箋云：「天又長予女福祚，至于子孫。」然則此章「永錫爾類」亦當爲天之所予，鄭用《左傳》義，與下章「永錫」不一律矣。《國語・周語》叔向引此詩而説之曰：「類也者，不忝前哲之謂也。」然則類猶肖也，丹朱、商均之不肖，是即不類矣。啓賢能敬承繼禹之道，是即類矣。《孟子》曰：「其子之賢、不肖，皆天也。」知賢、不肖之皆天，則可知「永錫爾類」之義矣。周之興也，世有哲王，是即天之永錫爾類也。《孟子》以賢、不肖對稱，賢即是肖，不肖即是不賢，故河上公注《老子》曰：「肖，善也。」類之訓善，其義亦如此矣。毛傳即本叔向説，可知春秋時師説如此。《左傳》引以美潁考叔，乃後人附益，不足據也。鄭據以易傳，誤矣。

〔一〕潁，原文作「穎」，今據《毛詩正義》改。下「潁」字同。

釐爾女士。

傳曰：「釐，予也。」箋云：「予女以女而有士行者。」

樾謹按：以「女士」爲女有士行，其説巧矣。然經文平易，恐不如是也。《甫田篇》：「以穀我士女。」此云「女士」，猶彼云「士女」，倒文以協韻耳。下云「從以孫子」，孫子即子孫，則女士即士女也。釐當訓福，《漢書·文帝紀》「祠官視釐」，《禮樂志》「媪神蕃釐」，集注竝曰：「釐，福也。」釐讀曰禧，《爾雅·釋詁》：「禧，福也。」然則「釐爾女士」者，福爾女士也，與「穀我士女」同義。《大戴禮記·夏小正篇》：「綏多女士。」女士亦即士女也。臧氏琳曰：「《毛詩》《周禮》《儀禮》疏皆引作『綏多士女』，今本誤倒。」然士女、女士於義俱通，不必乙正。

福禄來爲。（《鳧鷖》）

傳曰：「厚爲孝子也。」箋云：「爲，猶助也。」

樾謹按：一章曰「福禄來成」，二章曰「福禄來爲」，文異而義同。《廣雅·釋詁》：「爲，成也。」《淮南子·本經篇》「五穀不爲」，高注曰：「不爲，不成也。」是爲與成同義，當訓曰「爲猶成也」，不必别爲之説。

公尸來燕來宗。既燕于宗，福禄攸降。

箋云：「其來燕也，有尊主人之意。既，盡也。宗，社宗也。群臣下及民，盡有祭社之禮而燕飲焉，爲福所下也。」

樾謹按：「既燕于宗」，即承「來燕來宗」而言，謂既燕與宗，則福禄攸降也。王氏引之《經傳釋詞》曰：「于，猶越也，與也。」《書·大誥》：「越爾御士〔一〕。」王莽倣《大誥》曰：「于女卿大夫、元士御事。」是連及之詞曰越，亦曰于也。孔氏廣森《經學卮言》曰：「凡事有兩端，云某及某者，行文之常也。《書》則用『于』用『越』。」引《多方》「不克敬于和」，《康誥》「德之説于罰之行」爲證。以王氏、孔氏之説推之，則「既燕于宗」猶既燕與宗矣，正承上文而言。鄭惟不解「于」字，乃以「宗」爲社宗，使兩句異義，失之甚也。

公尸來止熏熏。旨酒欣欣，燔炙芬芬。

傳曰：「熏熏，和悦也。欣欣然，樂也。芬芬，香也。」

樾謹按：《説文·屮部》：「熏，火烟上出也。」《雲漢篇》「憂心如熏」，傳曰：「灼也。」疑不

〔一〕　士，《尚書正義》《尚書注疏》均作「事」。

得有「和悦」之義。至「欣欣」訓「樂」，固屬常訓，然以下句「燔炙芬芬」例之，芬芬既以燔炙言，則欣欣亦當以旨酒言。今訓爲樂，則以飲酒者言，二句不一律矣。竊疑經文「熏熏」「欣欣」字當互易。「公尸來止欣欣」，言公尸之和説也。「旨酒熏熏」，此「熏」字乃「薰」字之叚借。《爾雅・釋訓》：「炎炎，熏也。」《釋文》曰：「本或作薰。」是熏、薰古通用。《説文・艸部》：「薰，香草也。」蓋因艸之香而引申之，則凡香者皆得言「薰」，猶「芬」之本義，《説文》云：「艸初生，其香分布。」是亦因艸之香而引申之，則凡香者皆得言芬也。是故「旨酒薰薰」言酒香也，「燔炙芬芬」言炙香也。欣欣、薰薰字音相同，古書多口授，誤到其文耳。或以《説文・酉部》「醺」下引《詩》「公尸來燕醺醺」，疑其不誤。然許氏引經有合兩句爲一句者，如「東方明矣，朝既昌矣」，《説文》則引作「東方昌矣」；「混夷駾矣，維其喙矣」，《説文》則引作「犬夷呬矣」。凡此疑皆傳寫奪之，未可竟據以改經。觀《説文》作「醺醺」，其字從酉，益知其當在「旨酒」下矣。

干禄百福，子孫千億。（《假樂》）

箋云：「干，求也。十萬曰億。成王行顯顯之令德，求禄得百福，其子孫亦勤行而求之，得禄千億。」

樾謹按：「干」字疑「千」字之誤。千禄百福，言福禄之多也；子孫千億，言子孫之多也。

鄭作「干禄」而訓爲「求」，殆其所據之本誤耳。何以明之？《旱麓序》曰：「周之先祖，世修后稷、公劉之業，大王、王季申以百福干禄焉。」此「干」字明是「千」字之誤，段氏玉裁所訂《故訓傳》已正之矣。彼《序》正本此經，故知此經亦誤也。

爰方啓行。（《公劉》）

傳曰：「以方開道路去之豳，蓋諸侯之從者十有八國焉。」箋云：「告其士卒曰『爲女方開道而行』，明己之遷，非爲迫逐之故，乃欲全民也。」

樾謹按：鄭意謂公劉以民之故方有此行，然非毛旨也。毛蓋訓「方」爲「竝」，方之訓竝，説已見《十月之交篇》。方開道路，即是竝開道路，故繼之曰「蓋諸侯之從者十有八國」，正所以明「方」之爲「竝」也。

何以舟之。

傳曰：「舟，帶也。」箋云：「民亦愛公劉之如是，故進玉瑤、容刀之佩。」

樾謹按：傳、箋異義。傳以舟猶周也，周之言周帀也，故訓爲帶。箋意舟亦爲周，周與酬通。《儀禮・鄉飲酒篇》注曰「酬之言周」，是也。「何以舟之」，即何以酬之，故曰「公劉之相此原地也，由原而升巘，復下在原，言反覆之，重居民也。民亦愛公劉之如是，故進玉瑤、容刀之佩。」是鄭意謂民以此相酬，乃易傳，非申傳也。毛傳竝無民進玉瑶、容刀之説，正義以鄭述毛，非是。《渭陽篇》「何以贈之？瓊瑰玉珮」，文法與此相似。鄭義自勝於毛，正義混而一之，則鄭義晦矣。

乃造其曹。

傳曰：「曹，群也。」箋云：「群臣適其牧群。」

樾謹按：公劉之時雖屬艸刱，然執豕豈遂乏人，乃使群臣親造牧群乎？毛意未必然也。「造猶比也，《爾雅·釋水》曰「天子造舟」，郭注曰：「比船爲橋。」《大明篇》正義引李巡曰：「比其舟而渡曰造舟。」孫炎曰：「造舟，比舟爲梁也。」是造有比義。《文選·東京賦》曰「次和樹表」，薛注曰：「次，比也。」造、次一聲之轉，次爲比，故造亦爲比。上句「既登乃依」，傳曰：「賓已登席坐矣，乃依几矣。」然則毛訓曹爲群者，其意謂衆賓也。「乃造其曹」者，謂比次其衆賓之位也。箋義非是。

既庶且多。（《卷阿》）

箋云：「庶，衆。」正義曰：「王賜其車衆多矣。庶、多一也，丁寧以足句。」

樾謹按：凡言「且」者，必有異義，不得謂「丁寧以足句」也。多當讀爲侈，《哀七年左傳》「魏曼多」，《史記·魏世家》作「魏侈」，是「多」與「侈」古通用。《禮記·雜記》「其衰侈袂」，鄭注曰：「侈猶大也。」既「庶且侈」，庶以車之數言，侈以車之制言。《考工記·輿人》曰「飾車欲侈」，《晏子春秋·外篇》曰「公乘侈輿」〔一〕，皆其證也。

憯不畏明。（《民勞》）

傳曰：「憯，曾也。」箋云：「又用此止爲寇虐，曾不畏敬明白之刑罪者。」

樾謹按：如箋義，則必與上句「式遏寇虐」連讀，乃得其義。然次章「式遏寇虐，無俾民憂」，三章「式遏寇虐，無俾作慝」，四章「式遏寇虐，無俾正敗」，五章「式遏寇虐，無俾正反」，皆不以兩句連讀，箋義非也。傳訓「憯」爲「曾」，乃語詞，無實義。「憯不畏明」言不畏明也。《尚書·洪範篇》曰：「無虐煢獨而畏高明。」《史記集解》引馬注曰：「高明顯寵者，不枉法畏之。」此云「畏明」，與彼云「畏高明」義同，言爲寇虐者必遏止之，不以其高明而畏之也。

爾用憂虐。（《板》）

箋云：「乃告女用可憂之事，而女反如戲謔。」

樾謹按：如箋義，則「虐」字與上三字不屬，不辭甚矣。憂當爲優，《襄六年左傳》「長相

〔一〕 輿，原文作「與」，今據《晏子春秋》及《〈春在堂全書〉校勘記》改。

優」，杜注曰：「優，調戲也。」「爾用優謔」，言爾用我言相戲謔也。優、謔連文，義亦不異。憂者，優之本字。《說文·夊部》：「憂，和之行也。」引《詩》曰：「布政憂憂。」今詩作「優優」，蓋由後人以「憂」爲「惪愁」字而改之。此經「憂」字因鄭訓爲「可憂」，故得存其本字，而其義則久晦矣。

則莫我敢葵。

箋云：「葵，揆也。民方愁苦而呻吟，則忽然有揆度知其然者。」正義曰：「無有揆度知其然，謂君臣立不察民也。」

樾謹按：考文古本此箋「忽然」下有「無」字，乃從正義本也。然經文云「莫我敢葵」，尋繹敢之一言，則所謂揆度者，乃以下揆上，非以上揆下。蓋民於愁苦呻吟之中而展轉揆度其所以使我至於此極之故，於是强者怒於言，弱者怒於色，而亂從此始矣。詩人若曰民方愁苦而呻吟，則無乃敢於揆度我乎？莫之云者，猶曰無乃如此也。箋中「忽然」二字，從經文「方」字生出，謂方當呻吟之時，忽然動此一念也。正義不達此旨，乃曰「汝君臣忽然則莫有察我民敢能揆度知其然者」。夫揆度民情，但當言能不能，不當言敢不敢，而曰「敢能揆度」，於義不可通，足知其非矣。

攜無曰益。

箋云：「女攜掣民東與西與，民皆從女所爲，無曰是何益。」

樾謹按：經止言「益」，箋乃言「是何益」，非經旨矣。《釋名·釋州國》曰：「益，阨也。」《古微書》引《春秋元命苞》曰：「益之言隘也。」隘與阨通。《禮記·禮器篇》「君子以爲隘矣」，《釋文》曰：「隘，本作阨。」是其證也。《説文·𨸏部》：「阨，塞也。」《史記·商君傳》「魏居嶺阨之西」，索隱曰：「阨，阻也。」「攜無曰益」，言如取如攜，無曰有所阻塞也，牖民乃孔易耳。如此，則上下文義皆順矣。

而秉義類。（《蕩》《蕩之什》）

箋云：「義之言宜也。類，善。女執事之人宜用善人〔一〕。」

樾謹按：下文即云「彊禦多懟」，與此一氣相承，竝無不用此反用彼之意。然則鄭解「義類」爲「宜用善人」，非經旨也。《尚書·立政篇》「茲乃三宅無義民」，《吕刑篇》「鴟義姦宄」，王氏念孫曰：「義與俄同，衺也。」引《大戴禮·千乘篇》「誘居室家，有君子曰義」及《管子·明法

〔一〕之人，《毛詩正義》《毛詩注疏》均作「之臣」。

解篇》「雖有大義，主無從知之」爲證。此經「義」字亦「俄」之叚字。類與戾通，《周書・史記篇》「愎類無親」，孔晁注：「類，戾也。」《説文・犬部》：「戾，曲也。」然則「義類」猶言衺曲也。「而秉義類，彊禦多懟」，言女執事皆衺曲之人及彊禦衆懟者也。《昭十六年左傳》：「刑之頗類。」義類與頗類同，頗、義古同部字。

侯作侯祝，靡届靡究。

傳曰：「作、祝，詛也。届，極。究，窮也。」正義曰：「作，即古『詛』字。傳辨『作』爲『詛』，故言『作、祝，詛也』。」

樾謹按：段氏玉裁曰：「作祝詛也，四字一句，『侯作侯祝』與『乃宣乃畝』『爰始爰謀』句法同。」此説於傳意得矣，然經意則似未必然也。作，始也，見《魯頌・駉》傳。祝亦始也，見《國語・鄭語》韋昭注及《釋名・釋親屬篇》。「侯作侯祝，靡届靡究」兩句反覆相承。作、祝義同，届訓極，究訓窮，其義亦同，蓋言厲王任用小人，方興未艾也。

殷鑒不遠，在夏后之世。

箋云：「近在夏后之世，謂湯誅桀也。」

樾謹按：若如箋義，則夏后之世猶云夏后之時〔一〕。自禹至于桀載祀六百，皆夏后之世也，安得專指桀而言乎？鄭於「世」字殆未得其解也。《裳裳者華·序》曰：「棄賢者之類，絶功臣之世焉。」正義曰：「棄去賢者之胤類，絶滅功臣之世嗣。」又曰：「類謂種類，世謂繼世。」此經「世」字義與彼同，蓋謂夏后氏之繼世，在殷時爲二王之後者，以其爲亡國之子孫，故可以爲鑒。《皇矣篇》正義謂「殷之末年，夏后絶矣」，未必然也。

其在于今，興迷亂于政。（《抑》）

箋云：「于今，謂今厲王也。興，猶尊尚也。王尊尚小人，迷亂於政事者。」

樾謹按：以「興」爲「尊尚」，則尊尚迷亂于政，不辭甚矣。興與舉同義，《廣雅·釋詁》：「興，舉也。」《襄六年左傳》「君舉不信群臣乎」，杜注曰：「舉，皆也。」舉爲皆，興亦得爲皆。蓋「興」於《説文》隸《舁部》，舁者，共舉也，而字又從同，許君謂取同力之義。然則興之訓皆，於義更近矣。「興迷亂于政」，言皆迷亂于政也，蓋謂君臣皆迷亂。今者以其時而言，非必專斥王也。《蕩篇》「女興是力」，箋云：「女群臣又相與而力爲之」。正義曰：「定本作『相興而力爲之』。女群臣又相與而力爲之」。

〔一〕則夏后，原文作「則夏侯」，今據上下文義改。

之』。」此未知與箋意孰得。竊謂「女興是力」，亦即女皆是力也。然則從正義本作「相興」〔一〕，義似較優矣。

女雖湛樂從。

箋云：「女君臣雖好樂嗜酒而相從。」

樾謹按：雖當讀爲惟，「女惟湛樂從」，猶《尚書·無逸篇》曰「惟躭樂之從」也。雖與惟通，說見王氏引之《經傳釋詞》。如箋義，轉爲迂曲矣。

言不可逝矣。

箋云：「逝，往也。」

樾謹按：言不可往矣，於義未安。《日月篇》「逝不古處」，傳曰：「逝，逮也。」《有杕之杜篇》釋文引《韓詩》曰：「逝，及也。」「言不可逝」，猶言不可及，蓋即「駟不及舌」之意。

〔一〕興，原文作「與」，今據清經解續編本《群經平議》改。

矧可射思。

箋云：「神之來至去止，不可度知，況可於祭末而有厭倦乎？」

樾謹按：「矧」字之義承上文而進一説也。「厭倦」與「度知」兩意不倫，乃云「不可度知，矧可厭倦」，詞雖屬而意不貫矣。此「射」字當讀如本字，與「射策」「射覆」義同。蓋射者期於中，凡射策、射覆者亦期於中。《漢書・藝文志》著龜家有《隨曲射匿》五十卷。「射匿」疑即射覆。覆而匿之，人所不知，以意縣揣而期其中，此射之義也。詩人之意謂神之來格，不可揆度，矧可縣揣？鄭以「厭倦」釋之，非經旨也。毛公無傳，蓋正讀如本字，故不煩詁訓也。

覆用爲虐。

箋云：「反謂之有妨害於事。」

樾謹按：箋訓虐爲害，非經旨也。虐讀爲謔，言反以爲戲虐也。《板篇》曰：「我言維服，勿以爲笑。」「爲笑」爲「爲虐」正同。

告爾舊止。

箋云：「舊，久也。止，辭也。」

樾謹按：《小旻篇》「國雖靡止」，箋云：「止，禮也。」「舊止」之「止」亦當訓「禮」，言告爾以舊禮也。篇首曰「抑抑威儀」，次章曰「敬慎威儀」，五章曰「敬爾威儀」，八章曰「淑慎爾止，不愆于儀」，詩中屢以「威儀」爲言，故終之曰「告爾舊止」。「舊止」者，先王之禮也。此「止」字與「淑慎爾止」之「止」同。箋於彼「止」字訓爲「容止」，而以此「止」字訓爲語辭，所未喻也。

征以中垢。（《桑柔》）

傳曰：「中垢，言闇冥也。」正義曰：「垢者，土處中而有垢土，故以中垢言闇冥也。」

樾謹按：「中垢」即中冓也，《牆有茨篇》「中冓之言」，《釋文》引《韓詩》云：「中冓，中夜。」《漢書・文三王傳》「聽聞中冓之言」，晉灼曰：「冓，《魯詩》以爲夜也。」是《韓》《魯詩》竝以「中冓」爲「中夜」。垢與冓通，《周易》「姤」，古文作「遘」，即其例也。毛訓「中冓」爲「内冓」，異於《韓》《魯》，而此「中垢」訓爲「闇冥」，則亦與《韓》《魯》同。「征以中垢」者，征以中夜也，故曰「中垢言闇冥也」。古者宵行有禁，行於闇冥之中，是不順矣。正義所説，未得毛意。

有俶其城。（《崧高》）

傳曰：「俶，作也。」

樾謹按：「俶」固訓「作」，然凡云「有」者，如「有蕡其實」「有倬其道」之類，皆形容之辭。

訓俶爲作，則非其義矣。《既醉篇》「令終有俶」，箋云：「俶猶厚也。」「有俶其城」亦當訓「厚」，城貴其高，亦貴其厚，傳曰：「厚其牆垣。」牆垣猶須厚，而況城乎？故以「有俶」形容其厚也。

衮職有闕。（《烝民》）

傳曰：「有衮冕者，君之上服也。仲山甫補之，善補過也。」箋云：「衮職者，不敢斥王之言也。王之職有闕，輒能補之者，仲山甫也。」

樾謹按：傳訓衮，不訓職，箋以「衮職」連文，恐非經意也。「職」乃語詞，當讀爲「識」。《周官》「職方氏」，《修華嶽碑》作「識方氏」，是職、識古字通用也。《成十六年左傳》「識見不穀而趨」，《國語・晉語》作「屬見不穀而下」，韋昭注曰：「屬，適也。」然則「識」亦猶「適」也。「衮識有闕」者，衮適有闕也。蓋詩人本借衮以寓王，闕乃衮衣之闕，而非服衮衣者職事之闕。補即補衮衣，而非補服衮衣者之職事。若以「衮職」連文，則詩人之語妙全失矣。《宣二年左傳》引此文，杜預注曰：「衮，君之上服。闕，過也。言服衮者有過，則仲山甫能補之。」杜必以「服衮」言，其見殊拘，然不釋「職」字，是固以爲語詞矣。意晉以前爲毛學者，其説固如此與？

榦不庭方，以佐戎辟。（《韓奕》）

傳曰：「庭，直也。」箋云：「當爲不直，違失法度之方，作楨榦而征之[一]，以佐助女君。」

樾謹按：箋義迂曲，非經旨也。《廣雅·釋詁》曰：「榦、焉，安也。」榦與焉同訓，是「榦」亦語詞矣。焉猶何也，如《論語》「焉用佞」之類，是也。安亦猶何也，如《禮記》「安取彼」之類，是也。然則榦亦猶何也，「榦不庭方」與「曷不肅雝」句法相似。易與榦，一聲之轉。《月令》「鶡旦」，《文選·七發》作「鳱鴠」。曷之爲榦，猶鶡之爲鳱。榦從倝聲，與干聲同部也。庭方者，直方也。《易》曰：「君子敬以直内，義以方外。」是其義也。王之命韓侯，若曰：朕命不易，女曷不直方以佐女君乎？蓋戒勉之辭。

汾王之甥。

傳曰：「汾，大也。」箋云：「汾王，厲王也。厲王流于彘，彘在汾水之上，故時人因以號之。」

樾謹按：詩言「汾王」，當舉其實，不得漫言大王，傳義誠非也。箋以汾王爲厲王，似亦臆

〔一〕 征，《毛詩正義》《毛詩注疏》均作「正」。

説。此汾王疑是西戎之王，《史記・秦本紀》〔一〕：「襄公元年，以女弟繆嬴爲豐王妻。」「寧公三年，與亳戰，亳王奔戎。」皇甫謐曰：「亳王號湯，西夷之國也。」「穆公三十四年，戎王使由余于秦」，「厲共公十六年，伐大荔，取其王城」，「三十三年，伐義渠，虜其王。」「孝公元年，西斬戎之獂王」。然則西戎之君稱王者多矣。韓侯取汾王之甥爲妻，蓋亦有意。「汾」即《考工記》之「妢胡」，西戎國名也，説詳《周禮》。汾王者，妢胡之王。《史記》載申侯之言曰：「昔我先酈山之女，爲戎胥軒妻，生中潏，以親故歸周，保西垂。今我復與大駱妻，生適子成。申、駱重昏，西戎皆服。」然則韓侯取汾王之甥，亦即申、駱重昏之意。當時借此爲服西戎之策，後世和親之議，此其濫觴也。詩人張大其事而歌詠之，蓋亦以此。不然韓侯取妻，何與王朝之事乎？

溥彼韓城，燕師所完。

傳曰：「師，衆也。」箋云：「燕，安也。大矣彼韓國之城，乃古平安時衆民之所築完。」

樾謹按：箋説迂曲，非經旨也。《釋文》出「燕師」二字，云：「王肅、孫毓竝烏賢反，云『北燕國』。」傳不釋「燕」字，疑毛公之意正以燕爲國名。如王、孫説，惟北燕之衆，何以爲韓國築

〔一〕史記秦本紀，原文作「史紀秦本記」，今據《史記》改。

城？朱子《集傳》曰：「韓初封時，召公爲司空，王命以其衆爲築此城。」此亦曲説。周初封國多矣，若以召公爲司空之故，凡侯國之城皆使燕衆築之，燕衆不太勞乎？今按：此燕乃南燕也。《隱五年左傳》「衛人以燕師伐鄭」，杜注曰：「南燕國，今東郡燕縣。」正義曰：「燕有二國，一稱北燕，故言南燕以别之〔一〕。」《宣三年傳》「鄭文公有賤妾曰燕姞」，注曰：「姞，南燕姓。」此詩承上「韓侯娶妻」而言，韓侯娶蹶父之子謂之韓姞，傳曰：「姞，蹶父姓也。」疑蹶父乃南燕之君入爲王朝卿士者，猶樊侯、仲山甫之比。其稱蹶父者，亦猶《昭十二年左傳》所稱「燮父」「禽父」也。上云「韓侯迎止，于蹶之里」，傳曰：「里，邑也。」蓋其湯沐之邑。又按：《將仲子篇》傳曰：「里，居也。」此「里」字亦或當訓居，謂迎于蹶父之居也。蹶父既善韓之國土，使韓姞嫁焉而居之，於是又使其國之衆爲之築城。詩人言此者，見燕、韓二國相親如一，推之汾王，亦必惠顧昏姻，永敦盟好，正明宣王命韓侯之得計。《序》所謂「美宣王，能錫命諸侯」者，此也。

〔一〕《春秋左傳正義》《春秋左傳注疏》「故」下均有「此注」二字。

淮夷來求。（《江漢》）

箋云：「主爲來求淮夷所處。」

樾謹按：下言「淮夷來鋪」，傳曰：「鋪，病也。」正義曰：「鋪，病。《釋詁》文。彼『鋪』作『痡』。」然則「淮夷來求」義亦當同。箋以爲「求淮夷所處」，失之矣。「求」乃「脉」之叚借字，猶「鋪」乃「痡」之叚借字也。《説文・肉部》：「脉，齊人謂臞脉也。」《爾雅・釋言》：「脉，瘠也。」蓋「脉」之本義爲臞瘠，故引申之則有病義。《皇矣篇》曰「串夷載路」，箋曰：「路，瘠也。」淮夷之脉，猶串夷之路矣。

不測不克。（《常武》）

箋云：「其勢不可測度，不可攻勝。」

樾謹按：不克猶不測也。《雲漢篇》「后稷不克」，箋云：「克當作刻。刻，識也。是我先祖后稷不識知我之所困。」正義曰：「刻削所以記識，故云『刻，識也』。」此言「不克」正與彼同。不測謂不可測度，不克謂不可識知，非「不可攻勝」之謂。

徐方來庭。

傳曰：「來王庭也。」

樾謹按：上文曰「徐方既來」，此又曰「徐方來庭」，則文複矣。凡《詩》中弟三字用「來」字，如「伊子來塈」「將毋來諗」「鑾荆來威」「淮夷來求」「王國來極」之類，皆是語詞，説見王氏引之《經傳釋詞》。「徐方來庭」義亦當然，而王氏徵引不及，則惑於傳義也。《韓奕篇》「榦不庭方」，傳曰：「庭，直也。」此文「庭」字亦當訓「直」。「四方既平，徐方來庭」，言四方平而徐方直也。《尚書・洪範》曰「王道平平」「王道正直」，即其義也。下曰「徐方不回」，不回即直之謂也。傳以爲「來王庭」，則古義之湮久矣。

蟊賊蟊疾。（《瞻卬》）

箋云：「其爲殘酷痛病於民，如蟊賊之害禾稼然。」正義曰：「蟊賊者，害禾稼之蟲。蟊疾，是害禾稼之狀。」

樾謹按：「蟊賊蟊疾」，於義難通，正義所云亦曲説也。「蟊」字，《釋文》作「蝥」，云：「本又作『蟊』，音牟。」竊疑此經兩「蟊」字，古止作「牟」。《漢書・景帝紀》「侵牟萬民」，李奇曰：「牟，食苗根蟲也。」是古書有叚「牟」爲「蝥」者。學者疑「牟」爲「蝥」之叚字，輒加虫旁作「蝥」，因又變爲「蝨」矣。不知「牟賊牟疾」者，「牟」字皆語辭也。牟與毋通，《儀禮・士冠禮記》「毋追夏后氏之道也」，鄭注曰：「毋，發聲也。」《釋名・釋首飾》作「牟追」，然則「牟」亦發聲之辭矣。賊也、疾也，竝猶害也。「牟賊牟疾，靡有夷届」，言爲害靡有止也。「夷」亦語辭，《周官・行夫職》鄭注曰：「夷，發聲。」是也。傳訓夷爲常，語辭而以實義求之，宜其不可通矣。

舍爾介狄。

傳曰：「狄，遠。」箋云：「介，甲也。王不念此而改修德，乃舍女被甲夷狄來侵犯中國者，反與我相忌。」

樾謹按：傳不釋「介」字，箋以「介狄」爲「被甲夷狄」，望文生義，斯失之矣。《爾雅・釋詁》：「介，大也。」狄當作愁，即「惕」之或體，見《説文・心部》。《周易・小畜》六四「血去惕出」，虞注曰：「惕，憂也。」「舍爾介愁，維予胥忌」，言舍爾所大憂者，反與我相忌也。前章曰「婦有長舌，維厲之階。亂匪降自天，生自婦人」，然則所謂大憂者即謂此矣。古從易、從狄之字往往相通，故「惕」或從狄作「愁」，説《詩》者不知狄爲愁之省，因不得其義耳。

大王荒之。（《天作》《周頌・清廟之什》）

傳曰：「荒，大也。」箋云：「大王自豳遷焉，則能尊大之，廣其德澤。」

樾謹按：山非人所能大，訓荒爲大，于義未安。《樛木篇》：「葛藟荒之。」傳曰：「荒，奄也。」《閟宮篇》：「遂荒大東。」傳曰：「荒，有也。」正義曰：「荒訓爲奄，此云『荒，有』者，亦謂奄有之也。」然則「大王荒之」，其義當與彼同，言大王自豳遷岐，奄有其地也。

實右序有周。（《時邁》）

箋云：「天其子愛之，右助次序其事。」

樾謹按：右助、次序，義不相屬，非經旨也。序當作享，《莊子·則陽篇》「隨序之相理」，《釋文》曰：「序，一本作享。」是其例也。「實右享有周」，猶《我將篇》曰：「既右饗之。」享與序形相近，又涉下文「式序在位」而誤耳。

執競武王。（《執競》）

箋云：「能持彊道者〔一〕，維有武王耳。」

樾謹按：以「執競」爲「持彊」，未免望文生義。執當讀爲職，《詩》之言「職競」者多矣，《十月之交篇》「職競由人」，《桑柔篇》「職競用力」，《襄八年左傳》引《逸詩》「職競作羅」，與此詩「職

〔一〕 彊，原文作「疆」，今據清經解續編本《群經平議》改。下「彊」字同。

競武王」，雖美惡殊科，然文義同也。借執爲職者，職，主也，執亦主也。《淮南子・説山篇》「執獄牢者無病」，高注曰：「執，主也。」又《僖二十七年左傳》杜注曰：「執秩，主爵秩之官。」是「執」與「職」聲近義通。《楚辭・靈懷篇》「執組者不能制兮」〔一〕，王注曰：「執組，猶織組也。」執之通職，猶執之通織矣。

威儀反反。

傳曰：「反反，難也。」箋云：「反反，順習之貌。」正義曰：「傳言『反反，難』者，謂順禮閑習，自重難也。」

樾謹按：箋易傳，非申傳也。《載芟篇》「載穫濟濟」，傳曰：「濟濟，難也。」箋云：「難者，穗衆難進也。」此箋不説「難」字之義，更舉經文而釋之，則其別爲一義可知矣。《賓之初筵篇》「威儀反反」，傳曰：「反反，言重慎也。」難即重慎之意，蓋反之言反覆也，毛意反覆有重慎之意，故訓爲難；鄭意反覆有重復之意，故訓爲順習，兩義不同。正義謂「順禮閑習，自重難也」，合而一之，則兩不可通矣。

〔一〕制，原文作「至」，今據《楚辭・九歎》改。

莫匪爾極。（《思文》）

傳曰：「極，中也。」箋云：「天下之人，無不於女時得其中者。」

樾謹按：傳訓極爲中，箋因「莫匪爾中」於義未足，故增成其義如此，然非經旨也。《文六年左傳》「陳之藝極」，杜注曰：「藝，準也。極，中也。」實則藝、極一也。《國語・魯語》曰「貪無藝也」，《晉語》曰「貪欲無藝」，韋注竝曰：「藝，極也。」是極與藝同義。《昭十六年左傳》曰「而共無藝」，杜注曰：「藝，法也。」《二十年傳》曰「布常無藝」，注曰：「藝，法制也。」藝訓法，則極亦可訓法，「立我烝民，莫匪爾極」，言成立我之衆民，莫非爾之法制也。《殷武篇》「四方之極」，《後漢書・樊準傳》引作「四方是則」，若如毛義訓極爲中，與「則」之義絶遠矣。

奄觀銍艾。（《臣工》）（《臣工之什》）

傳曰：「銍，穫也。」正義曰：「《釋名》云：『銍，穫禾鐵也。』《説文》曰：『銍，穫禾短鎌也。』然則銍器可以穫禾，故云『銍，穫』也。」

樾謹按：銍固器名，然傳訓爲穫，則非此也。毛蓋讀爲挃，《廣雅・釋詁》曰：「挃，刺也。」《漢書・郊祀志》「刺六經中作《王制》」，師古注曰：「刺，采取之也。」挃訓刺，則亦有采取之義，故曰「穫也」。作「銍」者，叚借字耳。挃當从手而從金，猶刈當从刀而從艸也。挃、刈，本字也；銍、艾，借字也。必謂銍爲器名，亦謂艾爲艸名乎？斯不然矣。

宣哲維人，文武維后。（《雝》）

箋云：「宣，徧也。又徧使天下之人有才知〔一〕，以文德武功爲之君故。」

樾謹按：「宣」乃「烜」之叚字。《廣雅・釋詁》：「烜，明也。」《僖二十七年左傳》「未宣其用」，《國語・晉語》「武子宣法以定晉國」，杜預、韋昭注竝曰：「宣，明也。」是宣與烜通。宣哲猶明哲也。「宣哲維人，文武維后」，兩句相對成義。人者，臣也。后者，君也。《假樂篇》「宜民宜人」，傳曰：「宜安民，宜官人也。」彼人與民對，此人與后對，蓋皆指臣而言。文王既受命，定其基業，乃使明哲者爲之臣，使有文德武功者爲之君，故能「燕及皇天，克昌厥後」也。維人、維后，所包者廣，自王朝卿士以及侯國之臣皆人也，自五等諸侯及附庸之長皆后也。《烝民篇》曰：「邦國若否，仲山甫明之。既明且哲，以保其身。」此即「宣哲維人」之義。《僖三十年左傳》曰：「國君文足昭也，武可畏也。」此即「文武維后」之義。兩句本平列，鄭義失之。

〔一〕 徧，原文作「偏」，今據《毛詩正義》及清經解續編本《群經平議》改。

既右烈考，亦右文母。

傳曰：「烈考，武王也。文母，大姒也。」箋云：「烈，光也。子孫所以得考壽與多福，乃以見右助於光明之考與文德之母，歸美焉。」

樾謹按：傳、箋義異。《長發篇》「相土烈烈」，傳曰：「烈烈，威武貌。」傳意「烈考」者，武考也，故以爲武王；文母者，配文考而言也，故以爲大姒。箋意烈考、文母相對，乃父母之稱。若從傳義以子先母，於理未安，故易傳以爲光明之考，文德之母，泛爲子孫歸美父母之辭，無所專指也。《尚書・洛誥篇》「越乃光烈考武王」，鄭注曰：「烈，威也。」而於此箋則曰「烈，光也」，箋、注不同，鄭意可見。蓋以彼「烈考」指武王，此「烈考」不指武王耳。正義以爲義得兩通，殊失其旨。

繼猶判渙。（《訪落》 《閔予小子之什》）

傳曰：「判，分。渙，散也。」箋云：「我所失分散者收斂之。」

樾謹按：判渙即伴奂也。《卷阿篇》「伴奂爾游矣」，箋云：「伴奂，自縱弛之意也。」「將予就之，繼猶判渙」，言將助我而就之，繼猶自縱弛也。傳、箋均未得其義。此詩「判渙」即《卷阿篇》之「伴奂」，亦即《皇矣篇》之「畔援」。古義存乎聲，無定字也。説具《皇矣篇》。

有飶其香。（《載芟》）

傳曰：「飶，芬香也。」

樾謹按：《釋文》出「有飶」，曰「字又作苾」，當從之。苾，本字。飶，俗字也。後人因其言酒醴，變而從食，《説文》遂於《食部》出「飶」篆曰「食之香也」。然則下文「有椒其馨」，「椒」字何又不從食乎？「苾」字從艸，其義本爲草香，傳不徑釋「苾」爲香，而必曰「芬香也」者，正以苾、芬二字皆從艸，其義相同，故《楚茨篇》《信南山篇》竝曰：「苾苾芬芬。」毛於彼經皆無傳，而此傳曰「苾，芬香也」，則并彼經而釋之矣。「有苾其香」「有椒其馨」，蓋以草木之馨香喻酒醴之馨香也。沈重以「椒」爲「俶」之誤，非是。

遵養時晦。（《酌》）

傳曰：「養，取。」

樾謹按：《周官・疾醫》「以五味、五穀、五藥養其病」，鄭注曰：「養，猶治也。」治與取義通。《老子》曰「取天下常以無事」，河上公注曰：「取，治也。」養訓治，故亦訓取。正義未能申明毛意。

我龍受之。

傳曰：「龍，和也。」正義曰：「龍之爲和，其訓未聞。」

樾謹按：《説苑・辨物篇》説神龍曰：「虚無則精以和，動作則靈以化。」《廣雅・釋魚篇》亦曰：「龍能高能下，能小能巨，能幽能明，能短能長，淵深是藏，敷和其光。」然則毛公訓龍爲和，古義然也。龍所以有和義者，龍之言同也。「龍」字本從童省聲，古音蓋讀如同。《方言》曰「袴，齊魯之閒或謂之襱」，郭注曰：「襱，音鮦魚。」又曰「無裥之袴謂之襣」，注曰：「裥亦襱，字異耳。」襱從龍聲而得讀如鮦，又或從同聲作裥，是古音「龍」讀如「同」之證。「龍，和也」，猶曰「龍，同也。」古訓多存乎聲，以聲求之，義斯在矣。

思馬斯作。（《駉》 《魯頌》）

傳曰：「作，始也。」正義曰：「謂令此馬及其古始，如伯禽之時也。」

樾謹按：毛意以「作」爲「一鼓作氣」之「作」，作之言發作也。此章言田馬，田獵尚疾，必乘其始作之氣而用之，故傳訓作爲始也。正義爲「令此馬及其古始」，失之迂矣。卒章「思馬斯徂」，箋云：「徂，猶行也。」蓋卒章言駑馬，主以給官中之役，但取能行已耳。徂之訓行，乃是恒訓，故毛略之也。王肅因傳訓作爲始，遂訓徂爲往，謂「養馬得往古之道」，以是述毛，非毛旨矣。

不告于訩。（《泮水》）

箋云：「訩，訟也。僖公還在泮宮，又無以爭訟之事，告於治訟之官者。」

樾謹按：治訟之官不得但謂之訩，箋義非也。于猶與也，説見《鳧鷖篇》。「不告于訩」，猶云不告與訩。告讀爲嘷，《漢書・高帝紀》集注引服虔曰：「告，音如嘷呼之嘷。」訩猶匈匈也，《荀子・天論篇》楊注曰：「匈匈，喧譁之聲。與『訩』同。」上句「不吴不揚」，箋云：「不讙譁，不大聲。」此云「不告與訩」，義正相近耳。

大賂南金。

傳曰：「賂，遺也。」箋云：「大，猶廣也。廣賂者，賂君及卿大夫也。」

樾謹按：上文曰「來獻其琛」，既言獻，不必更言賂矣。賂當讀爲璐，《説文・玉部》曰：「璐，玉也。」《文選・雪賦》注曰：「璐，美玉也。」大路，猶《尚書・顧命篇》「大玉」耳。「大璐南金」，與上句「元龜象齒」竝列，皆淮夷所獻之琛也。從玉、從貝之字，古或相通。《説文》：「玩，弄也。」重文「貦」，曰：「玩，或從貝。」璐之爲賂，猶玩之爲貦矣。

三壽作朋。（《閟宫》）

傳曰：「壽，考也。」箋云：「三壽，三卿也。」

樾謹按：傳文「考」字，疑「老」字之誤。「壽」字已見上文，而傳於此特釋「壽」字者，毛意「三壽」即三老也，故訓壽爲老。《文選・東京賦》「降至尊以訓恭，送迎拜乎三壽」，薛綜注曰：「三壽，三老也。言天子尊而養此三老者，以教天下之敬，故來拜迎，去拜送焉。」善曰：「蔡邕《獨斷》曰：『天子事三老，使者安車輭輪送迎而至家，天子獨拜。』《毛詩》曰『三壽作朋』也。」然則此詩「三壽」固有作「三老」解者，蓋《毛詩》家之説如是。鄭意尊養三老，天子之事，魯侯不當有此，故易傳耳。《昭三年左傳》曰「公聚朽蠹而三老凍餒」，此諸侯之國亦有三老之證。杜注以上壽、中壽、下壽説之，非也。至漢而鄉亦有三老，《後漢書・光武帝紀》注曰：「三老者，鄉官也。」是知三老之名通乎上下。鄭以爲三卿，不如古説之足據矣。

居常與許。

傳曰：「常、許，魯南鄙、西鄙。」箋云：「許，許田也，魯朝宿之邑也。常或作嘗，在薛之旁。《春秋》魯莊公三十一年『築臺于薛』是與？六國時，齊有孟嘗君，食邑於薛。」

樾謹按：《桓元年春秋公羊傳》曰：「許田者何？魯朝宿之邑也。此魯朝宿之邑也，則曷爲謂之許田？諱取周田也。諱取周田，則曷爲謂之許田？繫之許也。曷爲繫之許？近許也。」然則以其近許而繫之許，《春秋》之特筆。魯朝宿邑初不名許，鄭以説此經，未達《春秋》之義矣。《國語・齊語》：「桓公曰：『吾欲南伐，何主？』管子曰：『以魯爲主。反其侵地棠、潛。』」《管子・小匡篇》作「常潛」，是棠與常通。此經所謂常者，即棠也。所謂許者，其潛之異名乎？詩人以此二邑新自齊來歸，故喜而見之歌詠也。《隱五年》「公矢魚于棠」，杜預注曰：「今高平方與縣北有武唐亭，魯侯觀魚臺。」按：今濟寧州魚臺縣，即其地也。《隱二年》「公會戎于潛」，杜注曰：「陳留濟陽縣東南有戎城。潛，魯地。」按：今曹州府之曹縣，即古戎城也。潛地當必與戎相近，以今地里考之，魚臺縣在魯南，曹縣在魯西。毛傳以常爲魯南鄙，許爲魯西鄙，自塙有所見矣。

於赫湯孫。（《那》 《商頌》）

傳曰：「於赫湯孫，盛矣，湯爲人子孫也。」箋云：「湯孫，呼太甲也。」

樾謹按：箋必易傳者，以此詩本祀成湯，而詩中反言湯之爲人子孫，於義未安耳。不知《那》祀成湯而稱成湯爲湯孫，猶《玄鳥》祀高宗而稱高宗爲武丁孫子，疑商時自有此稱。蓋自後世言之則祖也、宗也，自先世言之則孫也。人本乎祖，死則祔於祖，故從其所祔者而稱之曰孫矣。自商以後，謚號益繁，無復斯稱，遂莫達斯旨。毛公所傳，古之遺説，未可廢也。且頌之體，必美其所祭者，如「於皇武王」「允文文王」之類是也。此云「於赫湯孫」，義亦如是。若從鄭義以爲太甲，則豈有不美其所祭者，而反盛稱主祭者之美乎？後人舍毛而從鄭，失之甚矣。

至于湯齊。（《長發》）

傳曰：「至湯與天心齊。」箋云：「至湯而當天心〔一〕。」

樾謹按：傳義甚爲不詞，箋亦苟同之耳。鄭君注《禮記·孔子閒居篇》曰：「《詩》讀湯齊爲湯躋。」蓋三家之説，然亦未安。齊當讀爲濟，《爾雅·釋言》曰：「濟，成也。」「至于湯濟」，言至于湯而成，故湯謂之成湯也。《風俗通·山澤篇》曰〔二〕：「濟者，齊也。」是「齊」與「濟」義本通耳。

〔一〕《毛詩正義》《毛詩注疏》「至」下均有「於」字。
〔二〕俗，原文作「澤」，今據清經解續編本《群經平議》改。

武王載旆。

傳曰：「旆，旗也。」

樾謹按：《說文・土部》「坺」下引作「武王載坺」，徐鍇《繫傳》曰：「今《詩》作『伐』字。」是徐氏所見尚有作「伐」之本，疑作「伐」者，是也。坺與旆竝叚借字，坺之爲伐，猶坺之爲垡也。旆之爲伐，猶旆之爲茷也。載者，始也。《書》言湯始征，《詩》言武王載伐，其義一也。《荀子・議兵篇》引作「武王載發」，《噫嘻篇》「駿發爾私」，箋云：「發，伐也。」是發、伐聲近義通。《荀子》作「發」，益知其當爲「伐」矣。

裒荆之旅。（《殷武》）

傳曰：「裒，聚也。」箋云：「克其軍率，而俘虜其士衆。」正義曰：「戰勝必當俘虜，言聚荆之旅，故知俘虜其士衆也。」

樾謹按：傳文「聚」字當讀爲「取」。《易・謙・象傳》「君子以裒多益寡」，集解引虞翻注曰：「裒，取也。」《釋文》曰：「裒，鄭、荀、董、蜀才作捊，取也。」《廣雅・釋詁》曰：「捊，取也。」捊與裒，字異義同。傳訓裒爲取，故箋申之曰「俘虜其士卒也」。古取、聚通用，《易・萃・象傳》「聚以正也」，《釋文》曰：「聚，荀作取。」《漢書・五行志》「内取兹謂禽」，師古曰：「取讀如

《禮記》『聚麀』之聚。」竝其證也。正義未能申明傳義，乃曰「聚荆國之人衆，俘虜而以歸」，則近於牽合矣。

曰商是常。

箋云：「成湯之時，乃氐羌遠夷之國來獻來見，曰『商王是吾常君也』。」

樾謹按：如箋義，不詞甚矣。常當作尚，古常、尚通用。《史記・衛綰傳》「劍尚盛，未嘗服也」，《漢書》「尚」作「常」。《漢書・賈誼傳》「尚憚以危爲安，以亂爲治」，《賈子・宗首篇》「尚」作「常」，竝其證也。曰與聿同，《角弓篇》「見晛曰消」，《抑篇》「曰喪厥國」，《釋文》引《韓詩》竝作「聿」。班固《幽通賦》「聿中龢爲庶幾兮」，曹大家注曰：「聿，惟也。」然則「曰商是尚」者，惟商是助也。《爾雅・釋詁》：「尚，右也。」郭注曰：「皆相右助。」是其義也。因叚常爲尚，學者遂不得其解矣。《魯頌・閟宫篇》「保彼東方，魯邦是常」，常亦當作尚，言東方諸小國，無不惟魯邦是尚也。

旅楹有閑。

傳曰：「旅，陳也。」箋云：「以爲桷與衆楹。」

樾謹按：傳、箋之義均非也。旅當讀爲梠，《説文・木部》：「梠，楣也。」楣與楹相接，故與梠、櫺竝言。「松桷有虔〔一〕，梠櫺有閑」，桷言松而梠、櫺不言其木者，蓋即蒙「松」字爲文。桷也，梠也，櫺也，皆以松爲之也。《文選·馬汧督誄》「柹梠桷之松」，梠、桷竝言松，即本此詩，蓋三家之説矣。旅與梠聲同，故得通用。《皇矣篇》「以按徂旅」，《孟子·梁惠王篇》作「以遏徂莒」，旅之爲梠，猶旅之爲莒也。《釋名·釋宫室》曰：「梠，旅也。」是梠、旅聲近義通矣。

〔一〕虔，《毛詩正義》《毛詩注疏》均作「梴」。

群經平議卷十二

周官一

體國經野。（《天官・序官》）

鄭注曰：「體猶分也。」賈公彦疏曰：「言『體猶分』者，謂若人之手足分爲四體，得爲分也。」

樾謹按：體之訓分，其義迂迴，殆非也。體當讀爲履，《詩・氓篇》「爾卜爾筮，體無咎言」，《釋文》曰：「體，《韓詩》作履。」是其例也。蓋履與體聲近義通，《易・坤》「初六，履霜堅冰至」，《釋文》曰：「鄭讀履爲禮。」禮、體竝從豊聲，體之通作履，猶履之通作禮也。履國經野，謂履行其國，經畫其野也。《宣十五年公羊傳》曰：「税畝者何？履畝而税也。」與此「履」字義同。

設官分職，以爲民極。

注曰：「極，中也。令天下之人各得其中，不失其所。」

樾謹按：極猶埶也。《文六年左傳》曰「陳之埶極」，杜注曰：「埶，準也。極，中也。」其實埶、極一也，《國語·魯語》曰「貪無埶也」，《晉語》曰「貪欲無埶」，韋注竝曰：「埶，極也。」是極與埶同義。埶訓準，極亦可訓準。《詩·殷武篇》「商邑翼翼，四方之極」，《後漢書·樊準傳》引作「四方是則」，李賢注曰：「《韓詩》之文也。」可知「極」有「準則」之義。若從鄭箋訓極爲中，則《韓詩》何以作「則」乎？此言「設官分職，以爲民極」，猶言以爲民之準則也。鄭訓爲「中」，雖本《雅》訓，然于文義轉迂矣。疏引《洪範》「皇極」以證之，不知《書》言「皇極」，猶《詩》言「帝則」也。説詳《尚書》。

八曰誅，以馭其過。（《太宰》）

注曰：「誅，責讓也。《曲禮》曰：『齒路馬有誅。』」疏曰：「『八曰誅，以馭其過』者，臣有過失，非故爲之者。誅，責也，則以言語責讓之，故云『以馭其過』也。」

樾謹按：注、疏所説，均非經意也。此文自「一曰爵，二曰禄」之外，「三曰予」與「六曰奪」對，「四曰置」與「七曰廢」對，「五曰生」與「八曰誅」對。誅謂誅殺之，非徒責讓之也。《春官·

內史》亦言此八柄之事：「一曰爵，二曰禄，三曰廢，四曰置，五曰生，六曰殺，七曰予，八曰奪。」其事皆同，惟變誅言殺，然則此「誅」謂誅殺之，明矣。鄭君必以「責讓」釋之者，因「誅以馭其過」，疑過失但當責讓，不當誅殺耳，不知此「過」字當讀爲「禍」。古禍、過通用，《漢書·公孫弘傳》「諸常與弘有隙，雖陽與善，後竟報其過」，《史記》「過」作「禍」，是其證也。「八曰誅，以馭其禍」與「五曰生，以馭其福」，禍、福正相對成義，因叚「過」爲「禍」，鄭君遂失其解。賈公彦見《內史》八柄變誅言殺，不知其文異義同而曲爲之説，胥失之矣。

一曰牧，以地得民。二曰長，以貴得民。

注曰：「牧，州長也。九州各有封域以居民也。長，諸侯也，一邦之貴，民所仰也。」

樾謹按：此言以九兩繫邦國之民，自牧、長以下，蓋皆親民之人，故得與民相聯綴。若州長爲一州之長，諸侯爲一國之君，則相去太闊絶矣，鄭注殆非也。今按：牧、長之名，通乎上下。下文「乃施典于邦國，而建其牧」、「乃施則于都鄙，而建其長」，鄭解「牧」字亦曰「州長」，而解「長」字則曰「公卿大夫、王子弟食采邑者」。又《大司寇職》曰「凡遠近惸獨老幼之欲有復於上，而其長弗達者」，注曰：「長謂諸侯，若鄉遂大夫。」然則長之名無一定，牧之名宜亦無一定矣。《國語·齊語》曰：「正之政聽屬，牧政聽縣。」韋注曰：「牧，五屬大夫也。」管子治齊，多本周制之遺。疑此經所謂牧者，即彼牧也；此經所謂長者，即彼正也。韋彼注曰「正，長也」，是其義也。《魯語》[一]：「天子大采朝日，與三公、九卿祖識地德；日中考政，與百官之政事。師尹維旅、牧、相，宣序民事。」所謂牧者，疑亦五屬大夫之類。《禮記·曲禮篇》曰「九州之長入天子之國曰牧」，蓋以王朝大夫本有牧名，故從其稱以自貶損耳。相沿既久，遂爲九州之長之定名，而忘其本義矣。

三曰師，以賢得民。四曰儒，以道得民。

注曰：「師，諸侯師氏，有德行以教民者[二]。儒，諸侯保氏，有六藝以教民者。」疏曰：「云『師，諸侯師氏』者，此一經皆據諸侯。又經云『以賢得民』，是諸侯師氏也。云『儒，諸侯保氏有六藝』者，以經云『以道得民』。《保氏職》云『掌教國子以道[三]，教之六藝』，故知諸侯保氏不可同天子之官，故變保言儒，儒亦有道德之稱也。」

樾謹按：諸侯師氏既同天子之官，何以保氏必變而稱儒？且《國語·晉語》曰「失趙氏之

[一] 魯，原文作「周」，今據《國語》改。
[二] 者，原文脱，今據《周禮注疏》補。
[三] 教，《周禮注疏》作「養」。

典刑而去其師保」，又曰「擇師保以相子」，是大夫之家尚有師保，安見諸侯之國有師氏而無保氏乎？蓋鄭君以諸侯師保爲説，本不可通，賈疏又曲爲之説，皆非經旨也。今按：師者，其人有賢德者也。儒者，其人有伎術者也。《説文・人部》：「儒，柔也。術士之稱。」是古謂術士爲儒。凡有一術可稱，皆名之曰儒，故有君子儒、小人儒之别。此經所謂儒者，止是術士耳。「以道得民」者，道亦術也。《國語》曰「過五日道將不行」，韋注曰：「道，術也。」「儒以道得民」，謂以道術得民也。説此經者習於後世之言，視儒與道皆甚尊，於是始失其解矣。

六曰主，以利得民。

注曰：「鄭司農云：『主謂公卿大夫。』」疏曰：「主謂大夫。」

樾謹按：「主」之本義爲鐙中火主，經典「主」字則皆「、」之叚字。《説文・、部》：「、，有所絶止，、而識之也。」凡物有所絶止謂之、，人有所絶止亦謂之、，經典皆叚「主」爲之，而今俗字又從人作住，如《孟子》所云「主顔讎由」、「主司城貞子」，猶俗云住於某所耳，因而有主客之稱，又因而有臣主之稱。《晉語》載欒氏之臣辛俞曰：「三世仕家，君之；再世以下，主之。」蓋再世以下恩義尚殺，君臣之分未定，故仍從所止之稱而曰主也。相沿既久而大夫稱主，遂成定名。先鄭即以説此經「主」字，恐非周公制禮時之本意也。今按：「六曰主」與下文「八曰友」，義蓋相近。《大戴記·曾子制言篇》曰：「曾子門弟子或將之晉，曰：『吾無知焉。』曾子曰：『何必然，往矣。有知焉謂之友，無知焉謂之主。』」然則主也、友也，皆人所因依者也。主即「主顏讎由」「主司城貞子」之「主」。利之言利賴也，「主以利得民」，謂爲人所利賴也。任之言信任也，「友以任得民」，謂爲人所信任也。此皆所以繫邦國之民也。自周之衰而《黄鳥》之詩作焉，曰「此邦之人，莫我肯穀」，則以利得民、以任得民者，皆無有矣。於是名生於不足，而任俠之流遂得藉以收鄉曲之譽，朱家、郭解之徒由此起也。若周公之制行，則安有此乎？先鄭誤解「主」字，既非經意，而後鄭説「友」字，止以「同井合耦鉏作」爲言，狹矣。《調人職》曰：「君之讎眡父，師長之讎眡兄弟，主友之讎眡從父兄弟。」彼所謂「師長」，即此「二曰長」「三曰師」也。所謂「主友」，即此「六曰主」「八曰友」也。鄭彼注曰「主，大夫君也」，亦失之矣。

六曰以叙聽其情。（《小宰》）

注曰：「情，争訟之辭。」

樾謹按：《大司寇職》曰：「凡卿大夫之獄訟，以邦灋斷之。」然則聽訟自是司寇之事。此經言「小宰以官府之六叙，正群吏」，則所謂「聽其情」者，非謂争訟也。情當讀爲請，古字通用。《荀子·成相篇》「聽之經，明其請」，楊注曰：「請，當爲情。」是其例也。「以叙聽其請」者，謂群吏有所陳請，則小宰以敘聽之也。

喪荒，受其含襚幣玉之事。

注曰：「凶荒有幣玉者，賓客所賵委之禮。」疏曰：「案《小行人》云：『若國凶荒，則令賵委之。』彼謂王家賵委諸侯法，此謂諸侯賵委王家法也。」

樾謹按：諸侯賵委當用財粟，不當用幣玉，此幣玉乃事神所用。《肆師職》曰「立大祀用玉帛牲牷，立次祀用牲幣」，是也。荒政當索鬼神，諸侯各以幣玉助王禱祀，故小宰受之也。《昭二十六年左傳》曰：「至于夷王，王愆于厥身，諸侯莫不竝走其望，以祈王身。」以此推之，則水旱之災以幣玉助王禱祀，宜亦事之所有矣。

諸臣之復，萬民之逆。（《宰夫》）

注曰：「鄭司農云：『復，請也。逆，迎受王命者。』玄謂：復之言報也，反也。反報於王，謂於朝廷奏事。自下而上曰逆，逆謂上書。」

樾謹按：《夏官·太僕》「掌諸侯之復逆」，《小臣》「掌三公及孤卿之復逆」，皆以「復逆」連文。《御僕》云「群吏之逆」「庶民之復」，此云「諸臣之復，萬民之逆」，蓋互言之，非謂諸臣有復而無逆，萬民有逆而無復也。復謂復命也，逆謂逆命也。既奉命而反報于上謂之復命，未得命而迎受于上謂之逆命。《昭二十五年左傳》「有司逆命」，杜注曰：「欲迎受殺生之命。」是也。此經「復」字，當從後鄭之義，先鄭失之。「逆」字當從先鄭之義，後鄭失之。

春行羔豚，膳膏香；夏行腒鱐，膳膏臊；秋行犢麛，膳膏腥；冬行鱻羽，膳膏羶。（《庖人》）

注曰：「鄭司農云：『膏香，牛脂也。膏臊，豕膏也。』杜子春云：『膏臊，犬膏。膏腥，豕膏也。膏羶，羊脂也。』玄謂：膏腥，雞膏也。」

樾謹按：膏香爲牛脂，先鄭之説已得之矣。其餘三者均當以杜子春説爲定。《内饔職》云：「辨腥臊羶香之不可食者：羊泠毛而毳，羶；犬赤股而躁，臊；豕盲視而交睫，腥。」然則臊以犬言，腥以豕言，羶以羊言，在本經具有明證。先鄭以膏臊爲豕膏，則與《内饔職》不合。後鄭以膏腥爲雞膏，附會土木金火爲義，更不足據矣。

烏皫色而沙鳴，貍。（《内饔》）

注曰：「皫，失色不澤美也。」

樾謹按：《説文》無「皫」字，《釋文》出「犥」字曰：「本又作皫。」是陸氏所據本作「犥」也。《説文·牛部》：「犥，牛黄白色。」所謂牛黄白色者，謂黄牛發白色也。《馬部》「驃，黄馬發白色」，是其例也。驃從票聲，犥從麃聲，而麃即從票省聲，故其義相通。發白色者，於黄色之中有白斑點也。《説文·火部》：「票，火飛也。」火飛則烈燄四射，若流星然。凡有白斑點者，其狀相似，故以馬言之則從馬作驃，以牛言之則從牛作犥也。此經言鳥，而古無從鳥從票之字，因即以「犥」爲之。鳥犥色者，謂鳥毛羽有白斑點也，傳寫者以其事屬鳥，不得從牛，乃改從白。《玉篇·白部》遂收「皫」字，而解爲「白色」，既非古字，亦非古義矣。

聚毒藥以共醫事。（《醫師》）〔一〕

注曰：「毒藥，藥之辛苦者。藥之物恒多毒。」疏曰：「藥中有毒者，謂巴豆、狼牙之類是也。藥中有無毒者，謂人參、芎藭之類是也。藥之無毒亦聚之。直言聚毒藥者，以毒爲主。」

樾謹按：毒與藥當分爲二。《疾醫職》云：「以五味、五穀、五藥養其病。」注曰：「五藥，草木蟲石穀也。」此即醫師所聚之藥也。《瘍醫職》云：「凡療瘍，以五毒攻之，以五氣養之，以五藥療之，以五味節之。」鄭解「五毒」句曰：「今醫方有五毒之藥，作之，合黃堥，置石膽、丹砂、雄黃、礜石、慈石其中，燒之三日三夜，其煙上著，以雞羽掃取之。」此雖鄭君據當時所有爲説，未知古時五毒是此與否。然經文既言「以五毒攻之」，又言「以五藥療之」，則毒與藥明分爲二矣。

〔一〕醫師，原文脱，今據《周禮注疏》補。

「聚毒藥以共醫事」者，毒謂五毒，藥謂五藥也。疾醫之事止需五藥，瘍醫之事兼需五毒，故曰「聚毒藥以共醫事」。鄭君誤合毒、藥而一之，疏因謂「以毒爲主」。夫醫之用藥，自當用其品之正、性之良者，何得以毒爲主乎？醫師又何以專聚有毒之藥乎？此皆説之不可通者。至瘍醫之職，五毒、五藥明分爲二，鄭君亦未言五藥即五毒，疏家强合之，非經意且非注意。

一曰事酒。（《酒正》）

注曰：「鄭司農云：『事酒，有事而飲也。』玄謂：事酒，酌有事者之酒，其酒則今之醳酒也。」

樾謹按：先、後鄭説「事酒」，均未得其旨。事酒者，謂臨事而釀者也。三酒以新舊爲次，疏謂昔酒久釀乃孰，清酒更久於昔。然則事酒最在前，其爲新酒可知矣。《釋名·釋飲食》曰：「事酒，有事而釀之酒也。」此説得之。

爲其井匽。（《宫人》）

注曰：「井，漏井，所以受水潦。鄭司農云：『匽，路廁也。』玄謂：匽豬，謂霤下之地〔一〕，受

〔一〕 地，《周禮注疏》作「池」。

畜水而流之者。」

樾謹按：「井匽」當作「屏匽」。《戰國策・燕策》曰「宋王鑄諸侯之象，使侍屏匽」，是其證也。屏匽者，屏廁也。《莊子・庚桑楚篇》「觀室者周於寢廟，又適其偃焉」，司馬彪注曰：「偃，屏廁也。」蓋古之爲溷廁必有屏以蔽之，亦取法于天象。《開元占經》引甘氏云：「天溷，七星在外屏南。」注曰：「天溷，廁也。外屏，所以障天溷也。」司農釋「匽」爲「路廁」，已得其義，不釋「井」字者，疑其所據本正作「屏」，「屏」字之義易曉，故不釋也。後鄭作注時「屏」誤作「井」，因從而爲之説，反疑先鄭「匽」義之非，失之矣。

四郊之賦，以待稍秣。（《大府》）

注曰：「稍秣，即芻秣也。謂之稍，稍用之物也。」

樾謹按：「秣」字從禾從末，義即存乎聲，謂禾末也。「稍秣」連文，義蓋相近，稍亦禾末也。稍之爲禾末，猶杪之爲木末，從肖與從少同〔一〕。今木末之杪，每叚「梢」爲之，蓋亦聲近而義通。禾末謂之稍，木末謂之梢，猶馬鞭頭謂之鞘，旌旗旒謂之旓也。《晉書音義》曰：「鞘，馬鞭頭

〔一〕 少，原文作「小」，今據《〈春在堂全書〉校勘記》改。

也。」《文選・甘泉賦》注引《埤蒼》曰：「旓，旌旗旒也。」竝其證也。稍秣皆牛馬所食之草，取其細輭於餧飤尤宜耳。鄭君所説未得其旨。《説文》有「秼」無「秣」，而「稍」字説解曰「出物有漸」，恐非古字古義。

共王之服玉、佩玉、珠玉。（《玉府》）

注曰：「佩玉者，王之所帶者。《玉藻》曰：『君子於玉比德焉。天子佩白玉而玄組綬。』《詩傳》曰：『佩玉，上有蔥衡，下有雙璜，衡牙〔一〕，蠙珠以納其閒。』」

樾謹按：以珠爲蠙珠，則珠、玉爲二物，與上服玉、佩玉，下食玉、含玉均不一例，殆非也。先據下文「若合諸侯，則共珠槃、玉敦」，注曰：「故書珠爲夷。」疑此經兩「珠」字古皆作「夷」。鄭所據本尚作「夷槃」，至「夷玉」之「夷」，久變作「珠」，故書亦無作「夷」者，故學者不得其義，實即《尚書・顧命》之「夷玉」也。夷之義爲陳，《禮記・喪大記》釋文曰：「夷，陳也。」夷玉者，陳設之玉，故與服玉、佩玉爲類。《尚書》釋文引馬注曰：「夷玉，東夷之美玉。」正義引鄭注曰：「東北之珣玗琪。」或皆望文生訓，非塙詁歟？

〔一〕衡，阮元《〈周禮注疏〉校勘記》云：「岳本、嘉靖本『衡』作『衝』。」

王齊，則共食玉。

注曰：「玉是陽精之純者，食之以禦水氣。鄭司農云：『王齊當食玉屑。』」

樾謹按：食玉乃神仙迂怪之説，非周公制禮所有也。食當讀爲飾，《周易·豐·象傳》「月盈則食」，《釋文》曰：「食，或作飾。」食之通作飾，猶食之通作飾也。《封人職》曰「飾其牛牲」，注曰：「飾謂刷治絜清之也。」然則飾玉之義，蓋亦猶是。以其爲王齊所用，故特刷治絜清之，因謂之「飾玉」。其實亦服玉、珮玉之類耳。

凡祭祀、賓客、喪紀、會同、軍旅，共其財用之幣齎，賜予之財用。（《外府》）

樾謹按：「財用之幣齎」〔一〕，當作「齎幣之財用」，與「賜予之財用」一律。疏曰：「云『齎幣之財用』，謂王使公卿已下，聘問諸侯之行道所用，則曰齎幣。云『賜予之財用』者，謂王於群臣有所恩好，賜予之也。」是賈氏所據本正作「齎幣之財用」。

〔一〕幣齎，原文作「齎幣」，今據上文及《周禮注疏》乙正。

掌書版圖之法。（《内宰》）

注曰：「版，謂宫中閽寺之屬及其子弟録籍也。圖，王及后、世子之宫中吏官府之形象也。」

樾謹按：鄭解「圖」字，非也。人之形象，豈可勝圖？宫中之吏歲有更易，必使畫工執筆而圖之，亦太煩擾矣。《小宰職》曰「聽閭里以版圖」，注曰：「圖，地圖也。」《司會職》曰「凡在書契版圖者之貳」，注曰：「圖，土地形象，田地廣狹。」是經言版圖者，其圖皆謂地圖，非謂人之形象也。内宰治王内之政令，則所謂版者，閽寺之屬之録籍。所謂圖者，王宫之圖也。下文曰：「均其稍食，分其人民以居之。」均者，據版以均之也，人之多寡在版也。分者，據圖以分之也，地之廣狹在圖也。

以婦職之灋教九御，使各有屬，以作二事。正其服，禁其奇衺，展其功緒。

注曰：「故書二爲三。杜子春云：『當爲二。二事謂絲枲之事。』」

樾謹按：絲枲之事但謂之二事，於文不明，殆非也。「二事」當從故書作「三事」。三事即在下文：「正其服」，一也；「禁其奇衺」，二也；「展其功緒」，三也。「以作三事」者，以治三事也。《草人職》注曰：「作猶治也。」

設其次，置其叙，正其肆。

注曰：「次，思次也[一]。叙，介次也。」疏曰：「按《司市》注：『次謂吏所治舍。思次，介次也，若今市亭然。叙，肆行列也。』與此注不同者，鄭望文解之。彼經無『肆』文，故以叙爲行列，并思次、介次共爲一所解之。此文自有『肆』文，故分思次、介次别釋也。」

樾謹按：《司市職》云「以次叙分地而經市，以陳肆辨物而平市」，則彼經亦有「肆」文也。鄭以「叙」爲肆之行列，與下句「肆」字自不相妨。蓋叙者，統諸肆而言之也。肆者，就一肆而言之也。乃於此經分次爲司次，叙爲介次，義殊未安。《司市職》云：「上旌于思次以令市，市師涖焉，而聽大治大訟。胥師、賈師，涖于介次，而聽小治小訟。凡萬民之期于市者、辟布者、量度者、刑戮者，各於其地之叙。」以叙與介次别言之，可知此注之非矣。

閽人掌守王宫之中門之禁。（《閽人》）[二]

注曰：「中門，於外内爲中，若今宫闕門。鄭司農云：『王有五門：外曰皋門，二曰雉門，

[一] 思，原文作「司」，今據《周禮注疏》及清經解續編本《群經平議》改。

[二] 閽人，原文脱，今據《周禮注疏》補。

三曰庫門，四曰應門，五曰路門。路門，一曰畢門。』玄謂：雉門，三門也。」

樾謹按：如注義，則閽人所守止是雉門耳。《序官》乃曰「閽人，王宫每門四人」，然則注義非矣。蓋此閽人列于内小臣、寺人之閒，而經文又特言「守王宫中門之禁」。下文曰「喪服、凶器不入宫，潛服、賊器不入宫，奇服、怪民不入宫」，皆以宫而言，是閽人所守者，王之宫門也。中門猶言内門，《詩·牆有茨篇》毛傳曰：「中冓，内冓也。」《戰國策·秦策》「又有母在中」，高注曰：「中猶内也。」是古謂内爲中。經言「中門」，正以别於外之五門，而後儒反以五門之中門解之，失其旨矣。《爾雅·釋宫》曰：「宫中之門謂之闈，其小者謂之閨，小閨謂之閤，衖門謂之閎。」是宫門非一，故曰「每門四人」，又曰「囿游亦如之」。若是雉門，則囿游安得與之同乎？

舞人〔一〕**，下士二人，胥四人，舞徒四十人。**（《地官·序官》）

注曰：「舞徒，給繇役能舞者以爲之。」

樾謹按：徒給繇役，不得即以舞者爲之，疑「舞」下有闕文，當云「舞者若干人，徒四十人。」

〔一〕人，《周禮注疏》作「師」。

《春官·序官·韎師》曰：「舞者十有六人，徒四十人。」《旄人》曰：「舞者衆寡無數。」又曰：「徒二十人。」皆其例也。傳寫奪誤，遂以「舞徒」連文，注家即從而爲之説，殆失之矣。

司禄。

注曰：「主班禄。」

樾謹按：司禄與司民，皆星名也。《天府職》曰：「若祭天之司民、司禄，而獻民數穀數，則受而藏之。」《周官》有司禄、司民，皆以星爲名。《秋官·司民職》曰：「掌登萬民之數，自生齒以上皆書於版。」又曰：「及孟冬祀司民之日，獻民數于王〔一〕。王拜受之，登于天府。」然則司禄之職當與彼同。《爾雅·釋言》曰：「穀，禄也。」鄭注《天府》「司禄」亦曰：「禄之言穀也」。是禄與穀古通稱。禄謂之穀，穀亦謂之禄，此「司禄」乃主穀數者。祀司禄之日而獻穀數，亦即此官獻之。鄭君謂「主班禄」，未得其實。趙岐注《孟子》，即以司禄職闕爲諸侯去籍之證，尤爲附會。

〔一〕 民，《周禮注疏》作「其」。

其植物宜皁物。（《大司徒》）

注曰：「鄭司農云：『皁物，柞栗之屬，今世閒謂柞實爲皁斗。』」疏曰：「柞實之皮得染皁，故引今世猶謂柞實爲皁斗爲證。其栗雖不得染皁，其皮亦皁斗之類，故與柞同爲皁物也。」

樾謹按：皁者，「草」之俗字。《説文·艸部》：「草斗，櫟實也。」櫟與柞異名而同物，《詩·緜篇》「柞棫拔矣」，鄭箋曰：「柞，櫟也。」字亦作「櫪」，《水經·河水篇》注曰：「吴越之閒名柞爲櫪。」是也。亦或連言之曰「柞櫟」，《詩·山有苞櫟篇》陸疏曰：「秦人謂柞櫟爲櫟。」此經司農之注，疑本作「柞櫟之屬」，故引「今世猶謂柞實爲皁斗」爲證。作栗者，聲之誤耳。疏曲爲之説，非是。

二曰以陽禮教讓，則民不争。三曰以陰禮教親，則民不怨。

注曰：「陽禮，謂鄉射飲酒之禮也。陰禮，謂男女之禮。昏姻以時，則男不曠，女不怨。」疏曰：「『二曰以陽禮教讓，則民不争』者，謂鄉飲酒之禮。酒入人身，散隨支體。與陽主分散相似，故號鄉射飲酒爲陽禮也。」

樾謹按：賈疏説陽禮之義，迂曲甚矣。陽禮與陰禮對文，《内宰》「以陰禮教六宫」，司農曰：「陰禮，婦人之禮。」然則此經言「以陰禮教親」者，亦謂婦人之禮也。《媒氏職》曰：「凡男女之陰訟，聽之于勝國之社。」男女之訟謂之陰訟，故男女之禮謂之陰禮，皆主女而言。古之造字者，婚姻字、嫁娶字，無不從女，即其義也。陰禮爲婦人之禮，則陽禮爲男子之禮，明矣。古人行禮，凡祭祀、賓客、喪紀之禮，婦人皆得與焉。惟鄉射飲酒，純乎男子之事，而婦人不與，故曰「陽禮」。

八曰以誓教恤，則民不怠。

注曰：「恤，謂災危相憂。民有凶患，憂之則民不解怠。」

樾謹按：教之相恤，不必以誓，注不及「誓」字之義，蓋亦有所疑而闕之也。今按：恤者，慎也。《詩·維天之命篇》「假以溢我」，毛傳曰：「溢，慎也。」《襄二十七年左傳》引作「何以恤我」，是「恤」亦有「慎」義矣。《尚書·堯典》曰「欽哉欽哉，惟刑之恤哉」，《多士篇》曰「自成湯至于帝乙，罔不明德恤祀」，其義竝爲「慎」，説見王氏《經義述聞》。此經「以誓教恤」，即以誓教慎也。《士師》之職曰：「以五戒先後刑罰，毋使罪麗于民。一曰誓，用之于軍旅。」其實誓之用，亦不專在軍旅。「條狼氏」注曰：「誓者，謂出軍及將祭祀時也。」疏又引《月令》「田獵，司徒北面以誓之」，是祭祀、田獵無不用誓，誓之用廣矣。國有大事，先誓戒之，使知敬慎，以役上命，故曰「以誓教恤，則民不怠」。若謂「災危相憂」，則與「不怠」之義，不相屬矣。

以土圭土其地。

注曰：「土其地，猶言度其地。」疏曰：「按上經『以土圭之法測土深』，測猶度也。此經云『以土圭土其地』，以土正當測處，故云『土其地』，猶言度其地也。」

樾謹按：「土其地」之「土」，即讀爲「度」。土、度聲近，故通用也。《尚書·粊誓篇》「杜乃擭」，《周官·雍氏》注引作「敜乃擭」。《説文·攴部》「敜，閉也。從攴度聲，讀若杜。」今書作「杜」者，叚字也。然則土之通作度，猶杜之通作敜矣。《土方氏職》曰「以土地相宅」，即度地相宅也。賈疏未明叚借之例，故其説迂曲。

令五家爲比，使之相保；五比爲閭，使之相受。

注曰：「保猶任也。故書受爲授。杜子春云：『當爲受，謂民移徙所到則受之，所去則出之。』玄謂：受者，宅舍有故，相受寄託也。」

樾謹按：受與保同義。古語或以「受保」連文。《儀禮·士冠禮》「字辭曰：永受保之」，是也。又或以「保受」連文，《尚書·召誥篇》曰「保受王威命明德」，是也。《昭三十一年左傳》曰「子必來，我受其無咎」，受其無咎，即保其無咎也。此經言「五家爲比，使之相保；五比爲閭，使之相受」，文異義同，皆謂使之互相任保，不爲罪過也。《族師職》曰「使之相保相受，刑罰慶賞相及相共」，可證保、受之同義。先、後鄭所説皆非也。《鄰長職》曰「掌相糾相受」，惟其相保受，故亦相糾察。相糾、相受，事相因也。賈疏用後鄭義爲説，非經意矣。

九比之數。（《小司徒》）

注曰：「鄭司農云：『九比，謂九夫爲井。』玄謂：九比者，《冢宰職》出九賦者之人數也。」

樾謹按：先、後鄭説「九比」之義均有未安。「九比」疑「大比」之誤。蓋小司徒所掌之事以大比爲重，故首云「小司徒之職，掌建邦之教法，以稽國中及四郊都鄙之夫家大比之數，以辨其貴賤、老幼、廢疾，凡征役之施舍，與其祭祀、飲食、喪紀之禁令」，其下云「乃頒比法于六鄉之大夫」，又曰「及三年，則大比」，正言其事也。「乃」爲承上之辭，亦爲發端之語。《尚書・堯典》「乃命羲和」，是也。王氏引之謂下文始云「乃頒比灋」，何得於此遽言比？不知此所言者，其綱也；下所言者，皆其目也。「九」與「大」形似而誤。《大司樂職》「九磬之舞」，注曰：「九磬讀當爲大韶，字之誤也。」「大」誤爲「九」，正與此同。王氏謂「九比」乃「人民」二字之誤，然「民」與「比」絶不相似，無緣致誤也。

小軍旅，巡役，治其政令。

注曰：「巡役，小田役之事[一]，則巡行之。」

樾謹按：《大司徒職》云「大軍旅，大田役，以旗致萬民，而治其徒庶之政令」，故鄭君解「巡役」爲「小田役之事，則巡行之」，與彼文相配也。然此文「小軍旅，巡役」，自與上文所云「大軍旅，帥其衆庶」相配。巡役即以小軍旅言，不得分爲二事。「小軍旅，巡役」者，謂小軍旅則巡行其徒役也。《鄉師職》云「大軍旅，會同，正治其徒役」，疏曰：「謂六軍之外，別有民徒使役，皆出於鄉」，是軍旅亦有徒役之證。

國有大故，則令民各守其閭，以待政令。（《鄉大夫》）

注曰：「使民皆聚於閭胥所治處。」

樾謹按：「令民各守其閭」者，不使出二十五家之外也。閭之下尚有比，不言各守其比者，比止五家，爲數大少。若使此比之民不得至彼比，太近煩苛，故不言比而言閭。使此閭之民不得至彼閭，所以待政令也。謂「皆聚於閭胥所治處」，非是。

[一] 田，《周禮注疏》作「力」。

使之相保相受，刑罰慶賞相及相共。（《族師》）

注曰：「相共，猶相救相賙。」

樾謹按：相受猶相保也，説見《大司徒職》矣。相共，亦猶相及也。蓋既使之互相保受，故有罪而刑罰，有善而慶賞，亦相及相共也。鄭君誤以「相共」爲「相救相賙」，賈疏遂斷「刑罰慶賞相及」爲句，皆非經旨。

教皇舞。（《舞師》）

注曰：「鄭司農云：『皇舞，蒙羽舞。書或爲翌，或爲義。』玄謂：皇，析五采羽爲之，亦如帗。」疏曰：「『先鄭之意，蓋見《禮記・王制》『有虞氏皇而祭』。皇是冕，爲首服，故以此皇爲鳳皇羽蒙于首，故云『蒙羽舞』。自古未見蒙羽于首，故後鄭不從之矣。『玄謂：皇，析五采羽爲之，亦如帗』者，鍾氏染鳥羽，象翟鳥鳳皇之羽，皆五采。此舞者所執，亦以威儀爲飾。言皇是鳳皇之字，明其羽亦五采，其制亦如帗舞。」

樾謹按：「皇」字，書或作義者，義乃䴊之叚字，䴊即鵔鸃也。《説文・鳥部》：「鵔鸃，鷩也。」「鷩，赤雉也。」古舞者或以雉尾飾冠。《文選・東京賦》曰「冠華秉翟，列舞八佾」，薛綜注曰：「冠華，以鐵作之，上闊下狹，飾以翟雉尾，舞人頭戴。」然則先鄭所謂「蒙羽舞」者，古有此制。後鄭易之，未爲得也。賈疏因書或作「義」，誤以爲「威儀」字，遂云「以威儀爲飾」，失之矣。

凡外祭毀事，用尨可也。（《牧人》）〔一〕

注曰：「故書毀爲甈。杜子春云：『甈當爲毀。毀謂副辜侯禳毀除殃咎之事』〔二〕。」

樾謹按：副辜侯禳之事謂之毀事，於義未安，杜讀非也。甈當讀爲禬，甈從臬聲，禬從會聲，二聲相近。《周易・困》九五「劓刖」，劓乃劓之或體，京房作「劊刖」。然則甈之通作禬，猶劓之通作劊也。《女祝職》曰「掌以時招梗禬禳之事」，注曰：「除災害曰禬。禬猶刮去也。」此言甈事，即彼言禬禳之事，字有正叚耳。

碩牲，則贊。（《充人》）

注曰：「贊，助也。君牽牲入，將致之，助持之也。《春秋傳》曰：『故奉牲以告曰：博碩肥特。』」

樾謹按：「博碩肥特」乃封人歌舞之辭。《封人職》曰「歌舞牲」，注曰：「謂君牽牲入時隨

〔一〕牧人，原文脱，今據《周禮注疏》補。
〔二〕事，《周禮注疏》作「屬」。

歌舞之，言其肥香以歆神也。鄭司農云：『封人主歌舞其牲，云：博碩肥腯。』」然則「碩牲，則贊」者，謂封人歌舞云「博碩肥腯」，則充人從而和之也。注謂助君持牛，未得其義。

官田。（《載師》）

注曰：「鄭司農云：『官田者，公家之所耕田。』玄謂官田，庶人在官者，其家所受田也。」

樾謹按：「牛人掌養國之公牛」，「巾車掌公車之政令」，注竝曰：「公猶官也。」然則官田猶公田矣，先鄭之説自不可易。《國語·晉語》曰：「吾觀君夫人也，若爲亂，其猶隸農也。雖獲沃田而勤易之，將弗克饗，爲人而已。」所謂隸農者，蓋即耕官田之農，此亦古有官田之證。

凡宅不毛者，有里布；凡田不耕者，出屋粟。

注曰：「宅不毛者，罰以一里二十五家之泉。空田者，罰以三家之税粟。」

樾謹按：如注義，則近於苛政矣，非周公制禮所有也。宅不毛者，有里布；田不耕者，出屋粟，皆責其所應有，徵其所當出，非爲苛政以病之也。里布、屋粟，乃當時之名目。里布者，以二十五家爲里計之，一里應有如干布，則知此不毛之宅應有如干布矣。屋粟者，以夫三爲屋計之，一屋應出如干粟，則知此不耕之田應出如干粟矣。孔氏廣森《禮學卮言》云「里布，直謂治麻所作布」，今知不然者，此「里布」與《閭師職》之「夫布」合之，即《孟子》所謂「夫里之布」。若以里布爲布帛之布，而非泉布之布，則於「夫布」不可通，即於「夫里之布」不可通矣。里布以里計，夫布以夫計。江氏永《群經補義》謂「里布若後世地税，夫布若後世雇役錢」，斯得之矣。

凡民無職事者，出夫家之征。

注曰：「民雖有閒無職事者，猶出夫税、家税也。夫税者，百畝之税。家税者，出士徒車輦，給繇役。」

樾謹按：此亦非也。《小司徒職》注曰：「夫家，猶言男女也。」凡經言夫家者，皆言男女。證以《媒氏職》云：「司男女之無夫家者而會之。」則夫家之義，自以彼注爲塙。此以爲「夫税」「家税」，失之矣。今按：《鄉大夫職》曰：「以歲時登其夫家之衆寡，辨其可任者。國中自七尺以及六十，野自六尺以及六十有五，皆征之。」即此經所謂「夫家之征」也。《閭師職》曰「凡無職者出夫布」，夫布亦即夫家之征。江氏永謂「若後世雇役錢」，斯説得之。「凡民無職事者，出夫家之征」，亦是責以所當出，非爲苛政以病之也。

孝德以知逆惡。（《師氏》）

疏曰：「以孝德之孝以事父母，則知逆惡不行也。」

樾謹按：逆惡之事，無取乎知之。知當讀爲折，《荀子・勸學篇》「鍥而舍之，朽木不折」，《大戴記・勸學篇》作「朽木不知」，知即折之叚字也。知與折古音相近，《禮記・中庸篇》「既明且哲」，《釋文》曰：「哲，徐本作知。」知之通作折，猶知之通作哲也。孝德以折逆惡者，言以孝德折其逆惡之心也。折猶制也。《論語・顔淵篇》「片言可以折獄者」，鄭注曰：「魯讀折爲制。」是折與制義通。「有子曰：『其爲人也孝弟，而好犯上者，鮮矣。不好犯上而好作亂者，未之有也。』」是謂孝德以折逆惡。

凡過而殺傷人者，以民成之。（《調人》）

注曰：「鄭司農云：『以民成之，謂立證佐成其罪也。一説以鄉里之民共和解之。』」

樾謹按：司農二説均未得「民」字之義。民者，對官而言。《史記・孝文紀》「五帝官天下」，索隱曰：「官猶公也。」然則民猶私也。「以民成之」，謂以私成之，蓋不歸于土，不歸于圜土，而使其自相和解也。古言民者，皆對官而言。師古注《漢書・衛青傳》「民母」曰：「言鄭季正妻本在編户之閒，以別于公主家也。」又注《丙吉傳》「民夫」曰：「謂未爲宮婢時，有舊夫見在俗閒者。」皆可證明此經「民」字之義。

媒氏，掌萬民之判。（《媒氏》）[一]

注曰：「判，半也。得耦爲合，主合其半，成夫婦也。《喪服傳》曰：『夫妻判合。』鄭司農云：『主萬民之判合。』」

樾謹按：主萬民之判合，而但曰「主萬民之判」，於義未安。此「判」即「判書」之「判」。《朝士職》曰：「凡有責者，有判書以治則聽。」注曰：「判，半分而合者。」疏曰：「即質劑傅別，分支合同，兩家各得其一者也。」媒氏所掌萬民之判，亦與此同，蓋即婚書，男女兩家各得其一者也。下文曰「凡娶判妻入子者，皆書之」，此「判」字疑衍文，故先、後鄭均不說「判妻」之義。凡娶妻入子者，猶下文言「凡嫁子娶妻」，鄭司農云「入子者，謂嫁女者也」，此即據下文爲說。後鄭因下言「嫁子」，此言「入子」，其文小異，其義亦當有別，故曰「言入子者，容媵姪娣不聘之者」，與先鄭之義相足，本不相違。賈疏所據本已誤衍「判」字，乃謂「判妻」已是嫁女，後更言「入子」，明非嫁女。此説大誤，非經意且非注意也。

〔一〕媒氏，原文脱，今據《周禮注疏》補。

禁遷葬者。

注曰：「遷葬，謂生時非夫婦，死既葬，遷之使相從也。」

樾謹按：「禁遷葬」與「禁嫁殤」，兩事不同。禁嫁殤者，禁其不當合而合也。禁遷葬者，禁其不當離而離也。合葬之禮始于周公，故《禮記・檀弓篇》曰：「周公蓋祔。」然則周初民間沿襲前代之制，其不合葬者多矣。遷葬者，謂夫婦不合葬而又遷葬于他處也。《國語・晉語》云「成而不遷」，韋注曰：「遷，離散也。」遷葬則離矣。周公初定合葬之禮，故禁民間之遷葬者，而於《媒氏》特著其文也。如注所説，似非事之所有矣。

以量度成賈而徵儥。（《司市》）

注曰：「徵，召也。儥，買也。物有定價則買者來也。」疏曰：「知儥爲買者，以言徵召買者，故以儥爲買。此字所訓不定。按下文所云『貴儥者』，鄭注『貴賣之』，鄭亦望文爲義，故注不同也。」《釋文》曰：「儥，劉音育，聶氏音笛。」

樾謹按：《説文・人部》：「儥，見也。從人𧶠聲。」此「儥」字之本義，即今「覿」字，故「聶氏音笛」。然此經「儥」字實當音「育」，乃「𧶠」之叚字。《説文・貝部》「𧶠，衒也，讀若育」，是也。《行部》：「衒，行且賣也。」是此字之義爲賣，不爲買，明矣。《僖二十七年左傳》曰「民易資者，不求豐焉，明徵其辭」，即此經「徵」字之義。徵之言明徵也，謂不相欺也。鄭誤以徵召釋之，因并「價」字之義而失之矣。

掌其賣價之事。

注曰：「價，買也。」

樾謹按：價者，賣之叚字，訓賣不訓買，説已見前矣。《説文》云「賣讀爲育」，故經傳每以「鬻」爲之。鄭君訓價爲買，誤也。惟價既訓賣，則不得復與「賣」連文。而此云「掌其賣價之事」，《質人》云「凡賣價者質劑焉」，《賈師》云「凡國之賣價，各帥其屬，而嗣掌其月」，皆連言之曰「賣價」，義似可疑。乃鄭君於《賈師》注云「故書賣爲買」，是知經文本作「買價」。鄭君既訓價爲買，因改「買價」爲「賣價」耳。此乃鄭之失，不可苟從，仍當以故書爲正。《胥師職》曰「察其詐僞飾行價慝者，而誅罰之」，鄭司農云：「價，賣也。慝，惡也。」後鄭亦以「行賣惡物」解之。《賈師職》曰「凡天患，禁貴價者」，先鄭無注，後鄭釋爲「貴賣」。夫賣之與買，截然異義，豈有價之一字，既可訓買，又可訓賣者乎？且賈師一職前云「禁貴價者」，後云「凡國之賣價」，同在一簡之中，乃「貴價」之「價」則訓爲賣，「賣價」之「價」則訓爲買，此其違失，尤爲顯然。今定「價」爲「賣」之叚字，其音爲育，其義爲賣。凡經言「賣價」者，皆從故書作「買僨」，則字義正而經義亦明矣。

襲其不正者。（《胥》）

注曰：「故書襲爲習。杜子春云：『當爲襲，謂掩捕其不正者。』」

樾謹按：讀習爲襲，是也。以「掩襲」釋之，非也。襲者，入也。《國語・晉語》曰「使晉襲于爾門」，又云「大國道，小國襲焉曰服。小國傲，大國襲焉曰誅」，韋昭訓「襲」爲「入」，蓋古語然也。「襲其不正者」，即入其不正者，謂不正之物没入之也。《司門職》曰「凡財物犯禁者舉之」，注曰：「舉之，没入官。」與此同意。

共丘籠及蜃車之役。（《遂師》）

注曰：「丘籠之役，窆復土也。其器曰籠。」疏曰：「窆謂穿地。復土謂下棺之後，以壙上土反復而爲丘壟，皆須籠器以盛土也。」

樾謹按：穿地復土之事，雖皆須籠以盛土，然謂之丘籠之役，甚爲不辭。「籠」疑「壠」字之叚借，丘籠即丘壠也。《禮記・月令篇》曰「營丘壠之大小、高卑、厚薄之數」，此疏亦云「爲丘壠」，是古謂墳冢爲丘壠。遂師共丘壠之役，則窆地復土之事，皆包其中矣。因叚「籠」作「壟」，而鄭君遂以本字讀之，殊失其義。

旅師，掌聚野之耡粟、屋粟、閒粟。（《旅師》）〔一〕

注曰：「耡粟，民相助作，一井之中，所出九夫之税粟也。屋粟，民有田不耕，所罰三夫之税粟。閒粟，閒民無職事者所出一夫之征粟。」

樾謹按：耡粟者，即「殷人七十而助」之「助」，《孟子》所謂「雖周亦助」者也。《説文·耒部》曰：「商人七十而耡。」則古字正作「耡」矣。屋粟者，即「夫三爲屋」之「屋」。《小司徒職》曰「孜夫屋」，注曰：「夫三爲屋，屋三爲井，出地貢者，三三相任。」是也。至地力不能無厚薄，大司徒造都鄙，其地有不易、一易、再易之分；而遂人治野，亦有上地、中地、下地之别。是有不耕之田，即有不徵之粟。如中地田百晦，萊百晦，則閒一歲矣；下地田百晦，萊二百晦，則閒二歲矣，是謂閒粟。閒之言閒廁也，非閒民之閒也。蓋周時取民有此三科，鄭君此注似失其義，至「閒粟」之「閒」并失其讀矣。

〔一〕 旅師，原文脱，今據《周禮注疏》補。

以溝蕩水。（《稻人》）

注曰：「杜子春讀蕩爲和蕩，謂以溝行水也。」

樾謹按：蕩當讀爲盪。《説文·皿部》：「盪，滌器也。」《楚辭·惜賢篇》「盪渨涹之姦咎兮」，王逸注曰：「盪，滌也。」以溝盪水，謂盪滌其水。作「蕩」者，叚字耳。《釋名·釋言語》曰：「蕩，盪也，排蕩去穢垢也。」是蕩、盪義通，杜説未得。

以時舍其守。（《川衡》）

注曰：「舍其守者，時案視守者，於其舍申戒之。」

樾謹按：如注義，則當云「以時戒其守」，不當云「以時舍其守」，注義非也。舍猶置也，《廣雅·釋詁》：「捨，置也。」舍、捨古通用。《襄十四年左傳》曰：「秦人竊與鄭盟而舍戍焉。」此經「舍」字與彼同義。舍戍即置戍，「以時舍其守」，猶以時置其守也。

凡受羽，十羽爲審，百羽爲摶，十摶爲縳。（《羽人》）

注曰：「審、摶、縳，羽數束名也。《爾雅》曰：『一羽謂之箴，十羽謂之縳，百羽謂之緷。』其名音相近也。一羽有名，蓋失之矣。」

樾謹按：《爾雅》從一羽起數，《周禮》從十羽起數，古書不同，往往有此，不足異也。惟就本經論之，摶、縳竝從專聲，古音相同，乃以爲百羽、千羽之異名，殊不可解。疑《周禮》原文本作「十摶爲揮」，蓋摶即《爾雅》之縳，揮即《爾雅》之緷，《爾雅》竝從糸，《周禮》竝從手也。鄭公孫揮，字子羽，其義即取諸此。後人因《爾雅》「緷」字從糸，因改此經「揮」字作「緷」，而傳寫又誤爲「縳」耳。《釋文》曰：「縳，劉古本反。」疑其所據本正作「緷」，故其音如此也。

群經平議卷十三

周官二

以禬禮哀圍敗。（《大宗伯》）

注曰："同盟者會合財貨，以更其所喪。《春秋》襄三十年冬，『會于澶淵，宋災故』，是其類。"疏曰："必知禬是會合財貨，非會諸侯之兵救之者，若會合兵，當在軍禮之中，故知此禬是會合財貨以濟之也。"

樾謹按：《周禮》原文本作"會禮"，故鄭注直以"會合財貨"釋之。若經文是"禬"字，則爲"禬禳"之"禬"，非"會合"之"會"，鄭君必云"禬讀爲會"矣。鄭無"讀爲會"之文，知其所據本正作"會"也。因"會禮"連文，傳寫者涉下"禮"字從示，故亦誤從示耳。《詩·關雎篇》"展轉反側」，「展」字因下「轉」字而誤加車旁。《采薇篇》「玁允之故」，「允」字因上「玁」字而誤加犬旁，古書類此者多矣。《大行人》云「致禬以補諸侯之災」，《小行人》云「若國師役則命犒禬之」，其「禬」字竝從示，皆沿此文之誤。陸氏《釋文》亦作「禬」，則此字之誤久矣。觀賈疏云云，是其所據本不誤。蓋經文是「會」字，故惟有會合財貨及會諸侯之兵二義。若是「禬」字，則尚有禬禳一義，賈氏何不及之乎？

五命賜則。

注曰：「鄭司農云：『則者，法也。出爲子男。』玄謂：則，地未成國之名。王之下大夫，四命出封加一等，五命賜之以方百里二百里之地者，方三百里以上爲成國。王莽時以二十五成爲則，方五十里，合今俗説子男之地，獨劉子駿等識古有此制焉。」

樾謹按：先、後鄭説皆本王莽諸公一同、侯伯一國、子男一則之説，然於古實無所據。莽制正因《周禮》此文而竊用之，未必其與古合也。今依《周禮》説之。《太宰職》曰：「以八則治都鄙。」鄭君解「都鄙」曰：「公卿大夫之采邑，王子弟所食邑，周、召、毛、聃、畢、原之屬。」《太史職》亦曰「掌則以逆都鄙之治」，然則此所賜之則，即太史所掌之則。蓋與之采邑，即并其所治之則而亦與之，故曰「賜則」也。《載師職》曰：「以家邑之田任稍地，以小都之田任縣地，以大都之田任畺地。」注曰：「家邑，大夫之采地。小都，卿之采地。大都，公之采地。王子弟所食邑也。」是采地有三等，此云「五命賜則」，當以大夫而言，賜則自大夫始也。先鄭訓「則」爲「法」，正得其義。但謂「出爲子男」，則失之。後鄭解爲「地未成國之名」，此莽制，非周制也。

及葬，共其裸器，遂貍之。（《鬱人》）

注曰：「遣奠之彝與瓚也，貍之於祖廟階間，明奠終於此。」疏曰：「知葬共裸器據遣奠時者，以葬時不見有設奠之事，祖祭已前奠小，不合有彝器。奠之大者，唯有遣奠，故知於始祖廟中，厥明將葬之時設大遣奠，有此裸器也。此即《司尊彝》云『大喪存奠彝』是也。」

樾謹按：遣奠之後，貍其裸器，經無明文，疏引《司尊彝》文爲證。鄭彼注曰：「奠者，朝夕乃徹也。」疏云：「其大遣亦朝設，至夕乃徹。」然則所謂貍之者，亦無塙證矣。今按：《鬯人職》云「凡裸事用概」，注云：「裸當爲埋，字之誤也。」鬱人與鬯人兩職相連，疑此文「裸」字本亦作「貍」，貍器即謂明器也。明器之屬，有宜由鬱人共之者，則鬱人共之而遂貍之也。上文云「大喪之渳共其肆器」，注曰：「肆器，陳尸之器。」貍器與肆器，文義一律，因涉上文「掌裸器」而誤爲「裸」，遂并下文《鬯人職》之「貍事」而亦誤爲「裸事」矣。鄭君於「裸事」既正其誤，而于此文「裸器」未能是正，學者所宜舉一而反三也。

蜼彝。（《司尊彝》）

注曰：「鄭司農云：『蜼，讀爲「蛇虺」之「虺」，或讀爲「公用射隼」之「隼」。』玄謂：蜼，禺屬，卬鼻而長尾。」

樾謹按：「蛇虺」之「虺」，於義固無所取。至蜼乃獮猴之類，古人亦何取而象之哉？疑此字實當爲「隼」。《翨氏》「掌攻猛鳥」，注曰：「猛鳥，鷹隼之屬。」然則虎彝、隼彝皆取其猛。司常掌九旗之物，熊虎爲旗，鳥隼爲旟。彝之有取於虎隼，猶之乎旗旟矣。

季冬，陳玉，以貞來歲之媺惡。（《天府》）

注曰：「問事之正曰貞。鄭司農云：『貞，問也。』」

樾謹按：此當從司農説，乃「貞」字本義也。《説文・卜部》：「貞，卜問也。從卜，貝以爲贄。一曰鼎省聲。京房所説。」是「貞」字實無「正」義，其訓「正」者，即讀「貞」爲「正」，乃古文叚字也。相沿既久，而本義爲叚義所奪。鄭君轉疑司農舊説之未安，遂足成其義曰「問事之正曰貞」，失之矣。

繅藉五采五就。（《典瑞》）

注曰：「就，成也。鄭司農云：『五就，五帀也。一帀爲一就。』」

樾謹按：此亦當從司農説。就讀爲集，《詩·小旻篇》「是用不集」，毛傳曰：「集，就也。」《韓詩》正作「是用不就」，蓋就與集一聲之轉，故聲近而義通。集之言雜也，《孟子·公孫丑篇》「是集義所生者」，趙注曰：「集，雜也。」古謂一匝爲一雜，《淮南子·詮言篇》「以數雜之壽，憂天下之亂」，高注曰：「雜，帀也。人生子，從子至亥爲一帀。」《説苑·脩文篇》「如矩之三雜，規之三雜，周則又始，窮則反本也」，三雜即三帀也。雜從集聲，帀謂之雜，故亦謂之集。司農讀就爲集，故以帀訓之，後鄭改訓爲成，失之矣。至《弁師職》云「就皆五采玉十有二」，注曰：「就，成也。繩之每一帀而貫五采玉。」則既訓爲成，又依先鄭爲説，初未得其義也。

大喪既有日，請度甫竁，遂爲之尸。（《冢人》）

注曰：「爲尸者，成葬爲祭墓之尸也。鄭司農云：『始竁時，祭以告后土，冢人爲之尸。』」

疏曰：「不從先鄭者，見《小宗伯》云『卜葬兆，甫竁哭之』，又云『既葬，詔相喪祭之禮』，下乃云『成葬而祭墓爲位』。據彼文，則初穿地時無祭墓地之事，葬訖乃有祭墓地，即此遂爲之尸，一也。故後鄭不從先鄭。」

樾謹按：初穿地時，無祭墓事固也，然「遂爲之尸」即承「甫竁」而言。下乃云「及竁」，又云「及葬」，又云「及窆」，其文皆有次弟，不得于「甫竁」之下即言成葬祭墓之事。且下文言「凡祭墓，爲尸」，然則成葬祭墓而冢人爲尸，從可知矣，何必於此豫言之乎？尸因祭而立，此文初不言祭，何以言「遂爲之尸」乎？疑後鄭所説，亦未爲得也。今按：《爾雅·釋詁》曰「尸、職，主也」，郭注引《左傳》曰：「殺老牛，莫之敢尸。」《詩》曰：「誰其尸之。」是凡主其事皆得稱尸。「甫竁，遂爲之尸」者，遂爲之主也，言冢人主其事也。先、後鄭誤以爲祭祀之尸，故所解皆失其義耳。

大濩。（《大司樂》）

注曰：「《大濩》，湯樂也。湯以寬治民，而除其邪，言其德能使天下得其所也。」疏曰：「言濩者，即救護也。救護使天下得其所也。」

樾謹按：《漢書·禮樂志》及《風俗通·聲音篇》竝曰：「濩，言救民也。」賈疏即用其義，然實非鄭意也。鄭蓋讀爲「獲」，故以得所爲説，「得」字正釋「獲」字。

以享先妣。

注曰：「先妣，姜嫄也。姜嫄履大人跡，感神靈而生后稷，是周之先母也。周立廟，自后稷爲始祖，姜嫄無所妃，是以特立廟而祭之，謂之閟宫。閟，神之。」

樾謹按：周人之祀先妣，自來不得其説。竊疑姜嫄乃帝嚳之妾，非其正妃，而實生后稷，爲周人所自出。以其爲周人所自出，故不可以無廟；以其爲帝嚳妾，故不可以配帝嚳。於是别立廟以祀之，禮以義起也。魏文帝納袁熙妻甄氏，實生明帝。明帝即位，追尊爲文昭皇后。於是三公奏曰：「周人始祖后稷，又特立廟以祀姜嫄。今文昭皇后之於萬嗣，聖德至化，豈有量哉！稽之古制，宜依周禮，先妣别立寢廟。」夫以魏人之尊甄后，以姜嫄爲比，則姜嫄爲帝嚳之妾明矣。當時文帝之廟自有文德皇后郭氏爲之配，故别立廟以祀甄后，正周人祀先妣之義也。魏人去古未遠，疑必有所依據矣。

詔來瞽臯舞。（《樂師》）

注曰：「鄭司農云：『瞽當爲鼓，臯當爲告。呼擊鼓者，又告當舞者持鼓與舞俱來也。』玄謂：詔來瞽，詔視瞭扶瞽者來入也。臯之言號，告國子當舞者舞。」

樾謹按：先、後鄭之義，皆以「詔來瞽」爲一事，「臯舞」爲一事。然據《太祝職》云「來瞽令臯舞」，似臯舞即屬瞽者。鄭彼注云：「臯，讀爲『卒嗥呼』之『嗥』。來嗥者，皆謂呼之人。」若然，但云「來瞽臯舞」文義已足，不必言「令」矣，鄭注殆非也。今按：舞當讀爲武，古「舞」「武」

通用。《鄉大夫職》以鄉射之禮五物詢衆庶，「五曰興舞」，《論語・八佾篇》馬注引作「五曰興武」，即其例也，武乃步武之武。皋者，緩也。《哀二十一年左傳》「魯人之皋」，杜注曰：「皋，緩也。」然則皋武者，猶言緩步也。《禮記・曲禮篇》曰：「堂上接武。」瞽人升堂作樂，亦宜接武而行，故詔之使舒緩也。舉步舒緩謂之皋，猶發聲舒緩謂之皋。《儀禮・士喪禮》曰「皋某復」，注曰：「皋，長聲也。」是其義也。《太祝職》「來瞽令皋舞」，義與此同，殆亦所謂固相師之道者與？

凡軍大獻，教愷歌，遂倡之。

注曰：「故書『倡』爲『昌』。鄭司農云：『樂師主倡也。昌當爲倡，書亦或爲倡。』」

樾謹按：此當從故書作「昌」，即「唱」之古文也。《説文・口部》：「唱，導也。從口昌聲。」夫「昌」字籒文作「昌」，其字本從口，小篆變而從曰，即從口之意也。而「唱」字又從口，重複無理。疑古字止作「昌」。蓋日出而人聲作，故其字從日從口會意，而其義則爲導也。《廣雅・釋詁》曰：「昌，始也。」又曰「昌，盛也。」蓋一聲既作，衆聲從之，故訓「始」，又訓「盛」。今經傳「昌盛」字作「昌」，而「昌始」字皆以「倡」爲之。《周禮》故書獨存本字，先鄭反破從倡，失之矣。説詳余所著《字義載疑》。

世奠繫。（《瞽矇》）

注曰：「故書『奠』或爲『帝』。杜子春云：『帝讀爲定，其字爲奠，書亦或爲奠。世奠繫，謂帝繫，諸侯卿大夫世本之屬是也。小史主次序先王之世，昭穆之繫，述其德行。瞽矇主誦詩，并誦世繫，以戒勸人君也。』玄謂：世之而定其繫，謂書於世本也。」

樾謹按：《小史職》曰「奠世繫，辨昭穆」，鄭司農云：「世繫，謂帝繫、世本之屬是也。小史主定之，瞽矇諷誦之。」此經杜注與彼先鄭不殊，亦以帝繫、世本解「世繫」二字，且曰「誦世繫，以戒勸人君」，疑經文本當作「奠世繫」，與《小史職》同。因故書叚「帝」爲「奠」，涉杜注「帝繫」之文誤爲「世帝繫」，又依杜義讀之，遂爲「世奠繫」，而後鄭據以作注，乃曰「世之而定其繫」，於文義甚爲不安矣。《荀子・禮論篇》曰：「其銘誄繫世，敬傳其名也。」繫世即世繫也。

教縵樂、燕樂之鍾磬。（《磬師》）

注曰：「杜子春讀縵爲怠慢之慢。玄謂：縵讀爲縵錦之縵，謂雜聲之和樂者也。《學記》曰：『不學操縵，不能安弦。』燕樂，房中之樂，所謂陰聲也。」

樾謹按：慢聲者，大司樂之所禁，何得反教之乎？杜子春所讀誠非矣。至後鄭之說，義亦未安。下文云「凡祭祀，奏縵樂」，豈祭祀所奏，專以雜聲爲重乎？「縵」當讀爲「曼而饋」之「曼」。《荀子·正論篇》「曼而饋」，楊倞注曰：「曼當爲萬，饋進食也。列萬舞而進食。」是「曼」者，「萬」之叚字。《宣八年公羊傳》曰：「萬者何？干舞也。」何休曰：「干謂楯也。能爲人扞難而不使害人，故聖王貴之，以爲武樂。萬者，其篇名。」萬既是篇章之名，故主乎舞而言之，謂之萬舞；主乎樂而言之，謂之萬樂。凡言萬舞者，謂舞萬樂也。磬師主教萬樂、燕樂之鍾磬。萬樂者，干舞之樂，武樂也。燕樂者，房中之樂，文樂也。古音萬讀如曼，《爾雅·釋草》「蔓青」，《釋文》曰：「蔓音万。」即其例也。《荀子》叚曼爲萬，《周官》叚縵爲萬，並古書叚借之常。杜、鄭所讀，胥失之矣。《鍾師職》曰「掌鼙鼓縵樂」，《詩·那篇》曰「庸鼓有斁，萬舞有奕」，此即「鼓縵樂」之證。

其經運十，其別九十。（《太卜》）

注曰：「運或爲緷，當爲煇，是《視祲》所掌十煇也。王者於天，日也。夜有夢，則晝視日旁之氣，以卜其吉凶[一]。凡所占者十煇，每煇九變。此術今亡。」

[一] 卜，《周禮注疏》作「占」。

樾謹按：上文「經兆」即以三卜言，「經卦」即以《三易》言，此文「經運」宜亦以《三夢》言，乃以《視祲》之「十煇」當之，失其義矣。運當讀爲員，《莊子·天運篇》釋文曰「司馬本作天員」，是其證也。古運、員聲近，《説文·見部》「䩵，從見員聲，讀若運」，然則運之通作員，猶䩵之讀若運矣。《説文·員部》：「員，物數也。」《漢書·高惠高后功臣表》「坐事國人過員」，師古注曰：「員，數也。」其經員十者，其經數有十也。《三夢》以員言，猶《三卜》以兆言，《三易》以卦言也，鄭注失之。

四曰寤夢。（《占夢》）

注曰：「覺時道之而夢。」疏曰：「以其字爲覺寤之字，故知覺寤時道之，睡而夢也。」

樾謹按：上文「三曰思夢」，注曰：「覺時所思念之而夢。」若依此注，則「思夢」亦可謂之「寤夢」矣，鄭君所説，殆未得也。今按：寤夢者，寤而夢也，謂不寐而夢也。《僖十年左傳》「狐突適下國，遇太子，太子使登僕」，杜注曰：「忽如夢而相見。」《十五年傳》「寡人之從君而西也，亦晉之妖夢是踐」，注曰：「狐突不寐而與神言，故謂之妖夢。」然則狐突之夢，豈非所謂寤夢乎？

五曰闇。（《眡祲》）

注曰：「鄭司農云：『闇，日月食也。』」

樾謹按：《周禮》所謂「闇」，即《春秋》所謂「晦」也。僖十五年己卯晦，成十六年甲午晦，《公羊傳》竝曰：「晦者何？冥也。」是其事也。先鄭竟以「日月食」釋之，未得其旨。

掌六祈，以同鬼神示。（《大祝》）

注曰：「天神、人鬼、地示不和〔一〕，則六癘作見，故以祈禮同之。」

樾謹按：鄭解「同」字非也。同猶通也，《説文·行部》：「衕，通街也。」《竹部》：「筒，通簫也。」街之通者謂之衕，簫之通者謂之筒，衕、筒竝從同聲，是「同」有「通」義也。「以同鬼神示」，猶曰以通鬼神示。下文曰「作六辭，以通上下親疏遠近」，彼言通，此言同，文異而義不殊也。必曰鬼神示不和，故以祈禮同之，失之迂曲矣。

〔一〕示，《周禮注疏》作「祇」。

贊徹，贊奠。（《小祝》）

注曰：「祭祀奠先徹後，反言之者，明所佐大祝非一。」

樾謹按：古人之文固有到言之者，《大宗伯職》曰「以肆、獻、裸享先王」，若以次弟而言，則裸最在先，獻次之，肆又次之也。《大祝職》曰「隋釁、逆牲、逆尸」，若以次弟而言，則逆尸最在先，逆牲次之，隋釁又次之也。此經「贊徹，贊奠」文與彼同。古人自有此例，無義理也。鄭必曲爲之説，於《大宗伯職》則曰「逆言之者，與下共文，明六享俱然」，於《大祝職》則曰「既隋釁，後言逆牲，容逆鼎」，於此經則曰「明所佐大祝非一」，皆非經意。此經下文曰「凡事佐大祝」，則所佐非一，自有明文，何必到文以見義，且到言奠徹，又豈足以見義乎？

禂牲，禂馬。（《甸祝》）

注曰：「杜子春云：『禂，禱也。爲馬禱無疾，爲田禱多獲禽牲。』玄謂：禂讀如伏誅之誅，今侏大字也。爲牲祭，求肥充；爲馬祭，求肥健。」

樾謹按：「禂」字蓋即「禱」之古文。禂從周聲，故亦從壽聲。《玉篇·巾部》「幬」字下更出「㡚」字，曰：「同上。」禂之爲禱，猶幬之爲㡚也。《説文·示部》分禂、禱爲二。「禱」篆曰：「告事求福也。」「禂」篆曰：「禱牲馬祭也。」蓋即因此經而誤。又出「䬞」篆爲「禂」之或體，則孳乳浸多，非古字矣。且其引《詩》「既禡既禂」，今《詩·吉日篇》及《爾雅·釋天》皆作「禱」，足證禂、禱之同字。杜子春訓「禂」爲「禱」，乃以今字釋古字耳。鄭讀如誅者，周聲與朱聲古亦相近。《集韵》引《廣雅》「袾，詛也」，「袾」字疑亦「禂」字之異文。鄭以「禂」有「朱」音，故以誅伐之誅擬其音，而以侏大之侏釋其義。然「侏」字不見于《説文》，侏大之訓亦無所據。惠氏士奇《禮説》引《太玄》「修侏侏」爲證。按：《太玄·童》「次七：修侏侏，比於朱儒」，范望注曰：「侏侏，無所知也。朱儒，未成人也。修，長也。七爲無道，雖長大而不學道，侏侏然若未成之人也。」是「侏侏」爲無知之貌，非長大之貌，惠説失之矣。漢時侏大之義，疑即「姝」字之引申義。《詩·静女篇》「静女其姝」，毛傳曰：「姝，美色也。」《説文·女部》：「姝，好也。」凡有美好義者，皆有大義。「美」字從大，即其例也。然此經「禂」字必讀如誅，而訓爲大，義實未安，固不如仍從杜説之爲得矣。

國有大烖，則帥巫而造巫恒。（《司巫》）

注曰：「杜子春云：『司巫帥巫官之屬，會聚常處，以待命也。』玄謂：恒，久也。巫久者，先巫之故事。造之，當按視所施爲。」

樾謹按：杜義固未得，鄭説亦有未盡。「巫恒」，蓋即先巫也。造即類造之造。《大祝》

「掌六祈，以同鬼神示。一曰類，二曰造」，杜子春曰：「造，祭於祖也。」此云「造巫恒」，蓋用類造之禮祈禱之也。《龜人職》云「祭祀先卜」，注曰：「先卜，始用卜筮者。言祭言祀，尊焉，天地之也。」然則「巫恒」言造者，尊之如祖也。鄭以「巫恒」爲「先巫之故事」，宜不得「造」字之解矣。

及道布。

注曰：「杜子春云：『道布，新布三尺也。或曰：布者，以爲席也。』玄謂：道布者，爲神所設巾。《中霤禮》曰『以功布爲道布，屬于几』也。」

樾謹按：杜、鄭之義，均于「道」字無所發明。據或説「布者，以爲席」，則「道」字當讀爲「簟」。道與簟雙聲字，《儀禮・士虞禮記》「中月而禫」，注曰：「古文禫，或爲導。」《禮記・喪大記》「禫而内無哭者」，注曰：「禫，或皆作道。」然則道之通作簟，猶道與導之通作禫也。《説文・竹部》：「簟，竹席也。」簟布者，言以布爲席也。以布爲席，故即叚簟席之名，而名之曰簟布矣。或説蓋禮家舊説，因其字叚「道」爲之，其義遂晦，故後鄭不之從耳。又《既夕禮》〔一〕：

〔一〕既夕禮，原文作「士喪禮」，今據《儀禮注疏》改。

「商祝，執功布。」注曰：「執之以接神。」然則此「道」字或當爲「導引」之「導」，蓋亦執以接神者與？

及葅館。

注曰：「杜子春云：『葅讀爲鉏。鉏，藉也。館，神所館止也。書或爲葅館，或爲葅飽。或曰：葅飽，茅裹肉也。』玄謂：葅之言藉也，祭食有當藉者。館所以承葅，謂若今筐也。」

樾謹按：杜、鄭之説，義均未安。「館」字實「飽」字之誤，當從或説作「葅飽」。葅者，苴之叚字。飽者，苞之叚字。苴苞，即苞苴也。《禮記·曲禮篇》注曰：「苞苴，裹魚肉者也，或以葦，或以茅。」《少儀篇》注曰：「苞苴，謂編束萑葦以裹魚肉也。」皆與或説合。苞苴，所以餽遺，祭祀之有苞苴，殆所以畀煇、胞、翟、閽者與？

春招弭，以除疾病。（《男巫》）

注曰：「杜子春讀『弭』如『彌兵』之『彌』。玄謂：『弭』讀爲『敉』，字之誤也。敉，安也，安凶禍也。」

樾謹按：經文「弭」字當作「彌」，注文「彌」字當作「弭」。蓋經文作「彌」而杜子春讀爲「弭兵」之「弭」。《左傳》「弭兵」，字作「弭」，不作「彌」也。因經文誤作「弭」，遂改注文作「彌兵」而義不可通矣。後鄭不從杜讀而改讀爲「敉」。《小祝職》云「彌裁兵」，注曰：「彌讀曰敉。敉，安也。」正與此同。彼經作「彌」，知此經亦作「彌」也。《儀禮·士喪禮》注曰「巫掌招彌以除疾病」，即用此經之文，可據以訂正。

頒告朔于邦國。（《大史》）

注曰：「天子頒朔于諸侯，諸侯藏之祖廟。至朔，朝于廟，告而受行之。鄭司農云：『頒讀爲班。班，布也。以十二月朔，布告天下諸侯。』」

樾謹按：「告」字，衍文也。注云「天子頒朔于諸侯」，則經文本無「告」字，明矣。注又云「至朔，朝于廟，告而受行之」，此乃因天子頒朔而終言之也。頒之者，天子之事；告而受行之者，諸侯之事。若合言之曰「頒告朔于邦國」，文不成義矣。司農讀頒爲班，訓班爲布，而曰「布告天下諸侯」，此乃以「告」字足成「布」字之義，非因經文有「告」字而以「布告」釋之也。《大戴禮·小辨篇》盧辯注引此經作「頒朔于邦國」，可據以訂正。經文「告」字，蓋即涉注文兩「告」字而衍。然注文兩「告」字，義實不同，依後鄭，「告」字之義，當以「告朔」連文。依先鄭，「告」字之義，當以「頒告」連文。若使經文本有「告」字，而先、後鄭各爲之説，則義既乖異，讀亦不同，後鄭必有破先鄭之語，何得不置一詞乎？

以五雲之物，辨吉凶水旱，降豐荒之祲象。（《保章氏》）

注曰：「降，下也。知水旱所下之國。」疏曰：「云『水旱降豐荒』者，水旱降爲荒，凶也。風雨降爲豐，吉也。」

樾謹按：以「水旱降豐荒」五字連讀，甚爲不辭。疏又增出「風雨」字，更非經文所有矣。此當以「辨吉凶水旱」爲句，「降豐荒之祲象」爲句。蓋既以雲色辨其吉凶水旱，因即下其狀於邦國，使知所備也。下文云「以十有二風，察天地之和，命乖別之妖祥。」此云「以五雲之物，辨吉凶水旱」，猶彼云「以十有二風，察天地之和」也。此云「降豐荒之祲象」，猶彼云「命乖別之妖祥」也。可證舊讀之非矣。

然䄒。（《巾車》）

注曰：「然，果然也。」疏曰：「果然，獸名。是以賈氏亦云『然，獸名』也。」

樾謹按：「果然」似不得但謂之「然」，且「果然」之獸不見於他經，于義亦無所取。賈氏但以爲獸名，蓋不詳其何獸也。今按：然當讀作麑，然與麑聲相近，《史記・貨殖傳》「計然」，《越絶書》作「計倪」，《吴越春秋》作「計硯」，即其例也。《國語・魯語》「獸長麑麇」，韋注曰：「鹿子曰麑。」《論語・鄉黨篇》「素衣麑裘」，《釋文》曰：「麑，鹿子也。」上文「藻車」乃既練所乘，而用鹿淺毛爲禖；此「駹車」爲大祥所乘，故用鹿子之皮爲禖，蓋視鹿淺尤細矣。據《説文》，鹿子本當作「麛」，而經典每通作「麑」。此作「然」者，又其叚字也。鄭以「果然」釋之，非是。

以禬國之凶荒、民之札喪。（《凡以神仕者》）

注曰：「杜子春云：『禬，除也。』玄謂：此『禬』讀如『潰癰』之『潰』。」

樾謹按：《女祝職》云：「掌以時招梗禬禳之事。」鄭彼注曰：「禬猶刮去也。」此説甚合「禬」字之義。《説文・刀部》：「劊，斷也。」「禬」即「劊」字，以神道言之，故不從刀而從示，猶禳即「攘」字，以神道言之，故不從手而從示也。鄭於《女祝職》注曰「禳，攘也」，然則「禬，劊也」。讀「禬」爲「潰」，雖亦依聲爲訓，而義轉迂矣。

司爟。（《夏官・序官》）

注曰：「故書『爟』爲『燋』。杜子春云：『燋當爲爟，書亦或爲爟。爟爲私火。』玄謂：爟讀如予若觀火之觀。今燕俗名湯熱爲觀，則爟火謂熱火與？」

樾謹按：此當從故書作「燋」，杜讀非也。「爟」乃「烜」之正字。《説文・火部》：「爟，取火於日，官名。從火雚聲。」重文「烜」，曰：「或從亘。」蓋亘聲與雚聲相近，故正篆從雚，或體從亘也。疑《秋官》「司烜氏」，或作「司爟氏」。學者不知「烜」「爟」之同字，轉因「爟」與「燋」字形相似，謂彼「司烜」之作「司爟」，乃此「司爟」之異文，遂有改「爟」爲「爟」者，而杜子春誤從之耳。許君所據《周禮·秋官》正作「司爟氏」。淺人因今本《周禮·夏官》作「司爟」，遂于許書從火雚聲之下增益其文曰「舉火曰爟」。《周禮》曰：「司爟掌行火之政令。」夫許君明言「取火于日，官名」，乃不引「掌取明火者」爲證，而反引「掌行火政令者」爲證，何也？可知其非《説文》之舊矣。

環人。

注曰：「環，猶卻也。以勇力卻敵。」

樾謹按：鄭意蓋讀環爲還，故訓爲卻。然以勇力卻敵而謂之還，義實未安。據其職曰：「掌致師，察軍慝，環四方之故。」是環與察同意，蓋取圍環巡察之義，故與候人之職相連。候者，候望；環者，環行也。使之周行四方，若循環然，四方有變，無不知之，是謂「環四方之故」。鄭注曰：「卻其以事謀來侵伐者。」夫環人止下士六人，史二人，徒十二人耳，安能卻之乎？至《秋官·環人》取環守之義，雖其職不同，然其取義於環則一也。若從鄭注，不可通於彼矣。

巫馬，下士二人，醫四人。

注曰：「巫馬，知馬祖、先牧、馬社、馬步之神者。馬疾若有犯焉則知之，是以使與醫同職。」

樾謹按：春祭馬祖，夏祭先牧，秋祭馬社，冬祭馬步，皆校人之事。至巫馬之職，但云「掌養馬疾而乘治之〔一〕，相醫而藥攻馬疾」，無一字及祭，然則巫馬非巫也。巫猶醫也，《楚辭·天問篇》「化爲黄熊，巫何活焉」，王逸注曰：「言鮌死後化爲黄熊，入於羽淵，豈巫醫所能復生活？」是巫、醫古得通稱，蓋醫之先亦巫也。《説文·酉部》曰「古者巫彭初作醫」是也，故《廣雅·釋詁》曰：「醫，巫也。」其字亦或從巫，《爾雅·釋地》「醫無閭」，《釋文》曰「李本作毉」，是也。巫馬即馬醫，因其所屬有醫四人，故於其長尊之曰「巫」耳。其職曰「相醫而藥攻馬疾」，蓋巫醫不自醫，使醫四人治之而自相助之，猶《天官·醫師》「掌醫之政令，聚毒藥以共醫事。凡邦之有疾病者，疕瘍者造焉，則使醫分而治之」，是亦不自醫也。醫師尊，故言「使」，巫馬卑，故言「相」也。

〔一〕馬疾，《周禮注疏》作「疾馬」。

土方氏。

注曰：「土方氏主四方邦國之土地。」

樾謹按：土當讀爲度，此官主相度四方，故曰度方氏。其職云「以土地相宅」，注曰：「土地，猶度地。」是鄭意正以土爲相度之度，乃於此注曰「主四方邦國之土地」，又似以本字讀之者，失之矣。土、度古通用，説見《大司徒》「以土圭土其地」。

撢人。

注曰：「撢人，主撢序王意，以語天下。」

樾謹按：「撢序」之言，未知何解。《釋文》云：「撢與探同」，鄭意殆未必然也。據其職云：「掌誦王志，道國之政事，以巡天下之邦國而語之。」曰誦、曰道、曰語，皆言説之義，疑「撢」字當讀爲「譚」。《説文·言部》「談，語也」，無「譚」字，蓋古或叚撢爲談，因又變其字作「譚」耳。《莊子·則陽篇》「夫子何不譚我于王乎」，《釋文》引李注曰：「譚，説也。」《莊子》原文當亦作「撢」，傳寫者因其是談説字，變而從言，此「撢人」之「撢」，則以不得其解而轉存其古字也。

暴内陵外，則壇之。（《大司馬》）

注曰：「壇，讀如『同墠』之『墠』。《王霸記》曰：『置之空墠之地。』鄭司農云：『壇讀從『憚之以威』之憚。』」

樾謹按：先、後鄭説義均未安。《説文·金部》：「鐔，伐擊也。」疑壇即鐔之叚字，蓋亦攻伐之名，與上文「賊賢害民則伐之」，義相近也。

放弑其君，則殘之。

注曰：「殘，殺也。《王霸記》曰：『殘滅其爲惡。』」

樾謹按：殘當讀爲《秋官》「翦氏」之「翦」，鄭彼注曰：「翦，斷滅之言也。」古或以「踐」爲之，《書序》「遂踐奄」，鄭注曰「踐讀爲翦」，是也。又或以「殘」爲之，《史記·周本紀》作「殘奄」，是也。翦從前聲，與戔聲相近。《詩·甘棠篇》「勿翦勿伐」，《釋文》引《韓詩》作「勿剗勿伐」，是「翦」字古或作「剗」，與殘、踐同聲，故得通用。成王翦奄，正用《大司馬》法也。《成二年左傳》曰：「余姑翦滅此而朝食。」《王霸記》所謂「殘滅其爲惡」者，猶云翦滅其爲惡也。依《説文》則字當作「戩」，《戈部》：「戩，滅也。《詩》曰：『實始戩商。』」今《詩·閟宫篇》作「翦商」。凡言翦滅者，皆「戩」之叚字。作「踐」、作「殘」，又「翦」之叚字矣。

鼓皆䵽。

注曰：「疾雷擊鼓曰䵽。」《釋文》曰：「䵽，本亦作駭。」

樾謹按：《説文》無「䵽」字。《大僕職》曰「始崩，戒鼓」，注曰：「戒鼓，擊鼓以警衆也。故書戒爲駭。」是其字本作「戒」，擊鼓所以警戒其衆，故即名擊鼓爲戒鼓，故書作「駭」，乃叚字也。傳寫者因「駭」字從馬，遂并「戒」字而亦從馬，因變其字爲「䵽」矣。是故「戒」者本字，「駭」者叚字，「䵽」者俗字也。上文曰「鼓戒三闋」，與此「䵽」字同義。

凡宰祭，與鬱人受斝歷而皆飲之。（《量人》）

注曰：「鄭司農云：『斝讀如「嫁娶」之嫁。斝，器名。』玄謂：斝讀如『嘏尸』之『嘏』。」疏曰：「疏已具於《鬱人職》。但此有『歷』字者，謂鬱人與量人歷皆飲之也。」

樾謹按：先、後鄭均不解「歷」字。賈疏雖有解，然義甚未安。歷當讀爲瀝，《楚辭・大招篇》曰：「吴醴白糵，和楚瀝只。」王逸注曰：「瀝，清酒也。」《廣雅・釋器》亦曰：「瀝，酒也。」「受斝瀝而皆飲之」者，謂王酳尸，尸嘏王，量人與鬱人受其卒爵之酒而皆飲之也。因叚歷爲瀝，遂失其義耳。

射人掌國之三公、孤、卿、大夫之位。（《射人》）〔一〕

注曰：「位，將射，始入見君之位。」

樾謹按：所謂位者，非必因射入見而後有位也。下文曰「若有國事，則掌其戒令，詔相其事，掌其治達」，豈亦因射而有事乎？蓋此職自「掌其治達」以上，皆不專繫於射。其下云「以射灋治射儀」，乃始言射耳。所謂「三公、孤、卿、大夫之位」，凡賓客、喪紀、軍旅皆有之，所包者廣。其使射人掌之者，射之言序也。以六書之例言之，射與謝同聲，《詩・崧高篇》「于邑于謝」，《潛夫論・志氏姓篇》引作「于邑于序」。射之通作序，猶謝之通作序，故《孟子・滕文公篇》曰：「序者，射也。」射有序義，故使序次公、孤、卿、大夫之位。注家因其官爲射人，乃專以射言之，失之拘矣。此職之末所言，自「會同朝覲，作大夫介」以下，皆與射事無涉。然則職首所言，何必專屬射乎？又曰「大喪，與僕人遷尸，作卿大夫掌事，比其廬，不敬者苛罰之」，正與「掌公、孤、卿、大夫之位」其事相同。以「射」有「次序」之義，故使「比其廬」也。

〔一〕射人，原文脱，今據《周禮注疏》補。

士旁三揖。（《司士》）

注曰：「群士位東面，王西南鄉而揖之。」

樾謹按：鄭意以「西南鄉」解「旁」字，殆非也。《説文・上部》：「旁，溥也。」是「旁」之義爲溥徧。「士旁三揖」者，士賤不得與大夫同。大夫以其等旅揖，士則但以三揖，示溥及之意，不以其等也。《男巫職》曰「旁招以茅」，此「旁」字義與彼同。

敺方良。（《方相氏》）

注曰：「方良，罔兩也。天子之椁柏，黄腸爲裏，而表以石焉。《國語》曰：『木石之怪夔罔兩。』」

樾謹按：鄭君泥木石之文，其説轉近迂曲。據《魯語》曰「木石之怪曰夔蝄蜽，水之怪曰龍罔象」，賈注謂有夔龍之形而無實體，然則「罔兩」「罔象」，其義一也。《楚辭・哀命篇》「神罔兩而無舍」，王注曰：「罔兩，無所依據貌也。」《文選・洞簫賦》「罔象相求」，李注曰：「罔象，虚無罔象然也。」蓋皆疊韻連語，爲怳惚窈冥之義。以其似夔非夔而謂之夔罔兩，以其似龍非龍而謂之龍罔象。「罔象」與「罔兩」聲近而義通，罔兩非必專屬木石，罔象非必專屬水也。韋昭注《國語》以蝄蜽爲山精，而《宣三年左傳》杜注則曰「罔兩，水神」，許氏《説文・虫部》曰：「蝄蜽，山川之精物也。」又兼山川而言之，是固無一定之所在矣。此經曰「及墓，入壙，以戈擊四隅，敺方良」，是其所敺者即壙中之罔兩，豈必因木石而有乎？

相醫而藥攻馬疾。（《巫馬》）

疏曰：「疾則以藥治之。」

樾謹按：如疏義，則當云「以藥攻馬疾」，文義方足，不得但云「藥攻馬疾」也。藥當讀爲𤻲，《説文·疒部》：「𤻲，治也。或作療。」古書每以「藥」爲之，《大雅·板篇》「不可救藥」，《韓詩外傳》作「不可救療」，毛用叚字，韓用正字也。《中鑒·俗嫌篇》曰：「藥者，療也。」蓋二字聲近而義通。「藥攻馬疾」者，療攻馬疾也。藥與攻同義，非謂藥物也。

正校人員選。（《廋人》）

注曰：「正員選者，選擇可備員者平之。」

樾謹按：員、選，皆數也。《説文·員部》：「員，物數也。」「選」通作「算」，《説文·竹部》：「算，數也。」「正校人員選」者，正校人之數也。古選、算通用，《詩·柏舟篇》「不可選也」、《後漢書·朱穆〈絶交論〉》作「不可算也」；《論語·子路篇》「何足算也」，《漢書·公孫劉田王楊蔡陳鄭傳贊》作「何足選也」，竝其證也。鄭以本字讀之，而訓爲選擇，失之矣。

其浸潁湛。（《職方氏》）

注曰："湛，或爲淮。"

樾謹按：湛與淮，形聲皆不相近，無由通借。"淮"乃"㴰"字之誤，即古文"湛"字。《説文·水部》"湛，從水甚聲"，又出重文"㴰"，曰"古文"。疑《周禮》故書本作"潁㴰"，許君所載古文，即本之《周禮》，傳寫誤作"淮"耳。

辨其丘陵、墳衍、遼隰之名物、之可以封邑者。（《遼師》）

注曰："物之，謂相其土宜可以居民立邑。"

樾謹按：鄭君於"名"字斷句，非也。王氏引之從王安石説，以"名物"連讀，而謂"之可以封邑者"句上有闕文，當云"地之可以封邑者"，説詳《經義述聞》。今按："名物"連讀是也，謂有闕文，非也。"之名物""之可以封邑者"，兩"之"字皆蒙"丘陵、墳衍、遼隰"而言。蓋既辨其丘陵、墳衍、遼隰之名物，又辨其丘陵、墳衍、遼隰之可以封邑者。若分言之，則於文累矣，故總言"辨其丘陵、墳衍、遼隰"於上，而以"之名物""之可以封邑者"分承於下也。

其能改者反，于中國，不齒三年。（《大司寇》）

注曰：「反于中國，謂舍之還於故鄉里也。」疏曰：「言『反于中國』者，《虞書》有『五宅三居』，彼不在中國，此則反還於故鄉里也。」

樾謹按：此「以圜土聚教罷民」，但寘之圜土而未嘗屏之遠方，乃曰「其能改者，反于中國」，義不可通矣。疑此文當以「反」字絕句，「其能改者反」與下文「其不能改而出圜土者殺」，正相對成文。「于中國不齒三年」七字爲句，中國者，國中也。《昭二十五年公羊傳》曰「非中國之禽也」，《哀十四年傳》曰「非中國之獸也」，《國語・吴語》曰「必不須至之會也，而以中國之師與我戰」。凡言「中國」者，竝猶國中也。「于中國不齒三年」，謂三年不齒于國中也。鄭君既失其讀，宜「中國」二字賈氏不得其解矣。

以兩造禁民訟。

注曰：「訟，謂以財貨相告者。」疏曰：「『訟謂以財貨相告者』，以對下文『獄，是相告以罪名』也。此相對之法，若散文則通。」

樾謹按：鄭君所説「獄」「訟」二字之義，未知何據。若以經文言之，殆當兩易其説。此云「以兩造禁民訟」，是以罪名相告者。下云「以兩劑禁民獄」，是以財貨相告者。何以明之？據

《小宰職》云「聽賣買以質劑」，《質人職》云「凡賣儥者質劑焉，大市以質，小市以劑」，是質劑乃賣買所執以爲信者，故凡以財貨相告，必使各齎質劑以察其信否。《士師職》云「凡以財獄訟者，正之以傅別約劑」，是其義也。此言「以兩劑禁民獄」，即《司市職》所謂「以質劑結信而止訟」。彼言訟，此言獄，正所謂散文則通耳。凡以罪名相告，則但使訟者皆至，已足斷之矣，故曰「以兩造禁民訟」。若以財貨相告，則雖其人皆在，非有質劑不能決也，故曰「以兩劑禁民獄」。鄭君所說似乎倒置矣。

若邦凶荒，則以荒辯之灋治之。（《士師》）

注曰：「鄭司農云：『辯讀爲風別之別。救荒之政十有二，而士師別受其條教，是爲荒別之灋。』玄謂：『辯』當爲『貶』，聲之誤也。遭飢荒則刑罰，國事有所貶損，作權時法也。」

樾謹按：先鄭之說，義無所據。後鄭近之，然讀「辯」爲「貶」，亦甚未安。「辯」當讀爲「變」，《周易·坤·文言傳》「由辯之不早辯也」，《釋文》曰：「辯，荀作變。」《廣雅·釋言》曰：「辯，變也。」《莊子·逍遥游篇》「而御六氣之辯」，《釋文》曰：「辯，變也。」是辯與變聲近義通。《孟子·告子篇》「萬鍾則不辨禮義而受之」，《音義》引丁音曰：「辨，本作變。」然則叚辯爲變，猶叚變爲辨矣。「荒變之法」，謂因凶荒而變改，正所謂權時法也。權猶變也，後鄭得其義，未得其字耳。

凡盗賊軍鄉邑及家人，殺之無罪。（《朝士》）

注曰：「鄭司農云：『謂盗賊群輩若軍，共攻盗鄉邑及家人者，殺之無罪。』」

樾謹按：先鄭之意，蓋讀「軍」字絶句，故言「群輩若軍」。然「盗賊軍」三字，甚爲不辭。今按：軍者，圍也。《説文・車部》：「軍，圜圍也。四千人爲軍。從車，從包省。」《一切經音義》引《字林》曰：「軍，圍也。四千人爲軍，二千五百人爲師。字從勹，音補交反。包車爲軍，帀自爲師，皆字意也。」是「軍」字從勹，本有圍義，故《廣雅・釋言》曰：「軍，圍也。」「凡盗賊軍鄉邑及家人」者，言盗賊倚恃其衆，圍鄉邑及家人也。「人」字兼蒙鄉邑而言，鄉有鄉之人，邑有邑之人，家有家之人也。

及刑殺，告刑于王，奉而適朝士，加明梏，以適市。（《掌囚》）

注曰：「奉而適朝者，重刑，爲王欲有所赦，且當以付士。士，鄉士也。鄉士加明梏者，謂書其姓名及其罪於梏而箸之也。」

樾謹按：下文云「凡有爵者與王之同族，奉而適甸師氏，以待刑殺」。然則親貴之人，有罪刑殺猶不適朝，此庶姓無爵者，乃必奉而適朝，何也？疑此文當以「奉而適朝士」爲句，蓋既告刑於王，即奉之而適朝士，朝士掌外朝之灋。「適朝士」者，示刑人殺人之命皆從朝出也。「奉而適朝士」與下文「奉而適甸師氏」文義一律。「加明梏」者，即朝士加之也。鄭君誤於「朝」字斷句，遂以士爲鄉士，近于臆説矣。

禁殺戮掌司斬殺戮者，凡傷人見血而不以告者，攘獄者，遏訟者，以告而誅之。（《禁殺戮》）〔一〕

注曰：「司猶察也。察此四者，告於司寇罪之也。」

樾謹按：經文「凡」字，衍文也。此以「斬殺戮」爲一事，「傷人見血而不以告」爲一事，「攘獄」爲一事，「遏訟」爲一事，皆蒙上「司」字爲文，故注云「察此四者」。若「傷人見血」上有「凡」字，則是總冒下三事，而於「掌司斬殺戮」不相蒙矣，鄭注當言三者，不當言四者也。下文「禁暴氏掌禁庶民之亂暴力正者，撟誣犯禁者，作言語而不信者，以告而誅之」，文法與此正同。注曰：「此三者亦刑所禁也。」彼文疊用三「者」字，中間無「凡」字，然則此文亦無「凡」字，明矣。

〔一〕禁殺戮，原文脱，今據《周禮注疏》補。

若得其獸，則獻其皮革，齒須備。（《冥氏》）

注曰：「鄭司農云：『須，直謂頤下須。備謂搔也。』」

樾謹按：備之訓搔，于義未聞，疏家亦不得其説。疑此文當于「革」字斷句，「齒須備」三字自爲句，謂齒須之屬亦備獻之也。《掌客職》云「王合諸侯，而饗禮則具十有二牢，庶具百物備」，與此文法正同。

春始生而萌之。（《薙氏》）

注曰：「故書『萌』作『甍』。杜子春云：『甍當爲萌，謂耕反其萌牙。』玄謂：萌之者，以兹其斫其生者。」

樾謹按：經文若言「萌之」，則止是萌牙耳，無以見其爲反之，爲斫之也，杜、鄭之説均不可通。「萌」當從故書作「甍」。《釋名·釋宮室》曰：「甍，蒙也，在上蒙覆屋也。」然則甍之者，蒙之也，謂耕反其萌牙而以土蒙覆其上也。子春所説正得其旨，而破「甍」爲「萌」，則反失之矣。甍之爲蒙，猶瞢之爲蒙，《眡祲》注曰「瞢，日月瞢瞢無光也」，《釋名·釋天》曰：「蒙，日光不明，蒙蒙然也。」知瞢瞢即蒙蒙，則知「甍」之即「蒙」之矣。

歸脤以交諸侯之福。（《大行人》）

注曰：「交，或往或來者也。」

樾謹按：鄭説非也。交當爲效，《襄二十七年左傳》「使諸侯僞效烏餘之封者」，杜注曰：「效，致也。」又《昭二十六年傳》「宣王有志而後效官」，正義曰：「效者，致與之義。」「歸脤以效諸侯之福」，謂以致諸侯之福也。《大戴記·朝事篇》作「教」，《廣雅·釋詁》《釋名·釋言語》竝曰：「教，效也。」是教與效義通。

殷相聘也〔一〕**。**

注曰：「殷，中也。久無事，又於殷朝者及而相聘也。」

樾謹按：《大宗伯職》「時見曰會，殷見曰同，時聘曰問，殷覜曰視」，鄭君解「殷見」曰：「殷猶衆也。十二歲王如不巡守，則六服盡朝。」解「殷覜」曰：「殷覜，謂一服朝之歲，以朝者少，諸侯乃使卿以大禮衆聘焉。一服朝在元年、七年、十一年。」是「殷」字有此二解。《大行人職》云「殷同以施天下之政」，即「殷見曰同」也。「殷覜以除邦國之慝」，即「殷覜曰視」也。此文「殷相

〔一〕此條下原有「大行人」三字，上條已標明出處，此條不當有，今據文例及清經解續編本《群經平議》删。

聘也」，鄭又别訓爲「中」，而所説又不了。今按：注云「又於殷朝者及」，蓋在殷見之前一年也。六服諸侯以明年天子當巡守，或不巡守，則當殷見於王，於是各使其卿聘焉。以其與殷見之年數相同，故亦以殷言之。賈疏據《聘義》《王制》皆云「三年一大聘」，即用以説此經，非經意，且非注意。夫三年爲時甚近，安得云「久無事」乎？先鄭又引《春秋傳》「孟僖子如齊殷聘」爲證，按孟僖子如齊在昭公九年，上距襄二十年叔老聘齊二十一年，若依周制，當二十四年而再殷聘。春秋時天子不巡守，諸侯不殷見，又何殷聘之有？因其相距已二十一年，與再殷聘之期相近，故即叚以爲名耳。

夫人致禮。（《掌客》）

樾謹按：經文「夫人致禮」，於上公則八壺、八豆、八籩，於侯伯亦八壺、八豆、八籩，於子男則六壺、六豆、六籩，此必誤也。以上文例之，降則公、侯、伯、子、男遞降，如食四十、簠十、豆四十之類皆是也。不降則公、侯、伯、子、男皆不降，如鼎簋十有二是也。未有侯伯不降而子男獨降者，疑致禮侯伯爲六壺、六豆、六籩，子男爲四壺、四豆、四籩。據《聘禮》，夫人致禮，于賓六豆、六籩、六壺，于介則四豆、四籩、四壺，降殺以兩，即其例也。因侯伯之六壺、六豆、六籩，上半闕壞而成「八」字，則與上公同，於是學者疑子男四壺、四豆、四籩，大相縣絶，遂臆改爲「六」矣。

妢胡之笴。（《考工記》）

注曰：「妢胡，胡子之國，在楚旁。杜子春云：『妢讀爲「焚咸丘」之「焚」，書或爲「邠」。妢胡，地名也。』」

樾謹按：此當從或本作「邠」，乃「汃」之叚字也。《説文·水部》：「汃，西極之水也。從水八聲。《爾雅》曰：『西至汃國，謂四極。』」今《爾雅》作「邠」，與此經同。邠胡，蓋西戎國名。「燕之角，荆之幹，妢胡之笴，吴粤之金、錫」，經文舉此四者，自有條理，燕北、荆南、妢胡西、吴粤東也。後鄭以楚旁之胡國當之，失其義矣。

凡斬轂之道，必矩其陰陽。（《輪人》）

注曰：「矩，謂刻識之也。故書『矩』爲『距』。鄭司農云：『當作矩，謂規矩也。』」

樾謹按：矩所以爲方，非所以刻物而識之也，先鄭所讀非是，當仍從故書作「距」而讀爲「舉」。《襄二十七年左傳》「仲尼使舉是禮也」，《釋文》引沈注曰：「舉，謂紀録之也。」然則「舉其陰陽」，即紀録其陰陽也。作「距」者，叚字耳。《爾雅·釋木》「椵，柜桏」，《釋文》曰：「柜，郭音舉。」然則距之讀爲舉，猶柜之讀如舉矣。

參分其牙圍而漆其一〔一〕**。**

注曰：「不漆其踐地者也。」

樾謹按：《記》文止言「漆其一」，所漆者爲踐地一邊，抑爲建輻一邊，《記》固無文也。所以無文者，以下文見之也。下文「椁其漆内而中詘之，以爲之轂長」，夫曰「漆内」，則漆必在外，其爲踐地一邊可知也。凡木漆之然後耐久，故《弓人》曰「漆也者，以爲受霜露也」。車牙踐地一邊必漆之者，非以爲觀美也，正以其行泥淖中，恐易朽腐耳。注反謂「不漆其踐地者」，失之矣。

于上之攡謂之隧。（《鳧氏》）

注曰：「攡，所擊之處攡弊也。隧在鼓中，窐而有光，有似夫隧。」

樾謹按：注以「夫隧」釋「隧」字，非也。隧，當讀如《匠人》「廣二尺深二尺」之「遂」，下文「爲遂，六分其厚，以其一爲之深而圜之」，字正作「遂」，可證也。《釋文》於《匠人》出「隧」字，曰「隧音遂，本又作遂」，蓋「隧」即「遂」之俗字，一簡之中正、俗錯見，傳寫異耳。爲遂之法，「六分

〔一〕一，《周禮注疏》作「二」。此條下原有「輪人」二字，上條已標明出處，此條不當有，今據文例及清經解續編本《群經平議》删。

其厚，以其一爲深」，注曰：「深謂窐之也。」窐，故以「遂」名之。注乃謂「窐而生光，有似夫隧」，失之矣。夫造鍾時但有窐無光也，安得逆計後日之必生光而爲之名乎？

眂其裏而易，則材更也。（《函人》）

注曰：「鄭司農云：『更，善也。』」

樾謹按：更之爲善，猶易之爲善也。《周易・繫辭傳》「辭有險易」，《釋文》引京房曰：「險，惡也。易，善也。」易與更同義，變謂之更，亦謂之易；善謂之易，亦謂之更，正古訓之展轉相通者，疏家未得其義。

山以章，水以龍。（《畫繢之事》）

注曰：「章讀爲獐。獐，山物也。在衣。齊人謂麇爲獐。龍，水物，在衣。」

樾謹按：《畫繢之事》，皆言作畫之法，故有土有天有水，與《虞書》十二章迴殊。說者必以十二章爲說，遂以龍爲山龍之龍，而并破「章」爲「獐」以對之，失之甚矣。今按：龍當讀爲尨，《玉人之事》曰「上公用龍」，鄭司農云「龍當爲尨」，即其例矣。《周易・說卦傳》「震爲龍」，鄭注亦讀爲「尨」，謂取日出時色雜然，則「山以章，水以尨」皆以色言也。章之言明也，陽之象也。《成五年公羊傳》何休注曰：「山者，陽精」，故山以章也。尨之言蒙也，陰之象也。《淮南子・天文篇》曰「陰氣爲水」，故水以龙也。此言畫山者以明顯爲貴，畫水者以幽晦爲宜耳。龙與蒙通，《周易・雜卦傳》「蒙雜而箸」，蒙雜即龙雜也。龙雜謂之蒙，蒙昧謂之龙，古訓相通，大率如此。山以章，水以龙，正對文成義。鄭君不破「龍」爲「龙」，而反破「章」爲「獐」，夫山中之物莫尊於虎，故澤國用龍節，山國用虎節。若水必以龍，則山必以虎，何取於獐而畫之乎？

凡畫繢之事，後素功。

注曰：「素，白采也。後布之，爲其易漬汙也。」

樾謹按：鄭解「後」「功」二字，未得其義。《玉人》「璋邸射素功」，司農云：「素功，無瑑飾也」，然則素功不專以畫繢言，凡不畫繢者、不雕琢者，皆謂之素功。「畫繢之事，後素功」，言其居素功之後也。《禮記・郊特牲篇》：「酒醴之美，玄酒、明水之尚，貴五味之本也。黼黻、文繡之美，疏布之尚，反女工之始也[一]。莞蕈之安[二]，而蒲越、稾鞂之尚，明之也。大羹不和，貴其

[一] 工，《禮記正義》《禮記注疏》均作「功」。

[二] 蕈，《周禮注疏》均作「簟」。

質也。大圭不琢，美其質也。丹漆雕幾之美，素車之乘，尊其樸也。」皆足證明「後素功」之義。記人於畫繢一章，特以此言結之，正《賁》上九「飾終反素」之義。孔子言「繪事後素」，義亦如此。近解謂先以粉地爲質，則當云「繪事先素」矣。

侯用瓚。（《玉人》）

注曰：「瓚讀爲『餍餍』之『餍』。龍、瓚、將，皆雜名也。」

樾謹按：「餍」字《説文》所無，蓋即「飡」字也。《詩·伐檀篇》正義引《説文》曰：「飡，水澆飯也。」今《説文》無此語。然水澆飯爲飡，則古有此義，故《伐檀篇》釋文引《字林》曰：「飡，水澆飯也。」《玉篇·食部》曰：「飡，水和飯也。」《釋名·釋飲食》曰：「飡，散也，投水於中解散也。」竝其證也。疑古本《説文》作「飡，餔也。从夕食。一曰水澆飯也」，又出重文「湌」，曰「飡，或從水」，今本缺「一曰水澆飯也」六字，而重文「湌」又移置「餐」篆之下，皆非許書之舊，説詳余所著《字義載疑》。「餍」字從尸從氺。尸者，夕之變也；氺者，水之變也。蓋其字從夕從水，合飧、湌兩體而一之耳。飧爲水澆飯，故有雜義。《玉篇》以爲水和飯，和與雜義相近也。《玉篇》又有「餍」字，亦即「飡」字也。篆文「飡」作「飡」，夕在食上，引而長之則成「餍」矣，又加水於其中則成「餍」矣。顧野王以「餍」爲「饡」古文，蓋因古書或叚「飡」爲「饡」，故誤耳。瓚之通作飡，猶飧之通作饡也。王氏《經義述聞》不知「餍」即「飧」字，而以爲字當作「餍」，從食㞒省聲，近于臆造矣。

參分其羽以設其刃。（《矢人》）

注曰：「刃二寸。」疏曰：「知『刃二寸』者，以其言『參分其羽以設其刃』，不可參分取二分，作四寸刃，明知參分取一，得二寸爲刃，故知刃二寸。」

樾謹按：如疏義，則當云「參分其羽以爲刃長」，不當言「參分其羽以設其刃」也。且羽長六寸，但曰「參分其羽」，將取二分乎，抑取一分乎？古人之辭不應若是之鶻突也。今按：「分」字衍文也。《記》文本云「參其羽以設其刃」，刃者，兼鋌而言之也。羽長六寸，三六一尺八寸，加鋌一尺、刃二寸，適合矢長三尺之數，故曰「參其羽以設其刃」，明設鋌刃在一尺八寸之外也。上文云「五分其長而羽其一」，此就全矢計之。若除去鋌刃一尺二寸，則參分其長而羽其一矣，所謂「參其羽以設其刃」也。誤衍「分」字，義不可通矣。

則雖有疾風，亦弗之能憚矣〔一〕**。**

注曰：「故書『憚』或作『但』。鄭司農云：『讀當爲「憚之以威」之「憚」，謂風不能驚憚箭也。』」

樾謹按：矢無知之物，何驚之有？鄭説非也。但當讀爲顫，《玉篇·頁部》曰：「顫，動也。」「弗之能顫」者，弗之能動也。《衆經音義》引《通俗文》曰：「四體寒動謂之顫煩。」矢遇風而動，猶人中寒而顫，故言顫也。顫從亶聲，但從旦聲，故聲近而義通。《爾雅·釋訓》曰：「戰戰，動也。」「戰」即「顫」之叚字，戰與憚竝從單聲，今書以「憚」爲「顫」，猶《爾雅》以「戰」爲「顫」矣。

摶身而鴻。（《梓人》）

注曰：「鴻，傭也。」

樾謹按：訓鴻爲傭，未詳其義，疏亦無説。鴻當讀爲鳿，《説文·隹部》：「䧺，鳥肥大䧺䧺也」，或從鳥作「鳿」。「摶身而鳿」者，亦謂其肥大也。作「鴻」者，叚字。或學者多見「鴻」，少見「鳿」，而臆改之耳。

〔一〕此條下原有「矢人」二字，上條已標明出處，此條不當有，今據文例及清經解續編本《群經平議》删。

則於眂必撥爾而怒。苟撥爾而怒，則於任重宜。且其匪色，必似鳴矣。

注曰：「匪，采貌也。故書『撥』作『廢』，『匪』作『飛』。鄭司農云：『廢讀爲撥，飛讀爲匪，以似爲發。』」

樾謹按：以「似」爲「發」，與上兩句不一律，且經文「必似鳴矣」，文義甚明，若破「似」爲「發」，而曰「必發鳴矣」，義轉未安。下文云「其匪色必似不鳴矣」，豈可曰「必發不鳴」乎？然則此注殆必有誤。疑故書「廢」字，先鄭讀爲「撥」，後鄭以「撥」字無義，改讀爲「發」。《論語·微子篇》「廢中權」，《釋文》曰：「鄭作發。」是鄭君注《論語》亦讀「廢」爲「發」，正可爲證也。傳寫奪誤，遂不可訂正矣。

强飲强食，詒女曾孫諸侯百福。

注曰：「詒，遺也。曾孫諸侯，謂女後世爲諸侯者。」

樾謹按：「諸侯」當作「侯氏」，此以「詒女曾孫侯氏百福」八字爲句。「曾孫侯氏」四字相連成文，《禮記·射義篇》引《詩》曰「曾孫侯氏」，是其證也。鄭注本云「曾孫侯氏，謂女後世爲諸侯者」，經文「侯氏」字涉注文而誤作「諸侯」，遂并改注文以從既誤之經文，而莫之能正矣。《大戴記·投壺篇》載此辭曰：「强食食爾，曾孫侯氏百福。」雖文有奪誤，而正作「曾孫侯氏」，可據以訂正。

老牛之角紾而昔。（《弓人》）〔一〕

注曰：「鄭司農云：『昔讀爲「交錯」之「錯」，謂牛角觕理錯也。』玄謂：昔讀『履錯然』之『錯』。」

樾謹按：「昔」字不必改讀，古昔、腊同字。《説文·日部》：「昔，乾肉也。」然則「紾而昔」者，紾而乾也。上句云「稺牛之角直而澤」，昔與澤義正相對。《廣雅·釋詁》：「焟，乾也。」「焟」即「昔」之俗字。下文「凡相膠，欲朱色而昔」，與此同義。

〔一〕弓人，原文脱，今據《周禮注疏》補。

群經平議卷十四

考工記世室重屋明堂考

夏后氏世室。

樾謹按：世室即大室也。世、大古通用。合五室而名之，故曰「大室」。

堂脩二七。

樾謹按：「二」字，衍文也。《隋書・宇文愷傳》愷奏《明堂議》曰：「《記》云『堂脩七』。山東《禮》本輒加『二七』之字，何得殷無加尋之文，周闕增筵之義？研覈其趣，或是不然。讎校古書，並無『二』字，此乃桑間俗儒信情加減。」然則隋時古本並作「堂脩七」，鄭君所據之本亦當如是。鄭意五室皆在一堂之上，疑堂脩七步不足容之，以爲是記人假設之數，使人以七步推算，非是止脩七步，故下注云「令堂脩十四步」，此乃鄭君以意説之，謂設以二七推算，則是十四步也。下注又云「令堂如上制」，可見十四步之數，是鄭君假設。若《記》文本作「堂脩二七」，則是實數如此，何言「令」乎？學者從鄭義作十四步，遂增《記》文作「二七」，改經從注，貽誤千古矣。今以下文證之，殷度以尋，堂脩七尋；周度以筵，堂脩七筵。然則夏度以步，堂脩七步，理無可疑，當據宇文愷議訂正。大室之外，四面有堂，其南明堂，其北玄堂，其東青陽之堂，其西總章之堂，凡堂皆脩七步。

廣四脩一。

樾謹按：「廣四脩一」者，廣二十八步也，堂脩一七，其廣四七，廣之四，脩之一也，是謂「廣四脩一」。雖然，堂不已廣乎？曰：此兼四旁兩夾而言也。中央爲大室，四面爲堂。東堂之南即南堂之東，南堂之西即西堂之南，西堂之北即北堂之西，北堂之東即東堂之北，是故東西兩面各廣四七，而南北兩面之各脩一七者，即在其中矣。南北兩面各廣四七，而東西兩面之各脩一七者，即在其中矣。《記》文不曰「廣四七」，而變其文曰「廣四脩一」，明廣之數兼有脩之數也，於是堂基定而大室之基亦定。堂基方二十八步，大室之基方十四步。爲圖如左：

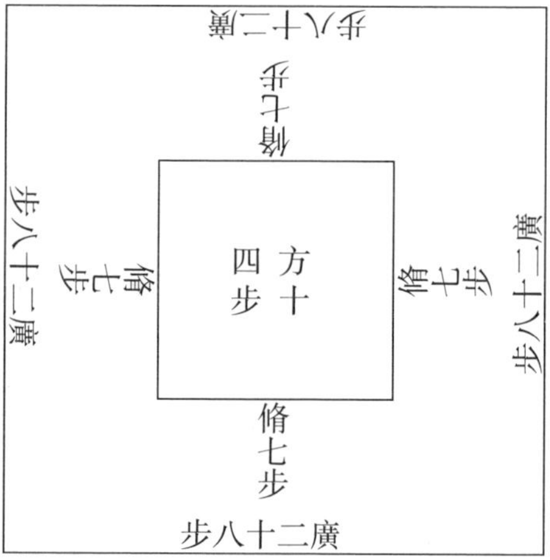

五室，三四步，四三尺。

樾謹按：「三四步」者，十二步也。不曰「十二步」而曰「三四步」，明四步者三也。「四三尺」者，十二尺也。不曰「十二尺」而曰「四三尺」，明三尺者四也。大室方十四步，於其中分爲五室，正中土室，正東木室，正南火室，正西金室，正北水室。室各四步，室之外各有餘地三尺，於是東西度之爲四步者三，爲三尺者四；南北度之亦爲四步者三，爲三尺者四，是爲「三四步，四三尺」。古者六尺爲步，四步者三，三尺者四，適合大室方十四步之數。爲圖如左：

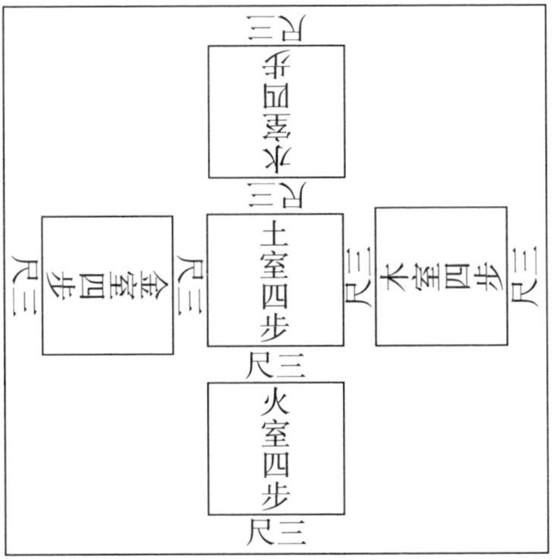

堂室既定，然後其制可得而言焉。堂必有棟，棟必居中。四堂則四棟可知，四棟則内外各四宇可知。青陽與總章爲東西兩下之屋，明堂與玄堂爲南北兩下之屋，蓋亦如門堂之有内外霤矣。爲圖如左：

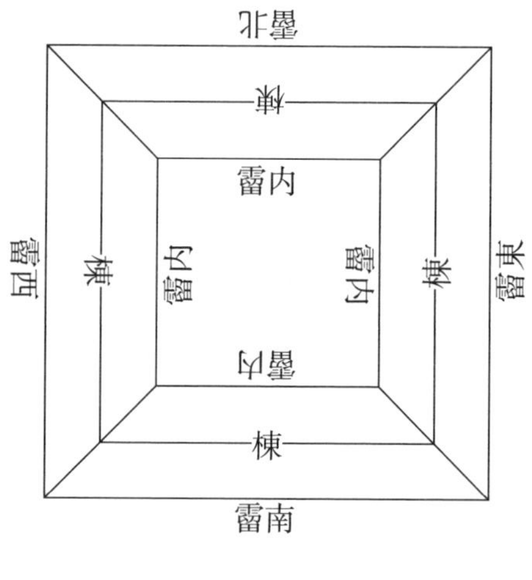

大室四面有墉，墉皆有户有牖，故各就一面觀之，皆前堂後室，有户有牖，猶常制也。其上面無棟宇，而四堂之内霤皆注其中，乃古中霤之遺象也。於是其中五室，各有棟宇，以蔽風雨；各有户牖，以受天陽。木室户牖東鄉，金室户牖西鄉，其屋皆東西兩下。火室户牖南鄉，水室户牖北鄉，其屋皆南北兩下，蓋室各視其堂也。土室無堂而四堂皆其堂，此土寄王四時之義也。其於四堂將奚視？董仲舒曰：「土者，火之子也。」《淮南子》曰：「土壯於午〔一〕。」然則土室亦視明堂，户牖宜南鄉，屋宜南北兩下矣。爲圖如左：

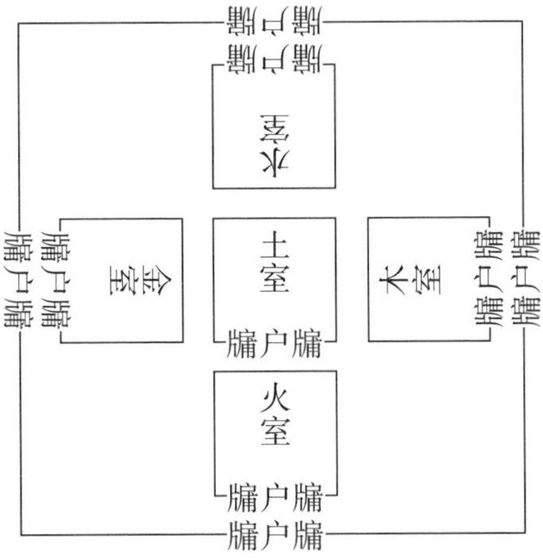

〔一〕壯，《淮南鴻烈解》作「生」。

凡廟寢之制，兩牖夾一户，於當户設扆焉。《尚書·顧命篇》：「設黼扆綴衣，牖閒南嚮。」曰「牖閒」，則有兩牖明矣。至尋常宫室，皆左户而右牖，制不備也，故設扆即在牖户之閒。自來説宫室者未達斯旨。

九階。

樾謹按：《禮記·明堂位篇》有中階、阼階、西階，則南面三階，《禮》有明證，鄭注謂「南面三，三面各二」，其義塙矣。然四堂之制如一，何以南面獨多一階？蓋土室户牖南鄉，必由明堂而入，故於南面特設中階，將有事乎土室，則由中階升堂焉。秦制增爲十二階，惡知此意哉？

四旁兩夾，窗，白盛。

樾謹按：「夾」字絶句。「四旁」者，堂之四旁也。堂基方二十八步，而中央大室方十四步，則堂之四旁各方七步。此方七步者，在東堂爲南，在南堂即爲東；在南堂爲西，在西堂即爲南；在西堂爲北，在北堂即爲西；在北堂爲東，在東堂即爲北，是謂「四旁兩夾」。以其夾於兩堂，不可屬之於堂，故爲窗，白盛以隔之。「白盛」者，以蜃灰堊牆也。《爾雅·釋山》曰：「山如防者，盛。」白盛之名，蓋取此義，即《周書·作雒篇》所謂「山廧」矣。其上爲窗，其下爲白盛，若今窗上而牆下者然，故曰「窗白盛」。爲圖如左：

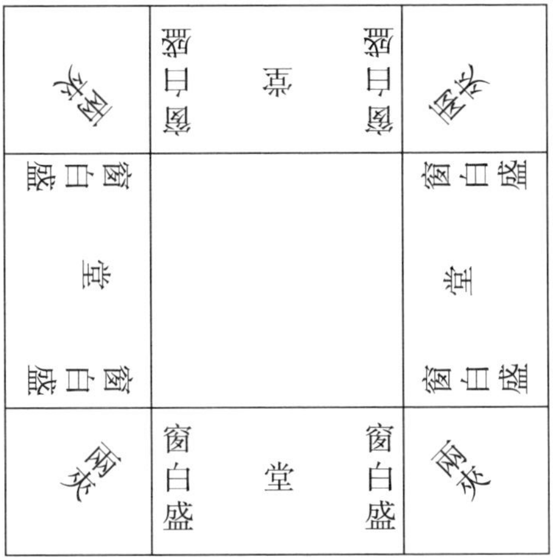

古制，堂東西有牆謂之東序、西序，序外有室謂之夾室，其制皆出於此。此《記》但言「夾」，不言「室」者，室必四面有墉，而此惟兩面有窻、有白盛，可以謂之堂，不可以謂之室也。然《周書・作雒篇》有所謂「反坫」者，孔晁注曰：「外向室也。」疑即謂此矣。故《廣雅・釋室》曰：「反坫謂之垿。」垿即序也。四旁兩夾之制，序外即反坫，故得通稱。若以常制論，則序與坫相去絶遠，不可得而通矣。據《月令》，四堂皆有左右个，《説文》無「个」字。个者，介之變體，王氏引之《經義述聞·通説》言之詳矣。左个、右个，實即左介、右介，而左介、右介，即四旁兩夾也。《史記·十二諸侯年表》曰「楚介江淮」，索隱曰：「介者，夾也。」是介與夾義通矣。此《記》止言「四旁兩夾」，而《月令》分之爲八个，亦猶《月令》止言大廟大室，而此《記》分之爲五室也。《魏書·賈思伯傳》載其議曰：「青陽右个即明堂左个，明堂右个即總章左个，總章右个即玄堂左个，玄堂右个即青陽左个。」是説也，與《月令》之「八个」雖未必合，而與《考工記》之「四旁兩夾」則適合矣。夾亦謂之達，《禮記·内則篇》注曰「達，夾室也」，而《後漢書·祭祀志》注引桓譚《新論》有「四達」「八窻」之文。「四旁兩夾」是即四達，其兩面各有窻，非四達而八窻乎！《白虎通·辟雍篇》亦有是文，而「達」字今誤作「闥」，則失之矣。彼以四達、八窻與三十六户、七十二牖別而言之，非以達爲户，窻爲牖也，安得加門作闥乎？三十六户、七十二牖，非古制也。四達八窻，古制也，是可刺取以爲「四旁兩夾」之證。堂一面本廣二十八步，除四旁兩夾，則一堂之廣止十四步矣。

門堂，三之二。

樾謹按：「門堂」者，門基也。門居正中，其内其外皆謂之堂。正堂脩七步，廣十四步，門堂三之二，則脩二丈八尺，廣五丈六尺。

室，三之一。

樾謹按：門内外各有堂，堂左右各有室，堂取數於正堂，則室亦取數於正室。大室方十四步，三分取一，方二丈八尺。以此方二丈八尺者，分而左右之，又分而内外之，於是堂二而室四。爲圖如左：

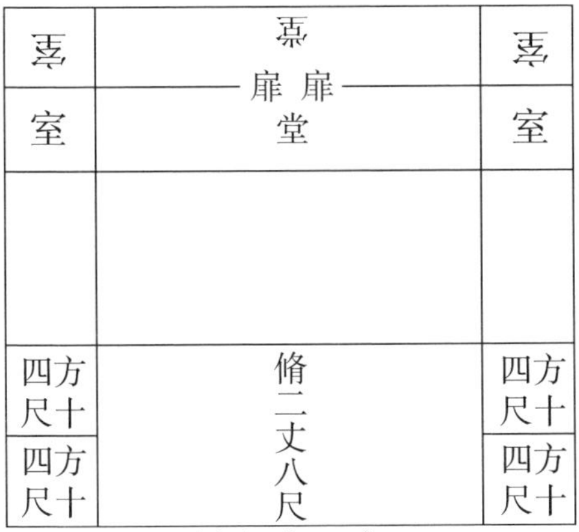

廣五丈六尺

合堂室之廣共八十四尺，以步法六尺收之，得十四步，與正堂之廣適合，聖人之制固無齟齬不齊者也。不然，門堂何以必三之二，門室何以必三之一哉？凡此《記》所載之數不可得而損益，類如此。世室之制定，而重屋明堂皆可以此而推矣。今爲全圖如左：

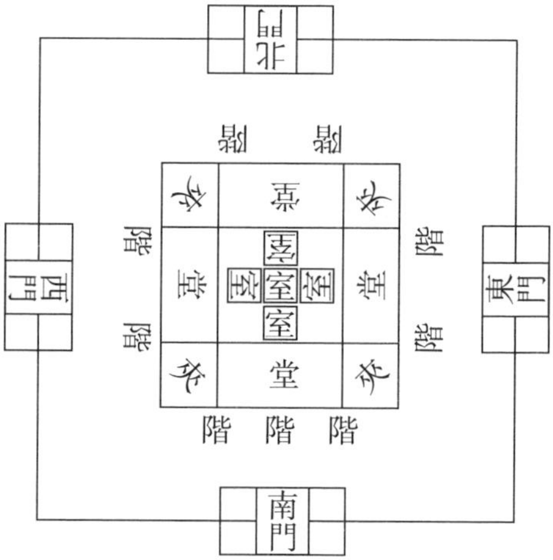

殷人重屋，堂脩七尋。

樾謹按：殷制脩廣一如夏制，但夏度以步，殷度以尋，此爲異耳。故記者止標「堂脩七尋」之句，不箸「廣四脩一」之文，蒙上而省，從可知也。堂脩七尋，廣四脩一，則其廣二十八尋，中央大室方十四尋，五室各方四尋，四旁兩夾各方七尋，其數皆與夏同。惟易六尺之步爲八尺之尋，則五室之外各有餘地四尺，當曰「三四尋，四四尺」矣。門堂、門室丈尺亦殊，以可推知，故不具説。

堂崇三尺。

樾謹按：此兼明夏制也。夏、殷之異，惟在變步爲尋，而其數皆同，故《記》文亦彼此互見矣。

四阿，重屋。

樾謹按：下文「門阿之制」，注曰：「阿，棟也。」然則「四阿」即四棟也。四堂各有棟，故曰「四阿」矣。「四阿，重屋」者，於大室之上爲重屋，其四周覆冒乎四堂之棟之上，自四面視之，棟上又有屋，是爲「四阿，重屋」也。夏制無重屋，則以五室言，固成爲室矣。而以大室言，若未成乎室者，何也？室非可以露處也，且四堂内霤皆注，大室雖本古中霤之遺，然自堂入室，亦憂雨水之霑濡。殷人益以重屋，重屋四下之水皆由堂之外霤以注於庭，則大室之中無雨霑服失容之患矣。此殷人之鑒於夏制，而益加詳焉者也。大室四隅，設礎立柱以載重屋，當自有制，記人既無明文，故亦不敢輒爲之説。

周人明堂，度九尺之筵，東西九筵，南北七筵，堂崇一筵。五室，凡室二筵。

樾謹按：上文言夏制曰「堂脩七，廣四脩一」，兼四旁兩夾而言也；此曰「東西九筵，南北七筵」，不兼四旁兩夾而言也。於夏制，見四堂之全基；於周制，見一堂之實數。前後互見，古人之文所以簡而備也。其曰東西，曰南北，蒙明堂爲文耳，在玄堂亦然。若青陽、總章，則東西七而南北九矣。《記》不言者，既以明堂標題，從可知也。上文言夏制亦舉一面言之，然上文言脩廣而不言東西南北，則又其屬辭之密也，何也？東西南北固蒙明堂爲文也，記者之文豈有一字苟焉而已哉？世室之制既定，則明堂之制不待更説，但明其數可矣。四堂全基方二十三筵，中央大室方九筵。爲圖如左：

世室、重屋、明堂數各不同，然夏、殷之制竝廣四而脩一，則其數雖殊，其制不異也。周人明堂改而爲東西九筵，南北七筵，以七九爲差，不循「廣四脩一」之舊，於是門堂門室始有異於二代矣。何以知之？以其數知之也。正堂廣九筵，脩七筵，門堂三之二，則廣五丈四尺，脩四丈二尺。大室方九筵，門室三之一，則方二丈七尺，分而左右之，又分而內外之，則每室方一丈三尺五寸。置之於堂之兩頭，則其前其後各有餘地一丈二尺五寸，於是有門側之堂焉。周公

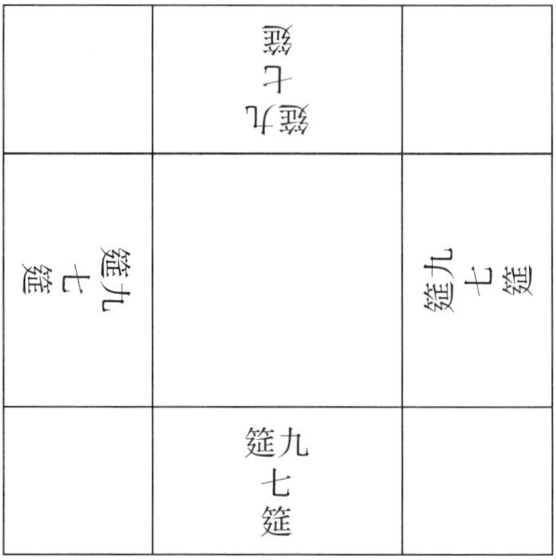

作《爾雅》曰「門側之堂謂之塾」，此周制然也。爲圖如左：

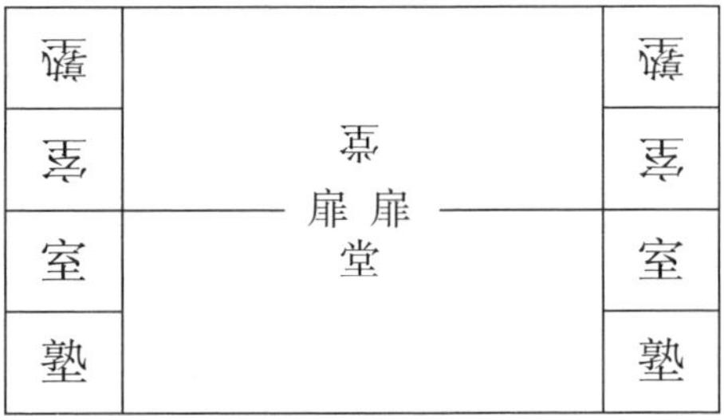

附《九室十二堂考》

《大戴記》説明堂有九室十二堂，蓋秦漢之制也。《藝文類聚》三十六引《三禮圖》曰「秦爲九室」，則九室始於秦明矣。古大室四隅本有隙地，秦於其地各置一室，即并五室而九。於是自一而視之，皆中爲室，左右爲房。東南之室，木室之南房，火室之東房也。西南之室，火室之西房，金室之南房也。西北之室，金室之北房，水室之西房也。東北之室，水室之東房，木室之北房也。雖爲九室，而於五室配五行之始意，初不相背，何也？四隅之室，名室而實房也。《説文・户部》：「房，室在旁也。」是房者，在旁之室。高誘注《淮南子》、王逸注《楚辭》竝曰：「房，室也。」房之與室，義得相通，故并五室而稱九室矣。《隋書・禮儀志》載梁武帝制曰：「明堂之義，本是祭五帝〔一〕，九室之數，未見其理〔二〕。」《魏書・賈思伯傳》載其議曰：「蔡邕論明堂之制，皆以天地陰陽氣數爲法，而室獨象九州，何也？若立五室以象五行，豈不快也？」凡此諸論，皆由聞九室之名而不達九室之義。且秦分天下爲三十六郡，又何取乎古之九州而法之哉？審知四隅之室即爲左右之房，自無疑乎此矣。若夫十二堂者，通四堂八个計之也。个即介也，八个者，八夾也，於堂之四旁兩夾各置一室，則皆後爲室，前爲堂。以室而言則四，以堂而言則八矣。是故東南夾室，青陽、明堂共之，其東爲青陽右个，其南爲明堂左个。西南夾室，

〔一〕《隋書》「帝」下有「神」字。
〔二〕理，《隋書》作「禮」。

明堂、總章共之，其南爲明堂右个，其西爲總章左个。西北夾室，總章、玄堂共之，其西爲總章右个，其北爲玄堂左个。東北夾室，玄堂、青陽共之，其北爲玄堂右个，其東爲青陽左个。於是青陽、總章有中堂，又有南北堂；明堂、玄堂有中堂，又有東西堂，而十二堂之名從此始矣。又於堂之四旁兩夾置室，亦事之相因者矣。張衡《東京賦》曰：「乃營三宮，布教頒常。複廟重屋，八達九房。」九房即九室也，八達即八个也。房、室、達、个，古通稱耳。準古廟寢之制，室左右必有房，堂左右必有夾室。明堂既四面周回，是以室分而房合，堂分而夾室合，此其爲制，非無思議。然而三代世室重屋明堂之制，皆無是焉。《禮》曰：「所以交於神明者，不可同於所安，褻之甚也。」明堂所以事五帝尊嚴之地，宜與常制有殊，是故内之有室而無房，外之有堂而無夾室，固非古制之闕疏矣。兹故詳考之，俾學者無以秦漢之制當古制也。附圖如左：

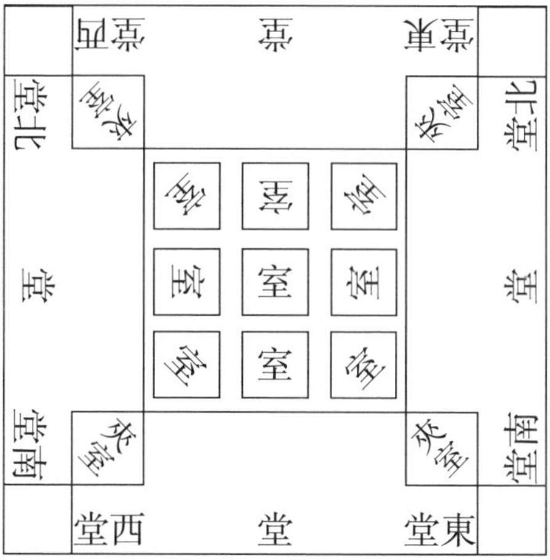

樾既爲《世室重屋明堂考》，乃申論其後曰：粵惟上古，五德代興，徽號器械，莫不視此。故黄帝以來，皆嚴事焉，此明堂所自始也。其制，中央爲室，四面爲堂，則其專爲祀五帝而設，可知矣。不然，聖人南面而聽天下，鄉明而治，何取乎四面之堂哉？世傳黄帝曰「合宫」，堯曰「衢室」，夫四面四堂環乎大室，非所謂「合宫」乎？中央大室若處乎四達之衢，非所謂「衢室」乎？然則自上古迄周，其制略同矣。明堂既爲祀五帝之地，故每月之朔，天子即於其地聽朔焉。春三月於青陽，夏三月於明堂，秋三月於總章，冬三月於玄堂。是以《禮》逸篇有「王居明堂禮」之名，鄭康成引以注《月令》，此建立明堂之本意，百王通行之典禮也。周制祀天於南郊，以后稷配；祀五帝於明堂，以文王配。故《孝經》曰：「周公郊祀后稷以配天，宗祀文王於明堂，以配上帝。」《詩序》曰：「我將祀文王於明堂也。」竝其事也。《周書·明堂篇》載周公攝政六年，會方國諸侯於宗周，大朝諸侯於明堂之位。此則禮以義起，乃有周一代之大事，而非有周一代之常法。蓋以成王幼弱，四方未靖，懼天下諸侯或有疑貳，故既定宗祀文王之大典，即於其地爲位以朝諸侯，欲天下思文王之德而歸心周室也。其曰「天子之位，負斧依，南面立」，然則所用者，止明堂之一面，故曰「明堂者，明諸侯之尊卑也」。其東青陽，其西總章，其北玄堂，皆無取焉。明年而周公歸政，則此禮亦不復舉矣。然而有周一代以爲美談，周之史臣既備載其位，而魯之儒者又增益爲《明堂位篇》。明堂之名於是特箸。故夏曰「世室」，舉中以見外；殷曰「重屋」，舉上以見下；而周曰「明堂」，則獨舉南之一面以包其三面，其義在此也。明堂之名既箸，故周人於制度之大者皆取法於明堂，而亦皆有明堂之名。於是有宗廟之明堂，有路寢之明堂，有辟雍之明堂，有方岳之明堂，豈其制皆如前所圖歟？曰：非然也。明堂者，其南面一堂之名也。以南面一堂之名名之，則亦南鄉可知也。其取法於明堂者，準其脩廣之數也。賈公彦疏引《書》傳云：「周人路寢，南北七雉，東西九雉，室居二雉。」雖變筵爲雉，而其數則同。凡所稱與明堂同制者，胥視此矣。周室既衰，諸侯去籍，明堂之制，言人人殊。大略上圓下方，九室十二堂，室四户八牖，則皆秦、漢法程，難言古典。九室十二堂，其説具前。今且以户牖言之。大室所以四面有户牖者，正以四面皆堂耳。《説文》曰：「室，實也。」二筵之室才一丈八尺，而四面各設一户二牖，麗廔闓明，内外迥達，是爲樓觀之形，非復室實之義，此之虚罔，昭然可知。是故言明堂者，當以《考工記》爲主。古之工師，識其遺言，高曾規矩，於焉可見，非如禮家掇拾於煨燼之餘也。然其文辭簡古，前後互見，章句之儒，莫能通曉。樾據《隋書·宇文愷傳》訂正一字之衍，而三代制度燦然復明，於《記》文八十一字，無一字齟齬，明堂之制，定於斯矣。鄭康成注《三禮》最號淹通，而於此《記》抑何疏闊？其謬誤之處，蓋非一端，輒援鄭駁異義之例，駁而正之。匪曰好辯，亦惟求是。

「廣四脩一」，注曰：「令堂脩十四步，其廣益以四分脩之一，則堂廣十七步半。」樾謹按：如鄭義，則當云「益以四脩一」，其文方明，不得但云「廣四脩一」也。且其數畸零不齊，於義無取，足知其非。

「五室，三四步，四三尺」，注曰：「堂上爲五室，象五行也。三四步，室方也。四三尺，以益廣也。木室於東北，火室於東南，金室於西南，水室於西北，其方皆三步，其廣益之以三尺。土室於中央，方四步，其廣益之以四尺。此五室居堂，南北六丈，東西七丈。」樾謹按：前堂後室乃堂室之定制也，而鄭謂「堂上爲五室」，其謬一矣。《藝文類聚》卷三十八引《三禮圖》曰：「明堂者，周制五室，東爲木室，南火，西金，北水，土在其中。」此五行之正位，三代之所同，未有能易者也。而鄭謂木室東北，火室東南，金室西南，水室西北，其謬二矣。下文言周制曰「凡室二筵」，不言脩廣，是室脩廣如一也，而鄭謂「四三尺以益廣」，其謬三矣。且如鄭注，則一室四室必當分別言之，不然則與周制之五室如一者奚别焉？即謂古人語簡，不屑屑分別，亦當云「三四步，三四尺」，方見以三尺益三步，四尺益四步之義。乃步言三四，尺言四三，必顛到其文，何義乎？不於此深求其義而臆決焉，其謬四矣。

「四旁兩夾窻」，注曰：「窻，助户爲明，每室四户八窻。」樾謹按：古言户牖，不言窻户，窻之與牖，義蓋有别。愚嘗有「窻牖辯」，其略曰：窻與囱同，古文作囪，小篆作囱。觀其形，知其制。蓋以木縱横界之，不可開闔者也。「牖」字從片，片者，判木也，故「版」字從片；牖爲木版，亦從片；牏爲築牆短版，亦從片。然則「牖」蓋以版爲之，可開可闔者也。鄭君以窻爲牖，無乃疏歟？且四户八牖非古制也，義已具前，故不復説。

「門堂，三之二」，注曰：「門堂，門側之堂，取數於正堂。令堂如上制，則門堂南北九步二尺，東西十一步四尺。《爾雅》曰：『門側之堂謂之塾。』」樾謹按：鄭君誤以堂脩七爲假設之數，於是正堂之制失，而門堂之制亦失。今既訂正，可弗論矣。惟以門堂爲門側之堂，則亦非也。若門側有堂，而門中無堂，則《爾雅》直曰「門堂謂之塾」可矣，何必别之曰「門側之堂」哉？且夫門側有堂，周制也，夏、殷所不得而有也。鄭失其數，難與語此。

「室，三之一」，注曰：「兩室與門，各居一分。」樾謹按：兩室各居一分，則於門堂占三分之二，何云「三之一」乎？且門堂既取數於正堂，則門室亦必取數於正室，安得即於門堂取之？

「殷人重屋，堂脩七尋」，注曰：「其脩七尋，五丈六尺，放夏，周則其廣九尋，七丈二尺也。五室各二尋。」樾謹按：殷制一如夏制，鄭不達夏制，因不達殷制，而以周制説之，此大誤也。周制尚在下文，何得逆探爲説乎？

「四阿」，注曰：「若今四注屋。」樾謹按：此當連下「重屋」爲文，謂於四棟之上作重屋也。《爾雅》曰：「偏高阿丘。」凡屋，上棟下宇，自一面視之，有偏高之形，故棟、宇通有「阿」稱。《儀禮》「當阿」，以宇言也。此《記》「四阿」，以棟言也，説詳《儀禮》。鄭斷「四阿」二字爲句，而訓爲「四注屋」，夫四阿則四注，可知鄭君此注於義無違。然學者因此便謂四注之屋始自殷人，夏后氏世室尚是兩下屋，則大不然矣。既爲四面之堂，豈得爲兩下之屋？所以有夏屋兩下之説者，蓋後世廟寢皆爲四注屋，夏后以前廟寢之屋，惟南北兩下，是以傳於此名也。若夫世室、重屋、明堂，異名同實，其東堂、西堂、東西兩下，其南堂、北堂、南北兩下，合而爲四注之屋，是其四注也，實則皆兩下也。古者無可減，後世無可加。

「重屋」，注曰：「複笮也。」樾謹按：古有重屋，有複屋。重屋者，此《記》所説是也。複屋者，於棟之下復爲一棟以列椽，亦稱「重橑」。徐鍇《説文繫傳》於「橑」篆下引《東方朔傳》「後閣重橑」而釋之曰：「大屋廡下椽，自上峻下，則自其中棟假裝其一旁爲椽，使若合掌然，故曰重橑。」此説重屋之制至詳盡矣。《説文·木部》：「樓，重屋。」《林部》：「棼，複屋棟也。」重屋、複屋，不可混而一之。《周書·作雒篇》「重亢重廊」，孔晁注曰：「重亢，累棟也。重廊，累屋也。」所謂累棟者，即複屋矣；所謂累屋者，即重屋矣，是古制明分爲二。鄭君此注殆誤以複屋説重屋乎？《春秋·文十三年》「大室屋壞」，《漢書·五行志》引《左氏》説曰：「前堂曰大廟，中央曰大室；屋，其上重屋，尊高者也。」《隋書·牛弘傳》引服虔説曰：「大廟，大室之上屋也。」此皆經師舊説，足可依據。

「堂崇一筵」，注曰：「周堂高九尺，殷三尺，則夏一尺矣，相參之數，禹卑宫室，謂此一尺之堂與？」樾謹按：堂崇三尺，夏、殷同之。《禮》曰「天子之堂九尺，諸侯七尺，大夫五尺，士三尺」，是三尺之堂已爲極卑，一尺之堂古無有也。《吕氏春秋・召類篇》曰：「明堂，茅茨蒿柱，土階三等。」若有一尺之堂，則當有一等之階，吕氏方極言古制之儉，何不言一等，而必言三等乎？

鄭注又以世室爲宗廟，重屋爲王宫正室，明堂爲明政教之堂，不知三者一也，已具論於前，不復説矣。夫世室重屋明堂之制，雖大儒如鄭君猶不能曉，然則李謐、牛弘之議，又何譏焉？近代學者覃思古義，多所發明，而於斯制實猶未得，此《世室重屋明堂考》所以作也。雖然世室、重屋、明堂三代之制也。吾論三代之制而下及秦漢者，何也？秦漢之制亦從三代出也。然則三代其遂無所出乎？蓋必出於唐虞可知矣。唐虞久遠，工師失傳，故《考工記》不載其制，乃「文祖」之名見於《堯典》，鄭康成謂若周之明堂。《史記・五帝本紀》正義引《尚書帝命驗》曰：「帝者承天立五府。五府者，唐虞謂之天府，夏謂之世室，殷謂之重屋，周謂之明堂，皆祀五帝之所也。赤帝熛怒之府，名曰文祖，周曰明堂。黄帝含樞紐之府，名曰神斗，周曰大室。白帝招矩之府，名曰顯紀，周曰總章。黑帝光紀之府，名曰玄矩，周曰玄堂。蒼帝靈威仰之府，名曰靈府，周曰青陽。」然則唐虞之制亦略可見矣。爲圖如左：

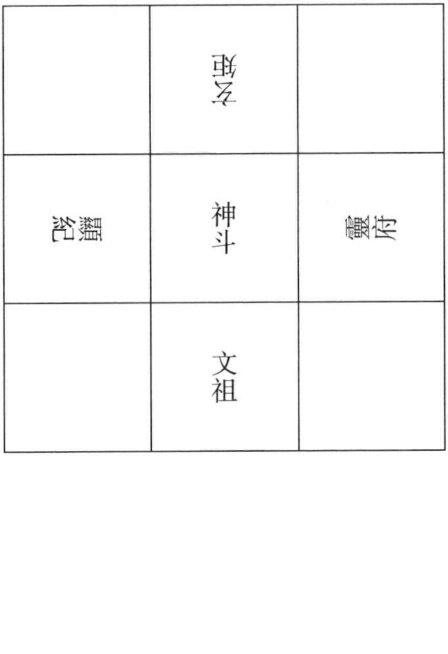

土居中央，有室無堂，以木火金水四堂爲堂，明土於五行最尊，不自任部職也。木火金水居四方，有堂無室，皆以土室爲室，明土最大，能包含物也。唐虞之制，豈後世所及哉？其脩廣之數，雖無得而言，然後世五室如一，則唐虞五府亦必如一矣。夏后氏以五帝宜各有室，乃斥大其中央之室而置五室焉，因改天府之名而曰世室。自夏迄周，五室四堂遂爲定制，莫之易也。秦漢以降，宏規大起，增五室爲九室，分四堂爲十二堂，其於古制，去之彌遠矣。《月令》所説止有大廟大室，而無五室之别，或猶唐虞之遺制乎？然四堂各有左右个，又近乎十二堂矣。《月令》本出吕不韋。意者，吕氏廣集賓客作爲此書，固欲自成一代之制。童牛角馬，不今不古者歟！《周書·明堂篇》止記周公明堂之位，而《太平御覽》《事文類聚》載其逸文曰：「明堂方一百一十二尺，室居中方百尺，室中方六十尺，東方曰青陽，南方曰明堂，西方曰總章，北方曰玄堂，中央曰大廟，左爲左个，右爲右个。」其制正與《月令》同。夫有左右个，則必有四維之室矣。所謂「室居中方百尺」者，通堂上四維之室言之也。所謂「室中方六十尺」者，大室也，大室方六十尺，四維之室各方二十尺，爲四十尺，適合方百尺之數。然則大廟脩二十六尺，左右个各脩六尺矣。此制或即吕氏之徒所定，而後人載之《周書·明堂篇》之末，亦若《王會篇》載伊尹朝獻歟？附圖如左：

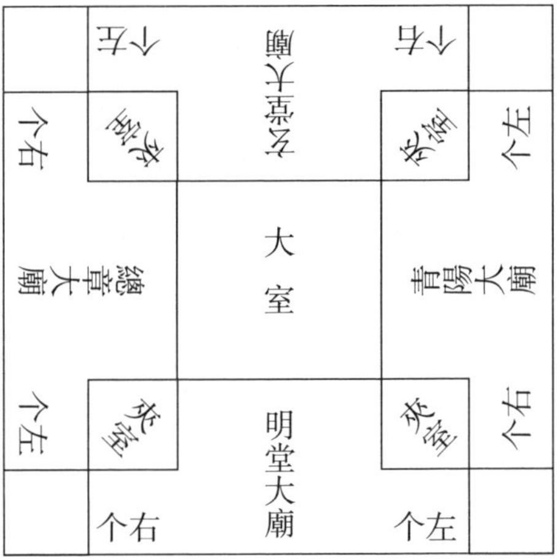
明堂大廟
个左
个右
大室
青陽大廟
總章大廟
玄堂大廟
夾室

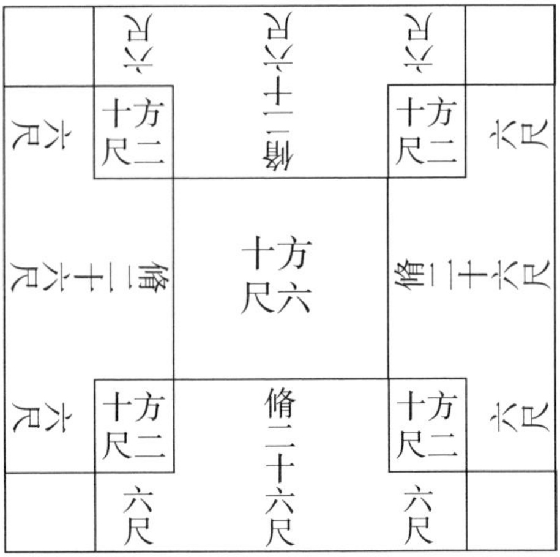
方十六尺
修二十六尺
方二十尺
六尺

呂氏之説雖不足據，然而五府遺意猶有存焉。其青陽、總章諸名，亦未知所自始，《帝命驗》謂皆周制，非也。《隋書·牛弘傳》稱「堯曰五府，舜曰總章」，然則四堂之名古矣。堂有四而舉總章者，自大室而言之也。土生金，金生水，水生木，木生火，是故總章者，四堂之首也。虞曰總章，猶周曰明堂。金爲土之子，而火爲土之母，故以總章統四堂可也，以明堂統四堂亦可也。要而論之，一室四堂，唐虞之制；五室四堂，三代之制；九室十二堂，秦漢之制。孟子言性善必稱堯舜。夫五性本於五行，然則言明堂者，其可遺唐虞之制乎！愚爲《世室重屋明堂考》，而以五府終焉，觀止矣。

群經平議卷十五

儀禮一

筮人執筴〔一〕，抽上韇，兼執之。（《士冠禮》）

樾謹按：敖繼公《集説》曰：「執筴，當作執筮。上云『筮與席』，下云『徹筮席』，以上下文徵之，則此『筴』字乃傳寫誤也。又《特牲》《少牢禮》皆云『執筮』，益可見矣。」阮氏《校勘記》斥爲臆説。今按：敖説固多不足據，然此文「執筴」之當作「執筮」，則《特牲》《少牢》兩篇塙有明證。《禮記·月令篇》《少儀篇》鄭注竝曰：「筴，蓍也。」若此文是「筴」字，則亦必有注，以其無

〔一〕人，原文作「八」，今據《儀禮注疏》及清經解續編本《群經平議》改。

注，知其所據本作「執筮」，不作「執筴」也。筮、筴形似，又涉注文云「韇，藏筴之器」，因而致誤，宜從敖説訂正。至注文「藏筴之器」，乃鄭君自釋「韇」字之義，不必因經文言「筮」，亦順之曰「藏筮之器」也。朱子《經傳通解》改「筴」爲「筮」，則又非鄭君之舊矣。

主人戒賓。

鄭注曰：「賓，主人之僚友。古者有吉事，則樂與賢者歡成之；有凶事，則樂與賢者哀戚之。今將冠子，故就告僚友使來。」賈公彦疏曰：「論主人筮日訖三日之前，廣戒僚友，使來觀禮之事也。」

王氏引之《經義述聞》曰：按《少牢饋食禮》，先宿戒尸，後筮尸，筮吉乃宿尸。與此先戒賓，後筮賓，最後宿賓正相似。少牢未筮尸之前〔一〕，已有將以爲尸之人。則冠禮未筮賓之前〔二〕，亦有將以爲賓之人〔三〕，不得以戒賓爲戒衆人也。且《鄉飲酒》《鄉射》之「主人戒賓」，皆

〔一〕前，《經義述聞》作「時」。
〔二〕前，《經義述聞》作「時」。
〔三〕《經義述聞》「有」上有「得」字。

指正賓言之，而《冠禮》之「主人戒賓」，則兼指衆賓〔一〕，無是理也。下文曰冠者、曰主人、曰賓、曰贊冠者、曰主人之贊者、曰擯者、曰兄弟，爲類凡七，絶無所謂衆賓者，主人又安得而戒之乎？曰：賓已戒矣，筮而不吉，則如之何？曰：改筮他人爲賓，吉而宿之，而前所戒之賓不宿。少牢先宿戒尸，後筮尸，而云「吉則乃遂宿尸」，「若不吉，則遂改筮尸」，冠禮之筮賓當亦如之。經但言其不改者耳。

樾謹按：王氏之説非也。禮本人情，古今不異。凡所以爲尸者，於祭者子行也，先戒之而後筮之，不吉，改筮，於事無嫌。若賓則異姓之人，於主人爲僚友，先已戒之，不吉而又改之，狐埋狐搰，無乃非人情乎？使古禮果如此，無怪乎冠禮之行不非鄭尹而笑孫子矣〔二〕。王氏又引《鄉飲酒》《鄉射》之「主人戒賓」皆戒正賓爲證，此不然也。鄉飲酒、鄉射皆不筮賓，則戒賓之時，賓已定矣，故所戒者專在正賓。冠禮筮賓，則戒賓之時賓猶未定也，故所戒者溥及衆賓，安得捏而一之乎？是故「主人戒賓」，當從舊説爲廣戒僚友。至下文「前期三日筮賓」，則即所戒之人而枚筮之，擇其吉者一人以爲賓也。若亦如筮尸之例，未筮之前，先有欲以爲賓之人，然

〔一〕《經義述聞》「則」上有「又」字。

〔二〕笑，原文作「芺」，今據清經解續編本《群經平議》及《〈春在堂全書〉校勘記》改。

則經文亦當曰「若不吉，則改筮賓」矣，何以無文乎？蓋彼之筮尸，就一人而筮之也，故有改筮之文。此之筮賓，即所戒之衆人而枚筮之也。筮甲不吉則筮乙，筮乙不吉則筮丙，本非一筮，故亦不言改也。觀筮賓、筮尸之不同，知戒賓、戒尸之有異矣。戒賓之時尚未知誰爲正賓，及筮得其人而遂宿之，則正賓定矣。其餘諸人或不盡來，其來者皆以爲贊。下文曰「贊者皆與」，注曰：「贊者，衆賓也。」疏曰：「『鄭知『贊者衆賓』者，以其下別言贊冠者，明上文贊者是衆賓也。』」此《冠禮》有衆賓之明證。王氏謂下文絶無言衆賓者，豈以注義爲非乎？然贊者與贊冠者，經文固別而言之，將以此贊者爲何許人乎？王氏讀書致爲精審，乃有此千慮之失，故詳辨之，勿使後人因此病古禮之不近人情也。

贊者盥于洗西，升，立于房中，西面，南上。

注曰：「南上，尊於主人之贊者。」疏曰：「知與主人、贊竝立者，以贊冠一人而已，而云南上，明與主人贊爲序。」

樾謹按：自此文以前所言贊者，皆賓之贊也。下文「主人之贊者筵于東序」，始別言主人之贊者，則此文止言賓贊明矣。鄭以經言「南上」，明非一人，故兼主人贊言之，其實非也。贊冠者雖止一人，而贊者則非止一人。下文「贊者皆與，贊冠者爲介」，別而言之，是其證也。「西面，南上」，乃贊冠者與贊者竝立之序，非與主人贊爲序也。蓋贊者執勞役之事，一人或不暇給，故必有餘人助之。如「緇布冠缺項」以下凡六物，櫛又一物，皆須贊者奠之，一人往反，不太勞乎？故有贊冠者一人，必有贊者一二人也。然則經何以不明言其數也？曰贊者即衆賓也，其多寡有無，不可定也。若竟無之，則亦缺之矣。此經文所以不言其數，而但以「南上」之文見之也。

賓盥，卒，壹揖，壹讓，升。

注曰：「揖、讓皆壹者，降於初。」

樾謹按：上文「三揖，至于階，三讓」，注曰：「入門將右曲，揖；將北曲，揖；當碑，揖。」此三揖之節也。此所言者賓盥之事，據上文「設洗直于東榮，南北以堂深」，又據《聘禮》注曰「設碑近如堂深」，是設洗之處，正與碑東西相直。盥卒之一揖，即當碑之一揖也，其餘二揖，無所施矣。然則壹揖、壹讓，乃是事所宜然，非故爲降殺也。

適子冠於阼，以著代也。醮於客位，加有成也。（《記》）

注曰：「醮，夏、殷之禮，每加於阼階，醮之於客位，所以尊敬之，成其爲人也。」按：此注今本脱，據阮氏《校勘記》補。

樾謹按：注中「階」字，衍文也。上文行三加之禮，皆在東序少北，不在阼階，此所謂「阼」者，即是東序。蓋阼之言酢也，上文鄭注曰：「阼猶酢也。東階，所以答酢賓客也。」是「阼階」之「阼」，其字本當爲「酢」，取答酢賓客之義。因而東序與阼階相值，亦得謂之「阼」。《禮記・内則篇》「夫入門，升自阼階，立於阼」，是也。自變其字從𨸏作阼，於是阼之義專屬於階，而東序之爲阼不著矣。《禮記・檀弓篇》曰：「大斂在阼。」阼亦東序也。《喪大記》曰「君將大斂，子弁絰即位于序端」，與《冠禮》「主人升，立於序端」，其義一律。子冠于東序而父位于序端，父斂于東序而子位于序端，此古人制禮之意，可比例而見者也。後人不知東序之爲阼，而誤以爲阼階，故于此注加入「階」字耳。《禮記・郊特牲篇》「適子冠於阼」，鄭注曰：「東序少北，近主位也。」足知此注「階」字之衍矣。上文「庶子冠于房外」，注曰：「不於阼階，非代也。」此「階」字亦衍文也。夫庶子之冠尚得在堂上，豈適子之冠反不得在堂上，而在階上乎？適子、庶子之冠，其地雖異，而實不甚相遠，皆在房之外、序之内。《士昏禮》曰「席于阼，舅即席」，此即適子冠處也。又曰「席于房外南面，姑即席」，此即庶子冠處也。上文説孤子冠事曰「禮於阼」，蓋父在則父爲主，故禮之於客位；父不在則冠者即爲主人，不得以客位自處，故禮於東序主人之位。自「阼」字之義不明，而禮意全失矣。疏言「周與夏、殷孤子同冠於阼階，禮之於客位」，夫經明言

「禮於阼」，而疏乃言「禮之於客位」，何其踳歟！

主人筵于户西。（《士昏禮》）

注曰：「户西者，尊處。」疏曰：「以户西是賓客之位，故爲尊處也。必以西爲客位者，以地道尊右故也。」

樾謹按：凡室之制，户左而牖右，户之西即牖之東，所謂户牖之閒也。蓋設筵之地，當堂之正中。疏因經文「西」字而以地道尚右爲説，失之迂曲矣。

賓升西階，當阿，東面致命。

注曰：「阿，棟也。入堂深，示親親。今文阿爲庪。」

樾謹按：鄭訓阿爲棟，甚爲違失。下文云「授于楹閒」，豈有致命之時已深入當棟，而授鴈之時復卻行至楹閒者乎？非其理矣。阿者，蓋即屋宇也。當阿而拜，示謙也。拜已少進，授鴈于楹閒，示親親也。今文作「庪」，疏謂「楣前接檐爲庪」，是今古文之義亦不甚相違。若從鄭注訓阿爲棟，棟之於庪，則相去絶遠矣。近世學者頗知鄭義之非，惟「阿」字未有塙義。今按：阿者，棟宇之通稱。《考工記·匠人職》曰：「四阿重屋。」言於四棟爲重屋也，是棟稱阿也。此經曰「當阿」，言當屋宇之下也，是宇稱阿也。《爾雅·釋丘》曰：「偏高阿丘。」《釋名·釋丘》曰：

「阿，何也，如人儋何物一邊偏高也〔一〕。」凡屋上棟下宇，自一面視之有偏高之形，故自棟至宇皆得謂之阿。《爾雅・釋地》：「大陵曰阿。」《釋名・釋山》曰：「陵，隆也，體隆高也。」以其隆高而得阿名，此「棟」稱阿之義也。《文選・思玄賦》：「流目眺夫衡阿兮。」舊注曰：「阿，山下也。」山下曰阿，此「宇」稱阿之義也。《上林賦》曰〔二〕：「順阿而下。」是故「阿」之稱得通乎上下矣。或疑棟之與宇異地異名而同謂之阿，似乎無別，然《説文・瓦部》「甍，屋棟也」，而《廣雅・釋室》又曰「甍謂之甑」。甑即霤字，《楚辭・大招》「觀絶霤只」，王逸注曰：「霤，屋宇也。」夫棟與宇竝謂之甍，何不可竝謂之阿乎？以其狀自上而下，則皆曰阿，可也；以其用在乎蒙覆，則皆曰甍，可也。《襄二十八年左傳》「猶援廟桷動於甍」，杜注曰：「甍，屋棟。」程氏易疇《通藝録》曰：「大公之廟必非容膝之廬，所援之桷必爲當檐之題。題之去極甚遠，安得援題而動於極也？」此説足正杜注之誤。杜以動甍爲動棟，猶鄭以當阿爲當棟，皆知其一，不知又有其一矣。

〔一〕偏，原文脱，今據《釋名》補。
〔二〕上林，原文作「子虚」，今據《文選・上林賦》改。

婦車亦如之，有裧。

注曰：「裧，車裳幃。」

樾謹按：裧者，車裳幃之緣也。《禮記·雜記篇》：「其輤有裧，緇布裳帷。」注曰：「裧，謂鼈甲邊緣。裳帷[一]，圍棺者也。」即其證矣。古字本當作「黤」。《説文·黽部》：「黤，黽甲邊也。」衣裳之有緣，猶黽甲之有邊，故即以「黤」名之。因變其字從衣，下文「純衣纁袡」是也。又變從冄聲者爲從炎聲，此文「有裧」是也。注但以「車裳幃」説之，未得其義。

設黍于腊北。

樾謹按：「腊」字疑「豚」字之誤。婦席之前，菹醢二豆在南，醬一豆在北，菹醢二豆之前設豚魚二俎，醬之前設黍稷兩敦，然則黍正在豚北明矣。腊爲特俎，設于豚魚二俎之南，與黍相隔。言設黍者，當據豚言北，不當據腊言北也。又按：上文云「腊特于俎北」者，此俎止謂魚俎，不兼謂豚俎，猶俎入設于豆東，止謂菹醢兩豆，不兼謂醬豆，皆據後設者言之也。如此則稷與魚、腊三者爲一列，腊與稷值，不與黍值，「腊北」之當爲「豚北」，更可知矣。

[一] 《禮記正義》《禮記注疏》「裳」上均有「緇布」二字。

於是與始飯之錯。

注曰：「始飯謂舅姑。錯者，媵餕舅餘，御餕姑餘。」疏曰：「舅姑爲飯始，不爲餕始。俗本云『與始餕之錯』者，誤也。」

樾謹按：以始飯目舅姑，甚爲不辭。疑「飯」字實當作「餕」，「始餕之」三字連讀。上文曰「婦徹于房中，媵御餕」，此即所謂始餕之也。其時蓋御餕舅餘，媵餕姑餘，及姑酳之後乃終餕之，於是改而爲媵餕舅餘，御餕姑餘，是「終餕之」與「始餕之」相錯也，故曰「於是與始餕之錯」。鄭君所據本作「始飯之」，即從而爲之説，而古本流傳尚有作「餕」者，後人以其與鄭義不合，反斥爲俗本矣。

妥而後傳言。（《士相見禮》）

注曰：「妥，安坐也。傳言，猶出言也。」

樾謹按：傳言者，相傳而言也，見於君者或非一人，必待前人言訖，後人乃接續而言，不相儳越也。鄭注似未得其義。

君爲之興，則曰：「君無爲興，臣不敢辭。」

樾謹按：「不」字衍文也，當作「君無爲興，臣敢辭」，涉下文「君若降送之，則不敢顧辭」，因而致誤。觀下文鄭注曰「辭君興而不敢辭其降，於己太崇，不敢當也」，明是下句言「不敢」，上句言「敢」，當據以訂正。

宅者在邦，則曰「市井之臣」；在野，則曰「艸茅之臣」。

注曰：「宅者，謂致仕者。去官而居宅，或在國中，或在野。《周禮》載師之職『以宅田任近郊之地』。今文宅，或爲託。」

樾謹按：仕與不仕皆有所居之宅，但曰「宅者」，無以見其爲致仕者也，鄭義殊有未安。敖繼公曰：「宅者，未仕而家居者也。」然未仕而家居者，其見于君則亦庶人而已矣，安得别之曰宅者乎？王氏引之《經義述聞》謂當從今文作「託」，蓋羈旅之人託于此國者〔一〕。然經文先言士大夫，次言宅者，次言庶人，次言他國之人，則宅者自是本國之人。若是寄託此國者，其文當次「他國之人」之下，不當次「士大夫」之下也。以上諸説，疑皆未得。今按：《尚書·顧命篇》「王

〔一〕《經義述聞》「託」上有「寄」字。

三宿，三祭，三咤」，正義引鄭注曰：「卻行曰咤。王徐行前三祭，又三卻，復本位。」《釋文》曰：「字亦作宅。」是「宅」有「卻」義也。此文「宅者」之「宅」亦當訓「卻」，實則爲「斥」之叚字。宅從乇聲，與斥聲相近，《周易・解・彖傳》「百果草木皆甲坼」〔一〕，鄭本作「甲宅」，即其例也。《文選・思玄賦》「斥西施而弗御兮」，注曰：「斥，卻也。」宅與斥通，故亦有卻義。宅者，蓋舊爲士大夫有過斥退者，不敢自同于士大夫，而亦不得自同于庶人，故即其在邦、在野異爲之稱以別之。經文次士大夫之下、庶人之上，正其所也。宅、託異文，猶宅、咤異文，止取乇聲，故無定字。必泥其字以求之，則失之矣。

主人阼階上，當楣，北面再拜。（《鄉飲酒禮》）

注曰：「楣，前梁也。」

樾謹按：《説文・木部》：「楣，秦名屋櫋聯也。齊謂之檐，楚謂之梠。」據此則楣即檐也。《廣雅・釋室》曰：「楣、檐、櫺，梠也。」《釋名・釋宫室》曰：「楣，眉也，近前若面之有眉也。」其文即次「梠」下，竝古人謂檐爲楣之證。《爾雅・釋宫》：「楣謂之梁。」據《説文》「楣，門樞之横

〔一〕木，原文作「本」，今據《周易正義》改。

梁」，是《爾雅》「楣」字乃「㮘」字之誤。《釋文》兩存其字，曰：「楣，忘悲反，或作㮘，忘報反。」實則「㮘」是而「楣」非也。五架之屋，棟南一架爲前㮘，棟北一架爲後㮘。棟之言中也，謂正中也。㮘之言冒也，謂覆冒也。門樞之有㮘，即依此而名之。其制大小不同，其爲横梁一也。自《爾雅》誤「㮘」爲「楣」，而學者遂不知楣、㮘之有辨矣。

右手取肺，卻左手執本，坐，弗繚，右絶末以祭，尚左手。

注曰：「繚猶紾也。大夫以上，威儀多，紾絶之。尚左手者，明垂紾之，乃絶其末。」疏曰：「云『繚，猶紾也』者，弗繚即弗紾，一也。云『大夫以上，威儀多』者，此鄉飲酒大夫禮，故云繚祭，鄉射士禮云絶祭。但云繚必兼絶，言絶不得兼繚，是以此經云繚，兼言絶也。按《周禮・太祝》注曰：『繚祭，以手從肺本，循之至于末，乃絶以祭。絶祭，不循其本，直絶以祭。本同，禮多者繚之，禮略者絶則祭之。』亦據此與鄉射而言也。」

樾謹按：經文明言「弗繚」，而疏乃以爲繚祭，失之甚矣，由未解注中「垂」字之義故也。垂紾之者，言垂欲紾之，是弗紾也。鄉飲酒參用大夫、士禮，故《記》云「磬階閒縮霤」，注曰：「大夫而特縣，方賓鄉人之賢者，從士禮也。」是其證也。大夫禮當繚祭，士禮當絶祭，故卻左手執本，示將紾之，而右手即絶其末也。注義簡古，疏未能達，近人或欲删經文「弗」字，誤矣。

介揖讓升，授主人爵于兩楹之閒。

注曰：「就尊南授之。介不自酌，下賓。酒者，賓主共之。」

樾謹按：兩楹之閒，乃東西正中之地。上文云「尊兩壺于房户閒」，是設尊之處不當正中，與兩楹閒初不相直。鄭以爲「就尊南授之」，非也。今按：兩楹閒者，賓席之前也。賓席在户牖閒，其前即兩楹閒矣。酒者，賓主共之，介不敢有其酒，故授爵于賓席之前，見因賓而有也。注尚未得其旨。

司正洗觶，升自西階，阼階上，北面受命于主人。

疏曰：「按《鄉射》云司正『升自西階，由楹内適阼階上，北面』，彼此同。此不言由楹内者，省文也。」

樾謹按：《鄉射禮》云「豫則鉤楹内，堂則由楹外」，注曰：「鉤楹，繞楹而東也。序無室，可以深也。」以是推之，此文不言由楹内者，所謂堂則由楹外也。彼文言由楹内者，所謂豫則鉤楹内也〔一〕。其制不同，故行禮之節亦有别，疏説失之。

〔一〕豫，原文作「序」，今據上文改。

公如大夫入。

注曰：「如讀若今之若。」疏曰：「謂大夫之於公，更無異禮矣。」

樾謹按：如疏義，則作「公若大夫」可也，作「公如大夫」亦可也。鄭君何爲不以本字讀之，而必讀之爲「若」乎？然則疏義非注義矣。今按：若猶或也。古人之辭，凡不定者以「若」言之，《士昏禮》「若衣若笄」，是也。急言之則曰「某若某」，《燕禮》「冪用綌若錫」，是也。公若大夫，謂若公若大夫，不定之辭。經文作「如」字者，如與若同義。《論語·先進篇》「方六七十如五六十」，又曰「宗廟之事如會同」，如亦猶或也。鄭必讀「如」爲「若」者，取其義益顯耳，不謂疏家之猶未達也。

若有諸公，則大夫於主人之北，西面。（《記》）

注曰：「其西面者，北上，統於公。」疏曰：「若無諸公，則大夫南面西上，統於遵也。」阮氏《校勘記》曰：「遵，閩本、《通解》俱作賓。」

樾謹按：大夫即是遵，乃云「統於遵」，義不可通，故後人臆改爲「賓」，其實非也。「遵」乃「尊」字之誤。尊在房户之間，無諸公，則大夫即席于尊東，南面西上，故曰「統於尊」也。「統於尊」與上文注言「或統於堂，或統於門」，文義一例。《鄉射禮》「大夫若有遵者，席於尊東」，注曰：「尊東，明與賓夾尊也。不言東上，統於尊也。」然則此疏即用彼注之文耳。「尊」誤爲「遵」，其義遂失矣。

乏參侯道，居侯黨之一，西五步。（《鄉射禮》）

注曰：「侯道五十步，此乏去侯北十丈，西三丈。」疏曰：「乏參侯道者，謂三分侯道。云『居侯黨之一』者，黨，旁也。謂在侯西北邪向之，故以旁言之。其居旁之一者，謂侯道内三分之，居一分之地十丈也。云『西五步』者，據侯之正北落西有五步，即三丈也。」

樾謹按：黨之訓旁，古訓未聞，且注文言「去侯北十丈」，不言「去侯旁十丈」也，疏説殆非注意矣。今按：黨猶所也。《文十三年公羊傳》「往黨，衛侯會公於沓。反黨，鄭伯會公於斐」，何休注曰：「黨，所也。」《越語》「夫上黨之國」，韋昭注曰：「黨，所也。」並古人謂「所」爲「黨」之證。「居侯黨之一」，謂在侯所之一分也。不直曰「乏居侯道參之一」，而必曰「乏參侯道，居侯黨之一」者，蓋但曰「參之一」，則有近侯之一分，又有近堂之一分，將近堂乎，抑近侯乎？於文未明，故必曰「乏參侯道，居侯黨之一」，於是南北之度可得而定矣。然猶未及東西之度，故又曰「西五步也」。經文既委曲詳盡，注文亦簡而明，但以未釋「黨」字之義，疏家遂不達其旨矣。王氏《經義述聞》訓黨爲所，與愚説合。然欲移經文「之一」兩字於「侯道」之下，則又大謬。使經文但曰「乏參侯道之一」，則此乏去侯北爲十丈、爲廿丈，皆不可知，鄭君何能臆決之曰「去侯北十丈」乎？

大夫若有遵者，則入門左。

注曰：「謂此鄉之人爲大夫者也。謂之遵者，方以禮樂化民，欲其遵法之也。其士也，於旅乃入。鄉大夫、士非鄉人禮亦然，主於鄉人耳。」

樾謹按：《鄉飲酒禮》云：「賓若有遵者，諸公大夫則既一人舉觶，乃入。」先言「賓若有遵者」，乃言「諸公大夫」，明諸公大夫皆遵也。此文云「大夫若有遵者，則入門左」，先言「大夫」，乃言「若有遵者」，明大夫不皆是遵也。蓋此經大夫有二：其一則鄉之人爲大夫者，來助主人樂賓也；其一則鄉大夫來臨此射禮也。鄭《目録》云：「州長春秋以禮會民，而射於州序之禮。謂之鄉者，州，鄉之屬，鄉大夫或在焉，不改其禮。」又注「主人戒賓」云：「主人，州長也。鄉大夫若在焉，則稱鄉大夫也。」疏曰：「謂大夫來臨禮之時，州長戒賓不自稱，稱鄉大夫以戒賓也。」乃經文竝不言鄉大夫來臨禮，其位在何處，又不言行禮之節，蓋皆於大夫中包之矣。注文所謂「鄉大夫、士非鄉人禮亦然」者，「士」字疑衍文，蓋謂大夫爲遵者是鄉人，鄉大夫來臨禮者非鄉人，而其禮皆同也。賈氏作疏時已衍「士」字，於是不得其説。

無射，獲。無獵，獲。

注曰：「射獲，謂矢中人也。獵，矢從旁。」疏曰：「云『射獲，謂矢中人也』者，人謂獲者，亦以事名。云『獵，矢從旁』者，謂從乏旁也。」

樾謹按：《大射儀》亦有此文，注曰「射獲，矢中乏也。從旁爲獵」，義與此同，實非經旨也。鄭君之意以獲爲獲者，故戒射者，無令矢及之，然則「無獵獲」又何義乎？且乏在侯道西五步，中乏即是從旁，於義似複矣。今按：此二句當讀云：「無射，逗。獲。句。無獵，逗。獲。句。」謂無射則獲，無獵則獲也。下文「獲者坐而獲」，注曰：「射者中，則大言獲。獲，得也。」此「獲」字之義也。「無射」之「射」當讀爲「仰者謝」之「謝」。《爾雅·釋魚》曰：「龜，俯者靈，仰者謝。」《釋文》曰：「謝，衆家本作射。」蓋古字通也。「無射」者，戒其矢從上也。「無獵」者，戒其矢從旁也。《大射儀》曰「大射正立于公後，以矢行告于公。下曰留，上曰揚，左右曰方。」揚，即此所謂「射」也；方，即此所謂「獵」也。矢或從上，或從旁，雖中不言獲，故曰「無射，獲。無獵，獲」也。下文言三耦，弟二番射事曰「不貫不釋」，注曰：「不中正，不釋算也。」言弟三番射事曰「不鼓不釋」，注曰：「不與鼓節相應，不釋算也。」觀彼文而此文之義益明矣。弟一番不釋獲，故言獲不言釋耳。其不曰「射者不獲，獵者不獲」，而曰「無射，獲。無獵，獲」，以其始射意在誘勸之也。

賓、主人、大夫揖，皆由其階降，揖。主人堂東袒決遂，執弓，搢三挾一个。賓於堂西亦如之。皆由其階，階下揖，升堂揖。主人爲下射，皆當其物。北面揖，及物揖，乃射。卒，南面揖，皆由其階，階上揖，降階揖。賓序西，主人序東，皆釋弓，說決、拾，襲，反位。

注曰：「或言堂，或言序，亦爲庠榭，互言也。」疏曰：「上云『榭則鉤楹内』，謂射於榭者也；『堂則由楹外』，謂射於庠者也。今袒決遂，則言堂東西，見在庠也，在榭亦然。釋弓、說決、拾，則言序東、西〔一〕，序則榭也，在庠亦然。故曰序東、西，周公省文，欲兩見之也。」

樾謹按：榭則鉤楹内，堂則由楹外，以有楹内、楹外之分，故必兩見之。若此文則堂、榭一也，又何兩見之有？鄭注非也。今按：《士喪禮》「襲經于序東」，注謂「東夾前」，疏曰：「經云主人降自西階，更無升降之文，而云序東東夾前者，主人即位，踴訖而去，襲經于序東，謂鄉堂東，東西當序牆之東。又當東夾之前。」《禮記·奔喪篇》亦云「襲經于序東」，正義曰：「謂在堂下，當序牆之東。」然則此經「賓序西，主人序東」亦謂堂下，當序牆之西，當序牆之東耳。上經云「乃納射器皆在堂西，賓與大夫之弓倚於西序」，又云「主人之弓矢在東序東」，所云「西序」及

〔一〕《儀禮注疏》「西」上有「序」字。

「東序東」，亦謂堂下之地，與序牆相值者，而此文之義益明矣。

獲者薦右東面立飲。

注曰：「立飲薦右，近司馬，於是司馬北面。」疏曰：「知『於是司馬北面』者，此約獻釋獲者司射之位。按下文司射獻釋獲者，『釋獲者薦右東面拜受爵，司射北面拜送爵』，故知此時司馬亦北面也。」

樾謹按：上文「司馬西面拜送爵」以後，更不見「司馬」字，鄭何知此時司馬北面乎？若據下文司射之位爲説，則大不然。下文云「司射北面拜送爵」，是送爵之時，司射北面，及釋獲者飲，司射仍北面，是司射不易處也。司射不易處，司馬宜亦不易處，然則此時司馬仍西面可知矣。蓋獲者東面，與司馬西面相對也，釋獲者北面與司射北面相竝也。一取相對，一取相竝，事各不同。鄭君此説本誤，疏從而爲之辭，胥失之矣。

大夫與，則公士爲賓。（《記》）

注曰：「不敢使鄉人加尊於大夫也。公士，在官之士。鄉賓主用處士。」疏曰：「《鄉飲酒》貢士法：賢者爲賓，其次爲介，又其次爲衆賓。有大夫來，不易去之，以其賓擬貢故也。」

樾謹按：疏意以大夫即是來爲遵者，此大謬矣。大夫來爲遵者，其來與否不可知，且必待一人舉觶而後入。自此以前主人獻賓，賓酢主人，主人又酬賓，賓之尊久定矣，豈有大夫來而更易一賓之理乎？今按：此經大夫有二：其一則鄉之人爲大夫者，來助主人樂賓，所謂遵也；其一則鄉大夫來臨此禮。鄭《目録》所謂「州，鄉之屬，鄉大夫或在焉」者也，説詳上文「大夫若有遵者」下。此《記》言「大夫與，則公士爲賓」，謂鄉大夫來臨此禮也。鄉飲酒禮，鄉大夫爲主人，故不嫌以處士爲賓，主人不自尊也。鄉射之禮，州長爲主人，不敢以無爵命之處士加於鄉大夫之上，故大夫與，則必以公士爲賓也。鄉大夫來臨此射禮與否，主人未戒賓之先已定，則賓之或用公士，或用處士，主人戒賓之時已定矣。豈因有無不定之遵者，而輒易其至尊之賓乎！

西序之席，北上。

疏曰：「謂衆賓有東面者則北上，此東面非常，故記之也。若然，此鄉射上設席，雖不言衆賓之數，上文云『三拜衆賓』，鄭云：『三拜，示徧也。』則衆賓亦三人矣。而復有東面者，若公卿大夫多尊東，不受則於尊西，賓近於西，則三賓東面北上，統於賓也。」

樾謹按：賓席無可移易之理，疏説非也。西序所以設席者，蓋以有諸公，則大夫席於東序。《鄉飲酒·記》曰「若有諸公，則大夫於主人之北西面」，是也。於是三賓之席亦移于西序以配之耳。

凡侯，天子熊侯，白質；諸侯麋侯，赤質；大夫布侯，畫以虎豹；士布侯，畫以鹿、豕。

注曰：「此所謂獸侯也，燕射則張之，鄉射及賓射，當張采侯二正。而記此者，天子諸侯之燕射，各以其鄉射之禮而張此侯，由是云焉。白質、赤質，皆謂采其地。其地不采者，白布也。熊、麋、虎、豹、鹿、豕，皆正面畫其頭象於正鵠之處耳。」

樾謹按：虎、豹、鹿、豕言畫，而熊、麋不言畫，則熊侯、麋侯皆皮侯也。《周官·司裘》曰：「王大射，則共虎侯、熊侯、豹侯，設其鵠。諸侯則共熊侯、豹侯，卿大夫則共麋侯，皆設其鵠。」鄉射之禮綢於大射，故天子降而用諸侯之熊侯，諸侯降而用卿大夫之麋侯，於是大夫不得用皮侯，降而用獸侯矣，其説詳後。鄭君因《燕禮》云：「若射，則大射正爲司射，如鄉射之禮。」而《考工記·梓人》云：「張獸侯，則王以息燕。」是王燕射用獸侯，故謂天子諸侯鄉射亦用獸侯。不知所謂如鄉射之禮者，如其禮非必如其侯也。此《記》專言鄉射之事，而云「天子熊侯」，「諸侯麋侯」，則天子、諸侯鄉射之用皮侯塙有明證，安得以《周禮》之熊侯、麋侯爲皮侯，而此《記》之熊侯、麋侯爲獸侯乎？

凡畫者，丹質。

注曰：「賓射之侯，燕射之侯，皆畫雲氣於側以爲飾，必先以丹采其地。丹淺於赤。」

樾謹按：「凡畫者，丹質」即承上文「畫以虎豹」「畫以鹿豕」而言，欲明「丹質」之義，當先明「質」字之義。質之名，因皮侯而起。鄭君注《周禮・司裘》曰：「以虎、熊、豹、麋之皮飾其側，又方制之以爲準。著於侯中，所謂皮侯。」是皮侯者，以布爲質，以皮爲飾也。所飾止在四側，則侯中無飾之處，其質見矣。是故「熊侯白質」者，以熊皮飾侯四側，而侯中不飾之處以白塗其質也。「麋侯赤質」者，以麋皮飾侯四側，而侯中不飾之處以赤塗其質也。此皆周人尚文之意，相沿既久而侯中遂專有「質」名。《詩・賓之初筵篇》「發彼有的」，毛傳曰：「的，質也。」所謂質者，以侯中言也。至鄭司農注《周禮・司裘》云：「方十尺曰侯，四尺曰鵠，二尺曰正，四寸曰質。」則又從侯中而極言之，愈失其初意矣。獸侯不用皮爲飾，則止是白布，故有布侯之名。布侯者，别以皮侯而言之也。然侯中仍以丹塗其質，非特爲觀美而已，所以表其爲侯中也。《考工記》曰「參分其廣而鵠居一焉」，注曰：「謂侯中也。」是皮侯棲鵠之處，居侯中三分之一，然則獸侯畫獸之處，亦當居侯中三分之一，是故侯中以丹塗其質，所以表其爲侯中。凡畫虎豹、畫鹿豕，皆於是取節焉。《記》曰「凡畫者，丹質」，明大夫與士同也。鄭君誤謂鄉射當用采侯二正，故所說皆非是。《梓人》文云「張五采之侯，則遠國屬」，不云「張五采之侯，則以鄉射也」，鄭何據而知鄉射之必用采侯乎？大夫、士之用獸侯者，誤以爲用采侯，於是天子、諸侯之用皮侯者，誤以爲用獸侯，而《鄉射·記》之明文，轉爲注義所晦矣。

倍中以爲躬。

注曰：「躬，身也。謂中之上下幅也，用布各二丈。」疏曰：「身謂中上、中下各横接一幅布〔一〕，故鄭云『中之上、下幅，用布各二丈』也。」

樾謹按：侯以中爲主，故《記》文先言中，後言躬，其實有躬而後有中也。中者，躬之中也。中方十尺，則其躬方二十尺，所謂「倍中以爲躬」也。於是其上有左右舌，舌出於躬各十尺，并其屬於躬者而計之，則四十尺，所謂「倍躬以爲左右舌」也。其下亦有左右舌，舌出於躬各五尺，所謂「下舌半上舌」也。鄭君未得「倍中」爲「躬」之義，故所説侯制非是。若依鄭説，幅廣二尺二寸，兩畔各削一寸爲縫，則每幅止二尺，而其長至二丈，無乃大狹而長乎？中方十尺而其身狹長如此，不相稱矣。且如此，則躬之廣出中外者即可以爲左右舌，何必更倍躬以爲舌乎？今訂定侯制，爲圖明之如左：

〔一〕《儀禮注疏》「布」下有「者」字。

舊圖

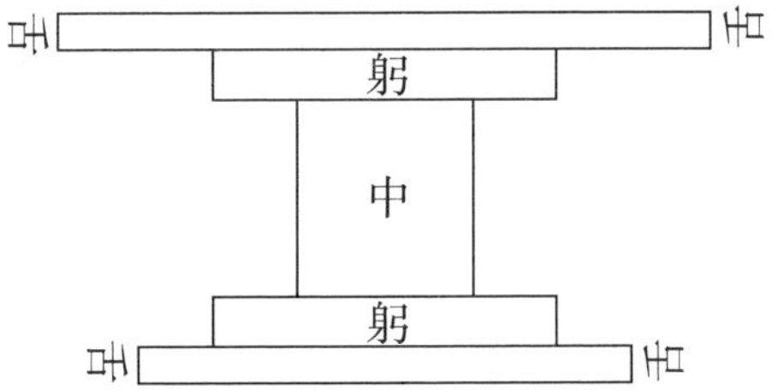

今圖

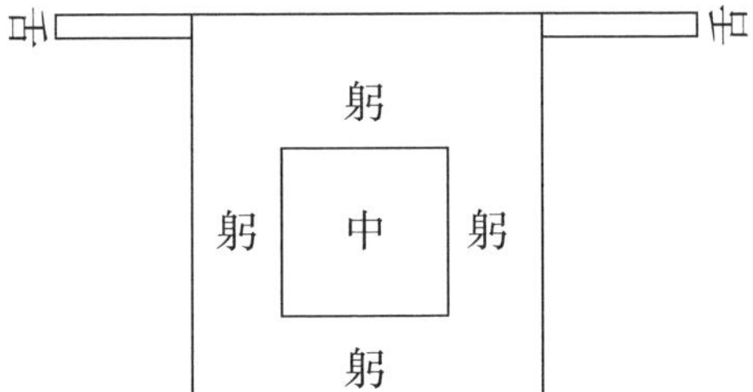

楅，髤，横而奉之。

阮氏《校勘記》曰："「奉」，《釋文》、唐石經、徐本俱作『拳』。《通解》、楊氏、敖氏俱作『奉』。"

樾謹按："「横而奉之」，於文甚明，且與下句「南面坐而奠之」文義相貫。唐石經作「拳」，朱子謂「字之誤」，是也。陸氏所據亦誤，故「音權」。《大射儀》「司射適次」，疏引《鄉射·記》曰「設楅横奉之，南面坐奠之，南北當洗」，是賈公彦所據本正作「奉」，不作「拳」也。「奉」字易曉，故鄭無注，疏亦不及焉。若是「拳」字，則不容無説矣。近世學者好古而不知所裁，輒從誤本作「拳」，恐非經文之舊，當據《大射儀》疏正之。

若命長致。（《燕禮》）

注曰：「命長致者，公或時未能舉，自優暇也。」

樾謹按：注所説非經意也。蓋脱屨升坐以前，公爲賓、爲卿、爲大夫，三舉旅，此一定之節也。三舉旅則止須三觶，而媵爵者皆二大夫，兩次媵爵則有四觶，是多一觶矣，是以周公制禮有皆致，又有長致。皆致者，二大夫序進奠觶。長致者，長者一人升奠觶也。如此，則兩次媵爵適得三觶矣。在制禮之意，止欲其適得三觶，初無他義，故或弟一次皆致而弟二次長致，或弟一次長致而弟二次皆致，皆無不可。上文曰「小臣請致者，若君命皆致」，明其可以長致也。此文曰「請致者，若命長致」，明其可以皆致也。此經文互見之義也。且上文以皆致言，則有二觶在薦南，已行一觶，尚有一觶，乃小臣必於此時請媵爵者，正以皆致、長致無一定也。禮意以推闡而愈見矣〔一〕。

〔一〕　見，《群經平議》手稿本作「得」。

樂正由楹内、東楹之東，告于公。

注曰：「言由楹内者，以其立于堂廉也。」疏曰：「言『由楹内』者，以其樂正與工俱在堂廉，則楹南無過處。故由楹内適東楹之東告于公。」

樾謹按：鄉飲及鄉射禮，其席工之處均與此同。彼止云「樂正告于賓」，不言「由楹内」。此所以必由楹内者，以燕禮或有諸公，諸公之席在阼階西北面，樂正若由楹外，則必由諸公席前，其地迫促，故由楹内也。疏謂樂正與工俱在堂廉，楹南無過處。此大不然。工止四人耳，何遽無過處乎？鄉飲與鄉射何以又得過乎？

鼗倚於頌磬，西紘。（《大射儀》）

注曰：「紘，編磬繩也。設鼗於磬西，倚於紘也。」

樾謹按：此當讀云「鼗倚於頌磬，句。西紘，句。」猶上文云「建鼓在阼階西，句。南鼓」也。鄭解「紘」爲「編磬繩」，未得其義。紘者，所以維鼗之兩耳也。《周禮·小師》注曰：「鼗，如鼓而小，持其柄摇之，旁耳還自擊。」其説鼗之制，視此注加詳。鼗有兩耳，必用繩繫之，所謂紘也。西紘者，言其倚于頌磬東面也。倚於頌磬東面，則紘垂向西，若倚于西面，紘必垂向東矣，故經言「西紘」，所以明其倚在磬東也。鄭誤解「紘」字，故不得其旨。若如鄭義，則當云「鼗設於頌磬西，倚于紘」，其文方明，安得但云「𤎅倚於頌磬西紘」乎？

司宮掃所畫物，自北階下。

注曰：「工人士、梓人，司宮，位在北堂下。」疏曰：「知『工人士、梓人、司宮，位在北堂下』，雖無正文，南方不見有位，其人升降自北階，明位在北堂下。」

樾謹按：此未足據也。《燕禮》「執冪者升自西階」，注云：「羞膳者從而東，由堂東升自北階。」然則此經工人士、梓人、司宮皆升自北階，亦由堂東可知，安見其位必在北堂下乎？疏謂「南方不見有位」，此亦非也。工人士、梓人、司宮三者皆士也。上文云「士西方東面北上」，則此三者已包其中矣，何言無位乎？至司宮一官，《燕禮》注曰：「司宮，天子曰小宰。」此説殊誤。小宰爲卿之貳，豈宜設尊設筵及執燭掃所畫物，爲諸勞辱之事乎？《公食大夫禮》注曰：「司宮，太宰之屬，掌宮廟者。」疏以《周禮》宮人當之，可正《燕禮》注之誤。胡氏匡衷《儀禮釋官》已辨之矣。

中離維綱。

注曰：「離，猶過也，獵也。」

樾謹按：離讀爲麗，《宣十二年左傳》「射麋麗龜」，杜注曰：「麗，著也。」「中麗維綱」，謂或著維，或著綱也。離、麗古通用字，如鄭注，轉涉迂曲矣。

揚觸，梱復。

注曰：「揚觸者，謂矢中他物，揚而觸侯也。梱復，爲矢至侯，不著而還復。復，反也。」

檝謹按：注、疏均未説「梱」字之義。梱當讀捆，《孟子·滕文公篇》「捆屨」，趙注曰：「捆猶叩椓也。織屨欲使堅，故叩之也。」然則揚觸者，謂矢中他物，揚而觸侯。捆復者，謂矢雖中侯，但叩椓之而仍復也。《説文》無「捆」字，蓋古字止作「梱」耳。

司馬升，命去侯如初。還右，乃降。

注曰：「還右，還君之右也，猶出下射之南，還其後也。今文曰右還。」

檝謹按：司馬立于物閒而命去侯，則本在下射之右，又出其南而還其後，則從下射東南而至東北，又從其東北而西南適階，明矣。是還下射之左，非還下射之右也。乃云「還君之右」，義不可通，當從今文作「右還」。右還者，不還君也。蓋司馬升自西階，由上射之後東南面立于物閒，命去侯訖，即右還而西北面，仍從上射之後降階也。經文曰「司馬升，命去侯如初」，升如初，則降不如初可知矣。所以然者，以君尊，故變於常人以示敬也。且上文言上射、下射，皆履物合足而俟，然後司馬升堂命去侯。至此文則賓爲上射，先待於物北，司馬即升堂命去侯，司馬降，釋弓，反位之後，始云「公就物」。然則司馬命去侯時，公尚在阼階上，未及物也，司馬豈得還君之右乎？亦可知注義之疎矣。

壹發，中三侯皆獲。

注曰：「矢揚觸，或有參中者。」疏曰：「卿大夫主射參侯，士主射豻侯，其中或揚觸，容中別侯，皆與釋。」

樾謹按：鄭意蓋以經有「壹發」二字，故云「矢揚觸，或有參中者」，謂壹發而中三侯也，疏家未得其旨。然壹發中三侯，實非事之所有，疑鄭注亦非經意也。今按：「壹發」二字當自爲句，蓋上文每射必發四矢，至此文公命復射，則日旰君勤矣。雖云「欲者射，不欲者止」，然制禮者豈能逆料人之不欲而爲之制乎？是故正射發乘矢，復射則止發一矢，所以使人人得射也。又以射止壹發，恐不中者多，故曰「中三侯皆獲」，所以寬假之，使易中也。聖人之禮，委曲詳盡如此，禮本人情，於此見矣。

群經平議卷十六

儀禮二

上介出，請入告。（《聘禮》）

注曰：「每所及至，皆有舍。其有來者，與皆出，請入告。于此言之者，賓彌尊，事彌録。」

《釋文》曰：「者與，音餘。」

樾謹按：注文「與」字乃「舉」字之誤，謂舉皆出請入告也。《周官·師氏》「王舉則從」，故書「舉」爲「與」，是古字本通用耳。陸氏「音餘」，未得其旨。朱文公《通解》疑本「介」字，則亦失之。

賓迎再拜。

疏曰：「賓迎再拜者，賓在館如主人，故先拜也。卿不言答拜，答拜可知，但文略耳。」

樾謹按：此文卿以君命致館，故不答拜，非略也。凡爲人使者，皆不答拜，乃禮經之通例也。上文「君使卿朝服，用束帛勞。上介出，請入告。賓禮辭，迎于舍門之外，再拜。勞者不答拜」，注云：「凡爲人使，不當其禮。」然則致館者亦不答拜可知矣，疏説非是。

乃陳幣。

注曰：「有司入于主國廟門外，以布幕陳幣，如展幣焉。圭璋，賈人執櫝而俟。」

樾謹按：是時賓尚在次，擯者猶未出請事，有司安得先入而陳幣於廟門外乎？然則陳幣者，即於次内陳之也。及擯者出請事，大夫納賓，於是賓入而上介與衆介俱入，則有司之屬亦隨之而入，可知矣。入門之後，公與賓每門、每曲揖，介與擯皆在後鴈行，則群有司亦不得淩躐而前，其在後序進，又可知。「及廟門，公揖入，立于中庭，賓立接西塾」，此時主國有司在堂上設几筵，則賓之有司亦得於門外陳幣，初無緩不及事之患，又何必先賓而入乎？

三揖。

注曰：「君與賓也。入門將曲，揖；既曲北面，又揖；當碑，揖。」

樾謹按：主君先待于中庭，賓後獨入，乃得如常。三揖者，蓋賓入門北面，主君在中庭南面，相向一揖，此即所謂「入門將曲，揖也」。揖訖，主君東面行，賓西面行，及堂塗則皆北面矣，於是又揖，所謂「既曲北面，揖」也。是時主君與賓雖皆北行，然前後不相當，所謂「君行一，臣行二」者，當在此時。及當碑，則賓東主西，適相當矣，於是又揖，所謂「當碑揖」也。然則三揖之節，與平常不異，故鄭無異文，其不同者，將曲一揖，主南面，賓北面；既曲一揖，主在前，賓在後耳。注義未分晰言之，而疏文又譌奪幾不可讀，故具説之。

公側襲，受玉于中堂與東楹之間。

注曰：「中堂，南北之中也。入堂深，尊賓事也。」疏曰：「凡廟之室堂皆五架，棟南北皆有兩架，棟北一架，下有壁，開户。棟南一架，謂之楣。則楣北有二架，楣南有一架。今於當楣北面拜訖，乃更前北侵半架於南北之中，乃受玉。」

樾謹按：古人五架之屋，棟以南爲堂，棟以北爲室。兩楹之間，居堂東西南北之中，即是中堂。若更前北侵半架，則與東楹不相值矣，安得云「中堂與東楹之間」乎？蓋自鄭君誤解《士昏禮》「當阿」爲「當棟」，於是説者遂謂棟後一架始爲室，而堂室之制盡失矣。《鄉射記》曰：「序則物當棟，堂則物當楣。」可見無室則以棟爲南北之中，有室則以楣爲南北之中。凡畫物之處皆居正中也。孔氏廣森《禮學卮言》説堂室之制與愚合，然引《士喪禮》注「中以南謂之堂」爲證，則未足據也。彼注云：「東西牆謂之序，中以南謂之堂。」疏曰：「謂於序中半以南乃得堂稱，以其堂上行事，非專一所。若近户，即言户東、户西；若近房，即言房外之東、房外之西；若近楹，即言東楹、西楹；若近序，即言東序下、西序下；若近階，即言東階、西階；若自半以南無所繼屬者，即以堂言之。」然則中以南非謂棟以南也。蓋鄭君既以「當阿」爲「當棟」，必不以棟之下爲即是室。孔氏引鄭注爲證，轉滋後學之疑矣。

士介四人，皆奉玉錦束，請覿。

注曰：「玉錦，錦之文纖縟者也。」疏曰：「《聘義》孔子論玉而云『縝密以栗，知也』，是玉有密致。錦之纖縟，似玉之密致者。」

樾謹按：古謂美好者爲玉，《尚書·洪範篇》「惟辟玉食」，《史記集解》引馬注曰：「玉食，美食。」《吕氏春秋·貴直篇》「身好玉女」，高注曰：「玉女，美女也。」然則「玉錦」猶言美錦矣，疏説尚未得古義。阮氏《揅經室集》謂《説文》「玉」字無點，有點者解云「朽玉也。讀如畜牧之畜」。凡爲美好之義者，其字竝當爲有點之玉。然金玉之玉，與畜聲亦相近，阮説未必然也。

擯者執上幣，士執衆幣，有司二人舉皮，從其幣，出請受。

注曰：「此請受，請于上介也。擯者先即西面位請之，釋辭之時，衆執幣者隨立門中而俟。」

樾謹按：此文言「請受」者，明上文執幣、舉皮而出，爲將請受于上介之故實，則此時固未請受也。至下文云「委皮南面，執幣者西面，北上。擯者請受」，方是請受于上介之實事。鄭君誤以爲兩次請受，乃曰「上言其次，此言其位，互約文也」，失之矣。

賓請有事於大夫。

注曰：「請，問，問卿也。不言問聘，聘亦問也，嫌近君也。」盧氏文弨《詳校》曰：「不言問聘，此『聘』字疑衍。」

樾謹按：「請，問，問卿也」，下一「問」字亦爲衍文。「請，問卿也」，正釋經文「請有事于大夫」之義。「請有事」，即請問也。然則何以不言「賓請問于大夫」，故又自釋之曰「不言問，聘亦問也，嫌近君也。」經文止言「請有事」，不言「請問」，注安得舉「請問」而釋之乎？足知今本之非矣。

鼎九，設于西階前，陪鼎當内廉。

注曰：「當内廉，辟堂塗也。」

樾謹按：凡側邊皆謂之廉，堂有堂之廉，階有階之廉。此經云「當内廉」，則是階之廉也。階兩邊皆有廉，東階以西邊爲内廉，西階以東邊爲内廉。「當内廉」者，當西階東邊之廉也。學者止知有堂廉，不知有階廉，則内廉之義不可曉矣。《尚書·顧命篇》「夾兩階戺」，程氏瑶田謂：「戺者，階之兩旁，自堂至地，斜安一石，搘階齒而輔之，如今樓梯必有兩髀以安步級者。」今按：程説是也。戺即是廉，枚傳「堂廉曰戺」當作「階廉曰戺」，於義方明。或原文本是「階廉」，淺人以意改之耳。

西夾六豆，設于西墉下，北上。韭菹，其東醓醢，屈。

疏曰：「六豆者，先設韭菹，其東醓醢，又其東昌本，南麋臡，麋臡西菁菹，又西鹿臡。」

樾謹按：如此説，則兩夾之豆亦如堂上户西所設，南北兩兩陳之矣。然經于堂上曰「兩籩繼之，粱在西」，「粱在北」，粱在北，明稻在南也，是南北兩兩陳之者也。於此文曰「兩簠繼之，粱在西」，粱在西，明稻在東也，是東西兩兩陳之者也，安得謂兩夾之豆亦如堂上乎？今按，西夾之豆東面，東夾之豆西面，皆自北墉之下以次而南，豆最北，簋在豆南，鉶在簋南，簠在鉶南，皆兩兩陳之，經文所謂「二以竝」也。今爲圖明之如左。至堂上所設，舊説無誤，故不列焉。

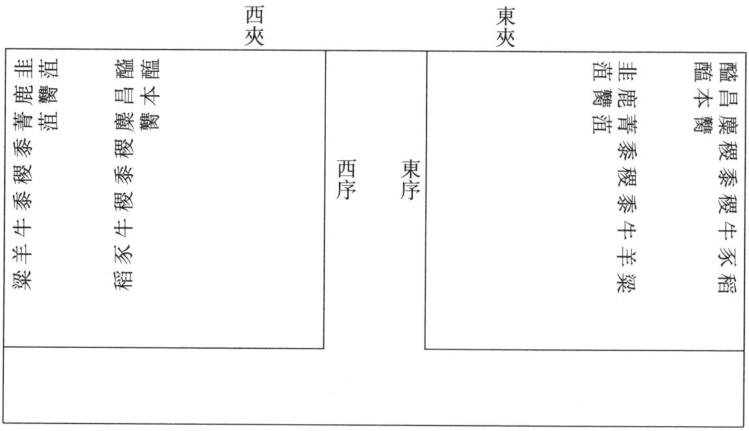
東夾
西夾
醓昌麋稷黍稷牛豕稻
醢本臡
韭鹿菁黍稷黍牛羊粱
菹臡菹
東序
西序
醢本臡
醓昌麋稷黍稷牛豕稻
菹臡菹
韭鹿菁黍稷黍牛羊粱

又按：下文「饌于東方，亦如之」，賈疏曰「於東壁下南陳，西北有韭菹，東有醓醢，次昌本，次南麋臡，次西有菁菹，次北有鹿臡」，則又似不誤者，豈前疏傳寫失之乎？

至于階，讓，大夫先升一等。

注曰：「讓不言三，不成三也。凡升者，主人讓于客三，敵者則客三辭，主人乃許升，亦道賓之義也。使者尊，主人三讓，則許升矣。今使者三讓，則是主人四讓也。」

樾謹按：注文「今」字乃「令」字之誤。此蓋申說上文「讓不成三」之義。禮有三讓，無四讓。若令使者三讓，則主人必又一讓，然後使者乃升，是主人四讓矣，禮所無有也。鄭君說此正破古文作三讓之非。自「令」誤爲「今」，其義遂晦，疏謂「鄭君兩言之」，失其旨矣。

乃入，陳幣于朝，西上。

注曰：「其禮於君者不陳。」疏曰：「『禮於君者不陳』者，謂賄用束紡，禮用束帛、乘皮。以其禮於君者，是其正，故不陳之。禮於己者，以其榮，故陳之。」

樾謹按：鄭見此經所陳止有上賓之公幣、私幣及上介之公幣，而無禮於君之幣，故曰「禮於君者不陳」。下文「執賄幣以告」，注云：「賄幣在外也。」若然，則當有出取賄幣之文，經何以無之乎？今按：下文「卿進使者，使者執圭，垂繅，北面。上介執璋，屈繅，立于其左」，使者反命訖，又受上介璋致命，於是執賄幣以告，曰「某君使某子賄」。以上介執璋例之，疑賄幣乃衆介奉之以入，上介授璋後，衆介從而授幣，故使者得執之以告也，經文不具耳。陳于朝者雖有公私之分，實皆使介所自得之幣。其禮于君者，固不得與之俱陳，然謂賄禮等幣尚在外不入，則又非也。

辭曰：「非禮也，敢。」對曰：「非禮也，敢。」《記》

注曰：「辭，不受也。對，答問也。二者皆卒曰敢，言不敢。」

樾謹按：此《記》文雖專爲聘禮言之，實爲一經辭對之通例。《士冠禮》「賓降，主人降。賓辭，主人對」，注曰：「辭對之辭未聞。」不知辭對之辭即此是也。凡賓主相敵者，主人爲賓降，則賓辭；賓爲主人降，則主人辭。主人爲賓洗，則賓辭；賓爲主人洗，則主人辭。有辭必有對。《鄉飲》《鄉射》諸篇皆然，即《燕禮》宰夫爲主人亦然〔一〕。其辭其對皆不載其言，記亦無文焉。而特於此篇箸之，明凡稱辭者皆曰「非禮也，敢」，猶言不敢當主人之降，不敢當主人之洗也。凡稱對者皆曰「非禮也，敢」，猶言不敢不降，不敢不洗也。鄭君注此時偶有未照，於是凡

〔一〕主，原文作「王」，今據《儀禮注疏》及清經解續編本《群經平議》改。

辭對者，皆不得其辭矣。

將授，志趨。

注曰：「志猶念也。念趨，謂審行步也。」

樾謹按：鄭義迂曲，殆非也。趨當讀爲促，古字通用。《禮記·樂記篇》「衛音趨數煩志」，鄭注曰：「趨數，讀爲促速。」《荀子·哀公篇》「趨駕召顔回」，楊注曰：「趨讀爲促。」竝其證也。「將授，志趨」者，謂賓將授玉之時，其志彌促也。《士相見禮》「至下，容彌蹙」，注曰：「蹙猶促也。促，恭慤貌也。」此文言「趨」，彼文言「蹙」，字異而義同。下文云「下階，發氣，怡焉；再三舉足，又趨」，注曰：「再三舉足，自安定，乃復趨也。至此云舉足則志趨，卷豚而行也。」夫卷豚而行，其可言趨乎？足知不然矣。鄭既誤解上「趨」字，故於下「趨」字亦失其義。今按：「又趨」者，又促也。「發氣，怡焉」之後，而云「又促」者，猶《鄉黨》記孔子「出，降一等，逞顔色，怡怡如也」之後，又云「復其位，踧踖如也」。促與踧、踖義同，但言有緩急耳。鄭不知「趨」之當讀爲「促」，故但引「逞顔色，怡怡如也」爲「發氣，怡焉」之證，而不知引「踧踖如也」爲「又趨」之證，斯於經意未得矣。

宰夫自東房薦豆六，設于醬東。（《公食大夫禮》）

樾謹按：「醬東」疑當作「醬南」，字之誤也。若作「醬東」，是豆與醬竝設，豆西爲醬而設，鉶不得在豆西矣。乃云「宰夫設鉶四于豆西」，可知豆之設必在醬南，故其西尚未有物，可以設鉶也。

簞有蓋冪。（《記》）

注曰：「稻粱將食乃設，去會於房，蓋以冪。冪，巾也。」疏曰：「簞簋相將，簋既有會，明簞亦有會可知。但黍稷先設，故卻會于敦南，簞盛稻粱，將食乃設，故鄭云『去會於房，蓋以冪。冪，巾也』，至於陳設，冪亦去之，經云『有蓋冪』者，據出房未設而言。」

樾謹按：《内則》〔一〕：「食齊視春時。」以飯宜温也，必無去會於房之理。鄭以經文公設粱後，其下即云「左擁簞粱」，不見有卻會事，故爲此説。不知六簋乃宰夫所設，故宰夫爲之卻會。若粱，則公親設之，公尊，故不爲卻會也。然則孰卻之？賓將食，自卻之也。經云「賓卒食，會飯」，卒食者，謂卒初時所飯之粱也；會飯者，復加會於簞，明食訖也。以卒食後賓自會之，知

〔一〕 内則，原文作「月令」，今據《儀禮注疏》改。

將食時賓自卻之，經文固前後互見矣。鄭君不達此義，乃云「會飯，謂黍稷也。此食黍稷，則初時食稻粱」，是大不然。《荀子・禮論篇》曰：「食先黍稷而飯稻粱。」然則黍稷固不飯也。至此經則豈獨黍稷不飯，雖稻亦不飯也。是故公所親設者，此粱也；賓擁之以降，又取之而升，反奠于其所者，亦此粱也；卒食之後，取之以降，坐奠于階西者，亦此粱也，而稻皆不與焉。然則賓飯粱不飯稻，明矣，而謂其食黍稷乎？

重賜無數。（《覲禮》）

注曰：「重，猶善也。所加賜善物，多少由恩也。」

樾謹按：重之言重累也。《少牢饋食禮》「蓋二以重」，注曰「重累之」，是其義也。重賜，即加賜耳。鄭訓重爲善，而增成之曰「加賜善物」，於義轉迂矣。

爲宮方三百步，四門，壇十有二尋，深四尺。

樾謹按：「深四尺」疑當作「深三尺」。上文「四享」，注曰：「四當爲三。古書作三、四或皆積畫。此篇又多『四』字，字相似，由此誤也。」即其例矣。楊倞注《荀子・彊國篇》引或説曰：「明堂，壇也。謂巡狩至方岳之下會諸侯，爲宮方三百步，四門，壇十有二，尋深四尺，加方明其上。《左氏傳》『爲王宮於踐土』，亦其類也。」據楊氏所説，則此方三百步之宮亦有明堂之名，宜如明堂之制。《考工記》説殷人重屋曰：「堂，崇三尺」，《大戴記·明堂篇》説明堂亦曰〔一〕：「堂，高三尺。」然則三尺之崇乃古制也。周人增益古制，三三而九，故崇九尺，所謂「堂崇一筵」，是也。若合諸侯而爲壇，則仍準古制，此經言深三尺，是也。鄭君據《周禮·司儀職》「爲壇三成」，知此壇有上中下三等。若然，則所謂深三尺者，蓋每等皆然，自壇上計之，堂高九尺，與堂崇一筵，未始不合也。

公、士、大夫之衆臣，爲其君布帶、繩屨。（《喪服》）

注曰：「士，卿士也。公卿大夫厭於天子諸侯，故降其衆臣布帶繩屨，貴臣得伸，不奪其正。」

樾謹按：書傳之文，無稱公卿爲公士者，鄭説非也。「公士大夫」者，公也，士也，大夫也。公謂諸侯，大夫則兼卿大夫而言，士則直謂士也。傳曰：「公卿大夫室老士貴臣，其餘皆衆臣也。」此傳之文自來不得其讀，今正之曰：「公，逗。卿；句。大夫。逗。室老；句。士，逗。貴臣，句。其餘皆衆臣也。句。」蓋傳釋經文「衆臣」之義，謂公之臣，惟卿不在衆臣之例；大夫之

〔一〕 明堂篇，原文作「盛德篇」，今據《大戴禮記》改。

臣，惟室老不在衆臣之例； 士之臣，惟貴臣不在衆臣之例，其餘則皆衆臣也。「卿」字包大夫在內，猶大夫亦包卿在內，以卿大夫本通稱也。鄭君之意，總以士賤無臣，故於此經、此傳均失其解。按《周官·司裘》云：「王大射，則共虎侯、熊侯、豹侯，諸侯則共熊侯、豹侯，卿大夫則共麋侯。」注曰：「王將有郊廟之事，以射擇諸侯及群臣，與邦國所貢之士可以與祭者。士不大射，士無臣，祭無所擇。」鄭謂士無臣者，蓋據士無大射故也，不知大夫以上其臣衆多，得容選擇，士之臣少，取給而已，若加選擇，恐有不給，此士所以無大射也，非士無臣也。士之貴臣亦即士之室老，以其賤，故不得異爲之名，猶大夫之妻曰孺人，士則直曰婦人也。士之衆臣爲其君布帶繩屨，則士之貴臣爲其君絞帶菅屨可知矣，蓋即包于上文「君」字之內。傳曰：「君至尊也。」君者，自天子至于士皆得稱之。敖繼公謂諸侯及公卿大夫、士有臣者皆曰「君」，可正舊說之誤。

繼母如母。傳曰：繼母何以如母？繼母之配父，與因母同，故孝子不敢殊也。

注曰：「因，猶親也。」

樾謹按：如注義，則但曰「與母同」足矣，何必曰「因母」乎？徧考書傳，無謂親母爲因母者，注義非也。因，讀如「因國」之「因」，有繼母即有因母。就前母而言之，則後母爲繼；就後母而言之，則前母爲因，此「因母」之義也。

庶人爲國君。

注曰：「不言民而言庶人，庶人或有在官者。」

檝謹按：經言庶人而不言民，則庶人專指在官者言，不兼民言。民於國君，蓋無服也。何以知之？下文曰「大夫在外，其妻、長子爲舊國君」，若是凡民皆爲國君齊衰三月，則其次子獨非民乎？何獨長子有服乎？傳於「寄公」及「舊君」竝云「言與民同也」，則混民與庶人而爲一，其誤自傳始矣。

惡笄有首，以髽。（《記》）

檝謹按：「惡」字衍文也。《記》文止曰「笄有首，以髽，卒哭，子折笄首以笄，布總」，不言何者爲惡笄，何者爲吉笄，故傳必申明之曰：「笄有首者，惡笄之有首也。惡笄者，櫛笄也。折笄者〔一〕，折吉笄之首也。吉笄者，象笄也。」若《記》文明言惡笄有首，則傳可不釋矣。《記》文「惡」字，蓋即涉傳文而衍。下文「妾爲女君、君之長子，惡笄有首，布總」，又因此文而衍也。

〔一〕《儀禮注疏》「者」上有「首」字。

握手，用玄，纁裏，長尺二寸，廣五寸，牢中旁寸。（《士喪禮》）

注曰：「牢讀爲樓。樓謂削約，握之中央以安手也。」

樾謹按：牢讀爲樓，雖古文聲近叚借之常例，然訓爲「削約」，于義未安。人之手皆中央大於兩頭，乃反削約，何以安手乎？鄭說此制，疑未得也。今按：握手者，所以韜尸之手，其制似直囊，與下文「冒」同，但小耳，長尺二寸，廣五寸，以今尺計之，蓋長七寸有奇，廣三寸有奇，適足容一手矣。牢讀爲窶，《說文・女部》：「窶，空也。」窶中者，空中也。空其中，所以韜手也。旁寸者，言其兩旁深一寸也。此古握手之制，舊說失之矣。

夏葛屨，冬白屨。

注曰：「冬皮屨，變言白者，明夏時用葛，亦白也。」

樾謹按：此說非也。變皮言白，不足以見夏屨之亦白，而反無以見冬屨之用皮，古人之文不若是迂拙也。白當讀爲帛，《詩・六月篇》「白旆央央」，孫炎《爾雅注》引作「帛旆」；《閔二年左傳》「大帛之冠」，《禮記・雜記》注引作「大白」，竝古文「白」「帛」通用之證。「冬白屨」者，謂冬以帛爲屨也。生則夏葛屨而冬皮屨，死則夏葛屨而冬帛屨，古人制禮具有深意，蓋不欲以獸之皮革與尸體同朽也。是故生人之決以象骨爲之，死則以棘爲之；生人之極以韋爲之，死則以纊爲之，其義竝如此。鄭於上文「纊極二」，但曰「明不用也」，猶未得其義矣。

布席如初。

注曰：「亦下莞上簟，鋪於阼階上，於楹閒爲少南。」疏曰：「云『鋪於阼階上』者，按《喪大記》云『小斂於户内，大斂於阼』是也。云『於楹閒爲少南』者，取南北節，以其言阼階上，故知於楹閒爲少南，近阼階也。」

樾謹按：此大斂之席布于東序，東序即阼也。凡經言阼不言階者，竝謂東序也。若如鄭説爲在阼階上，則喪事每加於遠，大斂在阼階上，殯應在堂下。今殯在西階上，則與阼階上但有東西之分，而無遠近之别矣，不可從也。詳見《士冠禮·記》「適子冠于阼」。

婦人即位于堂，南上，哭。

疏曰：「《喪大記》云『祥而外無哭者』，則此外位皆有哭。今直云婦人哭，則丈夫亦哭矣，但文不備也。」

樾謹按：此一經直言婦人、丈夫即位之事。婦人從闈門入，由側階升，自北堂而至房，又出房户而至堂，此所以先丈夫而即位也。既即位于堂，見殯，故不容不哭，此所以先丈夫而哭也。及丈夫以次即位于門外而門辟，則婦人之哭亦止矣。下文「婦人拊心，不哭」，注云：「方有事，止歡囂。」此不然也。所以不哭者，以丈夫未哭，故止哭以待之也。蓋此時婦人所即之位已爲哭位，而丈夫所即之位尚是門外之位，不過少立以待門辟，而非哭位，故哭與不哭有異。經文既明箸之，而疏乃混而一之，不亦誤乎！

商祝免、袒，執功布入。（《既夕》）

注曰：「功布，灰治之布也，執之以接神，爲有所拂彷也。」疏曰：「拂彷，猶言拂拭。下經云『商祝拂柩用功布』，是拂拭去塵也。此始告神而用功布拂彷者，謂拂彷去凶邪之氣也。」

樾謹按：拂彷，即彷佛也。《漢書·楊雄傳》「猶彷佛其若夢」，注曰：「彷佛，即髣髴字也。」疑此注本作「彷佛」，涉下文「商祝拂柩」而誤「佛」爲「拂」，又倒作「拂彷」耳。《釋文》出「拂彷」云：「本又作彷佛。」此正字也，因「佛」字誤從手，遂并「彷」字而亦誤從手，知「彷」字之非，則知「拂」字之亦非矣。疏謂「拂拭去凶邪之氣」，此大不然。夫人君臨臣下之喪，則有桃茢以祓除不祥，安有人子啓父之殯，亦嫌其有凶邪之氣而拂拭之乎？注明言「執之以接神」，則有所彷佛者，正見鬼神於此式憑。若解作拂拭，則與接神之義不屬矣。《周官·司巫職》有「道布」，疑取導引之義，其即執之以接神者歟？

正柩于兩楹閒。

注曰：「兩楹閒，象鄉户牖也。」疏曰：「若言鄉户牖，則在兩楹閒而近西矣。」

樾謹按：賈氏因大夫士無右房，故爲此説。然鄭君士大夫東房西室之言，頗爲後人所譏。愚謂士無右房似尚可信，但其户牖之閒仍當居堂之正中，必無偏處西北隅之理也。别有圖説詳之。至謂大夫亦無右房，則鄭之疎矣。

乃行禱于五祀。（《記》）

注曰：「盡孝子之情。五祀，博言之。士二祀：曰門，曰行。」疏曰：「今禱五祀，是廣博言之，望助之者衆。」

樾謹按：疏説非注義也。鄭君之意，蓋以所禱止門、行二祀，而曰「五祀」者，博言之耳。若如疏説爲實禱五祀，則不得曰「博言之」矣。《荀子·正論篇》「雍而徹乎五祀」，謂雍而徹乎竈也，即《周禮·膳夫職》所謂「王卒食，以樂徹于造」也，説詳劉氏端臨《荀子補注》。夫竈爲五祀之一，而得通言之曰五祀，然則門與行亦得通言之曰五祀矣。

設明衣，婦人則設中帶。

注曰：「中帶，若今之褌襂。」疏曰：「鄭舉目驗而言，但男子明衣之狀，鄭不明言，亦當與中帶相類，有不同之處，故别。雖名中帶，亦號明衣，取其圭潔也。」

樾謹按：中帶，猶言内帶也。蓋男子惟外有緇帶而内無帶，婦人則親身之明衣亦有帶也。以其在内，故謂之中帶，而鄭注舉褌襂釋之，疑漢時名褌帶爲褌襂矣。明衣者，男子與婦人同有之也。中帶者，婦人獨有之也。賈疏謂明衣與中帶相類。夫衣是衣，帶是帶，安得而相類乎？蓋由賈氏所據本「褌」誤作「禪」，以爲禪襂即單衫也，故有此誤。按：《釋文》「褌音昆」，竝無作「禪」之本。今各本皆從《釋文》作「褌」，惟宋單疏本作「禪」，此正其致誤之由。學者習于賈説，或反以「禪」爲是，謬矣。

志矢一乘，軒輖中，亦短衛。

注曰：「無鏃短衛，亦示不用生時志矢骨鏃。」

樾謹按：無鏃則不成爲矢，鄭説非也。上文猴矢必言骨鏃者，以生時猴矢金鏃。此變用骨鏃，故特箸之也。至志矢生時骨鏃，此亦用骨鏃，故不必言，但言其異於生時者曰「亦短衛」而已。鄭見經文不言鏃，直以爲無鏃，殊失記人之旨。

泰羹湆自門入，設于鉶南。（《士虞禮》）

疏曰：「云『設于鉶南』者，以泰羹湆未設，故繼鉶而言之，其實觶北留空處，以待泰羹。」

樾謹按：此疏有奪誤。因上文云「祝奠觶于鉶南」，恐學者疑鉶南有觶，不得復設泰羹，故言此以明之。謂上言「奠觶于鉶南」者，以泰羹湆未設，故繼鉶而言之，其實觶北留空處，以待泰羹也。今不舉上文，則文義不見矣，蓋傳寫失之，非賈氏之舊。

祝出户，西面告利成。

注曰：「不言養禮畢，於尸閒嫌。」疏曰：「若言養禮畢，即於尸中閒有嫌，諷去之。或本閒作閑音，以養尸事畢，而尸空閑，嫌諷去之。」

樾謹按：注文「閒」字疑「聞」字之誤。「於尸聞嫌」，謂於尸聞之嫌，若諷使去也，疏兩説均似未安。又下文「死三日而殯，三月而葬，遂卒哭」，注曰：「此記更從死起，異人之閒，其義或殊。」此「閒」字亦「聞」字之誤，謂異人之所聞，故有異義也。鄭君《駁五經異義》輒曰「玄之聞也」，可以爲證。聞與閒相似，因而致誤耳。

無尸，則禮及薦饌皆如初。（《記》）

注曰：「無尸，謂無孫列可使者也。」

樾謹按：《禮記·曾子問篇》：「祭成喪者必有尸，尸必以孫。孫幼，使人抱之，無孫則取於同姓可也。」然則祭男子之成喪者，無無尸之理。此《記》所謂無尸者，專以女尸言也。上文云「男，男尸。女，女尸。必使異姓，不使賤者」，其「必使異姓」二句專以女尸言，然則此文「無尸」句亦專以女尸言矣。蓋死者或未有孫婦，同姓孫列亦或無婦，則竟無尸矣，故禮有此變通之法也。

祝從，啓牖鄉，如初。

注曰：「鄉，牖一名也。」疏曰：「按《詩》云『塞鄉墐户』〔一〕，注云：『鄉，北出牖也。』與此注不同者，語異義同。北牖名鄉，鄉亦是牖，故云『牖一名也』。」

樾謹按：鄉是牖之一名，則記人止言啓牖足矣，何必言牖又言鄉乎？疑「鄉」字之義當從毛傳作「北出牖」。《説文·宀部》：「向，北出牖也。」是許説亦與毛同也。「啓牖鄉」者，啓牖亦

〔一〕鄉，原文作「向」，今據下文及《儀禮注疏》改。

啓鄉也。上文「祝闔牖户」不言鄉者，文不具耳，實則牖鄉竝闔之，故此竝啓之也。有牖有向，蓋士室之制，大夫以上則無向矣。是故陽厭于西北隅，大夫士同之，而少牢饋食禮則南面，以其北墉無向，故即設于北墉下也。此篇及《特牲饋食禮》竝云「几在南」，則東面可知矣。以其北墉有向，故設于西墉下，不設于北墉下，亦猶陰厭于西南隅，以南墉有牖，故設于西墉下，不設于南墉下也。不然均是陽厭，何以大夫必南面，士必東面乎？即此可推見其故矣。别有圖説詳之。

哀顯相。

注曰：「顯相，助祭者也。顯，明也。相，助也。《詩》曰：『於穆清廟，肅雍顯相。』」

樾謹按：「哀顯相」，即謂主婦也，故繼「哀子某」而言之。《士昏禮·記》載醮辭曰「往迎爾相」，是主婦得稱顯相之證。若是賓客來助祭者，豈得曰「哀顯相」乎？注引《詩》説之，恐未得此經之義。且其文曰「哀子某，哀顯相，夙興夜處不寧，敢用絜牲剛鬣」云云，明是主祭者之辭。施之助祭之賓客，則不稱矣。

三虞、卒哭、他，用剛日。

注曰：「後虞改用剛日。剛日，陽也，陽取其動也。士則庚日三虞，壬日卒哭。他，謂不及時而葬者。《喪服小記》曰：『報葬者報虞，三月而後卒哭。』然則虞卒哭之閒有祭事者，亦用剛日，其祭無名，謂之他者，假設言之。今文他爲它。」

樾謹按：鄭説「他」字甚爲不安。「他」疑「也」字之誤，「卒哭也」三字連文。《儀禮》每有此文法，如《士昏禮》「皆祭舉食舉也」，《特牲饋食禮》「簋巾以綌也」，《少牢饋食禮》「爲之于爨也」，竝用「也」字爲語辭，是其證也。「三虞」與「卒哭」，大夫以上則爲兩事，士則爲一事。《禮記·雜記》曰：「上大夫之虞也，少牢；卒哭成事，附，皆太牢。下大夫之虞也，犆牲；卒哭成事，附，皆少牢。」鄭注曰：「卒哭成事，附，言皆，則卒哭成事，附，與虞異矣。」不知此固言大夫之禮也，士禮不與大夫同。《雜記》曰：「士三月而葬，是月也卒哭。大夫三月而葬，五月而卒哭。諸侯五月而葬，七月而卒哭。」此大夫以上與士禮不同之明證。「三虞卒哭也」，謂三虞之日遂以卒哭也，正見與大夫以上不同之意。三虞之日遂以卒哭，故不用柔日而用剛日，如丁日始虞，己日再虞，則當以辛日三虞，乃不用辛日而用次日壬日，即爲卒哭之日。是故三虞改用剛日者，移後一日以就卒哭耳，非有取乎剛日也。若依鄭義，謂庚日三虞，則無端移前一日，有何義乎？至大夫以上，卒哭與葬相隔一月，則三虞仍用柔日可知矣。敖繼公知三虞與卒哭同日，而不知大夫、士禮之不同，則又失之。

主婦亦拜賓。

注曰：「女賓也。不言出，不言送，拜之於闈門之内。闈門，如今東西掖門。」

樾謹按：《特牲》《少牢》兩篇皆不言主婦拜送女賓之事，何以此獨有之？疑此賓即男賓也，承上文「賓出，主人送，拜稽顙」而云。「主婦亦拜賓」，則即主人所拜之賓明矣。蓋是時主婦之位，即在主人之北，故賓之出也，主人固當拜，而主婦亦不容不拜，所異者主人送而主婦不送耳。主婦亞獻後，有獻佐食之禮，佐食即賓中之一人，是主婦與賓固得相拜矣。凡祭畢，賓出，婦人在房中，故無拜賓之事。惟此卒哭餞尸，則婦人亦出寢門外，故賓出必拜之。注家不得此義，謂主婦所拜合是女賓，而又怪其不言送，遂臆決之曰「拜之於闈門之内」，失經旨矣。其下曰「丈夫説經帶于廟門外」，廟門即寢門也。上經云「側亨于廟門外之右」，注謂「尊言之」，是也。蓋自「主人出，即位于門東」以下諸事皆在寢門外。至下云「入徹」，然後丈夫與婦人俱入耳。若主婦所拜爲女賓，其拜爲在闈門之内，則當云「主婦入，拜賓」，於義方備。不然主婦本在寢門之外，何時而入至闈門之内乎？禮於出入之節皆詳言之，何得無「入」字乎？

腊特于俎北。（《特牲饋食禮》）

注曰：「腊特，饌要方也。」疏曰：「按經，豆在神坐之前，豕俎入設於豆東，魚俎又次其東。

若腊俎復在東，則饌不得方，故腊俎特于俎北，取其方故也。」

樾謹按：疏但言「腊俎復在東，則饌不得方」，於義殊未明。此當合下文「兩敦」言之，蓋俎南設黍稷兩敦，俎有三而敦止兩，齟齬不齊矣。故以腊俎特設于俎北，然後兩俎、兩敦適相當也。古人設饌，其前必齊，所謂方也。若左右兩畔，則不必皆齊矣。

酢，如主人儀。

注曰：「不易爵，辟内子。」

樾謹按：尸酢，主婦無不易爵者，此但云「如主人儀」，而不言易爵，文不具耳，鄭説非也。凡飲酒，男女不相襲爵，乃禮之通例。至夫婦，則夫不襲婦之爵，而婦得襲夫之爵。《禮記·祭統篇》曰「酢必易爵」，特以夫言耳。此篇主婦致爵于主人，受爵酌酢，不言易爵。《有司徹篇》主婦酌，致于主人，受爵，酌以酢，亦不言易爵，是主婦得襲主人之爵也。鄭不知男女無襲爵之理，而以此文不言易爵爲「辟内子」，又不知主婦得襲主人之爵，而於《有司徹篇》注曰「自酢不更爵，殺」，似皆失之矣。

嗣舉奠，盥，入。

注曰：「嗣，主人將爲後者。舉猶飲也。」

樾謹按：「嗣舉奠」三字連文，乃以事目其人。上文「三獻作止爵」，注曰：「賓也，謂三獻者，以事命之。」是其例也。此「舉」字仍就尸言，蓋嗣子盥入，而尸爲舉鉶南所奠之觶，故即以事命之曰「嗣舉奠」。鄭訓「舉」爲「飲」，非也。徧考經文，無以「舉」爲「飲」者，何得於此獨生異義乎？

尸謖，祝前。

樾謹按：「尸謖」上當有「祝入」二字。《士虞禮篇》曰「祝入尸謖〔一〕」，注曰：「祝入而無事，尸則知起矣。」蓋祝出户告利成後，必復入室，以爲尸謖之節。《少牢饋食禮》曰：「祝入尸謖。」其下篇曰：「祝入，主人降，立于阼階東西面，尸謖。」竝其證也。此篇無「祝入」二字，于文爲不備矣。

養有以也。

注曰：「以，讀如『何其久也，必有以也』之『以』。祝告養，釋辭以戒之，言女養此，當有所

〔一〕 士虞禮，原文作「既夕」，今據《儀禮注疏》改。

以也。以先祖有德而享於此祭，其坐饗其餘〔一〕，亦當以之也。」疏曰：「云『其坐饗其餘，亦當以之也』者，亦謂亦似其先祖。已上皆爲以，爲似者，誤也。」

盧氏文弨《詳校》曰：「字作『以』，其義爲似。陸於經文云：『以，依注音似。』疏釋此句云『謂亦似其先祖』，下注『似先祖之德』皆作『似』字，乃復云『似』誤，殊所不解。」阮氏元《校勘記》曰：「『必有以也』，《毛詩》作『以』，不作『似』，鄭注《禮》時未見《毛詩》。此注引《詩》必作『似』，後人妄據《毛詩》改之。至賈疏當云『已上皆爲似，爲以者誤也』，今本互易二字，遂不可通矣。」

樾謹按：盧、阮之説皆非也。鄭意謂「饗有以也」，欲其有以饗之也，何以饗之？蓋以德也，故曰「以先祖有德」云云，明先祖以德享此，女當以德饗此也。注中兩「以」字正相應，然則鄭不讀作「似」字可知矣。疏謂「亦似其先祖」，此非鄭意也。然云「已上皆爲以」，是賈氏之意，惟「亦當以之也」一「以」字當作「似」，上「以」字皆如字，而阮氏并謂賈疏當云「已上皆爲似」，則更非賈意也。疏家誤會注意，後人又誤會疏意，於是并欲改《毛詩》「必有以也」爲「必有似也」，而其誤更甚矣。然則下注何以言「似先祖之德」？曰：此「似」字，後人據賈疏改之，鄭君原文

〔一〕饗，原文作「養」，今據《儀禮注疏》改。

固作「以」，不作「似」也。按：下經云「酳有與也」，注曰：「與讀如『諸侯以禮相與』之『與』」；既知似先祖之德，亦當與女兄弟。」鄭意蓋謂兄弟以先祖之德相與，亦猶諸侯以禮相與也。以先祖之德與女兄弟，此「以」字即「以德相與」之「以」，此「與」字即「以德相與」之「與」，然則「似」字當作「以」字明矣。

酳有與也。

注見上。

樾謹按：與、以古通用。「酳有與也」，即酳有以也，與上文「蓑有以也」一律。上作「以」，此作「與」，文異而義同。《史記・貨殖傳》曰：「智不足與權變，勇不足以決斷，仁不能以取予。」《漢書・楊雄傳》曰：「建道德以爲師，友仁義與爲朋。」以、與互用，即其例也。鄭解「與」爲「相與」之「與」，恐非經旨。

陳鼎于東方，當序南，于洗西。（《少牢饋食禮》）

注曰：「南于洗西，陳于洗西南。」

樾謹按：如鄭注則直云「于洗西南」足矣，乃必曰「南于洗西」，何其文之迂曲乎？且上言「當序」，則東西之節已見，而此又云「南于洗西」，則亦是東西之節，而非南北之節。所謂南于洗者，終不知其幾許也，注義殆非經意矣。今按：此以「當序南」爲句，「于洗西」爲句。「當序南」者，當序之南，此東西之節也。「于洗西」者，于洗之西，此南北之節也。鄭失其讀，故失其旨矣。

宰夫以籩受嗇黍，主人嘗之，納諸内。

樾謹按：納諸内者，納諸房也。古謂房室爲内，《漢書·鼂錯傳》「家有一堂二内」，二内者，即所謂東房西室也。《特牲饋食禮》：「主人出，寫嗇于房，祝以籩受。」彼士禮，故主人自入房寫之；此大夫禮，故宰夫受而納諸内。雖禮有不同，然内即房也。注、疏均不説「内」字，敖繼公因誤以爲籩中，失之矣。

祝拜于席上，坐受。

注曰：「室中迫狹。」疏曰：「言迫狹，大夫、士廟室也，皆兩下五架。正中曰棟，棟南兩架，北亦兩架。棟南一架名曰楣，前承檐，以前名曰庪。棟北一架爲室，南壁而開户，即是一架之開，廣爲室，故云『迫狹』也。必知棟北一架後乃爲室者，《昏禮》主人延賓升自西階，『當阿，東面致命』，鄭云：『阿，棟也。入堂深。』明不入室，是棟北乃有室也。」

樾謹按：自鄭君誤解阿爲棟，而堂室之制遂失。又因此經「拜于席上」之文解爲「室中迫狹」，於是棟北後一架爲室，遂成定論，莫能破之矣。夫室止一架，則房亦止一架，合房室計之，其廣與堂同，而其修止居堂五分之一，東西太寬，南北太窄，于制不稱矣。且房之制，既東西寬而南北窄，則何必又分其半，而有北堂之名乎？是故棟後一架爲室，非古人堂室之制也。然則此經「拜于席上」，何也？曰：古人行禮自有拜于席上之例。《有司徹篇》「主婦洗爵於房中，出，實爵，尊南西面拜，獻尸，尸拜于筵上受」，彼所說乃堂上儐尸之禮，堂上之地不爲迫狹明矣，而亦拜于筵上。賈疏云「以婦人所獻，故尸不與行賓主之禮」，以是言之，拜于筵上者，禮殺故也。尸尊，以主婦所獻而殺禮，故拜于席上；祝賤，以主人所獻，不敢當禮而自從其殺，故亦拜于席上。禮意不同，其爲殺一也，豈繫乎地之廣狹哉？

司馬朼羊，亦司馬載。載右體，肩、臂、肫、骼、臑，正脊一、脡脊一、横脊一、短脅一、正脅一、代脅一、腸一、胃一、祭肺一，載于一俎。（《有司徹》）

注曰：「一俎，謂司士所設羊俎西弟一俎〔一〕。」疏曰：「此俎在侑俎之南，故下文注『侑俎』云：『羊鼎西之北俎也。』鄭君知尸俎在南，見羊肉湆俎在豕俎之南，羊尊豕卑，明尸俎在侑俎

〔一〕羊俎，《儀禮注疏》作「羊鼎」。

之南。或解云言弟一者，最在北，故『侑俎』下注云：『司士所設羊鼎西之北俎也。』明北俎在俎之南。」

樾謹按：阼階下三鼎皆西面北上，羊鼎最在北，其南豕鼎，其南魚鼎。二俎在羊俎之西，二俎在豕、魚二鼎之西，皆正俎也。鼎以北爲上，則俎亦應以北爲上。尸俎最尊，宜用羊鼎西之北俎。侑俎次之，宜用羊鼎西之南俎。阼俎又次之，宜用豕鼎西之俎。主婦俎又次之，宜用魚鼎西之俎，是其次也。鄭于此云「羊俎西弟一俎」，不言其在南在北，而于「侑俎」云「羊鼎西之北俎」，則此爲南俎矣。疏家因而曲爲之説，其實大不然也。夫羊與豕較，則羊尊矣；若羊肉湆與豕較，則豕又尊矣。安得因羊肉湆在豕南而謂尸俎必在侑俎南乎？若尸俎在侑俎南，則阼俎當在主婦之俎南，而何以鄭注「阼俎」曰「豕鼎西俎」、「主婦俎」曰「在魚鼎西」？以尸俎、侑俎例之，是主婦之俎反居主人之俎之上，豈可通乎？疑下注「侑俎」曰「羊鼎西之北俎」，此「北」字乃「南」字之誤。此云「弟一俎」則以北俎言也，疏所引或説，正得鄭意。其下疏文，蓋有奪誤，不可讀矣。

衆賓長升，拜受爵。

注曰：「言衆賓長拜，則其餘不拜。」

樾謹按：此說似未然也。下文云「若是以辯」，則每一賓升，無不若是可知矣，何有拜與不拜之別乎？賈疏于此無說。然據下疏云「上賓拜受爵，又拜既爵。衆賓拜受爵，不拜既爵。長兄弟得與衆賓同，衆兄弟又不拜受爵，是其差也」，然則賈所據本，疑無此十字。若鄭注明言衆賓長拜，其餘不拜，賈安得謂衆賓拜受爵乎？

辯受爵。其位在洗東，西面北上，升受爵，其薦脀設于其位。

注曰：「亦辯獻乃薦，既云辯矣，復言升受爵者，爲衆兄弟言也。衆兄弟升，不拜受爵，先著其位于上，乃後云薦脀設於其位，明位初在是也。」

樾謹按：上文云：「兄弟之長升，拜受爵，主人在其右答拜。坐祭，立飲，不拜既爵。皆若是以辯。」若然，則衆兄弟已包其中矣。此文止「升受爵」三字，其上又無「衆兄弟」之文，安知其爲衆兄弟言乎？鄭說非也。據上文說，衆賓受爵云：「辯受爵。其薦脯、醢與脀，設于其位。其位繼上賓而南，皆東面。」以是例之，則此文亦當云「辯受爵。其薦脀設于其位。其位在洗東，西面北上」，於文方明。傳寫誤倒之，而又衍「升受爵」三字耳。鄭君不能訂正，而輒以意增益其說，謂「衆兄弟升，不拜受爵」，此恐不然。下文獻私人時，主人答其長拜，於其群私人不答拜，然則群私人猶必拜受爵，曾謂衆兄弟而不如群私人乎？

附《東房西室説》

古人宫室之制，自朱子《儀禮釋宫》以後，儒者考訂益詳，至今日已無遺議矣。然尚有爲先儒所疑而未決者，莫如東房西室之説。鄭君注《禮》，謂人君左右房，大夫、士東房西室。宋後儒者咸以鄭注爲誤。然《漢書·鼂錯傳》曰：「家有一堂二内。」東房西室與二内合，鄭君實目驗而得之，非臆説也。今按：《聘禮》「卿館于大夫」，而君使卿還玉于館，有「負右房」之文，是大夫有右房明甚。惟士之右房，於經無文。《特牲饋食禮》曰「豆籩鉶在東房」，説者謂有東即有西，然對西室言之，亦可云東房，不必其有西房也。《士冠禮》言房者七，《士昏禮》言房者五，言房中者各四，《士喪禮》言房者四，《士虞禮》言房者二，言房中者各一，而皆不指目其爲東西左右，然則士固惟一房矣。竊疑古者自天子以至于大夫皆有左右房，自士以至于庶人則皆東房西室。嬴秦以後，大家巨室灰滅無遺，而民閒尚沿襲舊制，至漢未改。鄭君據所見推之，疑古者大夫以下皆然，故致此誤耳。士所以無右房者，以其制狹小。若必分而三之，中央爲室，左右爲房，則太逼窄，不足回旋。故自室以西通而爲一，至其室之户牖仍如常制。又嫌其西北隅不當户牖，過于幽闇，故于北墉之下啟牖以助明，謂之北牖。《禮記·喪大記》「寢東首於北牖下」是也。北牖者，士室之制，大夫以上無有也，是故陽厭於西北隅，大夫、士同之，而大夫南面，士則東面，正以北墉有牖，故不得而南面也。或疑東房西室則户牖之間不居正中，無以爲賓位。又疑割截中央以益東西房室，與堂齟齬不合，此皆未明乎古制矣。又按：前堂後室以棟爲畍，自鄭君誤解《士昏禮》「當阿」爲「當棟」，賈公彦乃謂「棟北楣下爲室」，而堂室之制全失。《鄉射記》曰「序則物當棟，堂則物當楣」，蓋有室則棟下即室之南墉，故棟不可得而當也，可據以正舊説之誤。今爲此圖，明士、庶人東房西室之制。惟修廣之數於經無徵，姑依《尚書大傳》説，堂廣九丈，所謂「士三雉」也；東西序相距六丈，所謂「三分廣，以二爲内」也。《隋書·宇文愷傳》明堂議曰「三代堂基竝方」，意此制也通乎上下。士之堂，廣九丈，則合堂室之修亦九丈歟？

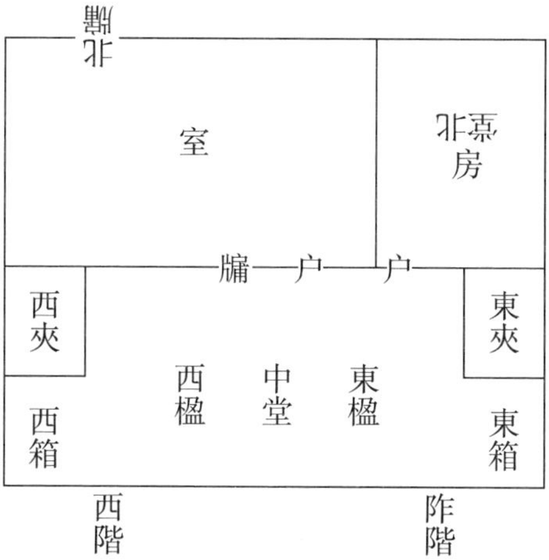
北牖
室
北堂
房
牖
户
户
西夾
東夾
西楹
中堂
東楹
西箱
東箱
西階
阼階

俞樾全集

汪少華　王華寶 — 主編

群經平議

貳

（清）俞樾 — 著
王其和 — 整理

鳳凰出版社

群經平議卷十七

大戴禮記一

上樂施則下益諒。（《王言》）

樾謹按：「樂施」與「益諒」義不相應。施當讀爲易，《詩·皇矣篇》「施于孫子」，鄭箋曰：「施猶易也。」《何人斯篇》「我心易也」，《釋文》曰：「易，《韓詩》作施。」是施與易古通用，「樂施」即樂易也。《荀子·榮辱篇》「安利者常樂易」，楊注曰：「樂易，歡樂平易也。」《詩》所謂愷悌者也。」然則「上樂易」，猶言上愷悌。《禮記·樂記》以「易直子諒」連言，上樂易則下益諒，義正相應矣。

而民棄惡也如灌。

王氏引之《經義述聞》曰：「灌當爲濯，字之誤也。」

樾謹按：《素問・脈要精微論》「當病灌汗」，王注曰：「灌謂灌洗。」然則「棄惡如灌」，言其如灌洗然。讀如本字，於義自通，不必改讀。

及其明德也。

孔氏廣森《補注》曰：「明德之所及也。」

樾謹按：經言「及其明德」，不言「明德所及」，孔注非也。「及」乃「𠬝」字之誤，𠬝當讀爲服。古書每以𠬝爲服，而學者鮮見「𠬝」字，往往臆改爲「及」。《僖二十四年傳》：「子臧之服，不稱也夫。」《釋文》「服」作「及」，蓋由古本是「𠬝」字，故誤爲「及」也。《尚書・呂刑篇》「何敬非刑，何度非及」，「及」亦「𠬝」字之誤，言汝何所敬，非五刑乎？汝何所度，非五服乎？《堯典篇》「五刑有服，五服三就」是也。此經「𠬝其明德」，即服其明德，字誤作「及」，而義不可通矣。

故天下之君可得而知也。

樾謹按：知猶交也。《呂氏春秋・明理篇》：「弟兄相誣，知交相倒。」是知與交同義。《後漢書·宋弘傳》「貧賤之交不可忘」，《群書治要》「交」作「知」。「天下之君可得而知」，言天下之君可得而交也。《墨子·經篇》曰：「知，接也。」接與交義亦相近。

明王之所征，必道之所廢者也。彼廢道而不行，然後誅其君，致其征，弔其民，而不奪其財也。

樾謹按：「致其征」三字，當在「誅其君」之上。其文曰「彼廢道而不行，然後致其征」，此乃申説上文。又曰「誅其君，弔其民，而不奪其財也」，則起下文時雨之意，文義甚明。自傳寫者誤移「致其征」三字於「誅其君」之下，於是義不可通。王肅作《家語》遂易「致其征」爲「改其政」，而學者又據《家語》以改此經，故《蓺文類聚·武部》《太平御覽·兵部》引此文竝作「改其政」，實非《戴記》之舊。

口不能道善言，而志不邑邑。（《哀公問五義》）

樾謹按：「口不能道善言」與「志不邑邑」，自是兩事，不當以「而」字連屬之，合兩事爲一也。疑《戴記》原文「而」字在「志不」兩字之下，「志不而邑邑」，即志不能邑邑。古能、而字通，《鹽鐵論·授時章》「忠焉能勿誨乎？愛之而勿勞乎」，崔駰《大理箴》「或有忠能被害，或有孝而見殘」，皆以能、而互用。此文「口不能道善言，志不而邑邑」，上句用「能」字，下句用「而」字，其義一也。學者不知「而」之即爲「能」，移「而」字於「志」字之上，失之矣。《荀子·哀公篇》作「口不能道善言，心不知色色」，其文雖與此異，然心即志也，不知即不能也。下文「不能選賢人善士」，《荀子》亦作「不知」，是其證也。據《荀子》句法以訂正此文，則「而」字當讀作「能」，古本在「志不」二字之下，明矣。

故其事大，配乎天地，參乎日月。

樾謹按：「大」字絶句，「故其事大」乃結上之辭，當連上文讀之，曰：「大道者，所以變化而凝成萬物者也。情性者，所以理然、不然、取舍者也。故其事大。」《禮記·禮運篇》：「大順者，所以養生送死事鬼神之常也，故事大。」與此文法正同。「配乎天地，參乎日月」，相對成文，不連「大」字讀。《荀子·哀公篇》作「大道者，所以變化遂成萬物也。情性者，所以理然不取舍也，是故其事大。句。辨乎天地，察乎日月」，與此文小異而句法正同。今作「明察乎日月」，則由後人不知「大」字絶句，而誤以「大辨乎天地」連讀，遂於下句增「明」字以配之耳。《禮運篇》正義引皇氏説亦誤以「故事大積焉而不苑」八字爲句，蓋古書之失其讀久矣。

君何以謂已重焉。（《哀公問於孔子》）

樾謹按：此文本作「君何謂以重焉」，「以重」即「已重」，以、已古字通也。後人據《小戴記》

改作「已重」，因移「以」字於「謂」字之上耳。

利省之不卒也。（《禮三本》）

樾謹按：《荀子·禮論篇》作「利爵之不醮也」，此文叚「雀」爲「爵」，因誤爲「省」，説詳王氏《經義述聞》。惟「利爵」之義，盧注不傳。楊倞注《荀子》曰：「祭禮必告利成，利成之時，其爵不卒，奠于筵前也。」今按：楊氏所説，未盡其義。利謂佐食也。《儀禮·特牲饋食禮》「利洗，散，獻于尸，酢，及祝，如初儀」，鄭注曰：「利，佐食也。言利，以今進酒也。更言獻者，以利待尸，禮將終，宜一進酒，嫌於加酒亦當三也。不致爵，禮又殺也。」然則「利爵」即指此而言。惟云「如初儀」，則上文主人、主婦、賓長三獻，及長兄弟衆賓長加爵，無不卒爵者。此文乃言「不卒」，於禮經不合，且不卒爵，又何酢焉？於義亦不可通。所謂「利爵之不卒」者，蓋據大夫儐尸之禮。《有司徹篇》：「利洗爵，獻于尸。尸酢。獻祝，祝受，祭酒，啐酒，奠之。」然則「不卒」者，祝不卒爵也。利既獻尸，尸卒爵酢利。利又獻祝，祝受奠之不卒，示祭事畢也。《少牢饋食禮》注曰：「啐酒而不卒爵，祭事畢，示醉也。」是其義矣。

大昏之未發齊也。

樾謹按：齊當讀爲醮。《禮記·郊特牲篇》「壹與之齊」，鄭注曰：「齊或爲醮。」是其例也。

《昏義》[一]：「父親醮子而命之迎。」未發醮者，未致醮也。《吕氏春秋·報更篇》「因發酒於宣孟」，高注曰：「發猶致也。」父致酒以醮其子，是謂發醮。學者不知「齊」爲「醮」之叚字，而以「齊戒」説之，誤矣。

日月以明。

樾謹按：此當在「四時以洽」之上。其文曰：「天地以合，日月以明。四時以洽，星辰以行。」兩句一韻，自此至終篇竝同。今本在「四時以洽」之下，則失其韻矣。《荀子·樂論》《史記·樂書》皆不誤，可據以訂正。

萬物以倡。

孔氏《補注》曰：「倡，作也。」

樾謹按：「倡」乃「昌」之叚字，言萬物以之昌大也。《荀子》及《史記》均作「萬物以昌」，可證。孔注失之。

[一] 義，原文作「禮」，今據《禮記注疏》改。

聘射之禮廢。（《禮察篇》）

樾謹按：聘謂聘禮，射謂射禮。古者諸侯貢士於天子，天子試之於射宫，進爵絀地，於此乎在，是天子之射禮，亦所以御諸侯也。故聘射之禮廢，則諸侯之行惡矣。今《禮記·經解篇》作「聘覲之禮廢」，疑後人不得其旨而臆改之，非《戴記》之舊。《朝事篇》曰「古者天子爲諸侯不行禮義、不脩法度、不附於德、不服於義，故使射人以射禮選其德行」，「職方氏、大行人以其治國，選其能功」，可證明此篇之義。

禽獸草木廣育，被蠻貉四夷。

樾謹按：上文云「湯武置天下於仁義禮樂而德澤洽」，此文即承上而言，「禽獸草木廣育」，以德澤育之也；「被蠻貉四夷」，以德澤被之也。「禽獸草木」文在「廣育」之上，「蠻貉四夷」文在「被」下，正古書句法之變。《漢書》於「被」字上又增「德」字，則文複矣。孔氏廣森謂當於「木」字絶句，讀云：「德澤洽禽獸草木，句。廣育被蠻貉四夷。」則變參差之文法而爲整齊。且「廣育」與「德澤」虚實不倫，而云「廣育被蠻貉四夷」，義尤未安，不可從也。

今子或言禮義之不如法令。

樾謹按：上文曰「我以爲秦王之欲尊宗廟而安子孫，與湯武同」，故此文曰「今子或言禮義之不如法令，教化之不如刑罰」。「子」字與「我」字前後相對。《漢書》上文無「我以爲」三字，故此文亦無「子」字，乃後人所删也。戴氏震校聚珍本以「子」爲衍字，非是。

束其耒云爾者，用是見君之亦有耒也。（《夏小正》）

孔氏《補注》曰：「傳意以此農爲農官也。將有事于藉田，故脩君耒。」

樾謹按：如孔説，則但曰「君之耒也」，於文已足，何必曰「亦有」乎？傳意蓋以經文不直曰「農緯耒」，而必曰「農緯厥耒」，厥者，其也。其者，其農民也。以此耒專屬農民，知外此者更有君之耒矣。用民之耒，見君之耒，故曰「用是見君之亦有耒也」。孔氏未達此旨，并以經文「農」爲農官，失之。

寒日滌。

王氏引之曰：「偏考經傳，無以『寒日』二字連文者。春日之日，亦不得謂之寒日。『日』當爲『曰』，曰之爲言爰也、於也。『寒曰滌』者，寒氣於是乎變也。」

樾謹按：以「寒日」二字連讀，誠失之矣。謂「日」字當作「曰」，亦非也。此當以「日滌」二字連讀。「寒日滌」者，言寒氣日以滌也。傳曰：「滌也者，變也。變而煖也。」蓋今日變而煖，明日又變而煖，日日不同，故不直曰「寒滌」，而必曰「寒日滌」。滌之義爲除，《周官》「條狼氏」，注曰：「滌，除也。」變與除義固相近，然傳必訓滌爲變者，正見其日日不同耳。改「日」爲「曰」，則全失其義矣。

緹縞。

樾謹按：「緹」字，古《夏小正》當作「是」。「是」與「寔」通，「寔」與「實」通，故傳曰：「是也者，其實也。」上文「梅、杏、杝桃則華」，先言梅、杏、杝桃而後言華。此文「實縞」，先言實而後言縞，猶下文「剥棗栗零」，正古人文法之錯綜。傳曰：「先言緹而後言縞，何也？緹先見者也。」此曲爲之説，未必經有此意。如《春秋》經書「隕石于宋五，六鷁退飛過宋都」，《穀梁傳》曰：「後數，散辭也。先數，聚辭也。」蓋作傳之體例如此，非經意也。「縞」字從糸，遂并「是」字而亦誤從糸，於是莫知其爲「實」之叚字矣。《爾雅》曰：「蒿侯，莎。其實媞。」此猶下文「貍子肇肆」，傳曰：「肆，遂也。」而《爾雅》曰：「貍子隸。」蓋由夏至周，歷年既久，古語沿襲，遂爲定名，必執以説此經，則不可通矣。

初俊羔助厥母粥。

樾謹按：經文言「初」者，如「初歲祭耒」「初服于公田」，皆以人事言。至禽獸之事，自「啓蟄」至「隕麋角」，無一言「初」者，且不曰「俊羔初助厥母粥」，而曰「初俊羔助厥母粥」，即論文義，亦似未安。疑此經「初」字當在上經「禪」字之上。蓋上經云「往耰黍，初禪」，此經曰「俊羔助厥母粥」，因「初禪」二字傳寫誤倒，遂於「往耰黍，禪」爲句，而其義不可通矣。今正「初禪」二字爲句，謂往耰黍者，始著單衣，故傳曰：「禪，單也。」文義甚明。此文云「俊羔助厥母粥」，傳曰「俊也者，大也。粥也者，養也。言大羔能食草木，而不食其母也」云云，傳義竝不及「初」字，可知「初」字當在上文，而不在本文矣。

鳩則鳴。鳩者，百鷯也。鳴者，相命也。其不辜之時也，是善之，故盡其辭也。

孔氏《補注》曰：「辜，略也。不曰『鳴鳩』，而曰『鳩則鳴』，是不略之也。不略之者，以記夏至之時也。」

樾謹按：如孔說，當曰「其不辜之記時也」，於文方足，今但曰「時也」，文不成義矣。仍當從舊讀，以「其不辜之時也」六字爲句。辜讀作固，《襄二十七年公羊傳》「女能固納公乎」、《秦策》「王固不能行也」，何休、高誘注竝曰：「固，必也。」古或以「辜」爲之，故《漢書・律曆志》注引孟康曰：「𡴘，必也。」不𡴘猶言不必。《詩·七月篇》：「七月鳴鵙。」是鵙之鳴盛於七月，今方五月，鵙或鳴或不鳴，故曰「其不𡴘之時也」，猶言其不可必之時也。又曰「是善之，故盡其辭也」，此解經文「則」字之義。凡言「則」者，急辭也。於不可必之時而即記之，所謂「是善之，故盡其辭也」。

主夫出火。主夫也者，主以時縱火也。

洪氏震煊《夏小正疏義》曰：「主，古文作、。《説文》云：『有所絶止，、而識之也。』主夫出火，謂絶止人出火。主以時縱火，謂絶止人以此時縱火焚燒也。」

樾謹按：九月非出火之時，故訓主爲絶止。然古書言主者，皆是主領之義，洪説恐非傳意也。《周禮·司爟》云：「季春出火，民咸從之。季秋内火，民咸從之。」此自周制如此。《小正》於三月無出火之文，然則於九月安得有絶止出火之事？未可據周制以説夏制矣。《月令》季秋之月，「草木黄落，乃伐薪爲炭」。疑此傳所謂以時縱火者，即伐薪爲炭之事，是故九月言出火，猶三月言頒冰。頒冰於三月，爲暑備也；出火於九月，爲寒備也。言各有當，執一以求之，轉近於迂曲矣。

黑鳥浴。

樾謹按：傳曰：「浴也者，飛乍高乍下也。」飛乍高乍下，何以謂之浴？於義殊不可曉。「浴」疑當作「俗」，字之誤也。《說文・人部》：「俗，習也。」黑鳥俗，猶黑鳥習也。俗、習雙聲，此「俗」字即讀爲習，猶集、就雙聲，而「集」字即可讀爲「就」。《詩・小旻篇》集與猶、咎、道爲韻，是也。戎、汝雙聲，而「戎」字即可讀爲「汝」。《詩・常武篇》戎與祖、父爲韻，是也。古書用字往往有此。《說文・習部》：「習，數飛也。」傳所謂「飛乍高乍下」者，正合數飛之義。後人不知「俗」之即爲「習」，而臆改爲「浴」，則不可通矣。

於時月也，萬物不通。

樾謹按：戴氏震謂此八字應爲《小正》元文。孔氏廣森作《補注》即用戴說，升此八字爲經，然與《小正》一經文法實不相似，疑戴說未爲得也。戴氏之意，直以此傳解經「嗇人不從」，而此八字於「嗇人不從」之義絕遠，故決其非傳文。今按：上文云「不從者弗行」，是「嗇人不從」業已解訖，又云「於時月也，萬物不通」，則又統解上經也。經云：「王狩。陳筋革。嗇人不從。」此三經本爲一事，故傳既每句解訖，又申說狩義於後。按《管子・五行篇》：「令民出獵禽獸，不擇巨少而殺之，所以貴天地之所閉藏也。」然則十有一月王狩，正於天地閉藏之時，舉行狩禮，故傳曰「於是月也，萬物不通」。學者不知此八字爲申説狩義，於是異義横生，誤傳爲經矣。《桓四年公羊傳》：「春，正月，公狩于郎。」何休注曰：「譏不時也。周之正月，夏之十一月，陽氣始施，鳥獸懷任，草木萌芽，非所以養微。」其説與《小正》不同。蓋《小正》以十一月爲萬物不通之月，故可以狩，而公羊家以十一月爲鳥獸懷任、草木萌芽之月，故不可以狩。師説相傳，各執一説，然而此傳之義，則轉可因以見矣。

於是比選天下端士孝悌閑博有道術者。（《保傳》）

樾謹按：「孝悌」二字平列，「閑博」二字亦平列，其下云「不博古之典傳，不閑於威儀之數」，然則博者，博通典傳；閑者，閑習威儀，以後證前，可知「閑博」二字之義。《漢書·賈誼傳》、賈子《新書》竝作「博聞」，乃涉下「博聞强記」而誤。王氏《經義述聞》反以「閑博」爲誤，失之。

習與智長，故切而不攘。

盧辯注曰：「量知授業，故雖勞能受也。」

樾謹按：「攘」字，《漢書》及《新書》均作「媿」。然此二句以長、攘爲韻，下二句以成、性爲韻，皆有韻之文，若作「媿」字，失其韻矣。《僖四年公羊傳》「攘夷狄」，何休注曰：「攘，郤也。」

然則不攘者，不卻也，故盧以「能受」解之。至以「勞」字解「切」字，未聞其義。疑《大戴記》原文作「勤而不攘」，故注以爲「雖勞能受」，今作「切」者，字之誤也。《後漢書·桓郁傳》引《禮記》曰：「習與知長，則切而不勤。」此「勤」字乃《大戴》之原文。後人竄改，失其本真，而其迹幸未盡泯，尚可考見也。

心未疑而先教諭，則化易成也。

盧注曰：「心未疑，謂未有所知時也。」

樾謹按：未有所知之時，不得謂之「未疑」，盧注非也。心未疑者，心未定也。《詩·桑柔篇》：「靡所止疑。」毛傳曰：「疑，定也。」是其義。

簡聞小誦。

樾謹按：「小」當作「少」，簡聞者，聞之簡而不詳也。少誦者，誦之少而不多也。古字少、小通用，《儀禮·鄉飲酒禮》「主人少退」，注曰：「少退，少避。」《釋文》作「小避」。《特牲饋食禮》「挂於季指」，注曰：「季，小也。」《釋文》作「季，少」。《定十四年左傳》「從我而朝少君」，《釋文》曰：「本亦作小君。」正義曰：「少君，猶小君也。」竝其證。

古者胎教，王后腹之，七月而就宴室。

盧注曰：「宴室，夾室，次宴寢也。」

樾謹按：「宴室」，當從《新書》作「蔞室」。《爾雅·釋宮》：「陜而脩曲曰樓。」蔞即樓之叚字，故盧注以「夾室」解之，夾即陜也。蔞、宴字形相似，又涉注文「宴寢」而誤耳。若經文是「宴室」，則當爲宴寢之室，盧何知其爲「夾室」乎？

安陵任周瞻，而國人獨立。

盧注曰：「諸記多爲唐睢，又《賈子·胎教》與此同。安或爲隔。或云：秦破韓滅魏，而隔陵君獨以五十里國存者，周瞻、唐睢之力。」孔氏《補注》曰：「『周』形近『唐』，『瞻』形近『睢』，竝寫傳之誤。《戰國策》曰：『韓魏滅亡，而安陵以五十里之地存者，徒以有先生也。』是其事矣。『獨』上元本有『不』字。」

樾謹按：《史記·魏世家》齊、楚攻魏而秦救不至，魏人有唐睢年九十餘矣，曰：「老臣請西説秦王，令兵先臣出。」此事在魏安釐王二十年之前，而其人已九十餘歲。至《國策》所載，安陵君使唐睢於秦，有「韓魏滅亡」之語，則在始皇二十二年之後，相距又三十餘年，計其人已一百數十歲矣，必非一人，乃《國策》之誤，當以此記周瞻爲正。又按：「國人獨立」，甚爲無義，疑

《大戴》原文作「安陵任周瞻，而國以獨立」。國以獨立，猶國以獨存也。「以」字闕壞，止存右畔人字，遂作「國人獨立」矣。學者疑「國人獨立」似非美談，遂於「獨」上妄增「不」字，與注所謂「獨以五十里國存者」不合，不足據也。

己雖不能，亦不以援人。（《曾子立事》）

孔氏《補注》曰：「不引人以自解。」

樾謹按：經文止曰「不以援人」，若如孔注，則經文爲不備矣。《方言》曰：「爰，恚也。」援與爰通，「不以援人」者，不以恚人也。小人恥己之不能，因而忌人之能，君子不然，故己雖不能，亦不以援人也。「援」字得有「恚」義者，蓋援、愠雙聲，《説文·火部》：「煖，温也。」愠謂之援，猶温謂之煖矣。

成人之美。

樾謹按：上文曰「君子不先人以過[一]，不疑人以不信，不説人之過」，此云「成人之美」，與上三句不一律。據《群書治要》「成人」上有「而」字，疑《大戴》原文作「不説人之過而成人之

[一] 過，《大戴禮記》作「惡」。

惡」。古人之辭，凡兩事連及者每用「而」字，《昭二十年左傳》「齊豹之盜而孟縶之賊」，《韓子·說林篇》「以管子之聖而隰朋之智」，皆是也。今試連上文讀之曰「君子不先人以過，不疑人以不信，不說人之過而成人之惡」，則文法一律矣。又試連下文讀之曰「存往者，在來者，朝有過，夕改，則與之；夕有過，朝改，則與之」，皆以改過爲言，與成人之美無涉，益知此文之當作「惡」字，不當作「美」字矣。後人不知此句本蒙「不」字爲義，改爲「成人之美」，傳寫者遂并「而」字節去。阮氏元《曾子注釋》據《群書治要》增「而」字，然未知「美」字爲「惡」字之誤，於義猶未得也。

來者不豫，往者不慎也。

盧注曰：「慎，故於物，來者不猶豫，往者無所慎。」

樾謹按：盧說未了，疑有錯誤。孔氏《補注》曰：「豫，謂未來而推度之也。慎，古通以爲『順』字。順猶遂也。事已往者，無所繫戀，不必期於遂成之。」此說「不豫」之義，視盧注爲長。至破「慎」爲「順」，又訓爲「遂」，義亦迂曲。今按：《禮記·儒行篇》「往者不悔，來者不豫」，文與此同。此文「慎」字疑即「悔」字之誤，《襄二十九年公羊傳》「尚速有悔於予身」，何休注曰：「悔，咎。」然則往者不悔，言不追咎也。蓋不推度未來，不追咎已往，皆與人相接忠厚之道，故下文曰「亦可謂忠矣」。

衆信弗主。

盧注曰：「不主，謂僉議所同不爲主。」

樾謹按：「信」乃「言」字之誤。「衆言弗主」與上文「亂言而弗殖，神言弗致也」，下文「靈言弗與，人言不信不和」文法一律。盧注「僉議所同」正釋「衆言」之義。今作「信」者，即涉下文「人言不信不和」句而誤。

多知而無親，博學而無方，好多而無定者，君子弗與也。

樾謹按：下文云「君子多知而擇焉，博學而算焉，多言而慎焉」，據此則本文「好多」二字亦當作「多言」。蓋傳寫奪「言」字，又誤衍「好」字耳。

亟達而無守。

盧注曰：「亟，數也。數自達而無所守。」孔氏《補注》曰：「亟，急也。急於求通達。」

樾謹按：盧訓亟爲數，數亦急也。上文云「行無求，數有名；事無求，數有成」，注曰：「數猶促速。」此古人以「數」爲「急」之證。《爾雅·釋詁》：「數，疾也。」《禮記·曾子問篇》「不知其已之遲數」，鄭注曰：「數讀爲速。」孔氏《補注》當申明「數」字之義，以存古訓，不必改訓爲「急」。

巧言令色，能小行而篤，難於仁矣。

孔氏《補注》曰：「篤難，甚難也。」

樾謹按：「篤難」二字，甚爲不辭，孔注非也。「而」字疑「不」字之誤，隸書「不」字或作「帀」。《司農劉夫人碑》「非禮帀行」，是也。其形與「而」字相似。《論語·雍也篇》：「而有宋朝之美。」朱子《或問》引侯氏説曰：「而字，疑爲不字。」此經本作「巧言令色，能小行不篤」，能、而古通用，謂巧言令色而小行不篤也，故曰「難於仁矣」。上文諸句竝用「而」字，此句用「能」字，能、而互用，與《哀公問五義篇》「口不能道善言，志不而邑邑」一律。學者不知「能」字之即爲「而」字，宜皆不得其解矣。

能取朋友者，亦能取所予從政者矣。賜與其宮室，亦猶慶賞於國也。

孔氏《補注》曰：「所予之予，當爲與。賜與之與，當爲予。寫者互之。」阮氏元《曾子注釋》曰：「二字古人每通，非誤。」

樾謹按：「所與」字實當作「予」。「予」字篆作[illegible]，其上之[illegible]乃古文「環」字。《韓子·五蠹篇》曰：「自環者謂之私。」「予」字從古文環會意，乃古「黨與」字也。此文言「所予從政」，正其本義也。「賜予」字實當作「與」。「與」字從舁從与，舁而与之，乃古「取予」字也。此文言「賜與其宫室」，正其本義也。予、與同聲，古每通用，遂各失其本義，説詳余所著《字義載疑》。孔氏以爲誤，固非；阮氏以爲通，抑猶未得。古字古義，幸而僅存，故特表而出之。

庶人之孝也，以力惡食。（《曾子本孝》）

盧注曰：「分地任力致甘美。」

樾謹按：「以力惡食」，義不可通。疑本作「以任善食」，言各以力之所任，甘美其食，以養父母也。盧注「分地任力致甘美」，正釋「以任善食」之義。今「任善」二字誤在下句之上，其文曰「任善，不敢臣三德」，甚爲無義，盧注又無解，可知「任善」二字不當在下句也。蓋由此句本作「以任善食」，傳寫奪之而補於句末，遂誤置下句之首。此文「力惡」二字，則後人竄入，非盧所見之舊也。

可人也，吾任其過；不可人也，吾辭其罪。（《曾子立孝》）

樾謹按：德州盧氏見曾本，謂兩「人」字皆「入」字之誤，孔氏《補注》本徑改爲「入」，戴氏震校本又改爲「不可入也，吾任其過；可入也，吾辭其罪」，其實諸説皆非也。上文雖有「致敬而不忠，則不入也」及「敬以入其忠」二語，然是曾子之言，不得與孔子之言并爲一談。此兩「人」字仍當依本字讀之。人與仁通，《釋名・釋言語》曰：「仁，忍也。好生惡殺，善含忍也。」然則

「可人也」，猶言可含忍也，親之過，小者也。「不可人也」，猶言不可含忍也，親之過，大者也。親之過小，吾則任其過；親之過大，吾則辭其罪。下文引《詩》云「有子七人，莫慰母心」，此任過之謂也。又引《詩》云「夙興夜寐，無忝爾所生」，此辭罪之謂也。《禮記·表記篇》「故仁者之過易辭也」，鄭注曰：「辭猶解説也。」吾辭其罪者，解説其罪也。然非以空言解説而已，必也夙興夜寐，不敢少息，而後可以無忝所生，故曰「言不自舍也，不恥其親，君子之孝也」。「不自舍」猶不自息，釋「夙興夜寐」之義也。「不恥其親」釋「無忝所生」之義也。蓋任過易而辭罪難。任過者，任之已耳；辭罪者，必有以辭之，非進德修業，安能貽父母令名乎？自來説此經者，不達「可人」「不可人」之旨，故所説多失其解。

言必齊色。（《曾子事父母》）

盧注曰：「嚴敬其色。」

樾謹按：「言必齊色」者，言必正色也。《詩·小宛篇》「人之齊聖」，毛傳曰：「齊，正。」《周易·繫辭上傳》「齊小大者存乎卦」，王肅注曰：「齊猶正也。」是其義也。盧但訓爲「嚴敬」，於義未盡。

故士執仁與義而明行之，未篤故也，胡爲其莫之聞也。（《曾子制言》）

樾謹按：此當於「行之」絶句。《誥志篇》曰：「明，孟也。」《禹貢》「孟豬」，《史記·夏本紀》作「明都」，是明與孟聲近而義通。《爾雅·釋詁》：「孟，勉也。」「故士執仁與義而明行之」，謂執仁與義而勉行之，此「明」字即讀如「孟勉」之「孟」。《群書治要》作「執仁與義而不聞」，此由不知「明」字之義而臆改之，不可從也。「未篤故也」二句，乃古人文法上下互見之妙，蓋謂其莫之聞也，由於未篤之故，篤則胡爲其莫之聞也，猶上文曰「天下無道故。句。若天下有道，則有司之所求也。」「天下無道」上亦有省文，言所以得免者，天下無道故也。盧氏讀「天下無道故若」爲句，失其義，因失其讀矣。

使之爲夫人則否。

盧注曰：「夫人，行無禮也。」

樾謹按：盧注未明。《淮南子·本經篇》「夫人相樂」，高注曰：「夫人，衆人也。」《漢書·賈誼傳》「夫將爲我危」，師古注曰：「夫，夫人也，亦猶彼人耳。」然則夫人者，外之之辭，蓋言他人也。「爲」字讀如《論語》「爲衛君乎」之「爲」，鄭注曰：「爲猶助也。」「使之爲夫人則否」，言使之助他人則否也。此節本論君子爲弟之道，此句即外御其侮之意。

行無據旅。

盧注曰：「守直道，無所私。」

樾謹按：據旅，猶旅距也。《後漢書·馬援傳》「黠羌欲旅距」，李賢注曰：「旅距，不從之貌。」距從巨聲，據從豦聲，兩聲相近。《説文·西部》「醵，或作酟」，是其證也。故「距」字可通作「據」，彼言「旅距」，此言「據旅」，語有到順耳。凡雙聲疊韻之字，往往如此。「行無據旅」，即行無旅距，蓋言其行之無所違也。盧注尚未達古語。

苟若此，則夫杖可因篤焉。

盧注曰：「言行如此，則其所杖者，皆可因厚焉。」

樾謹按：盧注於義未得。此文曰「近市無賈，在田無野，行無據旅。苟若此，則夫杖可因篤焉」，與上文「使之爲夫人則否」，兩「夫」字竝與上文各自成義，初不相蒙，安得謂皆「老」字之譌乎？汪氏中《大戴正誤》引朱氏筠説，謂「杖」乃「材」之譌，此説得之。《中庸》曰：「故天之生物，必因其材而篤焉。」曾子、子思竝述孔門之緒論，故辭旨相近。上文「近市無賈」三句，盧注均失其解。今按：「近市無賈」，言雖近市而無商賈之心也。「在田無野」，言雖在田而無鄙野之態也。「行無據旅」，説已見前矣。人能如此，其材之美可知，故曰「苟若此，則夫材可因篤焉」，言可因而篤之也。隸書「材」字或作「朾」，形與「杖」似，因譌爲「杖」，而義不可通矣。

其功守之義，有知之，則願也；莫之知，苟吾自知也。吾不仁其人，雖獨也，吾弗親也。

樾謹按：「其功守之義」五字，乃盧注之誤入正文者，孔本、阮本已訂正矣。「有知之」至「吾弗親也」二十六字，當在下文「故君子無悒悒於貧」之上。其文曰：「有說，我則願也；莫我說，苟吾自說也。有知之，則願也；莫之知，苟吾自知也。吾不仁其人，雖獨也，吾弗親也。故君子無悒悒於貧，無勿勿於賤，無憚憚於不聞。」今誤移在前，則「有知」「有說」兩文不得以類相從矣。蓋因下文「故君子不假貴而取寵」亦有「故君子」三字，致成此誤，先儒未及訂正。

直行而取禮，比說而取友。

樾謹按：「比說」二字義不可曉，疑「比說」乃「宛言」二字之誤，句上又奪「不」字。「直行而取禮，不宛言而取友」二句反覆相明。下文曰「是以君子直言直行，不宛言而取富，不屈行而取位」，是其證也。直行而取禮，則直言可知矣；不宛言而取友，則不屈行可知矣，其義蓋互見也。「宛」字下半與「比」相似，又涉上文「不比譽」而誤作「比」。「言」字即「說」字左旁，又涉下文「有説我」而誤作「説」。學者又不知此兩句反覆相明，遂删去「不」字，非《大戴》之舊矣。

意亦忽不可得見與。（《武王踐阼》）

盧注曰：「言忽然謂不可得見。」

樾謹按：《爾雅・釋詁》：「忽、滅，盡也。」是忽與滅同義，故《詩・皇矣篇》「是絶是忽」，毛傳曰：「忽，滅也。」忽不可得見，言滅没不可得見，非忽然之謂。

安樂必敬。

樾謹按：此與下文前右端之銘「無行可悔」、後左端之銘「一反一側，尔不可不志」、後右端之銘「所監不遠，視爾所代」，通爲一韻，「敬」字乃「茍」字之誤。《説文・茍部》：「茍，自急敕也。」「安樂必茍」，言雖處安樂而必自急敕也。學者多見「敬」，尟見「茍」，因加攴作「敬」耳。《廣雅・釋詁》：「亟，敬也。」亟與茍古字通，故《爾雅・釋詁》「亟疾」之「亟」，《釋文》曰：「字又作茍。」然則茍之與敬，義自可通，但作「敬」，則失其韻矣。下文「尔不可不志」，今本誤作「亦不可以忘」，王氏引之已訂正，惟未正「敬」字之誤，故於韻仍未盡得耳。

食自杖，食自杖。

盧注曰：「無求醉飽，自杖而已。」

樾謹按：「自杖」之義與「食」不合。下文「無懃弗及，而曰我杖之乎」，孔氏《補注》曰：「杖，朱子謂别本作枝，今以韻讀之，當從枝字。」然則此文兩「杖」字疑亦「枝」字之譌。枝與支通，《保傳篇》「燕支地計衆」，注曰：「支，猶計也。」食自枝者，每食必自計度，不過於醉飽也。又按：下文「矛之銘曰：造矛造矛」，盧注曰：「重言造矛，見造矛之不易也。」此文亦是重言，而盧不注，疑其所見本作「飲自枝，食自枝」，蓋觴所以飲，豆所以食也。若重言食而不及飲，則與觴無與矣。即盧注「醉飽」二字，知經文必以飲食竝言，可據以訂正。

戒之憍，憍則逃。

樾謹按：此兩句乃上履屨之銘，誤移在此者也。蓋履屨之銘曰：「慎之勞，勞則富。戒之憍，憍則逃。」兩文相對。觴豆之銘曰：「飲自枝，食自枝。」以飲、食竝言，其義已足。今誤移「戒之憍」兩句於「食自枝」之下，則文義不倫矣。此兩句盧氏無注，疑其所見本無此兩句也。

夫子之門〔一〕**，蓋三就焉。**（《衛將軍文子》）

盧注曰：「大成、次成、小成也。」

樾謹按：《禮記·學記篇》但有「大成」「小成」，而無「次成」之説，盧氏此注殊爲無稽。三就者，三帀也。《周官·典瑞職》「繅藉五采五就」，鄭司農云：「五就，五帀也。一帀爲一就。」然則「三就」是「三帀」明矣。《説苑·修文篇》「如矩之三雜，規之三雜，周則又始，窮則反本也」，三雜亦即三帀也。《淮南子·詮言篇》「以數雜之壽，憂天下之亂」，高注曰：「雜，帀也。」是其證也。此經言「三就」，《説苑》言「三雜」，其義竝爲三帀，蓋古有此語。夫子之門三就，言其多也。《家語·弟子行篇》作「蓋有三千就焉」，此乃王肅不達古語而臆改，或欲據以增入《戴記》，謬矣。

故國一逢有德之君，世受顯命，不失厥名，以御于天子以申之。

樾謹按：「故國一逢有德之君」至「以御于天子」二十一字，當在「孔子説之以《詩》」之上，其文曰：「夙興夜寐，諷誦崇禮，行不貳過，稱言不苟，是顔淵之行也。故國一逢有德之君，世受顯命，不失厥名，以御于天子。孔子説之以《詩》，《詩》云：『媚兹一人，應侯順德。永言孝

〔一〕《大戴禮記》「門」下有「人」字。

思，孝思惟則。』以申之。」下文説冉雍之行曰：「《詩》云：『靡不有初，鮮克有終。』以告之。」彼文「以告之」三字，即繫詩詞之後，則此文「以申之」三字，亦宜繫詩詞之後。今羼入此數語，則文義不屬矣。

君陳則進，不陳則行而退。

盧注曰：「陳，謂陳其德教。」

樾謹按：陳，古文作陣，與「伸」字相似。此文兩「陳」字，皆「伸」字之誤也。伸與信通，師古注《漢書》每云「信讀曰申」，是其證也。「君伸則進，不伸則行而退」，謂君信己則進，君不信己則退也。盧以「陳」字釋之，故義不可通矣。

自設於隱栝之中。

樾謹按：設當讀爲翕。《尚書・盤庚中篇》「各設中于乃心」，漢石經「設」作「翕」，是設與翕古字通也。《爾雅・釋詁》：「翕，合也。」「自翕于隱栝之中」，謂自合於隱栝之中也。《群書治要》引《尸子・勸學篇》作「自娱於㶊栝之中」，蓋「設」譌作「誤」，後人因改爲「娱」耳。或反以「娱」字爲是，失之甚矣。

群經平議卷十八

大戴禮記二

闇昬忽之意。（《五帝德》）

王氏念孫曰："「闇昬忽之意，不辭。『昬』字，蓋盧注之誤入正文者，《家語》正作『闇忽之意』。」"

樾謹按："「昬」乃「曶」字之誤。《説文·日部》："「曶，尚冥也。」"《史記·司馬相如傳》："「曶爽闇味。」"此以「闇曶」連文，義正相近。古字曶、忽通用，《漢書·楊雄傳贊》："「時人皆曶之。」"曶，即忽也。《大戴》原文本作「闇曶之意」，《家語》作「闇忽之意」，文異而義同。「曶」誤爲「昬」，學者據《家語》校正作「忽」，而傳寫兩存之，遂爲「闇昬忽」矣。王氏以「昬」字爲盧注之誤入正文者，非是。

東至于蟠木。

孔氏《補注》曰：「《海外經》曰：『東海中有山焉，名曰度索。上有大桃樹，屈蟠三千里。』裴駰謂蟠木即此也。」

樾謹按：蟠木即榑木也。《淮南·時則篇》「榑木之地」，高注曰：「榑木，榑桑。」《吕氏春秋·求人篇》：「禹東至榑木之地。」此云「東至于蟠木」，文與彼同。蟠與榑一聲之轉耳。《荀子·富國篇》「則國安于盤石」，楊注曰：「盤石，盤薄大石也。」榑木猶盤石，竝取盤薄之義。《文選·海賦》注引《聲類》曰：「磐，大石也。」《説文》無「磐」字而有「榑」字，實皆後出之字。以其言石故字從石，以其言木故字從木耳。此作「蟠」者，蟠與盤通，榑木字通作「蟠」，猶磐石字通作「盤」也。東方者春，盛德在木，故有盤薄之大木。必以度索桃樹實之，鑿矣。

其服也士。

孔氏《補注》曰：「服士之服，尚質儉也。」

樾謹按：天子與士不得同服，孔説非也。士當讀爲事，上句云「其動也時」，言順其時也。此句云「其服也事」，言順其事也。祭祀、軍旅、田獵之類，各有當服之服，服從其事，是謂「其服也事」。士與事通，《論語》「雖執鞭之士」，《鹽鐵論·貧富篇》作「雖執鞭之事」。《荀子·致仕篇》「然後士其刑賞而還與之」，楊注曰：「士當爲事。」《詩·褰裳篇》《東山篇》《祈父篇》《桓篇》，毛傳竝曰：「士，事也。」是士與事聲近義通之證。

南撫交趾、大教。

孔氏《補注》曰：「大，大人，汪芒氏之國也。教，教民也，其爲人黑，《山海經》有焉。」

樾謹按：大教即大交也。《通鑑前編》引《書大傳》「中祀大交」與「秋祀柳谷」「冬祀幽都」對文，鄭注曰：「南交稱大交。《書》曰：『宅南交也。』」然則大交爲南方之地，猶柳谷爲西方之地，幽都爲北方之地也。此作「大教」者，教與交聲近。《孟子·滕文公篇》：「校者，教也。」交之爲教，猶校之爲教矣。孔氏以「大人教民」釋之，非是。

黄帝娶于西陵氏之子，謂之嫘祖氏，産青陽及昌意。（《帝繫》）

王氏引之曰：「『氏産青陽』之『氏』讀爲『是』，古書『是』字多作『氏』，説見惠氏《儀禮古義》。後凡『氏産』二字相連者放此。又下文『昆吾者，衛氏也』以下六『氏』字亦放此。」

樾謹按：上文有「是爲帝嚳」「是爲帝堯」諸「是」字，下文有「是爲昆吾」「是爲參胡」諸「是」字。本篇「是」字十一見，竝不假「氏」爲之，何以「是産」之「是」必叚「氏」爲之乎？王説非也。

此仍當以「氏」字上讀，「謂之嫘祖氏」與下文「謂之昌濮氏」「謂之女禄氏」「謂之高緺氏」「謂之女隤氏」句法一律，蓋古人自有此稱。若從王説以「氏」字下讀，則下文「帝堯娶于散宜氏之子，謂之女皇氏」「帝舜娶于帝堯之子，謂之女匽氏」，皆不言其所產，此二「氏」字將何屬乎？可知其非矣。下文「昆吾者，衛氏也」，六「氏」字，戴氏震亦疑其不可通，謂當從《世本》作「是」，孔氏《補注》曰：「氏，是也。」今按：此文所稱衛氏、韓氏、彭氏、鄭氏、邾氏、楚氏，猶上文言西陵氏、蜀山氏也。西陵、蜀山皆國名，而以氏稱之，然則衛、韓之屬亦皆國名，豈不可以氏稱乎？《勸學篇》「蘭氏之根，懷氏之苞」，孔注曰：「氏，語詞。」誠如此解，則篇中諸「氏」字皆可通矣，不必改讀也。

帝嚳卜其四妃之子，而皆有天下。

樾謹按：此本作「皆而有天下」，而、能古通用。「皆而有天下」者，言皆能有天下也。後人不達「而」字之義，誤移之「皆」字之上，則義不可通。《禮記·檀弓》及《詩·生民篇》正義引此文，竝刪去「而」字矣。

失言勿踦。（《子張問入官》）

盧注曰：「踦，邪也。出言既失，勿爲邪途以成之。」

樾謹按：「失言勿邪」，義不可通，盧説非也。踦當爲倚，《僖三十三年公羊傳》「匹馬隻輪無反者」，何注曰：「隻，踦也。」《穀梁傳》作「匹馬倚輪無反者」，是踦與倚古字通。《説文・人部》：「倚，依也。」《老子》「禍兮福所倚」，注曰：「倚，因也。」然則倚有因依之義，謂過失之言勿更因依之以爲説也。

且夫忿數者，獄之所由生也。

樾謹按：此「數」字，當讀如「范宣子親數之朝」之「數」。忿怒而數責人過，此獄之所由生也。盧校云：「數，疑『敖』字之誤。」孔《補注》云：「數音『促數』之『數』。」均未得其旨。

量之無狡民之辭。

盧注曰：「狡，害也。恒言無害也。」

樾謹按：狡當讀爲校，校之言校量也。上文曰「臨之無抗民之志，勝之無犯民之言」，此文曰「量之無校民之辭」，三句文義一律。臨之則似乎抗之矣，而無抗民之志；勝之則似乎犯之矣，而無犯民之言；量之則似乎校之矣，而無校民之辭，所以身安譽至也。盧注未得。

惆悦者，情之道也。

盧注曰：「言調悦者，治人情之道也。」

樾謹按：如盧注，必增出「治」字，於義方足，殆非也。道當爲首，上句曰「躬行者，政之始也」，此句曰「調悦者，情之首也」，兩句一律，言政以躬行爲始，情以調悦爲首也。古字首與道通，《周書・芮良夫篇》「予小臣良夫稽道」，《群書治要》作「稽首」。《史記・秦始皇紀》「追首高明」，《索隱》曰：「會稽刻石文首作道。」竝古人叚「道」爲「首」之證。

邇臣便辟不正廉，則群臣服汙矣。

盧注曰：「服，事也。汙，濫也。」

樾謹按：「事汙」之語不可通。服當爲僕，聲之誤也。上文曰「邇臣便辟者，群臣僕之倫也」，故此文曰「邇臣便辟不正廉，而群臣僕汙矣」，正承上文而言。盧據誤本作注，失于訂正。

司會均入以爲軜。（《盛德》）

樾謹按：「均入」二字盧注無解，其義亦不可曉，疑「均入」當作「均人」，字之誤也。天官之司會，主天下之大計；地官之均人，主平土地之力政。其職竝重，故竝言之。

以之禮則國定。

孔氏《補注》曰：「按下文『貧則節司空』，此爲對文，似『定』當作『富』，字形之誤也。」

樾謹按：定與富雖皆從宀，然字形絶不相似，無緣致誤。「定」疑當爲「足」，此云「以之禮則國足」，故下文云「貧則節司空也」。必謂貧宜與富對，失之拘矣。

以財投長曰貸。《千乘》〔二〕

樾謹按：「貸」字義不可通，乃「貨」字之誤。《尚書・呂刑》説五過之疵有曰「惟貨」者，即此是矣。上文曰「利辭以亂屬曰讒」，讒之與貨，古人竝戒之。《中庸》「去讒」「賤貨」，是也。貨、貸形似，因而致誤。或謂貨讀爲慝，古書雖多以讒慝竝言者，然與「以財投長」之義不合，不可從也。

陳刑制辟，以追國民之不率上教者。

孔氏《補注》曰：「追，窮捕之也。」

〔二〕千乘，原文脱，今據文例及《大戴禮記》補。

樾謹按：《周官·追師職》鄭注曰：「追，猶治也。《詩》云：『追琢其璋。』」賈疏云：「引《詩》『追琢其璋』者，證追是治玉石之名。」蓋治玉石謂之追，故追有治義。「追國民之不率上教」，謂治其不率者也。孔以「窮捕」釋之，非是。

臣願君之立知而以觀聞也。（《四代》）

孔氏《補注》曰：「言公不能行，但可守其所知，以觀其所聞。」

樾謹按：知猶見也，《呂氏春秋·自知篇》「文侯不説，知於顔色」，高注曰：「知猶見也。」此文以知與聞對，猶以見與聞對。所知者謂近者也，所聞者謂遠者也。「立知而以觀聞」，猶言立近而以觀遠。孔氏未得其義。

於時鷄三號以興，庶虞庶虞動，蜚征作。

樾謹按：「庶虞」二字不當疊。疊者，衍文也。「於時鷄三號以興」七字爲句。興即謂鷄也，鷄夜而伏，晨而興，故曰「三號以興」也。學者誤讀「以興庶虞」爲句，遂重出「庶虞」字耳。楊氏《大訓》本「庶虞」字不疊，當據以訂正。

願富不久，妨於政。

孔氏《補注》曰：「不久，無恒也。」

樾謹按：「無恒」之義與「願富」不屬，孔説非也。久當讀爲穴，《説文・宀部》：「穴，貧病也。」《廣雅・釋詁》：「穴，貧也。」是穴有貧義，故與富爲對文。《詩・召旻篇》「維昔之富，不如時。維今之疚，不如兹」，《釋文》曰：「疚字或作穴。」是其證也。「願富不穴」，謂願常富而不貧也。

昔有虞戴德何以。（《虞戴德》）

孔氏《補注》曰：「問民戴舜之德何以致之？」

樾謹按：此言有虞之戴德，非言民戴有虞之德也，孔注誤矣。戴當讀爲載，古字通用。《詩・緜衣篇》「載弁俅俅」，《爾雅・釋言》注引作「戴弁俅俅」。《禮記・郊特牲篇》「載冕璪」，《釋文》曰：「載，本亦作戴。」竝其證也。「載德何以」與《四代篇》「載事何以」文法一律。孔氏彼注曰「載，行也」。「載德何以」，亦謂行德何以也。下文曰「深慮何及？高舉安取」，竝以舜言，不以民言，可知孔注之非矣。

有臣不事君，必刃。

孔氏《補注》曰：「刃，殺也。」

樾謹按：訓刃爲殺，於義未安。刃當爲忍，《詩·將仲子篇》毛傳「彊忍之木」，《抑篇》鄭箋「柔忍之木」，《釋文》竝曰：「忍，本作刃。」蓋忍從刃聲，古文以聲爲主，故或即以刃爲之。必刃即必忍，所謂人將忍君也。上文云「有子不事父，不順」，此云「有臣不事君，必忍」，「不順」與「必忍」語有輕重，而大意略同。若以本字讀之而訓爲殺，則與上句不倫矣。

堅物。

樾謹按：「堅」乃「畫」字之誤。物者，射時所立處也。畫物，即《大射禮》所謂「若丹若墨，度物而午」者也。字誤爲「堅」，義不可通。楊氏《大訓》本又改爲「竪」，物畫于地，非竪立于地也，安得言竪歟？孔氏《補注》從楊氏作「竪」，遂訓物爲獲旌。按：《鄉射記》「旌各以其物」，鄭注曰：「雜帛爲物，大夫士之所建也。」此文言天子射宫之事，不當建物。

以此怨省而亂不作也。（《誥志》）

樾謹按：「以此」當作「此以」，《千乘篇》曰：「此以怨省而亂不作也。」與此篇文同。今作

「以此」者，傳寫誤到之耳。楊氏《大訓》本不誤，可據以訂正。

在國統民如恕，在家撫官而國。

孔氏《補注》曰：「如，而也。而，如也。君統民而能恕，大夫撫私臣如在國。」

樾謹按：孔以下「而」字爲「如」字，是也；以上「如」字爲「而」字，非也。上「如」字乃本字，下「而」字爲「如」之叚字。《孟子・離婁篇》「文王視民如傷，望道而未之見」，上句用「如」字，下句用「而」字，正與此同。恕當爲帑，字之誤也。《禮記・中庸篇》「樂爾妻帑」，鄭注曰：「古者謂子孫曰帑。」統民如帑，猶言愛民如子也。帑誤作恕，因并「如」字之解而失之，且與下句義不一律矣。

川谷不處。

樾謹按：「處」乃「虛」字之誤。上文云「川澤不竭」，此文云「川谷不虛」，虛與竭同義。《淮南子・説林篇》「川竭而谷虛」，高注曰：「虛，無水也。」是其義也。虛、處形近，因而致誤。《荀子・大略篇》「仁非其里而虛之，非禮也」，「虛」乃「處」字之誤，楊注讀爲居，非也。此「虛」字誤爲「處」，彼「處」字誤爲「虛」，正可互證。

雒出服。

孔氏《補注》曰：「服，馬也。圖書靈異之物，不必河恒出馬，雒恒出龜，故於雒言服，亦互見之。」

樾謹按：孔注乃曲說也。洪氏頤煊《孔子三朝記注》曰：「服讀爲負，謂神龜負文以出。」義亦未安。今按：服從𠬝，𠬝從卩。卩，事之制也。故鄭石制字子服，是服有法制之義。《呂氏春秋・樂成篇》「都鄙有服」，高注曰：「服，法也。」今誤於「法」下衍「服」字，義不可通，辯見《諸子平議》。此云「雒出服」，猶云雒出法也。《漢書・五行志》曰：「禹治洪水，賜《雒書》，法而陳之，《洪範》是也。」此即雒出法之義。説者不知服之爲法，故失其解矣。

其老觀其意憲慎。（《文王官人》）

孔氏《補注》曰：「憲，法也。《學記》曰：『發慮憲。』」

樾謹按：《學記》以「發慮憲，求善良」爲對文，良猶善也，則憲猶慮也。原憲字子思，是憲有思義，故義與慮同。此云「其意憲慎」者，言其意思慎也。《周書・官人篇》曰「其老者觀其思慎」，可證此文「意憲」之義。若訓憲爲法，則兩字不倫矣。

二曰，方與之言，以觀其志，志殷如深。

樾謹按：「方與之言以觀其志」八字，當在「此之謂觀誠也」之上。「志殷如深」句上當有「其」字，説詳《周書》。

喜怒以物而變易知。

樾謹按：「知」字當在「變易」之上。知讀爲志，《禮記・緇衣篇》「爲上可望而知也，爲下可述而志也」，鄭注曰：「志猶知也。」此經云「喜怒以物而知變易，煩亂之而志不裕」，知、志互用，正與彼同。彼志猶知也，此知猶志也。學者不解「知」字之義，誤移於「變易」之下，則義不可通。《周書・官人篇》作「喜怒以物而心變易」，心亦猶志也，以《周書》句法證之，可見此文之誤。

執之以物而遬決。

樾謹按：「執之以物」，義不可通。執當爲慹，《漢書・陳萬年傳》「豪彊執服」，師古注曰：「執讀曰慹。」是其例也。《説文・心部》「慹，悑也。」悑，即今「怖」字。「慹之以物」，猶怖之以物，與下句「驚之以卒」文義一律。

雖欲故之中，色不聽也。

盧注曰：「言雖欲故隱之於中，而無奈色見於外。」

樾謹按：盧讀「中」字絶句，是也，惟「故」字尚未得其解。故與固通，《史記·魯周公世家》「咨於固實」，徐廣曰：「固，一作故。」《儀禮·士昏禮記》「某固敬具以須」，《白虎通·嫁娶篇》作「某故敬具以須」。《論語·子罕篇》「固天縱之將聖」，《論衡·知實篇》作「故天縱之將聖」。竝其證也。《漢書·楊雄傳》師古注曰：「固，閉也。」《吕氏春秋·音律篇》：「黄鐘之月，土事無作，慎無發蓋，以固天閉地。」是固與閉同義。雖欲固之中，猶言雖欲閉之中也。《周書·官人篇》「故」作「改」，乃字之誤。朱氏右曾作《周書集訓》遂讀「雖欲改之」爲句，「中色弗聽」爲句，「中色」二字，於義難通矣。

小讓而好大事。

樾謹按：事當作爭。《玉篇·爭部》「爭」下有古文「事」。「小讓而好大事」，即小讓而好大爭也。《周書》作「小讓而爭大」，是其證。學者尟見「事」字，因改爲「事」耳。

分白其名以私其身。

樾謹按：此當作「白分其名以私其身」，「白」非黑白之白，乃「自」字也。《説文・白部》曰：「白，此亦自字也。」「百」字從白，古文作百，從自，是白、自同字。「白分其名」，即自分其名。學者不識「白」字而誤移之「分」字之下，失之矣。《周書》作「自以名私其身」，雖字句小異，而正作「自」字，可以爲證。

明知賢可以徵，與左右不同而交，交必重己。

盧注曰：「言知其賢而不與交，交必取其重己者也。」

樾謹按：「而交」當作「不交」。「明知賢可以徵，與左右不同不交」，正注所謂知其賢而不與交也。若如今本，則與注義不合矣。「而」「不」形似，往往致誤，説見《曾子立事篇》。

微忽之言。

盧注曰：「謂微細及忽然之語。」

樾謹按：忽亦微也。《孫子算經》曰：「蠶所吐絲爲忽，十忽爲秒。」是「忽」乃一絲之名，物之至微者。字亦作「緫」，《廣雅・釋詁》曰：「緫，微也。」曹憲音忽，是緫即忽也。《漢書・律曆志》曰：「無有忽微。」此云「微忽」，猶彼云「忽微」，二字一義，盧注失之。

人有六徵，六徵既成，以觀九用，九用既立。

樾謹按：「以觀九用」之下即當繼以「一曰取平仁而有慮者，二曰取慈惠而有理者」云云，於文方合。如下文「九用有徵，乃任七屬」，即繼以「一曰國則任貴，二曰鄉則任貞」云云，是其例也。「九用既立」四字，當在下文「此之謂九用也」之下，傳寫者誤移于此，則文氣隔絶矣。

脯醢陳于房中。（《諸侯遷廟》）

盧注曰：「房，西房也。諸侯左右房也。」

汪氏中《大戴禮記正誤》：「房，東房也。」喜孫按：「各本東房作西房，《戴氏文集》曰：『西字，別本或作曰，或作由。據《禮》訂之，當作東房。』先君校正此字與戴合。」

樾謹按：盧氏以此經言諸侯之禮，故以房爲西房，又申説之曰「諸侯左右房也」，正見其與他經言士大夫之禮不同。若作東房，則無庸申説矣。《荀子·正論篇》曰：「執薦者百人侍西房」，楊注曰：「薦謂薦陳之物，籩豆之屬也。」然則脯醢當在西房，古書自有明文，足證戴氏、汪氏改「西」爲「東」之謬。

卿大夫有司執事者皆出廟門，告事畢，乃曰：「擇日而祭焉。」

樾謹按：「告事畢」下文有奪誤，當作「君曰：『諾。』乃擇日而祭焉。」下篇《諸侯釁廟禮》：「宗人曰：『釁某廟事畢。』君曰：『諾。』」即其例也。今本奪「君」字、「諾」字，而「乃」字又誤移「曰」字之上，則義不可通矣。

是故昔者先王學齊大道，以觀於政。（《小辨》）

洪氏頤煊《孔子三朝記注》曰：「齊，同也。」

樾謹按：齊當讀爲濟。下文曰「如此猶恐不濟，奈何其小辨乎」，洪注曰：「濟，成也。」然則「學濟大道」者，學成大道也，上下文義相應。齊之與濟，古字通耳，不當以齊同釋之。

爾雅以觀於古，足以辨言矣。

盧注曰：「爾，近也，謂依於雅、頌。孔子曰：『《詩》可以言，可以怨，邇之事父，遠之事君，多識鳥獸草木之名也。』」孔氏《補注》曰：「爾雅，即今《爾雅》書也。《釋詁》一篇，周公所作。詁者，古也，所以詁訓言語，通古今之殊異，故足以辨言。」

樾謹按：上文云「循弦以觀於樂，足以辨風矣」。循弦者，循乎弦也，則爾雅者，爾乎雅也，不得以「爾雅」爲書名，孔説非也。盧注謂「依乎雅頌」，則是觀樂辨風之事，而非觀古辨言之事矣，其説亦未盡得。今按：雅之言故也，《史記·高帝本紀》「雅不欲屬沛公」，集解引服虔曰：「雅，故也。」《漢書·張禹傳》「忽忘雅素」，是「雅」與「素」同，素亦猶故也。《方言》「舊書雅記」，是「雅」與「舊」同，舊亦猶故也。《孟子》曰：「天之高也，星辰之遠也，苟求其故，千歲之日至，可坐而致也。」「爾雅以觀於古」，蓋即此義，謂欲觀於古者，當依乎故以求之也。若謂依乎雅頌，失其義矣。至《爾雅》一書，其名義即取之此，「爾雅」猶言近古也。《釋名·釋典藝》曰：「爾，昵也。昵，近也。雅，義也。義，正也。五方之言不同，皆以近正爲主也。」張晏《漢書注》亦云：「爾，近也。雅，正也。」恐非古人命名之旨。

禮樂而力忠信，其君其習可乎？

樾謹按：「君其習」三字當在「禮樂」之上，其文曰：「君其習禮樂而力忠信，其可乎？」傳寫者奪「君其習」三字，而誤補之「其」字之下，義不可通。楊氏《大訓》本遂於「禮樂」上加「行」字以足其句，而孔本從之，誤也。

禮樂不行，而幼風是御。（《用兵》）

盧注曰：「任童幼之人使專政。」

樾謹按：上文已言「疎遠國老，幼色是與」矣，彼對「國老」言，此對「禮樂」言，則兩「幼」字文同義異，且童幼之人亦不得謂之幼風，盧注非也。洪氏《三朝記注》曰：「幼風謂幼眇之樂。《漢書》曰『每聞幼眇之聲，不知涕泣之横集』，即所謂靡靡之音也。御，陳也。」今按：洪説得之矣，而有未盡者。幼當讀爲幽，《誥志篇》曰「幽，幼也」，《史記·曆書》亦曰「幽者，幼也」，是幽與幼聲近義通。《禮記·玉藻篇》「再命赤韍幽衡」，鄭注曰：「幽讀爲黝。」然則幼之讀爲幽，猶幽之讀爲黝也。是故幼眇即幽眇也，幽風者，幽眇之風也。風者，聲也，風之所至必有聲，故曰風聲，《文六年左傳》「樹之風聲」，是也。因而古人即謂聲爲風。《管子·宙合篇》「君失音則風律必流」，風律即聲律也。《輕重己篇》「吹壎篪之風」，猶言壎篪之聲也。《淮南·原道篇》「結激楚之遺風」，高注曰：「遺風，猶餘聲。」

昔堯取人以狀，舜取人以色，禹取人以言，湯取人以聲，文王取人以度，此四代五王之取人以治天下如此。（《少閒》）

盧注曰：「四代，據文距殷。或曰，文王取人以度四代，謂兼之也。」

樾謹按：據注，則「四代」上無「此」字。自堯至文謂之四代者，蓋堯、舜合爲一代也。孔子删《書》而《堯典》《舜典》同謂之《虞書》，是其證矣。盧説不了，所引或説以「四代」上屬，更失其讀。

作宮室高臺汙地，土察，以民爲虐。

盧注曰：「汙，窪也。察，深也。言洞地爲池也。」孔氏《補注》曰：「察之字從宀，土察，蓋窟室之屬與？」

樾謹按：盧説固非，孔説更爲無據。疑「土察」二字不連上讀，「作宮室高臺汙地」，其文已足。「土察」當爲「土蔡」。《説文・丰部》：「丰，艸蔡也。象艸生之散亂也。讀若介。」《哀元年左傳》「以民爲土芥」，芥即「丰」字，因「丰」讀如介，故即以「介」爲之，而又叚用從艸之「芥」耳。此文言「土察」，猶彼文言「土芥」也。察者，蔡之叚字，猶芥者，丰之叚字也。疑《大戴》原文本作「以民爲土察」，猶云以民爲土芥也。「以民爲」三字傳寫偶奪，而校補者誤著之「土察」二字之下，則文不成義，遂據下文説紂事，有「以爲民虐」之文，臆增「虐」字。不知「以爲民虐」文義可通，「以民爲虐」文義不可通，即此知非《戴記》原文矣。

以客事天子。

盧注曰：「客事天子，謂忍而臣之也。」

樾謹按：據盧注，則「客」乃「容」字之誤。盧注「忍而臣之」，蓋取「容忍」之義。洪氏頤煊謂「客當作愙。愙，敬也」，於義雖通，然恐非盧氏所見之舊。

水土未絪。

盧注曰：「絪猶亂。《韓詩外傳》：『陰陽相勝，氛祲絪氲』也。」

樾謹按：盧説迂曲，殆非也。絪當讀爲垔，《説文・土部》：「垔，塞也。《尚書》曰：『鯀垔洪水。』」字亦作「堙」，《襄二十五年左傳》「井堙木刊」、《國語・周語》「墮高堙卑」，杜、韋注竝曰：「堙，塞也。」此文叚絪爲垔者，絪從因聲，與垔聲相近，煙之或體作烟，即其例矣。水土未垔，謂水土猶未垔塞也。

糟者猶糟，實者猶實，玉者猶玉，血者猶血，酒者猶酒。

樾謹按：「酒者猶酒」句當在「糟者猶糟」之下，二語相對成文，糟濁而酒清也。「玉者猶玉」「血者猶血」二語亦相對成文，玉白而血赤也。《山海經・南山經》侖者之山有木名白蓉，「可以血玉」，然則玉者本色，血者染色，古有此語，故以爲對文耳。「實者猶實〔二〕」句，或别有對文，而今闕之，或衍句也。自《千乘》以下七篇爲《孔子三朝記》，傳寫奪誤，視餘篇尤甚，故學者多不能讀，往往失其解矣。

〔二〕 猶，原文作「自」，今據上文改。

與之大射，以考其習禮樂，而觀其德行。（《朝事》）

樾謹按：「習」字衍文也。「考其禮樂」「觀其德行」相對成文，不應有「習」字，蓋涉下文而衍。

儐而禮之，三饗、三食、三宴，以與之習立禮樂。

樾謹按：「習立禮樂」當作「習其禮樂」，與上文「考其禮樂」文義一律。「其」字古文作「亣」，見《玉篇》。後人不識古文，因誤加一畫於下而成「立」字矣。王氏念孫竟以「立」爲衍文，非是。

禮樂謂之益習，德行謂之益脩。

樾謹按：「謂之」，即爲之也。謂、爲古通用，説見王氏引之《經傳釋詞》。孔氏從高安本，竟改作「爲」，義則是而古字亡矣。《少閒篇》「何謂其不同也」，何謂即何爲也。孔氏亦從俗本作「爲」，失與此同。德州盧氏本尚未誤。

歸脤以教諸侯之福。

樾謹按：「教」當作「效」，字之誤也。《襄二十七年左傳》「使諸侯僞效烏餘之封者」，杜注曰：「效，致也。」又《昭二十六年傳》「宣王有志而後效官」，正義曰：「效者，致與之義。」歸脤所以致福於諸侯，故曰「以效諸侯之福」也。《周禮·大行人職》作「以交諸侯之福」，「交」亦當爲「效」。

致會以補諸侯之災。

樾謹按：汪氏中《大戴記正誤》作「致禬」，非也。此字實當作「會」。《周禮·大宗伯職》「以禬禮哀圍敗」，鄭注曰：「同盟者會合財貨，以更其所喪。《春秋·襄三十年》『冬，會于澶淵，宋災故』是其類。」賈疏曰：「必知『禬』是會合財貨，非會諸侯之兵救之者，若會合兵，當在軍禮之中，故知此『禬』是會合財貨以濟之也。」合注、疏以觀之，則鄭、孔所據經文作「會」不作「禬」可知矣。因「會禮」連文，「禮」字從示，遂并「會」字而亦誤從示，於是《大行人職》之「致會」、《小行人職》之「犒會」，竝誤爲「禬」矣，說詳《周禮》。此記「致會」正其本字，下文云「師役則令槁禬之」，「會」字從示，後人據《周禮》改之也。汪氏以不誤爲誤，失之矣。

有勝，則司射以其算告。（《投壺》）

戴氏震《東原集》曰：「以其算告，當從袁氏本作奇。」

樾謹按：投壺與射禮同。《儀禮·鄉射禮》曰：「釋獲者遂進取賢獲，執以升，自西階，盡階，不升堂，告于賓。」《大射儀》曰：「釋算者遂進取賢獲執之〔一〕，由阼階下北面告于公。」鄭注竝曰：「賢獲，勝黨之算也。」此記曰「有勝則司射以其算告」，「其」字指勝者而言，然則「其算」即勝黨之算，所謂賢獲是也。《禮記·投壺篇》誤作「遂以奇算告」，此乃《小戴》之誤文，説詳《禮記》，而袁氏本遂據以改《大戴》。夫既以奇算告，何以所告之辭又曰「賢若干純」乎？且使勝黨之算有純而無奇，則將何執乎？可知袁本之非矣。

矢八分。

孔氏《補注》曰：「八分，矢圓徑也。」

樾謹按：下文云「矢以柘若棘，無去其皮，大七分」，與此文義涉兩歧。孔氏云：「大七分者，似謂室中五扶之矢。」然室中與堂上庭下矢有長短，而圓徑不異。《禮記·投壺篇》鄭注曰「舊説矢大七分」，而不言有八分者，然則孔説非也。今按：下文言「矢大七分」，而此文不云「矢大八分」，則非謂圓徑可知矣。「八分」當作「八勿」，字之誤也。「勿」讀爲「物」，古字通用。《尚書·立政篇》「時則勿有間之」，《論衡·譴告篇》作「時則物有間之」。《莊子·天道篇》「中

〔一〕 算，《儀禮注疏》作「獲」。

心物愷」，《釋文》曰：「物，本亦作勿。」是其證也。「矢八物，堂上七扶，室中五扶，庭下九扶」，猶《周官·稾人》所謂「矢八物皆三等」也。賈疏曰：「蓋據長短爲三等法。」此文「七扶」「五扶」「九扶」亦是據長短爲三等。三等之義既同，八物之義亦當不異，即《司弓矢》之「八矢」，曰：枉矢、絜矢、殺矢、鍭矢、矰矢、茀矢、恒矢、痺矢者，是也。蓋投壺本與射同，故矢之制亦如之，而有八物。八物之名，雖不必竟與《司弓矢》之八矢合，要亦略近之矣。古文叚「勿」爲「物」，而勿又誤作「分」，遂使古制不傳，惜哉！

天子擬焉。（《公冠》）

孔氏《補注》曰：「天，盧本作太。以下注推之，近是。」

樾謹按：下文云「太子與庶子，其冠皆自爲主」，注云：「重言太子，誤也。」故盧本改此文「天子」爲「太子」，以合盧注重言之説，而孔氏亦以爲然，其實非也。「天子擬焉」，謂天子冠禮與公同也。下云「太子與庶子，其冠皆自爲主」，即蒙天子而言，乃天子之太子與庶子也。自爲主者，天子尊，故不爲之主，而冠者自爲主也。盧氏誤以爲諸侯之太子與庶子，故解「自爲主」

曰：「王侯自主之〔一〕。」此大不然，據上文「公冠自爲主」，「自」字指冠者而言之，然則此云「自爲主」，文與彼同，亦指冠者而言之，明矣。若從盧説，則是冠者之父也，冠者之父爲主，豈可云「自爲主」乎？《説苑·修文篇》所載無此句，而有云：「諸侯太子、庶子冠，公爲主。」今按：兩文相輔，其義方足。彼明言「諸侯太子、庶子冠，公爲主」，則知天子之太子、庶子冠，王不爲主矣。疑此文當云「天子擬焉，太子與庶子其冠皆自爲主，諸侯太子、庶子冠，公爲主」，如此則於義爲備而文亦明白矣，傳寫偶闕耳。

嗇於時。

樾謹按：《小辨篇》曰「社稷之主愛日」，「嗇時」與「愛日」同義。王肅《家語》注訓嗇爲愛，是也；以爲「不奪民時」，則失其旨矣。

推遠稚免之幼志。

盧注曰：「免猶弱也。」

樾謹按：免當爲𡥧，蓋壞字也。《爾雅·釋獸》「兔子嬎」，郭注曰：「俗呼曰𡥧。」《釋文》

〔一〕 王，原文作「主」，今據《大戴禮記》改。

曰：「鷯，《字林》云：『兔子也。』乃俱、乃侯二反。」然則此字從兔需聲，兔之小者謂之鷯，猶人之稚者謂之孺也。此云「推遠稚鷯之幼志」，蓋叚鷯爲孺耳。劉昭注《續漢志》引《博物志》載此辭云「推遠冲孺之幼志」，字正作「孺」，可證。

合於八十也。（《本命》）

樾謹按：上文「合於三也」，不言三十；「合於五也」，不言五十，皆因此文有「十」字而省也。古書自有此例。《堯典》「舜生三十，徵庸三十，在位五十載」，因下句有「載」字，而上兩句皆不言「載」；《孟子・滕文公篇》「夏后氏五十而貢，殷人七十而助，周人百畝而徹」，因下句有「畝」字而上兩句皆不言「畝」，竝其例也。孔氏本作「合於八也」，删去「十」字，蓋未達古書之義例，亦足見古書之難于輕改矣。

機其文之變也？其文變也。

盧注曰：「機，危也。謂二禮動行九事，皆有其文，每變不同也。」

樾謹按：盧訓機爲危，文不成義矣。機當作幾，古書每以幾爲豈字。《荀子・榮辱篇》曰

「幾直夫芻豢稻粱之縣糟糠爾哉」[一]，又曰「幾不甚善矣哉」。《大略篇》曰「幾爲知計哉」，楊倞注曰：「幾讀爲豈。」《史記·黥布傳》「人相我當刑而王，幾是乎」，徐廣曰：「幾，一作豈。」竝其證也。「幾其文之變也」，猶曰豈其文之變邪。古書「也」「邪」字通用。陸德明《經典釋文序》所謂「如、而靡異，邪、也弗殊」，是也。此兩句乃自爲問答之辭，「豈其文之變邪？其文變也」，文義正相應。因叚「幾」爲「豈」，叚「也」爲「邪」，而「幾」字又從木作機，於是其義雖通，孔氏遂疑「其文變也」四字爲衍文矣。

是故女及日乎閨門之内。

孔氏《補注》曰：「及日，猶終日。」

樾謹按：「及」即「終」字之誤。《説文》「終，古文作夂」，隸變作夂，與「及」字相似，學者尟見「夂」字，因臆改爲「及」耳。

不順父母去，爲其逆德也。

樾謹按：「去」字衍文也。上文説「婦有七去」，故曰「不順父母去」。此申説七去之義，則

〔一〕 粱，原文作「梁」，今據《荀子》改。

但曰「不順父母，爲其逆德也」，不必更有「去」字矣。下文「無子，爲其絶世也；淫，爲其亂族也；妒，爲其亂家也；有惡疾，爲其不可與共粢盛也；口多言，爲其離親也；盜竊，爲其反義也」，竝無「去」字，可證此「去」字之衍。

是故堅土之人肥，虚土之人大，沙土之人細。（《易本命》）

盧注曰：「肥者，象地堅實。大者，象地虚縱也。沙土養薄乃細。」王氏念孫曰：「此當依《淮南子》作『堅土之人剛，弱土之人肥，盧土之人大，沙土之人細』，今本『堅土之人』下脱去『剛弱土之人』五字，『盧』字又譌作『虚』，則義不可通。盧注皆誤。」

樾謹按：王説是矣，而未盡也。「堅土」「弱土」相對，「肥」與「剛」則不相對，而轉與「盧土之人大」其義相混矣。疑「肥」字乃「脃」字之誤。《廣雅・釋詁》：「脃，弱也。」「脃」即「脆」之俗體。「弱土之人脃」與「堅土之人剛」正相對成文。《家語・執轡篇》作「堅土之人剛，弱土之人柔」，王氏謂「柔」字爲王肅所改。然惟本是「脃」字，故肅改作「柔」。若本是「肥」字，肅何得以「柔」字易之乎？

食桑者有絲而蛾。

樾謹按：「桑」字，當從《淮南子》作「葉」。凡食葉之蟲無不有絲而蛾，非獨蠶也。此句所包者衆，若作「食桑者」，則專以蠶言矣。

食穀者智惠而巧。

樾謹按：既言「智惠」，不必更言「巧」矣。巧當作夭，聲之誤也。「食穀者智惠而夭」，與下句「食氣者神明而壽」相對。《淮南子》正作「夭」，當據以訂正。

此乾坤之美，類禽獸萬物之數也。

盧注曰：「三百六十，乾坤之筴。萬一千五百二十，當萬物之數也。」

樾謹按：「美」字乃「筴」字之誤，當讀云「此乾坤之筴，句。類禽獸萬物之數也。句。」筴與美形似，因而致誤，當據盧注訂正。「類禽獸」三字疑亦衍文，故盧注無解也。

群經平議卷十九

禮記一

禮聞取於人，不聞取人。（《曲禮》）

鄭注曰：「謂君人者。取於人，謂高尚其道。取人，謂制服其身。」

樾謹按：取當讀爲趣，《釋名·釋言語》曰：「取，趣也。」是取與趣聲近義通。《莊子·齊物論篇》：「趣舍不同。」趣舍即取舍也。字亦通作「趨」，《史記·伯夷傳》「趨舍有時」，趨舍亦即取舍也。《漢書·藝文志》「苟趨省易」，師古注曰：「趨，讀曰趣，謂趣向之也。」然則取於人者，爲人所趣向也；取人者，趣向人也。此即「王前」「士前」之意。《釋文》出「取於」字曰：「舊七樹反，爲趣就師求道也。」舊讀正得其字，但以「就師求道」爲言，則義轉隘矣。

食饗不爲槩。

注曰：「槩，量也。不制待賓客饌具之所有。」

樾謹按：「不爲槩」與下句「不爲尸」一律，鄭以「槩量」説之，非也。「不爲槩」者，不爲主也。《廣雅・釋詁》曰：「概，主也。」概與槩，古字通用，《定四年左傳》「吴夫槩」，《史記・項羽紀》正義作「夫概」，是其證也。父母在，則食饗賓客，不敢爲主。《廣雅》「概」訓爲「主」，疑本禮家之舊説矣。

孝子不服闇。

注曰：「服，事也。闇，冥也。不於闇冥之中從事，爲卒有非常，且嫌失禮也。男女夜行以燭。」

樾謹按：鄭訓服爲事，雖亦古訓，然「不事闇」之義甚爲迂曲，殆非也。服當讀爲伏。《周易・繫辭傳》釋文曰：「伏，服也。」是服與伏聲近義通。《文選・陸士衡〈吴王郎中時從梁陳〉詩》「誰謂伏事淺」，注曰：「服與伏同，古字通。」《檀弓篇》「扶服救之」，《昭二十一年左傳》「扶伏而擊之」，扶伏，即扶服也。又《十二年傳》「奉壺飲冰以蒲伏焉」，《史記・蘇秦傳》「嫂委蛇蒲服」，蒲服即蒲伏也。竝服、伏通用之證。「不服闇」者，不伏闇也，謂不潛伏於闇冥之中也，與下句「不登危」文義一律。危言不登，闇言不伏，正古人用字之審。若以本字讀之，失之矣。

毋勦説。

注曰：「勦猶擥也。謂取人之説以爲己説。」

樾謹按：此「勦」字，即《説文》「劋」字。《説文・刀部》曰：「劋，絶也。《夏書》曰：『天用劋絶其命。』」今《甘誓》正作「勦絶」。然則劋者，古文；勦者，或體也。「毋勦説，毋雷同」，皆承上文「正爾容，聽必恭」而言。長者有言當敬聽之，若不待其言之畢而横發議論以絶斷之，是爲勦説；或從而附和之，是爲雷同，二者均所當戒也。鄭訓爲「擥」，於義未得。又按：此「勦」字當從刀，曹憲《博雅音》云：「《禮記》『無勦説』，鄭注云：『勦，由擥也〔一〕，謂取人之説。』《春秋左傳》『無及於鄭而勦民，焉用之』，杜訓爲勞。是則『勦』從刀而『勦』從力，明矣。」其説甚是。錢氏大昕因《説文》有「勦」無「勦」，謂曹憲俗儒，未達六書之指。然《説文・力部》「勦，勞也」，施之於此，其可通乎？凡經典中字，《説文》所無者多矣，學者當求其字義之通，不當徒取其字形之合也。

〔一〕 由，《禮記》鄭注作「猶」。

遊毋倨。

正義曰：「遊，行也。倨，慢也。身當恭謹，不得倨慢也。」

樾謹按：自此以下所戒各事，皆是爲其不敬也，如「立毋跛，坐毋箕，寢毋伏」之類，末一字皆與上一字文義相應。此云「毋倨」，則凡事皆不可倨慢，何獨於遊戒之乎？正義所說，殆非經旨也。今按：倨當讀爲踞，謂雖遊戲之時，不可蹲踞也。《昭二十五年左傳》曰：「公徒釋甲執冰而踞。」《二十七年傳》曰：「豈其伐人而説甲執冰以游。」同一事而前言「踞」，後言「游」，可知游者多蹲踞也，故記人因以爲戒耳。倨、踞古通用，《史記·酈生陸賈傳》曰「方倨牀」，亦是叚倨爲踞也。

毋放飯，毋流歠。

注曰：「去手餘飯於器中，人所穢。大歠，嫌欲疾。」

樾謹按：放與流同義，《説文·放部》〔一〕：「敫，光景流也。從白從放。」是「放」有「流」義，故「敫」字從之也。《尚書·堯典篇》：「流共工于幽州，放驩兜于崇山。」流、放對文，自古然矣。

〔一〕 放，原文作「方」，今據《説文》改。

放飯、流歠，蓋是古語，故《孟子・盡心篇》亦有此言。若從鄭注，則兩句意義不倫矣。放飯者，放散其所飯也。流歠者，流離其所歠也。人或恣情飲食，不知檢制，放散流離，狼戾滿案，其可厭惡，莫甚于此，故記人以爲戒耳。

爲大夫累之。

注曰：「累，倮也。謂不巾覆也。」

樾謹按：不巾覆者，大夫至庶人所同也，何獨于大夫特言累之乎？鄭義非矣。累之猶解之也。累與解本疊韵字，《荀子・富國篇》：「則和調累解。」累、解二字同義，猶和、調二字亦同義也，楊倞注謂「嬰累解釋」，此未得其義。《儒效篇》「解果其冠」，楊氏引《説苑》「蟹螺者宜禾」爲證，累解與蟹螺一也。古書雙聲疊韵之字，皆兩字一義，且其義存乎聲，亦無一定，讀者當各隨文解之，然後其旨可見。此文云「爲大夫累之」，猶云爲大夫累解之。蓋長言之曰「累解」，短言之則曰「解」可也，曰「累」亦可也。後人不達古語，斯不得其説矣。

言不惰。

注曰：「憂不在私好。」正義曰：「『言不惰』者，惰訛不正之言。」

樾謹按：惰當讀爲嫷。《説文・女部》：「南楚之外謂好曰嫷。」《方言》曰：「嫷，美也。」郭注曰：「嫷，言婑嫷也。」字亦作婧，《列子·楊朱篇》：「皆擇稚齒婑婧者以盈之。」據《説文》「婧」乃「惰」之古文，蓋古字通用也。「言不惰」與「行不翔」一律，皆不求美好之意。正義以「惰訛不正」釋之，於義未得。

生與來日，死與往日。

注曰：「與猶數也。生數來日，謂成服杖以死明日數也。死數往日，謂殯斂以死日數也。」

樾謹按：古無謂數爲與者。與當讀爲舉，《周官·師氏》「王舉則從」，故書「舉」爲「與」，是舉、與古字通。舉猶用也，《國語·周語》「唯能釐舉嘉義」，韋注曰：「舉，用也。」《吕氏春秋·遇合篇》「凡舉人之本」、《分職篇》「魯國之匹夫也，而我舉之」，高注曰：「舉，用也。」然則「生舉來日」者，三日成服，生者之事也，用死之明日爲始，是生舉來日也。「死舉往日」者，三日而殯，死者之事也，用死之日爲始，是死舉往日也。

二名不偏諱。

樾謹按：偏者，對全而言，言二字爲名，全舉之則不可，偏舉之則可也。夫子之母名徵在，此全舉之也。言在不稱徵，言徵不稱在，此偏舉之也。若謂孔子不當言徵、不當言在，如「足則吾能徵之矣」及「某在斯，某在斯」之類，皆以母名而避之，則不特諱其全，并諱其偏矣。故記人特明之曰「二名不偏諱」，此於文義甚明。自唐石經以下各本皆同，而宋毛居正作《六經正誤》乃曰「偏，本作徧，與遍同，作偏誤」，此臆説不足據。《唐律》「奏事犯諱」條：「二名偏犯不坐。」此律即本于禮經。犯其一字謂之偏犯，則避其一字謂之偏諱矣。「偏犯者不坐」是即不偏諱之謂，可證古本《禮記》作「偏」，不作「徧」，而毛氏引舊杭本柳文作「二名不遍諱」者，未可據以説經矣。顧氏千里《禮記攷異》已辨正毛氏之誤，而段氏玉裁《經韵樓集》反用毛氏説，謂「徧」是而「偏」非，何哉？今就二字之義論之。徧之言皆也，言不徧諱，則疑若二名止諱一字，其一字可以不諱者。偏之言單也，言不偏諱，則見二名固皆當諱，然語言之閒必不可避，則或言上一字而不言下一字，或言下一字而不言上一字，可也。此正禮經用字之密。使從毛説改偏爲徧，則幸有《檀弓》「言徵不稱在，言在不稱徵」之文，足以證明其義。不然，鮮不謂二名止當諱一字，臣子於君父二名者，幾不知所當諱之爲何字矣。一字之譌，文義縣絶，段君無乃未之深思乎？

夫人之諱，雖質君之前，臣不諱也。

注曰：「質，猶對也。」

樾謹按：「質」有「致」音。《襄三十年左傳》「用兩珪質于河」，《釋文》：「質，如字，又音致。」《昭十六年傳》「與蠻子之無質也」，《釋文》：「質，之實反，或音致。」竝其證也。故古字「質」與「至」通用。《史記・蘇秦傳》「趙得講於魏，至公子延」，《索隱》曰：「至當爲質，謂以公子延爲質也。」此質、至通用之證。「雖質君之前」者，雖至君之前也。鄭訓爲對，則但云「雖質君」足矣，何必加「之前」二字乎？

效駕。

注曰：「白已駕。」正義曰：「效，白也。僕監視駕竟而入白君，道駕畢，故鄭云『白已駕』也。」

樾謹按：《廣雅・釋言》曰：「效，考也。」效駕者，考驗其駕也。此二字題目下文，其下云「奮衣由右上，取貳綏。跪乘，執策分轡，驅之五步而立」，皆「效駕」之事也。此節所記，自將駕而已駕，而效駕，次弟秩然。鄭君不知「效駕」二字爲記人題目之辭，故失其解矣。

步路馬，必中道。

正義曰：「此謂單牽君馬行時。步猶行也。」

樾謹按：《襄二十六年左傳》曰：「左師見夫人之步馬者。」杜注曰：「步馬，習馬。」然則此記言「步路馬」者，亦是調習路馬也。《玉篇・馬部》「馻，盆故切，習馬，今作步。」正義但以「牽行」釋之，未盡其義。

大夫不名世臣姪娣。

注曰：「世臣，父時老臣。」

樾謹按：上句「國君不名卿老世婦」，「世婦」非父時老婦，則「世臣」亦非父時老臣矣。古字「世」與「大」通，《桓九年左傳》正義曰：「諸經稱世子及衛世叔申，經作『世』字，傳皆爲『大』。」是其證也。世臣者，大臣也，亦猶世子者，大子也。蓋家臣中之最貴者，非父時老臣之謂。至世婦之稱，義亦猶此。以其即次夫人之下，故從尊大之名。下文「天子有后，有夫人，有世婦」，正義曰：「以其猶貴，故加以『世』言之，亦廣世胤也。」似非古義。

天子同姓謂之伯父。

《釋文》出「天子謂之伯父」，云：「本或有『同姓』二字，衍文。」

樾謹按：正義本亦無「同姓」二字，今正義云「『天子同姓謂之伯父』者」，此「同姓」二字後人所加也。何以知之？下文「天子同姓謂之叔父」，正義曰「一本云天子同姓」，則所據本無「同姓」二字明矣。蓋下既别言異姓，其爲同姓自見，乃古人屬辭之省也。唐石經誤衍「同姓」二字，而各本從之，非鄭、孔所據之舊矣。

使者自稱曰某。

注曰：「使，謂使人於諸侯也。某，名也。」正義曰：「『使者自稱曰某』者，某，名也。若此卿爲使，在他國與彼君語，則稱名也。若與彼臣民言，則自稱『寡君之老』也。」

樾謹按：上文「諸侯使人使於諸侯，使者自稱曰『寡君之老』」，而此又云「使者自稱曰『某』」，故正義有「與彼君語」「與彼臣民言」之別。然《儀禮・燕禮篇》載公與客燕之禮，有曰「寡君，君之私也，君無所辱賜于使臣，臣敢辭」〔一〕，又記載「若與四方之賓燕，媵爵曰：『臣受賜矣，臣請贊執爵者。』」是使者於主國之君亦稱臣，或稱使臣，無稱名之禮，正義所説非也。今按：「使者自稱曰某」，與上文本不相蒙，乃通言凡爲人使之禮。上篇：「賀娶妻者曰：『某子使某，聞子有客，使某羞。』」正義曰：「使某者，使自稱名也。」此即「使者自稱曰某」之塙證。《儀禮・昏禮記》昏辭曰：「某有先人之禮，使某也請納采。」注曰：「某也，使名也。」又納吉曰「使某也敢告」，納徵曰「使某也請納徵」，請期曰「使某也請吉日」，是使者自稱曰某，乃禮之通例。疏家必合上事爲一，斯失之矣。且如上文曰「子於父母，則自名也」，亦於上事不蒙，然則

〔一〕《儀禮注疏》「敢」下有「固」字。

此文何妨自爲一事乎？

幣曰量幣。

樾謹按：注、疏均不說「量」字之義。量當讀爲良。《釋名·釋言語》曰：「良，量也。量力而動，不敢越限也。」是良與量聲近義通，故古得叚用。《山海經·海内北經》「犬封國有文馬，名曰吉量」，注曰：「量，一作良。」是其證也。「幣曰良幣」，與「玉曰嘉玉」文義一律。若讀如本字，則不得其解矣。

孔子少孤，不知其墓。《檀弓》

注曰：「孔子之父郰叔梁紇，與顔氏之女徵在野合而生孔子，徵在恥焉，不告。」

樾謹按：古者墓而不墳，孔子合葬其母之後，然後封之，崇四尺，是叔梁紇之葬本無此四尺之封也，但有兆域而已。孔子少孤，既未能躬親窀穸之事，母亦年少，未必親見。據《歷聘記年》，孔子年二十四歲母顔氏卒，距三歲喪父已二十一年，安能實知其體魄之所在哉？孔子曰：「丘也，東西南北之人也，不可以弗識也。」蓋亦鑒於父葬時之墓而不墳，不易識別，故不得不爲此也。後世學者不知古今異制，遂以孔子不知父墓爲一大疑，鄭氏乃有「徵在野合，恥焉，不告」之説，誣之甚矣。

殯於五父之衢。

注曰：「欲有所就而問之。孔子亦爲隱焉，殯於家，則知之者無由怪己，欲發問端。五父，衢名，蓋郰曼父之鄰。」

樾謹按：此孔子欲訪求父墓，故先淺殯其母，以爲遷葬之地也。士禮，三月而葬。孔子既不敢過其期，而父墓未得，又不能合葬，故爲此權宜之計。先擇地於五父之衢，掘肂埋棺，以便訪求父墓也。鄭氏謂欲發問端，此大不然。孔子欲訪求父墓，自可就故老而詢之，何必迂迴如此哉？近世高郵孫邃人濩孫箸《檀弓論文》，讀「不知其墓殯於五父之衢」十字爲句，謂：「殯淺而葬深。孔子父墓實淺，葬於五父之衢，因少孤不得其詳。至是母卒，欲從周人合葬之禮，卜兆于防，惟以父墓淺深爲疑，如其殯而淺也，則可啓而遷之。若其葬而深也，則疑體魄已安，不可輕動。其慎也，蓋謂夫子再三審慎，不敢輕啓父墓也。」今按：孫氏之説巧矣，而實於事理未得。古者大斂之後，掘肂埋棺，以木覆棺上而塗之爲火備，所謂殯也。殯與葬自是二事，未聞以深者爲葬，淺者爲殯也。顔氏之卒，孔子必用殷禮，殯于兩楹之閒，未得父墓而又不敢久留母殯，故就五父之衢掘肂埋棺，略如殯制，因亦謂之殯，所謂禮以義起也。若叔梁紇之葬，歲月已久，豈可復謂之殯哉？且如孫氏之説，孔子之父墓即在五父之衢，然則孔子奉母合葬，亦于五父之衢可矣，何必卜兆于防哉？江氏慎《鄉黨圖考》盛推孫説〔一〕，恐疑誤後學，故附辨之。

人之見之者，皆以爲葬也。其慎也，蓋殯也。

注曰：「慎，當爲引，禮家讀然，聲之誤也。殯引，飾棺以輴；葬引，飾棺以柳翣。孔子是時以殯引，不以葬引，時人見者，謂不知禮。」

樾謹按：此見聖人舉事不苟，雖是暫時淺殯而附於棺者，必誠必信，與大葬不殊，故人之見之者，皆以爲葬也，以其慎之至也。及徐察之，止是殯而非葬，故又曰「蓋殯也」。鄭破慎爲引，既無依據，且如其説，則殯與葬之别，在棺飾而不在引，何不曰「其飾也」，而必曰「其引也」？足知鄭讀之非矣。

公曰：「末之，卜也。」

注曰：「末之，猶微哉，言卜國無勇。」

樾謹按：「馬驚，敗績」，是御之罪，非右之罪。公乃舍縣賁父而責卜國，理不可通，鄭注非也。《小爾雅·廣詁》曰：「蔑，末也。」是末與蔑義相近。末之，猶蔑之也。《論語·雍也篇》

〔一〕《鄉黨圖考》的作者爲清代學者江永，字慎修。「慎」下或脱「修」字，或「慎」爲「永」字之誤。

「亡之，命矣夫」，《漢書·宣六王傳》引作「蔑之，命矣夫」，蓋皆痛惜之之辭。是時莊公之意，以敗績之罪坐縣賁父，其死其生，皆不足問，而車右無罪，深可痛惜，故既就佐車而曰「末之，卜也」，蓋深惜卜國，正所以深罪縣賁父也。於是縣賁父即以無勇自責，赴敵而死。死者止縣賁父一人，記文甚明，而鄭注乃謂「二人赴敵而死」，非其實矣。縣賁父雖死於敵而實死于公之一言，故公後悔而誄之。鄭解「末之，卜也」句，不得其旨，故於此事委曲未能明也。

狐死正丘首。

注曰：「正丘首，正首丘也。」

樾謹按：正之言當也。《廣韻》曰：「正，正當也。」正丘者，當丘也。狐之死也，首必當丘，於文應云「狐死首正丘」，其義方明。乃云「正丘首」者，古人屬文之曲也。鄭注不云「首正丘」，而云「正首丘」，似於「正」字之義未得矣。

子思之哭嫂也爲位。

正義曰：「皇氏以爲原憲字子思，若然，鄭無容不注。鄭既不注，皇氏非也。」

樾謹按：伯魚不聞更有長子，子思安得有嫂？疑當從皇氏之説。且此節乃曾子之言，下文申詳、言思，皆斥其名，而於子思獨稱其字者，曾子與原憲竝事夫子，行輩相同，故字之也。

若子思是伯魚之子，下文「曾子謂子思曰：『伋，吾執親之喪也，水漿不入於口者七日。』」未聞稱其字也。即此以論，其爲原憲，明矣。

爲爾哭也來者，拜之。知伯高而來者，勿拜也。

正義曰：「若與伯高相知而來哭者，女則勿拜也。」

樾謹按：知猶爲也，《國語·周語》「若是而知晉國之政，楚越必朝」，韋注曰：「知政，謂爲政也。」《呂氏春秋·長見篇》「三年而知鄭國之政」，高注曰：「知猶爲也。」然則「知伯高而來」，即是爲伯高而來，與上句「爲爾哭也來者」文義一律。上句言「爲」，下句言「知」，文異而義同，古書多有此例。正義以「相知」解之，失其旨矣。

使西河之民，疑女於夫子。

正義曰：「使西河之民疑，女道德與夫子相似。皇氏言，疑子夏是夫子之身。然子夏魏人，居在西河之上，姓卜名商，西河之民，無容不識，而言是魯國孔丘，不近人情，皇氏非也。」

樾謹按：疑乃擬之叚字。《漢書·食貨志》「遠方之能疑者」，《何武王嘉師丹傳贊》「疑於親戚」，師古注竝曰：「疑讀曰擬。」是也。「疑女於夫子」者，擬女於夫子也。皇氏之説固爲不情，正義所解，亦於「疑」字未得也。

孔子之喪，公西赤爲志焉。

注曰：「志，謂章識。」

樾謹按：《哀公問篇》「子志之心也」，注曰：「志讀爲識。」此注以「章識」釋「志」字，蓋亦讀爲「識」也。然其下所陳皆飾棺之事，用三代之禮尊崇夫子，非以爲章識也。志當讀爲職，職與識並從戠聲，古字通用。《周官》「職方氏」，《修華嶽碑》作「識方氏」，是也。志通作識，故亦通作職。《楚辭・懷沙篇》「章畫志墨」，《史記・屈原賈生傳》「志」作「職」，是也。《爾雅・釋詁》：「職，主也。」公西赤爲職者，爲職猶爲主也，言孔子之喪，公西赤主其事也。下文「子張之喪，公明儀爲志焉」，義與此同。

從母之夫，舅之妻，二夫人相爲服。

注曰：「二夫人，猶言此二人也。」

樾謹按：「夫」字衍文也。「二人」兩字誤合爲「夫」字，學者旁識「二人」兩字以正其誤，而傳寫者誤合之，遂成「二夫人」矣。鄭君作注時已如此，遂因而爲之説，然「二夫人」之文，實不成義，故知其非也。

滕伯文爲孟虎齊衰，其叔父也。爲孟皮齊衰，其叔父也。

正義曰：「謂滕國之伯名文，爲叔父孟虎箸齊衰之服，其虎是滕伯文叔父也。『爲孟皮齊衰，其叔父也』，謂滕伯爲兄弟之子孟皮箸齊衰之服，其滕伯是皮之叔父也。言滕伯上爲叔父、下爲兄弟之子，皆箸齊衰，是『上不降遠，下不降卑』也。」

樾謹按：記文兩言「其叔父也」，竝無異辭，何以見孟虎是滕伯之叔父，滕伯是孟皮之叔父哉？正義之説，殊不可通。孟虎、孟皮疑是一人，虎與皮蓋一名一字。鄭罕虎字子皮，即其例也。縣子本得之傳聞，或故老所説不同，或簡策所載互異，疑以傳疑，故竝存之。疏家必泥上文「上下各以其親」，謂一是叔父，一是兄弟之子，殆不然矣。

所識，其兄弟不同居者皆弔。

正義曰：「此文連上『有殯』之下。皇氏以爲別更起文，不連『有殯』之事。『所識』者，謂識其死者之兄弟，是小功以下之親。既識兄弟，雖不同居者〔一〕，皆一一就弔之。」

樾謹按：此當從皇氏之説，不連上「有殯」爲義。惟皇氏謂「識其死者之兄弟」，則是讀「所

〔一〕《禮記正義》《禮記注疏》無「者」字。

識其兄弟」五字爲一句，文義未安。今按：所識者，與我相識之人也。其人既與我相識，往來同恩好，則其兄弟之不同居者，雖或未必相識，然亦當引而近之，故聞其死，則必往弔也。

君之適長殤，車三乘。公之庶長殤，車一乘。大夫之適長殤，車一乘。

注曰：「庶子言公，卑遠之。」

樾謹按：如鄭義，則君與公一也，特於庶長，故作尊稱耳，其説殊爲無理，殆非也。公者，大國之孤也。《儀禮》所説，皆侯國之禮而有諸公。鄭注《燕禮》曰：「諸公，謂大國之孤也。孤一人言諸者，容牧有三監。」《檀弓上篇》：「國亡大縣邑，公、卿、大夫、士皆厭冠，哭於大廟三日，君不舉。或曰，君舉而哭於后土。」正義引《士喪禮》鄭注曰：「公，大國之孤，四命者也。」此文先言君，後言公，别而言之，明非一人，當從鄭君《儀禮》説解爲大國之孤。君之適長殤，車三乘，則其庶長殤，車當二乘矣；公之庶長殤，車一乘，則其適長殤，車當二乘矣。《記》文正以君、公互見也。

齊穀王姬之喪。

注曰：「穀當爲告，聲之誤也。王姬，周女，齊襄公之夫人。」

樾謹按：《檀弓》一篇所記，如公儀仲子之喪，司寇惠子之喪，將軍文子之喪，孟獻子之喪，晉獻公之喪，滕成公之喪，此類多矣。齊穀王姬之喪，宜亦同此。鄭破穀爲告，殆非也。據下文「或曰：『外祖母也，故爲之服。』」此王姬疑是齊僖公之夫人。齊僖公名禄父，穀與禄聲近義通。《爾雅·釋言》曰：「穀，禄也。」《周官·天府》「若祭天之司民司禄」，鄭注曰：「禄之言穀也。」《淮南子·人閒篇》「不穀親傷」，高注曰：「不穀，不禄也。」竝其證也。齊穀即齊禄父，亦猶晉重、魯申、衛武、蔡甲午、鄭捷、齊潘、宋王臣、莒期之比。《襄十八年左傳》曰：「齊環怙恃其險。」《昭元年傳》曰〔一〕：「莒展之不立。」皆斥其名而繫以國，古人自有此稱。是故齊穀猶云齊潘、齊環也。「齊穀王姬」者，以夫名妻，猶《昭元年左傳》所稱「武王邑姜」也。此王姬不見于《春秋》，然《春秋》之爲書，本託事以見義，而非紀事之史，不得因其不見《春秋》，而遂謂無此王姬也。且魯莊公爲齊襄女弟文姜之子，其事甚箸。若此王姬是齊襄夫人，則於魯莊爲舅之妻，而非外祖母，誰不知之？何至有「或曰外祖母」之説？即或有之，記人豈不覺其謬妄而肯録其説哉？鄭君不知「齊穀王姬」之義，而反以或説爲非，殊非以經治經之意矣。

〔一〕元，原文作「二」，今據《春秋左傳正義》改。

望反諸幽，求諸鬼神之道也。

樾謹按：「反」字衍文也。據正義曰：「望諸幽者，求諸鬼神之道也。言鬼神處在幽闇，故望幽以求之。」然則《記》文無「反」字，明矣。蓋涉上注文「庶幾其精氣之反」，因而誤衍，當删。

有直情而徑行者。

樾謹按：此「有」字涉上二句而衍也。上云「禮有微情者，有以故興物者」，此二者皆禮之所有也。若夫「直情徑行者，戎狄之道也，禮道則不然」，是非禮之所有，安得言「有」乎？今云「禮有微情者，有以故興物者，有直情而徑行者」，似乎三者皆禮之所有，與下文不合矣。故知此「有」字爲衍文也。

既葬，慨焉如不及其反而息。

吴氏澄《禮記纂言》曰：「既葬，謂迎精而反，在路之時，其謂已葬之親。如親已還反至家，己尚追逐不及，力已疲憊，行不能前，而暫焉休息，言其悵怳不安之甚，故曰『慨焉』。或曰：其反而息，謂親已還反而休息也。」

樾謹按：正義讀「慨焉如不及」爲句，「其反而息」爲句，所解殊未明了。吴氏以「慨焉如不及其反而息」九字連讀，洵長於舊説矣，但謂「暫焉休息」，則非也。「不及其反」，正當急行以求及，安得休息乎？又引或説爲「親已還反而休息」，亦非也。上文「始死，皇皇焉，如有求而弗得。及殯，望望焉，如有從而弗及」，皆自爲子者言之。此云「而息」與上文「而弗得」「而弗及」一律，安得自親言之乎？然則吴氏二解，於「息」字之義均未得也。今按：《説文·心部》：「息，喘也。」《口部》：「喘，疾息也。」凡人行急則喘，「如不及其反而息」者，如不及其反而喘也。孝子之心，若親已還反而追之不及，故慨然爲之喘息也。「息」之義本爲喘息，引申之則有「休息」之義，猶「勞」之義本爲勞苦，而又爲勞來也。相沿既久，學者止知有「休息」一義，故於此經「息」字，莫得其解耳。

脩其班制，以與四鄰交。

注曰：「班制，謂尊卑之差。」

樾謹按：尊卑之差，自有一定，無所用其脩也。脩當作循，脩與循字形相似，傳寫易誤。《禮器篇》「反本脩古」，正義曰：「脩，定本及諸本作循。」是其證也。「循其班制，以與四鄰交」，謂若魯以周班後鄭之類。

般，爾以人之母嘗巧，則豈不得以其毋以嘗巧者乎？則病者乎？

注曰：「以，已字，言誰有强使女者與，僭於禮，有似；作機巧，非也。『以』與『已』字本同。毋，無也。於女寧有病苦與，止之。」

樾謹按：鄭讀「不得以」爲「不得已」，非也。此「以」字即上「爾以」之「以」，亦即下「毋以」之「以」。言爾以人之母嘗巧，豈不得以人之母嘗巧，即無以嘗巧者乎？三「以」字一氣相生，見嘗巧之事甚多，不必以人之母也。鄭讀以爲已，失之矣。至「毋」字，鄭訓爲「無」，《釋文》「音無」，其非「母」字甚明，近或作「母」字解之，立説雖巧，不可從也。

嗟來食。

樾謹按：「來」乃語助之辭。《莊子·大宗師篇》子桑户死，孟子反、子琴張相和而歌曰：「嗟來桑户乎！嗟來桑户乎！」此云「嗟來食」，文法正同。下云「予唯不食嗟來之食」，是「嗟來」二字連文之明證。正義解爲「嗟呼來食」，誤以「來食」連讀，失之。

曾子聞之曰：「微與！」

注曰：「微猶無也。無與，止其狂狷之辭。」正義曰：「微與者，微，無也；與，語助。言餓者無得如是與。」

樾謹按：餓者已不食而死，曾子於事後發論，乃復言「無得如是」以止之，殊於語意不合。下文「雖微晉而已」，注曰：「微猶非也。」此「微」字亦當訓爲「非」，微與猶言非與，曾子聞其事而非之，特以不食而死，亦人所難，故不敢質言，而言「與」以疑之也。

執女手之卷然。

注曰：「説人辭也。」正義曰：「言孔子手執斤斧，如女人之手卷卷然而柔弱，以此歡説仲尼，故注云『説人辭也』。」

樾謹按：以女人之手比人之手，謂以此歡説仲尼，殊爲不情。《釋文》云：「女，如字，徐音汝。」當從徐讀爲長。執汝手者，猶《詩·遵大路篇》所謂「摻執子之手」也。卷然，猶云拳拳然。《廣雅·釋訓》：「拳拳，愛也。」王氏念孫《疏證》曰：「《漢書·劉向傳》云：『念忠臣雖在甽畝，猶不忘君惓惓之義也。』《賈捐之傳》云：『敢昧死竭卷卷。』《貢禹傳》云：『臣禹不勝拳拳。』竝字異而義同。」此「卷然」字，據《釋文》亦有作「拳」者。「執女手之卷然」，謂執汝之手而拳拳然相親愛也，故鄭以爲「説人之辭」。正義所説非經意，亦非注意。

所舉於晉國管庫之士。

注曰：「管，鍵也。庫，物所藏。」

樾謹按：管鍵，所以啓閉之物，然不謂之啓庫、閉庫，而謂之管庫，文不成義矣。管當讀爲館。館，館人也。庫，庫人也。管與館古通用。《儀禮·士喪禮》「管人汲」，注曰：「管人，有司主館舍者。」是其證也。《儀禮》釋文曰：「管，如字。劉又音官。」蓋「官」爲「館舍」之本字；作「館」者，後出字；作「管」者，叚借字也。説詳余所箸《字義載疑》。《曲禮篇》「在官言官，在府言府，在庫言庫」，鄭注曰：「官，謂版圖文書之處。」然則官即館也。《曲禮》之「官庫」，此文之「管庫」，文異而義同。訓管爲鍵，失之矣。

蠶則績而蟹有匡，范則冠而蟬有緌，兄則死而子皋爲之衰。

注曰：「蚩兄死者。言其衰之不爲兄死，如蟹有匡，蟬有緌，不爲蠶之績，范之冠也。」

樾謹按：下云「兄則死而子皋爲之衰」，上當云「蠶則績而蟹爲之匡，范則冠而蟬爲之緌」，文義始一律，注義殆非也。蟹有匡者，蟹爲匡也。蟬有緌者，蟬爲緌也。《孟子·滕文公篇》「夫滕，壤地褊小，將爲君子焉，將爲野人焉」，趙注曰：「爲，有也。」爲與有一聲之轉，故爲可訓有，有亦可訓爲。《國語·周語》「胡有孑然其效戎狄也」，胡有，即胡爲也。《晉語》「其有吉孰大焉」，有吉，即爲吉也。說詳王氏引之《經傳釋詞》。《莊子·大宗師篇》「莫然有閒」，《釋文》曰：「本亦作爲閒。」是有與爲古字通矣。此文本云「蠶則績而蟹爲匡，范則冠而蟬爲緌，兄則死而子臯爲之衰」，上二句用「有」字者，文異而義同。古人疊句成文而虚字不同，往往有之。《文王世子篇》「文王九十七乃終，武王九十三而終」，即其例也。《鹽鐵論》「忠焉能勿誨乎，愛之而勿勞乎」，一句用「能」字，一句用「而」字。《史記·貨殖傳》「智不足與權變，勇不足以決斷，仁不能以取予」，一句用「與」字，兩句用「以」字。如此之類，不可勝舉。

三十國以爲卒。（《王制》）

注曰：「屬、連、卒、州，猶聚也。」正義曰：「屬是繫屬，連是連接，卒是卒伍，州是聚居，故云『屬、連、卒、州，猶聚也』。」

樾謹按：卒當讀爲萃。《周易·序卦傳》曰：「萃者，聚也。」萃從卒聲，故即以「卒」爲之耳。正義謂取「卒伍」之意，失之。

不及以政。

注曰：「役賦不與。」正義曰：「既是罪人被放，不干及以政教之事，謂不以王政賦役驅使。」

樾謹按：鄭蓋讀政爲征。凡力役謂之征，《周禮·地官·均人》「均人民牛馬車輦之力政」，鄭注曰：「政讀爲征。力征人民，則治城郭、涂巷、溝渠。牛馬車輦，則轉委積之屬。」是其義也。凡賦稅亦謂之征，《天官·小宰》「聽政役以比居」，注曰：「政謂賦也。」凡其字或作正〔一〕，或作征，以多言之宜從「征」，如《孟子》「交征利」云，是其義也。「不及以征」，即是不及以力役賦稅之事，故注云「役賦不與」，正義以本字讀之，非是。

天子賜諸侯樂則，以柷將之；賜伯子男樂則，以鼗將之。

樾謹按：自來讀者於「樂」字斷句，非也。此當於「則」字斷句，「天子賜諸侯樂則，句。以柷將之；賜伯子男樂則，句。以鼗將之」。「樂則」者，九賜之一也。《曲禮篇》「三賜不及車馬」，正義引《含文嘉》云：「九賜：一曰車馬，二曰衣服，三曰樂則，四曰朱户，五曰納陛，六曰虎賁，七曰斧鉞，八曰弓矢，九曰秬鬯。」又引《公羊》説：「一曰加服，二曰朱户，三曰納陛，四曰輿馬，五曰樂則，六曰虎賁，七曰斧鉞，八曰弓矢，九曰秬鬯。異人之説，故文有參差，大略同也。」此《記》言賜樂則、賜弓矢、賜鈇鉞、錫圭瓚，皆九賜中事。正義誤以「則」字屬下讀，又云「非九賜之樂」，失之矣。

〔一〕「或作正」上，《群經平議》手稿本有「或作政」三字。

用地小大，視年之豐秏。

注曰：「小國、大國，豐凶之年，各以歲之收入，制其用多少，多不過禮，少有所殺。」正義曰：「用，謂制國之用。凡制國用多少，必計地小大，又視年之豐秏。」

樾謹按：如此則「用」字爲句，「地小大」爲句，文不成義矣。用當讀爲以，《明堂位篇》「加以璧散璧角」，《周官・司尊彝》注引作「加用璧散璧角」；《雜記》「枇以桑」，《儀禮・特牲饋食禮》引作「枇用桑」，是「用」與「以」古通也。「用地小大」，即以地小大，此當連上文爲義，其文曰「冢宰制國用，必於歲之杪，五穀皆入，然後制國用，用地小大」，言制國用必以地之小大也。「視年之豐秏」，則當連下文爲義。其文曰「視年之豐秏，以三十年之通制國用，量入以爲出」，言必視年之豐秏，合三十年而通計之，以制國用也。鄭誤合二句爲一義，則當云「用視地小大與年之豐秏」，文義方明，不當云「用地小大，視年之豐秏」也，可知其非矣。

喪祭用不足曰暴。

注曰：「暴，猶秏也。」正義曰：「暴是殘暴，物被殘暴則虛秏，故云『暴猶秏也』。」

樾謹按：正義所説，望文生訓，非塙義也。暴當讀爲薄，《漢書・宣帝紀》注曰：「薄亦暴也。今俗語亦云薄曬。」是暴與薄古通用。《方言》曰：「膊，暴也。」暴之通作薄，猶膊之通作暴也。用不足曰暴，猶用不足曰薄。以「殘暴」解之，失其義矣。

夫圭田無征。

注曰：「夫，猶治也。征，税也。《孟子》曰：『卿以下必有圭田。』治圭田者不税，所以厚賢也。」

樾謹按：夫之訓治，他無所徵，殆曲説也。此「夫」字疑當讀爲「大夫」二字。古人書「大夫」字，或止於「夫」下積二畫，如《嶧山碑》「御史夫二臣德」，是也。故或譌作「夫夫」，《莊子・田子方篇》「于是旦而屬之夫夫」，《釋文》曰：「夫夫，古讀爲大夫。」是也。又或傳寫奪去二畫而僅存一「夫」字，《晏子春秋・問篇》：「晏子聘於魯，魯昭公問曰：『夫儼然辱臨。』」是也。「夫圭田無征」，即大夫圭田無征。圭田，卿、大夫、士皆有之，獨言大夫者，舉中以包上下耳。

史以獄成告於正。

注曰：「史，司寇吏也。正，於周鄉師之屬，今漢有正平，承秦所置〔一〕。」正義曰：「按《周禮》，鄉師屬地官，不掌獄訟。而云『鄉師』者，鄉謂鄉士也，師謂士師也。云『之屬』者，謂遂士、

〔一〕　承，《禮記正義》《禮記注疏》均作「丞」。下「承」字同。

縣士、方士之等。云『今漢有正平，承秦所置』者，按《漢書·百官公卿表》『廷尉，秦官，掌刑辟，有正、左右監。宣帝地節三年，初置左右平』。鄭見古有正，連言平耳。此《王制》多是殷法，秦則放殷置之。」

樾謹按：鄉士、士師并言之曰「鄉師」，甚爲不辭。疑鄭注本作「鄉士之屬」，傳寫誤耳。正義承誤本而曲爲之説，非也。至鄭以漢制説「正」字，亦爲失之。《爾雅·釋詁》：「正，長也。」古謂官長曰正。《周禮·天官·序官》注曰：「酒正，酒官之長。」是也。史即府史胥徒之史，《秋官·序官》鄉士、遂士、縣士、方士之下各有史如干人。史掌文書，故成獄辭，則史各以告之其正。縣之史即以縣士爲正，遂之史即以遂士爲正，鄉之史即以鄉士爲正。鄭君誤釋「正」字，未得古義。而孔穎達遂據此文，定《王制》之作爲在秦、漢之際，恐未必然也。《尚書·立政篇》曰「其勿誤于庶獄庶慎，惟正是乂之」，蔡沈《集傳》曰：「正，猶《康誥》所謂『正人』，與宫正、酒正之正，指當職者爲言。」此説轉得之矣。

執左道以亂政。

注曰：「左道，若巫蠱及俗禁。」

樾謹按：如注義，則當與下文「假於鬼神、時日、卜筮以疑衆」者同科，乃與「析言破律，亂名改作」者相次，殊爲不類矣。蓋「左道」非必巫蠱之流，凡不便於民者皆是。人有左右，右便而左不便，故凡不便者曰左。《昭四年左傳》「不亦左乎」，杜注曰：「左，不便。」是也。古之君子禮從宜，使從俗，是故修其教不易其俗，齊其政不易其宜。若乃生今之世，反古之道，又或作聰明以亂舊章，皆謂之左道，可矣。

六十宿肉。

正義曰：「六十宿肉者，轉老，故恒宿肉在帳下，不使求而不得也。」

樾謹按：如正義所說，則與「九十飲食不離寢」無異矣，疑非經旨。宿者，進也。《儀禮·少牢饋食禮》鄭注曰：「宿讀爲肅。肅，進也。」古文宿皆作羞，然則宿肉猶羞肉。《爾雅·釋詁》：「羞，進也。」五十之年但異其粻而未有肉，至六十則每食必進肉矣，故曰「宿肉」。

八十月告存。

正義曰：「告，謂問也。君每月使人致膳，告問存否。」

樾謹按：存者，問也。《說文·子部》：「存，恤問也。」《國策·秦策》「無一介之使以存之」，高誘注曰：「存，勞問也。」《漢書·嚴助傳》「使重臣臨存」，師古注曰：「存謂省問之。」竝古人謂問爲存之證。「八十月告存」者，每月使人以存問之辭致告也。正義不知存之訓問，而反訓告爲問，古訓無徵，不可從也。且人君優禮老臣而每月以存否爲問，亦非所以安老臣之心。《周禮·大行人》「歲徧存，三歲徧頫，五歲徧省」，所謂存者，豈亦問其存否乎？足知其非矣。

瘖聾、跛躃、斷者、侏儒，百工各以其器食之。

正義曰：「百工，謂有雜技藝。」

樾謹按：國有六職，百工與居一焉，乃與瘖聾、跛躃之類一律視之，殊爲不合。「百工」字疑當屬下讀，百工即百官也。《尚書·堯典篇》「允釐百工」，《史記·五帝紀》作「信飭百官」，是也。瘖聾、跛躃、斷者、侏儒，皆有疾病，所宜矜恤，故使百官各隨其器以食之。《晉語》文公問於胥臣曰：「奈夫八疾何？」對曰：「官師之所材也，戚施直鎛，蘧蒢蒙璆，侏儒扶盧，矇瞍修聲，聾聵司火，童昏、嚚瘖、僬僥，官師之所不材也，以實裔土。」此言「百工以其器食之」，即彼言「官師之所材」，可知其義矣。

群經平議卷二十

禮記二

其神句芒。（《月令》）

注曰：「此蒼精之君，木官之臣，自古以來，箸德立功者也。」正義曰：「此之言，據死後享祭之時，不論生存之日，故云『其神句芒』。句芒言其神，則太皞亦神也。太皞言帝，則句芒當云臣，互而相通。」

樾謹按：正義所説，非古義也。《國語·魯語》「昔禹致群神於會稽之山」，又曰「山川之靈，足以紀綱天下者，其守爲神；社稷之守者，爲公侯，皆屬於王者」。然則神之名，不必據死後而稱之也。太皞言其帝，句芒言其神，皆是生存之號。鄭注謂是「蒼精之君，木官之臣」，以君釋帝，以臣釋神，正得古義。《詩・皇矣篇》毛傳「致其社稷群神」，《釋文》曰：「本或作群臣。」是神猶臣也。正義屑屑分別，反失之矣。

其器疏以達。

注曰：「器疏者，刻鏤之象。物當貫土而出也。」正義曰：「刻鏤爲文，使文理麤疏，直而通達也。」

樾謹按：注中「刻鏤」字，即釋經文「疏」字。《明堂位篇》「殷以疏勺」，注曰：「疏，通刻其頭。」《儀禮・有司徹篇》「覆二疏匕于其上」，注曰：「疏匕，匕柄有刻飾者。」竝其證也。正義不知刻鏤即爲疏，而又以「文理麤疏」增成之，殊失注意。

祀，不用犧牲，用圭璧。更，皮幣。

注曰：「更，猶易也。」正義曰：「非但用圭璧更易，又用皮幣以更之，故在圭璧皮幣之中，上下有也。」

樾謹按：如此則文不成義甚矣，殆非也。「更皮幣」三字，當自爲句。《周官・女祝》「掌以時招、梗、禬禳之事」〔一〕，注曰：「杜子春讀梗爲更。玄謂：梗，御未至也。」此文「更」字，即「招梗禬禳」之「梗」，與杜讀合。正義引蔡氏云：「此祀不用犧牲者，祈不用犧牲，謂祈禱小祀也。」然則祀謂祈禱，更謂梗御，其事相近。凡有祈禱之事，不用犧牲而用圭璧，若梗御之事則止用皮幣而已，以其事尤輕也。當讀云「祀，句。不用犧牲用圭璧。更，句。皮幣」，則得其義矣。

天子乃薦鞠衣于先帝。

注曰：「鞠衣，黄桑之服。」正義曰：「鄭注《内司服》云：『鞠衣，黄桑服也。色如鞠塵，象桑葉始生。』菊者，草名，花色黄，故季秋之月云『菊有黄華』，是鞠衣黄也。」

樾謹按：《周官・内司服》賈公彦疏云：「鞠塵，不爲『麴』字者，古通用。」是「鞠塵」之「鞠」當讀爲「麴」。《齊民要術》説作女麴如作麥麴法，「以青蒿上下奄之，置牀上，三七二十一日，開看，徧有黄衣則止。三七日無衣，乃停，要須衣徧乃止。」然則麴塵者，即謂麴上黄衣也。《吕氏春秋・季春紀》高注曰：「衣黄如菊花，故謂之菊衣。」此别是一説，與鄭義異。《釋文》曰：「鞠，居六反，如菊華也。又去六反，如麴塵。」分晰甚明，而正義乃合而一之，既用鄭君「鞠塵」

〔一〕 女祝，原文作「女御」，今據《周禮注疏》改。

之義，又引「鞠有黄華」爲説，違失甚矣。

角、齒、羽、箭、榦。

正義曰：「熊氏云：『各以類相從，金鐵爲一庫，皮革筋爲一庫，角齒爲一庫，羽箭榦爲一庫，脂膠丹漆爲一庫。』義或然。」

樾謹按：羽與箭榦，非同類之物也。《周禮·地官》「角人掌以時徵齒角，凡骨物于山澤之農」「羽人掌以時徵羽翮之政，于山澤之農」，二職相連，則角、齒、羽三者，自當共爲一庫。賈公彦疏曰：「此羽人所徵羽者，當入於鍾氏，染以爲后之車飾及旌旗之屬也。」是羽之爲用甚廣，非獨供矢人之用，何見其必與箭榦同庫乎？

命國難，九門磔攘，以畢春氣。

注曰：「此難，難陰氣也。」

樾謹按：《月令》三難，惟季冬之難爲難陰氣。若季春及仲秋，則皆難陽氣也。此在記者自有明文，不容臆説。仲秋曰：「天子乃難以達秋氣。」秋氣者，陰氣也。以達秋氣，則其所難者爲陽氣可知矣。此云「以畢春氣」，春氣者，陽氣也。以畢春氣，則其所難者爲陽氣，亦可知矣。夫季春之難，以畢春氣，猶季冬之難，以送寒氣也。送之、畢之，皆欲其氣之去也。鄭以季春之難爲難陰氣，則當如仲秋之例曰「以達春氣」，於義方合，不當言「畢」也。若畢春氣爲難陰氣，豈送寒氣爲難陽氣乎？鄭又引《王居明堂禮》曰：「季春出疫于郊，以攘春氣。」是則因春氣太盛，攘而去之，禮文甚明，而鄭顧以爲難陰氣，直誤以春氣爲陰氣矣。

贊傑俊。

注曰：「贊，猶出也。」正義曰：「贊是贊佐之義，故云『出』。」

樾謹按：「贊佐」之義與「出」絶遠，古書訓贊爲出者，他無所見，鄭義非也。贊從兟爲意，《説文・先部》：「兟，進也。」故「贊」亦有進義。師古注《漢書・東方朔傳》《孔光傳》竝曰：「贊，進也。」「贊傑俊」之「贊」，當訓爲進，下句「遂賢良」注曰：「遂猶進也。」贊與遂文異義同。

調竽笙篪簧。

正義曰：「簧者，竽、笙之名也。」阮氏《校勘記》曰：「段玉裁云『名』當作『舌』。」

樾謹按：簧是竽、笙之舌，則已包於竽、笙中矣，何必言竽、笙，又言簧乎？簧蓋自成一樂器，竽、笙不能無簧而簧不必定施於竽、笙。《一切經音義》卷八引《古史考》曰：「女媧作簧，其後隨作竽三十六管。」是簧固先竽而有矣。《釋名・釋樂器》曰：「簧，横也，於管頭横施於中也。」此言竽、笙之簧也。又曰：「以竹鐵作，於口横鼓之，亦是也。」此則自成樂器，不施於竽笙矣。《詩·鹿鳴篇》「吹笙鼓簧」，即所謂「於口橫鼓之」者，故吹笙與鼓簧各爲一事，猶鼓瑟與吹笙各爲一事也。此文「調竽笙箎簧」，《呂氏春秋·仲夏紀》作「調竽笙壎箎」，蓋由學者不知簧之自爲一器，疑言竽笙不當復言簧，又習見壎箎之文，故妄改之耳，非呂氏之舊也。

仲夏行冬令，則雹凍傷穀。

注曰：「陽爲雨，陰起脅之，凝爲雹。」

樾謹按：鄭注未釋「凍」字。凍當讀爲涷，《爾雅·釋天》「暴雨謂之涷」，郭注曰：「今江東呼夏月暴雨爲涷雨。《離騷》云『令飄風兮先驅，使涷雨兮灑塵』是也。涷音『東西』之『東』。」然則雹凍者，雹與暴雨也。夏日暴雨，往往與雹俱至，故竝言之。字不作「涷」而作「凍」者，古字通也。《隸釋·張納功德碑》「卹澹凍餒」，此叚涷爲凍也。《文選·思玄賦》「凍雨沛其灑塗」，此叚凍爲涷也。古文聲同之字，例得叚借。字可爲「凍」，讀當從「涷」，《釋文》「音丁貢反」，失之矣。

土潤溽暑，大雨時行。

注曰：「潤溽，謂塗溼也。」正義曰：「土既潤溽，又大雨應時行也。」

樾謹按：鄭所據本，疑無「暑」字，故但釋「潤溽」之義，而不及「暑」字。下文注曰：「土潤溽，膏澤易行也。」是鄭本無「暑」字之明證也。正義言「土既潤溽，又大雨應時行」，是孔氏所據本亦無「暑」字矣。《周書·時訓篇》有「暑」字，且曰「土潤不溽暑，罰不應物[一]」，則「潤溽」二字不連讀，與鄭義異。然「土潤不溽暑」，文義殊爲不安，疑《周書》原文亦作「土潤溽」，其下則云「土不潤溽，罰不應物」。今本乃傳寫之誤，不足據也。

其日戊己。

樾謹按：《月令》於四時各舉其日，夫木、火、金、水各王一時，豈繫乎其日哉？蓋因中央土而設也。土無定位，寄王四時。凡一歲之中所有戊日、己日，皆土所寄王之日。天子居太廟太室以應之，四時皆然。記人因文無可繫，故特繫之夏秋之交，以其爲四時之中也。合四時計之，孟、仲、季三月，以九十日爲率，則戊日九，己日九，其大較也，總計得七十二日，爲土所寄王之日，而五行之氣無偏勝矣。此所以於中央土特箸「其日戊己」之文也。中央土既特箸「其日戊己」之文，故於四時亦各舉其日以配之。學者不知「其日戊己」爲土所寄王之日，記有明文而但見其文次季夏之月之後，因推之於春、於秋、於冬，謂土之寄王皆在四季之末，謬矣。余有説存集中，撮其大略如此。

[一] 罰不應物，《逸周書》作「物不應罰」。

文繡有恒。

樾謹按：恒當作常，此由學者不知「常」是本字，誤以爲漢人避文帝諱所改，如恒山作常山之例，遂改正之而轉失其本字矣。「文繡有常」與上文「裳」字、下文「長」字、「量」字、「常」字爲韵。今「常」誤作「恒」，而下文「度有短長」句，又誤作「長短」，則皆失其韵矣。《呂氏春秋·仲秋紀》皆不誤，可據以訂正。

量小大。

阮氏《校勘記》曰：「惠棟校宋本同。宋監本、岳本、嘉靖本同。石經同。閩、監、毛本『小大』二字倒，衛氏《集説》同。」

樾謹按：衛湜本是也。上文云「制有小大，度有短長」，則「小」字當在「大」字之前，以下句「短」字在「長」字之前，小大短長各相當也。此文云「量大小，視長短」，則「大」字當在「小」字之前，以下句「長」字在「短」字之前，大小長短亦各相當也。乃自唐石經以下各本皆作「小大」，則涉上文「制有小大」而誤，猶上文「度有短長」涉此文「視長短」而誤作「長短」也。「度有短長」句，有《呂氏春秋》可據以訂正。至此文，則《呂氏春秋》亦作「量小大」矣。然孔氏正義曰「量小大者，大謂牛羊豕成牲者，小謂羔豚之屬也」，先釋「大」字，後釋「小」字，是孔所據本正作「大小」，不作「小大」，而所述經文云「量小大」，此必後人據已誤之經文改之也。閩、監、毛本固不可據，然此句實當從之，阮氏反以爲倒，誤矣。

易關市。

注曰：「易關市，謂輕其稅，使民利之。」正義曰：「關市之處，輕其賦稅，不爲節礙，是易關市也。」

樾謹按：孔氏蓋讀「易」爲「平易」之「易」，然非輕稅之意也。易當讀爲弛，《爾雅·釋詁》：「弛，易也。」是易與弛聲近義通。《管子·大匡篇》「桓公乃輕稅，弛關市之征」，此言「易關市」，猶彼言「弛關市」，故鄭以輕稅說之也。

是察阿黨則罪，無有掩蔽。

注曰：「阿黨，謂治獄吏以私恩曲撓相爲也。」正義曰：「『是察阿黨』者，謂當是正審察獄吏阿黨之事，則在下犯罪之人，獄吏不能掩蔽，故云『無有掩蔽』。」

樾謹按：決獄訟必端平，見于孟秋之月；斬殺必當，毋或枉橈，見于仲秋之月，已不啻三令五申矣。至季秋之月云「乃趣獄刑，毋留有罪」，然則凡獄事皆決矣，何待孟冬之月始察獄吏之阿黨乎？注義非也。今按：此文本連上文爲一節，鄭失其讀，故失其義。今正其讀曰：「命太史釁龜筴，句。占兆審卦，句。吉凶是察，句。阿黨則罪，句。無有掩蔽。句。」蓋此一節皆命太史之辭也，兆即大卜所掌三兆之法，其經兆之體皆百有二十，其頌皆千有二百者也。卦即大卜所掌三《易》之法，其經卦皆八，其別皆六十有四者也。占之、審之，皆所以求吉凶也，故繼之曰「吉凶是察」也。「阿黨則罪」者，古卜筮之法必用三人，若雷同附和則罪之也。「無有掩蔽」者，懼其有所隱諱，不以實告，故又以此戒之也。《呂氏春秋》作「於是察阿上亂法者則罪之」，此必經後人增益，非《呂氏》之舊。然云「阿上亂法者則罪之」，可見古讀固於「罪」字絶句矣。

以固而閉地氣沮泄。

注曰：「而，猶女也。」

樾謹按：此本作「以固天閉地，句。陽氣且泄，句。」《呂氏春秋・音律篇》曰：「黄鍾之月，土事無作，慎無發蓋，以固天閉地，陽氣且泄。」是其證也。師古注《漢書・楊雄傳》曰：「固，閉也。」然則「固天閉地」文義正一律。因「天」字「而」字篆文相似，故「天」誤作「而」，傳寫又奪「陽」字，遂以「地」字屬下讀，而文義不可通矣。《呂氏春秋・仲冬紀》作「無發蓋藏，無起大衆，以固而閉。發蓋藏，起大衆，地氣且泄」，此必後人據已誤之《月令》改之也。《呂氏》原文當作「無發蓋藏，無起大衆，以固天閉地。發蓋藏，起大衆，陽氣且泄」，如此乃與《音律篇》合。幸後人所改者止《仲冬篇》，而於《音律篇》固未及改，尚得考見其舊耳。至「沮泄」之爲「且泄」，則古本《月令》皆然，《釋文》不爲「沮」字作音，可見矣。

祝聲三。（《曾子問》）

注曰：「聲，噫歆，警神也。」正義曰：「直云祝聲，不知作何聲。按《論語》云：『顔淵死，子曰：噫，天喪予！』《檀弓》云：『公肩假曰：噫！』是古人發聲多云『噫』，故知此聲亦謂『噫』也。凡祭祀，神之所享謂之歆，今作聲欲令神歆享，故云『歆警神也』。」

樾謹按：《儀禮·既夕篇》「聲三」，鄭注曰：「聲三，三有聲，存神也。舊説以爲聲，噫興也。」又《士虞禮記》「聲三」，注曰：「聲者，噫歆也。」歆與興，字異而聲同。賈疏于《既夕篇》曰：「按《曾子問》亦云『祝聲三』，鄭云：『警神也。』即此存神也。云『舊説以爲聲，噫興』者，鄭注《曾子問》云：『聲，噫歆。』亦是舊説也。」然則此注當以「噫歆」爲句，「警神也」爲句。孔氏不得其讀，而以「歆警」連文，殊非鄭義矣。又按：孔氏既以「歆警」連文，乃其釋經文，則標「祝聲至敢告」五字，而曰「聲謂噫歆之聲三」，又似不誤者。蓋正義非一人之書。孔穎達《序》云：「恐獨見膚淺，不敢自專，謹與中散大夫守國子司業臣朱子奢、國子助教臣李善信、守大學博士臣賈公彦、行太常博士臣柳士宣、魏王東閤祭酒臣范義頵、魏王參軍事臣張權等共量定。」然則此以「噫歆」連讀者，與《儀禮》疏合，必賈公彦所量定者矣。

壻弗取而后嫁之，禮也。

樾謹按：此句之義在「而后」兩字。「壻弗取而后嫁之」，可知壻取則即歸是壻矣。下文曰「女之父母死，壻亦如之」，蓋亦女弗許而後娶，非謂三年喪畢，女必别嫁、壻必别娶也。男女妃匹之際，情事萬變，聖人緣情制禮，不敢繩以一律。況三年之久，或昔富而今貧，或昔貴而今賤，久要不忘之義，豈可概責之中人以下者哉？與其强合於始而不能善保其終，固不如各從其便也。此節兩曰「禮也」，自有精義。其上文曰「女氏許諾而不敢嫁，禮也」，蓋論禮之正也。若論其變，則固有女氏許諾而即嫁之者矣，聖人所不禁也。此文曰「壻弗取而后嫁之，禮也」，蓋論禮之變也。若論其正，則壻當仍娶此女，女當仍嫁此壻，而聖人不敢質言也，何也？古人自納采、問名，以至于請期而成昏禮，相距初不甚遠，非如今人議昏於襁褓之中，受幣於髫齔之歲也。故因遭喪而待至三年，已爲曠日持久，情隨事遷，不可概論矣。聖人制禮，所以委曲如此。儒者不達古今之變，故不得制禮之意。正義於「壻弗取而后嫁之」不置一詞，蓋疑之也。至陳澔《集説》竟云「壻祥禫之後，女之父母使人請壻成昏，壻終守前説而不取，而後此女嫁於他族，禮也」，則大謬矣。夫女既未嫁，女之父母又使人來請，壻何必固執前説而不取乎？誠如是也，遭喪之後，此女萬無復歸是壻之理，則當壻家致命之後，便可別嫁，必待壻免喪而請之，轉爲多事矣。此鄉曲無識者所不爲，曾謂聖人制禮而有是乎？

曾子問曰：「父母之喪，弗除可乎？」

注曰：「以其有終身之憂。」正義曰：「曾子又疑云，聖人制變受之期，情禮之殺，使送死有已，復生有節，是不許人子有不除之喪。若適子，除君服後，乃有殷祭之事，如喪久不葬者，此則可解。若庶子，除君服後，無復殷祭之事，便是其爲父母之服，一生不有除說之事，此於禮許得可乎？」

樾謹按：此節之義，鄭、孔各殊。鄭意此節不與上文相屬，推曾子之意，以爲人子有終身之憂，即當有終身之服，故發此問，乃賢者過之之事也。孔穎達則與上文合爲一節，勿除可乎，疑其不可也。此與鄭注迥異，故止釋經文，而於鄭注不釋一字也。據下文「孔子曰：『先王制禮，過時弗舉，禮也。非弗能勿除也，患其過於制也。故君子過時不祭，禮也。』」然則此節之義，自當從鄭注爲得，何也？如正義所説，則曾子之意主乎除者也，孔子當曰「非弗能除也，患其過於制也」，方與問意相對。今乃曰「非弗能勿除也，患其過於制也」，則可見曾子之意，主乎勿除矣。鄭注曰：「言制禮以爲民中，過其時則不成禮。」此即賢者俯而就之之意。正義標「非弗至制也」五字而釋之，曰：「勿猶不也，言今日不追除服者，非是不能除改也。爲此不除，正是患其過於先王之禮制也〔一〕。」夫經文明言「非弗能勿除」，而正義乃云「非是不能除改」，則易經文爲「非弗能除」矣，其爲違錯，顯然可見。孔氏誤解此經，蓋由「過時不祭」一語，不知此篇之例，每以輕重相形。上文「曾子問曰：『除喪則不復昏禮乎？』孔子曰：『祭，過時不祭，禮也。又何反於初？』」鄭注曰：「重喻輕也。」正義曰：「據重者尚廢，以明輕者廢可知也，故云『重喻輕也』。」此云「過時不祭，禮也」，兩文正同。彼是重喻輕，此乃輕喻重，蓋以君子無過時之祭，明君子無過時之服也。文義易曉，故鄭無注，孔氏牽合上文爲説，反糾繚而難明矣。且上文曰「君之喪服除，而后殷祭，禮也」。是適子於除君服後，未嘗不補行祥祭也，不得云「過時不祭」也。若支子不得追祭，則自因適子已行祥祭之故，而非以過時之故也。「過時不祭」之言，與曾子問意全不相當，可知孔解之謬矣。

既明反，而后行。

正義曰：「既待日食光明反迴，而後引柩行。」

〔一〕 先王，《禮記正義》《禮記注疏》均作「聖人」。

樾謹按：既當讀爲暨，《小爾雅·廣言》曰：「暨，及也。」「暨明反而后行」者，及明反而后行也。《周官·閭胥》「既比則讀灋」，注曰：「故書既爲暨。」杜子春讀暨爲既，是「既」與「暨」古字通用。

其有不安節。（《文王世子》）

注曰：「節，謂居處故事。」

樾謹按：鄭注未得「節」字之義。節之言適也，《管子·禁藏篇》「故聖人之制事也，能節宮室，適車輿以實藏」，是節與適同義。《吕氏春秋·重己篇》「故聖人必先適欲」，高注曰：「適猶節也。」然則節亦猶適也。「其有不安節」者，其有不安適也。訓爲「居處故事」，於義轉迂矣。

然而衆箸於君臣之義也。

正義曰：「俗本皆云『箸於君臣之義』，而定本無『箸』字，義亦通。」

樾謹按：無「箸」字，義不可通矣。疑本云「定本無『於』字」，傳寫誤耳。

一有元良。

注曰：「元，大也。良，善也。」

樾謹按：《詩·桑柔篇》鄭箋云：「善猶大也。」是大與善義通。元訓大，故亦訓善。《王制篇》「天子之元士」，鄭注曰：「元，善也。」然則元、良一也。注分爲二義，似轉失之。

其登餕、獻、受爵，則以上嗣。

正義曰：「以特牲言之，則先受爵而後獻，獻而後餕。今此經先云餕者，以餕爲重，舉重者從後以嚮先，逆言之，故云『其登餕、獻、受爵』也。」

樾謹按：鄭注《儀禮·特牲饋食篇》曰：「使嗣子飲奠者，將傳重累之。」是受爵之事亦非所輕。且據《特牲篇》「嗣子與長兄弟爲上下兩籑」，是餕不止嗣子一人，而受爵則止嗣子一人，受爵視餕，蓋尤重矣，安得反云「以餕爲重」乎？此經先言餕者，蓋古人自有倒言之例。《周官·大宗伯職》曰：「以肆獻裸享先王。」若以次弟而言，則裸最在先，獻次之，肆又次之也。《大祝職》曰：「隋釁逆牲逆尸〔一〕。」若以次弟而言，則逆尸最在先，逆牲次之，隋釁又次之也。此皆倒言之也。「餕獻受爵」，義亦猶此，正義曲爲之説，反失之矣。

〔一〕逆，原文作「迎」，今據《周禮注疏》改。

其刑罪，則纖剸，亦告於甸人。

注曰：「告讀爲鞫，讀書用法曰鞫。」

樾謹按：告當讀爲造，古字通用。《列子·楊朱篇》「密造鄧析而謀之」，《釋文》曰：「造，本作告。」是其例也。《小爾雅·廣詁》曰：「造，適也。」造于甸人者，適于甸人也。《周官·掌囚》曰：「凡有爵者，與王之同族，奉而適甸師氏，以待刑殺。」可證此文「造」字之義。因叚告爲造，其義不顯。鄭知「告」之爲叚字，而不能得其本字，乃讀爲「鞫」。是時已將用法矣，豈尚待讀書乎？

退脩之，以孝養也。

注曰：「退脩之，謂既迎而入，獻之以醴，獻畢而樂闋。」正義曰：「謂三老五更入，而即位於西階下，天子乃退，酌醴獻之，以脩行孝養之道。」

樾謹按：脩當讀爲羞。《説文·丑部》：「羞，進獻也。」鄭以「獻之」解「脩之」，可知脩之猶羞之矣。上文曰「適饌省醴，養老之珍具」，正義曰：「天子親適陳饌之處，省視醴酒，并省視養老之珍具。」至此則遂奉而進之，以明孝養之道，故曰「退脩之，以孝養也」。「退脩之」三字爲句，謂退至陳饌之處，「脩之」即羞此醴與珍具也。據《儀禮》，凡獻賓必薦脯醢。此既獻醴，則珍具亦當竝薦。鄭但云「獻之以醴」者，以醴爲主，故文不具耳。孔氏不知「脩」爲「羞」之叚字，而解爲「脩行」，與鄭義不合。若從孔解，則鄭君不當於「脩之」斷句矣。

是故聖人之記事也。

正義曰：「記事，謂聖人親行養老之禮，記序前代之事也。」

樾謹按：此言聖人自行之事，非言其記序前代之事也。記當讀爲紀。《釋名·釋典藝》曰：「記，紀也。」《釋言語》曰：「紀，記也。」是二字義通。《國語·周語》「紀農協功」，韋注曰：「紀猶綜理也。」聖人之紀事，猶言聖人之理事。下文「慮之以大，愛之以敬」數語，正見其綜理之微密也。

如有不由此者，在埶者去，衆以爲殃。（《禮運》）

注曰：「埶，埶位也。去，罪退之也。殃，猶禍惡也。」正義曰：「若爲君而不用上謹於禮以下五事者，雖在富貴埶位，而衆人必以爲禍惡，共以罪黜退之。」

樾謹按：如正義之説，則當云「衆以爲殃而去之」，於文方明，不當既云「在埶者去」，乃始云「衆以爲殃」也。正義所説，殆失之矣。蓋「如有不由此者」，所包甚廣，在埶位者而不由此，固當黜去之，若衆人不在埶位者而不由此，則無位可去矣。然人有禮則安，無禮則危，未有不裁及其身者也，故曰「衆以爲殃」，言不在埶位之衆人，亦以此爲禍惡也。

其燔黍捭豚。

樾謹按：捭者，「䠙」之叚字。《說文・冎部》：「䠙，别也。從冎卑聲，讀若罷。」其字亦或作「擺」，《文選・西京賦》「置互擺牲」，薛綜注曰：「互，所以挂肉。擺謂破磔縣之。」此可證「捭豚」之義。《鹽鐵論・散不足篇》曰：「古者燔黍食稗而熚豚以相饗。」即用《禮記》之文，而其字作「熚」者，蓋因「燔」字從火，遂并「熚」字而亦誤從火，古書中往往有此。《尚書・堯典篇》「在璿機玉衡」，「機」字本從木，因「璿」字從玉而亦誤從玉。《爾雅・釋詁》：「簡、菿，大也。」「菿」字本從艸，因「簡」字從竹而亦誤從竹，即其例也。《玉篇・火部》：「熚，炰也。」《廣雅・釋器》曰：「熚謂之炰。」則因字形之誤而遂滋異説，未可據以説經也。

是天子之事守也。

注曰：「先祖法度，子孫所當守。」正義曰：「杞郊禹，宋郊契，蓋是夏、殷天子之事，杞、宋是其子孫，所當保守，勿使有失。」

樾謹按：正義以「是天子之事」爲句，「守也」爲句，文不成義矣。此當以「事守」二字連文。《說文・史部》：「事，職也。」事守，猶言職守，謂是天子之職守也。

處其所存，禮之序也。

注曰：「存，察也。」正義曰：「言聖王能處其人所觀察之事以爲政，則禮得次序也。」

樾謹按：古人之辭，凡審度其事謂之處，《文十八年左傳》曰：「德以處事，事以度功。」《呂氏春秋・有始覽》曰：「察其情，處其形。」《淮南子・兵略篇》曰：「相地形，處次舍。」竝其證也。「處其所存」，謂審度其所存者。鄭不知「處」有審度之義，而反訓存爲察，于是文義之平易者，變而迂曲矣。

非意之也。

注曰：「意，心所無慮也。」正義曰：「謂於無形之處，用心思慮。無慮，即慮無也。《宣十二年左傳》云：『前茅慮無。』是備慮無形之處。一云：心所無慮，謂心無所思慮。」

樾謹按：正義解「無慮」二字，甚爲迂曲。孔氏亦有所未安，故又出一說。然注云「心所無慮」，不云「心無所慮」，是後説亦非也。注文「無」字，疑「譕」字之誤。「譕」即「謨」之異文，《集韵》曰：「謨，古文譕。」是也。心所譕慮，猶云心所謀慮。《儀禮・大射儀》注曰：「志，意所擬度也。」與此句法正同。正義曲爲之説，非是。

故龍以爲畜，故魚鮪不淰。

注曰：「淰之言閃也。」正義曰：「讀淰爲閃者，淰是水中之形狀，故字從水。閃是忽有忽無，故字從門中人也。人在門，或見或不見。」

樾謹按：鄭讀淰爲閃，是未得其本字也。《説文・走部》：「趛，低頭疾行也。」字或變作「趁」，《玉篇・走部》：「趁，疾行也。」「趁」與「趛」實一字，蓋金與念竝從今得聲，故從金者或變而從念耳。「趁」即「魚鮪不淰」之本字，因其字從走，與魚鮪不合，故變用從水之「淰」耳。

鳳以爲畜，故鳥不獝。麟以爲畜，故獸不狘。

注曰：「獝、狘，飛走之貌也。」

錢氏大昕《經史答問》曰：「獝爲鳥飛，不應從犬旁。《釋文》『獝，本作矞』，《周禮・大司樂》注引此文亦作『矞』，俗本從犬者誤也。《説文・走部》有『趫』字，訓狂走，即『鳥不矞』之『矞』。」

樾謹按：《玉篇・羽部》：「翻，音聿，飛貌。」此「鳥不矞」之本字也。蓋「趫」訓狂走，故字從走，此爲鳥飛，則不得從走，因變而從羽，文字所以孳乳寖多也。《玉篇・羽部》又有「狘」字，許出切；「狘」字，許月切，竝曰：「飛走貌。」即用鄭君注義。疑下句「狘」字有作「狘」者，并有誤作羽旁戉者。《文選·江賦》曰：「濯翮疏風，鼓翅翻䎀。」以「翻䎀」連文，蓋即本之《禮記》。然則今本兩字竝從犬，古本兩字或竝從羽矣。鄭君所謂傳書世異，於此益信。學者通其意，正不必泥其文也。

其降曰命，其官於天也。

樾謹按：曰猶於也，《爾雅·釋詁》：「粤、于、爰，曰也。」而爰、粤、于三字又訓「於」，是「曰」「於」義同。「其降曰命」，即其降於命，言其降於教命者，皆其法於天者也。上句用「曰」字，下句用「於」字，古人每有此文法。《尚書·洪範篇》：「水曰潤下，火曰炎上，木曰曲直，金曰從革，土爰稼穡。」曰、爰互用，即其例也。

故事大積焉而不苑。

正義曰：「皇氏云：『事大積焉而不苑者，既用順爲常，事無苑滯。』事大者，天子事也，雖復萬機輻湊，而應之有次序，不使苑積也。」

樾謹按：如正義所説，則當云「大事」，不當云「事大」也。「故事大」三字當連上文讀，其文曰「大順者，所以養生、送死、事鬼神之常也，故事大」，乃申説「是謂大順」之義，言其爲養生、送死、事鬼神之常，故其事至大也。

細行而不失。

正義曰：「『細行而不失』者，謂大夫士出聘者也。天子不遺小國之臣，是不失也。」

樾謹按：「行」字衍文也。本作「細而不失」，涉上句「竝行而不繆」誤衍「行」字，則文不可通矣。正義以「不遺小國之臣」解之，是其所據本正作「細而不失」，故以「小國之臣」解「細」字也。乃其述經文亦作「細行而不失」，疑後人據已誤之經文增益之，非其舊矣。

故聖王所以順，山者不使居川，不使渚者居中原，而弗敝也。

注曰：「小洲曰渚，廣平曰原。山者利其禽獸，渚者利其魚鹽，中原利其五穀，使各居其所安，不易其利，勞敝之也。」

樾謹按：「故聖王所以順」句，於文似未足者；「而弗敝也」句，於上句亦似不相屬。疑此經傳寫錯誤。本云「故聖王所以順而弗敝也，山者不使居川，不使渚者居中原」，因鄭注先解「山者」二句，乃曰「使各居其所安，不易其利，勞敝之也」，於是學者移「而弗敝也」四字置「山者」二句之下，以合于鄭注，不知鄭注統解經文，非必順其前後也。至鄭訓敝爲勞敝，於義未合。敝當讀爲彆，《詩·采薇篇》釋文引《埤蒼》曰：「彆，弓末反戾也。」反戾謂之彆，正與「順」字之義相反。順而弗彆者，順而弗戾也。古無「彆」字，故即以「敝」爲之。字亦作「弊」，《玉篇·弓部》：「弸，卑結、卑計二切，弓戾也。」「弸」有卑計切一音，即與「敝」音同矣。

社稷山川之事，鬼神之祭，體也。（《禮器》）

注曰：「天地人之別，體也。」正義曰：「社稷山川爲天地之別體，鬼神是人之別體，各有軀體也。」

樾謹按：正義所説，非鄭意也。鄭注當以「天地人之別」爲句，「體也」爲句。社稷山川，地也；鬼則人鬼也；神則天神也。社稷山川之事，鬼神之祭，其禮不同，是乃天地人之別，即所謂體也。孔氏誤以「別體」二字連讀，故其説不可通矣。

曾子曰：「周禮其猶醵與？」

注曰：「合錢飲酒爲醵，旅酬相酌似之也。」正義曰：「王肅《禮》作『遽』，注云：『曾子以爲使六尸旅酬，不三獻，猶遽而略。』」

樾謹按：王説是也。蓋「夏立尸」最質，「殷坐尸」則轉文矣，「周旅酬六尸」，則文彌甚。曾子此言，正見三代之禮日趨于文，繼周而王者，必有加而無已，故曰「周禮其猶遽與」？作「醵」者，叚字耳。鄭即以本義説之，失曾子之旨矣。

是故君子之於禮也，非作而致其情也。

注曰：「作，起也。敬非己情也，所以下彼。」

樾謹按：鄭解「作」字非也。作當讀爲迮，《文選·歎逝賦》「塗薄莫而意迮」，注引《聲類》曰：「迮，迫也。」非迮而致其情，謂非迫而致其情也。《襄二十九年公羊傳》「今若迮而與季子國，季子猶不受也」，與此義同。「迮」正字，「作」叚字也。故下文曰「七介以相見也，不然則已慤。三辭三讓而至。不然則已蹙」，正見君子不迮而致其情也。

必先有事於頖宮。

注曰：「頖宮，郊之學也。《詩》所謂『頖宮』也。字或爲郊宮。」

樾謹按：注文「《詩》所謂『頖宮』也」，此「頖」字當作「泮」。蓋諸經用字不同，《詩》作「泮宮」，《禮》皆作「頖宮」。《王制》「諸侯曰頖宮」、《明堂位》「頖宮，周學也」，字皆作「頖」，不作「泮」，鄭謂《禮》之頖宮，即《詩》之泮宮，故釋之曰「《詩》所謂泮宮也。」若如今本則以「頖宮」釋「頖宮」，重複而不可通矣。

大明生於東，月生於西。

注曰：「大明，日也。」

樾謹按：日生於東，人所共見。月生於西，其理難言。正義於此無說。上文「爲朝夕必放於日月」，注曰：「日出東方，月生西方。」正義曰：「日旦出自東方，故於東方而朝之；月初生，出自西方，故於西方而祀之。」此說殊有未安。月初生之夕，見于西方，是其將入，非其始出也，豈得因此而謂月生西方乎？月生西方，蓋古渾天家說。渾天家謂地在其中，天包其外，猶如鷄卵白之繞黄。近來西人之說，謂水地合一圓球，四面居人，其地度經緯正對者，兩處之人以足版相抵而立。梅氏文鼎《天學疑問》極言其可信。然則日月出入，本無一定，在此處爲入者，在彼處正爲出矣。日東月西，聖人據理以斷之，以爲日生於東，從地上西行而入於地下；月生於西，從地下東行而出於地上。此陰陽之正位，亦升沈之定理。吾所立之處如是，即與吾上下相對之處亦如是。學者不明乎此，則月生於西之說終莫能明矣。下文「君西酌犧象，夫人東酌罍尊」，鄭注曰：「象日出東方而西行也，月出西方而東行也。」下「出」字於理未圓。蓋日出東方，吾之所見也；月出西方，吾之所不見也。吾所不見不可以爲說，當依經文作「生」字，斯無語病矣。據上注云「日出東方，月生西方」，疑此注亦然，傳寫者誤耳。《祭義篇》亦曰「日出於東，月生於西」，不言月出於西也。張氏敦仁作《鄭注考異》，據山井鼎說，反欲改上注「月生西方」爲「月出西方」，謬也。

觀其發而知其人之知。

正義曰：「觀其人之發動所爲，而知其人之有知。若發而皆中，則知有知；若發而不中，則知無知。」

樾謹按：正義說非也。「知其人之知」者，知其人之志也。知與志通，《緇衣篇》曰「爲上可望而知也，爲下可述而志也」，注曰：「志猶知也。」然則知亦猶志也，言觀其人之發動，即知其志意所在也。《大戴記·子張問入官篇》曰：「貫乎心，藏乎志。」《荀子·解蔽篇》曰：「志也者，臧也。」臧，即古「藏」字。觀其發而知其志者，以其所發，知其所藏也。孔氏讀爲「智」，失其旨矣。

五獻察。

注曰：「察，明也。」

樾謹按：察當訓至，《書大傳》云：「祭之爲言察也。察者，至也，人事至然後祭。」是察有至義，《淮南子·原道篇》「高不可際」，高注曰：「際，至也。」察與際通。上文云「一獻質，三獻文」，蓋三獻已爲文矣，五獻則文之至也，故曰「察也」。下文曰「七獻神」，言七獻則又加重也。《爾雅·釋詁》曰：「神，重也。」是其義也。鄭訓察爲明，而於「神」字無注，其意以爲曰察、曰神，猶云神明之也，然則何以爲「五獻」「七獻」之別乎？

繡黼丹朱中衣。（《郊特牲》）

注曰：「繡黼丹朱以爲中衣領緣也。繡讀爲綃。綃，繒名也。」正義曰：「五色備曰繡，白與黑曰黼，繡黼不得共爲一物，故以繡爲綃也。」

樾謹按：繡、黼二物，丹、朱亦二物，言中衣之領，或以繡爲之，或以黼爲之；中衣之緣，或以丹爲之，或以朱爲之，是爲「繡黼丹朱中衣」，非必一時竝用也。或繡或黼而謂之繡黼，或丹或朱而謂之丹朱，《禮》經自有此例。《儀禮·士喪禮》「魚鱄鮒九」，言或鱄或鮒，其數則九也。若必鱄鮒竝用，而欲合其數爲九，則孰四孰五，何以無文乎？《少牢饋食禮》「日用丁己」，言或丁或己也。《士虞禮》「冪用絺布」，言或絺或布也。「繡黼丹朱」，義亦猶是。鄭必破繡爲綃，殆猶未達乎此矣。

鄉人裼。

注曰：「裼，强鬼也。謂時儺，索室毆疫〔一〕，逐强鬼也。裼，或爲獻，或爲儺。」

樾謹按：如鄭注，則「裼」上必加「逐」字，於文方明。且他本有作「獻」者、作「儺」者，豈亦可訓爲强鬼乎？是不可通矣。裼者，禓之叚字。《説文・示部》：「禓，磔禳、祀除癘殃也。古者燧人氏禜子所造〔二〕。從示襄聲。」然則「鄉人禓」猶鄉人儺也。禓者，正字；裼者，叚字，猶儺者，正字；獻者，叚字也。裼、禓聲近，《隱三年穀梁傳》：「吐者外壤，食者内壤，闕然不見其壤，有食之者也。」疏曰：「壤字，爲《穀梁》音者皆爲傷，徐邈亦作傷。」禓與壤竝從襄聲，壤可讀爲傷，故禓可通作裼矣。下文「汁獻涚于醆酒」，注曰：「獻，讀當爲莎。」是獻與儺聲亦相近。

而君親誓社，以習軍旅。

注曰：「君親誓社，誓吏士以習軍旅，既而遂田，以祭社也。」

〔一〕毆，原文作「敺」，今據《〈春在堂全書〉校勘記》改。
〔二〕今本《説文》無「氏」字。

樾謹按：「誓社」二字，文不成義，疑本作「誓士」，故鄭注曰「誓吏士以習軍旅」也。隸書士、土二字無别，士誤爲土，學者見鄭注有「祭社」之文，疑爲「社」之壞字，因加示旁作「社」矣。不知鄭注所謂「遂田以祭社」者，以連前經祭社之事故云爾，非必本經有「社」字也。又鄭君此注疑亦未得經意。此經自「季春出火」至「祭則受福」，本自爲一節，與上經初不相蒙。上經自言祭社之事，此經自言春蒐之事，鄭必合而一之，乃謂祭社是仲春之禮，而以季春出火爲記者之誤，記者所不受也。據《周官·大司馬職》蒐田亦在仲春，而此云季春者，説《禮》之家容有異聞，四時之田所傳不一。《爾雅·釋天》：「春獵爲蒐，夏獵爲苗，秋獵爲獮，冬獵爲狩。」惟《大司馬職》及《隱五年左傳》文與此同。《桓四年穀梁傳》：「春曰田，夏曰苗，秋曰蒐，冬曰狩。」四時雖具而其名不同。至《公羊傳》云：「春曰苗，秋曰蒐，冬曰狩。」則無獮名。《周語》云：「蒐於農隙，獮於既烝，狩於畢時。」又無苗名。名且無定，安見四仲之月不可移至四季之月乎？《春秋》書蒐狩，初無常時，此經云「季春出火，爲焚也」，是亦一説也，何必彼是而此非乎？

掃地而祭，於其質也。

樾謹按：鄭注不釋「質」字，蓋即以爲文質之質。若然，當云「貴其質也」，文義方明。乃曰

「於其質也」，義不可通矣。《廣雅・釋言》曰：「質，地也。」《儀禮・鄉射禮記》鄭注曰：「白質、赤質，皆謂采其地。」是古謂地爲質。郊本祭天，乃埽地而祭者，以天體空虛而地則實有形質，故就其有形質之處而祭之，所謂「於其質也」。下文曰「器用陶匏，以象天地之性也」，蓋於其質而祭之，故既取象于天，亦兼取象于地矣。

八蜡以記四方。

注曰：「蜡有八者，先嗇一也，司嗇二也，農三也，郵表畷四也，貓虎五也，坊六也，水庸七也，昆蟲八也。」

樾謹按：八蜡之神，諸説不同，當從陳祥道説，去昆蟲，而增百種。江氏慎《鄉黨圖考》謂經文明言「祭百種〔一〕」，何得遺之？其説是也。惟舊説皆數貓虎，則恐不然。貓虎者，就禽獸之中偶舉其二，以明蜡祭所以必及禽獸之故，非所祭專在貓虎也。《周官・大司樂》：「凡六樂者，一變而致羽物，再變而致贏物，三變而致鱗物，四變而致毛物，五變而致介物，六變而致象物。」注云：「此謂大蜡，索鬼神而致百物。」然則禽獸之所包者廣矣，豈獨貓虎乎？經文云「饗

〔一〕《鄉黨圖考》的作者爲清代學者江永，字慎修。「慎」下或脱「修」字，或「慎」爲「永」字之誤。

農及郵表畷、禽獸，仁之至，義之盡也」，明以禽獸與農及郵表畷竝列，然則禽獸爲八蜡之一，明矣。當去貓虎而數禽獸，庶爲得之。貓虎者，特獸中之二物耳。王肅又分貓、虎爲二，何其所見之陋乎？

割刀之用，而鸞刀之貴，貴其義也。

正義曰：「貴其聲和之義。」

樾謹按：經文先云「貴其義也」，乃申説之曰「聲和而後斷也」。若如正義之説，則但云「貴其聲和而後斷」，足矣，何必先有此句乎？義當爲善，「聲和而後斷」，正直指其善之所在也。《緇衣篇》「章義癉惡」，《釋文》曰：「《尚書》作善。皇云：『義，善也。』」是義與善同意。今各本皆作「章善癉惡」，乃後人以意改之。唐石經初刻作「善」，後改作「義」，蓋知「義」是而「善」非也。此經「義」字，則因後人不得其解而轉存其舊耳。

器用陶匏，尚禮然也。

注曰：「此謂太古之禮器也。」正義曰：「共牢之時，俎以外，其器但用陶匏而已。此乃貴尚古之禮自然也。」

樾謹按：正義以「尚」爲「貴尚」，「然」爲「自然」，則文不成義矣。尚當讀爲上，古字通用。

《老子》曰：「上禮爲之而莫之應。」河上公注曰：「其禮無上，故言上禮。」是上禮與上德、上仁、上義一律，皆無上之美名也。太古之禮無以尚之，是謂上禮。「上禮然也」，言太古之禮則然也。鄭注「太古」字正解「尚」字，正義未達其旨。

群經平議卷二十一

禮記三

不嘯不指。（《内則》）

注曰：「嘯讀爲叱。叱，嫌有隱使也。」

樾謹按：鄭意蓋以此二事皆爲嫌有隱使。嘯者，以聲使人也。指者，以手使人也。皆口不明言而微示以意，是爲隱使。嘯猶嗾也，《説文·口部》：「嗾，使犬聲。從口族聲。《春秋傳》曰：『公嗾夫獒。』」嘯與嗾古音相近。不嘯，猶言不嗾矣。鄭不讀爲「嗾」，而讀爲「叱」，其聲既遠，義又非也，於是并「嫌有隱使」之旨而亦晦矣。

由衣服飲食，由執事，毋敢視父母所愛。

注曰：「由，自也。」

樾謹按：《爾雅·釋詁》：「繇，於也。」繇即由字，《釋水篇》釋文曰：「繇，古由字。」是也。故《詩·抑篇》「無易由言」，鄭箋曰：「由，於也。」即本《釋詁》文。此經兩「由」字亦當訓於，蓋於衣服飲食，於執事，皆毋敢視父母所愛也。注訓爲自，失之。

不友無禮於介婦。

注曰：「衆婦無禮，冢婦不友之也。善兄弟曰友，娣姒猶兄弟也。」

樾謹按：如注義，則當云「不友無禮之介婦」，於文方明。今云「不友無禮於介婦」，則注義不可通矣。友當讀爲有，《論語·學而篇》「有朋自遠方來」，《釋文》曰：「有，本作友。」蓋友、有同聲，義亦相通。《荀子·大略篇》「友者，所以相友也」，楊注曰：「友與有同義。」是也。不友即不有，乃戒之之辭，猶云無有也。不曰「無有無禮」，而曰「不有無禮」者，避不辭也。使今人爲之必曰「無有不禮於介婦」，而其旨顯然矣。古人詞拙，學者不能盡通，又不知「友」之當讀爲「有」，於是經意益晦矣。下文於介婦曰「毋敢敵耦於冢婦」，此於冢婦曰「不有無禮於介婦」，意既相當，詞亦相儷，可以悟其旨矣。

鶉羹、鷄羹、駕。

注曰：「駕在羹下，烝之，不羹也。」《釋文》出「鶉、鷄羹」云：「本又作『鶉羹、雞羹』。」

樾謹按：此當從《釋文》作「鶉、雞羹」。蓋經文止一「羹」字，「鶉、雞」二字在「羹」字之上，「駕」一字在「羹」字之下，故鄭云「駕在羹下」也。若如今本，「鶉」下、「雞」下竝有「羹」字，惟「駕」下無有，則鄭當云「駕不言羹者，烝之，不羹也」，不當云「駕在羹下」矣。正義曰：「『鶉羹、雞羹』者，謂用鶉用雞爲羹。」「鶉」下「羹」字亦是衍文。蓋孔氏所據本作「鶉、雞羹」，恐人疑二物合而爲羹，故必釋之曰：「鶉、雞羹者，用鶉用雞爲羹也。」若作「鶉羹、雞羹」，則其義已了，不煩更釋矣。故知正義所據本與陸氏同，古本固如此也。自唐石經誤從或本作「鶉羹」，而各本從之，當訂正。下文云「魴、鱮烝，雛燒，雉」，正義曰：「魴、鱮烝者，魴、鱮二魚皆烝孰之。雛燒者，雛是鳥之小者，火中燒之，然後調和，若今之臘也。雉者，文在烝燒之下，或燒或烝，或可爲羹，其用無定，故直云『雉』。」然則此文并言「鶉、雞羹」者，猶下文并言「魴鱮烝」也。此文單言「駕」者，猶下文單言「雉」也，益知上一「羹」字之爲衍文矣。

夫不在，斂枕篋簟席。

樾謹按：此當作「篋枕斂簟席」，傳寫誤倒其文也。上文言事父母舅姑之禮云「斂席與簟，縣衾簁枕」，正義曰：「斂席與簟者，斂此所臥在下大席，與上襯身之簟，又縣其所臥之衾，以簁貯所臥之枕也。」據此，則簟席當言斂，枕當言簁，此誤明矣。

國君世子生，告于君，接以太牢。

注曰：「接讀爲捷。捷，勝也。謂食其母，使補虚强氣也。」正義曰：「王肅、杜預竝以爲接待夫人以太牢。鄭必讀爲捷，爲『補虚强氣』者，以婦人初産，必困病虚羸〔一〕，當産三日之内，必未能以禮相接，應待負子之後。今在前爲之，故知補虚强氣宜速故也。」

樾謹按：此即所謂接子也。下文云：「凡接子擇日，冢子則太牢，庶人特豚，士特豕，國君世子太牢〔二〕。」然則此云「接以太牢」，正謂此矣。子初生未能食，食而以太牢之禮接待之者，重其事也。説者必就夫人爲解，誤矣。

宰辯告諸男名。

正義曰：「此舉諸男，舉其卑者。卑者尚告，則告諸父可知。」

〔一〕羸，原文作「羸」，今據清經解續編本《群經平議》改。

〔二〕《禮記正義》《禮記注疏》「國君」上均有「大夫少牢」四字。

樾謹按：上云「辯告諸婦、諸母名」，則此當云「辯告諸子、諸父名」，乃曰「辯告諸男名」者，諸男之中固包諸子、諸父而言。諸子、諸父，皆男子也，故曰「諸男」也。正義誤以「諸男」爲「諸子」，因謂「舉其卑者」，失之甚也。

四十始仕方物。

注曰：「方猶常也。物猶事也。」正義曰：「言年壯仕宦，行其常事。」

樾謹按：以「方物」爲常事，則必從正義之説，增出「行」字，於義始明，殆非經旨矣。《國語・楚語》「不可方物」，韋昭注曰：「方，别也。」然則方物者，辯别其事也。惟能辯别其事，故能出謀發慮也。《周易・同人・象傳》曰：「君子以類族辨物。」「方物」與「辨物」義同。

大夫齊車。鹿幦豹植，朝車；士齊車鹿幦豹植。（《玉藻》）

注曰：「臣之朝車，與齊車同飾。」

樾謹按：如注義則但曰「大夫、士齊車、朝車，鹿幦豹植」，豈不簡而易明？乃必分别言之，而其義轉因之不顯，古人無此文法也。疑「大夫齊車」四字當連上爲義，其文曰「君羔幦虎植，句。大夫齊車。句。」言人君羔幦虎植之車，大夫以爲齊車也。又曰「鹿幦豹植，句。朝車，句。」言人君鹿幦豹植之車，大夫以爲朝車也。「鹿幦」上亦當有「君」字，「朝車」上亦當有「大夫」字，蒙上文而省耳。「士齊車鹿幦豹犆」，則自爲句，明士之齊車得與大夫朝車同也。但士之朝車，《禮》文不具，無以言之耳。

連用湯。

注曰：「連猶釋也。」

樾謹按：連之訓釋，未聞其義。連當讀爲𤕌。《説文・斗部》：「𤕌，抒滿也。」《手部》：「抒，挹也。」抒之義爲挹，𤕌之義亦爲挹。𤕌用湯者，謂履蒯席之上，更挹之以湯而去足垢也。𤕌從䜌聲，與連聲相近。《周易・小畜》九五「有孚攣如」，《釋文》引馬注曰：「攣，連也。」《方言》：「凡人嘼乳而雙産，秦晉之閒謂之僆子，自關而東趙、魏之閒謂之攣生。」然則𤕌之爲連，猶攣之爲連、攣之爲僆矣。

史進象笏。

正義曰：「熊氏云：『按下大夫不得有象笏，有象字者誤也。』熊氏又解與明山賓同，云：『有地大夫，故用象。』」

樾謹按：此蓋謂守外邑之大夫也。《吕氏春秋・離俗篇》「遇高唐之孤叔無孫」，注曰：「高唐，齊邑也。孤，孤特，位尊。叔，姓；無孫，名。守高唐之大夫也。」是古者守外邑大夫得有「孤」稱，其尊可知矣。《儀禮》言侯國之禮而有「諸公」，鄭注以「大國之孤」釋之，又以孤止一人，不得言諸。乃爲之説曰「容牧有三監」，不知守外邑大夫亦有孤稱，即亦有公稱，《儀禮》所謂「諸公」，或包此而言歟？笏之用象，正以遠君而得申。若從熊氏以爲有地大夫，則大夫之有采地者多矣，豈得皆用象笏乎？上文云「將適公所，宿齊戒，居外寢」，此正守邑大夫有事於國，自其館舍而適公朝，故敬慎如此。若是在廷之臣，則朝夕趨公，自其常事，使必行此禮，則是無日不齊戒，無夕不居外寢矣，有是理乎？

揖私朝，煇如也，登車則有光矣。

正義曰：「煇，光儀也。」

樾謹按：以「煇如」爲形容君子之光儀，意尚可通。然下文又曰「登車則有光矣」，何其詞之複乎？「煇如」者，以其時而言，煇之言光也。人臣辨色而入，其出而揖私朝，天尚未明，若有光，若無光，故曰「煇如也」。至登車則已辨色矣，故曰「則有光矣」，言東方既明也。蓋適公所者以此爲節，自來不得其解，遂謂此二句皆美其有光儀，記人何爲而作此詇詞乎？

縫齊，倍要。

注曰：「縫，紩也。紩下齊倍要中。齊，丈四尺四寸。縫，或爲逢，或爲豐。」

樾謹按：「豐」本字，「逢」與「縫」均叚字也。《淮南子·天文篇》「五穀豐昌」，《史記·天官書》「豐」作「逢」，是豐、逢古通用。豐，大也，故逢亦大也。《儒行篇》「衣逢掖之衣」，鄭注曰：「逢，猶大也。」《荀子·非十二子篇》「其衣逢」，楊倞注曰：「逢，大也。」凡訓逢爲大者，即讀逢爲豐也。逢者，豐之叚字；縫者，又逢之叚字。「縫齊，倍要」，謂大其下齊，使倍要中也。《深衣篇》「要縫半下」，謂要之大半其下齊也。鄭氏以本字讀之，而訓爲「紩」，未得其旨。

大夫玄華

注曰：「華，黄色也。」

樾謹按：華之訓黄，未詳其義。晉羊舌赤字伯華，孔子弟子公西赤字子華，古人名字相配，然則華非黄色，乃赤色也。郭璞注《穆天子傳》曰：「華騮，色如華而赤。今名馬標赤者爲棗騮。」此古人謂赤爲華之證。鄭因其與「玄」對文，定爲黄色，殆失之矣。

君命屈狄。

注曰：「君，女君也。」正義曰：「以禮，君命其夫，后命其婦，則子男之妻不得受天子之命，故以爲君謂女君。是子男之妻，受后之命，或可。女君謂后也，命子男妻，故云『君命』。」

樾謹按：正義前一説謂女君受命，後一説謂受女君之命，皆曲説也。由鄭注誤以此爲子男之夫人，故失其解耳。「君命屈狄」，當承上文「王后禕衣，夫人揄狄」而言，蓋謂世婦也。下文云「唯世婦命於奠繭」，此經不直云「世婦屈狄」，而云「君命屈狄」者，若言「世婦屈狄」，則是世婦皆得服之矣，故必曰「君命屈狄」，乃見因奠繭而君命之，始得服也。又據下文鄭注曰：「凡世婦已下，蠶事畢獻繭，乃命之以其服。」正義曰：「言以下則女御亦然，經唯云『世婦』，舉其貴者。」若然，因獻繭而命者不止世婦。經不言「世婦」而言「君命」，見惟王后夫人自有命服，此外自世婦以下，君有所命則皆屈狄也。「君命屈狄」，本與上文「王后禕衣，夫人揄狄」相承，傳寫錯亂，其義遂不顯。鄭雖訂正其文，未能悉得其義也。

食棗、桃、李，弗致于核

注曰：「恭也。」正義曰：「謂其懷核，不置於地也。」

樾謹按：經言「弗致于核」，非言核不可置於地也。致之言極也。食棗、桃、李，必極於核而後已，則近於貪味矣，故弗致也。下文曰「瓜祭上環，食中，棄所操」，正義曰：「謂手所持者，棄之不食。」是亦不貪味之意。

君與尸行接武，大夫繼武，士中武，徐趨皆用是。

注曰：「君、大夫、士之徐行也，皆如與尸之行迹也〔一〕。」

樾謹按：尸在廟中，則全乎君，是尸之尊與君同。君行接武，尸行亦接武，故曰「君與尸行接武」，非謂君與尸行之時如此也。「大夫繼武」，直以大夫言；「士中武」，直以士言，亦非謂大夫、士與尸行之時如此也。鄭説未得。

立容德。

注曰：「如有予也。」正義曰：「德，得也。立則磬折如人授物與己，己受得之形也。賀云：『德，有所施與之名也。』立時身形小俯嚮前，如授物與人時也。」

樾謹按：鄭注本非經旨，正義二説皆曲説也。德當讀爲植，植從直聲，古「德」字作「悳」，則亦從直聲，故字得通用。「立容德」者，立容植也。《定十年左傳》曰：「步左右，皆至而立，如植。」是其義也。《説文》：「植，或作櫃。」故古音即讀如置。《釋文》曰：「德，徐音置。」斯或近之矣。

〔一〕之行迹，《禮記正義》《禮記注疏》均作「行之節」。

五狄之國，北門之外，南面東上。（《明堂位》）

正義曰：「皇氏云：『在北門外之東。』今按：經云『東上』，則宜在北門外之西，故『東上』。」

樾謹按：「東上」乃「西上」之誤。上文云「八蠻之國，南門之外，北面東上」，下文云「九采之國，應門之外，北面東上」，夫北面者東上，則南面者西上，可知矣。今作「東上」者，即涉下句「應門之外，北面東上」而誤也。正義於九夷、八蠻、六戎引皇氏云：「在東門外之南，故北上。」「在南門外之西，故東上。」「在西門外之北，故南上。」然則皇氏於此必曰「在北門外之東，故西上」，與上三句一律。乃經文誤作「東上」，則學者必改皇疏以從之，於是其説不可通，孔氏遂抄易其辭，而「西上」之文不可復見，無從據以訂正矣。然使經文果如今本作「北面東上」，則皇氏必當別爲之説，安得與上文一律而論，煩孔氏之訂正乎？即此言之，經文之誤自見，不必更求左證矣。

九采之國，應門之外，北面東上，四塞，世告至。

注曰：「九采，九州之牧，典貢職者也。正門謂之應門。二伯帥諸侯而入，牧居外而糾察之也。四塞謂夷服、鎮服、蕃服在四方爲蔽塞者。新君即位，則乃朝。《周禮》：『侯服歲一見，甸服二歲一見，男服三歲一見，采服四歲一見，衛服五歲一見，要服六歲一見。九州之外謂之蕃國，世一見。』」

樾謹按：此文當從《周書·明堂篇》作「四塞九采之國世告至者，應門之外，北面東上」，傳寫錯亂，而「四塞世告至」五字誤奪在「北面東上」之下，則如此等國，其位安在乎？鄭氏不能訂正，而從爲之辭，疏矣。又按：此「采」字乃「釆」之誤字。《說文·釆部》：「釆，辨別也，象獸指爪分別也。」又曰：「番，獸足謂之番。從釆；田，象其掌。」《艸部》：「蕃，艸茂也。從艸番聲。」又曰：「藩，屏也。從艸潘聲。」是蕃國之蕃本當作「藩」，其作「蕃」者，叚字也。此經作釆者，蕃省作番，又省作釆也。是故「九釆」即「九蕃」也，即所云「九州之外謂之蕃國」也。字誤作「采」，失其義矣。

是故天下資禮樂焉。

注曰：「資，或爲飲。」

樾謹按：《莊子·則陽篇》「或不言而飲人以和」，郭注曰：「飲，被也。天下飲禮樂焉，言其禮樂被於天下也。鄭云『資，或爲飲』，而不言其誤，蓋義固可通。考文引古本作『資』，或爲『諮』，此乃以意改之。阮氏《校勘記》知古本不可信，而謂『飲』必誤字，則非也。凡「或作」之字，自有聲義俱遠者，何妨「資」或爲「飲」乎？

生不及祖父母、諸父、昆弟，而父稅喪，己則否。（《喪服小記》）

注曰：「謂子生於外者也。父以他故居異邦而生己，己不及此親存時歸見之，今其死，於喪服年月已過乃聞之。父爲之服，己則否者，不責非時之恩於人所不能也，當其時則服。稅讀如『無禮則稅』之『稅』。稅喪者，喪與服不相當也。」正義曰：「王云：『以爲計己之生，不及此親之存，則不稅。若此親未亡之前而己生，則稅之也。』又謂：『諸父爲諸父之昆弟也。』劉知、蔡謨等解『生』義與王同，而以『弟』爲衍字。庾氏以爲己謂死者爲昆，則謂己爲弟。己不能稅昆，則昆亦不能稅己。昆弟尚不能相稅，則餘疏者不稅可知也。此等竝非鄭義。」

樾謹按：經文云「生不及」，不云「生不見」，則鄭義非而王義是也。且以理言之，父在他邦娶妻生子，而其祖尚在，則不可謂無孫，即不可以無服。徒以他邦閒隔，凶問不通，歲月雖久，名義故在，若孫可以不稅祖，則子亦可以不稅父矣。此鄭義之未盡善也。若祖没之時，己尚未生，則本無所謂孫，安有所謂服？故父稅服而己不稅。推之諸父、諸昆亦然，此情理之允協者也。王説洵長於鄭矣。惟經文有「弟」字，義似可疑。己生之年所不及者，何得有弟？王氏以爲諸父之昆弟，則「諸父」二字足以包之，何必曰「諸父昆弟」乎？劉、蔡以「弟」爲衍字，庾氏又曲爲之説，義皆未安。今按：昆弟者，連類而及之也。昆弟竝稱，人所恒言，故因昆而并及弟，猶《雜記》「爲妻，父母在，不杖不稽顙」，正義謂因父而連言母也。古書如此者往往有之。《文王世子篇》「養老幼於東序」，因老而并及幼，非謂養老兼養幼也。《玉藻篇》「大夫不得造車馬」，因車而并及馬，非謂造車兼造馬也。此經「昆弟」亦若是矣。

又按：鄭解「税」字之義亦非也。税之言遂也，《詩·碩人篇》「説于農郊」，箋曰：「説當作襚。」即其例也。遂之言終也、成也，言始時不服，故終成之也。《檀弓篇》「小功不税」，注但曰：「日月已過，乃聞喪而服曰税。」疑此注云云，乃爲鄭學者增入之，不然，何不解於前而解於後乎？

陳器之道，多陳之而省納之，可也；省陳之而盡納之，可也。

注曰：「多陳之，謂賓客之就器也，以多爲榮。省陳之，謂主人之明器也，以節爲禮。」

樾謹按：經但言「陳器之道」，不别言其爲賓客、爲主人，然則鄭義非也。此蓋明兩可之道。孔子之論明器也，曰：「之死而致死之，不仁而不可爲也。之死而致生之，不知而不可爲也。」蓋死生之際有難言者，明器之作，其意微矣，是故陳器之道亦視乎此。「多陳之而省納之」，此其爲道近乎知。「省陳之而盡納之」，此其爲道近乎仁。兩曰「可也」，見其無不可也。

若從鄭注，必别而言之，於文方明。且如下文曰「奔兄弟之喪，先之墓而後之家，爲位而哭。所知之喪，則哭於宮而後之墓」，兩事相反，必别而言之。使但謂奔喪之道如是可也，如彼可也，則安知上句爲兄弟之喪，下句爲所知之喪乎？

其妻，爲大夫而卒，而后其夫不爲大夫，而祔於其妻，則不易牲。妻卒，而后夫爲大夫，而祔於其妻，則以大夫牲。

注曰：「妻爲大夫，夫爲大夫時卒，不易牲，以士牲也。此謂始來仕無廟者。」正義曰：「若其有廟，則死者當祔於祖，不得祔於其妻。今夫死祔於其妻，故知是『無廟者』。」

樾謹按：祔必以其昭穆，夫死無祔於其妻之理，注義非也。祔於其妻者，謂行祔祭之禮於其妻也。自妻始死以至于祔，容有士爲大夫、大夫爲士之事，故禮家紀其變如此。不易牲者，仍以大夫牲也。蓋自小斂大斂之奠，本用大夫牲，至此仍不易之，則其爲大夫牲可知矣。若是改用士牲，則當言「易牲」，不當言「不易牲」也。且如鄭義，則下文所謂「以大夫牲」者，亦是不易牲耳，何必變其文乎？蓋妻卒而夫升爲大夫，則以大夫牲祔祭其妻，固其宜也。若妻卒而夫黜爲士，是宜以士牲祔祭其妻，乃不易之者，以其既死，優假之也。鄭不解「祔於其妻」之義，故并「不易牲」之義而失之。

所且先者五。（《大傳》）

注曰：「且先，言未遑餘事。」正義曰：「謂聖人即位，未遑餘事，所且欲先行者，而有五種之事也。」

樾謹按：「且」疑「宐」字之誤。「宐」俗作「宜」，因誤爲「且」。《詩·假樂篇》「宜君宜王」，《釋文》曰：「且，本作宜。」即其例也。「所宜先者」，文義甚明，若云「所且先者」，則迂曲甚矣。

五曰存愛。

注曰：「存，察也。察有仁愛者。」

樾謹按：有仁愛者，不得但謂之愛。且察有仁愛者，上文「三曰舉賢」已足包之矣，豈賢者無仁愛之心乎？鄭注非也。愛當讀爲薆，《説文·竹部》：「薆，蔽不見也。」字亦作「薆」，《爾雅·釋言》：「薆，隱也。」又或即以「愛」爲之，《詩·烝民篇》「愛莫助之」，毛傳曰：「愛，隱也。」存愛謂存察隱逸之士。蓋賢者宜舉，能者宜使，隱逸之士則宜存察。若果是賢者、能者，亦宜舉而使之也，故文次「舉賢」「使能」之後也。

財用足故百志成。

注曰：「百志，人之志意所欲也。」

樾謹按：志當讀爲職，百志即百職也。財用足則百事皆舉，故百職成也。訓爲「人之志意」，失之矣。志與職古通用，説詳《檀弓》「公西赤爲志焉」下。

親者兄弟不，以襚進。（《少儀》）

注曰：「不執將命也，以即陳而已。」正義曰：「此明親者相襚之法。進，謂執之將命也。若非親者相襚，則擯者傳辭將進，以爲禮節。若有親者相襚，但直將進即陳之，不須執以將命也。」

樾謹按：親疏相襚，但有傳辭、不傳辭之别，其必將之以進，則一也。乃經云「不以襚進」，是直不以進矣，而於傳辭、不傳辭仍無文以見之。記者之文，何其拙乎？蓋由學者失其讀也。此當於「不」字斷句。「不」讀爲「否」，鄭注曰「不執將命也」，此解「否」字也。又曰「以即陳而已」，此解「以襚進」三字也。蓋此文承上文爲義，「臣致襚於君，則曰『致廢衣於賈人』，敵者曰『襚』」。至「親者兄弟」，則不然，直以襚進而已，故曰「親者兄弟不，句。以襚進。句。」正義讀「不以襚進」爲句，失之矣。

性之直者，則有之矣。

注曰：「有之，有跪者也。謂受授於尊者，而尊者短則跪，不敢以長臨之。」正義曰：「性，謂天性。言尊者天性直自如此短小。」

樾謹按：直無短義，正義以爲「直自如此短小」，然則「直自如此長大」義亦可通，安見其必爲短小乎？以此說經，宜後儒之不信矣。今按：「性之直者」，當就授受者言，不就尊者言，方與「則有之矣」文義相貫。直訓爲長，凡物曲則必短，直則必長，故直有長義。性與生古通用，《樂記篇》「方以類聚，物以群分，則性命不同矣」，注曰：「性之言生也。」是其證也。性之直者，猶言生之長者。鄭謂「不敢以長臨之」，正得其義，但於「性之直者」未得其解耳。《昭元年左傳》「其生不殖」〔一〕，杜注曰：「殖，長也。」殖從直聲，直爲長大之長，故殖爲滋長之長，其聲義竝通也。

不擢馬。

注曰：「擢，去也，謂徹也。已徹馬嫌勝，故專之。」正義曰：「凡投壺，每一勝輒立一馬，至

〔一〕 殖，原文作「植」，今據下文及《春秋左傳正義》改。

三馬而成勝。但頻勝三馬難得[一]，若一朋得二馬，一朋得一馬，於是二馬之朋，徹取一馬者，足以爲三馬，以成勝也[二]。今若卑者朋，雖得二馬，亦不敢徹尊者馬足成己勝也。」

樾謹按：正義所説，非注意也。鄭所謂徹者，謂徹去之。孔所謂徹者，謂徹取之。去、取二義縣絶矣。詳鄭君之意，蓋謂投壺禮畢，當請命於尊者，然後撤馬，不得自己擅徹，嫌若己勝，故得專其事也。而正義乃以一馬從二馬説之，非注意矣，然注意亦非經意。今按：「不擢馬」者，不立馬也。投壺之禮，卒投，司射執算，請數。命酌曰：「請行觴。」正爵既行，請立馬，一馬從二馬，以慶，此賓主投壺之常禮。若侍投於長者而卑幼者勝，則雖亦洗而以請，然不敢因長者受罰而謂己當受慶，故無慶多馬之禮，則亦無庸立馬矣，所以不擢馬也。《文選・西京賦》「徑百常而莖擢」，薛綜注曰：「擢，獨出貌。」《吴都賦》「擢本千尋」，劉淵林注曰：「擢本，高聳貌。」其義皆與「立」相近，故立馬謂之擢馬矣。

[一] 三馬，《禮記正義》《禮記注疏》均作「馬三」。
[二] 《禮記正義》《禮記注疏》「成」下有「定」字。

有貳車者之乘馬服車不齒。

注曰：「服車，所乘車也。車有新舊。」

王氏引之《經義述聞》曰：「齒者，年數也。車之新舊，本無年數之可分，無由而齒之。『服車』當在下文『乘馬』之下、『弗賈』之上。」

樾謹按：王説非也。車固不當以齒言，因馬而并稱之，則亦得言齒。《襄二年左傳》「以索馬牛皆百匹」，正義曰：「《司馬法》：『丘出馬一匹，牛三頭。』」則牛當稱頭而亦云匹者，因馬而名牛曰匹，并言之耳。經傳之文，此類多矣。《易·繫辭》云：「潤之以風雨。」《論語》云：「沽酒市脯不食。」《玉藻》云：「大夫不得造車馬。」皆從一而省文也。然則此文亦是從一而省，不得因此而疑其有誤也。

筴籥。

注曰：「筴，蓍也。籥，如笛，三孔。」

樾謹按：「龜筴」之「筴」與「羽籥」之「籥」，二者不倫，何得竝舉？疑注義非也。筴乃「簡策」之「策」，《顔氏家訓·書證篇》曰：「簡策字，竹下施朿，末代隸書，似杞宋之宋，亦有竹下遂爲夾者。」《曲禮》「先生書策琴瑟在前」，《釋文》作「筴」，曰：「本又作策。」是《禮記》「策」字固有作「筴」者矣。篇者，《說文・竹部》曰：「書僮竹笘也。」《一切經音義》卷二引《纂文》曰：「關西以書篇爲書籥。」然則筴與籥正同類之物矣。若謂上文已有書，此不當復有筴籥，則枕之與穎亦同物也，有枕復有穎，何妨有書復有筴籥乎？就其已書者言之，則爲書；就其未書者言之，則爲筴、爲籥，固不嫌於竝列矣。

凡膳告於君子。

樾謹按：「子」字衍文也，涉上文「致膳於君子」而衍，當作「凡膳告於君」，故下文云「主人展之，以授使者于阼階之南，南面，再拜稽首送，反命，主人又再拜稽首」。《周官・大祝》疏曰：「稽首，拜中最重，臣拜君之拜。」然則非膳告於君，無所用其稽首也。《郊特牲篇》：「大夫之臣不稽首，非尊家臣，以辟君也。」家臣且然，則士于大夫更可知矣，故知此爲膳告於君之禮。

發慮憲。（《學記》）

注曰：「憲，法也。言發計慮，當擬度於法式也。」

樾謹按：「發慮憲」與「求善良」一律。善、良二字同義，慮、憲二字亦同義。《爾雅・釋詁》：「慮，思也。」而原憲字子思，則憲亦思也。學者止知憲之爲法，莫知憲之爲思，故不得其解矣。

不學雜服，不能安禮。

注曰：「雜服，冕服、皮弁之屬。雜，或作雅。」

樾謹按：冕服、皮弁之屬，不可謂之雜服，故有作「雅」之本，然鄭君但云「或作」，則非古本也。且冕服、皮弁之屬，在今人視爲絶學，誠費講求；在古人則所習見、習聞也，有何可學乎？此「服」字止當從《爾雅·釋詁》「服，事也」之訓。雜服者，雜事也。洒掃、應對，無一非禮，故必學雜事，然後能安禮。馴而至於「動容周旋中禮」，不難矣。《曲禮》《少儀》諸篇所載，皆其事也。

或失則易。

注曰：「失於易，謂好問不識者。」正義曰：「至道深遠，非凡淺所識而人不之思求〔一〕，唯好汎濫外問，是失在輕易於妙道。」

樾謹按：「或失則多，或失則寡」相對成義，「或失則易，或失則止」亦必相對成義，讀爲「輕易」之「易」，則與「止」字不對矣。易當讀爲「變易」之「易」。「或失則易」者，謂見異而遷，此事

〔一〕 之，《禮記正義》《禮記注疏》均作「知」。

未竟，又爲彼事也。「或失則止」者，謂畫地自限，但知其一，不知其二也。此兩者之失，事正相反。鄭注未得其解，故正義遂失其讀矣。

有遺音者矣。（《樂記》）

注曰：「遺，猶餘也。」正義曰：「樂聲雖質，人貴之不忘矣；食味雖惡，人念之不息矣，是有遺音、遺味矣。熊氏云『聲有五聲，但有三人歎之，餘兩聲未歎，是有遺音』，非其辭也。」

樾謹按：熊氏之説雖拘[一]，然其解「遺」字則實得鄭意。蓋注所謂「遺，猶餘也」者，非美其音之有餘、味之有餘也。天下之音不盡於此，是謂有餘音；天下之味不盡於此，是謂有餘味。上文曰「樂之隆，非極音也。食饗之禮，非致味也」，兩言「有遺」，正見不極音、不致味之義。《史記·樂書》集解引王肅注曰：「未盡音之極。」正與熊氏之説同，蓋古説固如此也。孔氏誤會「餘」字之義，而鄭義晦矣。

人生而静，天之性也。感於物而動，性之欲也。

樾謹按：《説文·心部》：「情，人之陰氣有欲者。」「性，人之陽氣性善者也。」然則欲屬情，

[一] 熊，原文作「皇」，今據上文及《〈春在堂全書〉校勘記》改。

不屬性，古言情欲，不言性欲。「性之欲也」，義不可通。據《史記·樂書》作「性之頌也」，疑古本《禮記》如此。徐廣曰「頌，音容」，當從之。頌即容之叚字。《月令篇》「有不戒其容止者」，注曰：「容止，猶動静也。」以動訓容，以静訓止，是容有動義。《孟子·盡心篇》「動容周旋中禮者」，「動容」連文，其義一也。《説文·手部》：「搈，動搈也。」《韓子·揚搉篇》曰：「動之溶之。」容與搈、溶竝通。「感於物而動，性之容也」，上句言「動」，下句言「容」，文義相應，蓋「動容」本古人常語耳。且此兩句以動、容爲韻，上兩句以静、性爲韻，皆有韻之文。「容」作「頌」者，古字通也。《周官·鄉大夫職》「四曰和容」，司農注曰：「容與頌同。」是其證也。學者不得其義而改「頌」爲「欲」，失其義兼失其韻矣。下文曰：「人化物也者，滅天理而窮人欲者也。」夫性者，天之性也。若欲爲性之欲，則是天欲而非人欲矣，安得云「窮人欲」乎？

樂著太始，而禮居成物。

注曰：「著之言處也。」正義曰：「著與居相對，故注以『著』爲『處』也。」

樾謹按：下文「著不息者，天也；著不動者，地也」，即承此文而言。鄭解兩「著」字曰：「著，猶明白也。」然則「樂著太始」亦當爲著明之義。鄭必别爲之解者，由未解下句「居」字故也。古人之辭，凡辨别其事謂之「處」，《文十八年左傳》「德以處事，事以度功」，《吕氏春秋·有始覽篇》「察其情，處其形」，《淮南子·兵略篇》「相地形，處次舍」，皆其證也。因而亦謂之「居」。《周易·未濟·象傳》曰：「君子以慎辨物居方。」「居方」與「辨物」相對，居猶辨也。「樂著太始，禮居成物」，謂樂所以著明太始，禮所以辨別成物。鄭未得「居」字之義，故并「著」字之義而失之矣。

感條暢之氣，而滅平和之德。

注曰：「感，動也。動人條暢之善氣，使失其所。」

樾謹按：鄭訓感爲動，而加「使失其所」四字增成其義，失之迂矣。感當爲戌，《說文·戈部》：「戌，絶也。讀若咸。」古書即以「咸」爲之。《尚書·君奭篇》：「咸劉厥敵。」《周書·世俘篇》、《漢書·律曆志》引《武成篇》竝云：「咸劉商王紂。」「咸」皆「戌」之叚字也。感與咸通，《昭二十一年左傳》「窕則不咸」，《釋文》曰：「咸，本又作感。」是也。此文叚感爲戌，亦猶他書叚咸爲戌。戌條暢之氣者，絶條暢之氣也，正與「滅平和之德」文義一律。說者不達叚借之旨，遇「咸」字則訓爲皆，遇「感」字則訓爲動，而其義不可通矣。

六成復綴以崇。

注曰：「崇，充也。凡六奏以充《武》樂也。」

樾謹按：《毛詩·蝃蝀篇》「崇朝其雨」，傳曰：「崇，終也。」是崇與終聲近義通，故古字通用。《尚書·君奭篇》「其終出于不祥」，《釋文》曰：「終，馬本作崇。」是其證也。以崇猶言以終。上文曰「且夫《武》，始而北出」，此云「六成復綴以崇」，正以始終對言。鄭訓爲充，未得其義。

釋箕子之囚，使之行商容而復其位。

注曰：「行，猶視也。使箕子視商禮樂之官，賢者所處，皆令反其居也。」

樾謹按：武王左右自不乏人，何必箕子之是使？脱故主之幽囚而効新君之奔走，稍有人心者所不爲，而謂箕子爲之乎？鄭注非也。「使之行商容而復其位」，即就箕子言，蓋釋其囚而使之復位也。商容，猶言商禮，禮以容儀爲主，故行禮之臺謂之容臺，至漢世而徐氏之容與制氏之聲竝傳，然則以容言禮，猶以聲言樂也。武王優崇箕子，不奪其志，俾得仍用殷禮，故曰「釋箕子之囚，使之行商容而復其位」。自鄭失其解，而陸德明復引孔安國説，以商容爲殷之賢人，於是異説滋多，而經義益晦矣。

使其文足論而不息。

注曰：「文，篇辭也。息，猶銷也。」

樾謹按：此「息」字乃「孳息」之息，非「滅息」之息。《荀子·大略篇》「有國之君不息牛羊」，楊倞注曰：「息，繁育也。」《漢書·五行志》「不能則災息而禍生」，師古注：「息，謂蕃滋也。」是其義也。「使其文足論而不息」者，謂足可談論義理而不至於太繁，方與上句「使其聲足樂而不流」兩句一律。樂則易至於放蕩，故以不流爲貴。論則易至于蕃滋，故以不息爲貴。正義解上句曰「使人愛樂，不至流逸放蕩也」，解此句曰「足可談論義理而不息止也」，兩句意義不一律，足知鄭注之非矣。

有勇有義，非歌孰能保此。

注曰：「保，猶安也，知也。」正義曰：「故有勇有義之人，不是歌聲辨之，誰能知其有勇有義？言觀其所宜之歌。宜歌《商》者，知其有勇；宜歌《齊》者，知其有義。」

樾謹按：「保」字無訓知者，鄭注「知」字必「和」字之誤。和猶合也，言有勇者非歌《商》不足以合之，有義者非歌《齊》不足以合之也。保之訓安，本屬恒訓，而施之于此，義尚未足，故鄭加「和」字以明之。孔氏所據本「和」誤作「知」，因曲爲之説，失之矣。

纍纍乎端如貫珠。

正義曰：「言聲之狀纍纍乎，感動人心，端正其狀，如貫於珠。」

樾謹按：正義以「端」爲「端正」之端，則與纍纍如貫珠之義不合矣。端當讀爲轉，言其旋轉如貫珠。端從耑聲，轉從專聲，兩音相近。《説文・言部》：「諯，從言耑聲，讀若專。」即其例也。又《卮部》有「𦓸」「䣓」二篆，竝訓「小卮」，疑亦一字，或從專聲，或從耑聲，許君誤分之耳。《雜記篇》「載以輲車」，注曰：「輲，或爲槫。」然則轉之通作端，亦猶是矣。

使某實。（《雜記》）

注曰：「實當爲至。此讀，周、秦之人聲之誤也。」

樾謹按：實當爲致。「使某實」者，猶云使某致也。《昭七年左傳》曰：「不敢以聞於君，私致諸子。」是其例矣。又《宣二年傳》「致果爲毅」，杜注曰：「致謂達之于敵。」是致有達義，故《史記索隱》曰：「叔齊名致，字公達。」然則使某致，即使某達也。致、至同聲，古亦通用，然讀實爲至，其義不顯，不如改讀爲「致」矣。

大夫次於公館以終喪，士練而歸，士次於公館。

注曰：「公館，公宫之舍也。練而歸之士，謂邑宰也。練而猶處公館，朝廷之士也。唯大夫三年無歸也。」

樾謹按：經文止曰「士練而歸」，鄭何知此士爲邑宰而非朝廷之士乎？誠如鄭意，朝廷之士次於公館者，何時得歸其終喪乎？抑不終喪乎？經亦宜有明文，何以但曰「士次於公館」乎？反覆求之，義不可通。疑下「士」字爲衍文。「大夫次於公館以終喪，士練而歸」，此以久暫言也。大夫恩重，故久；士恩輕，故暫也。又出「次於公館」四字者，蓋與下經爲目，當連下文讀之，其文曰「次於公館，大夫居廬，士居堊室」，蓋同在公館而有廬與堊室之别，大夫恩重故居廬，士恩輕故居堊室，此又以精粗言也。鄭注云「士居堊室，亦謂邑宰也。朝廷之士，亦居廬」，是則增益經文，尤爲臆説。其注《周官・宫正》云「親者、貴者居廬，疏者、賤者居堊室」，即引此經爲説，而不云「朝廷之士亦居廬」，然則此注之未安，鄭固知之矣。徒以經文衍一「士」字，鄭不能訂正，故有此曲説耳。庾氏、熊氏又從而爲之辭，徒滋紛紜，今皆不取。

爲妻，父母在，不杖，不稽顙。

注曰：「尊者在，不敢盡禮於私喪也。」正義曰：「案《喪服》云：『大夫爲適婦爲喪主。』父爲己婦之主，故父在，不敢爲婦杖。若父没，母在，不爲適婦之主。所以母在不杖者，以父母尊同，因父而連言母。父没，母存，爲妻雖得杖，而不得稽顙，以杖與稽顙文連，不杖屬於父在，不稽顙文屬母在，故云：『父母在，不杖，不稽顙。』」

樾謹按：經言「父母在」，則自爲父母俱在者而言。所以不杖者，雖因父爲喪主之故，然父母尊同，故亦得竝言之。若母没而父在，其禮亦然，經無文者，從可知也。至父没母在，則已爲喪主，與父在不同，故下文曰「母在，不稽顙」，明父没母在，得爲妻杖也。夫父没母在，既於下文别而言之，則此文專爲父母俱在者而言明矣。學者必推論及于父没母存，於是其説始不可通。正義所載范宣子之説，以父在爲存在之在，母在爲在側之在，豈非治絲而棼之乎？

夫人至，入自闈門，升自側階，君在阼。

正義曰：「『君在阼』者，謂主國之君待之在阼階之上，不降階而迎也。」

樾謹按：夫人自側階升堂，而君顧於阼階之上待之，不相值矣。蓋所謂阼者，非阼階也。《内則篇》：「夫入門，升自阼階，立於阼。」阼非阼階，於斯可見。《郊特牲篇》「適子冠於阼」，注曰：「東序少北，近主位也。」然則「君在阼」者，謂君在東序也。蓋主位在是，故主國之君於此待之也。《喪大記篇》：「祝先升阼階〔一〕，負墉南面立〔二〕，君即位于阼。」夫曰「祝先升」，則君亦

〔一〕《禮記正義》《禮記注疏》「升」下均有「自」字。
〔二〕《禮記正義》《禮記注疏》均無「立」字。

升明矣。既升自阼階，又即位于阼，則阼之非阼階又明矣。所謂阼者，蓋亦謂東序，而正義云「即位于阼階」，由不知阼與阼階之別，故於經文所謂「阼」者，往往失之。《冠義篇》鄭注曰：「阼謂主人之北也。」蓋冠時主人位於序端，而冠者在東序少北，故曰「在主人之北」。正義謂「適子冠於阼階」，則是在主人之南矣，不且與注文大相刺謬乎？說詳見《士冠禮》。

百日之蜡，一日之澤，非爾所知也。

注曰：「言民皆勤稼穡，有百日之勞，喻久也。今一日使之飲酒燕樂，是君之恩澤，非女所知，言其義大。」正義曰：「『言民皆勤稼穡，有百日之勞，喻久也』者，解經『百日之蜡』，言百日勞苦而有此蜡。其實一年，而云百日，舉其成數，以喻其久也。云『今一日使之飲酒燕樂，是君之恩澤』者，解經『一日之澤』，言一日之中，由人君之恩澤。」

樾謹按：鄭注說「百日之蜡」，其義未明。若如正義所解，則經文當言「百日而有此蜡」，不得但曰「百日之蜡」也。且「百日」「一日」相對，「之蜡」「之澤」亦宜相對。所謂恩澤者，即在蜡祭之時，安得以蜡與澤爲對文乎？今按：蜡當作昔，據《說文》，昔與腊同字。《周官・腊人》注曰：「腊，小物全乾。」《釋名・釋飲食》曰：「腊，乾昔也。」是「昔」有乾義，故與「澤」爲對文。昔之言乾昔也，澤之言潤澤也。《考工記・弓人》曰：「稺牛之角直而澤，老牛之角紾而昔。」亦以昔對澤言，是其證也。「百日之昔，一日之澤」，言以百日之乾昔而始獲一日之潤澤也。《僖二十六年左傳》「公使展喜犒師」，正義引服虔曰：「以師枯槁，故饋之飲食。」其義與此相近。後人不達「昔」字之義，又因此節是論蜡事而加虫旁作蜡，於是其義遂晦矣。

其所與遊，辟也，可人也。

注曰：「言此人可也，但居惡人之中，使之犯法。」

樾謹按：經言「可人也」，而注以爲「此人可也」，非經旨矣。《方言》曰：「凡相憐哀，九疑湘潭之間謂之人兮。」然則可人者，可憐哀也，言其居惡人之中，使之犯法，甚可憐哀也。字亦通作仁，《成十六年公羊傳》「此其言舍之何？仁之也。曰在招丘，悕矣」，何休注曰：「悕，悲也。仁之者，若曰在招丘，可悲矣。閔録之辭。」《表記》注引《公羊傳》「仁之」作「人之」，是可證明此經「人」字之義。

士之妻皆死于寢。（《喪大記》）

正義曰：「『士之妻皆死于寢』者，亦各死其正室也。夫妻俱然，故云『皆』也。」阮氏《校勘記》曰：「『士之妻，閩、監、毛本同，岳本同，嘉靖本同，衛氏《集説》同。石經作『士士之妻』，段玉裁校本曰：『唐石經是也，各本脱一「士」字。』」

樾謹按：「士士之妻」，甚爲不辭。若云「士與妻皆死于寢」，豈不簡而易明，乃必複沓其文曰「士士之妻」乎？且經文所謂「皆死于寢」者，非夫妻俱然之謂也。上文曰「君、夫人卒於路寢，大夫、世婦卒於適寢」，亦是夫妻俱然，而不言「皆」，然則此言「皆」者，非謂夫妻俱然矣。士之妻皆死于寢，别于内子之有死于寢，有不死于寢也。上文曰「内子未命，則死於下室，遷尸于寢」，是卿之妻未命者不得死于寢，而士之妻則無論命與未命皆死於寢。所以然者，大夫尊，故宜辨别之，士卑，故從同也。禮固有益之而損者，此類是也。説者誤以「皆死于寢」謂夫妻俱然，遂有於「士之妻」上更加「士」字者，而唐石經從之，實於經義不合，不足據也。

君設大盤，造冰焉。

注曰：「造，猶内也。」正義曰：「造是造詣。凡造詣者，必入於内，故云『造，猶内也。』」

樾謹按：鄭意蓋讀造爲窖，《説文・穴部》：「窖，地藏也。」窖之義爲藏，故鄭云「猶内也」。「内」即「納」字，而正義謂「造詣者必入於内」，鑿矣。

君之喪，大胥是斂。

注曰：「胥，樂官也，不掌喪事。胥當爲祝，字之誤也。」

樾謹按：胥與祝字形絶遠，無由致誤，乃聲之誤也。祝聲轉而爲詛，義亦相通。《後漢書·賈逵傳》注曰：「祝，詛也。」是其證也。詛與胥則聲近而易溷矣，此「大祝」所以誤爲「大胥」也。注但言字誤，學者莫得其致誤之由，則或且議鄭君之輕于改字矣。

君、大夫鬊爪實于緑中〔一〕，士埋之。

注曰：「緑當爲角，聲之誤也。角中，謂棺内四隅也。」

樾謹按：棺内四隅，直謂之角可矣，不必言角中也。「角中」之文，甚爲不辭，鄭讀非也。此「緑」字當從段氏玉裁説讀爲褖〔二〕。《説文·衣部》〔三〕：「褖，棺中縑裹也。」上文曰「君裹棺用朱緑，大夫裹棺用玄緑，士不緑」，段氏《説文解字注》謂三「緑」字皆「褖」字之誤。今按：此「緑」字與上文三「緑」字文義相應。然則此「緑」字亦當讀爲「褖」矣。君、大夫皆有緑，故得實於緑中。士不緑，即無緑中，故埋之也。緑中者，褖中也。據《説文》「褖，讀若雕」，雕從周聲，而此「緑」字鄭云「或爲蔞」，疑古本《禮記》四「緑」字皆作「蔞」。褖之與蔞，猶雕之與鏤，皆一聲之轉也。因上文與朱、玄連文，故聲譌爲「緑」。惟此經尚有作「蔞」者，而鄭又不之從，於是其

〔一〕爪，原文作「瓜」，今據《禮記正義》及《〈春在堂全書〉校勘記》改。

〔二〕褖，原文作「綿」，今據《〈春在堂全書〉校勘記》改。下同。

〔三〕衣，原文作「糸」，今據《〈春在堂全書〉校勘記》改。

義益晦矣。段君因治《説文》，遂克訂正其誤，惜未能推及此「綠」字，且未明其致誤之由。恐學者疑惑，故具説之如此。

振容。

正義曰：「振，動也。容，飾也。」

樾謹按：容之言容隱也。《爾雅・釋宫》「容謂之防」，郭注曰：「形如今牀頭小曲屏風，唱射者所以自防隱。」《荀子・正論篇》曰「居則設張容，負依而坐」，楊倞引《爾雅》及郭注而申之曰：「言施此容於户牖閒，負之而坐也。」是容與依同類，人君所居必設之，故飾棺亦有容也。正義但以容飾説之，未得其義。

君裹椁、虞筐，大夫不裹椁，士不虞筐。

注曰：「裹椁之物，虞筐之文，未聞也。」

孔氏廣森《禮學卮言》曰：「《周官・司巫》『祭祀則共匰主』，匰，筐也。禮喪主於虞，吉主於練，大夫以上虞而作主，於是有筐以盛之。士無主，故不虞筐矣。」

樾謹按：「虞筐」與「裹椁」連文，孔氏乃以爲是虞主之筐，事不類矣。筐當爲匡，古字同也。匡之言匡當也。鄭注解上文「黼翣」「黻翣」「畫翣」，曰：「漢禮：翣以木爲筐。」正義曰：

「謂以木爲翣之筐，若門户四面筐也。」然則裹椁、虞筐亦謂椁四面之筐矣。虞之言安也。據上文「棺椁之閒，君容柷，大夫容壺，士容甒」，是君、大夫棺椁之閒相距甚寬，故君裹椁、虞筐，言既爲之裹而其四面匡當，又必有以承藉之，使棺在椁中得安也。學者不知筐、匡之同字，故莫得其解耳。

群經平議卷二十二

禮記四

瘞埋於泰折。《祭法》

注曰：「折，昭晳也。」

樾謹按：鄭意蓋讀折爲晳，然瘞埋祭地，無取昭晳之義，鄭義非也。泰壇祭天，泰折祭地，文本相對，「折」疑「坎」字之誤。下文「相近於坎、壇，祭寒暑也」，注曰：「寒於坎，暑於壇。」又曰「四坎、壇，祭四方也」，注曰：「祭山林丘陵於壇，川谷於坎。」是壇必與坎相對。祭天於泰壇，則祭地宜於泰坎矣。「坎」與「折」字形相似，因而致誤。鄭所見已然，則其誤久矣。

埋少牢於泰昭。

注曰：「昭，明也，亦謂壇也。」

樾謹按：埋牲不當於壇，鄭説非也。昭當讀爲堲，《説文·𨸏部》：「堲，耕以臿浚出下壚土也。」埋牲者亦必以臿出土，故亦謂之堲。其曰「泰堲」者，尊之也。堲從召聲，昭亦從召聲，故得通用矣。

七代之所更立者。

注曰：「七代，通數顓頊及嚳也。所不變者，則數其所法而已。變之則通數所不法，爲記者之微意也。」

樾謹按：上文曰「此五代之所不變也」，注曰：「五代，謂黄帝、堯、舜、禹、湯。」然則此承上文而言，亦當言「五代」，不當言「七代」，乃變五言七，義不可通。「七」疑「五」字之誤，古文「五」字作「乂」，與七相似，往往致誤。《郊特牲篇》「次路五就」，注曰：「《禮器》言『次路七就』，與此乖，字之誤也。」《考工記·玉人》「命圭七寸，謂之躬圭」，注云：「故書或云『命圭五寸，謂之躬圭』，杜子春云：『當爲七寸。』」《詩·豳風·七月篇》「七月鳴鵙」，正義曰：「王肅云：『蟬及鵙皆以五月始鳴，今云七月，其義不通也。古五字如七。』肅之此説，理亦可通，但不知經文實誤否耳。」是皆五、七兩字傳寫溷淆之證，「五代」之爲「七代」亦猶是矣。鄭必曲爲之説，非是。

其薦之也，敬以欲。（《祭義》）

注曰：「欲，婉順貌。」正義曰：「言孝子薦熟之時，容貌恭敬，顔色婉順，如欲得物然。」

樾謹按：欲猶好也。欲惡謂之好惡，嗜欲謂之嗜好，皆其證也。今讀美好之好，上聲；喜好之好，去聲。古人初無此分别。「欲」字之義，通於喜好之好，即通於美好之好，故鄭以「婉順」釋之。如正義所解，則恭敬是一義，婉順是一義，「如欲得物然」總承二義而言，其於經意、注意，胥失之也。

致和用也。

注曰：「至於和用，謂治民之事以足用也。」正義曰：「和謂百姓和諧，用謂財用豐足。」

樾謹按：和，疑「利」字之誤。《易》稱「利用安身，以崇德也」，傳稱「正德、利用、厚生謂之三事」，竝可證「利用」二字之義。利與和字形相似，《荀子·正名篇》「利而不流」，楊倞注曰：「利，或爲和。」又《臣道篇》「故君子安禮和樂」，今本作「安禮樂利」，與上文不合，蓋亦字之誤也，説詳《諸子平議》。此經「利用」誤爲「和用」，鄭君不能是正，而孔氏又曲爲之説，分「和用」爲二義，益非經旨。下文曰：「致物用以立民紀也。」「物」亦「利」之誤字。古文「利」作「𥝢」，與

「物」相似，因誤爲「物」耳。鄭云：「變和言物，互之也。」夫和之與物，其義絶遠，安得互見乎？

見以蕭光。

注曰：「『見』及『見閒』，皆當爲『覸』字之誤也。」

樾謹按：「見以蕭光」，即閒以蕭光也。見、閒聲近，因而致誤耳。下文「見閒以俠甒」，當亦作「見以俠甒」。經師相傳以此經兩「見」字皆當讀爲「閒」，故於下「見」字旁注「閒」字，以明「見」之爲「閒」。而傳寫誤入正文，遂成「見閒」矣。鄭又合見閒爲覸。夫「閒」字自有閒雜之義，何必作「覸」乎？「覸」字不見於《説文》，鄭讀恐未足據。

築宫仞有三尺。

樾謹按：此本作「築官仞有三尺」。官與館古同字，説詳《尚書·堯典篇》「鞭作官刑」。築官者，築館也。毛傳《瞻卬篇》引此文亦作「宫」，蓋由學者不知「官」字之義而誤改也。正義引《尚書》夏傳云「築官有三尺」，其字不誤但脱「仞」字耳。鄭彼注反曰「官當爲宫」，信考古之難矣。

風戾以食之。

注曰：「風戾之，使露氣燥。」正義曰：「戾，乾也。」

樾謹按：鄭意謂戾之使燥，非以「燥」字釋「戾」字也。戾之言反也，《太玄·玄錯篇》曰「戾相反」，《玄衝篇》曰「戾内反」，是戾有反義。《淮南·覽冥篇》「舉事戾蒼天」，高注曰：「戾，反也。」此經「戾」字亦當訓反，言就風前反覆之，使露氣乾燥也。「戾」字絶無乾燥之義，乃《釋文》曰：「戾，燥也。」正義曰：「戾，乾也。」誤會注意，妄爲之説。唐以後訓詁，此類多矣。

古之獻繭者，其率用此與。

注曰：「問者之辭。」正義曰：「夫人曰：『獻繭之法，自古如此邪？』重事之義，故問之也。」

樾謹按：「與」字通作「邪」。陸德明《經典釋文序》曰：「邪、也弗殊。」故「與」字亦通作「也」。「古之獻繭者，其率用此與」，言古之獻繭者，其法用此也。此記人之辭，以結上文，非發問也。鄭不解「與」字之義，誤以爲問者之辭，正義并以爲夫人所問，其失經意更甚矣。上文「夫人曰：『此所以爲君服與。』」「與」字亦即「也」字。世婦獻繭，本所以爲君服，初無可疑，何待致問乎？王氏引之《經傳釋詞》謂「與」字與「也」字同，然所引止《論語》「於予與何誅」「於予與改是」二語，不知此經兩「與」字皆即「也」字，可補《釋詞》之闕。

國人稱願然，曰：「幸哉，有子如此！」

注曰：「然，猶而也。」

樾謹按：此當於「然」字斷句。然猶焉也。《大戴記·曾子大孝篇》正作「國人皆稱願焉」，可證。《檀弓篇》「穆公召縣子而問然」，注曰：「然之言焉也。」此「然」字亦與彼同。鄭訓爲「而」，失之。

如語焉而未之然。

注曰：「如有所以語親而未見答。」

樾謹按：《廣雅·釋詁》：「然，譍也。」鄭意以「未之然」爲「未之譍」，故其解如此。但此經自「如懼不及愛然」至「如將復入然」，凡四句一律，句末皆用「然」字，安得以「未之然」連讀乎？鄭注誤矣。《説文·之部》：「之，出也。」凡「之」字語詞居多，此「之」字乃其本義。「未之」者，未出也。「如語焉而未之」者，如語焉而未出也。奠酒之時，如父母之在其前，故孝子常若有所告語而未出諸其口者。鄭不解「之」字之義，因失其解耳。

宿者皆出，其立卑静以正，如將弗見然。

注曰：「宿者皆出，謂賓助祭者，事畢出去也。如將弗見然，祭事畢，而不知親所在，思念之深，如不見出也。」

樾謹按：「如不見出」者，謂賓出而孝子如不見之，蓋孝子思念之深，不知祭事之已畢也。此「出」字，即「宿者皆出」之「出」，注義甚明。正義謂「如將不復見顔色出然〔一〕」，則不知何語矣。

不求其爲。（《祭統》）

注曰：「爲，謂福祐爲己之報。」

樾謹按：《詩·鳧鷖篇》「福禄來爲」，箋曰：「爲，猶助也。」然則「不求其爲」者，不求其祐助也。此「爲」字當從彼箋義。若依此注，則經文爲不備矣。

〔一〕《禮記正義》《禮記注疏》「如」下均有「似」字。

執醴授之，執鐙。

注曰：「執醴，授醴之人。授夫人以豆，則執鐙。」正義曰：「謂夫人獻尸以醴齊之時，此人酌醴以授夫人。至夫人薦豆之時，此人又執豆以授夫人，是獻之與薦皆此人所掌，故云『執醴，授醴之人』。」

樾謹按：薦豆之時，不得復名此人爲執醴矣，且禮有五齊，即以用二齊之法而言，朝踐酌醴齊，饋食酌盎齊，安得專以執醴爲名乎？醴當讀爲禮，《內則篇》「宰醴負之」，注曰：「醴當爲禮，聲之誤也。」《儀禮·士冠禮》《士昏禮》諸篇，鄭注竝有此文，是醴、禮二字《禮》經通用，「執醴」即「執禮」也。《文王世子篇》「秋學禮，執禮者詔之」，《雜記篇》「女雖未許嫁，年二十而笄，禮之，婦人執其禮」，皆「執禮」二字之證。夫人薦豆，由執禮者授之，故曰「執禮授之，執鐙」也。

仁足以與之。

注曰：「仁足以與之，與其先祖之銘也。非有仁恩，君不使與之也。」

樾謹按：與猶爲也。仁足以與之，言仁足以爲之。注云「與其先祖之銘」，言爲其先祖之銘。又云「君不使與之」，言君不使爲之。此經及注三「與」字皆當讀作「爲」。《管子·戒篇》「自妾之身之不爲人持接也」，尹知章注曰：「爲，猶與也。」然則與亦猶爲矣，古與、爲二字通用。《孟子·公孫丑篇》「得之爲有財」，此「爲」字當讀作「與」。《離婁篇》「所欲與之聚之」，此「與」字當讀作「爲」。

其在朝廷，則道仁聖禮義之序。（《經解》）

樾謹按：《大戴記·四代篇》曰：「聖，知之華也。」故聖與知，古得通稱。「仁聖禮義」，即仁知禮義也。《鄉飲酒義》曰：「仁義接，賓主有事，俎豆有數，曰聖。聖立而將之以敬，曰禮。」又《大戴記·盛德篇》曰：「宗伯之官以成仁，司馬之官以成聖，司寇之官以成義，司空之官以成禮。」凡以聖與仁、義、禮竝言者，聖即知也。鄭於《鄉飲酒義》注曰：「聖，通也，所以通賓主之意也。」殆猶未達古義矣。

昏姻之禮。

注曰：「壻曰昏，妻曰姻。」

樾謹按：《爾雅·釋親》曰：「壻之父爲姻，婦之父爲婚。」又曰：「婦之黨爲婚兄弟，壻之黨爲姻兄弟。」《白虎通·嫁娶篇》曰：「婚姻者，何謂也？婚者，昏時行禮，故曰婚。姻者，婦人因夫而成，故曰姻。《詩》云：『不惟舊姻。』謂夫也。又曰：『燕爾新婚。』謂婦也。」《説文·女部》：「婚，婦家也。《禮》娶婦以昏時，婦人陰也，故曰婚。」「姻，壻家也。女之所因，故曰姻。」

《廣雅·釋親》曰〔一〕：「婦之父曰婚，言壻親迎用昏，又恒以昏夜成禮也。壻之父曰姻。姻，因也，女往因媒也。」博考古書，無以昏屬壻、姻屬婦者。鄭君注《昏禮》亦曰「女氏稱昏，壻氏稱姻」是也。此注獨言「壻曰昏，妻曰姻」，孤文無證，恐不足據。正義謂「《爾雅》據男女父母，此據男女之身」，斯亦曲説矣。

故昏姻之禮廢，則夫婦之道苦。

注曰：「苦，謂不至、不答之屬。」

樾謹按：《詩·四牡篇》「王事靡盬」，傳曰：「盬，不堅固也。」字亦作「楛」，《荀子·議兵篇》「械用兵革窳楛」。楊倞注曰：「楛，不堅固也。」字又作「苦」，《周官·典婦功》「辨其苦良」，鄭司農讀苦爲盬。《吕氏春秋·誣徒篇》「從師苦而欲學之功也」，高誘注曰：「苦，讀爲『盬會』之『盬』。」是也。「夫婦之道苦」，謂夫婦之道不堅固也。鄭注但釋其大意而不及「苦」字之義，學者遂以爲即「甘苦」之「苦」，非古訓矣。

〔一〕《廣雅·釋親》無此文，當爲「《釋名·釋親屬》」。

即安其居，節醜其衣服，卑其宮室。（《哀公問》）

注曰：「即，就也。醜，類也。就安其居處，正其衣服，教之節儉，與之同利者，上下俱足也。」正義曰：「『節醜其衣服』者，節，正也；醜，類也。又正其民衣服，使得其類也。」

樾謹按：鄭君作注時，蓋作「即安其居，即醜其衣服」，故曰「即，就也」，又曰「就安其居處，正其衣服」，一「就」字總釋兩「即」字，「安其居處」釋「安其居」，「正其衣服」釋「醜其衣服」。「醜」字，鄭訓爲類，而因其義未顯，故又轉訓爲正。《周官·小宗伯職》「類社稷宗廟」，鄭注曰：「類者，依其正禮而爲之。」是其義也。至「教之節儉」四字，自釋「卑其宮室」以下四句之義，與此無涉。自經文「即」字涉注文而誤作「節」，正義遂謂鄭注「正」字是釋「節」字，臆爲之説曰「節，正也」，而經文之誤，不可復正矣。然鄭解此經亦有違失。按：兩「即」字皆當讀爲「則」。《大戴禮·哀公問於孔子篇》作「則安其居處，醜其衣服」，可證也。即與則古同聲而通用，《王制篇》「必即天倫」，注曰：「即，或爲則。」是也。「即安其居」者，則安其居也。「即醜其衣服，卑其宮室」者，則醜其衣服，卑其宮室也。兩「即」字皆承上之詞。《射義篇》「則燕則譽」，疊用兩「則」字，與此正同，但句有長短耳。「醜其衣服」，謂惡其衣服，《文十八年左傳》「醜類惡物」，杜注曰：「醜亦惡也。」鄭不解「即」字之義，故并「醜」字之義而失之。

物恥足以振之。

注曰：「振，猶救也。」

樾謹按：《儀禮・士喪禮》「挋用巾」，古文挋作振，是振與挋通。「物恥足以振之」者，振乃挋之叚字。《爾雅・釋詁》：「挋、拭、刷，清也。」然則挋與拭、刷同義，言足以拭刷之也。鄭訓爲救，未得其旨。

大王之道也。

樾謹按：上文言「三代明王之政」，此乃獨舉一周之大王，於義可疑。即謂就周而言，豈文王不行此道乎？大疑當讀如本字。「大王之道也」，言此是王之道也。王言大王，猶邑言大邑，邦言大邦，尊稱之耳。《周易・臨》六五曰：「大君之宜。」文法正與此同。上文言「三代明王」，《祭義篇》又言「天下之盛王」。明之言盛也，《淮南子・説林篇》「長而愈明」，高注曰：「明猶盛也。」盛之言大也，《國語・越語》「盛而不驕」，韋注曰：「盛，元氣廣大時也。」然則或言明王，或言盛王，或言大王，其實一也。《詩・文王有聲篇》「皇王維辟」，傳曰：「皇，大也。」是皇王即大王也。《春秋經》書「天王」，《廣雅・釋詁》曰：「天，大也。」是天王亦即大王也。鄭不知古有大王之稱，而以周之大王當之，《釋文》遂音大爲泰，恐非經旨。《大戴記・哀公問於孔子篇》文與此同，而《永樂大典》本作「先王之道也」，或疑《大典》本誤，非也。《小戴記》作「大王」，《大戴記》作「先王」，文各不同，正以孔子所言本無專指之人，故學者傳述不妨異詞。曰「大王之道」可也，曰「先王之道」可也。自鄭注誤解以爲周之大王，於是并改《大戴記》之「先王」爲「大王」矣。《大典》本幸存其舊。若以爲誤，則此文載於《小戴記》，學者童而習之，鄭注、陸音犂然俱在，安得誤大爲先乎？以是言之，《大典》本「先」字，正《大戴記》之本文，而《小戴記》之「大王」泛指先王，明矣。《墨子・非命下篇》曰「考先聖大王之事」，是其義也。又《孔子閒居篇》：「三代之王也，必先其令聞。《詩》云：『明明天子，令聞不已。』三代之德也。『弛其文德，協此四國』，大王之德也。」此「大」字亦當讀如本字，「大王之德」猶云王之德也。蓋上文云「三代之王也，必先其令聞」，兩引《詩》皆所以明三代之王之德。乃一則曰「三代之德也」，一則曰「大王之德也」，言三代即不言王，言王即不言三代，正古人文法錯綜之妙。後世不達古人文法，無以得其義矣。

客出以《雍》，徹以《振羽》。（《仲尼燕居》）

注曰：「《采齊》《雍》《振羽》，皆樂章也。」

樾謹按：《論語・八佾篇》：「三家者以《雍》徹。」《荀子・正論篇》：「《雍》而徹乎五祀。」《淮南・主術篇》：「奏《雍》而徹。」是徹宜歌《雍》，不歌《振羽》也。疑此經本作「客出以《振羽》，徹以《雍》」，傳寫互易之耳。鄭作注時必猶未誤，故《周官·樂師職》「及徹，帥學士而歌徹」，注云：「徹者，歌《雍》。《雍》在《周頌·臣工之什》。」又《小師職》「徹歌」，注云：「於有司徹而歌《雍》。」蓋鄭見諸書皆言歌《雍》以徹，故雖經文不言所歌何詩，而可以決其爲《雍》也。若此經別言「徹以《振羽》」，則鄭何得決其必爲《雍》乎？且此經所論是大饗之事，而《小師職》於「徹歌」之下即繼之曰「大饗，亦如之」，使此經論大饗有「徹以《振羽》」之文，鄭必不容無説矣，乃鄭不置一語。及賈公彦作疏，始爲之説曰：「其大饗，饗諸侯之來朝者，徹器亦歌《雍》。若諸侯自相饗，徹器即歌《振鷺》。故《仲尼燕居》云『大饗有四焉』，云『徹以《振羽》』。《振羽》當爲《振鷺》，是其事也。」夫賈氏有此分別之論，何以鄭無一語？可知賈所見《禮記》作「徹以《振羽》」，鄭所見《禮記》作「徹以《雍》」也。鄭注云「《采齊》《雍》《振羽》，皆樂章也」，先《雍》而後《振羽》，蓋亦後人所改，非鄭君之舊矣。

目巧之室，則有奥阼。

注曰：「目巧，謂但用巧目，善意作室，不由法度，猶有奥阼，賓主之處也。」正義曰：「『奥阼，賓主之處也』者，《爾雅》云『西南隅謂之奥』，奥之外則有賓位所在，東階謂之阼，故曰『賓主之處』。」

樾謹按：凡經單言「阼」，不言「阼階」者，皆謂東序。《郊特牲篇》「適子冠於阼」，注曰：「東序少北，近主位也。」是其地也。室中以奧爲尊，尊者居之；堂上以阼爲主，主人位焉。故無奧阼則亂於堂室，雖目巧之室而必有之也。鄭注「賓主之處」四字，義本未安，何也？「阼」但是主之處，而非賓之處，至奧在室中，則更與賓無涉。正義曲成鄭意，謂「奧之外則有賓位所在」，失之迂矣。經言「奧」而不言「奧外」，且賓位在户牖之閒，亦不正當奧外也。

耆欲將至。（《孔子閒居》）

注曰：「耆欲將至，謂其王天下之期將至也。」

樾謹按：《中庸篇》云「禍福將至」，此云「耆欲將至」。耆欲，即福也。以人而言，則耆之欲之謂之耆欲；以事物而言，則凡可耆可欲者亦謂之耆欲。猶好之謂之好，經典中「喜好」字是也；可好者亦謂之好，經典中「美好」字是也。樂之謂之樂，經典中「哀樂」字是也；可樂者亦謂之樂，經典中「禮樂」字是也。後人不通古訓，妄分音讀。今按：上文云「禮之所至，樂亦至焉。樂之所至，哀亦至焉。哀樂相生」，此五句一氣貫注，「哀」即上文「哀」字，無異讀也。然則「樂」亦上文「樂」字，有何異讀乎？明乎此，則知此篇之「耆欲」，即《中庸篇》之「福」矣。凡美惡不嫌同辭，《月令篇》之「節耆欲」「禁耆欲」，以耆欲之不善者言也。《祭統篇》之「興舊耆欲」及此篇之「耆欲將至」，以耆欲之善者言也，猶好德、好色同謂之好也。王肅作《家語》乃改爲「有物將至」，足徵其不達古義矣。

民猶得同姓以弑其君。（《坊記》）

樾謹按：得當讀爲「王德狄人」之「德」，古字通也。「德同姓以弑其君」，若宋公子鮑禮於國人，國人奉之以弑昭公，是也。鄭不釋「得」字，蓋誤以本字讀之。

惟朕文考無罪。

注曰：「文考，文王也。」

王氏引之《經義述聞》曰：「稱祖稱考，無冠以謚者。文考乃贊美之稱，謂有文德之考耳，非謚也。」

樾謹按：王説非也。古人稱祖稱考，未嘗不冠以謚。《周書・成開篇》「余小子思繼厥常，以昭文祖之守定武考之烈」，是成王稱文王爲文祖、武王爲武考也。《本典篇》王在東宮，告周公曰「嗚呼！朕聞武考」云云，周公拜手稽首〔一〕，曰「臣聞之文考」云云，是成王稱武王爲武考，

〔一〕拜手，《逸周書》作「再拜」。

周公稱文王爲文考也。《祭公篇》「以予小子揚文、武大勳，弘成康、昭考之烈」，是穆王稱昭王爲昭考也。安得謂稱祖稱考無冠以謚者乎？

《易》曰：「不耕穫，不菑畬，凶。」

注曰：「田一歲曰菑，二歲曰畬，三歲曰新田。」正義曰：「案《爾雅・釋地》云：『田一歲曰菑，二歲曰新田。』此云『三歲曰新田』者，誤也。」

樾謹按：此鄭所據《爾雅》與今本不同，非誤也。《爾雅・釋天》曰：「春爲蒼天，夏爲昊天。」《尚書・堯典》正義曰：「鄭玄讀《爾雅》曰『春爲昊天，夏爲蒼天』。」即其例矣。《周易・无妄》虞注亦云「二歲曰畬」，可知鄭説之有據。又《爾雅・釋山》曰：「多草木，岵；無草木，峐。」「石戴土謂之崔嵬，土戴石爲砠。」而毛公《陟岵篇》傳〔一〕、《卷耳篇》傳，其義皆正與《爾雅》反。凡此之類，當由所見本不同，非盡傳寫之誤。

横從其畝。

注曰：「横從，横行治其田也。」《釋文》曰：「横行治其田，本亦作遊行治其田。」

〔一〕陟，原文作「涉」，今據《毛詩正義》及清經解續編本《群經平議》改。

樾謹按：《毛詩》作「衡從其畝」，故傳曰：「衡獵之，從獵之。」《釋文》引《韓詩》作「横由其畝」，「東西耕曰横，南北耕曰由。」其説亦與毛同。此經引《詩》，上字既同《韓詩》作「横」，疑下字亦同《韓詩》作「由」，由即從也。《曲禮篇》「由客之左」，注曰：「由，從也。」是也。鄭君注《禮》時未見《毛詩》，故不悟「由」之即爲「從」，而疑東西耕可謂之横，南北耕不可謂之由，於是不用《韓詩》説而自爲之説，曰：「横由，横行治其田也。」蓋「由」字本有行義，《廣雅・釋詁》曰：「由，行也。」鄭訓「横由」爲横行，其意如此。若使經文本作「横從」，則鄭豈不知其爲一從一横之義，而必别爲之説乎？自《毛詩》出而學者遂改《禮記》以就《毛詩》，於是鄭君之意晦矣。其一本作「遊行治其田」者，遊與由通，《左傳》「養由基」，《後漢・班彪傳》作「遊基」，是其證也。疑此經「由」字有作「遊」者，鄭注曰：「横遊，横行治其田也。」傳寫奪下一「横」字，遂作「遊行治其田」矣，即此可爲經文作「横由其畝」之證。

君子之中庸也，君子而時中。小人之中庸也，小人而無忌憚也。（《中庸》）

注曰：「『君子而時中』者，其容貌君子，而又時節其中也。『小人而無忌憚』，其容貌小人，又以無畏難爲常行，是其『反中庸』也。」

樾謹按：鄭以「容貌」爲説，其義甚淺，蓋因句中有「而」字當有兩義，故不得已爲此解耳。

今按：兩「而」字皆當讀作「能」，古書「能」字作「耐」，又或省作「而」。《周易·屯·彖傳》「宜建侯而不寧」，鄭讀而曰能；《履》六三「眇能視，跛能履」，虞翻本「能」作「而」。周、秦閒書以「而」爲「能」者，不可勝數，故《吕氏春秋·士容論篇》「柔而堅，虚而實」，《淮南子·原道篇》「行柔而剛，用弱而强」，高誘注竝曰：「而，能也。」「君子而時中」者，君子能時中也。「小人而無忌憚」者，小人能無忌憚也。下文曰「中庸其至矣乎，民鮮能久矣」，又曰「中庸不可能也」，皆與「君子能時中」文義相應。小人不能時中而能無忌憚，無忌憚者，鄭注所謂不畏難也。惟不畏難，故能爲人所不能爲，以求合乎中庸，而不知正與中庸之道相反，是謂小人之中庸矣。小人之中庸，即其反中庸也。鄭不知兩「而」字當讀爲「能」，故此經之義不顯。而王肅本於「小人之中庸」句，又妄增「反」字，大非經旨矣。

夫政也者，蒲盧也。

注曰：「蒲盧，蜾蠃，謂土蜂也。蒲盧取桑蟲之子，去而變化之，以成爲己子。政之於百姓，若蒲盧之於桑蟲然。」

樾謹按：此承「人存政舉」而言，下文即繼之曰「故爲政在人」，若從鄭注，則於下意不貫矣。孔子以蒲盧喻政，蓋以文、武之政不能自舉，而必待其人，猶蒲盧不能自生，而必待桑蟲之子也。鄭解未得經旨。近解皆從沈括《夢溪筆談》「蒲葦」之説，則更非矣。《家語》作「夫政者，猶蒲盧也，待化而成」，此王肅所增益，固不足據。然「待化而成」頗合待人而舉之意，轉視鄭義爲長矣。

言前定則不跲。

注曰：「跲，躓也。」正義曰：「將欲發言，能豫前思定，然後出口，則言得流行，不有躓蹶也。」

樾謹按：言出於口，無躓蹶之慮。張參《五經文字》曰：「跲，其劫反，《禮》作跲。」然則「跲」當讀爲「佮」。《老子》「將欲翕之」，《釋文》引顧注曰：「翕，閉塞也。」翕即佮字，佮本從合聲，故或從翕聲耳。「言前定則不佮」，謂言得流行，不有閉塞也，非躓蹶之謂。

生乎今之世，反古之道。

注曰：「『反古之道』，謂曉一孔之人，不知今王之新政可從。」

樾謹按：古之道即先王之道。《孟子》曰：「遵先王之法而過者，未之有也。」乃以反古之道而烖及其身，義殊可疑。《大戴記・哀公問五義篇》：孔子對哀公曰：「生乎今之世，志古之道。居今之俗，服古之服。舍此而爲非者，不亦鮮乎？」即此而言，足知鄭義之非矣。反猶變也，《詩·猗嗟篇》「四矢反兮〔一〕」，《韓詩》作「四矢變兮」，是反與變義通，故《列子·仲尼篇》「回能仁而不能反」，張湛注曰：「反，變也。」「反古之道」，即變古之道，蓋既愚而好自用，賤而好自專，勢必生今之世而變改先王之道，宜乎烖及其身矣。

小德川流。

注曰：「『小德川流』，浸潤萌芽，喻諸侯也。」正義曰：「若以諸侯小德言之，如川水之流，浸潤萌芽。」

樾謹按：「小德川流，大德敦化」相對爲文，若解作「如川水之流」，則與「敦化」不對矣。川當讀爲順，順從川聲，古文以聲爲主，故即以川爲順。《周易·坤卦》釋文曰：「坤，本又作巛。」「巛」乃隸書「川」字，以川爲坤者，讀川爲順也。《乾·象傳》曰：「天行健。」健即是乾，則順即是坤矣，説詳《周易》。小德順流，言小德順承而流行也。自叚借之義不明，而經文之平易者變爲艱深矣。

〔一〕兮，原文作「分」，今據《毛詩正義》、清經解續編本《群經平議》及《〈春在堂全書〉校勘記》改。下「兮」字同。

《詩》曰「衣錦尚絅」，惡其文之著也。

注曰：「錦衣之美而君子以絅表之，爲其文章露見，似小人也。」正義曰：「《詩》本文云『衣錦褧衣』，此云『尚絅』者，斷絶《詩》文也〔一〕。又俗本云『衣錦褧裳』，又與定本不同。」

樾謹按：作「衣錦褧裳」者是也。古本《禮記》蓋作「衣錦絅尚」，「絅」乃「褧」之異文，「尚」乃「裳」之叚字。古文以聲爲主，裳從尚聲，故即以尚爲裳也。《詩・鄭風・丰篇》曰：「衣錦褧衣，裳錦褧裳。」記人撮舉其辭曰：「衣錦絅尚。」猶《雞鳴篇》：「東方明矣，朝既昌矣。」《説文・日部》引作「東方昌矣。」《緜篇》「混夷駾矣，維其喙矣。」《説文・口部》「呬」下引作「犬夷呬矣」。竝合兩句爲一句也。經師相傳以此「絅尚」即《詩》之「褧裳」，遂有改其字以從《毛詩》者，正義所謂俗本是也。雖非《戴記》之舊，然其文固未誤。自叚借之義不明，學者見古本作「衣錦絅尚」，而不知「尚」爲「裳」之叚字，則疑其義之不可通，遂移「尚」字於「絅」字之上而作「衣錦尚絅」，於是唐人作定本從之，相沿至今，莫能是正矣。

〔一〕 絶，《禮記正義》《禮記注疏》均作「截」。

仁者，人也。道者，義也。（《表記》）

注曰：「人也，謂施以人恩也。義也，謂斷以事宜也。」

樾謹按：下文「至道以王，義道以霸，考道以爲無失」，是道之所包者廣，「義」字不足以盡之。正義於下文曲爲之説，曰：「道有至、有義、有考，是一道之内兼有三種，與前經不同者，隨大小異言。」今按：此經云「仁者，右也。道者，左也。仁者，人也。道者，義也」，自是統論大體，豈反舉其小者而言乎？「義」疑「我」字之誤，左右、人我，相對成文。「道者，我也」，即上文所謂「君子議道自己」也。我與義字形相似，又涉下文諸「義」字而誤。《孟子・公孫丑篇》「非義襲而取之也」，王氏引之謂「義」字乃「我」字之誤，説詳《經義述聞・通説》，正與此同。

又按：下文云：「是故君子以義度人，則難爲人。以人望人，則賢者可知已矣。」此「義」字亦「我」字之誤。君子議道自己，而置法以民，故不以我度人而以人望人，所謂「責己重以周，待人輕以約」也。鄭注曰：「以先王成法擬度人則難中也，當以時人相比方耳。」其説殊爲未安，由不知「義」字爲「我」字之誤耳。下文曰「是故君子不以其所能者病人」，又曰「是故聖人之制行也，不制以己」，此即「不以我度人」之意。

恥費輕實。

注曰：「恥費，不爲辭費，出空言也。」

樾謹按：不爲辭費而但曰「恥費」，安知所費之爲辭乎？注義非也。費當讀爲拂，《中庸篇》「君子之道費而隱」，《釋文》曰：「費，本又作拂。」鄭彼注曰：「費，猶佹也。」正義以「違費」解之，此「費」字與《中庸篇》同。「恥費」者，恥其違費也。蓋承「尊仁畏義」而言，惟恐有所違費乎仁義以爲深恥，而財貨在所不重，是謂「恥費輕實」。

事君遠而諫，則讇也。

正義曰：「若與君疏遠，强欲諫諍，則是讇佞之人，望欲自達也。」

樾謹按：諫之與讇，相去絶遠，且讇之術亦多矣，豈必藉諫以行其讇乎？即謂事所或有，然聖人立言，不當設或有之事以爲説，使後之爲君者得借此以拒遠臣之諫也。讇當讀爲陷，遠而諫則陷也，即古所謂「陷諫」也。《白虎通·諫諍篇》：人懷五常，故知諫有五：其一曰諷諫，二曰順諫，三曰闚諫，四曰指諫，五曰陷諫。陷諫者，義也，惻隱發於中，直言國之害，勵志忘生，爲君不避喪身，此義之性也。「事君遠而諫」，正所謂爲君不避喪身者，故謂之陷，言其將陷於罪也。孔子論諫曰：「吾從於諷。」是陷諫本非聖人所貴。未信而諫，以爲謗己，古人所戒也。此經以「遠而諫則陷」「近而不諫則尸利」相對爲文，皆非事君之正道。然以遠而諫爲諂，則又太過矣。諂或作諂，與陷並從臽聲，故得通用。乃鄭君無注，則已不知「諂」爲「陷」之叚字，正義曲爲之説，固無怪矣。

臣儀行。（《緇衣》）

注曰：「儀當爲義，聲之誤也。言臣義事則行也。」正義曰：「謂臣有義事，則奉行之。」

樾謹按：鄭破儀爲義，非也，當仍讀如本字。儀之言儀度也，《説文・人部》：「儀，度也。」《國語・周語》曰：「儀之于民，而度之于群生」，又曰：「不度民神之義，不儀生物之則。」是儀與度同也。「臣儀行」，謂當儀度而行。下文「不援其所不及，不煩其所不知」，皆是。

毋以嬖御士，疾莊士，大夫、卿、士。

注曰：「莊士，亦謂士之齊莊得禮者，今爲大夫、卿、士。」正義曰：「『大夫卿士』〔一〕，覆説言『莊士』，即大夫、卿之典事者。士，事也。」

樾謹按：《禮記》原文當作「毋以嬖御士疾莊士」，與上文「毋以嬖御人疾莊后」，兩句一律。

〔一〕《禮記正義》《禮記注疏》「士」下均有「者」字。

鄭注「今爲大夫卿士」當作「或爲大夫卿士」，蓋鄭所據本作「莊士」，而别本有作「大夫卿士」者，故鄭記其異如此。《周書·祭公篇》作「汝無以嬖御士，疾大夫卿士」，無「莊士」二字，鄭所見别本蓋亦如此矣。乃注中「大夫卿士」四字傳寫誤入正文，又改注文「或爲」作「今爲」，正義乃從而曲爲之説，其義殊不可通，當訂正。

心莊則體舒。

注曰：「莊，齊莊也。」

樾謹按：下句「心肅則容敬」，肅與敬義相近，莊與舒則義不相近矣，鄭注非也。莊當讀爲壯，《檀弓篇》「柳莊」，《漢書·古今人表》作「柳壯」，是莊、壯古通用。《詩·君子偕老篇》鄭箋：「顔色之莊與。」《釋文》曰：「莊，本又作壯。」《莊子·天下篇》「不可與莊語」，《釋文》曰：「莊，一本作壯。」竝其證也。《説文·士部》：「壯，大也。」心壯則體舒，言心廣大則體安舒也。《大學篇》「心廣體胖」，義與此近。

大功貌若止。（《閒傳》）

注曰：「止，謂不動於喜樂之事。」

樾謹按：不動於喜樂之事，則是實言其情，何若之有？上云「斬衰貌若苴，齊衰貌若枲」，皆見其貌與服相稱，此言「若止」，義亦宜然。止當讀爲芓，《説文·艸部》：「芓，麻也[一]。一曰芓即枲也。」是枲與芓同類。齊衰與大功竝牡麻絰，於齊衰曰若枲，於大功曰若芓，義蓋相近。作「止」者，音近而通用也。《廣雅·釋室》：「芓，隄也。」芓之訓隄，疑即讀爲止，止爲下基，故爲隄耳。芓可通作止，止亦可通作芓，以本字讀之，非是。鄭注曰：「枲，或爲似。」似者，枲之叚字，則「止」亦「芓」之叚字可知矣。

苄蒻不納。

注曰：「苄，今之蒲苹也。」

樾謹按：經文當作「平蒻不納。」注文當作「平，今之蒲平也」，皆傳寫之誤。《釋名·釋牀帳》曰：「蒲平，以蒲作之，其體平也。」然則漢時自有「蒲平」之名，故鄭據以爲説。「平」乃席名，《説文·草部》：「蒻，蒲子，可以爲平席」，是也。初非苹蓱之苹，安得從艸？因「蒲」字從艸，而「平」字亦誤從艸，猶《月令篇》「地氣且泄」，因「泄」字從水，而「且」字亦誤從水；《樂記篇》「及優朱儒」，因「儒」字從人，而「朱」字亦誤從人，古書如此者多矣。平誤作苹，而上「苹」字

[一] 今本《説文》「麻」下有「母」字。

又誤作「苄」，於是并改經文爲「苄蒻不納」，《釋文》遂音「户嫁反」，知此字之誤由來已久。夫蒲與苹本非同類之物，安得竝言之曰「蒲苹」？而苄者，地黄也，非蒲亦非苹也，安得以苄爲今之蒲苹？即此可決其誤矣。《釋名》「蒲平」一條，俗本誤作「蒲草」，畢氏沅據《太平御覽》所引訂正，今從之。

因以飾群別、親疏、貴賤之節。（《三年問》）

樾謹按：此當以十一字爲句。《荀子·禮論篇》文與此同，楊倞注曰：「群別，謂群而有別也。」是古人以「群別」連讀。然楊氏解「群別」之義，尚未盡得。群與別爲對文，群之與別，猶親之與疏、貴之與賤也。親疏貴賤，至今猶爲恒言，而「群別」之語，後世罕聞之。正義讀「因以飾群」四字爲句，失其旨，并失其讀矣。

然而從之。

樾謹按：「從」字，注及正義皆無解，《釋文》無音，則當讀如本字。從與由同義，上云「將由夫患邪淫之人與」，此云「然而從之」，從即由也。《漢書·張騫傳》注曰：「從，由也。」是其證也。下文曰「然而遂之」，遂即從也。《文選·嵇叔夜〈與山巨源絶交書〉》注引《國語》賈注曰：「遂，從也。」是其證也。《荀子·禮論篇》作「然而縱之」，蓋後人不得其旨而加糸旁耳。王氏

《經義述聞》謂當從《荀》作縱，非是。

袂之長短，反詘之及肘。（《深衣》）

注曰：「袂屬幅於衣，詘而至肘，當臂中爲節，臂骨上下各尺二寸，則袂肘以前尺二寸。肘，或爲腕。」正義曰：「袂長二尺二寸，并緣寸半，爲二尺三寸半，除去其縫之所殺各一寸，餘有二尺一寸半在，從肩至手二尺四寸。今二尺一寸半之袂，得『反詘及肘』者，以袂屬於衣幅，闊二尺二寸，身脊至肩但尺一寸也。從肩覆臂，又尺一寸，是衣幅之畔覆臂將盡。今又屬袂於衣，又二尺一寸半，故反詘其袂，得及於肘也。」

樾謹按：袂長二尺一寸半，加衣幅之畔一尺一寸，則爲三尺二寸半，除從肩至手二尺四寸，僅餘八寸半，安得反詘之及肘乎？肘，當從或本作「腕」，於義方安，否則必不能及，且使袂果及肘，亦嫌太長，不便于事也。

遂以奇算告。（《投壺》）

注曰：「畢則司射執奇算，以告於賓與主人也。」正義曰：「奇，餘也。謂左右數鈞等之餘算。」

樾謹按：左右數鈞等之餘算，有純有奇。下文曰「某賢於某若干純，奇則曰奇」，然則餘算不得概謂之奇也。且投壺與射禮同。《儀禮·鄉射禮》曰：「釋獲者遂進取賢獲，執以升自西階，盡階，不升堂，告于賓。」《大射儀》曰：「釋獲者遂進取賢獲執之〔一〕，由阼階下，北面告于公。」鄭注竝曰：「賢獲，勝黨之算也。」若然，則所執以告者止是勝黨之算，非兼執左右之餘算以告也。此云「遂以奇算告」，義不可通，當作「遂以其算告」。《大戴記·投壺篇》曰「有勝則司射以其算告」，是其證也。據《釋文》云：「一本此句上更有『有勝者司射』五字，誤。」今按：有此五字者，是也。《禮記》原文正作「有勝者司射，遂以其算告」，與《大戴記》同。其算，謂勝者之算，即《儀禮》所謂「賢獲」也。「其算」誤爲「奇算」，蓋以兩聲相近，又涉上下文皆有「奇」字而誤，學者謂「遂以奇算告」，即承「一算爲奇」而言，乃删去「有勝者司射」五字，其幸而存者反以爲誤，而此經之義不可通矣。注中「奇算」，亦當作「其算」，乃後人所改，非鄭君之舊。若如今本，則上下文「奇」字皆謂一算爲奇，獨此「奇」字謂左右數鈞等之餘算，鄭安得無説乎？

不習其謀。（《儒行》）

注曰：「不習其謀，口及則言，不豫其説而順也。」正義曰：「逢事則謀，不豫習也。」

〔一〕獲，原文作「算」，今據《儀禮注疏》改。

樾謹按：注意甚晦，正義所解疑亦非經旨。習之言重也，《周易·坎·彖傳》曰：「習坎，重險也。」是也。「不習其謀」，猶不重其謀，言謀定則行不重習也，故爲特立之儒。

其飲食不溽。

注曰：「恣滋味爲溽。溽之言欲也。」正義曰：「溽之言欲也，即濃厚也。」

樾謹按：《方言》：「蓐，厚也。」溽與蓐通，不溽即不厚。鄭訓爲欲，其説轉迂。

静而正之。

正義曰：「『静而正之』者，謂静退自居，而尋常守正，不傾躁也。」

樾謹按：「之」字疑衍文也。經文本作「静而正」，正義述經本作「静而正者」，故曰「謂静退自居，而尋常守正」。若作「静而正之」，則「之」字必有所指，正之者，正何事乎？不得但以「守正」爲解矣。蓋「陳言而伏，静而正」兩句一律，下文曰「上弗知也，麤而翹之，又不急爲也」，鄭注曰：「君不知己有善言正行，則觀色緣事，而微翹發其意使知之，又必舒而脱脱焉。」所謂善言者，即「陳言而伏」之「言」；所謂正行者，即「静而正之」「正」。注意甚明，後人誤謂「静而正」句與「麤而翹之」相對，遂于「正」下增「之」字，使成偶句耳。

博學以知服。

注曰：「『博學以知服』，不用己之知勝於先世賢知之所言也。」正義曰：「謂廣博學問，猶知畏服先代賢人。言不以己之博學淩夸前賢也。」

樾謹按：「服」非畏服之謂。服當讀爲𠬝，《説文・又部》：「𠬝，治也，從又從卪。卪，事之制也〔一〕。」經典無「𠬝」字，皆以「服」爲之，鄭石制，字子服，此即𠬝服爲𠬝之證。𠬝從卪，故有制義，《尚書・盤庚篇》「先王有服」，言先王舊有制度也。《襄三十年左傳》「上下有服」，言上下皆有節制也。其説各見本經。「博學而知服」者，謂博學而知節制也，不然則泛濫而無歸矣。

儒有不隕穫於貧賤，不充詘於富貴，不慁君王，不累長上，不閔有司，故曰儒。

樾謹按：上文所陳十五儒，皆以「儒有」起，「有如此者」結，此文亦以「儒有」起，而以「故曰儒」結之，既不與上文一律，且義亦未足，豈所謂儒者止以其不慁君王、不累長上、不閔有司

〔一〕制，今本《説文》作「節」。

乎？疑傳寫錯誤，「儒有不隕穫」[一]至「不閔有司」，當在上文「其尊讓有如此者」之前，與前所列十五儒一律。孔子説儒者之行，蓋十有六也，不煩慁其君王，不負累其長上，不憂閔其有司，故謂之尊讓矣。上文「温良者，仁之本也」，至「猶且不敢言仁也」，當在此文「故曰儒」之上，乃孔子總論儒行也。自傳寫錯誤，而十六儒止存十五儒，鄭君説「温良者」一節爲聖人之儒行，説「儒有不隕穫於貧賤」一節爲孔子自謂，異義横生，大非經旨矣。今訂正如左：

儒有不隕穫於貧賤，不充詘於富貴，不慁君王，不累長上，不閔有司，其尊讓有如此者。温良者，仁之本也；敬慎者，仁之地也；寬裕者，仁之作也；孫接者，仁之能也；禮節者，仁之貌也；言談者，仁之文也；歌樂者，仁之和也；分散者，仁之施也。儒皆兼此而有之，猶且不敢言仁也，故曰儒。

舉而不能先。（《大學》）

注曰：「舉賢而不能使君以先己。」

樾謹按：如注義，則當曰「不能使之先己」，於文方足，不當但曰「不能先」也。「先」蓋「近」

[一] 穫，原文作「獲」，今據上文及清經解續編本《群經平議》改。

字之誤。「見善而不能舉〔一〕，舉而不能近」，與「見不善而不能退，退而不能遠」正相對成文。「近」字，古文作岸，篆書作，「先」字篆書作，兩形相似，因而致誤耳。

必自小人矣。

正義曰：「言爲人君長於國家，而務積聚財以爲己用者〔二〕，必自爲小人之行也。」

樾謹按：「必自小人」者，必用小人也。《詩·緜篇》「自土沮漆」，《江漢篇》「自召祖命」，毛傳、鄭箋竝曰：「自，用也。」《大傳篇》「自仁率親」，鄭注亦曰：「自，用也。」正義所解，未得其旨。

彼爲善之。

注曰：「彼，君也。君將欲以仁義善其政。」

樾謹按：鄭注以「彼」屬君言，其義殆不可通〔三〕，或疑其有闕文矣。「彼」當以小人言，此句

〔一〕善，《儀禮注疏》作「賢」。
〔二〕用，《儀禮注疏》作「財」。
〔三〕殆，原文作「始」，今據清經解續編本《群經平議》改。

申説上文「必自小人」之義，言長國家而務財用，所以必用小人者，以務財用之事，惟彼爲善之也。善與能同義，《荀子・勸學篇》「非能水也」，楊注曰：「能，善也。」「彼爲善之」，猶云彼爲能之耳。

母拜之。（《冠義》）

正義曰：「今唐禮，母見子，但起立不拜也。案《儀禮》，廟中冠子，以酒脯奠廟訖，子持所奠酒脯以見於母。母拜其酒脯，重從奠者處來，故拜之，非拜子也。」

樾謹按：經明言「母拜之」，「之」字即指冠者，與下文「兄弟拜之」一律，安得謂拜酒脯乎？疏義非也。古人行禮，雖尊者亦拜，《儀禮・燕禮篇》「公立卒爵，坐奠爵拜，執爵興，主人答拜」，是君拜臣也。《特牲饋食禮》「上嗣洗爵升，酌酢主人，主人拜受爵」，按「上嗣」即主人之嗣子，是父拜子也。然則母之拜子，本無可疑，必執唐禮以繩之，宜其不通矣。

敬慎重正，而後親之，禮之大體，而所以成男女之别，而立夫婦之義也。（《昏義》）

樾謹按：「禮之大體而」五字，衍文也。此經本云「敬慎重正而後親之，所以成男女之别，而立夫婦之義也」。正義釋此經曰：「敬慎重正者，言行昏禮之時，必須恭敬謹慎，尊重正禮，而後男女相親。」此釋「敬慎重正而後親之」一句也，其下竝不及大體之義，是其所據本無此五字明矣。下經曰「夫禮，始於冠，本於昏，重於喪祭，尊於朝聘，和於射鄉，此禮之大體也」，正義曰：「此經因昏禮爲諸禮之本，遂廣明禮之始終，始則在於冠、昏，終則重於喪祭，其閒有朝聘、鄉射，是禮之大體之事也。」然則禮之大體所包者廣〔一〕，若「敬慎重正而後親之」，即爲禮之大體，則與正義所說不合矣。故知此五字當爲衍文，不獨於義不當有，且以文法論，「所以」上亦不當有「而」字也。

教成祭之。

注曰：「祭之，祭其所出之祖也。」正義曰：「『教成祭之』者，謂三月教之，其教已成，祭女所出祖廟，告以教成也。」

樾謹按：「教成祭之」當作「教成之祭」，傳寫誤倒之，說詳王氏引之《經義述聞》。惟「教成」二字，尚未得其義。今按：上文鄭注曰「嫁女者，必就尊者教成之。教成之者，女師也」，然則「教成」二字當連讀，教成者，教而成之也。蓋先嫁三月，或於公宮，或於宗室，受婦德、婦言、婦容、婦功之教，謂之教成。是日也，即祭其所出之祖，謂之教成之祭。夫自十年受姆教以來，

〔一〕體，原文作「禮」，今據清經解續編本《群經平議》改。

此四德者亦既備聞之矣，然不敢自以爲有成也，故必就尊者教成之。「教成」乃禮之名目，於先嫁三月舉行此禮，一日而畢矣，禮畢即歸其家矣。若從正義説，以爲三月教之，豈必待成昏之前一日而始歸乎？且成與不成，以何者爲效驗乎？自「教成」之義不明，而「教成之祭」遂誤作「教成祭之」，經文之誤由於經義之晦也。

又按：鄭注曰：「教成之者，女師也。」阮氏《校勘記》曰：「惠棟校宋本無『成』字，岳本『教成之』作『其教之』。」今按：此皆後人以意删改也。上句云「必就尊者教成之」，此句云「教成之者，女師也」，兩句相承，不容有異。

民知尊長養老，而后乃能入孝弟。民入孝弟，出尊長養老而後成教。（《鄉飲酒義》）

正義曰：「『而后乃能入孝弟』者，人若知尊長養老，則能入孝弟之行也。『民入孝弟』，謂入門而能行孝弟。『出尊長養老』者，謂出門而能尊長養老也。」

樾謹按：上「入」字，衍文也。經文本云「民知尊長養老，而后乃能孝弟」。今衍「入」字者，即涉下句而誤耳。如正義所説，則兩「入」字文同而義異，鄭何得無説乎？

愁之以時察。

注曰：「察猶察察，嚴殺之貌。察，或爲殺。」

樾謹按：「殺」，本字也。「㮨」，叚字也。殺之通作㮨，猶𣏂之通作蔡。《説文·米部》「𣏂」篆下徐鍇引《左傳》「殺管叔而𣏂蔡叔」，今《定四年傳》作「蔡蔡叔」，是其例也。鄭訓「嚴殺」，正得其義。乃不知「㮨」之即爲「殺」，而必以「察察」釋之，於義轉迂矣。

與爲人後者。（《射義》）

注曰：「與，猶奇也。後人者，一人而已。既有爲者，而往奇之，是貪財也。」

樾謹按：與之訓奇，未聞其義，且「奇爲人後」，義亦未明。鄭君徒以爲人後者，禮所不禁，乃與賁軍之將、亡國之大夫竝論，故不得已從「與」字生義，曲爲之説，恐不然也。「後」疑「役」字之誤。《孟子·公孫丑篇》：「不仁、不智、無禮、無義，人役也。人役而恥爲役，由弓人而恥爲弓，矢人而恥爲矢也。」是古有爲人役之説。《王制》曰：「凡執技以事上者，祝、史、射、御、醫、卜及百工。凡執技以事上者，不貳事，不移官，出鄉不與士齒。」此經爲人役者，即其人矣。其人本賤，出鄉即爲士所不齒，故曰「賁軍之將，亡國之大夫，與爲人役者，不入，其餘皆入。」「役」與「後」字形相似，又經中多言「爲人後」，罕言「爲人役」，因而致誤耳。

有庶子官。（《燕義》）

注曰：「庶子，猶諸子也。《周禮》諸子之官，司馬之屬也。」正義曰：「天子謂之諸子，諸侯謂之庶子，其所職掌，諸子、庶子同也。故此《記》雖明諸侯庶子職掌，其所載之事，皆《諸子職》文也。」

樾謹按：庶與諸乃疊韻字。《周官·庶氏》注曰：「庶，讀如藥煮之煮。」煮從者聲，諸亦從者聲，庶可讀如煮，故亦可讀如諸。《周官》作「諸子」，《儀禮》《禮記》作「庶子」，乃各經用字之不同。鄭明言「庶子猶諸子」，而正義必强爲區别，轉失之矣。

始死，三日不怠，三月不解，期悲哀，三年憂。（《喪服四制》）

注曰：「不怠，哭不絶聲也。不解，不解衣而居，不倦息也。」

樾謹按：《雜記篇》「少連、大連，善居喪，三日不怠，三月不解，期悲哀，三年憂」，文與此同。鄭彼注曰：「怠，惰也。解，倦也。」然則此經「不怠」「不解」義亦當如彼注，乃訓爲「不解衣」，則前後異義矣。疑鄭注原文本曰「不解，不倦息也」，「不解衣而居」五字爲後人竄入，蓋本盧辯注《大戴記·本命篇》所謂不脱經帶者，非鄭義也。《釋文》曰「解，佳買反」，又出「解衣」，曰「古買反」，即此兩字之異讀，可知其義之不同，不當混而一之，爲鄭學者所宜訂正矣。

群經平議卷二十三

春秋公羊傳

曷爲褒之？爲其與公盟也。與公盟者衆矣，曷爲獨褒乎此？因其可褒而褒之。此其爲可褒奈何？漸進也。（隱元年）

何氏解詁曰：「漸者，物事之端，先見之辭。去惡就善曰進。譬若隱公受命而王，諸侯有倡始先歸之者，當進而封之，以率其後。不言先者，亦爲所褒者法，明當積漸，深知聖德，灼然之後乃往，不可造次，陷於不義。」

樾謹按：如何說以「漸進」爲倡始先歸，則止是褒其始與公盟耳。凡始與公盟者皆得褒之，非所謂因其可褒而褒之也。又曰「明當積漸，深知聖德」，則并與前說歧矣。今按：公羊家有七等之説，州不若國，國不若氏，氏不若人，人不若名，名不若字，字不若子。邾婁儀父本當在書名之等，進而書字，所謂漸進也。若邾婁本當書字，進而書子，則其進也太驟矣，非漸進之義矣。故與公盟者雖衆，而獨褒邾婁儀父者，取其適在書名之等也，斯謂「因其可褒而褒之」矣。

曷爲大鄭伯之惡？母欲立之，己殺之，如勿與而已矣。

解詁曰：「如即不如，齊人語也。加克者，有嫌也。段無弟，又稱君，甚之不明。又段當國，嫌鄭伯殺之無惡，故變殺言克，明鄭伯爲人君，當如傳辭，不當自己行誅殺，使執政大夫當誅之。克者，詁爲殺，亦爲能，惡其能忍戾母而親殺之。」疏曰：「鄭伯爲人君之法，當如傳辭，不與其國而已。不宜忍戾其母而親殺之。」

樾謹按：疏義未得注意也。傳所謂「勿與」者，即不親殺之謂也，蓋使執政大夫秉國法以誅之，而己不與焉，斯合親親之道矣。何休又引「禮，公族有罪，有司讞于公，公曰宥之；及三宥，不對，走出，公又使人赦之，以不及反命」，蓋正所以證明「勿與」之義，非如疏所云也。

始滅，昉於此乎？（二年）

解詁曰：「昉，適也，齊人語。」疏曰：「胡毋生，齊人，故知之。若鄭《譜》云『然則《詩》之道放于此乎』之類。」

樾謹按：「昉」乃俗字，當從漢石經作「放」，説詳阮氏《校勘記》。惟何休訓昉爲適，以爲齊人語，其實未然。今按：放之言極也，《禮記・祭義》曰：「推而放諸東海而準，推而放諸西海而準，推而放諸南海而準，推而放諸北海而準。」推而放諸，猶言推而極諸也。鄭注曰：「放猶至也。」至即極也，《儀禮・聘禮記》「義之至也」，鄭注曰：「至，極也。」是至與極義同也。《僖二十八年傳》曰：「文公逐衛侯而立叔武，使人兄弟相疑，放乎殺母弟者，文公爲之也。」放亦極也。「放乎殺母弟」，乃推極其後而言之也；「始滅放於此乎」，乃推極其前而言之也。若前此無滅國者，則推求滅國之事，極於此而止矣，故曰「始滅放於此乎」，何解未得其義。《宣六年傳》「佹然從乎趙盾而入，放乎堂下而立」，《十二年傳》「勝乎皇門，放乎路衢」，凡言「放乎」者，竝至極之義也。若訓爲適，則不可以爲達詁矣。

百金之魚，公張之。（五年）

解詁曰：「張，謂張罔罟，障谷之屬也。」

樾謹按：傳文但言「張」，不言「張罔罟」，何解非也。《詩・韓奕篇》「孔脩且張」，毛傳曰：「張，大也。」《桓六年左傳》「隨張必棄小國」，杜注曰：「張，自侈大也。」「百金之魚，公張之」，蓋言棠有百金之魚，故公侈大之也。上文曰「公曷爲遠而觀魚，登來之也」，下文曰「登來之者何？美大之之辭也」，然則此文言「公張之」，正所謂美大之也。若以爲「張罔罟」，則與上下文不屬矣。

器之與人，非有即爾。（桓二年）

解詁曰：「即，就也。若曰取彼器與此人異國物。凡人取異國物，非就有取之者，皆持以歸爲有，爲後不可分明，故正其本名。」

樾謹按：何氏之意，蓋謂人之於器，不能就而有之，必持歸爲己有，恐後不可分別，故以其名識之。然如此則當云「非即有爾」，不當云「非有即爾」也。今按：《爾雅·釋詁》：「即，尼也。」《釋文》曰：「尼，本亦作昵。」昵與暱同字，古又通作和。《隱元年左傳》「不義不暱」，《説文·黍部》引作「不義不和。」和，黏也。「器之與人，非有即爾」，言器與人不相黏箸，今日爲此人之器，明日可爲彼人之器，非如地有常所，雖數易主，不可遷移，故器必從其本名以識別之也。

貴者無後，待之如初也〔一〕。（七年）

解詁曰：「無後者，施於所奔國也。獨妻得配夫，託衣食於公家，子孫當受田而耕，故云爾。」

樾謹按：何氏此解雖本《郊特牲》「寓公不繼世」之義，然與下句「待之如初」義不相承，殆非也。今按：無後，謂失其國胙也。《説文·后部》：「后，繼體君也。」后與後古通用，故繼體之君謂之后，亦謂之後，《尚書·洛誥》「王命周公後」，是也。無後者，其子孫不復繼體爲君也。然以其嘗託在侯伯之位，故雖其子孫不復繼體爲君，而仍宜以侯伯之禮待之，是謂「貴者無後，待之如初也」。《國語·晉語》曰「鄢之役，親射楚王而敗楚師，以定晉國而無後」，韋注曰：「無後，子孫無在顯位者。」是卿大夫之子孫不能嗣守先人禄位，亦爲無後，蓋古語如此矣。

近乎圍也。（十年）

解詁曰：「地而言來者，明近都城，幾與圍無異。」疏曰：「近，讀如附近之近。國，讀如圍。」

〔一〕 如，《春秋公羊傳注疏》作「以」。

樾謹按：疏所據本蓋作「國」字，故云然。其實當從何邵公本作「圍」〔一〕。《隱五年傳》曰：「邑不言圍，此其言圍何？彊也。」然則「近乎圍」者，亦言其彊甚也，若作「近乎國」，則上文曰「郎者何？吾近邑也」，一言足以明之矣，乃又曰「吾近邑，則其言來戰于郎何？近也。惡乎近？近乎國也」，其辭不幾複乎？蓋「吾近邑也」之「近」，以地之相去而言；「近也」之「近」，以事之相似而言，兩「近」字文同而義異，學者混而一之，遂至譌「圍」字爲「國」字矣。孔氏廣森作《通義》反從疏本作「國」，恐後學疑誤，故詳辨之。

夫人固在齊矣，其言孫于齊何？念母也。正月以存君，念母以首事。（莊元年）

解詁曰：「禮，練祭取法存君，夫人當首祭事。時莊公練祭，念母而迎之，當書迎，反書孫者，明不宜也。」

樾謹按：何氏此解，甚爲違失。傳言「正月以存君」，不言「練祭以存君」，乃曰「練祭取法存君」，一失也；練祭，莊公主之，非夫人主之，乃曰「夫人當首祭事」，二失也；經明書「孫于齊」，傳亦但言「念母」，不言「迎母」，乃曰「念母而迎之」，三失也。然則此傳當作何解？曰：

〔一〕 邵，原文作「邵」，今據《〈春在堂全書〉校勘記》改。

「接練時，録母之變。」此《穀梁傳》之説，《公羊》無此説也。《莊公》一篇先書「元年，春，王正月」，繼書「三月，夫人孫于齊」。其書「元年，春，王正月」者，明國有君也，所謂「正月以存君」也。其書「三月，夫人孫于齊」者，明君有母也。《春秋》記載莊公三十二年之事，以此爲首，蓋推莊公之心無有更先于此者也，所謂「念母以首事」也。是時夫人固在齊，而曰「孫于齊」者，猶曰夫人在齊云爾，亦猶「公在乾侯」之比，紀其實也。《春秋》雖託文見義，然先世事實，豈容以意變亂？若使夫人實於此時迎歸，而反書曰「孫于齊」，是則記載失實甚矣，何以爲《春秋》乎？必於三月書之者，是年三月以前無事，其下始書「夏，單伯逆王姬」，故欲書「單伯逆王姬」，而先書「夫人孫于齊」，正所謂「念母以首事」矣。

此未有言崩者，何以書葬？蓋改葬也。（三年）

樾謹按：「言」字衍文也，當作「此未有崩者」，蓋謂此年未有天王崩之事，非謂經文未有言崩者也。《僖十九年傳》「此未有伐者」、《三十一年傳》「此未有伐曹者」，皆其例也。《莊十八年傳》「此未有言伐者」，唐石經無「言」字，以彼例此，可知「言」字之衍矣。

曷爲畏齊也？辭殺子糾也。（九年）

解詁曰：「時魯新見脅，畏齊，浚之，微弱恥甚，故諱使若辭不肯殺子糾也，齊自取殺之，畏齊怒，爲備。」

樾謹按：《宣四年傳》「其言不肯何？辭取向也」，解詁曰：「爲公取向作辭也。恥行義爲利，故諱使若莒不肯聽公平，伐取其邑，以弱之者，愈也。」然則此傳「辭殺子糾也」，文法與彼同，亦當解云：「爲殺子糾作辭也。恥行義不終，故託爲畏齊之甚，不得已而殺之也。」蓋魯之納子糾，義也；其卒爲齊殺子糾，不義也。《穀梁傳》曰：「以千乘之魯而不能存子糾，以公爲病矣。」疑當時諸侯必有以此病魯者，故魯人浚洙以自解耳。此「辭」字乃「從而爲之辭」之「辭」，非「固辭不獲命」之「辭」。何氏以爲「辭不肯殺子糾」，失之矣。

爾虜焉故，魯侯之美惡乎至。（十二年）

解詁曰：「爾，女也，謂萬也。更向萬曰：女嘗執虜於魯侯，故稱譽爾。惡乎至，猶何所至。」

樾謹按：《韓詩外傳》、董仲舒《春秋繁露》引此文竝作「爾虜焉知魯侯之美惡乎」，是此傳「故」字，古本作「知」，何邵公所據本誤也[一]。惟於「乎」字絶句，「至」字作「致」，屬下讀，甚爲不

[一] 邵，原文作「邵」，今據《〈春在堂全書〉校勘記》改。

詞。今按：「爾虜焉知」四字爲句，言爾虜何所知也。「魯侯之美惡乎至」七字爲句。至猶甚也，《孟子・萬章篇》「充類至義之盡也」，趙注曰：「至，甚也。」「惡乎至」，即惡乎甚，因宋萬曰：「甚矣！魯侯之淑，魯侯之美也！」故折之曰：「魯侯之美惡乎甚也。」若解作「何所至」，於義轉迂矣。

何危爾？我貳也。（二十三年）

解詁曰：「莊公有淫佚污貳之行。」疏曰：「謂莊公之行，既不清潔，又不專一。」

樾謹按：傳文止言「貳」，不言「污」，而何解以爲「污貳」，蓋以污釋貳也。若如疏義，分污貳爲二，則「污」字增出矣。今按：貳當讀爲膩，《玉篇・肉部》：「膩，垢膩也。」垢膩則有污義，古字即以「貳」爲之。《廣雅・釋言》：「貳，污也。」王氏念孫《疏證》曰：「貳，當作膩。」

夫人不僂，不可使入。（二十四年）

解詁曰：「僂，疾也。齊人語。夫人稽留，不肯疾順公，不可使即入。」

樾謹按：夫人不肯疾順公，則當云「夫人不順，不可使入？」不當云「夫人不疾，不可使入」，然則何解「僂」字非也。僂當讀爲摟，《説文・手部》：「摟，曳聚也。」古或以「婁」爲之，《詩・山有樞篇》「弗曳弗婁」，毛傳曰：「婁，猶曳也。」《釋文》引馬注曰：「婁，牽也。」是摟有牽曳之義。公入而夫人亦入，是相牽曳而入也。不摟者，言不可牽曳也。摟、僂同聲，故得通用。人相牽曳謂之僂，猶絲相牽曳謂之縷也。《説文・辵部》：「遱，連遱也。」《言部》：「謱，謰謱也。」行步相連謂之遱，言語相連謂之謱，其義竝通矣。

何以不稱使？以爲臧孫辰之私行也。（二十八年）

樾謹按：「爲」字衍文也。「以臧孫辰之私行」者，言以私事行，不以國事行也。今衍「爲」字，失其義矣。下文曰「曷爲以臧孫辰之私行」，可證此文「爲」字之衍。

徒葬乎叔爾。（三十年）

疏曰：「謂不得與夫合葬，故言徒。徒者，空也。」

樾謹按：《四年傳》曰：「徒葬於齊爾。」解詁曰：「徒者，無臣子辭也。國滅無臣子，徒爲齊侯所葬。」然則此云「徒葬乎叔爾」，亦是無臣子之辭，非謂不得與夫合葬也。《十二年傳》曰：「徒歸于叔爾也。」豈謂不得與夫同歸乎？可知疏義之謬。

蓋以操之爲已蹙矣〔一〕。

解詁曰：「操，迫也。已，甚也。蹙，痛也。迫殺之甚痛。」

樾謹按：《詩・江漢篇》正義引此文作「蓋以躁之爲已蹙矣」。操與躁並叚字，其正字當作「剿」，《説文・刀部》：「剿，絶也。《周書》曰：『天用剿絶其命。』」然則「剿之爲已蹙」者，言齊桓之伐山戎，剿絶之太痛也，故何解爲「迫殺之」。若操爲操持，躁爲躁疾，並非其義。

旗獲而過我也。（三十一年）

解詁曰：「旗獲，建旗縣所獲得以過我也〔二〕。」

樾謹按：《閔二年左傳》「佩衷之旗也」，杜注曰：「旗，表也。」然則「旗獲而過我」，謂表陳其所獲之物而過我也。《素問・四氣調神大論篇》王注曰：「表，謂表陳其狀也。」是其義也。蓋旌旗之屬，本所以表示行列，《國語・晉語》「車無退表」，韋注曰：「表，旌旗也。」故旌與旗並有表義。《僖二十四年左傳》「且旌善人」、《哀十六年傳》「猶將旌君以徇於國」，杜注並曰：

〔一〕此條下原有「三十年」三字，上條已標明出處，此條不當有，今據全書文例删。

〔二〕我，《春秋公羊傳注疏》作「魯」。

「旌，表也。」旗之爲表，猶旌之爲表也。若「旗獲而過我」爲縣所獲於旗，豈「旌君以徇於國」亦將縣之於旌乎？又旌旗謂之章，《晉語》「變非聲章，弗能移也」，注曰：「章，旌旗也。」而「章」亦有表義，《詩·抑篇》「維民之章」，毛傳曰：「章，表也。」學者習知旌表、章表，而尟知旗之爲表，故於此傳「旗獲」之文失其解矣。

孰滅之？蓋徐、莒脅之。（僖十四年〔一〕）

解詁曰：「言脅者，杞，王者之後，尤微，是見恐曷而亡。」

樾謹按：國雖微弱，無因恐曷而亡者，何解非也。「脅」當讀爲「拹幹而殺之」之「拹」，字亦作「搚」。《廣雅·釋詁》：「搚，折也。」凡物折之則分，故折有分義。《楚辭·惜誦篇》「令五帝以折中兮」，王注曰：「折，分也。」「徐、莒搚之」者，謂徐、莒搚而分之也。《元年傳》曰「孰亡之？蓋狄滅之」，《二年傳》曰「孰滅之？蓋狄滅之」，彼惟狄一國，故直曰「滅之」，此則徐、莒二國，故不直曰「滅之」，而曰「搚之」，正古人屬辭之密矣。

〔一〕 四，原文作「三」，今據《春秋公羊傳注疏》改。

此邑也，其言崩何？襲邑也。（十四年）

解詁曰：「襲者，嘿陷入于地中。」

樾謹按：嘿陷入于地中而謂之襲，未聞其義。且如其説，則但曰「襲也」足矣，不必曰「襲邑也」，然則何解非也。今按：襲者，重襲也。《廣雅·釋詁》曰：「襲，重也。」《漢書·外戚傳》「灾變相襲」，師古注曰：「襲，重累也。」沙鹿爲河上之邑，河岸有高下，沙鹿在其最高之處，故謂之「襲邑」，明其重累在上，異乎平地之邑也。凡邑不言崩，惟襲邑言崩，正解所以言崩之故。上句發問不曰「崩者何」，而曰「此邑也，其言崩何」，可知何解之非矣。

夷伯者，曷爲者也？季氏之孚也。（十五年）

解詁曰：「孚，信也。季氏所信任臣。」

樾謹按：季氏所信任之臣而但曰「季氏之孚」，文不成義，殆非也。孚當讀爲保，據《説文》「孚」，古文作「𤓰」，從爪從𥸨。「𥸨」即「保」古文，而「保」又從孚省，是其字轉展相從，故聲近而義亦通也。《國語·晉語》曰：「失趙氏之典刑而去其師保」，又曰「擇師保以相子」，是古大夫之家亦有師保。季子親爲桓公之子，其有師保明矣，故曰「夷伯者，曷爲者也？季氏之保也」。因其字叚「孚」爲之，而説者望文生訓，遂失其解矣。

邑不言圍，此其言圍何？疾重故也。（二十三年）

解詁曰：「疾，痛也。重故，喻若重故創矣。襄公欲行霸，守正履信，屬爲楚所敗，諸夏之君宜雜然助之，反因其困而伐之，痛與重故創無異。」

樾謹按：重故創而但曰「重故」，於文不明，何解非也。故當讀爲固，古字通也。《國語·周語》「咨於故實」，《史記·魯世家》「故」作「固」。《論語·子罕篇》「固天縱之將聖」，《論衡·知實篇》「固」作「故」，竝其證也。《閔元年左傳》「親有禮因重固」，杜注曰：「能重能固，則當成就之。」此「重固」二字之證。《隱五年傳》曰「邑不言圍，此其言圍何？彊也」，解詁曰：「必欲爲得邑，故如其意言圍也。」然則此傳曰「疾重固也」，義與彼同，疾其必欲得之也。《左傳》之「重固」以善者言也，此傳之「重固」以不善者言也，蓋均是重且固也。以自守則善，以謀人則不善，善惡不嫌同辭矣。

其言來逆婦何？兄弟辭也。（二十五年）

解詁曰：「宋、魯之閒，名結婚姻爲兄弟。」

樾謹按：二十年，「郜子來朝」，傳曰：「何以不名？兄弟辭也。」解詁曰：「郜，魯之同姓。」文十二年，「盛伯來奔」，傳曰：「何以不名？兄弟辭也。」解詁曰：「與郜子同義。」以彼例此，則兄弟非謂昏姻也，何氏此解殆失之矣。今按：隱二年，「紀履緰來逆女」，傳曰：「然則紀有母乎？曰：有。有則何以不稱母？母不通也。」可知婦人無外事不得通於它國。蕩伯姬乃蕩氏之母，而得言「來逆婦」者，以其本魯女也，故曰「兄弟辭也」，與郜、盛一律，不得輒爲異説。又三十一年，「杞伯姬來求婦」，傳文與此同，杞伯姬亦魯女也。

子揖師而行。（三十二年）

解詁曰：「揖其父於師中。」

樾謹按：揖其父於師中而但曰「子揖師」，文不成義，殆非也。揖當讀爲輯，《尚書・堯典篇》「輯五瑞」，《史記・五帝紀》《漢書・郊祀志》竝作「揖五瑞」，是揖與輯古字通。輯猶集也，《王莽傳》「大衆方輯」，師古注曰：「輯與集字同。」字又作楫，《兒寬傳》「統楫群元」，注曰：「輯、楫與集三字竝同。」蓋古文聲近者，義即相通。輯、楫竝與集同，故揖亦與集同。「子揖師而行」，謂其子會集師徒而行也。若解作「揖其父」，義不可通矣。

以人心爲皆有之。（文二年）

解詁曰：「以人心爲皆有，疾痛不忍娶。」

樾謹按：此解上文「不於祭譏」之義。蓋「吉禘于莊公，譏」，而此年大事于大廟不譏者，正以三年之喪疾痛至深，乃人心所皆有，非如它事微婉難明，故吉禘一譏已足見義，其餘不悉譏也。若如何解，上下文皆不貫矣。

非王者，則曷爲謂之王者？王者無求。（九年）

樾謹按：「王者」字不當疊，蓋因上文云「王者無求」，故此發問云：既非王者，何以言「王者無求」也？誤疊「王者」字，義不可通。

河曲疏矣，河千里而一曲也。（十二年）

樾謹按：《爾雅·釋水》注引此文作「河曲流，河千里，一曲一直也」，阮氏《校勘記》因謂「疏」字誤，其實非也。此二句正答上文「曷爲以水地」之問，蓋惟河曲疏闊，千里而始一曲，非十里百里閒所在皆有者，故得舉以目其地也。若作「流」字，於義全失矣。郭璞《爾雅注》所引以意增改，非《公羊》原文。何氏解詁曰：「河曲疏，句。以据地明，句。故可以曲地。句。」其説甚爲明了，而「疏」字各本均誤作「流」，於是傳義愈晦矣。《校勘記》曰：「鄂本『流』作『疏』。」當據以訂正。郝氏懿行《爾雅義疏》謂郭注兼引解詁文，則亦爲誤本所惑耳。

周公盛，魯公燾，群公廩。（十三年）

解詁曰：「盛者，新穀。燾者，冒也，故上以新也。廩者，連新於陳上，財令半相連爾。」

樾謹按：宗廟粢盛必無新故雜糅之理，何解疑非也。曰盛、曰燾、曰廩，蓋别異其在器之多寡耳。盛者，滿也，《素問·脈要精微論》「上盛則氣高，下盛則氣服」，王注曰：「盛謂盛滿。」然則「周公盛」者，謂滿其器也。燾者，冒也，覆也。何氏訓燾爲冒，疏謂「燾」詁爲「覆」，若《周書》「燾以黄土」之類，正得其義。「魯公燾」者，謂雖不滿其器，然足覆冒之，不見底也。廩者，少也。《爾雅·釋言》：「廩，廯也。」「廯」字《説文》所無，古本止作鮮，故《釋文》引舍人曰：「廩，少鮮也。」是「廩」有少義，此疏亦曰「廩者，希少之名」，是也。「群公廩」者，謂不能滿其器，并不能覆冒之，故在器中見其少也。廩，古作溓，《周易·文言傳》鄭注曰：「慊，讀如『群公溓』之溓。古書篆作立心〔一〕，與水相近。」然則「群公溓」，猶群公慊也。《孟子·公孫丑篇》「吾何慊乎哉」，趙注曰：「慊，少也。」《禮記·大學篇》正義曰：「慊，不滿之貌。」是可得其義矣。

〔一〕 篆，原文作「傳」，今據《周易鄭康成注》改。

筍將而來也。（十五年）

解詁曰：「筍者，竹箯，一名編輿，齊、魯以北名之曰筍。將，送也。爲叔姬淫，惡魯類，故取其尸置編輿中，傳送而來，脅魯令受之。」

樾謹按：公孫敖之死，至此已閱八月，豈其尸猶可置編輿中？何解非也。今按：筍者，以横木縣其棺，使人舁之也，其名蓋起於「筍虡」之「筍」。《攷工記》「梓人爲筍虡」，鄭注曰：「樂器所縣，横曰筍，從曰虡。」凡事理之相近者名即相通。横木以縣鐘鼓謂之筍，故横木以縣棺亦謂之筍。試比類以求之：牀前横木謂之杠，《説文・木部》：「杠，牀前横木也。」而横木以渡水亦謂之杠，《孟子・離婁篇》「十一月徒杠成」，是也。車前横木謂之扃，《宣十二年左傳》服注：「扃，車前横木也。」而横木以舉鼎亦謂之扃，《儀禮・士冠禮》「設扃鼏」，是也。皆其例矣。《釋文》曰：「筍音峻。」《史記・張陳列傳》「上使泄公持節問貫高箯輿前」，服虔曰：「箯音編，編竹木如今峻，可以糞除也。」陸氏音筍爲峻，蓋本服氏之説。夫箯輿不妨亦有筍名，然敖死已久，而猶得於箯輿中傳致其尸，萬無是理。《釋名・釋樂器》曰：「筍，峻也。」是「筍虡」之「筍」亦可讀如峻也。

不與晉而與楚子爲禮也。（宣十二年）

解詁曰：「不與晉而反與楚子爲君臣之禮，以惡晉。」

樾謹按：「爲禮」二字疑衍文也。其原文當云「此其稱名氏，以敵楚子何？不與晉而與楚子也。曷爲不與晉而與楚子？句。爲禮也」。蓋晉人不度德量力，以臣敵君，故斥言荀林父名氏「以敵楚子」者，正《春秋》之「不與晉而與楚子」也。其所以不與晉而與楚子，則以楚子有禮故也，故曰「爲禮也」，猶《文三年傳》曰：「爲諼也。」今上句因下句而誤衍「爲禮」二字，遂作一句連讀之，義不可通矣。

君之不令臣交易爲言。

解詁曰：「交易，猶往來也。言君之不善臣，屢往來爲惡言。」

樾謹按：如何解，則必增入「惡」字，於文方備，殆非也。爲當讀爲譌，《説文・言部》：「譌，譌言也。從言爲聲。《詩》曰：『民之譌言。』」今《詩・沔水篇》《正月篇》竝作「民之訛言」。《沔水》箋曰：「訛，僞也。言小人好詐僞，爲交易之言。」即此傳所云「交易爲言」也。爲、僞、譌、訛四字，古人通用。《堯典》「平秩南訛」，《史記・五帝紀》作「南譌」，小司馬本作「南爲」，《漢書・王莽傳》作「南僞」，是其證矣。

大其平乎己也。（十五年）

解詁曰〔一〕：「己，二大夫。」

樾謹按：「二大夫」而但謂之己，於文甚爲不明，殆非也。蓋平有因人而平者，如《宣四年》「公及齊侯平莒及郯」是也。「平乎己」對「平乎人」而言，不待人之爲平，而自爲平，斯謂之平乎己矣。是年春，「公孫歸父會楚子于宋」，何氏解詁曰：「地以宋者，善内爲救宋行，雖不能解，猶爲見人之戹則矜之。」然則魯固欲平楚、宋，因楚不可而止，是楚子初心必欲得宋明矣，乃能聽子反之言，引師而去，可謂能自克矣，故《春秋》「大其平乎己也」。

莊王曰：「諾，舍而止。」

解詁曰：「先以諾受，絶子反語。更命築舍而止，示無去計。」

樾謹按：下文曰「雖然，吾猶取此，然後歸爾」，若如何解，則不必有「雖然」二字矣。何氏知其不可通，因曲爲之説，曰「雖宋已知我糧短，欲徵糧待勝也」，其於文義，終有未安。今按：此即《左傳》所謂「退三十里，宋及楚平」也。軍行三十里爲一舍，《僖二十八年左傳》「退三舍避

〔一〕 詁，原文脱，今據文例補。

之」，杜注曰：「一舍三十里。」是也。「莊王曰：『諾，舍而止』。」』」諾者，受子反之言；舍而止者，命引軍而去之三十里然後止也。莊王此時已欲去宋，而又曰「雖然，吾猶取此」，則又其轉念也。傳言此者，正見自克之難也。

使耕者東畝，是則土齊也。（成二年）

解詁曰：「則晉悉以齊爲土地，是不可行。」

樾謹按：使耕者東畝，晉非能遂得齊之土地也，且得齊之土地而謂之土齊，亦近不辭，何解殆失之矣。惠氏棟《九經古義》曰：「土讀曰杜。《周禮》及《司馬法》曰『犯令陵政則杜之』，注云：『《王霸記》曰：杜之者，杜塞使不得與鄰國交通。』」然耕者東畝，往來仍自可通交鄰之路，豈由此而杜塞乎？惠説亦未爲得也。今按：土當讀爲度，土與度聲相近。《尚書·粊誓篇》「杜乃擭」，《周官·雍氏》注引作「敜乃擭」。土之爲度，猶杜之爲敜也。《大司徒職》曰「以土圭土其地」，鄭注曰：「土其地，猶言度其地。」又《典瑞職》曰「封國則以土地」，注曰：「土地猶度地也。」竝古文叚土爲度之證。故《土方氏職》曰「以土地相宅」，即度地相宅也。晉人使齊之封内盡東其畝，是有意規度齊國之土地，故曰「是則度齊也」。度與規同義，《襄二十五年左傳》曰「度山林」，又曰「規偃豬」，是規、度一也。《國語·楚語》曰「實讒敗楚國，使不規東夏」，韋注曰：「規猶有也。」其實規亦言規度也。此云「度齊」，猶彼云「規東夏」矣。因叚土爲度，學者遂失其義。《僖四年穀梁傳》曰：「不土其地，不分其民，明正也。」「不土其地」，亦即不度其地也。

或曰用然後郊。（十七年）

解詁曰：「『或曰用』者，先有事，存后稷神名也。晉人將有事於河，必先有事於惡池。齊人將有事於泰山，必先有事於耋林。魯人將有事於天，必先有事於泮宮。九月郊尤悖禮，故言用，小大盡譏之。」

樾謹按：如此說，則分用與郊爲二事，義不可通，且有事泮宮，豈可但謂之「用」乎？何氏殆未得其解也。此承上文「郊用正月上辛」而言，蓋郊之必用正月上辛，固其正也。然《哀元年穀梁傳》曰：「郊三卜，禮也。」又曰：「郊自正月至于三月，郊之時也。我以十二月下辛卜正月上辛；如不從，則以正月下辛卜二月上辛；如不從，則以二月下辛卜三月上辛；如不從，則不郊矣。」此傳所載或說，蓋即穀梁子之說。用而後郊，謂卜中而後郊也。《說文·用部》：「用，可施行也。從卜中。」是「用」字本從卜中會意，故其義即爲卜中。卜中而後郊，是不必正月上辛矣，故附載其說以廣異義也。此年書「九月辛丑用郊」者，疑魯人於春三月卜之，不吉，又改於秋三月卜之，至九月上辛而吉，遂用以郊，故《春秋》即如其實書之，以示譏耳。定十五年，

「夏五月，辛亥郊」，傳曰：「曷爲以夏五月郊？三卜之運也。」解詁曰：「運，轉也。已卜春三正不吉，復轉卜夏三月，周五月，得二吉，故五月郊也。」此年以九月郊與彼年以五月郊，其事正同。此書「用」而彼不書「用」者，於此一譏已足見義，其餘不悉譏也。《莊四年傳》曰：「不可勝譏，故將壹譏而已，其餘從同同。」

莒女有爲鄫夫人者，蓋欲立其出也。（襄五年）

解詁曰：「時莒女嫁爲鄫後夫人，夫人無男有女，還嫁之于莒，有外孫。鄫子愛後夫人而無子，欲立其外孫。」

樾謹按：傳文但曰「莒女有爲鄫夫人者」，不言「夫人有女還嫁莒」也。且古謂姊妹之子爲出，不謂外孫爲出。鄫子欲立外孫而曰「欲立其出」，更爲失之。今按：《爾雅・釋親》「男子謂姊妹之子爲出」，而《釋名・釋親屬》但曰「姊妹之子曰出」，是男女得通稱之，凡女子謂姊妹之子亦曰出矣。莒女爲鄫夫人而欲立其出，蓋莒女無子，而其姊妹適莒大夫者有子，因欲立爲鄫子之後也。傳不曰「鄫子欲立其出」，則所謂「其出」者，從夫人而言之，明矣。

剽之立於是，未有説也。（二十六年）

解詁曰：「剽以公孫立於是位，尤非其次，故衛人未有説喜。」

樾謹按：未當作末，隸書未、末二字相溷。《蒼頡廟碑》「以化未造」，未造，即末造也，是其證矣。説當讀如本字，乃「言説」之「説」，非「喜説」之「説」也。末，無也。「末有説也」，謂無説也。蓋使剽以次當立，則其立於是也，猶爲有説，乃剽則公孫也，於昭穆遠矣，故曰「剽之立於是，末有説也」。何氏以爲「衛人未有説喜」，失之矣。

刑人則曷爲謂之閽？刑人非其人也。（二十九年）

解詁曰：「以刑人爲閽，非其人，故變盜言閽。」

樾謹按：弟子問「曷爲謂之閽」，則當曉以書閽之故，方合問意。乃但言刑人之不合爲閽，則所以書閽之故，仍不可得而明，何解殆失之矣。今按：二十三年，「晉人殺欒盈」，傳曰：「曷爲不言殺其大夫？非其大夫也。」「非其人」與「非其大夫」文法一律，義亦當同。《文十六年傳》「大夫弑君稱名氏，賤者窮諸人」，則此刑人正宜書人，乃不書人而書閽者，以非其人也。非其人者，謂非吴人也。《左傳》曰：「吴人伐越，獲俘焉，以爲閽，使守舟。吴子餘祭觀舟，閽以刀弑之。」然則此刑人乃是越人，若書曰「吴人弑其君」，失其實矣，而又見在吴國，非自外來，不得從邾婁人戕鄫子之例，故如其實而書之曰閽，且因以爲人主近刑人之戒。傳意本極分明，何氏誤據哀四年「盜殺蔡侯申」傳文，謂此閽亦當書盜，遂以「變盜書閽」爲説，而於「非其人」句，不得其解矣。

何以不名？秦者，夷也。匿嫡之名也。其名何？嫡得之也。（昭五年）

解詁曰：「嫡子生，不以名令于四境，擇勇猛者而立之。」又曰：「獨嬰、稻以嫡得立之。」

樾謹按：此傳之義，甚不可曉。秦既匿嫡子之名矣，何以嫡子得立，其名又得書於《春秋》乎？今按：《説文·女部》：「嫡，孎也。」「孎，謹也。」是嫡本非「嫡庶」字，凡「嫡庶」字，古作「適」。《隱元年傳》「立適以長不以賢」，其字作「適」不作「嫡」，可證也。此傳「嫡」字，疑古本皆作「適」，兩「適」字異義。「匿適之名也」，此「適庶」之「適」，言秦人於適子之名皆隱匿之，其所以隱匿之者，正以欲立爲君之故，不使人指斥之，非如何氏所謂「擇勇猛者而立之」也。「適得之也」，此「適然」之「適」，言秦人於適子之名皆隱匿之，故秦諸君名竝不箸，惟文十八年「秦伯罃卒」、宣四年「秦伯稻卒」，兩君獨名者，乃適得之也，猶云偶然得之也。《襄八年傳》「侵而言獲者，適得之也」，與此傳文正同。因字誤作「嫡」，遂不可解矣。

其序，則齊桓、晉文；其會，則主會者爲之也。（十二年）〔一〕

解詁曰：「唯齊桓、晉文，會能以德優劣、國大小相次序。非齊桓、晉文，則如主會者爲之，

〔一〕二，原文作「一」，今據《春秋公羊傳注疏》改。

雖優劣大小相越，不改更，信史也。」

樾謹按：「其序」「其會」兩文對舉，何氏所解，非傳意也。此蓋言諸侯之序皆伯主所定，諸侯之會皆主會者所爲，以見《春秋》所載二百四十年之事，悉據當時之實耳。其以諸侯之序爲桓、文所定者，蓋晉文踵事齊桓，無大變更，而其後又晉人世主夏盟，一循文、襄之舊，故推而上之，以爲皆桓文所定也。此兩句皆證明《春秋》信史之義。若如何解，則「齊桓、晉文」句與上下文皆不屬矣。

復加一飯，則脱然愈；復損一飯，則脱然愈；復加一衣，則脱然愈；復損一衣，則脱然愈。（十九年）

樾謹按：何氏不解「復」字。復者，告也，請也。《管子·小問篇》「以復管仲」，尹注曰：「復猶告也。」《周官·宰夫職》「諸臣之復」，鄭注曰：「復，請也。」「復加」「復損」竝謂請於父母而加之、損之。

宋南里者何？若曰因諸者然。（二十一年）

解詁曰：「因諸者，齊故刑人之地。公羊子，齊人，故以齊喻也。」疏曰：「舊説云：即《博物志》云『周曰囹圄，齊曰因諸』是也。」

樾謹按：南里者，《穀梁傳》曰「宋之南鄙也」，是南里爲宋南鄙地名。宋有南里，猶鄭有東里也。南里既爲宋地名，則因諸亦當爲齊地名，以其同爲放逐刑人之地，故公羊子舉以爲比。而《博物志》乃有「周曰囹圄，齊曰因諸」之説，則失之甚矣。《禮記·月令》正義引《鄭志》：「崇精問曰：『獄，周曰圜土，殷曰羑里，夏曰均臺。囹圄，何代之獄？』焦氏答曰：『《月令》，秦書，則秦獄名也。漢曰若盧，魏曰司空。』」蔡邕《獨斷》曰：「夏曰均臺，殷曰牖里，周曰囹圄，漢曰獄。」《初學記》引《風俗通義》曰：「夏曰夏臺，殷曰羑里，周曰囹圄。」諸書所記竝無「齊曰因諸」之文。《博物志》謂「周曰囹圄，齊曰因諸」，蓋誤解《公羊傳》文而爲此説，不足據也。如其説，亦將云「宋曰南里」乎？孔氏《通義》曰：「宋公之弟辰，自曹入于蕭，蕭不繫宋而此繫宋者，正以南里非地名也。宋南里者，猶曰宋獄也。」此説大謬。華氏自此年夏入于宋南里以畔，至次年春始自宋南里出奔楚，豈有伏處陛牢，自同幽繫，從夏至春，歷時數月者乎？誠如是也，又何謂之畔矣？考之《左傳》，鄭亦有南里，襄二十六年「楚子伐鄭，入南里」，是也，豈亦入于鄭獄乎？解詁謂「因諸者，齊放刑人之地」，既謂之放，明非拘繫，即此一字可知非獄，不得以囹圄爲比。而「放」字，各本皆誤作「故」，賴阮氏《校勘記》據鄂本訂正。孔氏所見亦是誤本，宜不得其解耳。

邑不言潰，此其言潰何？郛之也。曷爲郛之？君存焉爾。（二十九年）

解詁曰：「郛，郭。」疏曰：「『郛，郭』者，郭之猶曰國之，但古今異語也。」

樾謹按：郭不訓國，疏謂「郭之猶曰國之」，失何氏之旨矣。何氏訓郛爲郭，郭，大也。《玉篇·邑部》曰：「郭，大也。」郭爲大，故郛亦爲大，《初學記》引《風俗通義》曰：「郭亦謂之郛，郛者，亦大也。」是其義也。郛之猶曰大之。邑不言潰而此言潰，乃張而大之之意。所以張而大之者，正以君存焉爾。古人之文，亦或避習用之字而代以它字，《文八年左傳》曰「珍之也」，杜注曰：「珍，貴也。」此傳不曰「大之」，而曰「郛之」，猶彼傳不曰「貴之」，而曰「珍之」矣。《莊子·秋水篇》曰：「垺，大之殷也。」垺即郛之異文也。

顔夫人者，嫗盈女也。（三十一年）

疏曰：「謂此老嫗是盈姓之女。」

樾謹按：既云「夫人」，不得又謂之「嫗」，疏義非也。嫗盈疑是顔夫人之母，以其老，故尊之曰「嫗」耳。古婦人或繫於母而稱之，《襄十九年左傳》「齊侯娶於魯，曰顔懿姬，無子。其姪鬷聲姬生光」，杜注曰：「顔、鬷皆二姬母姓。」然則「盈」亦夫人母姓也。

子沈子曰：「定君乎國，然後即位。」（定元年）

解詁曰：「定昭公之喪禮於國。」

樾謹按：定當讀爲正，古字通用。《尚書·堯典》「以閏月定四時」，《史記·五帝紀》「定」作「正」。《國語·齊語》「正卒伍」，《漢書·刑法志》「正」作「定」，竝其證也。正君乎國，即所謂「正棺於兩楹之間」。上文云「正棺於兩楹之閒，然後即位」，說其事也。此引「子沈子曰：『定君乎國，然後即位』」，說其理也。《穀梁傳》曰：「何爲戊辰之日，然後即位也？正君乎國，然後即位也。沈子曰：『正棺乎兩楹之閒，然後即位也。』」與此傳文雖互異而義實相同。蓋惟「正君乎國」，即是正棺於兩楹之閒，故以「正君乎國」爲沈子之言，可也；以正棺於兩楹之閒爲沈子之言，亦可也。古經師口授，但求大旨之無乖，不斤斤於字句閒也。孔氏《通義》不據《穀梁傳》讀定爲正，而自爲之說，曰「季氏立昭公之謀，至戊辰然後定」，因謂《穀梁傳》與此相反。弟子乖其師說如此，失之甚矣。

此災菽也，曷爲以異書？

解詁曰：「据無麥苗以災書。」

樾謹按：「菽」字，衍文也。蓋無麥苗以災書，則此經「霣霜殺菽」亦當以災書，而傳乃曰

「記異也」，故弟子問曰「此災也，曷爲以異書？」今衍「菽」字，於義不可通矣。

闔廬曰：「士之甚。」（四年）

解詁曰：「言其以賢士之甚。」

樾謹按：士當作大，《穀梁傳》正作「大之甚」，可據以訂正。「大」字，隸書每變作「士」，如赤、幸、壺、壹等字，其上皆從「大」，而今皆作「士」，是其證也。「大之甚」，譌作「士之甚」，何氏因曲爲之説，於義終不安也。

以季氏之世世有子。（八年）

解詁曰：「言我季氏累世有女以爲臣。」

樾謹按：何解未得「有」字之意。有者，相親有之謂也。《昭二十年左傳》「是不有寡君也」，杜注曰：「有，相親有也。」《宣十五年公羊傳》：「潞子離於狄〔一〕，而未能合於中國，晉師伐之，中國不救，狄人不有。」「不有」，亦言不相親有也。「以季氏之世世有子」，謂季氏累世親厚於子，異於它人。若如何解，則爲不辭矣。

〔一〕《春秋公羊傳注疏》「狄」上有「夷」字。

郤反舍于郊，皆說然息。

解詁曰：「說，解舍。然，猶如。」

樾謹按：何氏此解，殊未明了。說猶脱也，《詩·野有死麕篇》「舒而脱脱兮」，毛傳曰：「脱脱，舒遲也。」重言之爲脱脱，單言之即爲脱。《淮南子·精神篇》「則脱然而喜矣」，高注曰：「脱，舒也。」此傳云「說然」，猶彼云「脱然」，乃舒遲之意。蓋陽虎意中無所畏憚，故與其徒脱然止息耳。脱與說，古字通用，《荀子·正名篇》楊倞注曰：「說，讀爲脱。」

曷爲不言其所食？漫也。（十五年）

解詁曰：「漫者，偏食其身。」

樾謹按：漫即曼字，《校勘記》曰：「唐石經元本作曼。」是也。《說文·又部》：「曼，引也。」《漢書·禮樂志》「世曼壽」，師古注曰：「曼，延也。」是曼有延及之義，故曰「曼衍」。《莊子·齊物論篇》「因之以曼衍」，是也。亦曰「曼羨」，《文選·封禪文》「沕潏曼羨」，是也。古字本止作曼，以水言之則從水作漫，猶以艸言之則從艸作蔓也。《詩·野有蔓艸篇》毛傳曰：「蔓，延也。」此經不言所食者，蓋初食雖止一處，而其傷曼延，不能知其初食之處，故曰曼也。何氏謂「偏食其身」，於義尚未盡得。《漢書·揚雄傳》曰：「爲其泰曼漶而不可知。」

即此「曼」字之義。

父有子，子不得有父也。（哀二年）

解詁曰：「明父得有子而廢之，子不得有父之所有。」

樾謹按：何氏所解，未得傳意。「父有子」者，謂靈公已有輒爲子也。輒於靈公，孫也，非子也。而得爲子者，《成十五年傳》曰：「爲人後者，爲之子也。」彼嬰齊於歸父以弟爲兄後，而有子道，然則輒於靈公以孫爲王父後，其有子道明矣。靈公既不以蒯聵爲子而別以輒爲子，則蒯聵亦不得以靈公爲父。《國語・晉語》：秦穆公使公子縶弔公子重耳於翟，重耳再拜不稽首。此即不得有父之義也。穆公曰：「吾與公子重耳，重耳仁，再拜不稽首，不没爲後也。」韋注曰：「没，貪也。」靈公逐蒯聵而立輒，蒯聵乃於父死之後，介大國以求入，是父已有子而必争之，曰：此吾父也。是貪爲後也，故《春秋》不與也。

群經平議卷二十四

春秋穀梁傳

仲子者何？惠公之母，孝公之妾也。禮，賵人之母則可，賵人之妾則不可。君子以其可辭受之。（隱元年）

樾謹按：范氏無解。王氏引之《經義述聞》曰：「君子以其歸賵非禮，魯人可以辭矣。今乃不辭而受之，故志以示譏。」此説未得傳意。如其説，當云「君子以其可辭而受之」，於文方明，不當但云「以其可辭受之」也。蓋可者，即所謂「賵人之母則可」也。禮可賵人之母，不可賵人之妾。周人之來歸賵也，以其爲惠公之母而歸之，此辭之可者也。以其爲孝公之妾而歸之，此辭之不可者也。《春秋》書曰：「惠公仲子。」繫仲子於惠公，明周之歸賵，以其爲惠公之母也，此所謂「以其可辭受之」也。下句曰「其志，不及事也」，王氏曰：「『其志』二字與上句文義不屬，『其』疑當爲『且』，形相似而誤也。」今按：此句與上句本不相屬，「其志，句。不及事也，句。」，言歸賵常事，本不必記，其所以記者，以其不及事也。《莊十一年傳》「其志，過我也」、《二十年傳》「其志，以甚也」、《文元年傳》「其志，重天子之禮也」、《昭十八年傳》「其志，以同日也」，文與此同，可證「其」字之非誤。王氏誤解上句，故於此句亦失之矣。

聘弓鍭矢，不出竟場。

疏曰：「『聘弓鍭矢』者，麋信云：『聘，問也。古者以弓矢相聘問，故《左傳》云：楚子問郤至以弓〔一〕。』《爾雅·釋器》云：『金鏃翦羽謂之鍭。』郭璞云：『今之鍕箭是也。』」

樾謹按：鍭矢之名，雖本《釋器》文，然以之説此傳，則「聘弓」與「鍭矢」不倫矣。鍭當讀爲候，候與聘義同。候之言視也，望也，故迎送賓客之官謂之候，《襄二十一年左傳》「使候出諸轘轅」，是也。使人於它國有所覗察，亦謂之候，《吕氏春秋·貴因篇》「武王使人候周」，是也。聘弓候矢，謂以弓聘問，以矢候視也。疑《穀梁》原文本作「侯矢」，蓋古字侯與候通，故《白虎通·

〔一〕 郤，原文作「卻」，今據清經解續編本《群經平議》改。

爵篇》曰：「侯者，候也。」後人不知侯之爲候，而以爲即《爾雅》之「鍭矢」，因加金旁耳。下句曰：「束脩之肉，不行竟中。」按：脩者，脯也。既曰「脩」，又曰「肉」，甚爲不辭。「肉」疑「問」字之誤，《禮記・檀弓篇》曰：「古之大夫，束脩之問不出竟」，是其證也。莊二十七年范氏集解又引董仲舒「大夫無束脩之餽」，餽與問同，蓋「聘弓」「候矢」與「束脩之問」，竝謂以物與人也。弓也、矢也、束脩也，其物也；聘也、候也、問也，其事也。以弓相聘，以矢相候，以束脩相問，皆事之至微者，猶且不敢焉，此人臣之義也。候誤作鍭，問誤作肉，而傳義不見矣。

或曰，紀子伯莒子而與之盟。或曰，年同爵同，故紀子以伯先也。（二年）

集解曰：「紀子以莒子爲伯，而與之盟。伯，長也。」又曰：「年爵雖同，紀子自以爲伯而先。」

樾謹按：傳列二説，其讀「伯」字不同。「紀子以伯先」，則以本字讀之。伯者，長也；「伯莒子而與之盟」，則當讀爲敀。《説文・攴部》：「敀，迮也。從攴白聲。《周書》曰：『常敀常任。』」今《尚書・立政篇》作「常伯」，是伯、敀古字通。「敀莒子而與之盟」者，迮莒子而與之盟也。《襄二十九年公羊傳》「今若是迮而與季子國」，是其義也。《哀十五年左傳》：「迫孔悝於廁，强盟之。」故與迫同。兩説之中，前説爲長。范氏曰：「紀子以莒子爲伯。」失其義矣。

日葬，故也，危不得葬也。（三年）

集解曰：「傳例曰：諸侯時葬，正也。月葬，故也。日者，憂危最甚，不得備禮葬也。」疏曰：「『時葬，正也』，《襄七年傳》文。『月葬，故也』，《隱五年傳》文。『日者，憂危最甚』，此傳云『日葬，故也，危不得葬也』，是也。」

樾謹按：集解與疏均不説「故」字之義。《文十八年傳》「子卒不日，故也」，集解曰：「故，殺也。」然施之此傳，則義不可通，殆未可爲達詁矣。今按：《莊二十三年傳》「往時，正也。致月，故也」，《三十二年傳》「子卒日，正也。不日，故也」，竝以故與正爲對文。然則故者，變也。《荀子・王霸篇》「不敬舊法，而好詐故」，楊倞注曰：「故，事變也。」是其證也。《穀梁傳》每有「故也」之文。《隱十一年傳》「公薨不地，故也」、《莊三年傳》「志葬，故也」、《僖元年傳》「夫人薨不地，地，故也」、《昭三十年傳》「中國不存公，存公，故也」，其義竝同。《桓元年傳》「繼故不言即位，正也」，《文元年傳》「繼正即位，正也」，「繼故」與「繼正」對文，繼故猶言繼變，謂先君遇弒，國之大變也。集解曰「故謂弒也」，此爲目言其事則可，若以古訓求之，則故可訓變，不可訓弒，范氏殆失之矣。

始厲樂矣。（五年）

集解曰：「言時諸侯僭侈，皆用八佾。魯於是能自減厲，而始用六。穀梁子言其始僭，尸子言其始降。」

樾謹按：穀梁子謂諸侯當用四佾，故以初獻六羽爲僭樂。尸子謂自天子至諸侯通用八佾，故以初獻六羽爲厲樂。厲與僭竝言其失，非謂其能自減厲也。「厲樂」與《孟子》「厲陶冶」「厲農夫」同。厲者，病也。始厲樂者，始病樂也，言自是之後樂日以壞，故爲始病也。「厲」字竝無減義，范氏以「減厲」說之，非是。

城爲保民爲之也。（七年）

集解曰：「建國立城邑有定所，高下大小存乎王制。刺公不修勤德政，更造城以安民。」

樾謹按：范氏訓保爲安，則造城以安民，於事未爲甚失，《春秋》何以譏之乎？其說非也。保者，小城也，古字作「堢」。《說文・土部》：「堢，高土也。」俗字作「堡」，《一切經音義》引《聲類》曰：「堡，高土也。」經傳通以「保」爲之。《禮記・月令篇》「四鄙入保」，《檀弓篇》「遇負杖入保者息」，《國語・晉語》「抑爲保鄣乎」，鄭、韋注竝訓爲「小城」是也。此傳曰「城爲保民爲之也」，蓋言爲保中之民更作城也。民本有保，乃更爲作城，故《春秋》書以示譏。下文曰「民衆城小則益城，益城無極」，可知其爲城小之故而益城，初非無城也，然則「保」字當訓爲小城，明矣。

郜鼎者，郜之所爲也。曰宋，取之宋也，以是爲討之鼎也。孔子曰：「名從主人，物從中國。」故曰「郜大鼎」也。（桓二年）

樾謹按：「以是爲討之鼎也」，文義未安。范氏集解曰：「討宋亂而更受其賂器[一]」，則當云「賂之鼎」，不當云「討之鼎」。且稷之會，經明書「以成宋亂」，又何討之有乎？今按：「討」乃「糾」字之誤。《釋文》曰：「麋氏云：討或作糾。」蓋其所見，尚有作「糾」之本，後人不知「糾」字之義，因臆改爲討耳。「糾」字從糸從丩，《説文·丩部》：「丩，相糾繚也。」又曰：「茾，艸之相丩者。」又曰：「糾，繩三合也。」蓋茾、糾二字竝從丩爲意，艸相丩謂之茾，絲相丩謂之糾，其義一也。此鼎本郜所爲，則爲郜鼎；而取之於宋，則又爲宋鼎，一鼎而郜、宋共之，故曰「以是爲糾之鼎也」，言其糾繚而難明也。乃孔子則以爲名從主人，物從中國，於是書之曰「郜大鼎」，而其名自此定矣。今「糾」誤爲「討」，則傳義全失，宜從麋氏訂正。下文「紀侯來朝」，傳曰「於是爲齊侯、陳侯、鄭伯討，數日以賂」，「討」亦誤字，唐石經作「計」，是也。觀彼「討」字之誤，則此

[一] 器，《春秋穀梁傳注疏》作「鼎」。

「討」字之誤更無疑矣。

謹言而退。（三年）

樾謹按：「謹」當爲「結」，《公羊傳》正作「結言而退」，是其證也。結與謹一聲之轉，長言之則結音如謹，古經師多口授，因誤爲「謹」耳。《廣雅・釋詁》曰：「劼，勤也。」結之與謹，猶劼之與勤，竝雙聲字。

四時之田用三焉，唯其所先得，一爲乾豆，二爲賓客，三爲充君之庖。（四年）

集解曰：「上殺中心，死速，乾之以爲豆實，可以祭祀。次殺射髀骼，死差遲。下殺中腸汙泡，死最遲。」

樾謹按：范氏所解與何邵公注《公羊》〔一〕，雖其說不同，大旨一也，然非傳意也。傳曰「唯其所先得」，則自以所得先後爲次，最先得者以供祭祀，次以供賓客，次以供庖廚耳。上殺、次殺、下殺，雖經師相承有此說，然自《禮記・王制》及《公》《穀》兩傳說此事者，竝以一二三爲次，不以上中下爲次，則疑其不足據矣。設也所獲之獸無可當上殺者，將遂無以供祭祀之用乎？

〔一〕邵，原文作「邵」，今據《〈春在堂全書〉校勘記》改。

不如據《穀梁》此傳謂以所得先後爲次，其説簡而當也。又按：此傳「一」字衍文也，傳文本曰「唯其所先得爲乾豆，二爲賓客，三爲充君之庖」，言二、言三，不言一者，唯其所先得即是一也。夫後人因《公羊傳》「一曰乾豆」之文而於此傳亦加「一」字，則「唯其所先得」五字不可通矣。夫《公》《穀》兩傳文自不同，彼用「曰」字，而此用「爲」字，則此傳弟一句蒙上五字爲文可知；知其蒙上爲文而「一」字之爲衍文可知；知「一」字之衍而其以所得先後爲次，又可知矣。

六年春，正月，寔來。（六年）[一]

集解曰：「來朝例時。月者，謹其無禮。」疏曰：「州公不以禮朝，又至魯不反，是無禮之事。」

樾謹按：「至魯不反」，乃《左氏傳》之説，而《公》《穀》絶無此文。至「寔來」之義，《公羊傳》曰：「曷爲謂之『寔來』？慢之也。曷爲慢之？化我也。」此傳曰：「其謂之是來何也？以其畫我，故簡言之也。」簡、慢義同，畫、化聲近，兩傳大旨略同。惟《公羊》於「化我」下不置一詞，此傳又申明之曰：「諸侯不以過相朝也」，於是其義明矣。蓋諸侯惟過天子之國必行朝禮，《成十三年公羊傳》所謂「不敢過天子也」，是也。若諸侯之於諸侯，本非臣屬，但須假道，不必相朝。

[一] 原文無「六年」二字，此條出「桓公六年」，今據上下文例補。

而州公乃以如曹之故，道出魯境，遂行朝禮，朝不以禮與無禮同，故謂之「化我」。何休曰：「行過無禮謂之化，齊人語也。」此其説必有師承。又曰：「諸侯相過，至竟必假塗，入都必朝，所以崇禮讓、絶慢易、戒不虞也。」則大非傳義矣。

時曰，同乎人也。

集解曰：「時人僉曰，齊侯之子，同於它人。」

樾謹按：《左傳》載桓公之言曰：「是其生也，與我同物，名之曰同。」然則同之命名，桓公以爲同乎己也，故時人即反其言以譏之，曰「同乎人也」。范氏所解，尚未盡得其旨。

故略之也。（八年）

樾謹按：「故」字衍文也。上文曰「不正其以宗廟之大事，即謀於我，故弗與使也」，則當有「故」字。此文曰「遂，繼事之辭也。其曰遂逆王后，略之也」，則不當有「故」字，蓋即涉上文「故弗與使」而誤衍耳。

内失正，曹伯失正，世子可以已矣，則是故命也。（九年）

樾謹按：「故」字，唐石經作「放」，《御覽》百四十七引庾信注曰：「放，違也。」當從之。放命，即方命，《尚書·堯典篇》「方命圮族」，《漢書·傅喜傳》《王商傳》竝作「放命圮族」，正義引鄭注曰：「方讀爲放，謂放棄教命。」是「方」者借字，「放」者正字也。此傳言曹伯使世子來朝，則曹伯爲失正；魯以待人父之道待人子，則内爲失正，故曰「内失正，曹伯失正，世子可以已矣」，明世子可以止而不行也。然止而不行，疑若放棄父命者，故又發難曰「則是放命也」，下乃引尸子之言以斷之曰「夫已，多乎道」，明雖放命，不足爲罪也。

尸子曰：「夫已，多乎道。」

集解曰：「邵曰：『已，止也。止曹伯使朝之命，則曹伯不陷非禮之愆，世子無苟從之咎，魯無失正之譏。三者正，則合道多矣。』」

樾謹按：《論衡·本性篇》引陸賈曰：「人能察己，所以受命則順，順之謂道。」是道有順義。《國語·楚語》以「違而道」「從而逆」相對，然則道即順也。多者，賢也。《小爾雅·廣詁》曰：「賢，多也。」凡相較而勝謂之賢，亦謂之多。《論語·陽貨篇》「爲之猶賢乎已」，皇侃義疏曰：「賢，猶勝也。」《禮記·檀弓篇》「多矣乎，予出祖者」，正義曰：「多，猶勝也。」是多與賢義同。「尸子曰：『夫已，多乎道』」，言此事之已，雖若放棄父命，而實勝乎從順也。范氏不知「道」之爲「順」，乃解爲「合道多」。夫「合道多」而但曰「多乎道」，近於不辭矣。

再稱日，決日義也。（十二年）

集解曰：「明二事皆當日也。」疏曰：「『決日』者，謂二事決宜書日，故經兩舉日文也。」

樾謹按：決者，明也。《儀禮·大射儀》《鄉射禮》《士喪禮》注竝曰：「決，猶闓也。」《廣雅·釋詁》曰：「闓，明也。」然則決亦爲明矣。范氏正以「明」字釋「決」字，而楊疏乃謂「決宜書日」，非其旨也。

國非無良農工女也，以爲人之所盡事其祖禰，不若以己所自親者也。（十四年）

樾謹按：盡當讀爲進，以農、女所爲者事祖禰，是以人之所進者事祖禰也，豈若己所自親者乎？進、盡聲近，故得通用。《漢書·高帝紀》「主進」，師古曰：「『進』字，本作賮，又作贐，音皆同耳。古字叚借，故轉而爲進。」然則進之爲盡，猶賮之爲進矣。《爾雅·釋詁》：「藎，進也。」藎與盡，古亦通用。

以夫人之伉，弗稱數也。（十八年）

集解曰：「濼之會，夫人驕伉，不可言及，故舍而弗數。」

樾謹按：范氏但曰「舍而弗數」，未及「數」字之義。數者，説也。《詩·擊鼓篇》「與子成說」，毛傳曰：「說，數也。」說爲數，故數亦爲說，《禮記・儒行篇》「遽數之不能終其物」，正義曰：「數，說也。」蓋稱說者必一一數之，故數與說其義得通。「弗稱數也」，猶曰弗稱說也。《穀梁傳》每用「數」字，《隱十一年傳》曰「犆言同時也，累數皆至也」，范解曰：「累數，總言之也。」《文十八年傳》曰「不正其同倫而相介，故列而數之也」，范解曰：「是以同倫爲副使，故兩言之。」並得其義矣。《昭三年左傳》曰：「善哉，吾得聞此數也。」「聞此數」，即聞此說也。

築之外，變之爲正，何也？（莊元年）

樾謹按：「變之爲正」，當作「爲變之正」，蓋上文曰「築之外，變之正也」，故此發問曰「築之外，爲變之正，何也」？今作「變之爲正」，義不可通矣。

使之如下齊而來我然。（六年）

集解曰：「若衛自歸寶於齊，過齊，然後與我。」

樾謹按：下者，後也。《詩・下武篇》「下武維周」，鄭箋曰：「下，猶後也。」蓋古人謂前爲上，謂後爲下，《呂氏春秋・安死篇》曰「自此以上者，亡國不可勝數」，高注曰：「上，猶前也。」然則下猶後矣。「使之如下齊而來我」，謂若後齊而至我也。范解未甚明了，故具說之。《定元年傳》曰：「以其下成康爲未久也。」「下」亦「後」也。

疑戰而曰敗，勝内也。（十年）

集解曰：「勝内，謂勝在内。」

樾謹按：經書「公敗齊師」，則勝在内，自不待言，又何必舉以爲説乎？且勝在内而曰「勝内」，亦近不辭，范氏此解，殆未得傳意也。勝與甚同義，《論語·衛靈公篇》「甚於水火」，皇氏《義疏》曰：「甚，猶勝也。」然則勝亦猶甚也，「勝内也」，猶曰甚内也。《隱元年傳》曰：「賤段而甚鄭伯也，何甚乎鄭伯？甚鄭伯之處心積慮，成於殺也。」彼言甚，此言勝，文異而義同。蓋公以詐勝，故書敗以甚之耳。

中國不言敗，此其言敗，何也？中國不言敗，蔡侯其見獲乎？其言敗，何也？釋蔡侯之獲也〔一〕**。**

樾謹按：此傳有衍文，當云「中國不言敗，此其言敗，何也？中國不敗，蔡侯其見獲乎？其言敗，釋蔡侯之獲也。」傳意謂中國不敗，則蔡侯無由見獲，故言敗以釋蔡侯之獲也。「中國不

〔一〕 原文「也」下有「十年」二字，今據全書文例删。

敗」句，涉上文而衍「言」字，則義不可通。「其言敗」句，涉上文而衍「何也」字，則辭複矣。《昭二十三年傳》曰：「中國不敗，胡子髡、沈子盈其滅乎？其言敗，釋其滅也。」正與此同，可據以訂正。

不言公，外内寮一疑之也。（十六年）

集解曰：「十三年春，會于北杏，諸侯俱疑齊桓非受命之伯，欲共以事推之可乎？今于此年，諸侯同共推桓，而魯與齊讎，外内同一疑公可事齊不，會不書公，以著疑焉。同官爲寮，謂諸侯也。」

樾謹按：此傳當從舊解之説，疏引舊解「謂會于北杏，不言諸侯，是外疑也。今此會不言公，是内疑也。自此以後，外内不復疑之，故曰『一疑』也。」其説最爲明了。成十二年〔一〕，「周公出奔晉」，傳曰：「其曰出，上下一見之也。」集解引鄭嗣曰：「上，謂僖二十四年『天王出居于鄭』；下，謂今周公出奔，上下皆一見之。」然則此傳與彼文法相同，彼謂上下各一見，此謂内外各一疑，舊解之説正得之矣。楊氏乃曲徇范注，謂「外内諸侯同一疑公」，又云「外内者，諸侯之

〔一〕 二，原文作「一」，今據《春秋穀梁傳注疏》改。

國，或遠或近，故以『外内』總之也」。夫傳文言内外者，皆以魯爲内，它國爲外，豈有總言它國而以遠近分内外者乎？足知其説之非矣。

失故也。（二十二年）

集解曰：「今失之者，以文姜之故。」

樾謹按：以文姜之故而但曰「故也」，不辭甚矣。故疑當作放，唐石經《桓九年傳》「則是放命也」，今各本皆作「故」，其誤正與此同矣。上文曰「肆，失也」，乃釋經文「肆」字；此曰「失，放也」，則又自解「失」字，謂失者，放縱之也。范氏作解時已誤作「故」，乃曲爲之説，而文不可通矣。

以是爲尸女也。（二十三年）

集解曰：「尸，主也。主爲女往爾，以觀社爲辭。」

樾謹按：如范解，則當云「以是爲尸乎女也」，於文方明，不得但曰「尸女」，范解非也。《爾雅·釋詁》：「尸，主也。」又曰：「尸，寀也。」是尸訓主，亦訓寀，郭注曰：「謂寀地。」其實古無「寀」字。《襄十五年公羊傳》何休注曰：「所謂采者，不得有其土地人民，采取其租税耳。」是「寀地」之「寀」本亦作「采」。尸訓寀，即訓采矣。《二十二年傳》曰「禮有納采」，集解曰：「采擇女之德性也。」此傳「户女」即采女也，蓋公以觀社爲名，實則自往擇女，故曰「以是爲尸女也」。學者但知尸之訓主，不知尸之訓采，因失其義矣。

既戒鼓而駭衆。（二十五年）

疏曰：「『既戒鼓駭衆』者，謂既警戒擊鼓，而駭動衆人。」

樾謹按：楊氏以「戒鼓」爲「警戒擊鼓」，非也。戒即擊鼓之名，字亦作「駴」。《周官·大司馬職》「鼓皆駴」，鄭注曰：「疾雷擊鼓曰駴。」是其義也。《文選·西京賦》「駴雷鼓」、《七啓》「駴鐘鳴鼓」，是凡擊鐘、擊鼓皆謂之駴矣。《説文》無「駴」字，古字蓋止作「戒」。《周官·大僕職》曰：「始崩戒鼓。」正與此傳同。

大者，有顧之辭也。（二十八年）

疏曰：「顧，猶待也。徐邈云：『至冬無禾，於是顧録無麥。』其意亦謂待無禾，然後顧録無麥，故云大也。」

樾謹按：《説文·頁部》：「顧，還視也。」《詩·蓼莪篇》「顧我復我」，鄭箋曰：「顧，旋視也。」旋視與還視同。「有顧」謂有所還視也。蓋至冬無禾，乃還顧秋之無麥，而并録之，徐邈所説正得其旨。楊氏謂「顧猶待也」，則失之矣。方無麥之時，豈逆知其并將無禾而待之乎？訓顧爲待，義不可通。傳曰「於無禾及無麥也」，是可知顧之爲還視矣。

古之君人者，必時視民之所勤。民勤於力，則功築罕。民勤於財，則貢賦少。民勤於食，則百事廢矣。（二十九年）

樾謹按：「勤」字范氏無解。僖二年「冬，十月，不雨」，傳曰：「不雨者，勤雨也。」《釋文》：「勤，如字，糜氏音覲。」《集韵》去聲二十二稕：「勤，渠吝切，憂也。《春秋傳》『勤雨』，糜氏説。」然則此「勤」字亦當與彼同。民之所勤，即民之所憂也。勤於力、勤於財、勤於食，皆謂憂其不足也。蓋勤與勞同義，《淮南子·精神篇》「竭力而勞萬民」，《氾論篇》「以勞天下之民」，高誘注竝曰：「勞，憂也。」勤之爲憂，猶勞之爲憂也。范氏解「勤雨」曰：「是欲得雨之心勤也。」仍以本字讀之。此傳無解，則亦讀如本字，胥失之矣。

男子不絶于婦人之手，以齊終也。（三十二年）

集解曰：「齊，絜。」疏曰：「齊者，齊絜之名，故記稱『齋之爲言齊也』，是齊、齋意同，故范訓爲絜。」

樾謹按：范解非也。《詩·小宛篇》「人之齊聖」，毛傳曰：「齊，正。」《周易·繫辭上傳》「齊小大者存乎卦」，王肅注曰：「齊猶正也。」是齊之義爲正，「以齊終也」，猶曰以正終也。上文曰「寢疾居正寢，正也」，若訓齊爲絜，則與上義不蒙矣。《釋文》曰：「齊，本亦作齋。」蓋即因范説而誤。

諱莫如深，深則隱。

集解曰：「深，謂君弑賊奔。隱，痛之至也。」

樾謹按：此謂避諱之道，莫如深没其文。深没其文，然後其迹隱矣。如子般卒書日，若以正終者；公子慶父如齊，若以使事往者，此皆諱之深而隱者也。下文曰「苟有所見，莫如深也」，蓋閔公不書即位，則子般之弑自見，而「子般卒」之下即書「公子慶父如齊」，則慶父之與於弑亦見。既已有見於後，又何必以内之大惡而詳箸之哉？故莫如深諱之也。傳文本明，范氏所解，未得其指。楊疏從而衍之，宜更糾繚矣。

于召陵，得志乎桓公也。得志者，不得志也。（僖四年）

集解曰：「屈完來盟，桓公退于召陵，是屈完得其本志。屈完得志，則桓公不得志。」

樾謹按：「得志乎桓公」者，謂以得志之辭加之乎桓公也。蓋召陵乃楚地，故特箸之，明桓公之得志也。然合諸侯以伐楚，僅得盟其大夫，實不足爲得志，故又曰「得志者，不得志也。」范氏以得志屬屈完，不得志屬桓公，失其解矣。下文曰「以桓公得志爲僅矣」，若從范解，則桓公此役直謂之不得志已耳，又何譏其得志之僅乎？

執不言所於地，緼於晉也。（五年）

樾謹按：「執不言所於地」六字，古本止作「不地」二字。疏引舊解曰：「此云『不地，緼於晉也』者。」是其證也。又曰：「或以爲『執不言所於地』。」蓋是別本如此，楊氏以爲理亦通耳，則其所據本必止作「不地」二字也。其標起訖當曰「不地」至「晉也」，今乃曰「執不」至「晉也」，非楊氏之舊矣。

如加力役焉，湎不足道也。（十九年）

集解曰：「如使伐之而滅亡，則淫湎不足記也。使其自亡，然後其惡明。」

樾謹按：傳言「如加力役焉」，非伐之之謂也，范氏所解由未解「如」字之義故耳。如當讀爲而，古書如、而通用，不可勝舉。上文歷言梁之湎於酒、淫於色，以見梁之所以自亡。此又云「而加力役焉，湎不足道也」，則又舉其甚者言之也。《左傳》曰：「梁伯好土功，亟城而弗處，民罷而弗堪。」是梁之亡，正以民罷於力役之故。淫湎之罪，尚其小者也，故曰「湎不足道也」。

梁亡，出惡正也。

集解曰：「正謂政教。」

檝謹按：正即政之叚字，范氏以「政教」解之，是矣。出當讀爲黜，古字通用。《襄二十七年公羊傳》曰：「黜公者，非吾意也。」何休注曰：「黜，猶出，逐。」然則此傳叚出爲黜，猶彼傳叚黜爲出矣。「梁亡，黜惡政也」，謂梁不行善政，故黜之也。黜亦通作絀，《禮記·王制篇》：「簡不肖以絀惡。」「黜惡政」與「絀惡」義同。此「惡」字乃罪惡之惡，下文曰「鄭棄其師，惡其長也」，則怨惡之惡，文同而義異。范氏所解未明，故具説之。

雖失天下，莫敢有也。（二十四年）

集解曰：「邵曰：『雖實出奔，而王者無外，王之所居，則成王畿，鄭不敢有之以爲國。』」

檝謹按：「莫敢有」者，謂莫敢有天下也。凡物，此失之則彼有之矣。天下不然，天子雖失之，諸侯莫敢有之也，故曰「雖失天下，莫敢有也」。何解謂「鄭不敢有之以爲國」，非是。

會于温言，小諸侯。（二十八年）

檝謹按：「于」字乃「以」字之誤。「會以温言」四字爲句，蓋温與河陽本是一地，諸侯之會以温言之者，小之也；天子之守以河陽言之者，大之也。下文曰「以河陽言之，大天子也」，然則此文作「會以温言，句。小諸侯，句。」明矣。

古者君之使臣也，使仁者佐賢者，不使賢者佐仁者。今趙盾賢，夜姑仁，其不可乎？（文六年）

集解曰：「邵曰：『賢者多才也。戰主于攻伐，仁者有惻隱之恩，不如多才者有權略。』」

樾謹按：范解非也。傳本泛言君使臣之道，不專主攻伐，豈得謂仁者有惻隱之恩，不如多才者有權略乎？今按：仁當讀爲佞，《説文·女部》「佞」篆，大徐本作「從女信省」，小徐本作「從女仁聲」，段氏玉裁曰：「《晉語》『佞』與『田』韵，則仁聲是也。」佞字本從仁得聲，故古或即以仁爲之。《尚書·金縢篇》「予仁若考」，仁即佞之叚字，考即巧之叚字，「予仁若考」猶言予佞而巧也，説詳《尚書》。此傳三「仁」字皆當讀爲「佞」。「使佞者佐賢者，不使賢者佐佞者」，猶言使不肖者佐賢者，不使賢者佐不肖者也。「趙盾賢，夜姑佞」，謂趙盾賢，夜姑不肖也。何氏以本字讀之，遂不得其解而曲爲之説，於義不可通矣。

日之，甚矣，其不葬之辭也。（九年）

樾謹按：「其」乃「是」字之誤。疏云「天子志崩，不志葬，而又書日，是不葬之辭。」然則楊氏所據本尚未誤也，當據以訂正。

弟兄三人，佚宕中國。（十一年）

集解曰：「佚，猶更也。」《釋文》出「佚害」云：「害，本又作宕。」

樾謹按：范氏所據本疑亦作「佚害」，故訓佚爲更，言其更相爲害於中國也。其實字當作「宕」，宕與害相似，又涉下文「瓦石不能害」而誤耳。「佚宕」乃雙聲字，本作「趺踼」。《説文·足部》：「踼，趺踼也。」又作「泆蕩」，《説文·水部》：「泆，水所蕩泆也。」此作「佚宕」者，佚與趺、泆竝從失聲；「宕」字，《説文》云「從碭省聲」，則與踼、蕩竝從昜得聲，故其義通也。亦作「趺宕」，《文選·恨賦》「趺宕文史」，李善注引揚雄《自叙》曰：「雄爲人趺宕。」是也。「佚宕中國」，言肆行乎中國。「宕」誤作「害」，范氏遂訓佚爲更，失其旨矣。

一曰就賢也。（十八年）

集解曰：「若竝有子，則就其賢，謂年同也。」

樾謹按：此傳非明立子之義，不得謂年同則就其賢也，范解失之矣。上文曰「姪娣者，不孤子之意也，一人有子，三人緩帶」，此云「一曰就賢也」，則又承上文而别爲一説，言姪娣之從夫人，以其賢而就之也。《成十年公羊傳》何休注曰：「伯姬以至賢，爲三國所争媵。」是其義也。今宣公不使其母頃熊奉養姜氏，而使之大歸于齊，既違一人有子三人緩帶之情，又失就賢之義，故傳竝列二説，所以深譏之也。

言盡其衆，以救其將也。（宣二年）

集解曰：「先言敗績，而後言獲，知華元得衆心，軍敗而後見獲。晉與秦戰于韓，未言敗績，而君已獲，知晉侯不得衆明矣〔一〕。」

樾謹按：傳言「救其將」，而范氏此解無一「救」字，疑傳文「救」字乃「獲」字之誤。「盡其衆，以獲其將」，謂先盡其衆而後得獲其將也，即所謂先言敗績而後言獲也。試連上文讀之曰：「獲者，不與之辭也。言盡其衆，以獲其將也。」若作「救」字，則與上文不相蒙矣。又試連下文讀之曰：「言盡其衆，以獲其將也。以三軍敵華元，華元雖獲，不病矣。」蓋宋衆既盡，則華元止是一人；而鄭以三軍敵之，是謂「以三軍敵華元」，故雖見獲而不病。若作「盡其衆，以救其將」，則宋衆具在，何得謂之以三軍敵華元乎？以上下文義求之，此「救」字當作「獲」字無疑。今誤作「救」者，因下文范注引鄭君説有「宋師懼華元見獲，皆竭力以救之」之文，故改傳文以合

〔一〕《春秋穀梁傳注疏》「衆」下有「心」字。

之，不知鄭君云云特以明先書敗績之故耳，非説此句之義也。

何用弗受也？不使夷狄爲中國也。（十一年）

集解曰：「楚子入陳，納淫亂之人，執國威柄，制其君臣，傎倒上下，錯亂邪正，是以夷狄爲中國。」

樾謹按：爲者，治也。《襄三十年左傳》「不可爲也」，杜注曰：「爲，猶治也。」《周語》「是故爲川決之使導」，韋注曰：「爲，治也。」經傳中爲訓治者，不可勝舉。《春秋》之義，以中國治夷狄，不以夷狄治中國。上文「楚人殺陳夏徵舒」，傳曰：「其外徵舒於陳，何也？」明楚之討有罪也。此文「楚子入陳」，傳曰：「何用弗受也？不使夷狄爲中國也。」其義若相反而實則一也。蓋陳夏徵舒有可討之罪，而楚子非討罪之人，故書「楚人殺陳夏徵舒」，以正弑君之罪。而又書「楚子入陳」，以嚴中外之防。傳曰「不使夷狄爲中國也」，猶曰不使夷狄治中國也。范解未得其義。

丘甲，國之事也。丘作甲，非正也。（成元年）

樾謹按：此傳文有誤，當云「作甲，國之事也。丘作甲，非正也。」蓋言作甲乃國之事，而非丘之事耳。下文曰「古者立國家，百官具，農工皆有職以事上」，此言國之可使作甲也。又曰

「古者有四民：有士民，有商民，有農民，有工民。夫甲，非人人之所能爲也」，此言丘之不可使作甲也。蓋以國中農工皆集，而丘則四民分處故也。若曰「丘甲，國之事」，則義不可通矣。

曰天子，何也？曰見一稱也。（八年）

集解曰：「天王、天子，王者之通稱。自此以上，未有言天子者。今言天子，是更見一稱。」

樾謹按：如范解，則傳文當曰「更見一稱」，於文方備，今但曰「見一稱也」，范解非也。《國語·晉語》「勠力一心」，《戰國策·秦策》「諸侯不可一」，韋昭、高誘注竝曰：「一，同也。」《昭十年左傳》「佻之謂甚矣而壹用之」，杜注曰：「壹，同也。」壹與一古通用，「見一稱也」，猶曰見同稱也。蓋不書天王而書天子者，見天子與天王同爲王者之稱也。《公羊傳》曰：「其稱天子何？元年春，王正月，正也。其餘皆通矣。」彼言通，此言一，文異而義不殊也。

傳曰：「夫無逆出妻之喪而爲之也。」（九年）

疏曰：「言其不合爲而爲之也。徐邈云：爲，猶葬也。言夫無逆出妻之喪而葬，理亦通矣。但范不訓『爲』爲葬也。」

樾謹按：徐云「爲，猶葬也」，乃目言其事耳。訓詁家自有此例，非訓「爲」爲「葬」也。爲當訓治，經傳中爲訓治者，不可勝舉。《宣十一年傳》「不使夷狄爲中國也」，爲亦治也，説已見前矣。既出之妻，義與夫絶，不當更治其喪，故曰「夫無逆出妻之喪而爲之也」，爲之，即治之也。

言其上下之道無以存也。（十二年）

樾謹按：此十字爲一句。道猶通也，《襄三十一年左傳》「不如小決使道」，杜注曰：「道，通也。」《法言·問道篇》亦曰：「道也者，通也。」蓋道與通一聲之轉，故聲近而義同。道無以存，猶通無以存。通之言同也，蓋謂其上下之同無以自存也。《漢書·夏侯勝傳》「先生通正言，無懲前事」，師古注曰：「通謂陳道之也。」然則「通同」之「通」以「道」爲之，猶「陳道」之「道」以「通」爲之。若於「道」字絶句，則失之矣。

公不周乎伐鄭也。（十七年）

集解曰：「周，信也。公逼諸侯爲此盟爾，意不欲更伐鄭。」

樾謹按：公不欲伐鄭，不可謂之「不信乎伐鄭」，范解非也。《離騷經》曰「雖不周於今之人兮」，王注曰：「周，合也。」此傳「周」字亦當訓合，言伐鄭之役與公意不合也。

及以及，與之也。（襄三年）

樾謹按：此當曰「及又及，句。與之也」，與《十年傳》曰「會又會，外之也」，文法一例。蓋此經書「叔孫豹及諸侯之大夫，及陳袁僑盟」，凡再言及，故曰「及又及」，猶彼經書「公會晉侯、宋公、衛侯、曹伯、莒子、邾子、滕子、薛伯、杞伯、小邾子、齊世子光，會吴于相」，凡再言會，故曰「會又會」也。集解曰：「通言叔孫豹及諸侯之大夫，則無以表袁僑之得禮，故再言及，明獨與袁僑，不與諸侯之大夫。」疑范氏所據本正作「及又及」，故以「再言及」釋之。疏標「及以至之也」五字而釋之曰：「傳解經所以再言及者，以及與之也，謂與袁僑，故言及以殊之。」則其所據本已與今同矣。

家有既亡，國有既滅。（六年）〔一〕

集解曰：「滅猶亡，亡猶滅，家立異姓爲後，則亡；國立異姓爲嗣，則滅。既，盡也。」

樾謹按：既固訓盡，而此「既」字則非盡之謂也。既亡、既滅，猶言已亡、已滅也。家立異姓爲後，其家固未亡也，而實則已亡矣，是謂「家有既亡」；國立異姓爲嗣，其國固未滅也，而實則已滅矣，是謂「國有既滅」。下文曰「滅而不自知，由别之而不别也」，正見繒之既滅而不自知其滅也。昭四年，「九月，取繒」，自繒人言之，以爲至是始爲魯所滅耳，不知其於襄六年已爲莒

〔一〕 原文「六年」上有「襄」字，上條已出「襄」字，今據上下文例删。

所滅矣。然則自襄六年至昭四年，繒國乃既滅之國也，此「國有既滅」之義也。

稱盜以殺大夫，弗以上下道，惡上也。（十年）

樾謹按：傳文本曰「稱盜以殺大夫，弗以上下道道，句。惡上也」，傳寫奪一「道」字耳。「弗以上下道道」者，弗以上下之道言也。《哀四年傳》「稱盜以弑君，不以上下道道也」，正與此傳文同，可據以訂正。

行人者，挈國之辭也。（十一年）

集解曰：「行人，是傳國之辭命者。」

樾謹按：凡言「之辭」者，皆釋經意如此。上文「公至自鄭」，傳曰：「不以伐鄭致，得鄭伯之辭也。」即其例也。而此傳「挈國之辭」，范乃以爲傳國之辭命，失之矣。今按：《説文・手部》：「挈，縣持也。」使臣出竟，與國一體，榮則俱榮，辱則俱辱，國之榮辱縣于一人，故曰「行人者，挈國之辭也」。《襄十八年》《昭八年傳》竝曰：「稱行人，怨接於上也。」范氏於《襄十八年傳》解曰：「怨其君而執其使，稱行人，明使人爾，罪在上也。」然則此云「挈國者」，或罪在使臣歟？

莊公失言，淫于崔氏。（二十五年）

集解曰：「放言將淫崔氏，爲此見弒也。邵曰：『淫，過也。言莊公言語失漏，有過於崔子，而崔子弒之。』」

樾謹按：此二解皆未明「失言」之義。失言，猶失道也。《詩·東門之池篇》「可以晤言」，毛傳曰：「言，道也。」「言」爲「道説」之「道」，亦即爲「道德」之「道」。《法言·問道篇》曰：「道也者，通也。」「道德」之「道」，與「道説」之「道」，皆取通達之義，無二義也。後人歧而二之，而古訓遂不可通矣。《莊元年傳》曰：「人之於天也，以道受命。於人也，以言受命。不若於道者，天絶之也。不若於言者，人絶之也。」此以道與言分屬天與人，蓋以天不言之故，其實對文則别，散文則通。不若於言，即不若於道也。此傳曰「莊公失言，淫于崔氏」，猶曰莊公失道，淫于崔氏。《左傳》所載東郭姜之事，是也。范氏兩説皆未得其義。《禮記·禮器篇》「苟無忠信之人，則禮不虛道」，鄭注曰：「道，猶從也。」《廣雅·釋詁》曰：「言，從也。」言之訓從，猶道之訓從，然則「失言」之即「失道」，明矣。

以伐楚之事，門于巢，卒也。

集解曰：「所以攻巢之門者，爲其伐楚之事故也。」

樾謹按：以「門于巢」爲攻巢之門，此《左傳》説也。《公》《穀》則皆不然。《公羊傳》曰：「門于巢卒者何？入門乎巢而卒也。入門乎巢而卒者何？入巢之門而卒也。」此傳曰：「吴子謁伐楚，至巢，入其門。門人射，吴子有矢創，反舍而卒。」是皆以「門于巢」爲入巢之門，與《左傳》異。范以《左傳》説此傳，失之矣。若從范解，則吴方攻巢，又何以責巢之不飾城請罪乎？

一事注乎志。（昭十一年）[一]

集解曰：「一事輒注而志之也。」

樾謹按：范解非也。傳文曰：「此子也，其曰世子，何也？不與楚殺也。一事注乎志，所以惡楚子也。」推尋傳意，蓋謂此本二事，而以一事書之也。蓋「夏，四月丁巳，楚子虔誘蔡侯般，殺之于申」，此一事也。「冬，十有一月丁酉，楚師滅蔡，執蔡世子友以歸，用之」，此又一事也。若分而書之，則蔡侯般已于夏四月爲楚誘殺，其子嗣立，至是又爲楚執，當從諸侯在喪稱子之例，書曰「蔡子」，不當曰「蔡世子」矣。今乃仍書「蔡世子」，是以一事書之，見楚子既誘殺

[一] 原文無「昭」字，今據《春秋穀梁傳注疏》補。

其父，又執用其子，爲暴虐之甚也，故曰「一事注乎志，所以惡楚子也」。《廣雅・釋詁》曰：「注，識也。」《周官》「外史掌四方之志」，鄭注曰：「志，記也。謂若魯之《春秋》，晉之《乘》，楚之《檮杌》。」然則「注乎志」者，謂識之於史策也，非謂輒注而志之也。「注而志之」，不得曰「注乎志」矣。乃自何邵公讀此傳已不得其義〔一〕，故有反貶蔡稱世子之疑。而鄭君解之，謂「變子言世子，使若不得其君」，則仍未得傳義也。蓋由讀者於「一事」兩字未遑深求，故經意、傳意胥失之矣。

因是以見雖有文事，必有武備，孔子於頰谷之會見之矣。（定十年）

樾謹按：上既云「因是以見」，則下不必又云「見之」。「見之」疑當作「㝵之」。㝵，古「得」字也。頰谷之會，正所謂有文事必有武備者，故曰「孔子於頰谷之會㝵之矣」。《史記・趙世家》「踰年歷歲未得一城」，《趙策》「得」作「見」，「見」亦當作「㝵」，誤與此同。

嘗置之上帝矣。（哀元年）

集解曰：「嘗置之滌宮，名之曰上帝牲矣。」

〔一〕邵，原文作「邵」，今據《〈春在堂全書〉校勘記》改。

樾謹按：《荀子·大略篇》楊注曰：「置質，猶言委質也。」《吕氏春秋·執一篇》「今日置贄爲臣」，高注亦曰：「置，猶委也。」「嘗置之上帝矣」，猶曰嘗委之上帝矣。《成二年左傳》「王使委于三吏」，杜注曰：「委，屬也。」是其義也。范解增字太多，未得其旨。

欲因魯之禮，因晉之權，而請冠端，而襲。（十三年）

集解曰：「襲，衣冠。端，玄端。」疏曰：「云『請冠端而襲』者，請著玄冠玄端而相襲。」

樾謹按：此當於「端」字絶句，「而襲」二字合下文「其藉于成周」五字爲句。傳文本曰「欲因魯之禮，因晉之權，而請冠端，句。而襲其藉于成周。句。」藉者，貢獻也。范解曰：「藉謂貢獻。」是也。襲之言入也，《國語·晉語》曰「使晉襲於爾門」，韋注曰：「襲，入也。」其下云「大國道，小國襲焉曰服。小國敖，大國襲焉曰誅」，韋氏竝訓爲入，蓋古語如此也。「襲其藉于成周」者，入其貢獻于成周也。蓋吴之意，欲因魯之禮而請冠端，因晉之權而襲其藉於成周。范氏誤於「襲」字絶句，則下文「其藉于成周」五字不成句矣。

群經平議卷二十五

春秋左傳一

有文在其手，曰爲魯夫人。

孔氏正義曰：「成季、唐叔亦有文在其手，曰友、曰虞，『曰』下不言『爲』。此傳言『爲魯夫人』者，以宋女而作它國之妻，故傳加『爲』以示異耳，非爲手文有『爲』字，故『魯夫人』之上有『爲』字也。」

樾謹按：傳文「曰」字，衍文也。《閔二年傳》：「有文在其手曰友。」《昭元年傳》「有文在其手曰虞。」彼傳無「爲」字，故有「曰」字。此傳有「爲」字，則不必有「曰」字，猶《桓四年公羊傳》「一曰乾豆，二曰賓客，三曰充君之庖」，《穀梁傳》作「一爲乾豆，二爲賓客，三爲充君之庖」。有

「爲」字則無「曰」字，亦其例也。《僖二十八年傳》：「聽輿人之謀曰，稱舍於墓。」「曰」字亦衍文，既有「稱」字，則不必有「曰」字矣。《哀十六年傳》：「曰請三之後，有罪殺之。」「曰」字亦衍文，既有「請」字，則不必有「曰」字矣。凡此之類，皆後人所加。《太平御覽·兵部》引《僖二十八年傳》文正無「曰」字，可證也。

不如早爲之所。（隱元年）

杜氏集解曰：「使得其所宜。」

樾謹按：杜未解「所」字之義，故增「宜」字以足成之。《尚書·無逸篇》「君子所其無逸」，《詩·殷武篇》「有截其所」，鄭注、鄭箋竝曰：「所猶處也。」然則「早爲之所」，猶云早爲之處矣。《國語·晉語》「蚤處之」，與此傳文異而義同。

大叔完聚。

集解曰：「完城郭，聚人民。」正義曰：「服虔以聚爲聚禾黍也。段欲輕行襲鄭，不作固守之資，故知聚爲聚人，非聚糧也。完城者，謂聚人而完之，非欲守城也。」

樾謹按：段既不作固守之資，又何必完其城郭？若謂借此爲聚人之計，則傳文必當詳述其事，不得但曰「完聚」也。今按：「完聚」二字同義，完當讀爲捖，捖之言摶也，《淮南子·俶真篇》：「嫥捖剛柔。」嫥，即「摶」字，《玉篇·手部》：「捖，摶圓也。」捖聚猶言摶聚，大叔將欲襲鄭，故先摶聚其民也。《商子·農戰篇》：「凡治國者，患民之散不可摶也，是以聖人作壹，摶之。」又曰：「摶民力以待外事。」即此傳「捖聚」之義。杜以本字讀之，而分完、聚爲二義，殆失之矣。

君義臣行。（三年）

集解曰：「臣行君之義。」

樾謹按：杜氏所解，似尚未得「義」字之旨也。義當讀爲儀，《周官·肆師》「治其禮儀」，鄭注曰：「故書儀爲義。鄭司農云：『義讀爲儀。』古者書『儀』但爲『義』，今時所謂『義』爲『誼』。」是義者，古「儀」字也。《說文·人部》：「儀，度也。」《國語·周語》曰：「儀之于民，而度之于群生。」又曰：「不度民神之義，不儀生物之則。」是儀與度同也。鄭注《尚書大傳》曰：「射，王極之度也〔一〕，射人將發矢，必先于此儀之，發矢則必中于彼矣。君將出政，亦先于朝廷度之，出則應于民心。」此正「君義」之謂也。「君義臣行」，言君儀度於上，臣奉行於下也。若如杜解，則「君義」與「臣行」不一律矣。

〔一〕度，《尚書大傳》作「變」。

陳魚而觀之。（五年）

集解曰：「陳，張設也〔一〕。公大設捕魚之備而觀之。」

樾謹按：上文云「公將如棠觀魚者」，正義曰：「魚者，猶言獵者也。」《釋文》曰：「魚者，本亦作漁者。」此文云「陳魚而觀之」，即承上文而言，謂陳列漁者而觀之也。凡陳列其物謂之陳，陳列其人亦謂之陳。《定四年穀梁傳》「徙陳器」，此以物言也。《詩・采芑篇》「陳師鞠旅」，此以人言也。然則「陳魚」爲陳列漁者，明矣。《僖四年傳》「齊侯陳諸侯之師，與屈完乘而觀之」，與此傳「陳魚而觀之」，文義正同。杜解謂「大設捕魚之備」，未得其旨。

鄭人侵衛牧，以報東門之役。

集解曰：「牧，衛邑。」

樾謹按：牧若是邑名，則當云「鄭人侵衛及牧」，如《莊十四年傳》：「鄭厲公自櫟侵鄭及大陵。」《成十五年傳》：「楚子侵鄭及暴隧。」皆其例也。今乃連言之曰「衛牧」，疑「牧」非地名矣。《爾雅・釋地》：「邑外謂之郊，郊外謂之牧，牧外謂之野。」此傳「牧」字即郊外之牧也。四年，

〔一〕張設，《春秋左傳正義》《春秋左傳注疏》均作「設張」。

宋、陳、蔡、衛伐鄭，圍其東門，五日而還，是迫近之至，故此亦侵及衛牧，所以報也。杜以邑名釋之，誤矣。江氏永《春秋地理考實》曰：「牧，即牧野也。」今按：牧野之牧，亦即郊外之牧也。《尚書·牧誓篇》曰：「王朝至于商郊牧野。」此當以「郊牧野」連文，即《爾雅》所謂邑外郊，郊外牧，牧外野也，説詳《尚書》。《國語·周語》曰：「庶民弗忍，欣戴武王，以致戎於商牧。」彼云「商牧」，此云「衛牧」，其義正同，皆非地名也。

周之宗盟，異姓爲後。（十一年）

正義曰：「賈逵以宗爲尊，服虔以宗盟爲同宗之盟，孫毓以爲宗伯屬官，掌作盟詛之載辭，故曰宗盟。杜無明解。盟之尊卑，自有定法，不得言尊盟也。《周禮》司盟之官乃是司寇之屬，非宗伯也。唯服之言得其旨矣。」

樾謹按：同宗之盟，則無與異姓，何論先後？孫毓所難，服氏殆無以解也。而孔氏曲引「公與族燕，異姓爲賓」之文，謂宗盟無與異姓，則族燕不得有異姓也。此説雖似有理，其實不然。夫族燕者，公與族人燕也。燕之本意主乎族人，特以族人皆父子兄弟，以賓禮待之反若疎外，故立異姓者爲賓也。若天子之盟諸侯，使之共獎王室，則於同姓異姓無所偏主，安得執族燕爲比乎？是服氏之説亦未爲得也。今按：宗者，主也。《一切經音義》九引《字林》曰：「宗，尊也，亦主也。」《昭二年傳》「禮之宗也」，杜曰：「宗，猶主也。」此傳「宗盟」之「宗」亦當訓主，「周之宗盟，異姓爲後」，謂以王官主諸侯之盟，則先同姓也。正義引《釋例》曰：「斥周而言，指謂王官之宰臨盟者也。」斯或得其義矣。

君謂許不共。

集解曰：「不共職貢。」

樾謹按：「不共職貢」而但曰「不共」，則所不共者何事邪？杜解非也。《詩・長發篇》「受小共大共」，毛傳曰：「共，法也。」《書序》《九共》九篇」，馬融注曰：「共，法也。」然則「君謂許不共」者，君謂許不法也。下文曰「許無刑而伐之」，杜注曰：「刑，法也。」「許不共」與「許無刑」，其義正同矣。

序民人。

樾謹按：序當讀爲豫。《爾雅・釋地》釋文引《春秋元命苞》曰：「豫之言序也。」《禮記・射義篇》「卿大夫序從」，鄭注曰：「序，或爲豫。」是序與豫古通用。《爾雅・釋詁》曰：「豫，安也。」豫民人，猶言安民人。正義以爲「次序民人」，非其義矣。

大羹不致。（桓二年）

集解曰：「大羹，肉汁，不致五味。」

樾謹按：「不致五味」而但曰「不致」，於文未明，杜解非也。致當讀爲緻，《詩・鴇羽篇》傳曰：「盬，不攻緻也。」《説文》無「緻」字，《新附》始有之，古字止作「致」。《詩》正義曰：「緻，定本皆作致。」是也。又或作「至」，《吕氏春秋・誣徒篇》：「從師苦而欲學之功也」，高誘注曰：「苦，讀如『盬會』之盬，不精至也。」「不精至」與「不攻緻」義同。《考工記・弓人》「覆之而角至」，鄭注曰：「至，猶善也。」至之訓善，蓋即精至之義。「大羹不致」，謂其不精至也。下文「粢食不鑿」，杜注曰：「不精鑿。」然則不致謂不精至，不鑿謂不精鑿，文義正同。

我張吾三軍，而被吾甲兵。（六年）

樾謹按：甲可言被，兵不可言被。《釋文》曰：「被，皮寄反。下注『被甲』同。」失之矣。被當讀爲披，《廣雅・釋詁》曰：「披，張也。」「披吾甲兵」與「張吾三軍」同義，披亦張也，竝謂張設之也，作「被」者，叚字耳。《莊子・知北遊篇》「齧缺問道于被衣」，《釋文》曰：「被，本作披。」是被、披古字通。

嘉栗旨酒。

集解曰：「嘉，善也。栗，謹敬也。」正義曰：「杜訓栗爲謹敬，言善敬爲酒。劉炫以栗爲穗貌，而規杜過，於理恐非。」

樾謹按：善、敬兩意不倫，若以爲穗貌，則於説酒更遠，疑皆非也。栗當讀爲洌，洌從列聲，與栗相近。《詩・四月篇》「冬日烈烈」，鄭箋曰：「烈烈，猶栗栗也。」《考工記・弓人》「菑栗不迆」，鄭注曰：「栗，讀爲『裂繻』之裂。」然則以栗爲洌，猶以栗爲裂矣。《説文・水部》：「洌，水清也。」《周易・井》九五「井洌寒泉食」，王弼注曰：「洌，潔也。」嘉洌旨酒，言其既嘉善而又清潔也。

鄭伯因櫟人殺檀伯，而遂居櫟。（十五年）

集解曰：「檀伯，鄭守櫟大夫。」

樾謹按：《昭十一年傳》曰：「鄭京、櫟實殺曼伯。」蓋曼與檀本疊韵字，《莊子・馬蹄篇》「澶漫爲樂」〔一〕，《史記・司馬相如傳》「案衍壇曼」，是也。檀伯之爲曼伯，前後異文，亦猶薳氏

〔一〕馬蹄，原文作「至樂」，今據《莊子集解》改。

之爲蔿氏，鍼尹之爲箴尹矣。《隱五年傳》「鄭祭足、原繁、洩駕以三軍軍其前，使曼伯與子元潛軍軍其後。」又曰：「鄭二公子以制人敗燕師于北制。」杜注曰：「二公子，曼伯、子元。」是曼伯者，莊公之子也，而於此傳乃止云「守櫟大夫」，何邪？《昭十一年傳》「鄭莊公城櫟，而寘子元焉，使昭公不立」，杜注曰：「子元，鄭公子。莊公寘子元於櫟。桓十五年，厲公因之，以殺櫟大夫檀伯，遂居櫟，卒使昭公不安位而見殺。」正義述杜意，以爲莊公城櫟而寘子元，又使檀伯爲櫟邑大夫，故厲公得因子元而殺檀伯。夫櫟既爲子元之邑，何以又使檀伯爲櫟邑大夫？正義引「晉封桓叔于曲沃，而以欒賓傅之。鄭使許叔居許，而以公孫獲爲佐。楚使大子建居城父，而以奮揚佐之〔一〕」，證一邑之内得有二人，此不然也。夫子元與曼伯所謂二公子也，非如桓叔之於欒賓，許叔之於公孫獲，太子建之於奮揚也〔二〕。二公子竝居一邑，勢均力敵，孰爲之主？孰爲之佐乎？是可決其不然矣。今按：顧氏炎武《左傳補注》謂「子元即厲公之字」，其説是也。莊公時，厲公居櫟，故傳云「城櫟而寘子元」，莊公卒，厲公立，又爲祭仲所不容，出之而立

〔一〕佐，《春秋左傳正義》《春秋左傳注疏》均作「助」。
〔二〕揚，原文作「楊」，今據《春秋左傳正義》及《〈春在堂全書〉校勘記》改。

昭公。昭公既立，以櫟爲厲公舊邑，不可無親公子以鎮撫之，因使曼伯居櫟，乃厲公因櫟之舊人殺曼伯而居其地，即此傳所載是也。說經者不知子元之即厲公，而又不知曼伯之亦爲公子，於是事之本末不可見矣。《昭十一年傳》曰：「鄭京、櫟實殺曼伯，宋蕭、亳實殺子游，齊渠丘實殺無知，衛蒲、戚實出獻公。」獻公乃衛君，即子游與無知亦嘗居君位。若曼伯止是櫟邑大夫，而非親公子，安足與之竝論邪？顧氏以子元爲厲公字，於傳雖無所證，惟古人名字必相應。《漢書・刑法志》曰「是猶以鞿而禦駻突」，師古注引如淳曰：「突，惡馬也。」鄭厲公名突而字子元者，元或「転」字之省邪？附著之，以證成顧氏之說。

高伯其爲戮乎？復惡，已甚矣。（十七年）

集解曰：「復，重也。本爲昭公所惡，而復弑君，重爲惡也。」

樾謹按：昭公既已見弑矣，重爲惡之說，義不可通。復者，報也。《漢書・谷永傳》「報德復怨」，師古注曰：「復亦報也。」「復惡」之義與「復怨」同，言高渠彌因爲昭公所惡，而遂弑之，則其報復爲已甚矣，故將爲戮也。

築王姬之館于外。爲外，禮也。（莊元年）

樾謹按：爲猶于也，古于、爲二字通用。《儀禮・士冠禮》曰「宜之于假。」鄭注曰：「于，猶爲也。」然則爲亦猶于也，又《聘禮記》曰「賄在聘于賄」，注曰：「于，讀曰爲。」然則爲亦可讀曰于也。「爲外，禮也」，猶曰「于外，句。禮也」。蓋上句「築王姬之館于外」乃是經文，傳舉經文而釋之，若但曰「禮也」，則疑若通言築之爲得禮，而無以明築于外之爲得禮，故疊「于外」二字而曰「于外，禮也」。爲外，即于外也。《莊二十二年傳》「竝于正卿」，《釋文》曰：「竝于，本或作竝爲。」此爲、于通用，見於本書者也。正義曰：「正爲築之于外，是應變之禮。」又曰：「爲之於外，是其得禮之變也。」雖於傳義未失，然不知「爲外」之即「于外」，則古訓湮矣。

夫能固位者，必度於本末而後立衷焉。（六年）

集解曰：「本末，終始也。衷，節適也。」

樾謹按：衷與中古通用。《國語・楚語》「又能齊肅衷正」，《周禮・春官・序官》注引作「中正」，是其證也。傳文「衷」字，杜訓中者多矣，《閔二年傳》「用其衷」、《僖二十八年傳》「天誘其衷〔一〕」，集解竝曰：「衷，中也。」然則此傳「衷」字亦當訓中。「度於本末而後立衷」，猶言執其兩端用其中也。《哀二十七年傳》曰：「君子之謀也，始衷終皆舉之，而後入焉。」亦是叚衷爲

〔一〕衷，原文作「中」，今據《春秋左傳正義》改。

中，正與此傳之義相近。

衣食所安。（十年）

正義曰：「公意衣食二者，雖所以安身，然亦不敢專己，有之，必以之分人。」

樾謹按：傳文但言「所安」，不言「所以安」，孔義非也。《國語·晉語》曰「孝敬忠貞，君父之所安也」，韋注曰：「安，猶善也。」然則「衣食所安」，亦謂所善也，言雖己之所善，而必以分人也。《説文·人部》：「便，安也。」是安與便同義，猶言己之所便安耳。

桀、紂罪人，其亡也忽焉。（十一年）

集解曰：「忽，速貌。」

樾謹按：上文「禹、湯罪己，其興也悖焉」，杜解曰：「悖，盛貌。」是「悖」與「興」義相應也。忽訓速，則與「亡」字義不相應，豈亡可言速，而興不可言速乎？《爾雅·釋詁》：「忽，盡也。」《詩·皇矣篇》「是絶是忽」，毛傳曰：「忽，滅也。」忽訓盡，又訓滅。「其亡也忽焉」，言其盡滅而無遺也。《文五年傳》「皋陶庭堅不祀忽諸」，亦「盡滅」之意。

且寡人出，伯父無裏言。（十四年）

集解曰：「無納我之言。」

樾謹按：「納我之言」，不可但謂之「裏言」，杜解非也。裏當讀爲理，《荀子·解蔽篇》「制割大理而宇宙裏矣」，楊倞注曰：「裏當爲理。」是裏、理古字通用。理之言治也，「伯父無理言」，謂無訟治之言也。《僖二十八年公羊傳》「然後爲踐土之會，治反衛侯」，何休注曰：「叔武訟治于晉，文公令白王者反衛侯，使還國也。」訟治，即所謂理矣。古聽訟之官曰理，蓋訟于人謂之理，故聽人之訟亦謂之理，其義正相因耳。今俗語凡争辯曲直曰「理論」，乃古之遺語也，可證明「理言」之義。

莫之與京。（二十二年）

集解曰：「京，大也。」

樾謹按：「莫之與京」，猶云莫之與競也。京當讀爲勍，《説文·力部》：「勍，彊也。」凡彊者謂之勍，相與争彊亦謂之勍。《僖二十二年傳》「勍敵之人」，杜解曰：「勍，彊也。」下文曰「今之勍者」，杜解曰：「今之勍者，謂與吾競者。」同一「勍」字而前後異訓，蓋兩義正相因耳。勍從京聲，故此傳即以「京」爲之，杜讀如本字而訓爲大，然「莫之與大」，不辭甚矣。

儉，德之共也。（二十四年）

樾謹按：杜氏不釋「共」字。共當讀爲洪，《爾雅·釋詁》：「洪，大也。」「德之洪也」，猶曰德之大也。下文曰「侈，惡之大也」，洪與大文異而義同。下文又曰「先君有共德，而君納諸大惡」，猶云有大德也，杜解曰：「以不丹楹刻桷爲共。」似未得其旨。洪從共聲，故即叚「共」爲之。《尚書大傳》「維時供祀六沴」，鄭注曰：「供，謂大也。」供亦洪之叚字也。

女贄不過榛栗。

正義曰：「先儒以爲栗取其戰栗也，棗取其早起也，脩取其自脩也。唯榛無説，蓋以榛聲近虔，取其虔於事也。」

樾謹按：榛，古作亲，《説文·木部》：「亲，果實如小栗。從木辛聲。《春秋傳》曰：『女摯不過亲栗。』」是「亲」字本從辛得聲。《禮記·郊特牲篇》：「郊之用辛也。」《南齊書》卷九引盧植注曰：「辛之爲言自新潔也。」然則女摯用亲，亦取自新潔之義。孔氏謂「取其虔于事」，非也。

屯固。（閔元年）

集解曰：「屯，險難，所以爲堅固。」

樾謹按：「屯固」，猶純固也。《國語·周語》曰：「守終純固。」又曰：「敦庬純固。」又曰：「思慮純固。」竝其證也。純從屯聲，故屯即與純通，説經者不通古訓，而但執《易》義求之，乃曲爲之説曰「險難，所以爲堅固」，失之迂矣。且《屯》卦彖辭、爻辭皆不言難，孔子作傳始曰：「剛柔始交而難生。」然則辛廖占《易》時，恐未必有險難之説。

今命以時卒，閟其事也。（二年）

集解曰：「冬十二月，閟盡之時。」

樾謹按：閟當讀爲畢，閟從必聲，與畢聲相近。《考工記·玉人》「天子圭中必」〔一〕，鄭注曰：「必讀如『鹿車縪』之縪。」即其例也。《爾雅·釋詁》：「畢，盡也。」杜讀閟爲畢，故以「閟盡」釋之。正義未能申明其義。

〔一〕玉，原文作「弓」，今據《周禮注疏》改。

授方任能

集解曰：「方，百事之宜也。」正義曰：「授方，授民以事，皆有方法也。任能，其所委任，信用能人也。」

樾謹按：孔氏以方爲方法，是也。謂「授民以事，皆有方法」，非也。《成十八年傳》及《襄九年傳》竝曰：「官不易方。」《昭二十九年傳》又曰：「官脩其方。」《國語·周語》亦曰：「官不易方。」《晉語》又曰：「官方定物。」凡言方者，竝以官言，不以民言也。此傳言「務材訓農，通商惠工，敬教勸學」，則四民已皆包之矣，又言「授方任能」，則由民而臣，言其能官人也。授方者，授之以百官之常法也。任能者，任用其才能之人也。不授以方則無治法，不任其能則無治人。授方任能，衛之所以興也。正義謂「授民以事」，失其旨矣。

五侯九伯。（僖四年）

集解曰：「五等諸侯，九州之伯。」正義曰：「鄭玄以爲周之制，每州以一侯爲牧，二伯佐之，九州有九牧十八伯〔一〕。大公爲東西大伯中分天下者，當各統四侯半，一侯不可分，故言五

〔一〕牧，《春秋左傳正義》《春秋左傳注疏》均作「侯」。

侯，其伯則各有九耳，侯爲牧，伯佐之，言是周制，其事無所出也。校數煩碎，非復人情，故先儒無同之者。」

樾謹按：鄭義煩碎，且每州一侯二伯亦無塙證，其説固不可從矣。《詩・旄丘篇》正義引服注曰〔一〕：「五侯，公、侯、伯、子、男。九伯，九州之長。」與杜義同。然《禮記・王制篇》曰：「八州八伯。」正義引《鄭志》曰：「畿内之州不置伯。」是古有八伯，無九伯也。以九伯爲九州之長，亦臆説耳。今按：「五侯九伯」，統言天下諸侯也。周制有公、侯、伯、子、男五等，而止言侯、伯者，舉中以包上下也。《僖二十九年傳》曰：「在禮，卿不會公侯，會伯子男可也。」是公侯爲一等，伯子男爲一等，故舉侯以包公，舉伯以包子、男也。侯言五、伯言九者，數始於一而終於九，至十則復爲一矣。《素問・三部九侯論》曰：「天地之至數，始於一，終於九焉。」是其義也。自一至九，五爲中數，故古人之言，凡至少者，以一言之，如《孟子》「一杯水」「一鉤金」之類，是也。至多者，以九言之，如《公羊傳》「叛者九國」，是也。舉其中數，則以五言之，如《左傳》「不可以五稔」，是也。五侯舉中數，九伯舉終數，後人不達古語而曲爲之説，宜皆不可通

〔一〕丘，原文避諱作「邱」，今改作「丘」。後徑改，不再出校。

矣。《宣十二年傳》「夷於九縣」、《昭十二年傳》「五大不在邊，五細不在庭」，凡言五、言九者，皆此類也。

取虢之旂。（五年）

正義曰：「旂者，晉軍旂也。而往取虢，故云『取虢之旂』。」

樾謹按：此直言戰勝而取虢之旂耳。《哀二年傳》：「鄭人擊簡子中肩，斃于車中，獲其蠭旗。」又《十三年傳》「彌庸見姑蔑之旗，曰：『吾父之旗也。』」杜解曰：「彌庸父爲越所獲，故姑蔑人得其旌旗。」然則勝敵而獲其旂，古所恒有。正義之説，失之迂曲矣。

其在亂乎，君務靖亂，無勤於行。（九年）

集解曰：「在，存也。微戒獻公，言晉將有亂。」

樾謹按：上文「齊侯不務德而勤遠略」云云，無一字及晉，此忽云晉將有亂，義不可通。蓋宰孔之意，謂齊將有亂，非謂晉將有亂也。《爾雅・釋詁》曰：「在，終也。」「其在亂乎」，乃逆料之辭，言齊之將終於亂也。「君務靖亂」，言君務靖齊國之亂，蓋以代興諷晉也。首止之盟，王使周公召鄭伯曰：「吾撫女以從楚，輔之以晉，可以少安。」周公即宰孔。然則此數語，即勸晉叛齊之意，杜氏未得其旨。

余嘉乃勳，應乃懿德，謂督不忘。（十二年）

集解曰：「功勳美德，可謂正而不可忘者。」正義曰：「應，當也。懿，美也。督，正也。言我善女功勳，當女美德，謂女功德正而不可忘，宜受此禮。」

樾謹按：應猶報也。《周易・文言傳》正義曰：「應者，報也。」督當讀爲篤，《僞古文尚書・微子之命篇》用此文作「曰篤不忘」，是也。《爾雅・釋詁》曰：「篤，厚也。」「應乃懿德，謂篤不忘」，言以上卿之禮報女之美德，且示相厚而不忘也。杜解未了，正義所説亦近迂曲矣。

先君之敗德及，可數乎？（十五年）

正義曰：「韓簡之意，以爲惠公及禍，自由先君獻公廢嫡立庶之敗德，不由卜筮，故云先君之敗德既定，致公今及此禍，可由筮數始生之乎？」

樾謹按：正義所説，甚爲迂曲，非傳義也。此句《釋文》有兩讀。今按：當以「先君之敗德及」絶句。及讀爲急，《説文・心部》：「急，從心及聲。」《釋名・釋言語》曰：「急，及也，操切之使相逮及也。」是及與急聲近義通。急又通作亟，《爾雅・釋詁》：「亟，疾也。」《釋文》曰：「亟，本亦作急。」是也。《穀梁・文十二年傳》「秦晉之戰已亟」，范注曰：「亟，數也。」與此傳文法相似。韓簡之意，謂先君之敗德亟矣，不可勝數也，故曰「先君之敗德及，句。可數乎」，及乃急之叚字，急又亟之叚字。學者不知轉展相叚之旨，宜其不可通矣。

是崇皞、濟而修祀紓禍也。（二十一年）

樾謹按：祀當作禮，上文曰「崇明祀，保小寡，周禮也。蠻夷猾夏，周禍也。」修禮承周禮而言，紓禍承周禍而言。因「禮」字古文作「礼」，與「祀」相似，又涉上「崇明祀」之文，故誤爲「祀」耳。《國語・周語》「宗祝執祀」，韋注曰：「賓將有事於廟，則宗祝執祭祀之禮。」夫賓至不行祭禮，安得云「執祀」，「祀」亦「禮」字之誤也，説詳《國語》。此傳「修禮」之誤爲「修祀」，猶《外傳》「執禮」之誤爲「執祀」矣。

弗可赦也已。（二十二年）

集解曰：「言君興天所棄，必不可，不如赦楚，勿與戰。」

樾謹按：如杜解，當於「弗可」絶句，「赦也已」三字文不成義矣。此五字宜連讀，蓋即違天必有大咎之意。天固棄之，君必興之，是得罪於天也，故曰「弗可赦也已」。

不以阻隘也。

集解曰：「不因阻隘以求勝。」

樾謹按：傳文曰：「古之爲軍也，不以阻隘也。寡人雖亡國之餘，不鼓不成列。」下文子魚曰：「隘而不列，天贊我也。阻而鼓之，不亦可乎？」是阻與鼓對，隘與不成列對，故又曰「利而用之，阻隘可也，聲盛致志，鼓儳可也」。鼓、儳二字不平列，則阻、隘二字亦不平列。阻者，扼也，《尚書・堯典篇》「黎民阻飢」，正義引鄭注曰：「阻，扼也。」方楚人之未既濟，即扼而擊之，是謂阻其隘。杜解未得其旨。

金鼓以聲氣也。

集解曰：「鼓以佐士衆之聲氣。」

樾謹按：傳文止言「以聲氣」，不言「以佐聲氣」，杜解非也。顧氏炎武《補正》曰：「聲如『金聲而玉振之』之聲。劉用熙曰：『聲，宣也，宣倡士卒之勇氣。』」今按：《孟子》言「金聲而玉振之」，又曰「金聲也者」，「金聲」下皆無「之」字，與「玉振之」不同。金聲而玉振之，謂金聲始洪終殺，必以玉聲振起之也，説詳《孟子》。顧氏習于時解，遂若金聲與玉振一律，因取以解此傳「聲」字，失之矣。且如其解，謂「宣倡士卒之氣」，則此句當以「氣」字爲主。下文曰「聲盛致志」，乃言聲不言氣，何也？然則顧解亦非也。今以文義求之，「金鼓以聲氣也」，與上句「三軍以利用也」一律。氣當讀爲鎎，鎎者，怒也。《説文・金部》：「鎎，怒戰也。」引《春秋傳》曰：

「諸侯敵王所愾。」今《文四年左傳》作「愾」，杜解曰：「愾，恨怒也。」蓋愾、鎎義通，凡怒謂之愾，戰而怒謂之鎎，雖有從心、從金之别，實一字耳。三軍之用在利，不利則不可以用，故曰「三軍以利用」。金鼓之鎎在聲，非聲則不見其鎎，故曰「金鼓以聲鎎。」

蒲人、狄人，余何有焉？（二十四年）

集解曰：「當二君世，君爲蒲、狄之人，於我有何義？」

樾謹按：「余何有焉」，猶云余何愛焉。《昭二十年傳》「是不有寡君也」，杜解曰：「有，相親有也。」此「有」字義與彼同，乃云「於我有何義」，失之。又《襄二十九年傳》「以杞封魯猶可，而何有焉」，「有」亦「親有」之「有」，言何愛於杞也。杜云「何有盡歸之」，則亦未得其義。

況貪天之功以爲己力乎？

樾謹按：杜氏不解「貪」字，蓋即以本字讀之，然非也。貪當讀爲探，《釋名・釋言語》曰：「貪，探也，探取入它分也。」《後漢書・郭躬傳》「捨狀以貪情」，李賢注曰：「貪與探同。」是貪、探聲近而義通。《爾雅・釋詁》：「探，取也。」探天之功者，取天之功也。《國語・周語》曰：

「而郤至佻天以爲己力〔一〕，不亦難乎？」韋注曰：「佻，偷也。」偷亦取也，《淮南子·説林篇》：「偷肥其體。」高注曰：「偷，取也。」此傳「探天之功以爲己力」，與《外傳》「佻天以爲己力」，文異而義同。

鄭伯與孔將鉏、石甲父、侯宣多省視官具于汜，而後聽其私政。

集解曰：「三子，鄭大夫。省官司，具器用。」正義曰：「鄭伯與三大夫每日省視當國官司，令具其器用，送之於汜，而後聽其私政也。」

樾謹按：「省視官司，令具器用」，而但曰「省視官具」，則傳文爲不備矣。顧氏《補正》引傅氏曰：「官，官司。具，器具。」於文較明，然亦未得「官」字之義。《史記·孝文紀》「五帝官天下」，索隱曰：「官猶公也。」然則「官具」與「私政」相對成義。《周官·載師》注司農曰：「官田者，公家之所耕田。」官具猶官田也。公家之田謂之官田，故公家之具謂之官具矣。鄭伯以己之政爲私政，因以天子之具爲官具，先省視官具而後聽私政，明先公而後私也。官、私對文，今時語猶然，蓋古之遺言矣。《襄四年傳》「無失官命」，官亦公也。蓋魯尊事晉國，故以晉命爲公

〔一〕郤，原文作「卻」，今據清經解續編本《群經平議》改。

家之命令也。《二年傳》「鄭子駟曰：『官命未改。』」《補正》引陸氏曰：「官命猶言公命。」其説是也。以臣子言之，則君命爲公命；以小國言之，則伯主之命爲官命。兩「官命」義同，即彼傳「官命」，可證此傳「官具」之義。杜解兩「官命」異義，正義曲爲之説，皆非也。

王章也。（二十五年）

集解曰：「章，顯王者與諸侯異。」

樾謹按：《廣雅·釋器》曰：「章，程也。」《素問·氣交變大論篇》「政令者，氣之章」，王注曰：「章，程也，式也。」然則「王章」者，猶言王者之程式也。如杜解則當云「所以章王也」，文義方明，而傳文爲不備矣。

昔趙衰以壺飧從徑，餒而弗食。

集解曰：「徑，猶行也。」正義曰：「杜以徑猶行者，以傳文爲徑，故釋爲行，上讀爲義。劉炫改『徑』爲『經』，謂經歷饑餒，下屬爲句，輒改其字，以規杜氏，非也。」

樾謹按：杜、劉二説雖有上讀、下讀之不同，然實則此字皆贅設也。如杜説，則但曰「以壺飧從」足矣，何必曰「從徑」乎？如劉説，則但曰「餒而弗食」足矣，何必曰「經餒」乎？且以情事言之，重耳與趙衰同行，餒則俱餒，重耳不食，衰自無獨食之理，此亦何足爲異乎？焦氏循《左傳補疏》曰：「徑，小道也。蓋衰本以壺飧從重耳，有時重耳行大道，衰由小道，亦餒而不食，謂不以相違而自私也。『從』字絶句，『徑』一字句，『餒而不食』四字句。」按此説於情事爲合，惟句讀似尚未得。「徑」字仍當上屬。「趙衰以壺飧從徑」者，謂以壺飧從小道也，猶《史記・欒布傳》所云「從閒道」也。重耳行大道，衰由小道，故謂之「從徑」。師古注《漢書・張騫傳》曰：「從，由也。」是「從徑」即由徑也。《韓子・外儲説左篇》以此爲箕鄭事，其曰「迷而失道，與公相失，飢而道泣，寢餓而不敢食」，雖與《左傳》紀載不同，然可證其與重耳分道而行，舊説均未得其義也。

公使展喜犒師。（二十六年）

正義曰：「犒者，以酒食餉饋軍師之名也。服虔云：『以師枯槁，故饋之飲食。』」

樾謹按：《説文》無「犒」字。《漢斥彰長田君碑》作「勞𩰪」，「𩰪」亦《説文》所無，蓋以犒師者必以牛酒，故從牛，又或從酉，竝俗字耳。《周禮・小行人》云「若國師役則令槁禬之」，注云：「故書槁爲稾。鄭司農曰：『稾當爲槁。』」惠氏棟《左傳補注》謂與服子慎枯槁之説合。然師枯槁而饋之飲食，則不枯槁矣，乃反謂之「槁師」，義實未安。今以服氏枯槁之説推之，其字實當作「膏」，蓋因其枯槁而以酒食膏澤之也。《魯語》曰：「使展喜以膏沐犒師。」疑古本《國語》作「以膏沐膏師」，上「膏」字如字，下「膏」字古報反。《襄十九年傳》「如百穀之仰膏雨焉，若常膏之」，《釋文》曰：「膏雨，如字。膏之，古報反。」是其例也。此傳「犒」字，《釋文》曰：「苦報反。」與「膏之」之「膏」音正相近，疑古本《左傳》亦作「膏師」，故服氏以枯槁爲説耳。《玉篇・食部》又有「餢」字，曰「勞也」，蓋古義亡而俗字滋多矣。

説禮、樂而敦《詩》《書》。（二十七年）

正義曰：「敦，謂厚重之。」

樾謹按：敦，治也，猶言治《詩》《書》也。《詩・閟宮篇》「敦商之旅」，鄭箋曰：「敦，治也。」是其義。

民懷生矣。

正義曰：「劉炫云：『生既厚，民皆懷戀居處。』」

樾謹按：懷，安也，言民安其生也。《論語・里仁篇》：「君子懷德。」《公冶長篇》：「少者懷之。」孔注竝曰：「懷，安也。」是其義。

楚子伏己而鹽其腦。（二十八年）

集解曰：「鹽，嗻也。」正義曰：「鹽之爲嗻，未見正訓，蓋相傳爲然。服虔云：『如俗語相罵云嗻女腦矣。』」

樾謹按：服氏蓋讀鹽爲餬，餬從胡聲，胡從古聲，鹽亦從古聲，故得通用。餬之義爲食，《説文・食部》：「餬，寄食也。」蓋以《隱十一年傳》言「餬口四方」，故以寄食言之，實非達詁。《昭七年傳》正考父《鼎銘》亦言餬口，豈亦寄食之謂乎？據《爾雅・釋言》云：「餬，饘也。」《隱十一年》正義曰：「餬是饘鬻別名。今人以薄鬻塗物謂之餬紙、餬帛，則餬者，以鬻食口之名，故云『餬其口』也。」此説得之。鬻謂之餬，而食鬻亦謂之餬，古義引申，往往有此。如「飯」字，有符萬、扶晚二切，即其例也，得此説則《雅》訓與傳義均可貫通矣。此傳言「餬其腦」者，腦亦柔物，啜之與饘鬻同，故亦言餬也。因叚「鹽」爲之，而其義遂晦矣。

天禍衛國，君臣不協，以及此憂也。

集解曰：「衛侯欲與楚，國人不欲，故不和也。」

樾謹按：《白虎通・號篇》曰：「君之爲言群也。」是君與群聲近義通。《管子・大匡篇》「桓公使鮑叔識君臣之有善者」，《問篇》「君臣有位而未有田者幾何人」，王氏念孫謂君臣即群臣，説見《讀書雜志》。此傳「君臣不協」，君臣亦即群臣也，故下文曰「今天誘其衷，使皆降心以相從也。不有居者，誰守社稷？不有行者，誰扞牧圉」，又曰「自今日以往，既盟之後，行者無保其力，居者無懼其罪」，皆以居者、行者爲言，居者、行者即所謂群臣也。若以本字讀之，而曰「君臣不協」，與下文不貫矣。

獻俘授馘。

集解曰：「授，數也。」

樾謹按：授不訓數，當讀爲受。《周官・典婦功》「凡授嬪婦功」，《司儀》「登，再拜授幣〔一〕」，鄭注竝曰：「授當爲受。」是其例也。獻俘受馘，文異而實同，自下言之謂之獻，自上言之謂之受矣。

刖鍼莊子。

樾謹按：刖當作刵，字之誤也。《尚書・康誥》《吕刑》竝有「劓刵」之文。《康誥篇》正義引鄭康成説，以刵爲臣從君坐之刑，所謂臣從君坐者，即據此傳爲説，因鍼莊子爲坐而得刵刑，故

〔一〕幣，原文作「弊」，今據《周禮注疏》及《〈春在堂全書〉校勘記》改。

云然，是鄭所見《左傳》作「䎽」也。若如今本作「刖」，則《左傳》言「刖」者多矣，《莊十六年》「刖强鉏」，《成十七年》「刖鮑牽」，豈得概謂之臣從君坐乎？乃因此傳「䎽」誤作「刖」，或并疑《尚書》「䎽」字亦當作「刖」，誤矣。

踐修舊好。（文元年）

集解曰：「踐，猶履行也。」

樾謹按：履行而修舊好，甚爲不辭。踐當讀爲纘，《詩・崧高篇》「王纘之事」，《釋文》引《韓詩》作「王踐之事」，是踐與纘古字通用。「踐修舊好」，即纘修舊好。《説文・糸部》：「纘，繼也。」經典通作「纂」，《爾雅・釋詁》：「纂，繼也。」《國語・周語》：「纂修其緒。」纂與踐竝「纘」之叚字。

子雖齊聖。（二年）

集解曰：「齊，肅也。」

樾謹按：齊猶明也。《禮記・祭統篇》曰：「齊者，精明之至也。」《北堂書鈔》卷九十引《白虎通》曰：「齊者，言己之意念專一精明也。」是「齊」有精明之義，故古人每以「齊明」竝言。《禮記・中庸篇》：「齊明盛服。」《國語・周語》：「其君齊明衷正。」《荀子・脩身篇》：「齊明而不

久矣。」皆其證也。「齊聖」，猶言明聖耳。《詩・小宛篇》「人之齊聖」，毛公訓齊爲正，則古義之湮

晉侯伐秦，圍邧新城。（四年）

集解曰：「邧、新城，秦邑也。」

樾謹按：新城疑即邧，非二邑也，蓋秦人新於邧邑築城，故謂之新城。晉人用《司馬法》攻其所産，故傳稱「圍邧新城」也。《僖六年經》書「伐鄭，圍新城」，傳曰：「圍新密，鄭所以不時城也。」杜解曰：「實新密而經言新城者，鄭以非時興土功，齊桓聲其罪以告諸侯。」正義引劉炫云：「先王之制，諸侯無故不造城，造城則攻其所造。《司馬法》曰：『産城，攻其所産』是也。」然則秦之新城亦猶鄭之新城矣。又按：《僖四年傳》「太子奔新城」，杜解曰：「新城，曲沃。」曲沃之爲新城，疑亦以新築城得名。雖曲沃爲晉宗邑，故宜有城，然傳稱「晉侯使士蔿爲二公子築蒲與屈」，則太子之居曲沃，亦必因其舊城而新之，可知也。《文十四年》「同盟于新城」，杜云：「宋地。」宋之新城，疑亦此類。《僖十八年傳》：「梁伯益其國而不能實也，命曰新里。」新里、新城，義正同耳。

則天子當陽，諸侯用命也。

正義曰：「《湛露》詩云：『湛湛露斯，匪陽不晞。』陽，謂日也。言天子當日，諸侯當露也。」

樾謹按：當猶對也。南方爲陽，天子南面而立，故當陽也。《禮記・郊特牲篇》曰「君之南鄉，答陽也」，鄭注曰：「答，對也。」是其義矣。正義失之。

陳之藝極。（六年）

集解曰：「藝，準也。極，中也。貢獻多少之法。傳曰：『貢之無藝。』又曰：『貢獻無極。』」

樾謹按：藝、極一也。《國語・魯語》曰「貪無藝也」，《晉語》曰「貪欲無藝」，韋注竝曰：「藝，極也。」是極與藝同義。藝，準也，極亦準也，故《詩・殷武篇》「四方之極」，《後漢書・樊準傳》引作「四方是則」，李賢注曰：「《韓詩》之文也。」《毛詩》作「極」，《韓詩》作「則」，是「極」字即有準則之義。杜分藝、極爲二義，失之。

事長則順。

樾謹按：事猶立也。《禮記・郊特牲篇》「信事人也」，鄭注曰：「事猶立也。」字亦作「傳」，

《周官·太宰職》「以任百官」，鄭注：「任，猶傳也。」《釋文》曰：「傳，側吏反，猶立也。」賈疏曰：「東齊人物立地中爲傳。」蓋「傳」即「事」之變體，古字止作「事」。「事長則順」，言立長則順也。《昭二十六年傳》「立長則順」，與此傳文異而義同。

且復致公壻池之封。（八年）

集解曰：「公壻池，晉君女壻，又取衛地以封之，今并還衛也。」

樾謹按：公壻池乃晉大夫，不過采地而已，非建國爲附庸，不得言封也。《成十四年傳》「許人平以叔申之封」，杜解曰：「四年，鄭公孫申疆許田，許人敗之，不得定其封疆。今許以是所封田，求和於鄭。」然則此傳「公壻池之封」與彼傳「叔申之封」文義一律，蓋晉侯曾使公壻池定其封疆，故即謂之「公壻池之封」耳。

乃皆出戰，交綏。（十二年）

集解曰：「《司馬法》曰：『逐奔不遠，從綏不及。逐奔不遠則難誘，從綏不及則難陷。』然則古名退軍爲綏。」正義曰：「綏訓爲安。蓋兵書務在進取，恥言其退，以安行即爲大罪，故以綏爲名焉。」

樾謹按：綏與退古同聲。《禮記·檀弓篇》「文子其中退然如不勝衣」，鄭注曰：「退，或爲妥。」《玉篇·肉部》：「腿，他儡切。腿，脛也，本作骽。」竝其證也。「交綏」即是交退，乃古文同聲叚借之常例。正義引舊說訓綏爲卻，得其旨矣。乃又以綏之訓安，附會其義，反失之也。

能賤而有恥。（十三年）

正義曰：「服虔云：『謂能處賤，且又知恥。』」

樾謹按：能與耐古字通。《詩·漸漸之石篇》鄭箋曰：「豕之性能水。」《釋文》曰：「能，本又作耐。」《漢書·食貨志》「能風與旱」，《鼂錯傳》「其性能寒」，師古注竝曰：「能，讀曰耐。」是也。「能賤」，猶曰耐賤，《一切經音義》引《蒼頡》曰：「耐，忍也。」

莒紀公生太子僕。（十八年）

集解曰：「紀，號也。莒夷無謚，故有別號。」

樾謹按：「紀，乃莒邑名。」《昭十九年傳》「莒子奔紀鄣」，杜解曰：「東海贛榆縣東北有紀城。」是也。紀公蓋以邑爲號者，《成八年傳》「與渠丘公立于城上〔一〕」，杜曰：「渠丘公，莒子朱

〔一〕城，《春秋左傳正義》《春秋左傳注疏》均作「池」。

也。渠丘，邑名，莒縣有蘧里。」然則莒子庶其號紀公，亦猶莒子朱號渠丘公矣。

德以處事。

集解曰：「處，猶制也。」

檝謹按：物居其所謂之處，使物各得其處亦謂之處。《魯語》曰：「夫仁者講功，而知者處物。」是其義也。故「處」即有審度之義。《呂氏春秋·有始覽》曰：「察其情，處其形。」處猶察也。《淮南子·兵略篇》曰：「相地形，處次舍。」處猶相也。此傳曰：「則以觀德，德以處事，事以度功。」處亦猶觀也、度也。《漢書·谷永傳》曰：「臣愚，不能處也。」《淮南子·主術篇》曰：「援白黑而示之，則不處焉。」其義竝同。《史記·扁鵲倉公傳》：「醫之所病。」所病，猶處病也，處與所同義。

其器，則姦兆也。

集解曰：「兆，域也。」

檝謹按：兆雖訓域，然「姦兆」二字文義未安。兆當讀爲佻，《國語·周語》曰：「姦仁爲佻。」此「姦佻」之義也。其下文曰「畔國即讎，佻也」。莒僕弒君父而奔魯，乃正畔國即讎者，故謂之「佻」矣。

謂之八愷。

集解曰：「愷，和也。」

樾謹按：下文「謂之八元」，杜解曰：「元，善也。」八元、八愷，名異而實同，愷亦善也。《詩·桑柔篇》鄭箋曰：「善，猶大也。」故凡有大義者，即有善義。《六月篇》《采芑篇》毛傳曰：「元，大也。」《吕氏春秋·不屈篇》高注曰：「愷者，大也。」元、愷同爲大，即同爲善矣。《廣雅·釋詁》凱與賢竝訓大，凱即愷字也。賢爲善，亦爲大；愷爲大，亦爲善，其義正可互明。上文曰「不度於善，而皆在於凶德」，以善與凶對言。元、愷皆訓善，方與下文「四凶」相對。杜訓愷爲和，未得其義。

掩義隱賊。

正義曰：「掩蓋義事而不行，隱蔽其外，而陰爲賊害也。」

樾謹按：「掩義」與「隱賊」一律。掩猶隱也，義猶賊也。《大戴禮·千乘篇》曰：「作於財賄、六畜、五穀曰盜。誘居室家有君子曰義。子女專曰媄。飭五兵及木石曰賊。以中情出，小曰閒，大曰諜。利辭以亂屬曰讒。以財投長曰貸。」此傳「義」字正與彼同。義也、賊也，皆不善之事，故掩蓋之、隱蔽之也。學者但知「義」爲仁義之義，而不知古書「義」字有作姦邪解者。

《管子·明法解篇》曰：「姦邪之人用國事，則姦人爲之視聽者多矣。雖有大義，主無從知之，故《明法》曰：『佼衆譽多，外内朋黨，雖有大姦，其蔽主者多矣。』」是大義即大姦也。王氏念孫曰：「義與俄通，俄，衺也。」得其旨矣。

群經平議卷二十六

春秋左傳二

又會諸侯于扈，將爲魯討齊，皆取賂而還。（宣元年）

集解曰：「文十五年、十七年，二扈之盟，皆受賂。」正義曰：「劉炫云：『案傳數晉罪，近發宋弑昭公前扈之盟，文所不及，何當虚指其事？言皆取賂，炫謂宋及晉平，取宋賂，爲魯討齊，取齊賂也。』」

樾謹按：二説皆非也。以文義求之，「皆」者，皆魯、齊也，蓋先受魯賂，許爲討齊；又受齊賂而不討，故曰「皆取賂」。

華元爲植。（二年）

集解曰："植，將主也。"

樾謹按：植當讀爲職。職，主也，爲職即爲主，故杜以"將主"釋之。職從戠聲，與直聲相近。凡從戠、從直之字，古每相通。《宣十五年傳》"羊舌職"，《説苑·善説篇》作"羊舌殖"。《儀禮·鄉射禮記》"薦脯用籩五膱"，鄭注曰："今文膱，或作植。"《考工記·弓人》注曰："樴，『脂膏脯敗』之脯。"竝其證也。

于思于思。

集解曰："于思，多鬚之貌。"正義曰："賈逵以爲白頭貌。"

樾謹按：二説皆以意言之，無他證也。"思"字疑助語辭。《禮記·中庸篇》"神之格思，不可度思，矧可射思"，鄭注曰："思，皆聲之助。"是也。"于思于思，棄甲復來"，猶韓退之文所謂"于于然來"耳。語助之詞，即以爲韵，三百篇中亦往往有之。《關雎篇》正義所謂"即將助句之字，以當聲韵之體也"。《莊二十八年傳》："狄之廣莫，於晉爲都。晉之啓土，不亦宜乎？"
"乎"與"都"，蓋亦韵也。

乃宦卿之適子而爲之田，以爲公族。

集解曰：「爲置田邑，以爲公族大夫。」

樾謹按：杜不解「爲」字之義，因加「置」字以足成之，非也。爲猶與也，「爲之田」，言與之田也。《管子・戒篇》曰「自妾之身之不爲人持接也」，尹知章注曰：「爲猶與也。」是其證也。《襄二十三年傳》「齊侯將爲臧紇田」，義與此同。

使疾其民。（六年）

集解曰：「驕則數戰，爲民所疾。」

樾謹按：「爲民所疾」，不得言「疾其民」。疾猶病也，「疾其民」猶言病其民也。「疾病」連文，則義有別，《論語》「子疾病」，是也。散文則亦可通，《國語・晉語》「吾不幸有疾」，韋昭注曰：「疾，病也。」《易・復・象上傳》「出入无疾」〔一〕，王弼注曰：「疾猶病也。」

〔一〕 復，原文脱，今據《周易正義》補。

鄭公子曼滿與王子伯廖語，欲爲卿。

集解曰：「二子，鄭大夫。」惠氏棟《補注》曰：「王子疑非鄭大夫。」

樾謹按：襄八年，鄭有王子伯駢，見于傳，則惠氏所疑偶不照耳。惟以本傳而言，則此王子伯廖實爲楚大夫，蓋此傳本與上文「楚人伐鄭，取成而還」連屬爲一。楚與鄭成，故其大夫交相見，因而鄭公子曼滿得與楚王子伯廖語也。王子伯廖不繫於楚者，蒙上「楚人伐鄭」而省耳。不然，曼滿見殺，不在是年，左氏何爲横發此傳乎？

晉胥克有蠱疾。（八年）

集解曰：「惑以喪志。」

樾謹按：此與《昭元年傳》所謂「疾如蠱」者不同。蠱當讀爲痼〔一〕，久病也。《説文》作「㽽」，從疒古聲，與「蠱」同音，故得通用。㽽疾之爲蠱疾，猶故事之爲蠱事。《尚書大傳》曰：「乃命五史以書五帝之蠱事。」「蠱事」，即故事也。《襄七年傳》「公族穆子有癈疾」，與此傳「胥

〔一〕 清經解續編本《群經平議》「痼」下疊「痼」字。

克有痁疾」，文正相同。因叚「蠱」爲之，而杜遂以蠱惑説之，誤矣。《漢書・賈誼傳》曰〔一〕：「必爲錮疾。」字又作「錮」。古書多叚借，不必本字也。

卜臨於大宮。（十二年）

集解曰：「臨，哭也。」

樾謹按：「臨」即「弔臨」之「臨」。《周官・鬯人》「凡王弔臨」，鄭注曰：「以尊適卑曰臨。」其實「臨」亦上下通稱。《隱元年傳》：「改葬惠公，公弗臨。」是非必以尊臨卑乃爲臨也。《襄十二年傳》：「凡諸侯之喪，異姓臨於外，同姓於宗廟，同宗於祖廟，同族於禰廟。是故魯爲諸姬，臨於周廟。爲邢、凡、蔣、茅、胙、祭，臨於周公之廟。」此蓋因道遠不能親臨其喪，故或於城外，或於廟中代之，其後相承，凡哭於廟者皆謂之臨矣。此傳「卜臨於大宮」，是也。然其下曰「國人大臨，守陴者皆哭」，蓋國人皆至大宮而哭則謂之臨，守陴者因各有所守，不得至大宮，則但謂之哭。是哭與臨未始無別，使到其文曰「國人大哭，守陴者皆臨」，即于義不通矣。

〔一〕原文「曰」下多一「曰」字，今據清經解續編本《群經平議》删。

耆昧也。

集解曰：「耆，致也。致討于昧。」

樾謹按：致討于昧，不可但曰「致昧」。《釋文》：「耆音旨，徐其宜反。」今以義求之，當從徐音，讀爲「耆老」之「耆」。耆者，養也。此引《詩》「遵養時晦」而釋之，「昧」字釋《詩》「晦」字，則「耆」字釋《詩》「養」字可知矣。耆得訓養者，耆猶艾也，《爾雅·釋詁》曰：「耆、艾，長也。」是耆與艾同義。又曰：「艾，養也。」艾爲養，則耆亦得爲養矣。雖經典無徵，然此傳以「耆昧」釋《詩》「養晦」，即其塙證也。

御下兩馬。

集解曰：「兩，飾也。」

樾謹按：兩之訓飾，未聞其義。《釋文》曰：「徐云或作㮇。」於義更遠。阮氏《校勘記》曰：「北宋本、葉鈔本、盧文弨本作㩃。」「㩃」字從手，雖若近之，然其字實非古所有。若《左傳》有「㩃」字，《説文》不應遺之。《玉篇》所收廣矣，而尚無「㩃」字，則其字後出，可知也。《左傳》原文止作「兩馬」，兩者，兩兩排比之也。一車有四馬，兩馬在中曰服，兩馬在邊曰驂。《詩》曰：「兩服齊首，兩驂如手。」皆言其整齊也。是時車右入壘，而車在壘外留待之，故御者下車排比其馬，使兩驂、兩服不至儳互不齊，亦示閒暇之意也。《周官・太宰》「以九兩繫邦國之民」，鄭注曰：「兩猶耦也。」然則「兩馬」者，使服與服耦，驂與驂耦也。因服、杜竝訓爲飾，遂變其字從手，又因古無「掚」字而以「柄」字爲之。《玉篇》「柄」訓松脂，於馬無涉也。惠氏《補正》反以「柄」字爲正，失之矣。

知莊子以其族反之。

集解曰：「族，家兵。」

樾謹按：族者，部屬也。其字從㫃從矢。㫃，所以指麾也〔一〕。矢，所以自衛也。《國語・楚語》曰「在中軍王族而已」，韋昭注曰：「族，部屬也。」此説得之。《文二年傳》「以其屬馳秦師」，《宣十七年傳》「請以其私屬」，「屬」皆「族」之叚字。族、屬聲近，古每通用。《後漢書・靈帝紀》注曰：「五屬，五服内親也。」凡親屬字皆當作「屬」，而今相承作「族」。部族字皆當作「族」，而今相承作「屬」。説經者不達字之本義，因失其解。成十六年，「欒、范以其族夾公行」，杜解云：「二族强，故在公左右。」明是誤解「族」字，劉光伯規之，是也。正義曲爲杜諱，豈其然乎？

〔一〕麾，原文作「摩」，今據文意改。

「有麥麴乎？」曰：「無。」「有山鞠窮乎？」曰：「無。」

集解曰：「麥麴、鞠窮，所以禦溼。欲使無社逃泥水中。無社不解，故曰無。」正義曰：「『麥麴、鞠窮，所以禦溼』，賈逵有此言，則相傳爲此説也。」

樾謹按：此二物實非所以治溼，正義云云，蓋已疑之。梁簡文《勸醫論》曰：「麥麴、芎藭，反止河魚之疾。」亦以杜氏所説出乎藥性之外也。然則叔展隱語，杜氏殆未之喻乎？夫楚師是時始傅于蕭，尚未知必克與否，何以即教以逃死之策？揆之情理，殊不可通。叔展此問，蓋先探其國中之虛實也。《神農本草》載：芎藭味辛，温，主中風，氣入腦、頭痛、寒痺、筋攣。「麥麴」不載於《本草》。《名醫別録》「小麥」下言「作麴，温，消穀止利」，然則麥麴之功主於消食，芎藭之用主於去風。食自内積，喻内亂也。風自外受，喻外患也。問有麥麴者，問消弭内亂之方也。問有山鞠窮者，問祛除外患之術也。乃二者俱無，則蕭之君臣束手無策。外之强寇壓境，内之姦民生心，雖楚或未能即克，而蕭亦必將自潰矣，故又問曰「河魚腹疾奈何」？杜氏誤解上文，謂「欲使逃泥水中」，故解「河魚腹疾」曰「無禦溼藥，將病」。夫逃死之法亦多矣，無社之逃于智井，亦偶然事，叔展何爲必使之逃泥水中？因其不解又再三言之也哉。今按：《僖十九年公羊傳》曰「其自亡奈何？魚爛而亡也」，何休解詁曰：「百姓一旦相率俱去，狀若魚爛。」然則

「河魚腹疾」，亦是此義。叔展既知蕭之將潰，因問蕭潰之後，將何以自免，故曰「河魚腹疾奈何」，無社因曰「目於眢井而拯之」，乃始告以逃匿之處，令其拯救也。三問三答，杜氏全未喻其旨，反謂無社不解，古人有知，必將笑之矣。

吾若善逆彼，以懷來者。（十七年）

樾謹按：若猶當也，言吾當善逆彼，以懷來者也。「若」與「如」同義，《戰國策・宋策》曰「夫宋之不足如梁也，寡人知之矣」，高注曰：「如，當也。」《左傳》每以「如」字爲「當然」之「當」。《昭二十一年傳》曰：「君若愛司馬，則如亡。」杜解曰：「言若愛司馬，則當亡走失國。」《定五年傳》曰：「不能，如辭。」杜解曰：「言自知不能，當辭勿行。」竝以「如」爲「當」之證。此傳又以「若」爲之者，如、若一也。不達古語，即不得其解矣。

楚莊王卒，楚師不出。既而用晉師，楚於是乎有蜀之役。（十八年）

樾謹按：此二十一字乃錯簡也，本在上文「夏，公使如楚乞師，欲以伐齊」之下，編次者因經書「甲戌，楚子旅卒」在「邾人戕鄫子于鄫」之後，遂割傳文而綴諸此，使經事相次耳，非左氏之舊。

石成子曰：「師敗矣。子不少須，衆懼盡。」（成二年）

集解曰：「衛師已敗，而孫良夫復欲戰，故成子欲使須救。」

樾謹按：須之言待也。《詩·匏有苦葉篇》「卬須我友」、《儀禮·士昏禮記》「某敢不敬須」，鄭君箋、注竝曰：「須，待也。」「子不少須」者，子不少待也。詳其文義，蓋未戰之前，孫良夫欲戰；既敗之後，又懼而欲先歸，故石成子以此言止之。鄍之戰，隨武子殿其卒而退，故不敗。杜解曰：「以其所將卒爲軍後殿。」石子初意，亦欲孫子以所將之卒爲殿，故曰：「子不少須，衆懼盡。子喪師徒，何以覆命？」及三子皆不對，則知其莫肯爲殿矣，故又曰「子以衆退」也。讀前後文，文義自明，杜解失之。

卿不書，匱盟也。於是乎畏晉而竊與楚盟，故曰「匱盟」。

集解曰：「匱，乏也。」

樾謹按：匱固訓乏，然與畏晉竊盟之義不合。《廣雅·釋訓》：「讉，欺也。」疑即「匱盟」之匱。畏晉而竊與楚盟，故爲欺也。《國語·晉語》曰：「其言匱。」義與此同，說詳《國語》。

其惡易覯。（六年）

集解曰：「惡，疾疢。覯，成也。」

樾謹按：杜蓋讀覯爲構，《詩·四月篇》「我日構禍」，毛傳曰：「構，成也。」杜即用其義耳。鄭箋曰：「構猶合集也。」又《青蠅篇》「構我二人」，箋曰：「構，合也。」此傳「覯」字當從鄭義爲長。又按：杜解「惡」字爲疾疢，於義未得。下文曰「有汾、澮以流其惡」，杜曰：「惡，垢穢。」然則此所謂惡，亦垢穢也，蓋謂郇瑕氏土薄水淺，故其垢穢不流，易於積聚，不如新田土厚水深，有汾、澮以流之也。下文「流其惡」，與此文「其惡易覯」正相對成義。

民受天地之中以生，所謂命也。（十三年）

正義曰：「天地之中，謂中和之氣也。」

樾謹按：此方論成子之不敬，無取言中和之氣。中者，正也。《淮南子·主術篇》「是以中立」，高誘注曰：「中，正也。」《儀禮·聘禮篇》鄭注曰：「門中，門之正也。」是古謂正爲中。「民受天地之中以生」，言受天地之正以生也。《論衡·命義篇》曰：「正者，稟五常之性也。」《管子·法法篇》曰：「正也者，所以正定萬物之命也。」竝與此傳之義相近。下文曰「是以有動作禮義威儀之則，以定命也」，定猶正也。《爾雅·釋天》「營室謂之定」，孫炎、郭璞注竝曰：「定，正也。」民之生本無不正，所謂人生而静也；及感於物而動，則不定矣，不定即不正矣，故必有動作禮義威儀之則，以定之也。若訓「中」爲中和之氣，則全失其義矣。

穆爲不弔。

集解曰：「不見弔傷。」

樾謹按：不弔猶不祥也。下文曰「君又不祥」，杜解曰：「祥，善也。」此曰「穆爲不弔」，弔亦善也。《書・粊誓篇》「無敢不弔」，《詩・節南山篇》「不弔昊天」，鄭注、鄭箋竝曰：「弔，至也。」至猶善也，《家語・終記篇》「昊天不弔」，王肅注曰：「弔，善也。」王氏引之《經義述聞・通説》説「弔」字甚詳而未及此，故具説之。

我僞逃楚，可以紓憂。（十六年）

樾謹按：范文子欲反，則真逃楚矣，何僞之有？僞當作爲，古僞、爲二字通用。《成九年傳》「爲將改立君者」、《定十二年傳》「子爲不知」，《釋文》竝曰：「僞，本作爲。」是其證矣。爲猶如也，《吕氏春秋・長見篇》曰「臣之御庶子鞅，願王以國聽之也，爲不能聽，勿使出境」，猶言如不能聽也。《韓子・内儲説篇》曰「王甚喜人之掩口也，爲見王，必掩口」，猶言如見王也。古書以「爲」字代「如」字者甚多，王氏引之《經傳釋詞》所引凡十數事可證。「我爲逃楚，可以紓憂」，言我如逃楚，可以紓憂也。疑古本作「爲」，後人不達「爲」字之義，又增人旁耳。

邲之師，荀伯不復從。

集解曰：「荀林父奔走，不復故道。」《釋文》曰：「從，徐子容反，或如字〔一〕。」

樾謹按：杜言「不復故道」，故徐讀爲「蹤跡」之「蹤」。「不復蹤」之語，殊爲不辭。若讀如字，則「不復從」之下須加「故道」二字，其義始明。且林父兵敗而歸，何必不由故道歸乎？王氏念孫曰：「從，蓋『徒』字之誤。邲之敗，徒衆之不反者多，故云不復徒。」説見《經義述聞》。然「不復徒」之語，亦爲不辭。從，疑「役」字之誤。復者，反也。《周易・雜卦傳》曰：「復，反也。」復、反義通，故亦得通用。《儀禮・特牲饋食禮》「皆復外位」，鄭注曰：「今文復爲反。」是也。不復役，即不反役。《襄三年傳》曰：「反役，與之禮食，使佐新軍。」《定十年傳》曰：「反役，晉人討衛之叛故，曰：『由涉佗、成何。』」是古人謂師還爲反役。此云「復役」，義亦同耳。邲之戰，師徒撓敗，故謂之不復役，猶上文言「不振旅」也。役、從相似，因而致誤耳。

〔一〕《春秋左傳正義》《春秋左傳注疏》「或」上均有「音」字。

請攝飲焉。

集解曰：「攝，持也。持飲，往飲子重。」

樾謹按：攝之言代也。《周官·大宗伯職》「若王不與祭，則攝位」，鄭注曰：「代行其祭祀。」又《禮記·明堂位》注「周公攝王位」，正義曰：「攝，代也。」「請攝飲」者，請使人代己往飲子重也。下文曰「寡君乏使，使鍼御持矛，是以不得犒從者，使某攝飲」，則因不得親往，而使人代往，其義甚明。杜訓攝爲持，未得其義。

宋、齊、衛皆失軍。

集解曰：「將主與軍相失。」正義曰：「服虔以失軍爲失其軍糧。」

樾謹按：如杜解，則直曰「師潰」可矣，何以謂之「失軍」乎？如服解，則又增出「糧」字，疑皆非傳義也。軍者，謂營壘也。《説文·車部》：「軍，圜圍也。從車從包省。」《一切經音義》卷十八引《字林》曰：「軍，圜也。」包車爲軍，是軍字本義。車在其中而包裹其外，正爲營壘之象。傳文「軍」字，如「晉軍函陵，秦軍氾南」之類，其本義也。如「郤縠將中軍〔一〕」「狐偃將上軍」之

〔一〕郤縠，原文作「卻縠」，今據《春秋左傳正義》改。

類，其引申義也。《桓六年傳》：「王毀軍而納少師。」毀軍者，毀其營壘也。若是三軍之人，豈可言毀乎？此傳言失軍者，亦謂失其營壘也。服、杜二解皆失之。《宣十二年傳》曰「君盍築武軍」，杜解曰：「築軍營以章武功。」《襄二十三年傳》「張武軍於熒庭」，解曰：「張武軍謂築壘壁。」斯得之矣。《襄二十七年傳》「以藩爲軍」、《昭十三年傳》「乃藩爲軍」，可見「軍」字之義。

公薨于路寢，言道也。（十八年）

集解曰：「在路寢，得君薨之道。」

樾謹按：下文曰「葬我君成公。書順也」，道與順同義。《論衡·本性篇》引陸賈曰：「順之爲道。」是也。《國語·楚語》以「違而道」「從而逆」相對，道即順也。此傳曰「言道也」，猶曰言順也。杜解未得其旨。

使臣斯司馬。（襄三年）

集解曰：「斯，此也。」

樾謹按：「使臣此司馬」，甚爲不辭。斯，疑「廁」字之誤。《文選·秋興賦》曰：「攝官承乏，猥廁朝列。」李善注引《蒼頡》注曰：「廁，次也。」是其義也。《哀二年》杜解「去斯役」，《釋文》曰：「斯，本作廝。」廝與廁相似，廁誤作廝，因改爲「斯」矣。《國語·晉語》曰：「使臣狃中軍之司馬。」狃亦廁也。《廣雅・釋詁》曰：「粈，廁也。」粈、狃義通，説詳《國語》。

子爲正卿，而小君之喪不成，不終君也。（四年）

集解曰：「慢其母，是不終事君之道。」

樾謹按：人子事親，以送死爲終事。君母之喪不成，則君於事親之道不終，故曰「不終君」，謂不終君之事也。杜解爲「不終事君之道」，則是不終臣之事矣。君喪不成，方可以此責之。君母之喪不成，不得以此責之也。

我心扃扃。（五年）

集解曰：「扃扃，明察貌。」

樾謹按：杜蓋讀扃爲炯。《文選・幽通賦》「又申之以炯戒」，曹注曰：「炯，明也。」然以「扃扃」爲明察，則與下文「講事不令，集人來定」義不相蒙，殆非也。扃扃猶耿耿也，《詩・柏舟篇》「耿耿不寐」，傳曰：「耿耿，猶儆儆也。」《廣雅・釋訓》：「耿耿、警警，不安也。」此詩之旨，言我心耿耿然，不敢自安，故思聚致賢人以定之也。作「扃」者，叚字耳。《説文・耳部》「耿，從耳，炯省聲。」故耿與炯古通用。《文選・顔延年〈登巴陵城樓〉詩》「炯介在明淑」，李善注引《楚辭》「彼堯、舜之耿介」，而曰「耿與炯同」，是也。杜知「扃」可通作「炯」，而不知「炯」可通作

「耿」，故未得其解矣。

子駟使賊夜弑僖公，而以瘧疾赴于諸侯。（七年）

樾謹按：瘧疾無致死之理，以是赴于諸侯，不且欲蓋而彌彰乎？疑古本止作「虐疾」。《尚書・金縢篇》「遘厲虐疾」，枚氏傳曰：「虐，暴也。」虐疾猶言暴疾，弑之而以暴疾赴，於情事爲近。

職競作羅。（八年）

集解曰：「言既卜且謀多，則競作羅網之難，無成功。」

樾謹按：杜解「羅」字文義迂迴，殆非也。羅當讀爲罹，《爾雅・釋詁》：「罹，憂也。」《詩・兔爰篇》「逢此百罹」、《斯干篇》「無父母詒罹」、《小弁篇》「我獨于罹」，傳、箋竝曰：「罹，憂也。」「職競作罹」者，職競作憂也。《説文》無「罹」字，蓋古字止以「羅」爲之。今《毛詩》皆作「罹」，而此傳引逸《詩》作「羅」。班孟堅謂《左傳》多古字古言，於此可見。

鄙我是欲。

集解曰：「楚欲以鄭爲鄙邑，而反欲與成。」

樾謹按：傳言「是欲」，不言「欲與成」，杜解非也。欲猶好也，凡可欲者即可好，故曰耆好，亦曰耆欲；曰好惡，亦曰欲惡。《孟子·告子篇》「所欲有甚於生者」，《中論·夭壽篇》作「所好」。《荀子·不苟篇》「欲利而不爲所非」，《韓詩外傳》作「好利」。是欲與好義通。「鄙我是欲」，猶言鄙我是好，蓋謂晉親我而我不與之成，楚鄙我而我反與之好也。

悉索敝賦。

集解曰：「索，盡也。」

樾謹按：「悉盡敝賦」，甚爲不辭，杜解非也。《二年傳》「以索馬牛皆百匹」，杜曰：「索，簡擇好者。」是「索」有「簡擇」之義。「悉索敝賦」，謂盡國中之車徒而簡擇之也。蓋索之言蒐索也，《白虎通·田獵篇》曰：「秋謂之蒐何？蒐，索肥者也。」《漢書·百官公卿表》注引服虔曰：「蒐，索也。」然則索亦猶蒐也，《昭十一年公羊傳》曰：「大蒐者何？簡車徒也。」此即「悉索敝賦」之謂矣。

巡丈城。（九年）

集解曰：「巡，行也。丈，度也。」正義曰：「十尺爲丈。巡行其城，以丈度之，故云丈城。」

樾謹按：國有大災，巡視城垣，固其所也，然豈必丈而度之乎？方倉卒之時，又豈暇執尺以度城之高卑乎？且上文曰「陳畚挶，具綆缶，備水器，量輕重，蓄水潦，積土塗」，下文曰「繕守備，表火道」，諸句皆以下二字相連爲義，而此句「巡丈城」乃以上二字相連爲義，與上下文不一律矣。竊疑「丈」爲誤字。據阮氏《校勘記》「丈」字有作「文」者，然「文」字亦無義。今按：丈當作女，「巡女城」者，巡視城堞也。《説文・土部》：「堞，城上女垣也。」《𨸏部》：「陴，城上女牆俾倪也。」《釋名・釋宫室》曰：「城上垣曰睥睨，言於其孔中睥睨非常也。亦曰女牆，言其卑小，比之於城，若女子之於丈夫也。」然則此傳言女城，即女牆、女垣之異名，本所以睥睨非常，故使人巡視之也。

宋災，於是乎知有天道，何故？

集解曰：「問宋何故自知天道將災。」

樾謹按：傳言「宋災，於是乎知有天道」，是因災而知天道，非因天道而逆知將災也。古書言天道者，皆主吉凶禍福而言。《孟子》言「聖人之於天道也」，猶言聖人之於吉凶禍福。蓋雖聖人不可如何，故曰「命也」。晉侯所謂「宋災，於是乎知有天道」者，疑宋國相傳謂國有火災，必主禍敗。故士弱對曰：「商人閲其禍敗之釁，必始於火。」觀「始」之一字，則因災而知天道，明矣。下文「公曰：『可必乎？』對曰：『在道。國亂無象，不可知也。』」自此年宋災之後，宋國無大禍敗，則在道之言，信矣。杜氏誤解此句，故於上文「樂喜爲司城以爲政」，即云：「知將有火災，素戒爲備火之政。」殊非傳意。所謂「爲司城以爲政」者，言以司城之官而執國政也。宋六卿之次，右師、左師、司馬、司徒、司城、司寇，是司城班在弟五，宋以子罕之賢特使爲政，故傳言「爲司城以爲政」，豈徒爲備火之政乎？《哀七年傳》曰：「使爲司城以聽政。」與此傳同義，足徵杜注之非矣。

棄位而姣。

集解曰：「姣，淫之别名。」正義曰：「服虔讀『姣』爲『放效』之『效』，言效小人爲淫，淫自出於心，非效人也。今時俗語謂淫爲姣，故以姣爲淫之别名。」

樾謹按：《説文·女部》：「姣，好也。」《孟子·告子篇》曰：「至於子都，天下莫不知其姣也。」《荀子·非相篇》曰：「古者桀、紂長巨姣美，天下之傑也。」《韓詩外傳》曰：「以爲姣好邪？則太公年七十二，齳然而齒墮矣。」《鹽鐵論·殊路篇》曰：「毛嬙，天下之姣人也。」《史記·司馬相如傳》曰：「姣冶嫺都。」《漢書·東方朔傳》曰：「左右言其姣好。」古書「姣」字竝「美好」之義，而杜乃以爲淫之别名，正義又以俗語證之，陋矣。然如服子慎之説，實亦未安。姣當讀爲佼，《方言》曰：「逞、曉、佼、苦，快也。自關而東或曰曉，或曰逞。江淮陳楚之閒曰逞，宋、鄭、周、洛、韓、魏之閒曰苦，東齊海岱之閒曰佼，自關而西曰快。」然則佼與逞同義，「棄位而佼」與《僖二十三年傳》「淫刑以逞」、《成十六年傳》「疲民以逞」文義相近，言棄位而自快其意也。穆姜，齊女，習於齊之方言，故曰「佼」耳。

而以偪陽光啓寡君。（十年）

正義曰：「光昭宋國，開其疆竟，以賜寡君。」

樾謹按：《昭二十八年傳》曰「光有天下」，杜解曰：「光，大也。」然則「光啓」者，猶言大啓也。《國語・鄭語》「必光啓土」，韋昭注曰：「光，大也。」得其義矣。正義失之。

先王先公。（十一年）

集解曰：「先王，諸侯之大祖，宋祖帝乙，鄭祖厲王之比也。先公，始封君。」

樾謹按：下文更言「七姓十二國之祖」，則此當泛言周之先王先公，杜解非是。

七姓十二國之祖。

集解曰：「實十三國，言十二，誤也。」正義曰：「服虔云：『晉主盟，不自數。』」

樾謹按：傳言十二國，知鄭猶未與盟也。是時鄭雖行成而猶未受盟，故范宣子曰：「諸侯道敝而無成。」若鄭亦同盟，則不應爲是言矣。至九月，諸侯復伐鄭，鄭人使王子伯駢行成，於是晉趙武入盟鄭伯，鄭子展出盟晉侯，正以鄭未與盟，故特與之盟也。傳文本不誤，亦不必曲爲之説。據《二十二年傳》「寡君盡其土實，重之以宗器，以受齊盟」，然則此時歌鐘鎛磬之屬尚未入晉，其尚未受盟可知。説者泥同盟之文，謂鄭亦與焉，未必然也。

衛北宫括不書於向，書於伐秦，攝也。（十四年）

集解曰：「能自攝整，從鄭子蟜俱濟涇。」

樾謹按：「攝」非攝整之謂。攝之言佐也，助也，言北宫括於此役有佐助之功也。《詩・既醉篇》「朋友攸攝，攝以威儀」，毛傳曰：「言相攝佐者以威儀也。」《襄三十一年傳》引此詩，杜解曰：「攝，佐也。」即用毛義。《白帖》三十四引此詩而曰：「攝，助也。」助與佐義同，是「攝」有佐助之義，古訓然也。《昭二十六年傳》曰：「晉爲無道，是攝是贊。」與此傳「攝」字義可互明。杜於彼傳訓攝爲持，亦未得也。

寡君不以即刑而悼棄之。

樾謹按：杜氏不解「悼」字，則讀如本字矣。然「悼棄」連文，甚爲無義。悼當讀爲卓，《史記・魯周公世家》「里克殺其君奚齊卓子」，集解引徐廣曰：「卓，一作悼。」是悼與卓古字通也。卓之本義爲高，《説文・匕部》：「卓，高也。」高則必遠，故或訓爲高遠，《漢書・劉輔傳》「必有卓詭切至」，師古注曰：「卓，高遠也。」亦或徑訓爲遠，《楚辭·逢尤篇》「世既卓兮遠眇眇」，王逸注曰：「卓，遠也。」《説文·走部》：「趠，遠也。」《辵部》：「逴，遠也。」趠、逴皆「卓」之後出字，遠即高之引申義耳。「卓棄之」者，遠棄之也。上文曰「聞君不撫社稷，而越在它竟」，杜解曰：「越，遠也。」故此答之曰：「寡君不以即刑而卓棄之。」卓亦遠也。

王室之不壞，繄伯舅是賴。（十四年）

正義曰：「服虔本『壞』作『懷』，解云：『懷，柔也。繄，蒙也。賴，恃也。王室之不懷柔諸侯，恃蒙齊桓之匡正也。』」

樾謹按：傳文若是「王室之不壞」，則下句當云「繄伯舅之功」，今乃云「繄伯舅是賴」，疑當從服本作「懷」。然子慎訓懷爲柔，而云「不懷柔諸侯」，於義未得。《詩·雄雉篇》「我之懷矣」、《揚之水篇》〔一〕「懷哉懷哉」，鄭箋竝曰：「懷，安也。」「王室之不懷」，猶云王室之不安也。王室不安，惟伯舅能安之，故曰「繄伯舅是賴」也。

〔一〕揚，原文作「楊」，今據《毛詩正義》改。

改服修官。（十六年）

集解曰：「既葬，改喪服。修官，選賢能。」

樾謹按：上文已歷叙羊舌肸爲傅云云，此何以又云修官？且修官與改服事亦不倫，杜解殆非也。官與館古字通，《周易・隨》初九「官有渝」，《釋文》曰：「官，蜀才本作館。」蓋「官」字從宀，實爲館舍之本字，從食作館，乃後出字也，説詳余所箸《字義載疑》。修官即修館也，晉侯將烝于曲沃，又順河東下，會于溴梁，故所在館舍先爲修理也。

晉人使司馬斥山澤之險。（十八年）

集解曰：「斥，候也。」

樾謹按：《小爾雅・廣詁》曰：「斥，開也。」《漢書・司馬相如傳》「除邊關益斥」，師古注曰：「斥，開廣也。」《禮記・王制》正義曰：「斥大謂開斥廣大。」此傳「斥山澤之險」，正斥大之義，言凡山澤險阻之地皆開斥之，使容車徒也。杜訓爲候，未得其旨。

齊侯見之，畏其衆也，乃脱歸。

集解曰：「脱，不張旗幟。」

樾謹按：不張旗幟謂之脱，近於臆説矣。脱之言突也，《詩·緜篇》「混夷駾矣」，毛公訓駾爲突。駾從兑聲，故或即以兑爲之。《孟子·梁惠王篇》注引《詩》作「昆夷兑矣」，是也。脱亦從兑得聲，故得與駾通。「乃脱歸」者，乃突歸也。《廣雅·釋詁》曰：「突，猝也。」猝然而歸，則有輕速之意，故太子曰「社稷之主不可以輕」也。《國語·晉語》「脱會秦伯於王城」，義亦與此同。

先吴壽夢之鼎。（十九年）

集解曰：「古之獻物，必有以先，今以璧馬爲鼎之先。」

樾謹按：惠氏補注曰：「馬爲庭實，未聞以馬爲先。且馬不上堂，安得先之？」其説是也。至以先吴爲先秦、先漢之比，則亦未得。夫郜鼎不稱先郜，紀甗不稱先紀，吴鼎何必言先吴邪？「先」疑「旡」字之誤，旡讀爲暨。暨，及也，猶言賄荀偃束錦、加璧、乘馬，及吴壽夢之鼎也。暨從既聲，既從旡聲，古文以聲爲主，故即以旡爲之，所謂《左傳》多古字古言者，此也。旡、先形似，學者多見「先」，尟見「旡」，因誤爲「先」矣。

圭嬀之班亞宋子，而相親也；士子孔亦相親也。（十九年）

樾謹按：「士子孔亦相親」者，謂因其母之故而亦親於宋子也。既親於宋子，則其親於子然、子孔，不待言矣。此所以「三室如一」也。唐石經作「二子孔亦相親也」，則但是士子孔與司徒孔相親，而子然不與矣，何以云「三室如一」乎？「二」字乃「士」字之誤。阮氏《校勘記》反謂作「二」者不誤，恐後學疑惑，故詳辨之。

軌度其信。（二十一年）

正義曰：「謂使其臣信有軌，則法度可明，以爲徵驗也。劉炫曰：『軌，法也。行依法度，而言有信也。』」

樾謹按：正義所説迂迴難明，且不成義，殆非也。軌當讀爲究，軌字從九得聲，古音即如九，究亦從九得聲，故軌、究音同，得相叚借。《詩·皇矣篇》：「爰究爰度。」此以「究度」連文，即其義也。「究度其信」者，言必究度之，使信而合義也。上云「洗濯其心」，此云「究度其信」，洗、濯二字同義，究、度二字亦同義。學者不知軌爲究之叚字，因失其解矣。《二十五年傳》「度山林，鳩藪澤」，鳩亦究之叚字，説見王氏引之《經義述聞》。此叚軌爲究，猶彼叚鳩爲究也。

生在敬戒。（二十二年）

樾謹按：此「敬」字與上文「敬共事君」「敬」字不同。「敬共」之「敬」乃本字也，「敬戒」之

「敬」當讀爲儆。《説文・人部》：「儆，戒也。」儆、戒一義，故下文君子但曰「知戒」〔一〕。

君子謂慶氏不義，不可肆也。（二十三年）

集解曰：「肆，放也。」正義曰：「君子自論慶氏之罪，所爲不義，不可放肆，以爲宜其誅滅。」

樾謹按：杜訓肆爲放，未詳其義。若從正義之説，則當爲「肆眚」之肆。然《襄九年》「肆眚圍鄭」，杜解曰：「肆，緩也。」此傳訓「放」，與彼義殊，正義所説未必有當杜意也。今按：肆者，長也，《詩・崧高篇》「其風肆好」，毛傳曰：「肆，長也。」不可肆，即不可長，言慶氏不義，不可長也。故下文即引《書》「惟命不于常」以證之。「肆」字古作肆，在《説文・長部》，然則訓肆爲長，正合字之本義。杜解既不了，正義以「宜其誅滅」足成之，殆非傳意。

趙勝帥東陽之師以追之，獲晏氂。

集解曰：「東陽，晉之山東，魏郡廣平以北。」正義曰：「《昭二十二年傳》曰：『荀吴略東陽，遂襲鼓，滅之。』鼓在鉅鹿，居山之東。山東曰朝陽，知東陽是寬大之語，總謂晉之山東，故

〔一〕知，《春秋左傳正義》《春秋左傳注疏》均作「善」。

爲魏郡廣平以北。服虔以東陽爲魯邑，謬之甚矣。東陽之師，謂下文叔孫豹所帥者也。」

樾謹按：《魯語》曰：「昔欒氏之亂，齊人閒晉之禍，伐取朝歌。我先君襄公不敢寧處，使叔孫豹悉帥敝賦，踦跂畢行，無有處人，以從軍吏，次於雝俞，與邯鄲勝擊齊之左，掎止晏萊焉。」服氏以東陽爲魯邑，蓋據此。正義既斥其謬，而又曰「東陽之師，謂下文叔孫豹所帥者也」，則仍無以易服氏之舊説矣。今按：晉東陽之地，雖或遼闊，然所謂「東陽之師」者，必非盡大行山以東之師而悉起之也。趙勝即邯鄲午之父，見定十三年正義，《外傳》謂之邯鄲勝，蓋父子世守邯鄲者。邯鄲今屬廣平府，東陽必與邯鄲相近。顧氏棟高《春秋大事表》謂今冀州爲晉之東陽地，是也。至叔孫豹之師尚在雍榆，杜謂汲郡朝歌縣東有雍城，其地在今衛輝府濬縣，相去甚遠，安得謂東陽之師即叔孫豹所帥者乎？正義此説仍未免爲服氏所惑也。然則《外傳》所載子服惠伯之言，豈其飾無爲有以欺大國邪？曰雝榆去朝歌甚近。是役也，齊取朝歌而不能守，未必非叔孫一軍之力，於是趙勝得以追擊之而獲晏氂。其後魯人居以爲功，晉亦不能斥爲誣也。若必執《國語》以説《左傳》，失之矣。

若能孝敬，富倍季氏可也。

集解曰：「父寵之，則可富。」

樾謹按：富與福古通用。《周易・謙・象傳》「鬼神害盈而福謙」，《釋文》曰：「福，京作富。」是其證也。「富倍季氏」，即福倍季氏，與下句「禍倍下民」相對，正承上文「禍福無門，惟人所召」而言。杜以本字讀之，失其旨矣。其下云「故公鉏氏富」，此則當讀如本字。閔子馬所謂福者，非止以富言也，富固福也，得爲公右宰亦福也。悼子雖得立而竟早死，雖謂之無福，可矣。

公曰不。爲崔子，其無冠乎？（二十五年）

集解曰：「言雖不爲崔子，猶自應有冠。」

樾謹按：杜説不了，由未得其句讀故也。此當以「公曰不」絶句，「公曰不」猶「孟子曰否」，乃甚不然之辭。「不」與「否」古字通也。「爲崔子，句。其無冠乎」，言既爲崔子，豈患無冠？吾以其冠賜人，於崔子無損也。《説文・丶部》：「咅，相與語，唾而不受也。從丶、否聲。」「孟子曰否」及此傳「公曰不」疑皆「咅」之叚字，今世俗猶有此言。

公踰牆，又射之。

正義曰：「上未有射公之文，而云『又射之』者，以公未踰牆，必已射公，但射公不中，傳文不載。以踰牆射之中股，故傳言其事，而云『又』也。」

樾謹按：上無射公之文，則此不得言「又」。又當讀爲有，《石鼓文》「潢又小魚」、《詛楚文》「又秦嗣王」，竝以又爲有，古字通也。因不知射者主名，故但曰「有射之」。《定八年傳》「有自門閒射陽越，殺之」，即其例也。有與或聲近而義通。《考工記・梓人》曰「毋或若女不寧侯」，《禮記・祭義篇》曰「庶或饗之」、《孟子・公孫丑篇》曰「夫既或治之」，鄭注、趙注竝曰：「或，有也。」故「又」字亦與「或」通，《禮記・檀弓篇》曰：「或敢有他志。」《國語・晉語》作「又何敢有他志」。《哀元年左傳》曰：「或將豐之。」《史記・吴世家》作「又將寬之」。竝其證也。然則「又射之」，猶云或射之。不通古人之言，而泥乎其文，斯難得其解矣。

會于夷儀之歲，齊人城郟。其五月，秦、晉爲成。晉韓起如秦涖盟，秦伯車如晉涖盟，成而不結。（二十六年）

集解曰：「傳爲後年修成起本，當繼前年之末，而特跳此者，傳寫失之。」

樾謹按：杜謂此傳當繼前年之末，非也。此傳實當在下文「二十六年春」之上，蓋左氏作傳，本未嘗分每年爲一篇，故《文十年傳》云「厥貉之會，麇子逃歸」，《十一年傳》即云「楚子伐麇」。《宣十一年傳》云「厲之役，鄭伯逃歸」，《十二年傳》即云「楚子伐鄭」。如此之類，竝當合下文爲一，不當綴諸前年之末。《莊十九年傳》曰：「十九年春，楚子禦之。」《僖二十四年傳》

曰：「二十四年，春，王正月，秦伯納之。」但言「禦之」「納之」，不言所禦何師，所納何人。蓋左氏原文自「初，楚武王克權」至「巴人因之以伐楚」，此數十字皆在「十九年春」之上；自「晉公子重耳之及於難也」至「重耳敢不拜」，此數百字皆在「二十四年春」之上。後之編次者因每年必欲以年冠首，年上不容更著一字，於是割置前年之末，而文義之不安者多矣。「惠公元妃孟子」至「是以隱公立而奉之」，此五十八字本在「元年春，王周正月」之上，若非杜氏合傳於經，即無經文橫隔其閒，豈不連屬爲一？即此可見左氏之舊。此傳與彼不殊，杜氏以經文隔之，遂若孤縣卷首，無所繫屬，因以爲傳寫跳此，而左氏之舊不可復矣。

欒、范易行以誘之。

集解曰：「易行，謂簡易兵備。欲令楚貪己，不復顧二穆之兵。」正義曰：「賈逵、鄭衆皆讀『易』爲『變易』之『易』。《楚語》說此事云：『若易中下，楚必歆之。』韋昭云：『簡易欒、范之行，示之弱，以誑楚也。』是韋昭已讀爲『簡易』之『易』，故杜從之也。」

樾謹按：傳言「誘之」，則韋氏示弱之說，信矣。惟簡易之義，終有未安。易當讀爲陁，《方言》及《廣雅·釋詁》竝曰：「陁，壞也。」字亦作弛，《國語·魯語》曰「文公欲弛孟文子之宅」，韋注曰：「弛，毀也。」然則「弛行以誘之」者，毀行以誘之也，猶《桓六年傳》曰「王毀軍而納少師」

也。《詩·何人斯篇》「我心易也」，《韓詩》作「我心施也」。易之通作阤，猶易之通作施也。王氏引之謂《魯語》「弛孟文子之宅」與「景公欲更晏子之宅」同，弛者，易也，説見《經義述聞》。然則《外傳》「弛宅」當爲「易宅」，此傳「易行」當爲「弛行」，竝古文叚字，而學者泥本字以求之，則胥失之矣。

晉人將與之縣，以比叔向。

集解曰：「以舉材能比叔向。」

樾謹按：《周易·比·彖傳》曰：「比，輔也。」《詩·杕杜篇》「胡不比焉」、《國語·齊語》「足以比成事」，鄭箋、韋注竝曰：「比，輔也。」《爾雅·釋詁》曰：「比，俌也。」俌與輔同。然則「以比叔向」者，以輔叔向也。杜解失之。

能歆神、人。（二十七年）

集解曰：「歆，享也。使神享其祭，人懷其德。」

樾謹按：《國語·周語》曰「民歆而德之」，韋注曰：「歆猶欣。欣，喜服也〔二〕。」然則「能歆

〔二〕《國語》韋昭注此句爲：「歆，猶嘉服也。」

神、人」，謂神、人皆喜之也。《周語》曰：「事神保民，莫不欣喜。」是其義也。一「歆」字兼神、人而言，杜解未得其旨。

季蘭尸之，敬也。（二十八年）

集解曰：「使服蘭之女而爲之主。」正義曰：「《詩》言季女，而此言季蘭，謂季女服蘭草也。案《宣三年傳》曰：『蘭有國香，人服媚之。』知是女之服蘭也。」

樾謹按：蘭雖人所服媚，然女不必皆服蘭，且服蘭之女，豈可即謂之蘭乎？杜解非也。蘭疑孌之叚字，孌從䜌聲，蘭從闌聲，二聲相近。《說文·門部》：「䦨，妄入宮掖也。從門䜌聲，讀若闌。」《漢書·成帝紀》「闌入尚方掖門」，即以闌爲之。然則蘭之通作孌，猶闌之通作䦨也。《詩·車舝篇》「思孌季女逝兮」，傳曰：「孌，美貌。」此傳所謂「季孌」，即《詩》所謂「思孌季女」，言年少而美好也。

請觀於周樂。（二十九年）

樾謹按：《儀禮·聘禮記》「歸大禮之日，既受饔餼，請觀」，鄭注曰：「聘於是國，欲見其宗廟之好，百官之富，若尤尊大之焉。」然則古禮於所聘之國本有請觀之事，故季札因而請觀周樂耳。

美哉其細。已甚，民弗堪也。

集解曰：「美其有治政之音。譏其煩碎，知不能久。」

樾謹按：「美哉」之下不箸一字，而遽云「其細已甚，民弗堪也」，文義不屬。疑「其細」二字當爲一句，「美哉其細」，蓋美其細也。《說文・糸部》：「細，微也。」《荀子・解蔽篇》楊注曰：「微者，精妙之謂也。」是細亦未始非美，但過甚則涉于煩碎矣，故又曰「已甚，民弗堪也」。杜解未得其旨，《詩》正義引服虔曰「其風細弱已甚」，亦失之。

用而不匱，廣而不宣。

樾謹按：此文自「直而不倨，曲而不屈」以下共十四句，每二句相對成義，直與曲對，邇與遠對，遷與復對，哀與樂對，施與取對，處與行對，獨此二句用與廣不對。「用」疑「困」字之誤，「困而不匱，廣而不宣」語意一律。困者，窮乏之名；廣者，博大之號，正相對也。

辯而不德。

集解曰：「辯猶争也。」

樾謹按：杜氏不解「德」字。《史記》注引服虔曰：「夫以辯争，不以德居之，必加於刑戮也。」其説非是。苟能以德居之，又何争乎？德當讀爲直，「德」字古文作悳，本從直聲，故即與「直」通。《周易・繫辭傳》「有功而不德」，蜀才本作「置」。德之通作直，猶置之通作德也。争辯而不直，故宜加於刑戮矣。

其君弱植。（三十年）

正義曰：「《周禮》謂草木爲植物。植爲樹立。君志弱，不樹立也。」

樾謹按：如正義所説，當云「其君弱不植」，於文方明，不得云「其君弱植」。蓋「弱植」連文，乃古語也。植當讀爲「脂膏膱敗」之「膱」。《考工記・弓人》注曰：「樴，脂膏膱敗之膱。」是也。字本作殖，《説文・歺部》：「殖，脂膏久殖也。」亦或作膱，《釋名・釋地》曰：「土黄而細密曰埴。埴，膱也，黏昵如脂之膱也。」然則人之弱者謂之膱，猶土之黏者謂之埴矣。《考工記》：「摶埴之工二。」司農曰：「埴，書或作植。」此叚植爲膱，與彼叚植爲埴同。若以本字讀之而訓爲樹立，則「弱植」二字義不相屬矣。

上下有服。

集解曰：「公卿大夫，服不相踰。」

樾謹按：經傳「服」字，半皆「𠬝」字之叚借。《説文・又部》：「𠬝，治也。從又從卩。卩，事之制也〔二〕。」凡「服事」字、「降服」字竝當作艮，而經傳皆以「服」爲之，「服」行而「艮」廢矣。鄭石制，字子服，見《宣十二年傳》，此即䑺服爲艮之明證。艮從卩，故亦有節制之義，名制字艮，正相應也。上下有艮，猶云上下有制，與上句「都鄙有章」一律。杜不知服爲艮之䑺字，而以本字讀之，失其旨矣。《吕氏春秋·樂成篇》曰「都鄙有服」，高注曰：「服，法服也。」疑高氏原文本曰「服，法也」，蓋服爲制，故亦爲法。後人不知其義，妄增「服」字耳，説詳《吕氏春秋》。

寇盜充斥。（三十一年）

集解曰：「充，滿。斥，見。言其多。」

樾謹按：「充斥」連文，其義一也。《淮南子·説山篇》「近之則鐘音充」，高誘注曰：「充，大也。」《吕氏春秋·必己篇》「禍充天地」，高注亦曰：「充猶大。」是充之義爲大也。《文選·魏都賦》「墳衍斥斥」，李善引《蒼頡》曰：「斥，大也。」《史記·司馬相如傳》「除邊關益斥」，索隱引張揖曰：「斥，廣也。」廣與大同，是斥之義亦爲大也。凡有大義者，皆有衆多之義，如殷訓大，亦訓盛；豐訓大，亦訓滿，皆其例也。《説文·多部》：「㚇，大也。從多圣聲。」其義爲大，而其字從

〔二〕制，今本《説文》作「節」。

多,可知其義之通矣。《玉篇·多部》:「夥,多也,大也。」《大部》:「奓,大也,多也。」皆多、大義通之證。充、斥竝訓大,故亦竝訓多。「寇盜充斥」,言寇盜之多也。杜訓斥爲見,義反不倫矣。

令尹似君矣。

正義曰:「言令尹威儀,已是國君之容矣。服虔云:『言令尹動作以君儀,故云以君矣。』服言『以君儀』者,明年傳云『二執戈者前矣』,是用君儀也。俗本作『似君』。若云『似君』,不須言矣。今定本亦作『似君』,恐非。」

樾謹按:其字當從古本作「以」,其義當從定本作「似」。《周易·明夷·彖辭》「文王以之」「箕子以之」,荀向本作「似」,即其例也。就字義而言,以即似字,古「似」字作「佀」,亦或移人旁於右作「队」,真書變作「以」,而借爲「目」字。行之既久,莫知其即「佀」字也,於是又加人旁於左作「似」字,此尤俚俗之甚者。服氏所據本作「令尹以君矣」,正左氏之舊。乃不知「以」字之即「似」字,蓋六書之學,自漢已失之矣。

群經平議卷二十七

春秋左傳三

帶其褊矣。（昭元年）

集解曰：「言帶褊盡，故裂裳，示不相逆。」

樾謹按：「褊」字不訓盡，即以叚借之例求之，亦不得其説，杜云「褊盡」，殆失之矣。《説文・衣部》：「褊，衣小也。」「帶其褊矣」，猶曰以是爲帶，不其褊小乎？蓋既以與之，又爲謙辭謝之也。古書或以「矣」字代「乎」字，如《隱三年公羊傳》曰「盍終爲君矣」，《禮記・文王世子篇》曰「女何夢矣」，皆是也。杜氏不達古語，故失其解。

處不辟污。

集解曰：「污，勞事。」正義曰：「處國之所辟者，惟有辟勞事耳，故以污爲勞事也。言事之勞身，若穢之污物也。」

樾謹按：《廣雅・釋詁》曰：「辱，污也。」污爲辱，故亦爲勞。《禮記・檀弓篇》鄭注曰：「勤，勞辱之事也。」是勞、辱同義。《成九年傳》「大夫勤辱」，勤辱猶勤勞也。污者辱事，即爲勞事。正義所説，未達古訓。

弗去，懼選。

集解曰：「選，數也。恐景公數其罪而加戮。」

樾謹按：懼數其罪則曰「懼罪」足矣，乃曰「懼選」，於文不明，杜解殆非也。選當讀爲篡，《説文・厶部》：「屰而奪取曰篡。」古人之言，上下不嫌同辭。以臣奪取於君謂之篡，以君奪取於臣亦謂之篡。鍼之適晉，其車千乘，對司馬侯曰：「若能少此，吾何以得見?」是鍼以車多，故出奔。其母所謂「弗去，懼選」者，言弗去則必爲景公所篡取，故欲使適它國，以保其所有也。《方言》曰：「秦、晉之間，凡取物而逆謂之篡。」鍼母此言，正秦之方言也。作選者，叚字耳。選從巽聲，篡從算聲，二聲相近，故得通用。《詩・柏舟篇》「不可選也」，《後漢書》朱穆《絶交論》

作「不可算也」。《論語·子路篇》「何足算也」，《漢書·公孫劉田王楊蔡陳鄭傳贊》作「何足選也」。然則選之通作篹，猶選之通作算矣。《國語·魯語》「君不命吾子，吾子請之，其爲選事乎」，選亦篹之叚字，謂其自篹取之也，説詳《國語》。

臺駘能業其官。

集解曰：「纂昧之業。」

樾謹按：杜未解「業」字也。業讀爲㓗，《方言》曰：「㓗，續也。秦晉繩索謂之㓗。」《廣雅·釋詁》亦曰：「㓗，續也。」「能㓗其官」者，能繼續其官守也。《説文》無「㓗」字，蓋古字止作「業」耳。

四姬有省猶可。

集解曰：「據異姓，去同姓，故言省。」

樾謹按：省當讀爲眚。莊二十二年經文「肆大眚」，《公羊》作「肆大省」，是省與眚通。上文曰「美先盡矣，則相生疾」，相之云者，兼男女而言，明男娶同姓之女固當生疾，女嫁同姓之男亦當生疾也，故此云「四姬有眚猶可」。眚之言疾眚也，《楚語》曰「夫誰無疾眚」，是也。四姬有疾眚，則四姬當之矣，故曰「猶可」也。杜解未得其旨，正義申説之，徒爲辭費耳。

女陽物。

集解曰：「女常隨男，故言陽物。」

樾謹按：以《易》義言之，坎爲中男，爲月；離爲中女，爲日，此所以女爲陽物也。後世言丹術者，有取坎填離之説，實本於此。杜以女常隨男爲説，失之矣。

十二月，晉既烝，趙孟適南陽，將會孟子餘。甲辰，朔，烝于温。

集解曰：「烝，冬祭也。孟子餘，趙衰，趙武之曾祖。其廟在晉之南陽温縣。往會祭之。趙氏烝祭。甲辰，十二月朔。晉既烝，趙孟乃烝其家廟，則晉烝當在甲辰之前。傳言十二月，誤。」

樾謹按：《左傳》以周正紀事，十二月者，建亥之月也。《桓五年傳》「閉蟄而烝」，杜解曰：「建亥之月，昆蟲閉户，萬物皆成，可薦者衆，故烝祭宗廟。」然則烝祭當在建亥之月，此傳十二月，不誤也。疑「甲辰朔」三字當在傳首「十二月」之下。左氏原文蓋云「十二月，甲辰，朔，晉既烝」，傳寫者誤移「甲辰朔」三字置「烝于温」之上，而文不可通矣。又按：「將會孟子餘」句義亦難明。趙衰字子餘，不字孟，會祭孟子餘不得但曰「將會」，然則此文亦必有誤。今按：孟者，地名，《尚書・泰誓篇》序正義曰：「孟者，河北地名，《春秋》所謂『向、盟』是也。」據《隱十一年傳》「王取鄔、劉、蔿、邘之田于鄭，而與鄭人蘇忿生之田，温、原、絺、樊、隰城、欑茅、向、盟、州、陘、隤、懷」，杜曰：「凡十二邑，皆蘇忿生之田。」而《成十一年傳》曰「蘇忿生以温爲司寇」，止言温，不言餘邑，則知餘邑皆附屬於温者也。是時温屬趙氏，則孟亦必屬趙氏矣。且温與州同在蘇忿生十二邑中，是時州亦屬趙氏，《昭三年傳》可證，然則孟屬趙氏，從可知矣。子餘當作餘子，左氏原文蓋曰：「趙孟適南陽，將會孟餘子，烝于温。」餘子者，即《宣二年傳》所謂「又宦其餘子，亦爲餘子」者也。趙孟蓋將會餘子之在孟者，至温烝祭，故曰「將會孟餘子，烝于温」。因「甲辰朔」三字誤移在「烝于温」之上，而「餘子」二字又誤作「子餘」，其事遂晦，雖服子慎不得其解矣。

不敢擇位，而數於守適。（三年）

集解曰：「不敢以其位卑，而令禮數如守適夫人。」

樾謹按：傳言「數於守適」，不言「數如守適」，杜解非也。《文十六年傳》曰「無日不數於六卿之門」，杜曰：「數，不疏也。」不疏則有煩密之意。蓋數從婁聲，考《説文》從婁得聲之字，《走部》「遱，連遱也」、《言部》「謱，謰謱也」、《水部》「漊，雨漊漊也」，竝有煩密之意。然則「數於守適」者，言視適夫人之喪更爲煩密也。杜解爲禮數之數，失之。

道殣相望，而女富溢尤。

阮元《校勘記》曰〔一〕：「淳熙本『溢』誤『益』。」

樾謹按：作「益」者是也。上文曰「庶民罷敝，而宮室滋侈」，杜曰：「滋，益也。」然則滋與益同義。上言「滋侈」，此言「益尤」，文義一律。《襄二十六年傳》「而視之尤」，服注曰：「尤，甚也。」益尤猶言滋甚耳，當從淳熙本作「益」爲正。

二惠競爽。

集解曰：「競，彊也。爽，明也。」

樾謹按：此對下文「又弱一个」而言，競猶争也。《莊子·齊物論篇》「有競有争」，郭注曰：「竝逐曰競。」是其義也。爽之義爲明，《淮南·説林篇》「長而愈明」，高注曰：「明猶盛也。」然則爽亦猶盛也。競爽猶争盛也。《廣雅·釋詁》曰：「爽，猛也。」猛與盛義相近。杜解以「競」「爽」二字平列，未得其義。《哀十六年傳》曰：「與不仁人争明，句。無不勝。」此言「競爽」，彼言「争明」，文異而義同。杜讀彼傳誤於「争」字絶句，失之。辨見王氏《經義述聞》。

〔一〕「元」，原文脱，今據文例及清經解續編本《群經平議》補。

毁中軍于施氏，成諸臧氏。（五年）

正義曰：「劉炫以爲『施者，舍也。臧者，善也。成諸臧氏，取其令名也』。」

樾謹按：臧之爲善，是矣。其説「施」字，於義未盡。施猶陁也。《方言》及《廣雅·釋詁》竝曰：「陁，壞也。」字亦通作「弛」，《國語·魯語》曰「文公欲弛孟文子之宅」，韋注曰：「弛，毁也。」「毁中軍于施氏」，正取弛毁之義。施、弛古字通，《周官·遂人》「與其施舍者」，鄭注曰：「施讀爲弛。」

葬鮮者自西門。

集解曰：「不以壽終爲鮮。西門，非魯朝正門。」

樾謹按：《御覽·時序部》引《書大傳》曰：「西方者，何也？鮮方也。」《白虎通·五行篇》曰：「西方者，遷方也。萬物遷落也。」然則「鮮方」與「遷方」同，亦言萬物鮮落也。《禮記·月令篇》：「季夏行春令，則穀實鮮落。」《周書·時訓篇》：「腐草不化爲螢，穀實鮮落。」是其義也。人死謂之鮮，正取鮮落之義。葬死者自西門，正取西爲鮮方之義。叔仲帶謂此言受之叔孫，疑叔孫生時因論喪禮曾有此言，然未嘗行之魯國，使爲常法也。叔仲帶追述之，蓋欲貶損叔孫，不依舊典，故借此爲由耳。杜謂「不以壽終爲鮮」，夫帶乃豎牛之黨，豈肯發其餓死叔孫之罪？又謂西門非正門，然則東亦非正，何必西乎？

南遺使國人助豎牛，以攻諸大庫之庭。

集解曰：「魯城内有大庭氏之虚，於其上作庫。」

樾謹按：傳言「大庫之庭」，不言「大庭氏之庫」，與《十八年傳》不同。疑魯國别有大庫，庫曰大庫，猶府曰長府，長、大竝美名也。杜據《十八年傳》爲説，失之。

誰其重此？

集解曰：「言怨重。」

樾謹按：重猶任也。《詩・大明篇》箋曰：「重，懷孕也。」《説文・女部》：「妊，任身懷孕也。」懷孕謂之任，亦謂之重。蓋重與任義本相因，故亦得相通。「誰其重此」，即誰其任此，言誰任其咎也。下文曰「若有其人，恥之可也。若其未有，君亦圖之」，有與未有，正承「誰其重此」而言。若從杜解以重爲怨重，則與下文不貫矣。

皆成縣也。

集解曰：「成縣，賦百乘也。」

樾謹按：《襄十四年傳》「成國不過半天子之軍」，杜曰：「成國，大國也。」然則成縣亦猶大縣也。《釋名·釋言語》曰：「成，盛也。」盛與大義相近。《禮記·檀弓篇》鄭注曰：「成猶善也。」善與大義亦相近。《詩·桑柔篇》鄭箋曰：「善猶大也。」

羊舌四族，皆彊家也。

集解曰：「四族：銅鞮伯華、叔向、叔魚、叔虎兄弟四人。」

正義曰：「按《世本》，叔向兄弟有『季夙』。疑季夙即是虎也。故服氏數伯華、叔向、叔魚、季夙。劉炫以爲叔虎於時已死，別有季夙，而規杜氏，非也。」

樾謹按：季夙不見於《左傳》。《唐書·宰相世系表》曰：「羊舌職五子：赤、肸、鮒、虎、季夙。赤字伯華，肸字叔向，鮒字叔魚，虎字叔羆，號『羊舌四族』。」是季夙不在四族之內，且又不傳其名，然則其人有無不可知也。孔氏謂季夙即是叔虎，未可深非。惠氏棟《補注》因叔季是兄弟之次，故從劉氏以爲別有季夙。然魯之仲孫即爲孟孫，何必晉之叔虎不爲季夙乎？今以《左傳》爲定。是時叔虎已死，羊舌氏兄弟見于傳者止伯華、叔向、叔魚三人，疑《左傳》原文本云「羊舌三族，皆彊家也」。韓氏七，羊舌氏三，其數正十，故下文曰「因其十家九縣」也。古書「三」字每誤作四，《儀禮·覲禮》「四享」，鄭注曰：「四當爲三。古書作三、四或皆積畫，字相似，由此誤也。」《周官・内宰》疏引《鄭志》曰：「純四䊷。四當爲三，古三四積畫，是以三誤爲四。」《大戴記・公冠篇》「公冠四加玄冕」，盧注曰：「四當爲三，字之誤。」《定十五年穀梁傳》疏曰：「范云四，四當爲三，古者四、三皆積畫，字有誤耳。」竝其證也。《昭十二年傳》曰：「是四國者，專足畏也。」據《楚語》曰「是三城者，豈不使諸侯之惕焉」，然則傳文「四」字亦「三」字之誤。此傳「三族」誤爲「四族」，彼傳「三國」誤爲「四國」，其誤正同。杜於彼傳分不、羨爲二以當之，至此傳三誤爲四，則下文十家之數不合，乃云「言十家，舉大數也」，皆曲説也。劉光伯不知考定傳文而漫欲規正杜失，謂韓須是起之門子，不必更稱家，去韓須之外，韓氏唯有六家，并羊舌四族，故爲十家。夫韓須之於韓起，猶楊石之於叔向也。晉人既亡，韓起、叔向，必以韓須、楊石代之，安得不數？若不數韓須，則亦當不數楊石矣。劉氏所規，豈可通乎？今正羊舌四族爲三族，則十家之數固無不合，無待辭費。

日我先君共王，引領北望，日月以冀。（七年）

正義曰：「日謂往日也。」

樾謹按：上文曰「昔先君成公」，既言昔，不必又言往日矣。「日」疑「自」字之誤。「自我先君共王，引領北望，日月以冀，傳序相授，於今四王矣」，文義甚明，故杜無解。正義承誤本而爲之説，不足據也。《文七年傳》「日衛不睦」、《襄二十六年傳》「日其過此也」、《昭七年傳》「日君以夫公孫段爲能任其事」[一]、《昭十六年傳》「日起請夫環」，凡以「日」言者，皆謂其事相距未久。此言「傳序相授，於今四王矣」，則當極言其久，不得以日言也。阮氏《校勘記》曰「淳熙本、纂圖本作『曰』」，則又「日」之誤字。

孟縶之足不良能行[二]**。**

集解曰：「跛也。」

樾謹按：「良能」二字相連成義。《孟子・盡心篇》「人之所不學而能者，其良能也」，趙岐注曰：「良，甚也。」即可説此傳「良能」之義，蓋古語也。《二十年傳》杜解曰「縶足不良」，是誤於「良」字絶句，監本、毛本遂改「能行」爲「弱行」矣。

子大叔曰：「若何弔也？其非惟我賀，將天下實賀。」（八年）

《釋文》曰：「若何弔也，本或作『若可弔也』。」

[一] 段，原文作「叚」，今據《春秋左傳正義》及清經解續編本《群經平議》改。
[二] 「行」下原有「七年」二字，上條已標明，今據全書文例删。

樾謹按：可與何古本通用。至此傳之義，實當從或本作「可」。因史趙曰「可弔也」，故子太叔曰「若可弔也」，即承史趙之語而言也。太叔此言極爲微婉。蓋平公承悼公之後，席全盛之勢，諸侯賓服，秦、楚無釁，安坐西陲，偷焉自樂。銅鞮始作，虒祁繼成，而文、襄之業隳，三家之勢張矣，晉之式微，實基于此。倘平公早世，晉人更立賢君得如悼公者，起而振之，或尚可爲乎？故曰「若可弔也，其非惟我賀，將天下實賀」。弔者，弔晉之喪；賀者，賀晉之不失諸侯也。上文叔向曰「是宮也成，諸侯必叛，君必有咎」，史趙所謂可弔者，其意殆亦同此。太叔之意，則以爲君苟有咎，諸侯轉可不叛也，所謂微辭也。倘如今本作「若何弔也」，則了無意義，人人能言之，左氏又何必録此謏辭以污簡牘乎？且「其」字、「將」字皆與「若」字相應，今作「若何弔也」，則但曰「非惟我賀，天下實賀」足矣。是時魯使已在晉廷，其餘諸侯亦必麕至，何必爲擬議之辭曰「其」、曰「將」乎？

王使詹桓伯辭於晉。（九年）

集解曰：「辭，責讓之。」

樾謹按：辭猶訟也。古謂訟爲辭訟，《周官・小司徒職》曰「聽其辭訟」，是也。亦作治訟，《小宰職》曰「聽其治訟」，是也。《僖二十八年公羊傳》「治反衛侯」，何休曰：「叔武訟治於晉文公，令白王者反衛侯，使還國也。」此傳言「辭於晉」，猶言訟治於晉。《成十一年傳》：「晉郤至與周争鄇田[一]，王命劉康公、單襄公訟諸晉。」彼因鄇田故而訟諸晉，此因鬩田故而辭於晉，兩事正同。杜訓爲責讓，非古義矣。

火，水妃也，而楚所相也。

集解曰：「相，治也。楚之先祝融，爲高辛氏火正，主治火事。」

樾謹按：祝融治火，楚不治火也，乃以火爲楚所相，何也？相疑當作祖，字相似而誤。《昭三年傳》曰「其相胡公、大姬已在齊矣」，正義曰：「定本作『其祖』。」是其例也。上文曰「陳，水屬也」，據《八年傳》曰「陳，顓頊之族也」，族與屬聲近而義通。陳爲顓頊之後，故爲水之屬；楚爲祝融之後，故以火爲祖矣。

桓子授甲而如鮑氏，遭子良醉而騁。（十年）

集解曰：「欲及子良醉，驅告鮑文子[二]。」

[一] 郤，原文作「卻」，今據清經解續編本《群經平議》改。
[二] 驅，《春秋左傳正義》《春秋左傳注疏》均作「故騁」。

樾謹按：醉而騁者，子良醉而騁也。桓子遭之，但見其騁，不知其醉，則愈疑其將攻己矣。及見文子之後，使視二子皆將飲酒，然後知其不然。而因授甲之故，勢不容已，乃有及其飲酒先伐諸之謀。若遭子良時已知其醉，又何必使視二子乎？杜解於當日情事未得。

忠爲令德，其子弗能任，罪猶及之，難不慎也。

正義曰：「言人居身，難可不謹慎。」

樾謹按：正義說此，殊未明了，疑傳文「難」字乃衍文也。上文曰「爲人子，不可不慎也」，此文曰「忠爲令德，其子弗能任，罪猶及之，不慎也」，義正相應而文亦甚明，故杜無解。若是「難不慎也」，則文義不可曉，杜不得無說矣。唐石經每行十字，而此行自「子」字起，「慎」字止，十一字，疑石經本無「難」字也。惜「之」字以下刓缺，不能據以訂正。

有酒如淮，有肉如坻。（十二年）

集解曰：「淮，水名。坻，山名。」正義曰：「劉炫以爲淮、坻非韵，淮當作濰，又以坻爲水中之地，以規杜氏。今知不然者，以古之爲韵，不甚要切。此若齊侯之語，容可舉齊地濰水。此是穆子在晉，何意舉齊地水乎？又酒肉相對，多少相似。《爾雅》：『小洲曰陼，小陼曰沚，小沚曰坻。』何得以坻之小地對淮之大水？故杜以坻爲山名。劉炫又以山無名坻者，按楚子觀兵於坻箕之山，坻非山乎？」

樾謹按：淮、坻是韵[一]，無煩改讀爲濰，誠如孔氏之説矣。至坻爲山名，古籍無徵。孔氏舉坻箕之山爲證，穆子晉人，何意舉楚山乎？然從劉光伯之説，以坻爲水中地，則以小地對大水，誠若不倫。今按：坻乃阺之叚字也。《説文・𨸏部》：「阺，秦謂陵阪曰阺。」「有酒如淮，有肉如阺」，與下文「有酒如澠，有肉如陵」，文義一例。淮與澠皆以水言，阺與陵皆以土阜言。杜於下句「陵」字止曰「大阜也」，不以爲山名。然則以坻爲山名，固杜之失矣。劉氏規正杜失，而不知坻爲阺之叚字，則亦未爲得也。

殺獻太子之傅庾皮之子過。

樾謹按：左氏原文當作「庾皮之過」。《成十六年傳》「潘尫之黨」，杜解曰：「黨，潘尫之子。」《襄二十三年傳》「申鮮虞之傅摯」，杜解曰：「傅摯，申鮮虞之子。」蓋古人以父名子，自有此例。「庾皮之過」亦猶是也，不然庾過自因爲獻太子傅而見殺，不因其父而起，何必曰庾皮之子乎？《釋文》于成十六年曰「一本作潘尫之子黨」，于襄二十三年曰「本或作申鮮虞之子傅

[一] 坻，原文作「泜」，今據清經解續編本《群經平議》及《〈春在堂全書〉校勘記》改。

摯」，蓋皆後人所加，而杜氏所據本尚未衍「子」字，故各爲之解。至此傳，杜無解，則已衍「子」字矣。

湫乎，攸乎。

集解曰：「湫，愁隘。攸，縣危之貌。」正義曰：「湫是湫隘，故以湫爲愁隘之意也。《詩》云『攸攸旆旌』，故以攸爲縣之貌也。」

樾謹按：湫即愁之叚字。《春秋繁露·陽尊陰卑篇》曰：「湫者，悲憂之狀也。」是湫與愁同義。杜訓湫爲愁，已得其解。乃因其字是「湫隘」之「湫」，又加「隘」字以足之，則反失之矣。至以「攸」爲縣危之貌，此臆説也。攸即悠之叚字，古書「悠」字或省作「攸」，蓋亦聲近而義通。正義引《詩》「攸攸旆旌」，今《詩·車攻篇》作「悠悠旆旌」，即其證也。《説文·心部》：「恤，憂也。」「愁，憂也。」「悠，憂也。」「恤恤乎，愁乎，悠乎」三句一意，深憂之，故重言之也。

南蒯枚筮之。

集解曰：「不指其事，汎卜吉凶。」正義曰：「今人數物云一枚、兩枚，是籌之名也。《尚書·大禹謨》『枚卜功臣』，孔安國云：『枚謂歷卜之，而從其吉。』彼謂人下一籌，使歷卜之也。此則不告筮者，以所筮之事，空下一籌，而使之筮。或以爲杜云『汎卜吉凶』，謂枚雷總卜。」

樾謹按：古卜筮不下籌，謂空下一籌而使筮，臆説也。枚雷之語，于古未聞，乃據唐時俗語以説經，更爲失之。今按：枚當讀爲微，《詩·東山篇》「勿士行枚」，毛傳曰：「枚，微也。」是其證也。《襄十九年傳》「崔杼微逆光」，服虔曰：「微，隱匿也。」《哀十六年傳》「其徒微之」，杜曰：「微，匿也。」匿其事而使之筮，故爲微筮。《哀十六年傳》「王與葉公枚卜子良，以爲令尹」，義亦同此。東晉《古文尚書》竊取其語，而僞傳以爲歷卜，然則楚所卜者止子良一人，何歷卜之有乎？

秦復陶。

集解曰：「秦所遺羽衣也。」正義曰：「文在冠下舄上，知是衣也。目之以秦，明是秦所遺也。冒雪服之，知是毛羽之衣，可以禦雨雪也。」

樾謹按：此皆臆説，不可以説經。「秦復陶」者，蓋即所謂紕也。《説文·糸部》：「紕，氐人纝也。」紕謂之復陶，猶蚍謂之復陶。《説文·虫部》：「『蝝，復陶也。』劉歆説：蝝，蚍蜉子也。」古人之語，凡聲同者名義即相通。紕與蚍聲同，《廣雅·釋詁》曰：「紕，緣也。」緣與蝝亦聲同，此復陶之名所以得通于紕也。《周書·王會篇》載伊尹爲四方獻令，正西以紕罽爲獻。《後漢·西南夷傳》冉駹夷「能作毞毲」，毞即紕也。秦近西戎，故宜有此。《襄三十年傳》「使爲君復陶」，或亦主爲屩歟？

唯是桃弧、棘矢，以共禦王事。

集解曰：「桃弧、棘矢，以禦不祥。」

樾謹按：古字共與供通，禦與御通。《隱九年傳》「不共王事」、《僖四年傳》「王祭不共」，《釋文》竝曰：「共，本作供。」《文七年傳》「華禦事爲司寇」，《釋文》曰：「禦，本作御。」是其證也。「以共禦王事」者，以供御王事也。《廣雅·釋詁》：「供、奉、獻、御，進也。」供御與奉獻同。如杜解則當云「以共王禦事」，不當云「以共禦王事」矣。

形民之力。

集解曰：「言國之用民，當隨其力任，如金冶之器，隨器而制形，故云形民之力。」

樾謹按：杜釋「形」字，迂迴難通。《後漢書·陳蕃傳》注引此作「刑民之力」，則古本不皆作「形」，必以隨器制形解之，不可通矣。今按：形猶容也，形與容一聲之轉，故古語以「形容」連文。《爾雅·釋詁》：「刑，法也。」《廣雅·釋詁》：「容，法也。」刑與容同義，猶形與容同義也。《説文·土部》：「型，鑄器之法也。」《金部》：「鎔，治器法也。」型與鎔同義，亦猶形與容同義也。「容」字古通作庸，《莊子·胠篋篇》「容成氏」，《六韜·大明篇》作「庸成氏」，是其證也。

《爾雅·釋詁》刑、庸竝訓爲常，刑與庸同義，亦猶形與容同義也。故以聲求之，「形民之力」猶「容民之力」，「容民之力」猶「庸民之力」，傳意止言用民力者不可有醉飽過盈之心耳。不以聲求之，而泥字義以求之，則古書之難解者多矣。

楚公子比、公子黑肱、公子棄疾、蔓成然、蔡朝吴帥陳、蔡、不羹、許、葉之師，因四族之徒，以入楚。（十三年）

樾謹按：「蔓成然」三字當作「觀從」，於事方合。此傳叙楚亂凡有二：薳氏之族及薳居、許圍、蔡洧、蔓成然，因群喪職之族，啓越大夫常壽過作亂，圍固城，克息舟，城而居之，此其一也；觀從、朝吴在蔡，以蔡公之命召子干、子晳而盟于鄧，依陳蔡人以國，又其一也。此當云：「楚公子比、公子黑肱、公子棄疾、觀從、蔡朝吴帥陳、蔡、不羹、許、葉之師，因四族之徒，以入楚。」公子比即子干也，公子黑肱即子晳也，公子棄疾即蔡公也。觀從與朝吴同謀起事，必不當漏。至蔓成然自在息舟，竝不在蔡，安得與朝吴同帥師乎？且下云「因四族之徒」，杜解曰：「四族：薳氏、許圍、蔡洧、蔓成然。」然則蔓成然正四族之一，若既列名於上而又云「因四族之徒」，義不可通矣。故知此文「蔓成然」三字乃「觀從」之誤，所宜訂正也。

先歸復所，後者劓。

集解曰：「劓，截鼻。」

樾謹按：杜解非也。刑有五，豈必專截其鼻乎？劓當讀爲劊，《説文·刀部》：「劊，斷也。」經傳無「劊」字，皆以「劓」字爲之。《周易·困》九五「劓刖」，京房作「劊刖」，是劓與劊古通用。《尚書·多方篇》：「劓割夏邑。」劓割，即劊割也。《盤庚篇》「我乃劓殄滅之無遺育」，枚傳曰：「劓，割也。」《哀十一年傳》「則劓殄無遺育」，杜解亦曰：「劓，割也。」凡訓割之劓，皆「劊」之叚字。此傳曰「先歸復所，後者劓」，言後者則劓殄滅之也。棄疾欲散乾谿之衆，必爲危言以恐愒之，豈徒曰吾將截其鼻而已乎？

王虐而不忌。

集解曰：「靈王暴虐，無所畏忌，將自亡。」

樾謹按：以不忌爲無所畏忌，則與下文意不相屬，故杜加「將自亡」三字以聯貫之，然非傳文所有也。今按：「虐而不忌」者，謂靈王雖暴虐而尚不忌克也。觀其赦芋尹無宇及使穿封戌爲陳公二事，殊有君人之度，異乎晉夷吾之必殺慶鄭者矣，故曰「虐而不忌」，而子干涉五難以弑之，宜其不濟也。

司徒老祁、慮癸僞廢疾。（十四年）

樾謹按：廢當讀爲發，「僞發疾」者，言僞爲疾發也，猶《二十年傳》曰：「華亥僞有疾也。」下文曰「臣願受盟而疾興」，興即發也。若廢疾，則是痼病矣，豈能即愈？乃曰「請待閒而盟」乎？廢與發古字通用。《莊子·列禦寇篇》「曾不發藥乎」，《釋文》曰：「發，司馬本作廢。」《論語·微子篇》「廢中權」，《釋文》曰：「廢，鄭作發。」竝其證也。

任良物官。

集解曰：「物，事也。」

樾謹按：物謂物色之也。《周官·載師職》曰「以物土事」，鄭注曰：「物，物色之以知其所宜之事。」然則「物官」者，亦謂物色之使各當其官也。《成二年傳》「物土之宜」，顧氏《補正》曰：「如《昭三十二年傳》『物土方之物』。」此傳「物」字與彼相近，杜解非也。

庸次比耦以艾殺此地。（十六年）

集解曰：「庸，用也。用次更相從耦耕。」

樾謹按：杜讀「庸次比耦」四字爲句，非也。此當以「庸次比耦以艾殺此地」九字爲句。

庸、次、比三字一義，《方言》曰：「庸、恣、比、侹、更、佚，代也。」庸次比，即庸恣比，言更代相耦以艾殺此地也。古人之文不避煩複，如《襄三十一年傳》「繕完葺牆以待賓客」，亦當以八字爲句，質言之，則但當云「葺牆以待賓客」耳。乃以「葺」上更加「繕完」二字，猶此文於「比」上更加「庸次」二字也。後人不達文義，因并失其句讀，而異説滋多矣。

今兹火出而章。（十七年）

樾謹按：經書「冬，有星孛于大辰」，冬則非火出時也。乃云「今兹火出而章」者，蓋彗星始見，實在此年之夏，史官恐其逐日遷移，不能定其所在，待其既伏而後書之，故書於冬也，此蓋史之舊例。《莊七年公羊傳》「列星不見，何以知夜之中星反也」，何休曰：「反者，星復其位也。」然則待彗星之既伏，而始書「有星孛于大辰」，亦猶待列星之既反，而始書「恒星不見」矣。

鄅人藉稻。（十八年）

樾謹按：左氏原文當作「鄅子藉稻」，故杜解曰：「其君自出藉稻。」正義曰：「其君自出觀行之。」若傳文止曰「鄅人」，而杜氏解爲「其君」，則正義必當有説矣。今作「鄅人藉稻」者，蓋涉下文「鄅人將閉門」而誤。

郲人羊羅攝其首焉。

集解曰：「斬得閉門者頭。」正義曰：「攝訓爲持也。斬得閉門者首，而持其頭。」

樾謹按：此蓋以手相搏而攝持其頭，非斬之也。閉門者既爲所持，不能自脱，郲衆遂乘閒而入耳。正義訓攝爲持，是矣；又云「斬得閉門者首，而持其頭」，則徇杜説而誤。

振除火災。

集解曰：「振，棄也。」

樾謹按：振當讀爲挋。《儀禮・士喪禮》：「挋用巾。」古文挋作振，是振與挋古字通也。《禮記・喪大記》鄭注曰：「挋，拭也。」《爾雅・釋詁》曰：「挋、拭、刷，清也。」是挋與拭、刷同義。「挋除」猶刷除也。杜解未得其義。

莒子奔紀鄣。（十九年）

集解曰：「紀鄣，莒邑也。東海贛榆縣東北有紀城。」

樾謹按：傳末言「七月，丙子，齊師入紀」，不言「入紀鄣」，疑「鄣」乃衍文。《左傳》原文蓋作「莒子奔紀」，紀者，莒邑名也。今作「奔紀鄣」者，涉下「託於紀鄣」而衍也。下文曰：「初，莒有婦人，莒子殺其夫，已爲嫠婦。及老，託於紀鄣，紡焉，以度而去之。」此「鄣」字乃「障」之叚字。《文選·北征賦》注引《蒼頡篇》曰：「障，小城也。」然則紀障猶言紀城。蓋此婦人所居附近紀之城下，故曰「託於紀障」。紀障者，紀之障，猶《十三年傳》曰「遇諸棘闈」，棘闈者，棘之闈也。下文「以度而去之」，解曰：「因防纑，連所紡，以度城而藏之。」是傳文「度」字本謂度城，而傳無「城」字者，蒙上文「障」字而言也。今以紀障爲邑名，則所謂以度而去之者，果何所度乎？其下云「及師至，則投諸外」，不言城外，又曰「子占使師夜縋而登」，不言登城，皆蒙上文「障」字而言也。障、鄣同聲，古得通用。又從邑、從𨸏之字，隸變皆作阝，但以在左在右爲别，而漢隸又往往亂之，如《敦煌長史武斑碑》「領校秘鄭」，鄭即隩字也；《李翕析里橋郙閣頌》，郙即陠字也。然則障之爲鄣，亦猶是矣。阮氏《校勘記》所據木正作「紀障」，乃云「石經、宋本、宋殘本、淳熙本、岳本障作鄣，是也」，則誤以叚字爲正字。又曰「按《説文》『鄣，紀邑也』」，夫紀邑則明非莒邑，安得并而一之乎？

城上之人亦譟。

《釋文》無「城」字，曰：「一本作上之人亦譟[一]。」

樾謹按：此當以無「城」字者爲正。上文云「託於紀鄣」，鄣者，障之叚字，小城也，説見前矣。其下諸句皆蒙此「障」字爲文，曰「以度而去之」者，以度障而去之也；曰「及師至，則投諸外」者，投諸障外也；曰「子占使師夜縋而登」者，縋而登障也。此曰「上之人亦譟」者，障上之人亦譟也。上即障上，猶外即障外，皆蒙「障」字爲文，正左氏文法之變也。今增「城」字，失左氏雅意矣。

以周事子，而歸死於公孟，其可也。（二十年）

集解曰：「周猶終竟也。」

樾謹按：《説文・口部》：「周，密也。」「以周事子」者，以密事子也。蓋宗魯知齊豹欲殺公孟，而不泄其言，所謂周也。宗魯之意，蓋以不泄報齊豹，而又以一死謝公孟，爲兩盡之道矣。杜解非是。下文「不蓋不義」，解曰「以周事豹，是蓋不義」，則得之矣。

[一] 原文「上」字之上有「城」字，今據《春秋左傳正義》删。

是以鬼神不饗，其國以禍，之祝、史與焉。

樾謹按：「之」字衍文也。此當以「鬼神不饗」爲句，「其國以禍」爲句，言其國以之而受禍也。上文曰「是以鬼神用饗，國受其福，祝、史與焉」，與此文正相對。彼云「鬼神用饗」，故此云「鬼神不饗」，彼云「國受其福」，故此云「其國以禍」。後人誤讀「鬼神不饗其國」爲句，因于「禍」下妄增「之」字耳。

翟僂新居于新里，既戰，説甲于公而歸。華姃居于公里，亦如之。（二十一年）

樾謹按：翟僂新既居新里，安得脱甲于公？可疑一也。新里者，華氏所居之邑名，安得因此而遂以公所居爲公里？可疑二也。疑此傳必有錯誤。左氏原文當云「翟僂新居于新里，既戰，説甲而歸于公。華姃居于公，亦如之」。上句「而歸于公」，傳寫誤到其文，下句「居于公」，誤增「里」字，皆非左氏之舊。但自唐石經以下各本皆同，無可訂正耳。

若華氏知困而致死，楚恥無功而疾戰，非吾利也。（二十二年）〔一〕

正義曰：「華氏知困而致死戰，或敗諸侯之師；楚恥無功而疾戰，戰勝則楚獨有功。二者均非吾諸侯之利〔二〕。」

樾謹按：是時楚薳越帥師逆華氏，非與華氏戰者也。「楚恥無功」者，謂不得逆華氏也。楚不得逆華氏，則華氏困而楚師爲無功，於是華氏與楚師勢不容已，在華氏必致死，在楚師必疾戰，并力與諸侯爲難，大非諸侯之利矣。如正義之説，若楚恥無功而與華氏疾戰者，於情事未得也。

王子朝因舊官、百工之喪職秩者，與靈、景之族以作亂。

集解曰：「百工，百官也。」

樾謹按：百工若是百官，則「百工之喪職秩者」，即舊官耳，於文不幾複乎？且下文云「百工叛」，豈百官皆叛乎？疑「百工」之「工」乃「工匠」之「工」。古者國有六職，百工與居一焉，是

〔一〕二十二年，原文脱，今據文例及《春秋左傳正義》補。
〔二〕均，《春秋左傳正義》《春秋左傳注疏》均作「並」。

亦可謂之職秩也。《哀十七年傳》「石圃因匠氏攻公」、《二十五年傳》「褚師比、公孫彌牟、公文要、司寇亥、司徒期，因三匠與拳彌以作亂，皆執利兵，無者執斤」，杜解曰：「斤，工匠所執。」蓋百工居肆，其勢常聚，故四民之中，工匠獨强。王子朝因百工作亂，與衛事正相類，百工非百官也。

士伯御叔孫，從者四人，過郝館以如吏。（二十三年）

正義曰：「御，謂進引也。引叔孫詣於獄也。」

樾謹按：御當讀爲圉，《詩・召旻篇》「我居圉卒荒」，《韓詩外傳》作「我居御卒荒」，是其例也。古御、禦通用。《烝民篇》「不畏彊禦」，《漢書・王莽傳》作「不畏彊圉」；《蕩篇》「曾是彊禦」，《漢書・叙傳》作「曾是彊圉」。然則御之通作圉，猶禦之通作圉矣。圉叔孫以如吏者，囚叔孫以如吏也。《宣四年傳》「圄伯嬴於轑陽而殺之」，杜解曰：「圄，囚也。」與此傳「御叔孫」同義。圄亦圉之叚字也。凡「囹圄」字，依《説文》當作「圉」，而經傳多以「圄」爲之。《釋名・釋宫室》曰：「圄，禦也。」蓋御、禦，圉、圄，皆聲近而義通。孔氏不達叚借之旨，而以「進引」説之，非也。

取其冠法，而與之兩冠，曰：「盡矣。」

集解曰：「既送作冠模法，又進二冠以與之。」

樾謹按：如杜解，則冠法與冠皆叔孫與獻子者，乃一謂之取，一謂之與，何也？且叔孫如晉，亦未必以作冠模法自隨。杜氏所解，殆非傳意。蓋「取其冠法」者，叔孫就獻子取之也。既取得其冠法，乃以兩冠與之，而告之曰「盡矣」，言如此模法者，止有兩冠也。

同德度義。（二十四年）

集解曰：「度，謀也。言唯同心同德，則能謀義。」正義曰：「『同德度義』，《尚書・大誓》文也。劉炫云：案孔安國云：『德鈞則秉義者彊。』杜爲不見古文，故致有此謬。」

樾謹按：劉氏爲《僞古文尚書》所誤，妄規杜失，固不足論矣。惟杜解亦未得傳義。今按：度猶在也，《文十八年傳》曰：「不度於善，而皆在於凶德。」度與在互言之耳，其實一也。不度於善，即不在於善。杜解曰：「度，居也。」《廣雅・釋詁》曰：「在，居也。」是度與在義同也。「同德度義」猶曰同德在義，言所謂同德者，惟在於義耳。子朝躬爲不義，雖甘氏又往，不足爲同德也。下文引《大誓》曰「紂有億兆夷人，亦有離德。余有亂臣十人，同心同德」，正證明「同德在義」之旨。

陽不克莫，將積聚也。

集解曰：「陽氣莫然不動，乃將積聚。」

樾謹按：莫然不動而但謂之「莫」，甚爲不辭。《漢書·五行志》引此傳文蘇林注曰：「莫，莫爾不勝，爲積聚也。」義亦與杜近，殆皆非也。今按：古日暮字止作「莫」，《詩·東方未明篇》「不夙則莫」，毛傳曰：「夙，早也。莫，晚也。」是夙與莫對文。未及其時則爲夙，已過其時則爲莫。日過分而陽猶不克，是陽之不克爲已莫矣，必將積聚而爲旱也，故曰「陽不克莫，將積聚也」，舊解失之。

王子朝用成周之寶珪于河。

《釋文》曰：「于河，本或作沈于河。」

樾謹按：「用成周之寶珪于河」，文義已足，不必更言沈。《僖十九年傳》曰：「宋公使邾文公用鄫子于次睢之社。」《昭十一年傳》曰：「楚子滅蔡，用隱太子于岡山。」竝與此傳「用寶珪于河」文法一律。蓋皆本於莊二十五年經文「用牲于社」，而經文又本於《尚書·召誥》「用牲于郊」也。《史記·周本紀》引傳作「子朝用成周之寶珪沈於河」，疑史公以意加之。《漢書·五行志》作「王子鼂以成周之寶圭湛于河」，即因《史記》之文。《釋文》所載或作之本，蓋後人據《史》

《漢》以改《左傳》也。王氏《經義述聞》反以有「沈」字者爲是，故詳辨之。

生其六氣，用其五行。（二十五年）

正義曰：「因上則天，之下更復本之於天。傳稱天有六氣，此言生其六氣，謂天生之也。用其五行，謂天用之也。」

樾謹按：上文曰「天地之經，而民實則之。則天之明，因地之性」，此承上文而言。若復本之於天，則文義不屬矣。且「其」之云者，指天地也。曰「其六氣」「其五行」，則生之、用之者，明屬人矣。《襄二十七年傳》曰：「天生五材，民竝用之。」此即「用其五行」之義。惟六氣乃天之所生，非人之所生，而云「生其六氣」，義不可解，故孔氏有此説。今按：生者，養也。《周官·大宰》「生以馭其福」，鄭注曰：「生猶養也。」生其六氣，猶曰養其六氣。《國語·周語》曰「所以宣養六氣九德也」，是其義。

氣爲五味。

正義曰：「五行之氣，入人之口爲五味。」又曰：「味之爲異，入口乃知。言氣爲五味，謂氣入口，與下章也、發也者〔一〕，據人知爲文。」

樾謹按：上文言「生其六氣，用其五行」，此即云「氣爲五味」，明即上文之六氣，不得以爲五行之氣也。《元年傳》曰：「天有六氣，降生五味。」與此傳文義正同。蓋五味雖生於五行，然五行亦六氣所生，故言五味者，必推本於六氣也。彼傳於「天有六氣，降生五味」之下曰：「發爲五色，徵爲五聲，淫生六疾。」此傳於「氣爲五味」之下曰：「發爲五色，章爲五聲，淫則昏亂，民失其性。」義皆相近。然則「氣爲五味」與下二句自不一律，必以爲皆據人知而言，亦曲說也。

徵褰與襦。

集解曰：「褰，袴。」正義曰：「以可褰行，故以褰爲袴。」

樾謹按：《説文・衣部》：「褰，袴也。從衣寒省聲。」《手部》：「攐，摳衣也。從手褰聲。」是二字義别。經典皆叚褰爲攐，正義因以叚義爲本義，失之矣。

進胙者莫不謗令尹。（二十七年）

集解曰：「進胙，國中祭祀也。謗，詛也。」

〔一〕者，原文作「皆」，今據《春秋左傳正義》改。

樾謹按：《吕氏春秋·慎行篇》載此事曰：「動作者莫不非令尹。」疑傳文「進胙」乃「動作」之誤。「動」字古文作連，「連作」與「進胙」相似，因而致誤耳。凡國人有所動作者，莫不誹謗令尹，非必祭祀也。杜因傳是「進胙」，因以祭祀釋之，而又訓謗爲詛，以成其義，失之矣，當據《吕氏春秋》訂正。《成十三年傳》「是以有動作禮義威儀之則」、《襄三十一年傳》曰「動作有文」，皆「動作」二字之證。

忿纇無期（二十八年）〔一〕

正義曰：「賈逵云：忿怒狼戾，無有期度。」

樾謹按：《荀子》書每用「綦」字爲「窮極」之義，《王霸篇》「目欲綦色，耳欲綦聲」，楊倞注曰：「綦，極也。」《宥坐篇》曰「綦三年而百姓往矣」，《議兵篇》曰「已朞三年，然後民可信也」，是期與綦義同。「忿纇無期」者，忿纇無極也，賈説未得。

擇善而從之曰比。

樾謹按：「之」字衍文也。「心能制義曰度」以下九句一律，此作「擇善而從之」，則不一律

〔一〕 原文「二」上有「昭」字，今據全書文例删。

矣。《詩·皇矣篇》傳曰:「擇善而從曰比。」是毛公所見本無「之」字。《周書·謚法篇》亦無「之」字,當據以訂正。

豈將軍食之而有不足。

樾謹按:此本作「豈將軍之食而有不足」,言將軍之食自必豐腆,無慮不足也。《晉語》載其言曰「豈主之食而有不足」,正作「之食」,不作「食之」,可據以訂正。

屬厭而已。

集解曰:「屬,足也。言小人之腹飽,猶知厭足,君子之心亦宜然。」

樾謹按:屬之訓足,非古訓也。厭之訓足,則經傳屢見,疑杜氏原文曰「厭,足也」,故即繼之曰「言小人之腹飽,猶知厭足」,傳寫者誤厭爲屬,而義不可通矣。《晉語》亦載此語,韋注曰:「屬,適也。厭,飽也。已,止也。適小飽足,則自節止。」杜義蓋亦與韋同。

官宿其業。(二十九年)

集解曰:「宿,猶安也。」正義曰:「夜宿所以安身,故云『宿猶安也』。服虔云:宿,思也。今日當預思明日之事,如家人宿火矣。」

樾謹按：服、杜二説，義皆迂曲，疑皆非也。《小爾雅·廣詁》曰：「宿，久也。」「官宿其業」，言官久於其職業也。下文曰「世不失職」，即「官宿其業」之義。

又加范氏焉，易之，亡也。

正義曰：「宣子刑書久已廢矣，今復變易興之，以成其滅亡也。劉炫云：范氏取蒐之法以爲國制，雖則爲非，書已廢矣。縱應有禍，亡釁已歇，今荀寅更述其事，又加增范氏之惡焉。范氏已欲免禍，今復改易之而使亡。」

樾謹按：杜氏不解「易」字，正義所説迂曲甚矣。近世學者各爲之説。孔氏廣森讀「易」爲「難易」之易，謂易之亡猶云亡之易，乃到句也，説詳《經學卮言》；王氏念孫謂易有疾速之義，易之亡猶云速之亡，説詳《經義述聞》，視舊説似皆勝之，然加之范氏，何爲而易且速？其義終不可得而通。今按：易者，延也。《詩·皇矣篇》「施于孫子」，鄭箋曰：「施猶易也，延也。」是易與延同義，故有「延易」之語。《爾雅·釋詁》：「弛，易也。」郭注曰：「相延易。」是也。《國語·魯語》曰：「譬之如疾，余恐易焉。」言恐如疫癘之相延易也。此傳「易」字即「余恐易焉」之「易」，言中行寅擅作刑器，宜其亡矣，而所刻者爲范宣子之刑書，是又加范氏焉，必延及范氏而使之俱亡也，故曰「易之，亡也」。下文曰「其及趙氏」，則又不止延及范氏，而并及趙氏矣。説者未得「易」字之義，故失其解耳。

敝邑之少卿也。（三十年）

集解曰：「少，年少也。」

樾謹按：年少之卿謂之少卿，甚爲不辭，杜解非也。古字少與小通，《定十四年傳》「從我而朝少君」，《釋文》曰：「本亦作小君。」正義曰：「少君，猶小君也。」然則少卿亦猶小卿也。靈王之喪，鄭上卿有事，而使印段往，印段非上卿，故曰「小卿」。《禮記・燕義篇》「席，小卿次上卿，大夫次小卿」，是其證。

徐子章禹斷其髮。

集解曰：「斷髮，自刑示懼。」

樾謹按：斷髮，從吴俗，示服也。《哀十三年穀梁傳》曰：「吴，夷狄之國也，祝髮文身。」

子必來，我受其無咎。（三十一年）

集解曰：「言我爲子受無咎之任。」

樾謹按：「受其無咎」，猶保其無咎也。《尚書・召誥》曰：「保受王威命明德。」《儀禮・士冠禮》：「字辭曰：永受保之。」是受與保義相近。

寡君其罪之恐，敢與知魯國之難。

集解曰：「言恐獲不納君之罪。今納而不入，何敢復知邪？」

樾謹按：如杜解，必加「今納而不入」一句，於義方明，不然兩句不屬矣，杜解非也。「寡君其罪之恐，敢與知魯國之難」，猶《昭元年傳》曰「老夫罪戾是懼，焉能恤遠」也，蓋託言晉君，惟恐自蹈罪戾，非恐獲不納君之罪也。又《二十四年傳》曰「老夫其國家不能恤，敢及王室」，文義亦與此同，足徵杜解之非。

不爲義疚。

集解曰：「疚，病也。見義則爲之。」

樾謹按：不爲義疚，其説迂曲，且上文曰「君子動則思禮，行則思義」，此句不應獨承義説。「義」字疑「威」字之誤。此傳曰「不爲利回，不爲威疚」，猶《哀十六年傳》曰「不爲利諂〔一〕，不爲威惕」也。《晉語》曰：「其勇不疚於刑。」即「不爲威疚」之義。《中論·考僞篇》引此傳文亦作

〔一〕 諂，原文作「諂」，今據《春秋左傳正義》改。

「不爲義疚」，則此字之譌久矣。

乃執仲幾以歸，三月，歸諸京師。（定元年）

集解曰：「知以歸不可，故復歸之京師。」

樾謹按：「執仲幾以歸」者，歸之晉侯也。是時晉侯不在會，故先歸諸晉，而後以晉侯之命歸諸京師，正見大夫執人必歸于諸侯，諸侯執人必歸于天子也。杜解非是。

明日，或旆以會。（四年）

集解曰：「或，賤者也。繼旐曰旆，令賤人施其旆，執以從會，示卑鄭。」

樾謹按：《襄十四年傳》曰：「范宣子假羽毛於齊而弗歸，齊人始貳。」此傳之事與彼相同。上文「晉人假羽毛於鄭」，杜謂「借觀之」，然則非借用之也。至明日，而或旆以會矣，是即假而弗歸，諸侯所以貳也。或之言有也，作傳者就鄭人言之，但見昨日所假之羽毛已有人建之，一時莫得其主名，故言或也。或之爲言，非必賤者，謂晉人故使賤人服用之，示卑侮鄭，失其義矣。

所謂臣義而行，不待命者。

正義曰：「臣見義則行，不待君命。」

樾謹按：義當讀爲儀，儀之言儀度也。《有司徹篇》「其脅體，儀也」[一]，鄭注曰：「儀者，儀度餘骨可用者而用之[二]。」然則臣儀而行，謂臣自儀度而行也。古人書「儀」字止作義，見《周官·肆師》鄭司農注。《左傳》多古字，故亦作「義」也，説互詳《隱三年傳》「君義臣行」。

楚人爲食，吴人及之。奔，食而從之，敗諸雍澨。

集解曰：「奔食，食者走。」

樾謹按：食者走而謂之「奔食」，不辭甚矣。此當以「奔」字爲句，言楚人奔也；「食而從之」爲句，言吴人食楚人之食，食畢而遂從之也。於文當云「楚人奔，吴人食而從之」，蒙上文而省「楚人」「吴人」四字耳。

〔一〕 有司徹，原文作「少牢下」，今據《儀禮注疏》改。

〔二〕 《儀禮注疏》無「者」字。

王使執燧象以奔吴師。

集解曰：「燒火燧繫象尾，使赴吴師，驚卻之。」正義曰：「『執燧象』者，既繫火於尾，執而牽向吴師，乃放之。」

樾謹按：繫火於尾，象必驚逸，豈復人力所能執？「執」疑「爇」之壞字。《説文・火部》：「爇，燒也。」傳云「爇燧象」，故杜解云「燒火燧繫象尾」，「燒」字正解「爇」字，是杜所據本未誤也。

我必復楚國。

集解曰：「復，報也。」

樾謹按：此「復」字當讀爲「傾覆」之覆。《國語・魯語》「夕而習復」，韋注曰：「復，覆也。」《論語・學而篇》「言可復也」，孔注曰：「復猶覆也。」是復、覆聲近義通。《周易・乾傳》「反復道也」，《釋文》曰：「本亦作反覆。」是其證也。「我必復楚國」，言我必傾覆楚國也。《哀八年傳》曰「今子以小惡而欲覆宗國」，彼作「覆」者，正字；此作「復」者，叚字耳。故申包胥答之曰：「子能復之，我必能興之。」若訓復爲報，則復之與興之意不相對矣。

季平子行東野。（五年）

集解曰：「東野，季氏邑。」

樾謹按：東野猶言東鄙也。野與鄙同義。《桓十一年公羊傳》「遷鄭焉而野留」，《周官·大司徒》注引作「鄙留」，是也。《孟子·萬章篇》曰：「齊東野人之語也。」是齊亦有東野之名，魯之東野猶是矣。東野之名所包者廣，下文曰「既葬，桓子行東野及費」，蓋費亦東野之一邑也。傳稱「平子行東野，還，未至，卒于房」，疑是巡行未竟，遇疾而還，故既葬之後，桓子復行之。若從杜解，以東野爲季氏之一邑，則平子既行之，桓子何必復行之乎？

魯人聞余出，喜于徵死。（八年）

集解曰：「徵，召也。陽虎召季氏于蒲圃，將殺之，今得脱，必喜于召死〔一〕。」

樾謹按：「喜于徵死」，文不成義。徵疑「救」字之誤。《襄十九年傳》「今將借人之力以救其死」，《昭十七年傳》「請藉取之以救死」，皆其證也。「喜于救死」者，喜于免死也。救與徵字形微似，又涉上文「違之徵死」而誤耳。杜據誤本而爲解，失之迂曲矣。

〔一〕《春秋左傳正義》《春秋左傳注疏》「于」上均有「故言喜」三字。

東郭書讓登。（九年）〔一〕

集解曰：「登城非人所樂，故讓衆使後，而己先登。」

樾謹按：己先乎人，非遜讓之道，杜解非也。《説文・言部》：「讓，相責讓也。」《廣雅・釋詁》：「讓，責也。」然則「讓登」者，責衆人使登城也。《隱十一年傳》：「瑕叔盈又以蝥弧登，周麾而呼曰：『君登矣。』」此即讓登之類也。犂彌從之，曰：「子讓而左，我讓而右。」蓋二人分行城上督率之。又曰「使登者絶而後下」，則其使衆人畢登，明矣。下文曰「書左，彌先下」，蓋犂彌欲以先入爲己功，故以此語欺書。合觀前後文，竝無遜讓之道。杜云「彌遂自先下，亦讓也」，皆謬説也。古推讓字作「攘」，《説文・手部》：「攘，推也。」而經傳每叚「責讓」之「讓」爲「推攘」之「攘」，杜因失其義耳。傳於此事後又載東郭書與王猛語，至歛甲欲擊猛，故衛褚師圃謂「齊師克城而驕」，而杜反謂「齊師和，所以能克」，誤解一字而傳義盡失矣。

吾從子，如驂之靳。

集解曰：「靳，車中馬也。猛不敢與書争，言己從書，如驂馬之隨靳也。」正義曰：「《説文》

〔一〕九年，原文脱，今據文例及《春秋左傳正義》補。

云：『靳，當膺也。』則靳是當胸之皮也。驂馬之首，當服馬之胸，胸上有靳，故云我之從子，如驂馬當服馬之靳。杜言『靳，車中馬也』，言靳是中馬之駕具，故以靳表中馬。」

樾謹按：「如驂之靳」，猶云如驂與靳也。《文十一年傳》「皇父之二子死焉」，賈注曰：「皇父與穀甥、牛父三子皆死。」杜義亦同，然則之猶與也。此傳之義杜與正義不同，不得牽合爲一。如杜説，則靳即服馬也，謂如驂馬與服馬也；如孔説，則靳是當胸之皮也，謂如驂馬之首與服馬之胸也，義皆可通。至《詩·小戎篇》釋文引沈重《音義》云：「靳者，言無常處，游在驂馬背上，以驂馬外轡貫之，以止驂之出。」引《左傳》云：「如驂之有靳。」此乃別是一説，陸氏蓋不之從，故於此傳云：「本或作如驂之有靳，非也。」王氏《經義述聞》謂三説不同，「靳」上皆當有「有」字，失之甚矣。

使死士再禽焉，不動。（十四年）

集解曰：「使敢死之士往，輒爲吴所禽。欲使吴師亂取之，而吴不動。」

樾謹按：如杜解，則當云「使死士再爲之禽」，文義方明。且吴人既不動矣，又何以云「輒爲吴所禽」乎？然則杜解非也。禽謂禽吴之士卒也。蓋句踐使敢死之士再犯吴陣，禽其前列者以歸，欲使吴師驚亂，而吴竟不動，是其整也。顧氏《補正》引傅氏曰：「禽如鷙鳥之發，急持以衝其陳。」蓋亦知杜解之未安，然既以爲「禽鳥」字，又以爲「捡持」字，其説仍未明也。

八人衰絰，僞自衛逆者。（哀二年）

集解曰：「欲爲衛人逆，故衰絰成服。」

樾謹按：此傳古本當作「爲自衛逆者」，故杜解如此，然其義非也。《史記》注引服虔曰：「衰絰，爲若從衛來迎太子也。」則服本亦作「爲」而讀作「僞」。爲、僞古通用，其字作爲，其義作僞，斯兩得矣。

庶人工商遂。

集解曰：「得遂進仕。」

樾謹按：遂即進也，《周易·大壯》上六曰：「不能退，不能遂。」《老子》曰：「功遂身退。」竝以退與遂爲對文。虞翻注《周易》曰：「遂，進也。」「庶人工商遂」者，言能克敵則進之於朝也。杜不知遂即爲進，而曰「得遂進仕」，則於「遂」下又增出「進」字矣。

羅無勇，麇之。

集解曰：「麇，束縛也。」

樾謹按：《八年傳》曰「麇之以入」，杜解曰：「麇，亦束縛。」此兩「麇」字實皆「囷」之叚字也。囷爲圜廩，其字從禾在囗中，故《釋名·釋宫室》曰：「囷，綣也，藏物繾綣束縛之也。」是「囷」有束縛之義。《説文·禾部》有「稛」篆曰：「豢束也。」實則豢束者，囷之引申義，而稛者，囷之變體也。囷既從禾，稛又從禾，重複無理，其爲後出字明矣。古無「稛」字，故或叚麇爲之。麇從鹿，從囷省聲，籀文作麕，其聲同，故其義通也。《廣雅·釋詁》稛與圞竝訓束。圞，即麕也。《廣韵·十八吻》：「麇，丘粉切。」引《左傳》「無勇麇之」，此乃後人不明叚借之例，妄造此從糸之字。惠氏棟《補注》反疑麇、麇字通，失之甚矣。

官人肅給。（三年）

樾謹按：「官人」當爲「館人」。《儀禮·士喪禮》「管人汲」，鄭注曰：「管人，有司主館舍者。」《釋文》曰：「管，如字。劉又音官。」然則官人之即館人，此可證矣。古官、館同字，説互詳《襄十六年》「改服修官」〔一〕。

〔一〕服，原文作「物」，今據《春秋左傳正義》改。

蔡昭侯將如吴，諸大夫恐其又遷也，承。（四年）〔一〕

集解曰：「承音懲，蓋楚言也。」

樾謹按：承當爲乘，聲之誤也。《顔氏家訓·音辭篇》引劉昌宗《周官音》「讀乘若承」，是也。上言「蔡昭侯將如吴，諸大夫恐其又遷也」，下言「公孫翩逐而射之，入于家人而卒」。夫昭侯不出，公孫翩何從逐而射之？故知此「承」字當讀爲「乘」，乘謂乘車也。昭侯乘車，即將如吴，公孫翩因於其啓行之時作亂耳。自「乘」字誤爲「承」，而當日情事不見，下句「逐」字亦無因矣。

辟君之執事。（七年）

集解曰：「辟，陋。」

樾謹按：辟者，遠也。《吕氏春秋·慎行論》曰「晉之霸也，近於諸夏，而荆僻也，故不能與争」，高注曰：「僻，遠也。」僻、辟古通用。「辟君之執事」者，遠君之執事也，言以君之執事爲遠，而無所畏忌也。上文曰「魯弱晉而遠吴」，是也。杜訓辟爲陋，未得其義。

〔一〕 四年，原文脱，今據文例及《春秋左傳正義》補。

若夏盟於鄟衍。

集解曰：「鄟衍，即鄟也。」

樾謹按：《襄二十五年傳》「井衍沃」，《釋文》引賈逵曰：「下平曰衍。」《釋名·釋地》曰：「廣平曰原，高平曰陸，下平曰衍。」然則「鄟衍」者，以其地下平，故名之也。「鄟衍」之即爲鄟，猶清原之即爲清。《僖三十一年傳》「晉蒐于清原」、《宣十三年傳》「赤狄伐晉，及清」，杜解曰：「清，一名清原。」蓋鄟也、清也，乃其本名也，因其爲廣平之原，而謂之「清原」；因其爲下平之衍，而謂之「鄟衍」，其義一也。《僖二十九年傳》「舍于昌衍之上」，杜解曰：「魯縣東南有昌平城。」昌衍之衍，蓋亦以下平得名，故又謂之昌平矣。

從之固矣。（十二年）

樾謹按：固猶必也。《襄二十七年公羊傳》「我即死，女能固納公乎」、《戰國策·秦策》「王固不能行也」，何休、高誘注竝曰：「固，必也。」「從之固矣」，猶曰從之必矣。《襄三十一年傳》：「公作楚宫，穆叔曰：《大誓》云：『民之所欲，天必從之。』」與此傳義正相近，言衛侯效夷言，終必死于夷也。顧氏《補正》曰：「固，如『與人而不固』之固。」非是。

叔孫氏之車子鉏商獲麟。（十四年）

集解曰：「車子，微者。鉏商，名。」正義曰：「杜以『車子』連文，爲將車之子，故爲微者。鉏商是其名也。《家語》說此事云：『叔孫氏之車士曰子鉏商。』王肅云：『車士，將車者也。子，姓。鉏商，名。今傳無「士」字。』服虔云：『車，車士，微者也。子，姓。鉏商，名。』以子爲姓，與杜異。」

樾謹按：《漢書·古今人表》有「子鉏商」，杜以「車子」連讀，誠非古義矣。服虔以車爲車士，而後出之《家語》從之，王肅遂以「將車者」釋之，則未得服意也。今按：魯自作中軍以來，國之車乘皆歸三家。《襄十一年傳》正義曰「往前民皆屬公，國家自有二軍，若非征伐，不屬三子，故三子自以采邑之民爲己私乘，如子産出兵車十七乘之類。今既三分公室〔一〕，所分得者即是己有，不須更立私乘」云云，是其事也。至昭五年毁中軍，四分公室，季氏擇二，二子各一，皆盡征之，則車乘之悉屬私家，更不待言矣。《定八年傳》：「戒都車曰：『癸巳至。』」此即季孫氏之車也。西狩之時，三家之車咸在，而子鉏商則屬叔孫氏者也，故以「叔孫氏之車」冠之。服虔釋爲車

〔一〕《春秋左傳正義》《春秋左傳注疏》「今」上有「是其私家車乘也」句。

士，車士即謂之車，猶甲士即謂之甲。《公羊·閔二年傳》「桓公使高子將南陽之甲」，是其例也。王肅以爲將車者，失其義矣。至「子鉏商」三字，服虔以子爲其姓，則亦非是。古婦人稱姓，男子稱氏族，未有男子而稱姓者也。傳文所稱如「子儀克」「子越椒」之類，上二字皆其字；如「子人九」「子服何」之類，上二字皆其氏。此傳以「子鉏商」連文，「子鉏」二字或字或氏，未可知也。

子我夕。

集解曰：「夕，視事。」

樾謹按：人臣見於君，朝見謂之朝，莫見謂之夕。《昭十二年傳》「子革夕」，杜曰：「夕，莫見。」是也。此傳「子我夕」亦當與彼同。蓋子我將夕見公，適遇陳逆殺人，遂執之以入也。《史記》注引服虔曰：「子我將往，夕有事於君，而逢逆之殺人也。」「夕有事於君」，即是夕見君，杜改爲「夕視事」，失之矣。

所難子者。

集解曰：「言雖誅魋，要不負言，使禍難及子。」

樾謹按：傳言「難子」，不言「使難及子」，杜解非也。《周官·典瑞》「穀圭以和難」，鄭注曰：「難，仇讎。」又《調人》「掌司萬民之難而諧和之」，注曰：「難，相與爲仇讎。」然則「難子」猶讎子也，言與子爲讎，則上有天，下有先君也。《戰國策・中山策》「陰簡難之」，注曰：「難，惡也。」亦與仇讎義相近。

迫孔悝於廁，强盟之。（十五年）

樾謹按：廁當讀爲側。《漢書・張釋之傳》「上居外臨廁」，師古曰：「廁，岸之邊側也。」《汲長孺傳》「大將軍青侍中，上踞廁視之」，孟康曰：「廁，牀邊側也。」疑皆古文叚廁爲側，師古于《汲長孺傳》必從如淳之説，以廁爲溷，非其理也。此傳曰「迫孔悝於廁，强盟之」，蓋亦邊側之義。孔悝見衆至，必走避之，故迫之至邊側之處，使無可走避，乃得與之盟也。《釋文》「廁，音初吏反」，未得其旨。

欒寧將飲酒，炙未熟，聞亂，使告季子。召獲駕乘車，行爵食炙，奉衛侯輒來奔。

集解曰：「季子，子路也，爲孔氏邑宰。召獲，衛大夫，駕乘車者，不欲戰。」正義曰：「丘明爲傳，雖詳於當時，而此太煩碎，計欒寧飲酒，無可記録。又此句顛到，辭義不允。若倒此一句，則上下各自相連，當是後來誤耳。」

樾謹按：杜以「召獲」二字連讀爲人名，而解爲衛大夫，則是召獲自駕車，奉衛侯出奔，而「行爵食炙」四字遂無著矣，正義所謂辭氣顛倒也。然如正義之説，移此於「召獲駕乘車」之上，則是欒寧告季子之後，遂自行爵食炙，而此後更無一事，然則欒寧之飲食，何必屑屑及之乎？今按：獲者，人名，而非衛大夫，蓋與季子同仕於孔氏者也。召者，欒寧召之也。欒寧將飲酒，炙未熟而聞亂，于是使告季子，又召獲使駕乘車。其告季子也，蓋將使之救孔悝；而其召獲駕車，則將奉輒出奔也。部署既定而炙亦熟，遂飲食之，而奉衛侯來奔，非獨獲奉之，乃欒寧奉之也。其後叙季子入事，止有公孫敢而欒寧不見，則其與輒俱出，可知矣。

方天之休。（十六年）

集解曰：「言天方授爾以休。」

樾謹按：《詩·鵲巢篇》「維鳩方之」，毛傳曰：「方，有之也。」然則「方天之休」者，欲其保有天之休命也。杜解非是。

晉人使諜於子木，請行而期焉。

樾謹按：「而」字衍文也，左氏原文本作「請行期焉」。《昭七年傳》曰：「君若不來，使臣請問行期。」與此傳文義相似，今衍「而」字，則文不成義矣。杜解曰：「請行襲鄭之期。」是其所據本未衍「而」字。

復言，非信也；期死，非勇也。

集解曰：「期，必也。」

樾謹按：上文曰「吾聞勝也，好復言，而求死士」，此云「復言，非信；期死，非勇」，皆承上文而言。復言謂好復言也，期死謂求死士也。期與求古音相近。《禮記·學記篇》：「良冶之子必學爲裘，良弓之子必學爲箕。」以裘與箕爲韵，是其例也。據《説文》求、裘同字，而《詩·終南篇》裘與梅、哉韵，《七月篇》裘與貍韵，《大東篇》裘與來、服、試韵，言古韵者遂以求、裘爲異字異音，則大不然。《周書·酆保篇》：「令之有求，遂以生尤。」考「尤」字，《詩·載馳篇》與思、之爲韵，然則「求」字古音未始不與「裘」同也。此傳前云「求死士」，後云「期死」，文異而義同，「求」字古音因可考見矣。

六卿三族降聽政。（二十六年）

集解曰：「降，和同也。」

樾謹按：杜以「降聽政」有降以相從之義，故以「和同」釋之，其實非也。「降聽政」即共聽政。《尚書·禹貢篇》「北過降水，至于大陸」，《水經注》引鄭注曰：「今河内北共山，淇水、共水出焉，東至魏郡黎陽入河，近所謂降水也。降讀當如『郕降於齊師』之降。蓋周時國於地者，惡言降，故云共耳。」此降與共聲近之證。《離騷》曰：「五子用失乎家巷。」楊雄《宗正箴》曰：「五子家降。」降之通作共，猶降之通作巷，巷字從共得聲也。下文曰「三族共政，無相害也」，「降聽政」即是共政，前用叚字，後用正字耳。

奉喪殯于大宮。

樾謹按：大宮者，宋之祖廟也。《宣十二年傳》「卜臨于大宮」，杜解曰：「大宮，鄭祖廟。」宋之大宮，猶鄭之大宮也。「殯于大宮」者，宋人用殷禮也。《禮記·檀弓篇》曰「殷朝而殯于祖」，是其事矣。《僖八年》及《襄四年傳》竝曰「不殯于廟」，疑傳家據殷禮言之。

群經平議卷二十八

春秋外傳國語一

商王帝辛，大惡於民。（《周語》）

韋解曰：「大惡，大爲民所惡。」

樾謹按：下句「庶民弗忍」，始以民言，若此句已言「大爲民所惡」，則不必更言「庶民弗忍」矣。「大惡於民」猶云大虐於民也。《廣雅・釋詁》曰：「虐，惡也。」是惡與虐同義。

其無乃廢先王之訓，而王幾頓乎？

解曰：「幾，危也。頓，敗也。」

樾謹按：「幾」乃語詞。《易・小畜》上九「月幾望」，虞注曰：「幾，其也。」「王幾頓乎」，猶言王其頓乎。頓者，勞罷之意。《戰國策・秦策》「吾甲兵頓」，高誘注曰：「頓，罷也。」穆王廢先王之典而勤兵以遠，故言王其頓乎。下云「得四白狼、四白鹿以歸」，是穆王此行未嘗危敗。若從韋解，則祭公所言爲已甚矣。

近臣盡規。

解曰：「盡規，盡其規以告王也〔一〕。」

樾謹按：韋解「盡」字未得其義。盡者，進也。《爾雅・釋詁》：「藎，進也。」藎、盡義通。《漢書・高帝紀》「主進」，師古注曰：「進，字本作賮，又作贐，音皆同耳。古字叚借，故轉而爲進。」然則「進規」之爲「盡規」，猶「主賮」之爲「主進」也。韋氏以本字讀之，失其義矣。

而後王斟酌也。

解曰：「斟，取也。酌，行也。」

樾謹按：韋以「斟酌」爲取而行之，此非古義也。《白虎通・禮樂篇》：「周公曰《酌》，言周公輔成王，能斟酌文武之道而成之也。」《説文・女部》：「妁，酌也，斟酌二姓者也。」然則「斟

〔一〕《國語》「規」下有「計」字。

酌」乃古時常語，蓋斟、酌本雙聲字。《廣雅・釋詁》曰：「斟，酌也。」是二字同義。凡酌酒不可太過，亦不可不及，貴適其中。孔明《出師表》曰：「斟酌損益。」以「斟酌」與「損益」竝言，最得古人語意。此傳所謂斟酌者，蓋合公卿以下諸人之言而可否之、去取之也。今俗語凡度量事物皆曰「斟酌」，乃古語之存者。

夫王人者，將導利而布之上下者也。

解曰：「導，開也。」

樾謹按：導與道同。《法言・問道篇》曰：「道也者，通也。」故導亦爲通。上文「是故爲川者決之使導」，注曰：「導，通也。」下文「川，氣之導也」，注曰：「導，達也。」達亦通也。然則「導利而布之」者，通利而布之也。韋訓爲開，於義稍迂。

夫事君者，險而不懟。

解曰：「在危險之中不當懟。」

樾謹按：如韋義，則與下句「怨而不怒」不一律矣。「險而不懟」，疑當作「慊而不懟」。《淮南子・齊俗篇》「衣若縣衰而意不慊」，高注曰：「慊，恨也。」慊而不懟，言雖恨而不懟，正與下句「怨而不怒」同義。古字險與隒通。《爾雅・釋山篇》釋文引《字林》曰：「隒，山形似重甑。」

《集韵》引《字林》曰：「險，山形如重甑。」是其證也。險與隒通，故亦與慊通矣。

廩於藉東南，鍾而藏之，而時布之於農。

解曰：「廩，御廩，一名神倉。東南，生長之處。鍾，聚也。謂爲廩以藏王所藉田，以奉齍盛。布，賦也。」

樾謹按：上文曰：「是日也，瞽帥、音官以省風土。」是日，即耕藉之日也。此承上文而言，則亦與同日可知。是時甫耕，未及收也，何遽及此？且王所藉田以奉齍盛，何以布之於農乎？竊疑「廩於藉東南，鍾而藏之，而時布之」，此十三字爲錯簡，當在下文「耨穫亦如之」之下，「於農」二字爲衍文，涉下句「民用莫不震動，恪恭於農」而衍也。當云「耨穫亦如之，廩於藉東南，鍾而藏之，而時布之，民用莫不震動，恪恭於農」，如此則文義自順矣。簡策錯亂，誤入上文，幸衍「於農」二字，轉可因以訂正耳。

司商協名姓〔一〕。

解曰：「司商，掌賜族受姓之官。商，金聲，清。謂人始生，吹律合之，定其姓名。」

〔一〕 名，《國語》作「民」。

樾謹按：聲有五，不當獨舉商之一聲以名官也。商當讀爲章，古音相近。《尚書・粊誓》「我商賫女」，《釋文》曰：「商，徐邈音章。」又《水經・漯水》注：「商、漳聲相近。」竝其證也。《漢書・律曆志》曰：「商之言章也。」是二字聲近義通。《呂氏春秋・勿躬篇》「臣不如弦章」，《韓子・外儲説篇》作「弦商」。《僖二十五年左傳》杜注曰：「商密，今南陽丹水縣。」《續漢書・郡國志》：「南陽郡丹水有章密鄉。」竝古字通用之證。《説文・音部》：「章，樂竟爲一章。從音十。十，數之終也。」然則司樂者謂之司章，正取樂竟爲一章之義。因叚「商」爲之，學者遂不得其解矣。

陽失而在陰。

解曰：「在陰，在陰下也。」

樾謹按：「在陰下」而但曰「在陰」，文義未了。在當讀爲載，載從𢦏聲，在從才聲，亦或從𢦏聲。《州輔碑》：「𢦏貴不濡。」在作𢦏，是其證也，故在、載古得通用。陽失而載陰，謂陽在陰下，以陽載陰也。

淫而得神，是謂貪禍。

解曰：「以貪取禍。」

樾謹按：如韋義，則與上文「道而得神，是謂逢福」不一律矣。貪當讀爲探。《釋名・釋言語》曰：「貪，探也。」是貪與探聲近而義通。《後漢書・郭躬傳》「捨狀以貪情」，章懷注曰：「貪與探同。」是其證也。《爾雅・釋詁》曰：「探，取也。」探禍，猶言取禍也。韋不知貪爲探之叚字，其義即爲取，乃曰「以貪取禍」，失之矣。

拜不稽首，誣其王也。

解曰：「誣，罔也。」

樾謹按：拜不稽首，乃不敬，非誣罔也。「誣」蓋「輕」字之誤。古書從巫、從巠之字，往往相溷。《顏氏家訓・書證篇》所謂「巫混經旁」，是也。《大戴記・曾子立事篇》「喜之而觀其不誣也」，《周書・文王官人篇》作「喜之以物，以觀其不輕」。《戰國策・韓策》「輕強秦之禍」，《韓子・十過篇》作「輕誣強秦之禍」，蓋「誣」即「輕」字之誤而衍者，竝其證也。拜不稽首，故爲輕其王。下文云「誣王無民」，又云「故晉侯誣王，人亦將誣之」，諸「誣」字皆當作「輕」。韋據誤本作注，失其義矣。

樹於有禮，艾人必豐。

解曰：「樹，種也。艾，報也。豐，厚也。」

樾謹按：艾之訓報，其義未聞。《詩·鴛鴦篇》「福禄艾之」、《南山有臺篇》「保艾爾後」，毛傳竝曰：「艾，養也。」此「艾」字亦當訓養，蓋從上句「樹」字生義。凡樹蓺五穀及蔬果之類，皆所以養人，故曰「樹於有禮，艾人必豐」。又《晉語》曰「樹於有禮，必有艾」，義亦同此，言必得其養也。韋訓爲報，雖於語意未失，恐非古訓。

且夫兄弟之怨，不徵於他。

解曰：「徵，召也。他，謂狄人。」

樾謹按：徵猶證也。《禮記·中庸篇》「雖善無徵」，又曰「徵諸庶民」，鄭注曰：「徵，或爲證。」是徵、證義通。「不徵於他」，言兄弟雖有怨，不就他人而證驗其是非也。韋注失之。

王而蔑之，是不明賢也。

解曰：「蔑，小也。」

樾謹按：《詩·桑柔篇》「國步蔑資」，鄭箋曰：「蔑，猶輕也。」《周易·剥》六二「蔑貞凶」，《釋文》引鄭注曰：「蔑，輕慢。」然則「蔑之」猶輕之也。《説文·心部》：「懱，輕傷也。」蔑即懱之叚字，韋訓爲小，失其旨矣。下文「單襄公聘于宋」章曰「是蔑先王之官也」，蔑亦輕慢之意。韋訓爲欺，亦非是。

叔父若能光裕大德，更姓改物，以創制天下，自顯庸也。

解曰：「創，造也。庸，用也。謂爲天子創造制度〔一〕，自顯用於天下。」

樾謹按：韋解「創制」「顯庸」，竝未得其旨。創、制二字同義。創，造也。《孟子·梁惠王篇》「可使制梃」，趙注曰：「制，作也。」作亦造也，故《論語·憲問篇》「裨諶草創之」，《釋文》曰：「創，制也。」然則創、制一也，「創制天下」，猶言創造天下耳。顯、庸二字亦同義。顯，明也；庸讀爲融。《鄭語》「命之曰祝融」，韋解曰：「融，明也。」下文「穀、洛鬭」章：「顯融昭明。」彼作融者，正字；此作庸者，叚字。然則顯、庸亦一也，「自顯庸」，猶言自顯明耳。韋氏解「顯融」曰：「融，長也。」亦失其旨。「顯融」與「昭明」止是一義。

余敢以私勞變前之大章〔二〕。

解曰：「章，表也。所以表明天子與諸侯異物也。」

樾謹按：《廣雅·釋器》曰：「章，程也。」下文「隨會聘於周」章曰：「將以講事成章。」韋注

〔一〕創，原文脱，今據《國語》韋昭注補。

〔二〕《國語》「敢」上有「何」字。

亦曰：「章，章程也。」是章與程同義。《詩·小旻篇》「匪先民是程」，毛傳曰：「程，法也。」然則大章猶大法也，謂以私勞變前人之大法也。韋注非是。

五色精心。

解曰：「五色之章，所以異賢不肖，精其心也。」

樾謹按：精當讀爲旌，精從青聲，青從生聲，旌亦從生聲，故聲近而義通。《釋名·釋兵》曰：「旌，精也，有精光也。」《列子·説符篇》「東方有人焉，曰爰旌目」，《後漢書·張衡傳》注引作「爰精目」，是二字相通之證。「五色旌心」與下句「五聲昭德」一律，言五色所以旌表其心，五聲所以昭明其德也。上文「賜晉惠公命」章曰：「故爲車服、旗章以旌之。」韋注曰：「旌，表也。」正得其義。此文作「精」者，叚字耳。

宗祝執祀。

解曰：「宗，宗伯。祝，大祝也。執祀，賓將有事於廟，則宗祝執祭祀之禮。」

樾謹按：賓雖有事於廟，然非祭祀也，何以執祭祀之禮乎？「執祀」，疑當作「執禮」。《禮記·文王世子篇》：「秋學禮，執禮者詔之。」《雜記篇》：「女雖未許嫁，年二十而笄，禮之，婦人執其禮。」《論語·述而篇》：「子所雅言，《詩》、《書》、執禮，皆雅言也。」竝「執禮」二字之證。

「宗祝執禮」，言賓至則宗祝執其禮也。古文「禮」字作「礼」，與「祀」字相似，因誤爲「執祀」矣。

棄衮冕而南冠以出，不亦簡彝乎？

解曰：「簡，略也。彝，常也。言其棄禮，簡略常服也。」

樾謹按：以「簡彝」爲簡略常服，文義未安。《爾雅·釋詁》曰：「夷，易也。」彝與夷古通用，「簡彝」即簡易。棄衮冕而南冠以出，是簡易也，故曰「不亦簡彝乎」。

寬肅宣惠，君也。

解曰：「宣，偏也。」

樾謹按：《説文·心部》：「愃，寬閑心腹貌。從心宣聲。《詩》曰：『赫兮愃兮。』」今《毛詩》作「咺」，《釋文》引《韓詩》作「宣」，蓋愃、咺、宣三字聲近而義通，是宣有寬義也。又《長發篇》「玄王桓撥」，毛傳曰：「桓，大也。」宣與桓亦聲近而義通。《易林·需之萃》曰「大口宣舌」，《大有之蠱》曰「大口宣脣」，皆其證也。《文十八年左傳》曰：「宣慈惠和。」「宣惠」與「宣慈」義正相近。蓋「宣」有寬大之義，故配慈、惠言之。韋訓宣爲偏，雖本《爾雅》，然下文曰「教施而宣則偏」，若從韋解，是教施而偏則偏矣，豈可通乎？

魯執政唯强，故不歡焉，而後遣之。

解曰：「魯執政之人唯畏其强禦，難距其欲，故不歡説而後遣之。」

樾謹按：如韋義，則當云「唯畏其强」，不得但云「唯强」，注義非也。「魯執政唯强」，即指叔孫僑如而言。僑如於魯亦卿也，故以執政言之。王孫説之意，蓋謂魯執政之臣皆强，故君雖不歡，而不得不從其請耳。

且夫戰也微謀，吾有三伐。

解曰：「微，無也。言軍無計謀。」

樾謹按：韋解「微謀」二字，未得其旨。謀即上文「五勝」「五敗」之説，乃郤至之謀也〔一〕。二句承上以起下，「微」字、「有」字相應，正見郤至自伐其功，有悉數難終之意。

〔一〕郤，原文作「卻」，今據清經解續編本《群經平議》改。下同。

夫仁、禮、勇，皆民之爲也。

解曰：「民力所爲。」

樾謹按：仁、禮、勇三者，非民力所爲也。「民」疑「義」字之誤。下文曰「以義死用謂之勇，奉義順則謂之禮，畜義豐功謂之仁」，是三者皆以義爲本，故曰「夫仁、禮、勇，皆義之爲也」。「義」字缺壞，但存其下「我」字，因誤爲「民」耳。

制朝以序成。

解曰：「序，次也。朝不越爵，則政成。」

樾謹按：上句曰「制戎以果毅」，果、毅二字平列，則序、成二字亦平列，不當如韋氏所解也。蓋序、成二字同義。序，次也；成亦次也。言制朝廷之位，則以次弟也。《儀禮·覲禮篇》鄭注曰：「成猶重也。」《爾雅·釋丘》曰：「丘一成爲敦丘。」《吕氏春秋·音初篇》曰：「九成之臺。」郭璞、高誘注竝與鄭同。《廣雅·釋詁》亦曰：「成，重也。」凡相重者即有相次之義。成之義爲重，故亦爲次，猶序之義爲次，而亦爲重也。《史記·趙世家》「序往古之勳」，正義曰：「序，重也。」足證其義之通矣。又上文「穆王將征犬戎」章曰：「有不祭則修意，有不祀則修言，有不享則修文，有不貢則修名，有不王則修德，序成而有不至則修刑。」「序成」二字義亦當與此同，言依此次弟而有不至也。「序成」蓋古語，後人不得其解耳。

步言視聽，必皆無讁。

解曰：「讁，譴也。」

樾謹按：無讁，猶無咎也。上文「秦師將襲鄭」章曰：「秦師必有讁。」韋注曰：「讁，猶咎也。」讁即謫之異文。《漢書・五行志》引此文亦作「謫」。

視遠，日絶其義。

解曰：「言日日絶其宜也。」

樾謹按：「視遠，日絶其義；足高，日棄其德；言爽，日反其信；聽淫，日離其名。」四「日」字均當作「曰」，猶云是謂絶其義，是謂棄其德，是謂反其信，是謂離其名也。日、曰二字形似易混，故陸氏《釋文》遇此二字每加音以别之。《周易・大畜》九三「曰閑輿衛」〔一〕，《釋文》云：「曰，音越，鄭人實反。」《詩・七月篇》「曰爲改歲」，《釋文》云：「曰，音越，一讀人實反。」如此之類，并兩存其讀矣。

〔一〕 三，原文作「二」，今據《周易正義》改。

厚味實腊毒。

解曰：「腊，亟也，讀若廟。昔酒焉，味厚者，其毒亟也。」

樾謹按：《文選·七命》注引賈逵曰：「腊，久也。言味厚者其毒久也。」此說視韋解爲長。古昔、腊同字。《詩·墓門篇》「誰昔然矣」，毛傳曰：「昔，久也。」故腊亦久也。《鄭語》曰：「毒之酋腊者，其殺也滋速。」此「腊」字亦當訓久。《周禮·酒正》「二曰昔酒」，鄭注曰：「昔酒，今之酋久、白酒。」酋腊即酉久也。久則有積滯之義，故久與積義相通。《漢書·嚴助傳》注曰：「積，久也。」「厚味實腊毒」，言味厚則毒積也。《説文·水部》：「淯，所以攤水也。」毒積謂之腊，猶水積謂之淯矣。

吾聞之《大誓故》曰：「『朕夢協于朕卜，襲于休祥，戎商必克』，以三襲也。」

解曰：「故，故事也。」

樾謹按：既云「大誓」，而又云「故」者，故即「詁」字。《爾雅·釋詁》釋文引樊光、李巡本作「釋故」，是也。毛公釋《詩》謂之「故訓傳」，蓋周公所作《爾雅》有《釋故》《釋言》《釋訓》諸篇，皆是解釋《詩》義，毛公承之而作傳，故謂之「故訓傳」也。以《詩》例《書》，疑當時亦必有故訓，單襄公所引《大誓故》，即是矣。其曰「朕夢協于朕卜，襲于休祥，戎商必克」，乃《大誓》之正文，其曰「以三襲也」，則故訓之辭也，襄公特引之以自證其「三襲」之語耳。《爾雅》每舉《詩》句而釋之，與此體例正同，可見自古說經之例。韋以「故事」解之，未得也。

決汨九川。

解曰：「汨，通也。」

樾謹按：下文「汨越九原」，注曰：「越，揚也。」而不釋「汨」字，蓋韋氏之意，謂兩「汨」字義同。王氏念孫解「汨越九原」句曰：「汨、越，皆治也。《說文》：『汨，治水也。』《廣雅》：『越，治也。』汨與越聲相近，故義相通。」說詳《經義述聞》。今按：王說下句是矣，而於「決汨九川」句不置一詞，則亦未得其義，蓋兩「汨」字義各不同。「汨越」之「汨」，其本字也，「決汨」之「汨」則當爲「扫」，乃「搰」之或體也。《玉篇·手部》：「搰，胡没切，掘也。」又曰：「扫亦搰字，穿也。」《說文》有「搰」無「扫」。然《荀子·堯問篇》曰：「深扫之而得甘泉焉。」《正論篇》曰：「亂今厚葬，故扫也。」《列子·說符篇》曰：「俄而扫其谷。」則不得謂古無「扫」字矣。決、扫義相近，扫亦決也。《尚書·益稷篇》「予決九川」，即其義矣。

宅居九隩。

解曰：「隩，内也。九州之内，皆可宅居。」

樾謹按：「九隩」，疑當作「四隩」，即《禹貢》所謂「四隩既宅」也，涉上文「九山」「九川」「九澤」「九藪」「九原」而亦誤作「九隩」耳。不知上五句自作「九」，此句自作「四」，正與下句「合通四海」以類相從。《説文・土部》：「墺，四方土可居也。」隩，即墺之叚字，可知古有「四墺」之説，無「九墺」之説也。

賜姓曰姜，氏曰有吕，謂其能爲禹股肱心膂，以養物豐民人也。

解曰：「『氏曰有吕』者，以四岳能輔成禹功，比於股肱心膂。吕之爲言膂也。」

樾謹按：上文「賜姓曰姒，氏曰有夏，謂其能以嘉祉殷富生物也」，注曰：「姒，猶祉也。夏，大也。以善福殷富天下爲大也。」然則此文亦當兼「賜姓曰姜」言之，不得專以「氏曰有吕」爲説也。姜從羊聲，養亦從羊聲，疑「養物」即説「姜」字之義。依聲爲訓，古書類然。以養訓姜，猶以祉訓姒也。韋氏未見及此，當補注曰「姜，猶養也」，於義方備。

使至於争明，以妨王宫。

解曰：「明，精氣也。」

樾謹按：《爾雅・釋詁》曰：「明，成也。」古成、盛二字通用，明訓成，故亦訓盛。《淮南・説林篇》「長而愈明」，高注曰：「明，猶盛也。」《禮記・明堂位》正義曰：「明堂，盛貌。」然則争明猶争盛也。《吕氏春秋・悔過篇》曰「此其備必已盛矣」，高誘訓盛爲彊，然則争盛猶争彊也。韋氏以「精氣」釋之，義轉迂矣。《哀十六年左傳》：「與不仁人争明，無不勝。」「争明」，蓋古人常語，後人不達古語，故失其解。杜預以「明無不勝」爲句，則并失其讀矣。《昭三年傳》曰：「二惠競爽。」競猶争也，爽猶明也，亦即「争明」之意，説詳《左傳》。

若能類善物，以混厚民人者。

解曰：「混，同也。」

樾謹按：混、厚二字同義，混亦厚也。混當讀爲惲，《説文・心部》：「惲，重厚也。」今「惲厚」字皆以「渾」爲之，而混與渾又通用，故混厚即渾厚，實則「惲」之叚字也。注訓爲同，失之。

是去其藏而翳其人也。

解曰：「翳，猶屏也。人，民也。奪其資，民離叛，是遠屏其民也。一曰：翳，滅也。」

樾謹按：此當從「一曰滅也」之訓。韋疑「翳」無「滅」義，故先以「屏」釋之，不知「翳」通作「殪」。《詩・皇矣篇》「其菑其翳」，毛傳曰：「自斃爲翳。」《釋文》曰：「《韓詩》作殪。」是「翳」與「殪」聲近義通。《釋名・釋喪制》曰：「殪，翳也。」然則翳亦猶殪也，翳其民即殪其民，故其義爲滅，若訓爲屏，則義轉迂矣。

三曰姑洗，所以脩潔百物，考神納賓也。

解曰：「姑，潔也。洗，濯也。言陽氣養生，洗濯枯穢，改柯易葉也。」

樾謹按：「姑」字無訓潔者，韋注原文當作「姑，枯也」，故其下云「洗濯枯穢」。今作「潔」者，蓋其字偶缺，淺人妄以意補之耳。高誘注《淮南子·天文篇》《時則篇》竝曰：「姑，故也。洗，新也。」韋義正與高同。姑之爲枯，猶姑之爲故，竝以聲爲訓。

四閒林鍾，和展百事，俾莫不任肅純恪也。

解曰：「展，審也。」

樾謹按：展與布同義，故《小爾雅·廣言》曰：「布，展也。」然則展亦猶布也。和當讀爲宣。《尚書·禹貢篇》「和夷厎績」，《水經·桓水篇》注引鄭注：「和讀曰桓。」桓與宣竝從亘聲，和之讀爲宣，猶和之讀爲桓也。「和展百事」者，宣布百事也。《周官·小司寇職》曰：「正歲，帥其屬而觀刑象，乃宣布于四方。」《布憲職》曰：「執旌節以宣布于四方。」是其義也。韋讀和如本字，而訓展爲審，則和與展義不相屬矣。

故謂之嬴亂，所以優柔容民也。

解曰：「亂，治也。柔，安也。」

樾謹按：下文「齊閭丘來盟」章曰：「其輯之亂。」韋注曰：「凡作篇章，篇義既成〔一〕，撮其大要，以爲亂辭。詩者，歌也，所以節舞者也，如今三節舞矣。曲終乃更，變章亂節，故謂之亂也。」然則嬴亂之亂，當與彼同。上文曰「故長夷則之上宮，名之曰羽」，注曰：「長謂先用之也。」是此樂以羽爲始，以嬴爲亂，故曰「嬴亂」，其命名之意在嬴，不在亂。優柔容民乃釋「嬴」字之義。嬴之言嬴也。《爾雅·釋天》「夏爲長嬴」，《釋文》曰：「嬴，本或作嬴。」是嬴、嬴古通用。《襄三十一年左傳》「以嬴諸侯」，杜注曰：「嬴，受也。」《荀子·解蔽篇》「故曰心容」，楊注曰：「容，受也。」嬴、容義既相近，以容訓嬴，正古義矣。亂乃樂終之名，非義所在，故無説也。韋注未得其義。

昭明大節而已，少曲與焉。

解曰：「曲，章曲也。與，類也。言飫禮所以教民敬戒，昭明大體而已，故其詩樂少，章曲威儀少，比類也。」

〔一〕篇，原文脱，今據《國語》韋昭注補。

樾謹按：韋説「曲」「與」二字，其義甚迂，殆非也。與，古通作舉。《周官・師氏》：「王舉則從。」故書「舉」爲「與」。《史記・吕后紀》「蒼天舉直」，徐廣曰：「舉，一作與。」竝其證也。「少曲舉焉」，謂無委曲之舉動也。「曲舉」與「大節」正相對成義。明道本「曲」作「典」，疑誤。

夫惠本而後民歸之志，民和而後神降之福。（《魯語》）

樾謹按：「本」乃「大」字之誤。下文曰「今將惠以小賜，祀以獨恭。小賜不咸，獨恭不優」，即承此文而言。惠不大爲小賜，民不和爲獨恭也。又曰「夫民求不匱於財，而神求優裕於享者也，故不可以不本」，「本」亦「大」字之誤。民求不匱，而神求優裕，故不可以不大也。若作「本」字，於義皆失矣。大與本上半相似，因而致誤。《漢書・董仲舒傳》曰「元者，辭之所謂大也」，《漢紀・武帝紀》作「元者，辭之所謂本也」，是其證。

今齊社而往觀旅，非先王之訓也。

解曰：「旅，衆也。」

樾謹按：此當作「齊社而旅往觀」。《説文・㫃部》曰：「𣄴，古文旅。古文以爲魯衛之魯。」然則「齊社而旅往觀」，即齊社而魯往觀也。上文曰「夫齊棄太公之法而觀民於社，君爲是舉而往觀之」，彼文「君」字即此文「魯」字，異名而同實。若「往觀」上無「魯」字，則於文爲不備，且不曰「觀社」，而曰「觀旅」，於義又爲不通。蓋由淺人不知「旅往觀」即「魯往觀」，因誤到其文耳。

臣聞聖王公之先封者，遺後之人法，使無陷於惡。其爲後世，昭前之令聞也，使長監於世。

解曰：「爲，猶使也。」

樾謹按：既云「使無陷於惡」，又云「其使後世昭前之令聞」，則於義複矣。下又云「使長監於世」，殆無此文理也。今按：此六句當分兩意，上三句以先祖言，謂王公之先封者，宜遺法後人，使無陷於惡也；下三句以子孫言，謂爲後世子孫者，當昭前之令聞，使長監於世也。「其爲後世」四字爲句，韋誤連下六字讀之，遂失其義。

君不命吾子，吾子請之，其爲選事乎？

解曰：「選事，自選擇其職事也。」

樾謹按：選當讀爲篹。《爾雅·釋詁》曰：「篹，取也。」《一切經音義》引《爾雅》舊注曰：「盜位曰篹。」其實古語凡逆而取之皆謂之篹。《說文·厶部》曰：「屰而奪取曰篹。」《方言》

曰：「秦、晉之閒，凡取物而逆謂之篹。」《後漢書·逸民傳序》「鴻飛冥冥，弋者何篹焉[一]」，李賢注引宋衷曰：「篹，取也。」君不命而請之，是自取也，故曰「其爲篹事乎」。古巽聲、算聲字往往通用。《説文·食部》：「籑，或作饌。」是其證也。《詩·柏舟篇》「不可選也」，《後漢書》朱穆《絶交論》作「不可算也」；《論語·子路篇》「何足算也」，《漢書·公孫劉田王楊蔡陳鄭傳贊》作「何足選也」。然則選之通作篹，猶選之通作算耳。韋以本字讀之，而訓爲選擇，義轉迂矣。

大懼殄周公、太公之命祀。

解曰：「賈、唐二君云：『周公爲太宰，太公爲太師，皆掌命諸侯之國所當祀也。』或云：『命祀，謂命祀二公也。』昭謂：傳曰：『衛成公祀夏后相，甯武子曰：不可以閒成王、周公之命祀。』如此，賈、唐得之。」

樾謹按：神不歆非類，民不祀非族，太公乃齊之先君，魯人豈得祭之？下文云「豈惟寡君與二三臣實受君賜，其周公、太公及百辟神祇實永饗而賴之」，以此告齊，尤近不情，或説非也。

[一] 弋，原文作「戈」，今據《後漢書》及《〈春在堂全書〉校勘記》改。

賈、唐之説亦無確據，韋氏舉甯武子之言爲證，則亦非也。武王崩，周公攝政，康叔之封，周公主之，故甯武子舉成王必兼及周公，乃據實而言。若伯禽受封，與太公無與，何必并舉之乎？若謂二公竝掌諸侯命祀，則甯武子之言，又何以不及太公乎？是二説胥失之矣。今按：此太公非齊之太公，乃魯之太公也。周初諸侯猶沿殷制，往往無謚。衛之始封曰康叔，曰康伯；晉之始封曰唐叔虞，曰晉侯燮；蔡之始封曰蔡仲胡，曰蔡伯荒；曹之始封曰曹叔振鐸，曰太伯脾，曰仲君平；杞之始封曰東樓公，曰西樓公，曰題公，曰謀娶公；宋之始封曰微子，曰微仲，曰宋公稽，皆無謚也。齊之有謚，自哀侯始，哀侯以前曰丁公伋，曰乙公得，曰癸公茲母，凡三君無謚。而太公者始封之君，又有大功，故尊之曰「太公」，猶周之王業始于古公亶父而尊之曰「太王」也。非獨齊國如此，吴自太伯適吴，遂以有國，至武王追封爲吴伯，謂之太伯，義猶是也。《左傳》曰「武王邑姜方震太叔」，則唐叔虞亦有太叔之稱，義亦猶是也。魯之受封，實始于伯禽，伯禽無謚，在他人稱之曰「魯公」，可也；在魯之臣民稱之曰「魯公」，不可也；則其尊之曰「太公」，固其宜矣。齊有太公，魯亦有太公，猶吴有太伯，曹亦有太伯，各尊其祖，不嫌同名。後人但知齊有太公，而不知魯亦有太公，始失其解矣。《昭三年左傳》曰：「豈惟寡君，舉群臣實受其賜〔一〕。其自唐叔以下，實寵嘉之。」與此文法相似。彼云「唐叔以下」，舉晉先君而言，則此周公、太公，舉魯之先君而言無疑矣。下文「齊孝公來伐」章曰：「昔者成王命我先君周文公及齊先君太公曰：女股肱周室，以夾輔先王。」其曰「齊先君太公」者，别于魯先君太公也，可見當日屬辭之慎。至《左傳》易之曰「昔周公、太公股肱周室，夾輔成王」，則失之矣。蓋《國語》乃國史原文，《左傳》則已經左氏删改也。

臧文仲欲以辭告病焉。

解曰：「欲以文辭告謝齊也。病不能爲辭也。」

樾謹按：此當以九字爲句。「臧文仲欲以辭告病焉」，謂欲以魯之病告齊也。《宣十五年左傳》曰「寡君使元以病告」，義與此同。韋氏因下文「問於展禽」，遂讀「病焉」二字爲句，以「病不能爲辭」釋之，失其義矣。

展禽使乙喜以膏沐犒師。

樾謹按：《國語》原文疑當作「以膏沐膏師」，上「膏」字，如字；下「膏」字，古報反。《襄十

〔一〕賜，《春秋左傳正義》《春秋左傳注疏》均作「貺」。

九年左傳》「如百穀之仰膏雨焉，若常膏之」，《釋文》曰：「膏雨，如字。膏之，古報反。」即其例也。「犒」字，《説文》所無，《漢斥彰長田君碑》作「醻」，亦《説文》所無，蓋皆俗字。《周禮》故書作「稾」，乃叚借字，司農讀爲槁，似亦未得也。僖二十六年，「公使展喜犒師」，正義引服虔曰：「以師枯槁，故饋之飲食。」疑《左傳》原文亦作「膏」矣，説詳《左傳》。

爵同則厚其好貨。

解曰：「爵與魯同者，特厚其好貨。」

樾謹按：當云「爵與晉同者」，於義方合。蓋晉人感魯、衛同班相恤之故，因自加厚於同爵之國也。晉、魯皆侯爵，則與晉同爵者，亦即與魯同爵。然在晉人之意，因其與己同而厚之，非因其與魯同而厚之也。韋注非是。

文王以文昭，武王去民之穢。

樾謹按：《禮記·祭法篇》曰：「文王以文治，武王以武功，去民之菑。」□□「武王」下有闕文。據《周語》曰「成王能明文昭，能定武烈者也」，文昭與武烈相對，此文疑亦與彼同，當作「文王以文昭，武王以武烈，去民之穢」。

既其葬也，焚煙徹於上。

解曰：「已葬而火焚其棺槨也。」

樾謹按：韋以「已葬」二字解「既其葬也」四字，於義未安。王氏《經義述聞》曰：「既，猶既而也。言既而夏父弗忌之葬也，火焚其棺槨，煙達於上也。」是讀「既」字爲一句，義亦未得。今按：「既其葬也」四字仍當連讀，既猶暨也。《禮記·喪大記篇》「塗不暨于棺」，鄭注曰：「暨，及也。」《史記·秦始皇本紀》「東至海暨朝鮮」，正義曰：「暨，及也。」暨其葬也，猶曰及其葬也。既與暨古字通。《周官·間胥》「既比則讀法」，注曰：「故書既爲暨。杜子春讀暨爲既。」

若爲元侯之所，以怒大國，無乃不可乎？

解曰：「之所，謂作三軍，元侯所爲。」

樾謹按：《禮記·哀公問篇》「求德當欲不以其所」，鄭注曰：「所，猶道也。」「若爲元侯之所」者，若爲元侯之道也。蓋作師以承天子，乃元侯之道也。若如韋解，則「所」下更當有「爲」字矣。

事其君而任其政，其誰由己貳？

解曰：「言楚臣方事其君而當其政，其誰肯從己時而使諸侯有攜貳者乎？」

樾謹按：「由」當作「曰」，「己」當作「已而已而」之「已」，皆字之誤也。「其誰曰已貳」，與上文「其誰曰不如先君」「其誰曰非侮也」文法一律，言楚臣方事其君而當其政，誰謂其已有二心也？下文「執政不貳」即承此句而言，韋注曰：「其執政之臣無二心。」則不貳屬執政言，不屬諸侯言明甚。因此句誤作「由己」，韋乃曲爲之説，則與下意不貫矣。「平丘之會」章曰：「其執政貳也。」「貳」字亦就晉執政言，可證此文韋解之非。

今大夫而設諸侯之服，有其心矣。若無其心，而敢設服以見諸侯之大夫乎？將不入矣。

解曰：「若不見討，必爲篡，不復入爲大夫也。」

樾謹按：此言楚圍以大夫設諸侯之服，必有異心。若無異心而敢於爲此，則是狂易失心，不久將死，故曰「將不入矣」，言不復能入國也。下文曰「若楚公子不爲君，必死」，正其義也。韋謂「不復入爲大夫」，失之。

季桓子穿井，獲如土缶，其中有羊焉。

解曰：「或云：得土如瓦缶狀，中有土羊。」

樾謹按：如此説，則當云「獲土如缶」，不當云「獲如土缶」，韋氏託之或説，蓋亦有所未安耳。疑《國語》原文本作「如獲土缶」。如、而古通用，《日知録》卷三十二所引凡二十餘事可證。「季桓子穿井，如獲土缶」者，季桓子穿井而獲土缶也。下文曰「吾穿井而獲狗」，此「如」字即下「而」字。後人不知如、而古通用，而誤到其文，遂不可解矣。

與大史、司載糾虔天刑。

解曰：「載，天文也。司天文謂馮相氏、保章氏，與太史相儷偶也。」

樾謹按：載之爲天文，於義無取，殆非也。載當爲烖，即「災」字篆文也。載、烖竝從𢦏聲，古音相同，故《周易・剥・象傳》災、載爲韵。又《詩・大田篇》「俶載南畝」，鄭箋曰：「載，讀如『菑栗』之菑。」菑與災古亦通用，《生民篇》「無菑無害」是也。「菑栗」之菑可以載爲之，則「菑害」之菑亦可以載爲之矣。司載即司災也。《漢書・天文志》文昌六星，「五曰司禄，六曰司災」，是司災乃星名。《周官》有司禄，以星名官，司災亦其例也。司災所掌必天文災異之事，故與之糾虔天刑也。

周恭王能庇昭、穆之闕而爲恭。

解曰：「庇，覆也。」

樾謹按：庇當讀爲裨，比聲與卑聲相近。《詩・皇矣篇》「克順克比」，《禮記・樂記篇》引作「克順克俾」，《節南山篇》「天子是毗」，《荀子・宥坐篇》引作「天子是庳」，竝其證也。《晉語》「子若能以忠信贊君，而裨諸侯之闕」，注曰：「裨，補也。」此云「能庇昭、穆之闕」，庇與裨字異而義同。韋以本字讀之，而訓爲覆，於義轉迂矣。

修舊法，擇其善者而業用之。（《齊語》）

解曰：「業，猶創也。」

樾謹按：既云「舊法」，不得謂之創用，韋注非也。《爾雅・釋詁》：「業，敘也。」又曰：「業，緒也。」緒與敘同義。《説文・攴部》：「敘，次弟也。」是業有次弟之義。《孟子・盡心篇》「有業屨於牖上」，趙注曰：「業，織之有次，業而未成也。」蓋亦謂織之已有次弟也。《晉語》「信於事則民從事有業」，韋彼解曰：「業，猶次也。」然則「擇其善者而業用之」，言擇其善者而次弟用之耳，非創用之謂。

政不旅舊，則民不偷。

解曰：「舊，君之故舊也。偷，苟且也。不以故人爲師旅，則民相與不苟且也。」

樾謹按：韋訓此句，其義迂曲，殆非也。旅之言拒也。《御覽》二十七引《風俗通》曰：「旅，拒也。言陽氣欲出，陰不許也。」字亦通作吕，《白虎通・五行篇》曰：「吕者，拒也。言陽氣欲出，陰不許也。」又曰：「吕之言拒者，旅抑拒難之也。」蓋旅與拒本疊韵字，故聲近而義通。又或連言之曰「旅距」。《後漢書・馬援傳》「黠羌欲旅距」，注曰：「旅距，不從之貌。」距即拒也。「政不旅舊」者，言爲政不拒絶故舊之人也。韋以「師旅」解之，失其義矣。

反胙於絳。

解曰：「説云：『胙，賜也。謂天子致祭胙，賞以大輅〔一〕、龍旂。桓公於絳辭之，天子復使宰孔致之。』賈侍中云：『反，復也。胙，位也。絳，晉國都也。晉獻公卒，奚齊、卓子死，國絶無嗣，晉侯失其胙位。桓公以諸侯討晉，至高粱，使隰朋帥師立公子夷吾，復之於絳，是爲惠公。事在魯僖九年。』昭謂：人君即位，謂之踐胙。此言桓公城周，尊事天子，又討晉亂，復其胙位，

〔一〕 輅，原文作「路」，今據《國語》改。

善之也。按《内傳》宰孔於葵丘致胙肉，賜命，無辭讓反覆之文。賈君得之，唐從賈也。」

樾謹按：葵丘之會，宰孔致胙，不特無辭讓反復之事，且桓公是時亦不至絳，舊説固失之矣。至人君即位謂之踐阼，不謂之踐胙，即使古字通用，然不曰「立晉侯於絳」，而曰「復胙於絳」，義甚不安。且惠公之立，雖自外入，實則父死子繼，非鄭厲自櫟、衛獻自夷儀，失國復歸者可比，安得謂之復胙乎？是賈侍中説亦非也。今按：反者，歸也。《孟子·盡心篇》「君子反經而已矣」〔一〕，趙岐注曰：「反，歸也。」《廣雅·釋詁》亦曰：「反，歸也。」反胙猶言歸胙，「歸胙於絳」承上句「南城周」而言。《周書·作雒篇》載周公既城成周，「乃設丘兆于南郊，以祀上帝，配以后稷，日月星辰先王皆與食」。然則齊桓城周之後，因祭而歸胙諸侯，亦事所宜有也。其獨舉絳言之者，是時諸侯莫不事齊，惟晉獻恃强不服，故齊桓藉寵王室，因城周而歸胙，以風示之耳。

〔一〕盡，原文作「養」，今據《孟子》改。

嶽濱諸侯，莫敢不來服〔一〕**。**

解曰：「嶽，北嶽常山也。」

樾謹按：傳言「嶽」，不言「北嶽」，注義非也。《爾雅·釋山》曰：「河西，嶽。」郭璞注曰：「嶽，吴嶽也。」《周官·職方氏》《周書·職方篇》：「正西曰雍州，其山鎮曰嶽山。」鄭注及孔晁注竝同。此傳所謂「嶽濱諸侯」，即吴嶽也。上文「西服流沙、西吴」，注曰：「雍州之地。」故此即舉雍州之鎮言之。韋氏以爲「北嶽常山」，失之遠矣。

隱武事。

樾謹按：此「隱」字，韋氏無注。下文「定三革，隱五刃」，注曰：「隱，藏也。」則未得其義也。隱當讀爲偃，《漢書·古今人表》「徐隱王」，師古注曰：「即偃王也。」是隱、偃古通用字。《荀子·儒效篇》「偃五兵」，楊倞注曰：「偃，仆也。」《莊子·徐无鬼篇》「偃兵其可乎」，《吕氏春秋·蕩兵篇》「古聖王有義兵而無有偃兵」，《應言篇》「公孫龍説燕昭王以偃兵」，凡言「偃兵」者，其義竝同。此作「隱」者，叚字耳，韋即以「隱藏」釋之，非是。

〔一〕敢，原文脱，今據《國語》補。

群經平議卷二十九

春秋外傳國語二

今晉國之方。（《晉語》）

解曰：「方，大也。」

樾謹按：訓方爲大，則與下文「其土又小」義不相屬矣。古建國者，如方百里、方七十里之類，皆以開方法計之，故四竟謂之四方，竟内謂之方内，《史記·孝文紀》「方内安寧」，是也。「晉國之方」，蓋舉晉之四境言之。

非禮不終年。

解曰：「非有禮法，不能終十年，齊懿公商人是也。賈、虞云：『十年而數終。』唐云：『不能終其年，與下「不盡齒」同。』非也。」

樾謹按：「不終年」者，謂不終一年也。上文「非謀不卒時」，注曰：「三月一時，非有善謀，不能盡一時。」然則「不終年」爲不終一年明矣。《昭元年左傳》「趙孟不復年矣」，杜注曰：「言將死不復見明年。」此即「不終年」之義也。唐云「不能終其年」，固非；韋謂「不能終十年」，則亦與正文不合，胥失之矣。

驪姬請使申生處曲沃以速縣。

解曰：「虞御史云：『速，疾也。縣，縊也。』」

樾謹按：此説最爲無理。方驪姬請于公而使太子居曲沃，必言其當居曲沃之故，豈宜曰如此則太子可速縊乎？速當讀爲束，「以速縣」者，以束縣也，使太子約束其所屬之縣大夫也。晉之大邑必有屬縣，《昭三年左傳》曰：「晉之別縣不惟州。」蓋以州縣舊屬於溫，故云然。然則曲沃爲晉宗邑，亦必有所屬之縣，太子居曲沃則諸縣皆受其約束，故曰「以束縣」也。下文曰「宗邑無主，則民不威」，正其義矣。

夫人知極，鮮有慢心。

解曰：「鮮，寡也。言人自知其極，則戒懼不敢違慢覬欲也。」

樾謹按：韋注非也。鮮當讀爲斯。此言人知其位已極，斯有怠慢之心也。鮮與斯古音相近，《説文・雨部》：「𩅰，從雨鮮聲，讀若斯。」《詩・瓠葉篇》鄭箋曰：「今俗語『斯白』之字作鮮，齊魯之閒聲近斯。」竝其證也。下文曰「雖其慢，乃易殘也」，雖當讀爲唯，言唯其怠慢，乃易於殘毁也，説見王氏引之《經義述聞》。乃王氏知雖之爲唯，而不悟鮮之爲斯，因欲於「鮮」下增「不」字，失之矣。

苟利衆而百姓和〔一〕，豈能憚君？

解曰：「豈憚殺君也。」

樾謹按：傳言「豈能憚君」，不得增益其文而曰「豈憚殺君」，注義非也。憚當讀爲怛，《考工記・矢人》「雖有疾風，亦弗之能憚矣」，鄭注曰：「故書憚或作但。」惠氏士奇《禮説》謂「當作怛」，是其證也。怛之言痛也，傷也，《方言》曰：「怛，痛也。」《詩・匪風篇》「中心怛兮」，毛傳曰：「怛，傷也。」「豈能怛君」，言豈能痛傷君也。因公言「夫豈惠其民而不惠其父」，故云苟利衆而百姓和，豈復能痛傷君乎？下文曰「以衆故不敢愛親」，正承此句而言，則「憚」爲「怛」之叚

〔一〕 苟，原文作「茍」，今據下文及《國語》改。利衆，原文作「衆利」，今據《國語》乙正。下同。

字，益明矣。

里克辟奠，不飧而寢。

解曰：「熟食曰飧。」

樾謹按：飧者，夕食也。《孟子·滕文公篇》「饔飧而治」，趙注曰：「饔飧，熟食也。朝曰饔，夕曰飧。」「不飧而寢」，謂不夕食而寢也。韋注但以「熟食」釋之，於義未盡。

殺君以爲廉。

解曰：「賈侍中云：『廉，猶利也。以太子故，殺君以自利。』唐尚書云：『爲太子殺奚齊，不有其國，以爲廉也。』昭謂：是時太子未廢，獻公在位，而以君爲奚齊，非也。君，獻公也。虞御史云：『廉，直也，讀若鬬廉之廉。』此説近之。」

樾謹按：奚齊未立，固不可謂之君。至以君爲獻公，義亦未安。里克豈欲爲太子殺獻公乎？苟殺獻公，則犯大不韙之名，又何廉直之有乎？故此文「殺」字，苟以本字讀之，則皆不可通。殺當讀爲咈。《考工記·矢人》「茀矢參分」，鄭注曰：「茀當爲殺。」然則「殺」之通作「咈」，猶「茀」之通作「殺」也。《説文·口部》：「咈，違也。」「咈君以爲廉」者，違君所欲而自以爲廉直也。下文曰「抑撓志以從君」，「從君」與「咈君」正相對成義。

棄寵，求廣土而竄伏焉。

解曰：「棄寵，令太子棄位也。求廣土，奔他國也。」

樾謹按：廣與壙古通用。《荀子・王霸篇》「人主胡不廣焉」，楊注曰：「廣，或讀爲壙。」又《解蔽篇》「則廣焉能棄之矣」，注曰：「廣讀爲壙。」然則「廣土」猶壙野也，「求廣土而竄伏」，謂若吳公子札之棄其室而耕也，非奔他國之謂。

以吾存也。

解曰：「『以吾存』者，以吾在梁依秦也。」

樾謹按：「以吾存也」四字當連下「且必告悔」爲義。以，猶及也。《周易・小畜》九五「富以其鄰」，虞翻曰：「以，及也。」此言子若往梁，驪姬懼吾至秦乞援，必及吾在梁之時而先告悔也。韋不知「以」字之義，故説此不了。

宗國既卑。

解曰：「宗國，公族也。」

樾謹按：公族不得謂之宗國，注義非也。《哀八年左傳》曰：「今子以小惡而欲覆宗國」，杜注曰：「輒魯公族，故謂之宗國。」又《十五年傳》子贛謂公孫成曰：「子，周公之孫也，多饗大利，猶思不義。利不可得，而喪宗國。」是古者公族之人謂其國爲宗國也。舟之僑疑亦虢之公族，故稱虢爲宗國歟？

夫二國士之所圖，無不遂也。

解曰：「二國士，里克、荀息也。」

樾謹按：上文里克將殺奚齊，荀息曰：「死吾君而殺其孤，吾有死而已，吾蔑從之矣。」是里克、荀息初不同謀，乃曰「二國士之所圖」，何哉？二國士者，其一謂里克，其一丕鄭自謂也。故下文曰：「我爲子行之，子帥七輿大夫以待我，我使翟以動之，援秦以摇之。立其薄者可以得重賂，厚者可使無入。國，誰之國也？」此正與里克共圖之事。蓋里克之意，止欲殺奚齊、卓子，而於重耳、夷吾二公子中擇立一人，丕鄭則并不欲立二公子，而別立疏屬以專晉國，故曰「立其薄者可以得重賂，厚者可使無入」。厚薄喻親疏也，言欲立疏遠者以要重賂，而重耳、夷吾可使無入也。及里克不可，而丕鄭亦許諾，于是仍從里克之始謀，殺奚齊、卓子而請君于秦矣。韋氏不知丕鄭之意，故誤解二國士爲里克、荀息，而説「立其薄者」二句亦不了也。

吾誰使先若夫二公子而立之。

解曰：「當先立誰。」又曰：「若，之也。使之二公子擇所立也。」

樾謹按：韋氏讀「吾誰使先」四字爲句，非也。此當以十二字共爲一句。若者，擇也。《説文・艸部》：「若，擇菜也。從艸右。右，手也。」是「若」字本有「擇」義。秦穆之意，欲擇立二公子而未知誰可使者，故曰：「吾誰使先若夫二公子而立之。」下文大夫子明曰：「君使縶也。」正與問意相對。若從韋注，則穆公但謀所立，不謀所使，何爲以「使縶」對乎？

魄，意之術也。

解曰：「術，道也。」

樾謹按：術當讀爲述，下文「述意以導之」，即承此文而言，可知術爲述之叚字矣。魄所以傳述其意，故曰「意之述也」。韋訓爲道，失之。

若無天乎？云若有天，吾必勝之。

解曰：「云，言也。晉所行，若言無有天也。」

樾謹按：韋讀「若無天乎云」五字爲句，文不成義。王氏念孫曰：「『云』字當在『若』字下。

而以『若無天乎』爲句，『若云有天』爲句。《魏志·公孫淵傳》：『若無天乎？臣一郡吉凶尚未可知；若云有天，亦何懼焉？』『若無天乎』『若云有天』，皆用《晉語》文。蓋所見本『云』字在『若』字下也。」説詳《經義述聞》。今按：王説是矣，而未盡也。古本蓋止作「若無天乎？若云天，吾必勝之」，云即有也。《廣雅·釋詁》曰：「云，有也。」《文二年公羊傳》曰：「大旱之日短而云災，故以災書。此不雨之日長而無災，故以異書也。」「云災」「無災」相對成文，云災即有災也。説亦見《經義述聞》。此傳以「若無天」「若云天」相對成文，正與彼同。其作「若云有天」者，因「云」或作「有」，而傳寫誤合之也。今本作「云若有天」，則又傳寫誤到之也。古本亡而古義遂不可見矣。

臣怨君，始入而報德，不降；降而聽諫，不戰；戰而用良，不敗。

解曰：「不自降下而背秦也。」又曰：「慶鄭諫公使與秦羅。若公降心聽之，可以不戰。」

樾謹按：此文當以「臣怨君」三字斷句，「始入而報德，不降」三句文法相承，皆慶鄭所怨者也。韋解「降」字非是。降當讀爲閧，古降、共聲同。《尚書·禹貢篇》：「北過降水。」《水經注》引鄭注曰：「河内北共山，淇水、共水出焉，東至魏郡黎陽入河，近所謂降水也。降讀當如『郕降於齊師』之『降』，蓋周時國於地者惡言降，故云共耳。」此古人降、共同聲之證。「閧」字從共得聲，故可叚「降」爲之。《吕氏春秋・察微篇》：「吳、楚以此大隆。」隆乃鬨之叚字，大隆即大鬨也。「隆」字從降得聲，然則降之爲鬨，猶隆之爲鬨矣。《孟子・梁惠王篇》「鄒與魯鬨」，《音義》引劉熙注曰：「鬨，搆也，搆兵以鬭也。」鬨、搆雙聲，蓋以聲相訓。此文言鬨又言戰，則鬨止謂彼此搆釁也。慶鄭之意，蓋言始入而報德，則不至于鬨；鬨而能聽諫，則不至于戰；戰而能用良，則不至于敗也。韋不明叚借之旨，故失其解耳。

不可以封國。

解曰：「不可以守封國也。」

樾謹按：「國」字衍文也。不可以封，即不可以國。《楚語》曰「其生不殖，不可以封」，韋彼注曰：「封，國也。」得其義矣。此作「不可以封國」者，蓋一本作封，一本作國，而傳寫誤合之也，古書往往有此。韋據誤本作注，失之矣。下文「文公在翟」章亦曰「恥門不閉，不可以封」，可證此「國」字之爲衍文。《楚語》「叔段以京患莊公〔一〕，鄭幾不封」，猶言幾不國也。又曰「民多闕，則有離畔之心，將何以封矣」，猶言將何以國也。竝可爲證。

〔一〕 莊，原文避諱作「嚴」，今徑改。

吾觀晉公子，賢人也。其從者皆國相也，以相一人，必得晉國。

樾謹按：《僖二十三年左傳》曰：「吾觀晉公子之從者，皆足以相國，若以相，夫子必反其國。」疑此文「一人」二字乃「夫」字之誤。「以相」絕句，即《左傳》所謂「若以相」也，「夫必得晉國」絕句，即《左傳》所謂「夫子必反其國」也。夫者，指目其人之辭。《桓十三年左傳》「夫固謂君」「夫豈不知」，服虔云：「夫謂鬬伯比也。」《二十六年傳》「夫不惡女乎」，服、杜竝云：「夫謂大子也。」其年又曰「夫獨無族姻乎」，杜云：「夫謂晉也。」《三十一年傳》「夫亦愈知治矣」，杜云：「夫謂尹何。」竝見《襄二十三年左傳》正義。《漢書・賈誼傳》注曰：「夫，夫人也，亦猶彼人耳。」是其義也。古書多有一字誤爲二字者，《禮記・祭義篇》「見閒以俠甒」，鄭注曰：「見閒，當爲覸。」《史記・蔡澤傳》「吾持粱刺齒肥」，索隱曰：「刺齒肥，當爲齧肥。」皆其例矣。

楚成王以周禮享之。

樾謹按：「周」字當作「君」，古文相似而誤也。「以君禮享之」，謂以國君之禮享之。其下所云「九獻，庭實旅百」，皆君禮也。故子犯曰：「亡人而國薦之，非敵而君設之。」君設，謂設君禮也。下文「秦穆饗公子如饗國君之禮」，正與此同。

唯青陽與倉林氏同於黄帝，故皆爲姬姓。

樾謹按：上文曰：「黄帝之子二十五人，其同姓者二人而已，唯青陽與夷鼓皆爲己姓。」黄帝之子不應有兩青陽，疑此文當云：「唯倉林氏同於黄帝，故皆爲姬姓。」蓋黄帝姬姓，倉林亦姬姓，故云「皆」焉。上云「其得姓者十四人，爲十二姓」，「四」字乃「三」字之誤，司馬貞《史記索隱》引此文謂「舊解破四爲三」，是也，因其下增出「青陽」，於是十二姓中，己姓者二，姬姓者二，而十三人誤爲十四人矣。不知上文明云「其同姓者二人而已」，若己姓者二，姬姓者二，則當云「同姓者四人」，於事方合，安得云二人乎？

保其土房。

解曰：「房，居也。」

樾謹按：房當讀爲方。《詩·大田篇》「既方既皁」，鄭箋曰：「方，房也。」是方與房義通。「保其土房」，即保其土方也。《書序》「禹敷下土方」，《釋文》云：「下土，絶句，一讀至『方』字絶句。」又《詩·長發篇》「禹敷下土方，外大國是疆」，朱文公《集傳》亦以「方」字絶句。《楚辭·天問篇》：「禹降省下土方。」蓋「土方」二字連文，乃古語也。此作「土房」者，房即方之叚字耳。

又爲惠公從予於渭濱。

解曰：「重耳在翟，從翟君獵於渭濱。勃鞮爲惠公就殺之。」

樾謹按：韋氏訓從爲就，則必增出「殺」字，於文方明，殆非也。從當讀爲蹤，蹤猶迹也，《漢書·季布傳》「迹且至臣家」，師古注曰：「迹，謂尋其蹤迹也。」蹤予於渭濱，猶迹予於渭濱，正尋其蹤迹之意。古「蹤迹」字止作「從迹」，《詩·羔羊篇》毛傳曰：「行可從迹也。」是其證。

若干二命，以求殺予。

解曰：「干，犯也。二命，獻、惠之命。」

樾謹按：勃鞮奉獻、惠之命而殺文公，何干犯之有？「二命」當作「上命」，專指渭濱一事而言。蓋惠公命三日至而勃鞮一宿即至，是所謂干上命以求殺予也。《左傳》曰：「雖有君命，何其速也？」此云「上命」，即彼云「君命」矣。《説文·上部》「帝」篆下説解曰：「古文諸『上』字皆從一，篆文皆從二。二，古文上。」然則此「上命」作「二命」者，「二」乃古文「上」字也。讀者不識，而仞爲一二之二，於是其義不可通矣。

陽有夏、商之嗣典，有周室之師旅。

解曰：「典，法也。旅，衆也。言有夏、商之後嗣及其遺法，與周室之師衆。」

樾謹按：「嗣典」與「師旅」對文，若以嗣爲後嗣，典爲遺法，則分爲二義，與「師旅」不對矣。且因文公將殘其民，故倉葛爲此言，則言有夏、商之後嗣可也，何必言有夏、商之遺法乎？韋説非也。嗣當讀爲司，古字通用。《書·高宗肜日篇》「王司敬民」，《史記·殷本紀》作「王嗣敬民」，是其證也。《詩·鄭風·羔裘篇》「邦之司直」、《禮記·文王世子篇》「樂正司業」，毛傳、鄭注竝曰：「司，主也。」《周禮·天官》「典婦功」，鄭注曰：「典，主也。」是司與典同義，故《禮記·曲禮篇》曰「典司六典」「典司五衆」「典司六職」，《莊十四年左傳》曰「典司宗祏」，竝以「典司」連文。司典即典司，語有到順耳。「有夏、商之司典」，猶云有夏、商之典司。古者官有世職，雖易代而不廢，故夏、商之典司至周猶存也。《周官·宰夫》：「掌百官府之徵令，辨其八職。二曰師，掌官成以治凡。三曰司，掌官灋以治目。四曰旅，掌官常以治數。」此文「有夏、商之司典」，即所謂司也；「有周室之師旅」，即所謂師也、旅也。韋氏所説，胥失之矣。

今陽子之貌濟，其言匱，非其實也。

解曰：「濟，成也。言不副貌爲匱。匱，乏也。」

樾謹按：此「濟」字以貌言，不當訓成。濟當讀爲齊。《詩·采蘋篇》「有齊季女」，傳曰：「齊，敬也。」《思齊篇》「思齊太任」，傳曰：「齊，莊也。」是齊有莊敬之義。《廣雅·釋訓》曰：「濟濟，敬也。」蓋濟與齊義通。「陽子之貌濟，其言匱」，謂陽子之貌雖若莊敬，而其言則匱也。下文曰「今陽子之情譓矣，以濟蓋也」，解曰：「譓，辨察也。」義亦未合。《說文》無「譓」字，《心部》：「慧，儇也。」「譓」字蓋與慧同，謂陽子之情儇利，而故爲莊敬之貌，以揜蓋之也。至匱之訓乏，固爲恒訓，然言不副貌，何以謂之乏？韋說亦未了。蓋匱乏即有空虛之義，實者誠也，則虛者不誠也，故言而不實謂之匱，盟而不實亦謂之匱。《成二年左傳》「卿不書，匱盟也」，是也。因而其字又變作讃，《廣雅·釋訓》曰：「讃，欺也。」讃，即「其言匱」之「匱」矣。

襲侵之事，陵也。

注曰：「陵，以大陵小也。」

樾謹按：襲侵之事，非必皆以大陵小，韋說非也。《說文·夊部》：「夌，越也。」陵與夌通。《禮記·樂記篇》「迭相陵謂之慢」，正義曰：「陵，越也。」然則陵有超越之義。「襲侵之事陵也」，謂乘其不備，超越而至也。《漢書·天文志》「陵歷鬭食」，師古注曰：「突掩爲陵。」是其義矣。

獻子曰：「戒之，此謂成人。成人在始與善。」

樾謹按：「與善」二字，衍文也。「成人在始」包下「始與善」「始與不善」兩意而言。《文選·張茂先〈勵志〉詩》曰：「川廣自源，成人在始。」正用《國語》文，可證。

吾聞君人者刑其民，成而後振武於外，是以内龢而外威。

樾謹按：「刑其民」當作「刑其内」，刑其内而振武於外，所以内龢外威也。下文曰「内猶有不刑，而況外乎」，正承此文「刑其内」而言，可知「民」字之誤。韋解曰「以刑正其民」，則所據本已誤。按下文曰「今吾司寇之刀鋸日弊，而斧鉞不行」，注曰：「刀鋸，小人之刑也。弊，敗也。日敗，用之數也。斧鉞，大刑也。不行，不行於大臣。」然則文子之意，欲以刑正其臣，非欲以刑正其民，豈反以刑其民爲勸乎？

夫戰，刑也，刑之過也。

樾謹按：之，猶其也。《吕氏春秋·音初篇》：「之子是必大吉。」高誘訓之爲其。《成十五年公羊傳》：「爲人後者，爲之子也。」又曰：「爲人後者，爲其子。」是之與其同義。故《孟子·公孫丑篇》「天下之民皆悦而願爲之氓矣」，《周官·載師》注引作「皆悦而願爲其氓矣」。此云王氏《經義述聞》謂下句「過由大而怨由細」，「過」字乃衍文，當以「刑之過也由大」爲句，與文義不合，不可從也。

今吾刑外乎大人，而忍於小民。

樾謹按：外當作惠，聲之誤也。上文曰「過由大而怨由細，故以惠誅怨，以忍去過」，韋訓誅爲除，蓋謂欲除小民之怨當用惠，欲去大人之過當用忍也，是惠與忍正相對。此文云「今吾刑惠乎大人，而忍於小民」，則用惠與用忍皆失其所矣，此所以刀鋸日弊而斧鉞不行也。若作「刑外乎大人」，非特文義迂迴，且與上文不合矣。

鄢陵之役，荆壓晉軍，軍吏患之，將謀。范匄自公族趨過之，曰：「夷竈堙井，非退而何？」

解曰：「夷，平也。堙，塞也。使晉軍平塞井竈，示必死，不復飲食。非退而何，言楚必退。」

樾謹按：韋氏所説，非范匄之意也。夷竈堙井，乃因楚壓晉軍而陳，地勢迫狹，故平塞井竈以爲戰道，《左傳》所謂「將塞井夷竈而爲行也」，非「示必死，不復飲食」也。其解「非退而何」，更爲不了。夫晉人平塞井竈，楚人何以必退？即謂畏其致死，不敢與戰，亦當云「楚師必退」，文義方明，安得云「非退而何」也？然則「非退而何」當作何解？曰：楚壓晉而陳，地勢迫狹，無以爲戰道，軍吏患之。將謀者，蓋將謀退也，非畏楚而欲逃，乃欲少退，使有戰地耳。然軍勢一動，不可復止，必有潰敗之憂，故范匄爲夷竈堙井之策，如此則不必退而自有戰地，乃不退之退也，故曰「非退而何」。傳文不敘軍吏之謀，而但載范匄之策，於是讀者不得其解矣，所宜以意逆志而善會之也。

夫利君之富，富以聚黨，利黨以危君。

解曰：「利君寵禄以爲富，得富故有徒黨。」

樾謹按：下「富」字衍文也，當作「利君之富以聚黨，利黨以危君」。利者，賴之叚字，利、賴聲近而義通。《周語》「先王豈有賴焉」，解曰：「賴，利也。」然則利亦猶賴也，《廣雅・釋詁》：「賴，恃也。」恃君之富以聚徒黨，又恃徒黨以危君，不義甚矣，故曰「君之殺我也後矣」。衍一「富」字，文義反隔。然觀韋注，是其所據本已衍也。

夫以果戾順行，民不犯也。

解曰：「戾，帥也。以果敢帥順道而行之，故民不犯。」

樾謹按：韋解「戾」字未合。《爾雅・釋詁》曰：「戾，止也。」止與行正相對，「以果戾順行」，謂以果戾、以順行也，非謂以果帥順而行也。止所當止，其止也果矣，是謂果戾；行所當行，其行也順矣，是謂順行。上文曰「其身果而辭順，順無不行，果無不徹，犯順不祥，伐果不克」，竝以果、順二字平列，此亦當同之。韋說非也。

年過七十者，公親見之，稱曰王父王父，不敢不承。

解曰：「稱曰王父，尊而親之，所以盡其心也，故王父不敢不承命。」

樾謹按：韋讀「稱曰王父」四字爲句，非也，當連下「王父」讀之。「稱曰王父王父」者，蓋所見不一人，故不一稱也。猶《孟子・盡心篇》曰「古之人，古之人」，亦不一稱之辭也。「不敢不承」，乃公自謙之辭，謂不敢不承教耳。注以爲王父不敢不承命，失之矣。

日君乏使，使臣狃中軍之司馬。

解曰：「狃，正也。」

樾謹按：狃之訓正，未聞其義。狃當讀爲粈，《廣雅・釋詁》曰：「粈，廁也。」猶曰使臣廁中軍之司馬也。《文選・秋興賦》曰「攝官承乏，猥廁朝列」，注引《蒼頡篇》曰：「廁，次也。」是其義也。《左傳》作「使臣斯司馬」，疑「斯」即「廁」字之誤。古「斯」或作「廝」，「廁」誤爲「廝」，因改爲「斯」矣，說詳《左傳》。

非上不舉。

注曰：「舉，動也。放上而動。」

樾謹按：放上而動而但曰「非上不舉」，甚爲不辭。《周語》「賓之禮事，放上而動」，豈可曰「賓之禮事，非上不舉」乎？「上」疑「止」字之誤。《詩·小旻篇》「國雖靡止」，鄭箋曰：「止，禮也。」《荀子·不苟篇》「見由則恭而止」、《大略篇》「盈其欲而不愆其止」，楊注竝曰：「止，禮也。」「非止不舉」，即非禮不舉，與上句「非義不變」一律。今誤爲「上」，則義不可通矣。

其仁可以利公室不忘。

解曰：「不忘利公室也。」

樾謹按：如韋義，則當云「其仁不忘利公室」，於文方明，乃曰「可以利公室不忘」，不可通矣。忘當讀爲亡，《漢書·武五子傳》「臣聞子胥盡忠而忘其號」，師古注曰：「忘，亡也。」是忘與亡義通。《莊子·刻意篇》：「無不忘也，無不有也。」忘與有對文，忘即亡也。《周語》曰：「故能光有天下而龢寧百姓，令聞不忘。」又曰：「萬年也者，令聞不忘之謂也。」「令聞不忘」，即令聞不亡，猶《漢書·賈山傳》曰：「功德立於後世，而令聞不亡也。」是可證忘爲亡之叚字矣。

《太玄·交次四》曰「往來熏熏，得亡之門」，范望注曰：「亡猶絶也。」然則「利公室不亡」，言利公室不絶也；令聞不亡，言令聞不絶也。《詩·有女同車篇》「德音不忘」、《蓼蕭篇》「壽考不忘」，凡言「不忘」者，其義竝同。若以本字讀之，則胥失之矣。

公室之不回。

解曰：「回，邪也。」

樾謹按：「不」字衍文也。「公室之回」與下句「内事之邪，大夫之貪」文義一律。今涉上句「公族之不恭」而誤衍「不」字，則義不可通矣。明道本作「公室之有回」，雖勝今本，然恐亦後人所改也。

輯訓典。

解曰：「輯，和也。」

樾謹按：輯之義固爲和，然訓典不可言和，韋注非也。輯與集古字通。《襄十九年左傳》「其天下輯睦」，《釋文》曰：「輯，本作集。」《詩·板篇》「辭之輯矣」，《新序·雜事篇》引作「辭之集矣」。師古注《漢書》每曰「輯與集同」。「輯訓典」，謂集合先代之訓辭及其典禮也。《周語》言隨武子講聚三代之典禮，修執秩以爲晉法，即其事矣。

夫楚令尹有欲於楚，少懦於諸侯。

解曰：「欲，欲得楚國也。懦，弱也，以諸侯爲弱。」

樾謹按：韋注未得傳意。此言令尹之志專在于楚，而於諸侯之事少偷懦也。《襄二十五年左傳》：「齊崔杼帥師伐我北鄙，公患之。孟公綽曰：『崔子將有大志，不在病我，必速歸，何患焉？其來也不寇，使民不嚴，異於他日。』」正與此文大旨相同。「有欲於楚，少懦於諸侯」，即所謂將有大志，不在病我也。下文曰「諸侯之故，求治之，不求致也」，解曰：「故，事也。必欲治之，非但求致之而已。」此亦未得傳意。致之言至也、極也，言求治之而已，不深求也，故又曰「其爲人也，剛而尚寵，若及，必弗避也。子盍逃之」，蓋不逃則彼及治之，故弗可避；逃則彼不及治之，即可免矣。此正求治不求致之明驗也。

昔先主文子少釁於難。

解曰：「釁，猶離也。」

樾謹按：釁之訓離，未聞其義。釁當讀爲興，《禮記·文王世子篇》「既興器用幣」，鄭注曰：「興當爲釁，字之誤也。」其實興與釁亦聲近而通用。《襄二十六年左傳》「釁於勇」，杜注曰：「釁，動也。」訓釁爲動，即讀釁爲興矣。「釁於難」，謂興起於患難之中也。

以其五賢陵人，而以不仁行之，其誰能待之？

解曰：「待，猶假也。」

樾謹按：待猶忍也。《周語》「有是寵也，而益之以三怨，其誰能忍之」，與此文詞異義同。蓋留待則有忍耐之意，故待猶忍也。上文「長魚矯既殺三郤」章曰：「臣脆弱，弗能忍俟也。」俟與忍同義，則待與忍亦同義矣。

沈竈産鼃，民無畔意。

解曰：「沈竈，縣釜而炊也。産鼃，鼃生於竈也。」

樾謹按：縣釜而炊謂之沈竈，於義未安。沈當讀爲煁，沈從冘聲，煁從甚聲，兩聲相近。《詩・蕩篇》「其命匪諶」，《説文・心部》引作「天命匪忱」；《常棣篇》「和樂且湛」，《禮記・中庸篇》引作「和樂且耽」，竝其證也。煁之通作沈，猶諶之通作忱、湛之通作耽矣。《詩・白華篇》「卬烘于煁」，毛傳曰：「煁，烓竈也。」《爾雅・釋言》：「煁，烓也。」郭注曰：「今之三隅竈。」沈竈生鼃，謂城中煁竈皆生蝦蟆也，因假沈爲之，讀者遂失其義矣。鄭裨諶，字竈，諶即煁之叚字。《漢書・古今人表》作「裨湛」，湛亦煁之叚字。《漢書》每以湛爲沈字，師古注輒曰「湛讀曰沈」。李善注《文選・鄒陽上吳王書》曰：「湛，今『沈』字也。」又注《答賓戲》曰：「湛，古『沈』

字。」是沈、湛古同字，以沈爲煁，猶以湛爲煁矣。

收經入。（《鄭語》）

解曰：「經，常也。」

樾謹按：此文云「合十數以訓百體，出千品，具萬方，計億事，材兆物，收經入，行姟極」，自十至姟，皆數名也。韋訓經爲常，失之矣。《御覽》卷七百五十引《風俗通》曰：「十十謂之百，十百謂之千，十千謂之萬，十萬謂之億，十億謂之兆，十兆謂之經，十經謂之垓。」正與《國語》文合。又《楚語》曰：「百姓、千品、萬官、億醜、兆民、經入、畡數以奉之。」義亦同此。

故王者居九畡之田，收經入以食兆民。

解曰：「九畡，九州之極數也。《楚語》曰：『天子之田九畡，以食兆民，王取經入焉，以食萬官。』」

樾謹按：此文有闕誤，當云「故王者居九畡之田，以食兆民，收經入以食萬官」，故韋氏引《楚語》以解之。若如今本，則與《楚語》不合，韋不當無説矣。且民之數曰兆，而田之數曰畡，正一夫百畝之制。田之數曰畡，而王所取之數曰經，正什而取一之制，可知此文之誤矣。

味一無果。

解曰：「果，美也。」

樾謹按：果之訓美，未聞其義。果當訓爲成，《論語·子路篇》「行必果」，皇侃義疏引繆協曰：「果，成也。」又《文選·謝宣遠〈於安城答靈運〉詩》注引許慎《淮南子》注曰：「果，成也。」五味合然後可食，若止此一味，則不成味矣，故曰「味一無果」。

物一不講。

解曰：「講，論校也。」

樾謹按：物一不講，甚爲無義。講當讀爲構，講與構竝從冓聲，古音相同，故得通用。《僖十五年左傳》注「則構虛而不經」〔一〕，《釋文》曰：「構，本又作講〔二〕。」是其證也。《詩·四月篇》「我日構禍」，鄭箋曰：「構猶合集也。」又《青蠅篇》「構我二人」，箋曰：「構，合也。」是構有合集之義。物一不構，謂物一則不合集也。

〔一〕構，原文作「講」，今據《春秋左傳正義》改。

〔二〕「構」「講」，原文互訛，今據《春秋左傳正義》乙正。

明昭利以道之文〔一〕**。**（《楚語》）

解曰：「昭，明也。」

樾謹按：昭訓爲明，則「明昭利」爲明明利矣，殆非也。昭當讀爲招，《左傳》「楚康王昭」，《史記·楚世家》作「招」。又《管蔡世家》「陳司徒招」，索隱曰：「或作昭。」是昭、招古通用也。「明招利以道之文」，與下句「明除害以道之武」，正相對成義。《廣雅·釋詁》曰：「除，去也。」《釋言》曰：「招，來也。」招利謂招而來之，除害謂除而去之。若以本字讀之，失其旨矣。

舉國留之。

解曰：「留，治之。」

樾謹按：留當讀爲擂。《詩·斯干篇》「椓之橐橐」，鄭箋曰：「椓謂擂土也。」正義曰：「擂者，以手平物之名。」靈王爲章華之臺，國人皆爲之擂土，故曰「舉國擂之」。作「留」者，省偏旁耳。

〔一〕昭，原文作「招」，今據《國語》及清經解續編本《群經平議》改。

是知天咫，安知民則？

解曰：「咫，言少也。言少知天道耳，何知治民之法？」

樾謹按：「咫」與「則」竝語辭，王氏引之《經傳釋詞》曰：「咫與只同。」是也。然王氏知「咫」爲語辭，而不知「則」爲語辭，故其説猶未盡。今按：則亦與只同，「是知天咫，安知民則」，猶言是知天只，安知民只？《楚辭・大招篇》每句末皆用「只」字，蓋楚語然也。咫與則古通用。《賈子・連語篇》：「牆薄咫亟壞，繒薄咫亟裂，器薄咫亟毁，酒薄咫亟酸。」《新序・雜事篇》「咫」竝作「則」，是其證也。咫可讀爲只，故則亦可讀爲只矣。其下曰「民，天之生也。知天，必知民矣」，但言「知民」，不言「知民則」，可見「則」爲語辭矣。下文「昭王問於觀射父」章：「神狎民則。」則亦與只同。神狎民只，謂神與民狎也，注曰「則，法也」，亦失之。

史不失書，矇不失誦，以訓御之。

解曰：「御，進也。」

樾謹按：如韋解，則訓與御異義矣。御當讀爲語，語從吾聲，與御聲相近。《説文・金部》「鋙，或作鋙」，是其例也。《釋名・釋言語》曰：「御，語也，尊者將有所欲，先語之也。」是御與語聲近義通。「訓御」即訓語。「史不失書，矇不失誦，以訓語之」，猶上文曰「必誦志而納之，以訓道我」也。《春秋・桓十四年》經文「鄭伯使其弟語來盟」，《穀梁》作「禦」。語之通作御，猶語之通作禦矣。

接誠拔取以獻具。

解曰：「接誠於神也，拔毛取血，獻其備物也。」

樾謹按：「接誠」上有闕文。「接誠」與「獻具」相對，疑當作「□□以接誠」。注曰「接誠於神也」，與「獻其備物也」相對，句上亦有闕文，其闕幾字不可知矣。

道其順辭。

樾謹按：順與訓古字通，「道其順辭」，即道其訓辭。下文「王孫圉聘於晉」章曰：「若諸侯之好幣具而道之以訓辭。」正與此同義。

斺其讒慝。

解曰：「斺，覆也。」

樾謹按：斺之訓覆，其義未聞。斺當讀爲扴，《説文・手部》：「扴，刮也。」字又作矿。《周易・豫》六二《釋文》引鄭注：「矿，謂磨矿也。」「扴其讒慝」，正取磨刮之義。作「斺」者，叚字耳。

夫民心之愠也，若防大川焉，潰而所犯必大矣。

解曰：「愠，怒也。」

樾謹按：愠當讀爲藴。「民心之藴」，承上文「蓄怨滋厚」而言。《昭二十五年左傳》曰「衆怒不可蓄也，蓄而弗治，將藴」，杜注曰：「藴，積也。」與此文語意相近。下云「若防大川，潰而所犯必多」，惟其藴積於心，故以防川爲喻也。愠、藴同聲，古字通用。《禮記・檀弓篇》釋文引庾皇曰：「愠，積也。」愠之訓積，即讀爲藴矣。

吾聞君子唯獨居思念前世之崇替。

解曰：「崇，終也。替，廢也。」

樾謹按：韋解「崇」字，未得其旨。《文選・東京賦》「進明德而崇業」，薛綜注曰：「崇猶興也。」然則「崇替」猶言興廢耳。

龜足以憲臧否，則寶之。

解曰：「憲，法也。取善惡之法。」

樾謹按：龜所以示人吉凶，不當言取法，注義非也。憲當讀爲顯。《詩・假樂篇》「顯顯令德」，《禮記·中庸篇》作「憲憲令德」，是顯、憲古通用。《爾雅·釋詁》：「顯，見也。」《廣雅·釋詁》：「顯，明也。」龜足以明見善惡，故曰「顯臧否」。

夫盈而不偪，憾而不貳者，臣能自壽也。

解曰：「壽，保也。」

樾謹按：壽當讀爲𡏧，《說文·土部》：「𡏧，保也。」經傳即以保爲之，《禮記·檀弓篇》：「遇負杖入保者。」《月令篇》：「四鄙入保。」皆是也。然則以𡏧爲保，猶以保爲𡏧矣。《國語》原文本作「臣能自𡏧也」，隸變作壔，又省作壽。古字亡而古義亦晦矣。

思舊怨以脩其心。

解曰：「脩其報讎之心。」

樾謹按：脩者，勉也。《淮南子·脩務篇》高注訓脩爲勉，是也。「思舊怨以脩其心」，言思舊怨以勉勵其心也。《魯語》：「吾冀而朝夕脩我。」《楚語》：「必交脩余。」並與此「脩」字同義。

昔者越國見禍，得罪於天王。（《吴語》）

解曰：「言天王，尊之以名。」

樾謹按：天王猶大王也。《廣雅·釋詁》：「天，大也。」《尚書·多士篇》曰：「肆予敢求爾于天邑商。」《孟子·滕文公下篇》云：「惟臣附于大邑周。」天邑與大邑文異而義同。此傳越人稱吴爲天王，至戰國時無不稱大王者。天王與大王亦文異而義同。然則《春秋》書「天王」，其義亦如此而已。

天王親趨玉趾，以心孤句踐，而又宥赦之。

解曰：「孤，棄也。」

樾謹按：「心棄句踐」，與下句不屬，即連上文讀之，義亦未安，韋解非也。孤之言顧也。《釋名·釋親屬》曰：「孤，顧也。」是孤有顧義。《詩·那篇》「顧予烝嘗」，鄭箋曰：「顧，念也。」「以心孤句踐而又宥赦之」，言天王親趨玉趾，本將治越之罪，因顧念句踐，而又宥赦之也。

使寇令焉。

解曰：「若禦寇之號令。」

樾謹按：韋未解「使」字，則此句文義未明。《爾雅·釋詁》曰：「使，從也。」《廣雅·釋詁》曰：「從，使也。」是從與使義通。「使寇令焉」，即從寇令焉，謂從禦寇之令也。《史記·龜策傳》：「大將不彊，卒不使令。」使令即從令，正可證明此文之義。

吾將許越成，而無拂吾慮。

解曰：「拂，絶也。」

樾謹按：《説文·口部》：「咈，違也。」字通作「拂」。《周易·頤》六二「顛頤，拂經于丘，頤」，《釋文》曰：「拂，違也。」《詩·皇矣篇》：「四方以無拂。」《禮記·大學篇》：「是謂拂人之性。」其義竝同。「而無拂吾慮」者，「而」即「爾」字，蓋吴王欲許越成，而懼大夫之不從，故先戒之曰「爾無拂吾之計慮也」。韋解失之。

遵汶之上，不敢左右，唯好之故。

解曰：「不敢左右暴掠齊民，唯有恩好之故也。」

樾謹按：韋解似未得「左右」二字之義。此「左右」二字即承上句「遵」字而言，謂遵循汶水而行，不敢左右地衺，以犯獵齊地也。

挾經秉枹。

解曰：「在掖曰挾。經，兵書也。」

樾謹按：世無臨陣而讀兵書者。經當讀爲莖，謂劍莖也。《考工記・桃氏》曰「以其臘廣爲之莖圍」，注曰：「鄭司農云：『莖謂劍夾，人所握，鐔以上也。』玄謂：莖在夾中者，莖長五寸。」此云「挾莖」，正謂此矣。作「經」者，叚字耳。韋不達叚借之旨，望文生訓，失之。

伯父多歷年以没元身。

解曰：「元，善也。」

樾謹按：「以没元身」，甚爲無義。「元」疑「亓」字之誤。亓，古文「其」字，蓋言伯父多歷年以没其身也。《集韵》曰：「其，古作亓。」亓與元相似，因而致誤。

若事幸而從我，我遂踐其地。

解曰：「言從我而戰。」

樾謹按：上文曰「吴王將恥不戰，必不須至之會也，而以中國之師與我戰」，然則吴從我戰乃意中之事，何以云「若事幸而從我」乎？吴從我戰，我又安能遂踐其地乎？韋注非也。今按：上「我」字乃衍文，《國語》原文本云「若事幸而從，句。我遂踐其地。」《廣雅・釋詁》曰：「從，就也。」「事幸而從」者，事幸而就也。《晉語》曰「今日之事幸而集」，韋注曰：「集，成也。」「幸而從」與「幸而集」義同。此言吳王不待遠兵之至，而以國中之兵與我戰，我若幸而戰勝，則我可遂踐其地也。因涉下句而衍「我」字，韋以「從我而戰」釋之，失其旨矣。

夫吴，良國也。

解曰：「良，善也。」

樾謹按：良國者，大國也。凡有善義者，即有大義。《詩・桑柔篇》鄭箋曰：「善，猶大也。」故《爾雅・釋詁》介訓大，亦訓善；《廣雅・釋詁》佳訓善，亦訓大。然則良之本義爲善，其引申義爲大矣。《禮記・文王世子篇》「一有元良」，鄭注曰：「元，大也。良，善也。」不知元爲大，亦爲善；良爲善，亦爲大，其義互通。

王曰：「無，是貳言也。」（《越語》）

解曰：「貳，二也。二言，陰謀、淫佚也。」

樾謹按：韋讀「無是貳言也」五字爲句，猶言無此二語也，殊非古人語意。此當以「無」字爲句，「王曰無」，乃不然之辭。《襄九年左傳》「姜曰亡」，杜注曰：「亡，猶無也。」與此正同。

「是貳言也」，謂是乃疑貳之言也。王欲伐吴，而范蠡力言不可，故以爲疑貳之言。其下曰「吾已斷之矣」，正明己之不疑也。

卑辭尊禮。

解曰：「言當卑約其辭，尊重其禮。」

樾謹按：此「尊」字，與下文「尊之以名」之「尊」兩字異義。下「尊」字讀如本字，此「尊」字當讀如《曲禮》「恭敬撙節」之「撙」。《後漢書·光武十王傳贊》「沛獻尊節」，章懷注曰：「尊，音祖本反。《禮記》曰：『恭敬尊節。』」此「尊」讀如「撙」之明證也。《説文》無「撙」字，《刀部》：「剸，減也。」疑即其本字，古多以尊爲之。又或以繜與僔爲之，《荀子·不苟篇》「不能則恭敬繜絀以畏事人」，楊注曰：「繜與撙同，絀與黜同，謂自撙節貶損。」又《仲尼篇》「恭敬而僔」，注曰：「僔與撙同，卑退也。」「卑辭尊禮」，謂卑約其辭，撙節其禮也。卑與撙同義而非對文。辭也、禮也，皆在己者，故曰卑、曰撙；名則在人者，故曰尊。不達叚借之旨而混同之，失其解矣。

雜受其刑。

解曰：「雜，猶俱也。」

樾謹按：雜訓爲俱，於義迂曲。雜者，帀也。《吕氏春秋·圜道篇》「圜周復雜」，高注曰：

「雜，猶帀也。」《淮南子·詮言篇》「以數雜之壽，憂天下之亂」，高注曰：「雜，帀也。」《説苑·脩文篇》：「如矩之三雜，規之三雜，周則又始，窮則反本也。」亦以雜爲帀。《説文·帀部》：「帀，周也。」周帀則有反復之義。《太玄》「有周首以象復卦」，范望注曰：「周，復也。」然則帀亦復也。「帀受其刑」者，復受其刑也，猶上文言「反受其殃」也。

天有還形。

解曰：「還，反也。形，體也。」

樾謹按：形當讀爲刑，言天必反而刑之也。上文曰「得時不成，反受其殃」，此文曰「得時弗成，天有還刑」，其義正同。還猶反也，刑猶殃也。作形者，叚字耳。古形、刑通用，不可勝舉。

皇天后土、四鄉地主正之。

解曰：「天神地祇、四方神主，當征討之，正其封疆也。」

樾謹按：封疆非鬼神所能正，韋注非是。正猶聽也。《周官·夏官·序官》曰「家司馬各使其臣以正於公司馬」，鄭注曰：「正，猶聽也。」「皇天后土、四鄉地主正之」，猶言鬼神與聞此誓也。

群經平議卷三十

論語一

有朋自遠方來。（《學而》）

何晏集解引包曰：「同門曰朋。」

樾謹按：《釋文》曰：「有，或作友。」阮氏《校勘記》據《白虎通・辟雍篇》引此文作「朋友自遠方來」。洪氏頤煊《讀書叢録》又引《文選・陸機〈輓歌〉》「友朋自遠來」證舊本是「友」字。今按：《説文・方部》：「方，併船也。象兩舟省、總頭形。」故方即有竝義，《淮南・氾論篇》曰「乃爲窬木方版」，高誘注曰：「方，竝也。」《尚書・微子篇》曰「小民方興」，《史記・宋世家》作「竝興」，是方、竝同義。「友朋自遠方來」，猶云友朋自遠竝來，曰友、曰朋，明非一人，故曰竝來。

然則「有」之當作「友」，尋繹本文即可見矣。今學者誤以「遠方」二字連文，非是。凡經言「方來」者，如《周易》「不寧方來」、《尚書》「作兄弟方來」，義皆同此。其説各具本經。

孝弟也者，其爲仁之本與？

樾謹按：「爲」字乃語詞。阮氏《校勘記》曰：「足利本無『爲』字。」蓋語詞無實義，故省之也。「其爲仁之本與」，猶云其仁之本與。《子路篇》曰：「如有王者，必世而後仁。」此所謂「仁」正與彼同。此章之旨即《孟子》所謂「人人親其親、長其長而天下平」者。其爲人也孝弟，則自不至於犯上而作亂，故以爲仁之本。《禮記·經解篇》曰：「上下相親謂之仁。」即此「仁」字之義也。《緇衣篇》曰：「禹立三年，百姓以仁遂焉。」所謂仁者，無他，人人親其親、長其長而已。有子之言本自平實，後人恥事功而虛談心性，於是其説始多矣。

主忠信，無友不如己者。

樾謹案：主與友對，《大戴記·曾子制言篇》曰：「曾子門弟子或將之晉，曰：『吾無知焉。』曾子曰：『何必然，往矣！有知焉，謂之友；無知焉，謂之主。』」此文「主」字義與彼同，言所主者必忠信之人，所友者無不若己之人。孔子主顔讎由、主司城貞子，即是「主忠信」之謂。

禮之用和爲貴。

樾謹案：古以、用二字通。《周易・井》九三「可用汲」，《史記・屈原傳》引作「可以汲」；《尚書・吕刑篇》「報虐以威」，《論衡・譴告篇》引作「報虐用威」；《詩・板篇》曰「勿以爲笑」，《荀子・大略篇》引作「勿用爲笑」，竝其證也。此「用」字止作「以」字解，當以六字爲句。「禮之用和爲貴」，與《禮記・儒行篇》曰「禮之以和爲貴」，文義正同。近解多以體用爲言，失之矣。

先王之道斯爲美。小大由之，有所不行。

邢昺正義曰：「斯，此也。言先王治民之道，以此禮貴和美，禮節民心，樂和民聲。禮至則無怨〔一〕，樂至則不争〔二〕，揖讓而治天下者，禮樂之謂也，是先王之美道也。」

樾謹按：此「斯」字專指禮而言，蓋謂先王之道，禮爲最美，小大由之，而有所不行者，不和故也。但言有所不行，而不言其不行之故，則因「禮之用和爲貴」已見上文，且下文曰「知和而和，不以禮節之，亦不行也」，「亦」之一字彼此貫通，義見於下，故文省於上，古人之辭往往如此

〔一〕禮，《論語注疏》作「樂」。

〔二〕樂，《論語注疏》作「禮」。

也。正義誤解「斯爲美」句，而此章文義扞格不通矣。

亦不可行也。

樾謹按：《隸釋》載漢石經作「亦不行也」，無「可」字，當從之。上云「有所不行」，此云「亦不行也」，兩「不行」之義，彼此貫通。亦者，亦上文而言，上無「可」字，則此亦無「可」字，蓋涉馬注而衍。馬注云：「不以禮爲節，亦不可行。」此自用以足句，非其所據經文有「可」字也。

七十而從心，所欲不踰矩。（《爲政》）

馬曰：「矩，法也。從心所欲無非法。」

樾謹按：此當於「心」字絶句。《禮記·樂記篇》「率神而從天」，鄭注曰：「從，順也。」「六十而耳順，七十而從心」，耳順、從心，錯綜成文，亦猶「迅雷風烈」之比。從與順同義，耳順即耳從也，從心即順心也。「所欲不踰矩」，乃自説「從心」之義，惟其所欲不踰矩，故能從心也。《柳宗元集·與楊誨之書》曰：「孔子七十而縱心。」正於「心」字絶句，較馬讀爲長。「從」作「縱」則失之。皇侃義疏曰：「從，放也。雖復放縱心意，而不踰越于法度也。」是六朝人讀「從」字爲「放縱」之「縱」，故唐、宋人引此文多作「縱心」，實非經旨，説詳翟氏灝《論語考異》。

子曰：「由，誨女知之乎！」

正義曰：「孔子以子路性剛，好以不知爲知，故此抑之。呼其名曰：『由，我今教誨女爲知之乎！』此皆語辭。」

檝謹按：此「知」字與下五「知」字不同。下五「知」字皆如字，此「知」字當讀爲志。《禮記・緇衣篇》「爲上可望而知也，爲下可述而志也」，鄭注曰：「志，猶知也。」然則知與志義通。「誨女知之乎」，即誨女志之乎，言我今誨女，女其謹志之也。《荀子・子道篇》：「子路趨而出，改服而入，蓋猶若也。孔子曰：『志之，吾語女：奮於言者華，奮於行者伐，色知而有能者，小人也。故君子知之曰知之，不知曰不知，言之要也；能之曰能之，不能曰不能，行之至也。』」《韓詩外傳》亦載其事云：「孔子曰：『由，志之』，君子知之爲知之，不知爲不知，言之要也；能之爲能之，不能爲不能，行之要也。」竝與此章文義相同，而皆以「志之」發端，然則此文「知之」即「志之」，無疑矣。

子張學干禄。

正義曰：「弟子子張，師事孔子，學求禄位之法。」

檝謹按：子張學干禄，猶南容三復白圭。「白圭」見《詩・抑篇》，「干禄」見《詩・旱麓篇》。

曰學、曰三復，皆於學《詩》時要求其義，非學求禄位之法也。《史記·弟子傳》改作「問干禄」，則史公已不得其旨矣。

喪，與其易也，寧戚。（《八佾》）

包曰：「易，和易也。言禮之本意，失於奢，不如儉；喪，失於和易，不如哀戚。」

樾謹按：包氏説「戚」字未得其義。蓋禮則奢儉俱失，失於奢不如失於儉，故有「寧儉」之言。若居喪哀戚，固其所也，乃云「與其易也，寧戚」，恐不然矣。戚當讀爲蹙。《禮記·禮器篇》「三辭三讓而至，不然則已蹙。」此「蹙」之義也，《説文新附·足部》有「蹙」字，曰：「迫也。」古無「蹙」字，故叚戚爲之。言居喪者，或失於和易，或失於迫蹙，然與其和易，無寧迫蹙爲得禮之本意耳。《南史·顧憲之傳》：「喪易寧蹙。」是知「戚」字固有作「蹙」者，其義視包注爲長。

繪事後素。

鄭曰：「繪，畫文也。凡繪畫先布衆色，然後以素分佈其閒，以成其文，喻美女雖有倩盼美質，亦須禮以成之。」

樾謹按：《考工記》：「凡畫繢之事後素功。」鄭注即引《論語》文爲證。據《玉人》云「瑑邸射素功」，司農云：「素功，無瑑飾也。」然則素功不專以畫繢言，凡不畫繢者、不雕鏤者，皆素功也。畫繢之事居素功之後，猶《禮記》所謂黼黻文繡之美、疏布之尚，丹漆雕幾之美，素車之乘也。説詳《周禮》。此云「繢事後素」，義與彼同。上云「素以爲絢」，明是先有素而後可以爲絢，故孔子以繪事後素曉之，而子貢因有「禮後」之問，所謂忠信之人，可以學禮也。

與其媚於奥，寧媚於竈。

孔曰：「奥，内也，以喻近臣。竈，以喻執政。」

樾謹按：媚奥、媚竈皆媚人，非媚神也。古以奥爲尊者所居，故《曲禮》曰：「爲人子者，居不主奥。」而春秋時有奥主之稱，《昭十三年左傳》「國有奥主」，是也。竈則執爨者居之，所謂廝養卒也。當時之人以爲居奥者雖尊，不如竈下執爨之人實主飲食之事，故媚奥不如媚竈。《國語·周語》載人之言曰：「佐饔者嘗焉。」即此意也。王孫賈引之，蓋以奥喻君，以竈自喻。孔注未得其旨。

是禮也？

樾謹按：古字也、邪通用，陸氏《經典釋文序》所謂如、而不分，也、邪無别者，是也。《論語》「子張問：『十世可知也』」「井有人焉，其從之也」「豈若匹夫、匹婦之爲諒也」，諸「也」字竝當讀作邪。又如「事君盡禮，人以爲諂也」「子曰其事也」，此兩「也」字，尋繹文義，亦「邪」字也。

魯僭王禮，大廟之中犧牲服器之等，必有不循舊典者，「子入大廟，每事問」，所以諷也。或人不諭其旨，反有「孰爲知禮」之譏，故子曰「是禮也」，猶云是禮邪，乃反詰之辭，正見其非禮矣。

管氏有三歸。

包曰：「三歸，娶三姓女。婦人謂嫁曰歸。」正義曰：「禮，大夫雖有妾媵，嫡妻惟娶一姓。今管仲娶三姓之女，故曰有三歸。」

樾謹按：就婦人言之謂之歸，自管仲言之當謂之娶，乃諸書多言三歸，無言三娶者。且如其説，亦是不知禮之事，而非不儉之事，則其説非也。朱注據《説苑》「管仲築三歸之臺，以自傷於民」，故以三歸爲臺名。然管仲築臺之事不見于他書，《戰國策·周策》曰：「宋君奪民時以爲臺，而民非之，無忠臣以掩蓋之也。子罕釋相爲司空，民非子罕而善其君。齊桓公宫中七市，女閭七百，國人非之。管仲故爲三歸之家，以掩桓公，非自傷于民也。」《説苑》所謂「自傷於民」者，疑即本此，涉上文子罕事而誤爲築臺耳。古事若此者往往有之，未足據也。然則「三歸」當作何解？《韓非子·外儲説篇》曰：「管仲相齊，曰：『臣貴矣，然而臣貧。』桓公曰：『使子有三歸之家。』」一曰：「管仲父出，朱蓋青衣，置鼓而歸，庭有陳鼎，家有三歸。」《韓非子》先秦古書，足可依據。先云「置鼓而歸」，後云「家有三歸」，是所謂歸者，即以管仲言，謂管仲自朝而歸，其家有三處也。家有三處，則鐘鼓、帷帳不移而具，從可知矣，故足見其奢。且美女之充下陳者，亦必三處如一，故足爲女閭七百分謗。而「娶三姓」之説，亦或從此出也。《晏子春秋·雜篇》曰：「昔吾先君桓公有管仲，恤勞齊國，身老，賞之以三歸，澤及子孫。」是又以三歸爲桓公所賜，蓋猶漢世賜甲第一區之比，「賞之以三歸」，猶云賞之以甲第三區耳。故因晏子辭邑，而景公舉此事以止之也。其賞之在身老之後，則「取三姓女」之説，可知其非矣。近人或因此謂三歸是邑名，則又不然。若是邑名，不得云「使子有三歸之家」，亦不得云「家有三歸」也。合諸書參之，三歸之義可見。下云「官事不攝」，亦即承此而言。管仲家有三處，一處有一處之官，不相兼攝，是謂「官事不攝」。但謂家臣具官，猶未見其奢矣。

子謂《韶》：「盡美矣，又盡善也。」謂《武》：「盡美矣，未盡善也。」

孔曰：「《韶》，舜樂名，謂以聖德受禪，故盡善。《武》，武王樂也。以征伐取天下，故未盡善。」正義曰：「言《韶》樂其聲及舞極盡其美，揖讓受禪，其聖德又盡善也。言《武》樂音曲及舞容則極盡美矣，然以征伐取天下，不若揖讓而得，故其德未盡善。」

樾謹按：美、善義同，此章乃别而言之，邢氏因據孔注以美屬樂，善屬德。然孔子止是論樂，論樂而德自在其中，以美、善分屬之，失經旨矣。《周易略例》曰「故有善邇而遠至」，邢璹注曰：「善，脩治也。」《釋文》曰：「善，本作繕。」《廣雅·釋詁》曰：「繕，治也。」然則盡美又盡善者，言既美而又盡其脩治之功也。盡美未盡善者，言雖美而未盡其脩治之功也。武王未受命，所以未盡修治耳。

子曰：「苟志於仁矣，無惡也。」（《里仁》）

孔曰：「苟，誠也。言誠能志於仁，則其餘終無惡。」

樾謹按：上章云「惟仁者能好人，能惡人」，此章云「苟志於仁矣，無惡也」，兩章文義相承，此「惡」字即上「能惡人」之「惡」。蓋仁者之於人，好所當好，惡所當惡，所謂「能好人、能惡人」也。然此以其行事言也，若論其居心，則好固是好，惡亦是好，所謂「舉直錯諸枉，能使枉者直」，是也。故又言此，以申明上意，見不特仁者如是，人苟志在於仁，則亦必無惡人之念矣。《韓非子·解老篇》曰：「仁者，謂其中心欣然愛人也。」《賈子·道術篇》曰：「心兼愛人謂之仁。」然則仁主於愛，古之通論。使其中有惡人之一念，即不得謂之「志於仁」矣。此與上章或一時之語，或非一時語，而記者牽連記之，以發明夫子之微言。自孔注誤解「惡」字，而此章之義晦矣。《釋文》曰：「惡，如字，又烏路反。」當以後一音爲正。

無適也，無莫也。

正義曰：「適，厚也。莫，薄也。言君子於天下之人，無擇於富厚與窮薄者。」樾謹按：以適、莫爲富厚、窮薄，其義至陋。《釋文》曰：「適，鄭本作敵。莫，鄭音慕，無所貪慕也。」此章大旨，鄭讀得之。敵之言相當也，相當則有相觸迕之義，故《方言》曰：「適，啎也。」郭璞注曰：「相觸迕也。」「無適」之適，當從此義，言君子之於天下無所適啎，無所貪慕，惟義是親而已。

君子懷德，小人懷土；君子懷刑，小人懷惠。

孔曰：「懷，安也。」正義曰：「此章言君子、小人所安不同也。」

樾謹按：此章之義，自來失之。君子謂在上者，小人謂民也。懷者，歸也。《詩・匪風篇》「懷之好音」、《皇矣篇》「予懷明德」，毛傳竝曰：「懷，歸也。」《泮水篇》「懷我好音」，鄭箋曰：「懷，歸也。」韋昭注《國語》、杜預注《左傳》竝有此文，是懷之訓歸，固經傳之達詁。《禮記・緇衣篇》「私惠不歸德」，鄭注曰：「歸，或爲懷。」《文選・上林賦》「悠遠長懷」，郭璞曰：「懷，亦歸，變文耳。」皆古人以懷爲歸之證。《公冶長篇》「少者懷之」，孔曰：「懷，歸也。」然則此「懷」字亦可訓歸矣。「君子懷德，小人懷土」者，言君子歸於德，則小人各歸其鄉土。《老子》曰：

「甘其食，美其服，安其居，樂其俗，鄰國相望，鷄狗之聲相聞，民至老死不相往來。」是也。「君子懷刑，小人懷惠」者，言君子歸於刑，則小人歸於他國慈惠之君。《孟子》曰：「民之歸仁也，猶水之就下、獸之走壙也。故爲淵敺魚者，獺也；爲叢敺爵者，鸇也；爲湯武敺民者，桀與紂也。」是也。此章之義，以懷德、懷刑對舉相形，欲在位之君子不任刑而任德也。夫安土重遷，人之常情，小民於其鄉土，豈無桑梓之念？故泰山之婦因無苛政而不去，此即所謂小人懷土也。惟上之人，荼毒其民，使之重足而立，而忽聞鄰國之君有行仁政者，則舊都舊國之思，不敵其樂國樂郊之慕，而懷土者變而懷惠矣。說此章者皆不得其義。若從舊說，則何不曰「君子懷德懷刑，小人懷土懷惠」？亦足見君子、小人所安之不同，而何必錯綜其文乎？

君子喻於義，小人喻於利。

樾謹按：古書言君子、小人，大都以位而言。上文「君子之於天下也，無適也，無莫也，義之與比」，《白虎通・號篇》曰：「君之與臣無適、無莫，義之與比。」是漢世師說如此，後儒專以人品言君子、小人，非古義矣。《漢書・楊惲傳》引董生之言曰：「明明求仁義，常恐不能化民者，卿大夫之意也；明明求財利，常恐困乏者，庶人之事也。」數語乃此章之塙解。《爾雅・釋訓》：「明明，察也。」明明求仁義，即所謂喻於義也；明明求財利，即所謂喻於利也。此殆七十子相傳之緒論，而董子述之耳。《董仲舒傳》「明明」作「皇皇」，蓋聲近而義通。《國語·越語》「天道皇皇」，韋注曰：「皇皇，著明也。」是皇皇即明明也。

事君數，斯辱矣。朋友數，斯疏矣。

何晏集解曰：「數，謂速數之數。」

樾謹按：此「數」字，即《儒行》所謂「其過失可微辨，而不可面數」之「數」。數者，面數其過也。《漢書·高帝紀》「漢王數羽」，師古注曰：「數，責其罪也。」是此「數」字之義也。《禮記·曲禮》曰：「爲人臣之禮，不顯諫。」故諫有五，而孔子從其諷，其於朋友則曰「忠告而善道之」。事君而數，則失不顯諫之義；朋友而數，則非所謂善道之矣。取辱、取疏，職此之故。唐、宋以來以犯顔極諫爲人臣之盛節，至有明諸臣遂有聚哭於君之門者。蓋自古義湮，而君臣朋友之閒所傷多矣。

敏，而好學不恥下問。（《公冶長》）

樾謹按：此當以「敏」字爲句，「而好學不恥下問」皆承「敏」字而言，謂其知識敏疾而又好學不恥下問也。敏者，天資；學問者，人功。天資美而人功又盡，文子之所以爲文也。學者誤讀「敏而好學」爲句，於是近解乃增出「位高」字，使與「質美」相配。若然，則經文當云「敏而好學，貴而不恥下問」矣。且所謂「下問」者，非必以貴下賤之謂，凡以能問於不能、以多問於寡，皆是。

臧文仲居蔡。

包曰：「蔡，國君之守龜，出蔡地，因以爲名焉。」

樾謹按：龜之名蔡，未知何義，包氏此解亦臆説耳。竊疑蔡當讀爲𣪩。《説文・又部》：「𣪩，楚人謂卜問吉凶曰𣪩，讀若贅。」龜者，所以卜問吉凶也，因即以其用而名之曰𣪩，蓋楚語也。龜本荆州所貢，故沿襲其語耳。𣪩與蔡音相近。孔氏廣森《經學卮言》謂「蔡蔡叔」之蔡，即「竄三苗」之竄。然則以蔡爲𣪩，猶以蔡爲竄矣。

崔子弑齊君。

樾謹按：《釋文》出「高子」二字曰：「鄭注云：『《魯》讀崔爲高。』今從《古》。」又出「弑」字曰：「本又作殺。」夫崔子弑君，何得改讀爲高子？《釋文》此條必有踳誤。所謂「讀崔爲高」者，下文兩「崔子」也，陳文子因崔杼弑君，惡而逃之，豈得稱之曰「吾大夫崔子」？且當時列國大夫雖未必賢，亦豈人人皆崔子歟？《魯》讀爲高，甚有義理。高子，謂高厚也。《襄十九年左傳》：「秋八月，齊崔杼殺高厚於灑藍，而兼其室。書曰：『齊殺其大夫，從君於昏也。』」惟高子從君於昏，故不能制崔杼，而反爲崔杼所殺，於是崔杼始專國政，卒成弑君之禍。文子推原，禍本於高子，有深憾焉。每至一國，見其執政之世臣，庸庸尸位，無有深識遠慮，故輒發「猶吾大夫」之歎。《魯論》所讀，必是師説如此。陸德明誤謂經文「崔子」，《魯》皆讀爲「高子」，遂於首句出之，則失之甚矣。

必有忠信如丘者焉。

樾謹按：「如丘者焉」，乃聖人之謙詞，言十室小邑之中，他不敢望，至如丘者必有之矣。

集注曰：「忠信如聖人，生質之美者也。」失孔子語意。

今也則亡，未聞好學者也。（《雍也》）

樾謹按：「亡」字衍文也。此與《先進篇》語有詳略。此云「今也則未聞好學者也」，彼云「今也則亡」，皆此詳而彼略。因涉彼文而誤衍「亡」字，則既云「亡」，又云「未聞好學」，於辭複矣。《釋文》曰：「本或無『亡』字。」當據以訂正。

騂且角。

集解曰：「角者，角周正。」

樾謹按：角周正而但謂之角，則不詞矣。但謂之角，無以知其周正與否，猶但謂之毛，無以知其爲雜文、爲純色也。然則角者何？曰：角者，别於童牛而言之也。《禮記・王制》曰：「祭天地之牛角繭栗，宗廟之牛角握。」是角以小爲貴，乃用犢，貴誠之義也。然童牛無角，猶未可用。此云「犂牛之子」，疑若童牛然，故必言角，以明可用。曰「騂」，則有其材矣；曰「且角」，則及其時矣，故曰「雖欲勿用，山川其舍諸」。

女爲君子儒，無爲小人儒。

孔曰：「君子爲儒，將以明道；小人爲儒，則矜其名。」

樾謹按：以人品分君子、小人，則君子有儒，小人無儒矣，非古義也。君子儒、小人儒，疑當時有此名目。所謂小人儒者，猶云「先進於禮樂，野人也」；所謂君子儒者，猶云「後進於禮樂，君子也」。古人之辭，凡都邑之士謂之君子。《昭二十七年左傳》「左司馬沈尹戌帥都君子」，杜注曰：「都君子，在都邑之士。」是其證也。《詩・都人士篇》曰：「彼都人士，臺笠緇撮。彼君子女，綢直如髮。」士曰都人，女曰君子，互言之耳，其義一也。都人謂之君子，故野人謂之小人。孔子責子路曰：「野哉，由也。」責樊遲曰：「小人哉，樊須也。」一責其野，一責其小人，語異而意同。《禮記・檀弓》曰：「騷騷爾則野，鼎鼎爾則小人，君子蓋猶猶爾。」此孔子所以欲子夏爲君子儒，而無爲小人儒也。然則孔子論禮樂，何以又從先進之野人，而不從後進之君子？蓋此就一時言，彼就先後輩言也。先輩之中，亦自有君子、野人。孔子從先進，仍是從先輩中之君子，豈舍其時公卿大夫俯仰揖讓之容，而反從田夫野老箕踞叫呼之習乎？故以先進、後進分君子、野人，則自可舍君子而後野人。若以同時論，則野人之不如君子，固不待言矣。兩章之意，豈相妨乎？

井有仁焉，其從之也？

孔曰：「宰我以仁者必濟人於患難，故問有仁人墮井，將自投下，從而出之否乎？」

樾謹按：宰我之意，蓋謂仁者勇於爲仁，設也於井之中而有仁焉，其亦從之否乎？孔注仁人墮井之説，殊有未安。「出」字經文所無，且投下從之，又安能出之？宰我居言語之科，不應失言如是。皇侃因孔云「仁人墜井」，遂於經文「仁」下增「者」字，未足據也。

君子可逝也。

孔曰：「逝，往也。言君子可使往視之耳。」

樾謹按：孔以「可逝」爲「可使往視」，其義迂曲。逝當讀爲折，《周易·大有》釋文曰：「晢，陸本作逝，虞作折。」是逝與折古通用。君子殺身成仁，則有之矣，故可得而摧折，然不可以非理陷害之，故可折，不可陷。

亦可以弗畔矣夫？

鄭曰：「弗畔，不違道。」

樾謹按：畔者，言畔喭也。博學於文，約之以禮，則自無畔喭之患矣。《先進篇》「由也喭」，鄭注曰：「子路之行，失於畔喭。」正義曰：「舊注作『吸喭』，《字書》吸喭，失容也。言子路性剛〔一〕，常吸喭，失於禮容也。今本吸作畔。王弼云：『剛猛也。』」據此，則「畔喭」爲剛猛而無禮容。合言之曰畔喭，分言之則或曰畔，或曰喭矣。

好謀而成者也。（《述而》）

正義曰：「好謀而有成功者。」

樾謹按：成當讀爲誠。《詩·我行其野篇》「成不以富」，《論語·顔淵篇》引作「誠不以富」，是成與誠古通用也。行軍之事，固不可無謀，然陰謀詭計又非聖人所與也，故曰「好謀而誠」。懼與誠，行軍之要矣。

〔一〕性剛，《論語注疏》作「性行剛彊」。

五十以學《易》。

樾謹按：集注曰：「五十，當作『卒』。」然於古無所徵。「五十」疑「吾」字之誤，蓋「吾」字漫漶，僅存其上半，則成「五」字，後人乃又加「十」字以補之耳。「加我數年，吾以學《易》」，上言我，下言吾，乃互辭也。《隱元年穀梁傳》曰「言君之不取，爲公也」，范甯曰：「上言君，下言公，互辭。」古人之文如此者甚多，《史記·世家》作「假我數年，若是，我於《易》則彬彬矣」，下「我」字，即此「吾」字也。

伯夷、叔齊何人也？

樾謹按：是時蒯聵父子争國，時人疑夫子必有所右助，故冉有問「夫子爲衛君乎」。衛君兼謂蒯聵父子，非獨指輒也。子貢以夷、齊問，伯夷賢則蒯聵不賢矣，何也？伯夷知有父命，蒯聵不知有父命也。叔齊賢則輒不賢矣，何也？叔齊知有兄弟，輒并不知有父子也，故曰「夫子不爲也」，明皆不爲也。使其時上有天子，下有方伯，則必更立賢君，以伯夷處蒯聵，以叔齊處輒，而人倫正，衛事定矣。子貢引夷、齊事，正與衛事墒切，後人未達其旨。

子所雅言，《詩》《書》。執禮，皆雅言也。

樾謹按：《論語》文法簡質，此章既云「子所雅言」，又云「皆雅言也」，於文似複，蓋由經師失其讀矣。此當以「《詩》《書》」斷句，言孔子誦《詩》讀《書》，無不正言其音也。「執禮」二字自爲句，屬下讀，「執禮」謂執禮事也。《周官·大史》曰：「凡射事，執其禮事。」《禮記·雜記》曰：「女雖未許嫁，年二十而笄，禮之，婦人執其禮。」皆執禮之證也。孔子執禮之時，苟有所言，如《鄉黨》所記「賓不顧矣」之類，皆正言其音，不雜以方言俗語，故曰「執禮，皆雅言也」。《詩》《書》或誦讀，或教授弟子，若執禮自爲一事，故別言之耳。

吾無行而不與二三子者是丘也。

包曰：「我所爲，無不與爾共之者，是丘之心。」

樾謹按：包注於「丘」下增「心」字，非經旨也。「吾無行而不與二三子者是丘也」十三字作一句讀。是當爲視，《釋名·釋姿容》曰：「視，是也。」視與是義本相通，故古書或叚是爲視，《荀子·解蔽篇》「是其庭可以搏鼠」，楊倞注曰：「是，蓋當爲視。」此其證也。孔子言「吾無行而不與二三子者視丘也」，正申明「吾無隱乎爾」之意。

若聖與仁，則吾豈敢。

樾謹按：聖與仁，猶言智與仁也。子貢曰：「學不厭，知也；教不倦，仁也。」蓋諸弟子之稱夫子如此。孔子聞之而不敢居仁、智之名，故曰「若聖與仁，則吾豈敢？抑爲之不厭，誨人不倦，則可謂云爾已矣」。聖與智古通稱，故臧武仲多智，時人謂之聖人。《禮記·鄉飲酒義》曰：「仁義接，賓主有事，俎豆有數，曰聖。聖立而將之以敬，曰禮。」《大戴記·盛德篇》曰：「宗伯之官以成仁，司馬之官以成聖，司寇之官以成義，司空之官以成禮。」其所謂聖，即智也，故與仁、義、禮竝列，猶言仁、義、禮、智也。後世但知大而化之之謂聖，而古義湮矣。

君子坦蕩蕩，小人長戚戚。

鄭注曰：「蕩蕩，寬廣貌。戚戚，多憂懼。」

樾謹按：「戚戚」即「蹙蹙」也。古無「蹙」字，故以「戚」字爲之，與《八佾篇》「寧戚」同。《詩·節南山篇》曰「蹙蹙靡所騁」，毛傳曰：「蹙蹙，縮小之貌。」然則「小人長戚戚」爲「縮小貌」，與「君子坦蕩蕩」爲「寬廣貌」正相對，鄭注失之。

正顔色。（《泰伯》）

樾謹按：正當訓爲振，《管子·小問篇》「以振其淫」，尹知章注曰：「振，正也。」是正與振義通。「動容貌，振顔色」，振亦動也，容貌言動，顔色言振，辭氣言出，三句文義一律。若依正字本義解之，則與上下文均不類矣。《隱五年左傳》「入而振旅」，《莊八年穀梁傳》「入曰整旅」，整旅即振旅，故正顔色即振顔色。正之爲振，猶整之爲振也。

守死善道。

正義曰：「『守死善道』者，守節至死，不離善道也。」

樾謹按：善道與好學對文，善亦好也。《呂氏春秋·長攻篇》曰：「所以善代者乃萬故。」高誘注曰：「善，好也。」然則「守死善道」，言守之至死而好道不厭也。正義以「善道」連文，增「不離」二字以成其義，非經旨矣。

巍巍乎，唯天爲大，唯堯則之。

樾謹按：此美堯之大，非美堯之能法天也。《説文·刀部》：「則，等畫物也。」是「則」有等義。《管子·七法篇》：「物雖不甚多，皆均有焉，而未嘗變也，謂之則。」是「則」有均義。蓋則爲等，故亦爲均。《吕氏春秋・功名篇》：「取則行鈞。」則與鈞竝猶等也。《昭七年左傳》：「六物不同，民心不壹，事序不類，官職不則。」「不則」與「不同」「不壹」「不類」竝猶不等也。此云「唯天爲大，唯堯則之」，蓋謂天之大無與等者，唯堯能與之等耳。鄭君解《尚書》「稽古」爲「同天」，則天即同天也。孔訓則爲法，未得其義。

予有亂臣十人。

馬曰：「謂周公旦、召公奭、太公望、畢公、榮公、太顛、閎夭、散宜生、南宮适，其一人謂文母。」

樾謹按：劉原父《七經小傳》以子無臣母之理，改爲邑姜。王氏《困學紀聞》據《釋文》「予有亂十人，本無『臣』字」，謂舊説不必改。竊謂武王誓師，數其佐治之人，而并及其母，稱爲「予有」，縱無「臣」字，於義亦不可通。疑舊説所謂文母者，亦即邑姜也。文母之稱見於《詩・周頌・雝篇》，曰：「既右烈考，亦右文母。」毛傳曰：「烈考，武王也。文母，大姒也。」以子先母，義殊未安。鄭箋易之曰：「乃以見右助於光明之考與文德之母。」夫曰「文德之母」，則是贊美之辭，非從其夫之謚而稱文矣，是鄭意不以文母爲大姒也。馬融《毛詩》注不傳，疑其解「烈考」「文母」正爲武王、邑姜。鄭所謂「光明之考」「文德之母」，即本其説。鄭固嘗從馬學也。後人習于《毛詩》之説，但知文母之爲大姒，故於此注「文母」亦以「大姒」當之，不知馬融於《詩》自有注，未必其同於毛傳也。

毋固。（《子罕》）

集解曰：「無可無不可，故無固行。」

樾謹按：上文「毋必」，言無專必也；此文「毋固」，又言無固行，然則必之與固，其義無别矣。固當讀爲故，《詩·昊天有成命篇》鄭箋云：「固，當作故。」《史記·魯周公世家》「咨於固實」，徐廣曰：「固，一作故。」是固與故通。毋故者，不泥其故也。用之則行，舍之則藏，是謂毋必；彼一時，此一時，是謂毋故。

子畏於匡。

正義曰：「記者以衆情言之，故云『子畏於匡』。其實孔子無所畏也。」

樾謹按：《荀子·賦篇》：「比干見刳，孔子拘匡。」《史記·孔子世家》亦云：「匡人於是遂止孔子，拘焉五日。」然則畏於匡者，拘於匡也。《禮記·檀弓篇》：「死而不弔者三：畏，厭，溺。」鄭注即以孔子畏於匡爲證，而《通典》引王肅注曰：「犯法獄死謂之畏。」是「畏」爲拘囚之名。後人不達古義，曲爲之説，蓋皆失之。

見之，雖少，必作；過之，必趨。

樾謹按：此「見」字當讀如「從者見之」之「見」。見之、過之，相對成文。見之者，謂其人見於夫子；過之者，謂夫子過其人之前也，故於「見之」曰「雖少，必作」，言作則坐可知，明是夫子方坐而其人來見也。上文曰「子見齊衰者、冕衣裳者與瞽者」，一「見」字之中含此兩義，有其人見夫子，有夫子見其人，故以「見之」「過之」兩承之。學者不得其義，則既云「子見」，又云「見之」，於文複矣。

雖覆一簣。

馬曰：「雖始覆一簣，我不以其功少而薄之。」

樾謹按：馬讀「雖」如本字，斯其義曲矣。雖當讀爲唯。《禮記·少儀篇》「雖有君賜」、《雜記篇》「雖三年之喪可也」，鄭注竝曰：「雖，或爲唯。」《表記篇》「唯天子受命於天」，注曰：「唯，當爲雖。」蓋雖本從唯聲，故二字古得通用，説見王氏引之《經傳釋詞》。唯覆一簣，言平地之上止覆一簣，極言其少，正與「未成一簣」相對成義。

法語之，言能無從乎？改之爲貴。巽與之，言能無説乎？繹之爲貴。

樾謹按：「法語之言」一句中，「語」字、「言」字疊用，甚爲不辭，殆經師失其讀也。此當以「法語之」爲句，「巽與之」爲句。皇侃義疏解「與命與仁」曰：「與者，以言語許與之也。」此云「巽與之」，其義與彼同。兩「言」字竝屬下讀，皆語辭也。《詩·大東篇》「睠言顧之」，《荀子·宥坐篇》作「眷焉」，《後漢書·劉陶傳》作「睠然」，焉與然皆語辭，則「言」亦語辭。凡《詩》所云如「薄言采之」「静言思之」「願言則嚏」「駕言出遊」之類，皆是。《僖九年左傳》：「言歸于好。」《周易·繫辭傳》：「德言盛，禮言恭。」「言」亦語辭也，説詳王氏引之《經傳釋詞》。此文曰「言能無從乎」「言能無説乎」，謂以法度語之則必從，以巽順與之則必説也。學者誤以爲言語之言，失其義，因失其讀矣。

其在宗廟朝廷，便便，言唯謹爾。（《鄉黨》）

鄭曰：「便便，辯也。雖辯而敬謹。」

樾謹按：此當以「便便」爲句，《詩·采菽篇》：「平平左右。」《釋文》引《韓詩》作「便便，閑雅之貌」。是便便以貌言，正與上文「恂恂如也」，王注曰「恂恂，温恭之貌」，其義一律，但省「如也」兩字耳。「言唯謹爾」四字爲句，凡有所言，無不謹慎，故曰「言惟謹爾」。此與上文「似不能言者」相對。蓋此兩節，皆上一句説孔子之容，下一句説孔子之言。鄭注失之。

揖所與立，左右手。

鄭曰：「揖左人，左其手；揖右人，右其手。」正義曰：「謂交擯傳命時。」

樾謹按：舊説皆以是時夫子爲承擯，故上擯是右人，末擯是左人。然下文「賓退，必復命曰：『賓不顧矣。』」據《聘禮》鄭注，是上擯之事。即趨進一節，江氏永《鄉黨圖考》謂是賓致命後，擯者趨進，相公拜，則亦是上擯事也。凡擯之次弟，君召之時，自應先定，豈有交擯之時尚是承擯，交擯之後無端改易乎？且公與賓每門每曲揖，擯、介皆在後雁行，夫子始爲承擯，將於何時淩躐而前乎？竊疑上擯本以卿爲之，魯人重夫子知禮，故使以大夫攝上擯事。「君召使擯」者，使爲上擯也。夫子爲上擯，則所與立者但有左人，無右人矣。而云「揖所與立，左右手」者，謂左其右手也。蓋承擯在上擯之左，夫子與之揖時，足不移易，惟引其右手鄉左而已，故其衣之前後襜如也。他人於此，所與揖者在左，則必側身左鄉，非君子立不易方之義矣。自鄭君誤解「左右手」句，遂并夫子之爲上擯而亦不著。且揖左人則左其手，揖右人則右其手，此在常人亦然，何足爲夫子異乎？

翼如也。

孔曰：「言端好。」正義曰：「張拱端好，如鳥之張翼也。」

樾謹按：「翼如」猶「勃如」「躩如」之類，皆以一字形容之，非必取象於鳥翼也。《爾雅·釋詁》曰：「翼，敬也。」《釋訓》曰：「翼翼，恭也。」「翼如」之「翼」，蓋亦此義耳。《説文·走部》「趩」下引《論語》「趩進，趩如也」，字又作「趩」，明非鳥翼矣。正義曰「如鳥之張翼」，然則「勃如」「躩如」，復何物乎？

必表而出之。

孔曰：「必表而出之，加上衣。」正義曰：「暑則單服，必加尚表衣，然後出之，爲其形褻故也。」

樾謹按：加上表衣，然後出之，則非如近解所謂表絺綌而出之於外也。「出之」二字連文。之，往也。出之者，出往他所也。居家可單衣絺綌，若其出而他往，必加表衣，故曰「必表而出之」。皇侃本無「之」字，其疏曰：「古人裘葛之上，若在家無别加衣，若出行、接賓，皆加上衣。當暑絺綌可單，出則不可單，必加上衣，故云『必表而出』也。」翟氏灝《論語考異》謂依皇氏説，句末應無「之」字。不知邢本句末雖有「之」字，其説未始不與皇同，蓋古義固如此耳。

短右袂。

孔曰：「短右袂，便作事。」

樾謹按：左右兩袂必無一長一短之理。「短右袂」者，卷之使短也。褻裘長，則袂亦長，於作事不便，故卷右袂使短，是謂「短右袂」。

吉月，必朝服而朝。

孔曰：「吉月，月朔也。朝服，皮弁服。」

樾謹按：《禮記·玉藻篇》：「皮弁以聽朔於大廟，朝服以日視朝於内朝。」孔意月朔所服必是皮弁服，故其説如是[一]，然朝服、皮弁服二者不同，安得混而一之？疑此所服者仍是每日視朝之服，「吉月」乃「告月」之譌。《緇衣篇》「尹吉曰」，鄭注：「吉當爲告。」是其例也。説本王氏引之《經義述聞》。惟王氏以告月爲即朝廟，則猶沿舊説之謬。《春秋·文公六年》：「閏月不告月，猶朝于廟。」《公羊傳》曰：「不告月者[二]，不告朔也。」何休解詁曰：「禮，諸侯受十二月

[一] 是，原文作「見」，今據清經解續編本《群經平議》改。

[二] 《春秋公羊傳注疏》「者」下有「何」字。

朔政于天子，藏于大祖廟。每月朔朝廟，使大夫南面奉天子命，君北面而受之。比時使有司先告朔，謹之至也。」是告月與朝廟本是二事。朝廟者，每月之朔，諸侯朝于大祖廟，北面受朔也。告月者，每月之末，有司先以月朔告君也。月有大小盡，不定是三十日，故有司必先期以告，然後君得以朔日行朝廟之禮。月令，凡立春、立夏、立秋、立冬，皆先期三日，太史告于天子。然則告月亦猶告立春、告立夏之比矣。閏月，君不朝廟，則有司亦不告月。乃文公於閏月朔日行朝廟之禮，故《春秋》書以示譏。至文公十有六年，「夏五月，公四不視朔」，傳曰：「自是公無疾不視朔也。」然則魯之不視朔自文公始。至定、哀閒，此禮之廢久矣，而有司告月，則猶循舊典，每月皆然，未之敢廢。夫子於有司告月之日，必朝服而朝焉。記者以夫子之必然，見他人之不必然，而「我愛其禮之思」於此寓矣。朝服者，冠則委貌，衣則緇衣，每日視朝之服也。自「告月」誤爲「吉月」，而孔氏以月朔釋之，因以朝服爲皮弁服。夫魯君不皮弁，夫子安得而皮弁？可知其説之未安矣。又按：此經言「告月」，《八佾篇》言「告朔」，告月之與告朔，亦當有别。《公羊》以告月爲告朔，殆非也。告月者，每月之末，有司以月朔告君也。《春秋》所書，《鄉黨》所記，皆是也。告朔者，每歲之終，天子頒來歲十二月之朔政於諸侯也。《大戴禮·虞戴德篇》曰：「天子告朔於諸侯，率天道而敬行之，以示威于天下也。」是其事也。《八佾篇》：「子貢欲去告朔之餼羊。」劉氏台拱《論語駢枝》謂以特羊餼天子告朔之使，是爲告朔之餼羊，此最得之。周初之制，每歲之末，天子遣使以來歲十二月之朔頒告諸侯，是曰告朔。每月之末，有司以月朔告于君，是曰告月。諸侯乃於朔日服皮弁服，朝于大廟，使大夫奉天子命而北面受之，是曰聽朔，亦曰視朔。視、聽一也。周自平王以後，告朔之使不行矣，而魯有司每歲以餼羊供，則猶如故也。魯自文公以後，視朔之禮亦久廢矣，而魯有司每月以月朔告，則猶如故也。豈非魯秉周禮之明驗歟？公羊子固傳《春秋》者，而猶不知告月、告朔之有辯，《左》《穀》之徒，復何譏焉？於是告朔也，告月也，視朔、聽朔也，三者混而爲一。學者不復致詳，而古制之湮、古義之晦，由來久矣。愚因此經朝服非皮弁服，而知告月之非聽朔，又因此經言「告月」，《八佾篇》言「告朔」，而知告朔之非告月。反覆推求，於古制得其大概，好古之士，儻有取乎？

必有明衣。

孔曰：「以布爲沐浴衣。」正義曰：「將祭而齊，則必沐浴，浴竟而箸明衣，所以明絜其體也。」

樾謹按：孔注云「以布爲沐浴衣」者，猶云以布爲齊衣耳。齊必沐浴，故古語即謂齊爲沐浴。《哀十四年左傳》「陳恒弑其君壬於舒州，孔丘三日齊，而請伐齊」，《論語》作「孔子沐浴而朝」，是沐浴即齊也。邢氏誤會注意，遂以明衣爲親身之衣，而有「明絜其體」之説。按《儀禮·士昏禮》「姆加景」，鄭注曰：「景之制，蓋如明衣，加之以爲行道禦塵，令衣鮮明也。景亦明也。」是鄭意以明衣爲加之於外者，非親身之衣也。《士喪禮》「明衣裳，用布」，鄭注曰：「所以親身，爲圭絜也。」此乃死者所用，其制迥異於生。邢氏以《士喪禮》之明衣爲齊之明衣，殆不可從也。

式負版者。

孔曰：「負版者，負邦國之圖籍。」

樾謹按：「負版」之文，他書未見，孔亦望文爲説耳。「負版」，疑「負販」之誤，或版、販同聲，古文通用也。「式負販者」，與上句「凶服者式之」共爲一事，言子見凶服者必式，雖負販者亦式之也。《禮記·曲禮篇》：「夫禮者，自卑而尊人。」雖負販者必有尊也，而況富貴乎？即可以説此經矣。孔以凶服爲一事，負版爲一事，然經文不曰「式凶服者，式負版者」，是二句本不平列，舊説殆未得也。《爾雅·釋蟲》「傅，負版」，亦即負販也，此蟲喜負重，故以人之負販者爲比耳。

群經平議卷三十一

論語二

皆不及門也。（《先進》）

鄭曰：「皆不及仕進之門，而失其所。」

樾謹按：門者，大夫之私朝也。《尚書·堯典篇》：「闢四門。」《詩·緇衣篇》正義引鄭注曰：「卿士之職，使爲己出政教于天下。言四門者，亦因卿士之私朝在國門，魯有東門襄仲，宋有桐門右師，是後之取法于前也。」又《周官·大司馬職》「帥以門名」，鄭注曰：「帥謂軍將。以門名者，所被徽識，如其在門所樹者也。軍將皆命卿，古者軍將蓋爲營治於國門，魯有東門襄仲，宋有桐門右師，皆上卿爲軍將者也。」是古者卿大夫私朝在國門，故其適子謂之門子，而《左傳》有「晉政多門」之語，足見鄭義之有據。春秋之季，世卿專政，其出自庶姓者，必先由家臣而後得進爲公臣，晉臾駢、衛大夫僎之類，是也。此云「不及門」者，言不得登大夫之朝也。是時以及門爲進身之始，故夫子云然。門且不得及，欲進而升諸公，更不可得矣。下文言語、政事諸賢多仕于季氏，而夫子以爲不及門，蓋其時猶未仕也。鄭注以「不及門」爲不及仕進之門，正得夫子之旨，但所説未備，故後儒別爲之説。然經云「不及門」，不云「不在門」，則終以古義爲安也。

季氏富於周公。

孔曰：「周公，天子之宰、卿士。」正義曰：「魯，其後也。」

樾謹按：此周公非周公旦也。擬人必以其倫，以季氏而擬周公，非其倫矣。所謂周公，乃春秋時之周公，如周公黑肩、周公閱，是也。蓋欲言季氏之富，而但舉晉、韓、魏、齊、陳氏之屬與之比較，則本爲同列，即富過之，亦不足深罪，故必曰「富於周公」，以見季氏以侯國之卿，而富過於王朝之宰也。《泰伯篇》「如有周公之才之美」，孔注曰：「周公者，周公旦。」正義曰：「以春秋之世別有周公。恐與彼相嫌，故注者明之。」然則孔注於此章不曰周公旦，明是春秋時之周公。正義乃曰「魯，其後也」，失經意，且失注意矣。

而求也爲之聚斂而附益之。

孔曰：「冉求爲季氏宰，爲之急賦稅。」

樾謹按：以聚斂爲急賦稅，誣賢者矣。《爾雅·釋詁》曰：「斂，聚也。」是聚、斂二字同義。《大學》曰：「財聚則民散，財散則民聚。」竊謂冉有爲季氏聚斂，乃民聚而非財聚也。蓋冉子爲季氏宰，必爲之容民畜衆，使季氏私邑民人親附，日益富庶。《禮》曰：「竹聲濫濫以立會，會以聚衆。君子聽竽、笙、簫、管之聲，則思畜聚之臣。」若冉有者，可謂畜聚之臣矣，故孔子以爲可使治賦。若惟是急賦稅而已，曾是以爲治賦乎？《孟子》曰：「求也爲季氏宰，無能改於其德，而賦粟倍他日。」蓋人民日衆，田野日闢，故計一歲所賦之粟倍於他日。趙岐注以爲多斂賦粟，非也。冉有之罪，正與「辟草萊、任土地者」同科，猶云吾能爲君闢土地、充府庫。今之所謂良臣，古之所謂民賊也。君不嚮道，不志於仁而求富之，是富桀也。以富桀罪冉子可也，以爲多斂賦粟則非也。古之所謂民賊者，尚不至此，而況冉子乎？

回也，其庶乎！屢空。

集解曰：「言回庶幾聖道，雖數空匱，而樂在其中。一曰：屢猶每也，空猶虛中也。以聖人之善道，教數子之庶幾，猶不至於知道者，各内有此害。其於庶幾每能虛中者，唯回。懷道深遠，不虚心，不能知道。」

樾謹按：「屢」字，《説文》所無，古字止作「婁」。《説文·女部》：「婁，空也。從毌、中、女，婁空之意也。」「婁空」二字即本此經，蓋古語有如此，而許君猶及知之也。凡物空者無不明，故以人言則曰離婁，《孟子》「離婁之明」，是也；以屋言則曰麗廔，《説文·囧部》曰「窗牖麗廔闓明」，是也。離與麗皆「婁」字之雙聲，長言之曰離婁、曰麗廔，實即婁空之義而已。孔子以婁空稱顔子，蓋謂顔子之心通達無滯，亦若窗牖之麗廔闓明也。終日不違，無所不説，竝其證也。《史記·伯夷列傳》：「回也屢空，糟糠不厭。」是史公已不達屢空之旨。何氏前一説，蓋以經師舊説，故首列之，其後一説則以舊義未安而自爲之説，雖於「屢」字未得其解，而意稍近之矣。回之「婁空」與賜之「億則屢中」正相對。婁空者，通達無滯，故聞一知十也；億則屢中者，推測而知，故聞一知二也。「屢中」之「屢」依古字亦止作「婁」，而義則有異。訓數、訓每，可施於下「婁」字，不可施於上「婁」字也。

賜不受命，而貨殖焉。

集解曰：「賜不受教命，唯財貨是殖。」

樾謹按：子貢之賢，何至不受教命？何氏此解不可通也。不受命而貨殖，自是一事，古者商賈皆官主之。故《呂氏春秋·上農篇》曰：「凡民自七尺以上屬諸三官，農攻粟，工攻器，賈攻貨。」高誘注曰：「三官，農、工、賈也。」以《周禮》考之，質劑掌於官，度量純制掌於官，貨賄之璽節掌於官。下至春秋之世，晉則絳之富商韋藩木楗以過於朝，鄭則商人之一環必以告君大夫，蓋猶皆受命於官也。若夫不受命於官，而自以其財市賤鬻貴，逐什一之利，是謂不受命而貨殖。《管子·乘馬篇》曰：「賈知賈之貴賤，日至於市，而不爲官賈。」此其濫觴歟？蓋不屬於官，即不得列於太宰之九職，故不曰「商賈」，而曰「貨殖」。子貢以聖門高第，亦復爲之，陶朱、白圭之徒，由此起也。太史公以貨殖立傳而首列子貢，有開必先，在子貢固不得而辭矣。

攝乎大國之閒。

包曰：「攝，迫也。」

樾謹按：攝猶籋也。《説文·竹部》：「籋，箝也。」徐鍇《繫傳》曰：「今俗作鑷。」然則攝之通作籋，猶籋之俗作鑷也。《周官·司弓矢職》鄭注曰：「并夾，矢籋也。」是籋有夾義。籋乎大國之閒，猶云夾乎大國之閒。包注未得。

鏗爾，舍瑟而作。

孔曰：「鏗者，投瑟之聲。」

樾謹按：《説文・臤部》：「臤，堅也。讀若鏗鏘。」又《手部》：「掔，擣頭也。讀若『鏗爾，舍瑟而作。』」然則許意以「鏗爾」之「鏗」異乎「鏗鏘」之「鏗」。「鏗鏘」以聲言，「鏗爾」不以聲言，此本與子路「率爾而作」相對。鏗爾者，作之貌，非舍瑟之聲。《説文・手部》：「掔，固也。讀若《詩》『赤舄掔掔』。」「鏗爾」之「鏗」疑即「赤舄掔掔」之「掔」。「赤舄掔掔」即由掔之訓固而引申之，當是鎮定之貌。足容重，故以「掔掔」擬之。「鏗爾，舍瑟而作」，言掔掔然舍瑟而作也。安詳審慎與子路之率爾而作氣象不同矣，因其字作「鏗」，説者遂以爲舍瑟之聲，一舍瑟耳，何必取其聲而形容之乎？《説文》引經每不舉全文，若「鏗爾」是舍瑟聲，則但云「鏗爾舍瑟」足矣。惟其爲作之貌，故必連「而作」二字引之也。據《玉篇・手部》引此經作「捁爾」，是顧野王所見《論語》初不作「鏗鏘」字，何必定以聲言乎？

浴乎沂，風乎舞雩。

包曰：「浴乎沂水之上，風涼於舞雩之下。」

樾謹按：世傳韓昌黎《論語筆解》皆不足采，惟此經「浴」字謂是「沿」字之誤，則似較舊説爲安。風之言放也，《詩・北山篇》「或出入風議」，鄭箋云：「風，放也。」《僖四年左傳》：「唯是風馬牛不相及也。」《尚書・柴誓》正義引賈逵注曰：「風，放也。」風與放一聲之轉。「風乎舞雩」者，放乎舞雩也。沿乎沂，放乎舞雩，猶《孟子》曰「遵海而南，放乎琅邪」矣。

克己復禮爲仁。（《顔淵》）

馬曰：「克己，約身。」孔曰：「復，反也。身能反禮，則爲仁矣。」

正義曰：「此注克訓爲約。劉炫云：『克訓勝也，己謂身也。身有嗜慾，當以禮義齊之。嗜慾與禮義戰，使禮義勝其嗜慾，身得歸復於禮，如是乃爲仁也。』」

樾謹按：孔注訓克爲能，是也。此當以「己復禮」三字連文，「己復禮」者，身復禮也，謂身歸復於禮也。能身復禮即爲仁矣，故曰「克己復禮爲仁」。下文曰「一日克己復禮，天下歸仁焉。爲仁由己，而由人乎哉」，必如孔注，然後文義一貫。孔子之意，以己與人對，不以己與禮對也。正義不能申明孔注，而漫引劉説以申馬注約身之義，而經意遂晦矣。《昭十二年左傳》因楚靈王不能自克，而引仲尼曰：「古也有志，克己復禮，仁也。信善哉！」則正訓克爲勝。左氏晚出，先儒致疑，凡此之類，皆不足據。

君子敬而無失。

正義曰：「君子但當敬慎而無過失。」

樾謹按：失當讀爲佚，《周官·大宗伯》鄭注「以防其淫失」，《釋文》曰：「失，本亦作佚。」

《莊子·徐無鬼篇》：「若卹若失。」《釋文》曰：「失，司馬本作佚。」是失與佚通。言君子敬而無敢佚樂也。「敬而無佚」與「恭而有禮」對文，無佚申言敬，有禮申言恭也。若過失，則敬與恭皆不可有，不得專屬之敬矣。

文猶質也，質猶文也。虎豹之鞟，猶犬羊之鞟。

孔曰：「虎豹與犬羊别，正以毛文異耳。今使文質同者，何以别虎豹與犬羊邪？」

樾謹按：四句一氣相屬，「虎豹之鞟，猶犬羊之鞟」，正申明「文猶質也，質猶文也」之意。蓋虎豹所以有文，犬羊所以無文者，以其毛也。若以鞟而論，則一而已矣。文質之異，異乎其在外者也。至其中之所存，如君臣之主敬，父子之主恩，不以文而有加，不以質而有損也，故曰「文猶質也，質猶文也。虎豹之鞟，猶犬羊之鞟」。孔解上二句未得其義，故并下二句而失之。

主忠信，徙義。

包曰：「徙義，見義則徙意而從之。」

樾謹按：「主忠信」，謂所主者必忠信之人，如孔子主司城貞子之比，説已見《學而篇》矣。至包氏以徙義爲徙意從之，其説迂曲，殆非也。徙當爲從，《述而篇》「聞義不能徙」，阮氏《校勘記》曰：「高麗本作從。」是其證矣。所主者必忠信，所從者必義，是謂崇德。主忠信、從義，皆以交際言，故下文辨惑亦舉愛惡明之。孔子所言皆待人接物之道。後儒陳義雖高，未見及此矣。

慮以下人。

馬曰：「其志慮常欲以下人。」

樾謹按：《廣雅・釋訓》曰：「無慮，都凡也。」《漢書・食貨志》曰：「天下大氏無慮皆鑄金錢矣。」無慮與大氏同，古人自有複語耳。亦或止言慮，《賈誼傳》：「慮無不帝制而天子自爲者。」慮即無慮，亦猶大氏也。「慮以下人」之「慮」，乃「無慮」之「慮」，言察言觀色，大氏以下人也。馬以志慮説之，非是。《太玄・玄瑩篇》：「故君子内正而外馴，每以下人。」其句法即本之此。

先事後得。

孔曰：「先勞於事，然後得報。」

樾謹按：《爾雅・釋詁》：「事，勤也。」「勤，勞也。」然則先事猶先勞也。《禮記・儒行篇》「先勞而後禄」，鄭注曰：「勞，猶事也。」彼文勞與禄對，故勞當訓爲事，猶云事君敬其事而後其食也。此文事與得對，則事當訓爲勞，猶云先難而後獲也。事與勞義本得通。孔不知事之即爲勞，而云「先勞於事」，則「勞」字轉爲增出矣。

先之勞之。（《子路》）

孔曰：「先導之以德，使民信之，然後勞之。」

樾謹按：「先之勞之」四字作一句讀，猶《陽貨篇》曰「使之聞之」，不得因有兩「之」字而分爲二事也。《詩・緜蠻篇》「爲之載之」、《孟子・滕文公篇》「與之食之」，句法皆與此同。「先之勞之」謂先民而任其勞也。天子親耕、后親蠶之類，皆其事矣。孔謂先導之以德，然後勞之，似於文義未合。下文子路「請益」而告以「無倦」，蓋先任其勞則易倦，故戒之也。

始有，曰「苟合矣」；少有，曰「苟完矣」；富有，曰「苟美矣」。

正義曰：「家始富有，不言己才能所致，但曰苟且聚合也。又少有增多，但曰苟且完全矣。富有大備，但曰苟且有此富美耳。」

樾謹按：《論語》「苟」字，如「苟有用我者」「苟正其身矣」，正義竝曰：「苟，誠也。」此「苟」字義亦當同。始有之時，未必合也，荆則曰「誠合矣」；少有之時，未必完也，荆則曰「誠完矣」；富有之時，未必美也，荆則曰「誠美矣」，故曰「善居室」。正義不得其旨，誤以「苟且」釋之，「苟且富美」，義不可通，因又加「有此」二字，亦可見其説之未安矣。又按：正義以合爲聚合，非是。合猶足也，《孟子・梁惠王篇》「是心足以王矣」，下文曰「此心之所以合於王者，何也」，上言足，下言合，文異而義同。蓋合與給通。《説文・糸部》：「給，相足也。」始有之時，或時匱乏，未能給足，而荆之意已以爲足也。邢氏但知合之訓聚，而不知合有足義，由未達叚借之旨耳。

亦可以勝殘去殺矣。

王曰：「勝殘，殘暴之人使不爲惡也。去殺，不用刑殺也。」

樾謹按：殺與虐義同，故《尚書・吕刑篇》「惟作五虐之刑，曰法」，《墨子・尚同中篇》作「唯作五殺之刑，曰法」。《宣十五年左傳》「酆舒爲政而殺之」，《潛夫論・氏姓篇》作「酆舒爲政而虐之」，竝其證也。「勝殘去殺」者，勝殘去虐也，言善人爲邦百年，則殘虐之事可以勝而去之也。「勝殘去殺」，實止一義，分而爲二，轉非經旨。

吾黨有直躬者。

孔曰：「直躬，直身而行。」《釋文》曰：「躬，鄭本作弓，云直人名弓。」

樾謹按：鄭説是也。躬、弓古通用耳。若以直躬爲直身而行，則孔子亦當云「吾黨之直躬者」，下文無「躬」字，知躬是人名也。因其直而名之曰直躬，猶因其狂而名之曰狂接輿，殆楚語有然歟？至《廣韵》謂「直，姓，出楚人直躬之後」，則又不然。「躬」是其人之名，「直」非其人之姓也。

不可以作巫醫。

正義曰：「巫主接神治邪〔一〕，醫主療病。」

樾謹按：《楚詞·天問篇》曰：「化爲黄熊，巫何活焉？」王逸注曰：「言鮌死後化爲黄熊，入於羽淵，豈巫醫所能復生活？」是巫、醫古得通偁，此云「不可以作巫、醫」，醫亦巫也。《廣雅·釋詁》曰：「醫，巫也。」是其證也。《荀子·王制篇》曰：「相陰陽，占祲兆，鑽龜陳卦，主攘擇五卜，知其吉凶妖祥，傴巫跛擊之事也。」蓋古者卜筮之事，亦巫祝掌之。《禮記·緇衣篇》：「南人有言曰：『人而無恒，不可爲卜筮。』古之遺言與？」彼言卜筮，此言巫醫，其義一也。下文引《易·恒卦》之辭，又曰「不占而已矣」，皆以卜筮言，與醫不涉，正義分巫、醫而二之，非古義矣。

〔一〕治，《論語注疏》作「除」。

求爲後於魯。（《憲問》）

孔曰：「爲後，立後也。」

樾謹按：爲，有也。「求爲後於魯」者，求有後於魯也。《孟子・滕文公篇》「將爲君子焉，將爲野人焉」，趙注曰：「爲，有也。」爲之訓有，古訓有然，詳見王氏引之《經傳釋辭》。

夫如是，奚而不喪。

樾謹按：「奚而」猶奚爲也，言奚爲不喪也。《襄十四年左傳》「射爲禮乎」，《太平御覽・工藝部》引作「射而禮乎」。《孟子・滕文公篇》「方里而井」，《論語・顔淵篇》正義引作「方里爲井」。竝其證也。

勿欺也，而犯之。

孔曰：「事君之道，義不可欺，當能犯顔諫争。」

樾謹按：能與而古通用。孔氏所據本疑作「能犯之」，故有「能犯顔諫争」之説。此章之旨，蓋即信而後諫之意，未信則以爲謗己，故惟勿欺者能犯之也。孔子論諫曰「吾從其諷」，本無取乎犯，不得已而犯，必以勿欺先之，異乎悻悻小丈夫矣。

子貢方人。

孔曰：「比方人也。」

樾謹按：《廣雅・釋詁》曰：「方，正也。」方人猶言正人，《周官・司諫》鄭注曰：「諫，猶正也。以道正人行。」「子貢方人」，即所謂以道正人行者，蓋亦朋友相切直之義。《釋文》曰：「鄭本作謗人。」謗者，言人之過失也。《襄十四年左傳》「庶人謗」，正義曰：「謗謂言人過失，使在上聞之而自改。亦是諫之類也。」然則方人、謗人，其義不殊，孔以「比方」釋之，未得其旨。

丘何爲是栖栖者與？

正義曰：「栖栖，猶皇皇也。」

樾謹按：「栖」即「棲」字。《詩・六月篇》「六月棲棲」，毛傳曰：「棲棲，簡閱貌。」下云「戎車既飭」，即承「六月棲棲」而言，是棲棲有整飭之意。字亦通作「萋」，《有客篇》「有萋有且」，傳曰：「萋、且，敬慎貌。」箋云：「其來威儀萋萋且且。」蓋棲、萋竝從妻聲，妻之言齊也，故棲棲、萋萋竝與濟濟同。《文王篇》「濟濟多士」，傳曰：「濟濟，多威儀也。」微生畝見孔子脩飾威儀，疑其以此求悦於人，故曰「何爲是栖栖者與？無乃爲佞乎？」《晏子春秋・外篇》載晏子之言曰：「今孔丘盛聲樂以侈世，飾弦歌鼓舞以聚徒，繁登降之禮，趨翔之節以觀衆。」此即微生畝之意。孔子答之曰：「非敢爲佞也，疾固也。」固謂固陋也，疾固陋，故棲棲，是可得棲棲之義矣。班固《答賓戲》曰：「是以聖哲之治，棲棲皇皇，孔席不暖，墨突不黔。」則漢儒已不達棲棲之義。邢氏承其説而曰「棲棲，猶皇皇也」，於是此章之義全失矣。

莫己知也，斯己而已矣。

集解曰：「此硜硜者，徒信己而已，言亦無益。」

樾謹按：荷蕢者之意，以爲人既莫己知，則但當爲己，不必更爲人，故曰「莫己知也，斯己而已矣」。何氏增出「信」字，轉非其旨。

果哉，末之難矣。

集解曰：「未知己志而便譏己，所以爲果。末，無也。無難者，以其不能解己之道。」

樾謹按：《淮南子·道應篇》「令不果往」，高誘注：「果，誠也。」「果哉，末之難矣」，猶曰「誠哉，無難矣」。蓋如荷蕢者之言，隨世以行己，視孔子所爲，難易相去，何啻天壤，故孔子聞其言而歎之，一若深喜其易者，而甘爲其難之意自在言外。聖人辭意微婉，初非與之反唇也。何解失之。

闕黨童子將命。

馬曰：「闕黨之童子將命者，傳賓主之語出入。」

樾謹按：此童子自爲其黨之人將命，非爲孔子將命，亦非孔子使之將命也。正義曰：「此章戒人當行少長之禮也。闕黨，黨名。童子，未冠者之稱。將命，謂傳賓主之語出入。時闕黨之童子能傳賓主之命也。或人見其童子能將命，故問孔子曰：『此童子是自求進益之道也與？』孔子答或人言：『此童子非求進益者也，乃是欲速成人者也。』」邢氏此疏深得此章之旨，蓋孔子見此童子違謙越禮，深以爲非，然則闕黨之人使童子將命，亦大非孔子之意也。據《荀子·儒效篇》「仲尼居於闕黨」，是闕黨之地，孔子嘗居之，其時適有童子將命一事，故或人以爲問，而孔子答之如此，《論語》特記其言，使人知長少之禮不可越也。後人誤會馬注，以爲孔子實使之，於此章之義全失矣。

君子固窮。（《衛靈公》）

樾謹按：《禮記·哀公問篇》「固民是盡」，鄭注曰：「固，猶故也。」是固、故聲近義通。「君子固窮」，猶君子故窮，言惟爲君子故窮困也，明君子不妄干求，宜至窮困，正與「亦有窮乎」問意相對。《文選·劉越石〈扶風歌〉》「夫子故有窮」，即本諸此。

立則見其參於前也。

包曰：「立則常想見，參然在目前。」

樾謹按：「參」字義不可通，如包氏注則不詞甚矣。參當作厽，《玉篇》曰：「厽，《尚書》以爲『參』字。」蓋《西伯戡黎篇》「乃罪多參在上」，古字作「厽」，顧野王所見本尚有作「厽」者，疑其以厽爲參，故云然，實則作「厽」者是也。《説文·厽部》：「厽，絫坺土爲牆壁。象形。」《尚書》「參在上」、《論語》「參於前」，竝當作「厽」。厽之言絫也，「乃罪多厽在上」，言紂之罪積絫在上也。「立則見其厽於前也」，言見其積絫於前也。且「厽」本象形字，「立則見其厽於前」，正聖人立言之精。今作「參」，則古字亡，而古義亦晦矣。

邦無道，則可卷而懷之。

樾謹按：「之」字，漢石經作「也」。《後漢書·周黄徐姜申屠傳序》亦曰：「孔子稱『蘧伯玉邦無道，則可卷而懷也』。」是古本如此，當從之。卷之義爲收。《儀禮·公食大夫禮》「有司卷三牲之俎」，鄭注曰：「卷，猶收也。」懷之義爲歸。《詩·匪風篇》「懷之好音」、《皇矣篇》「予懷明德」，毛傳竝曰：「懷，歸也。」「邦有道，則仕；邦無道，則可卷而懷也」，美其有道則出仕，無道則卷收而歸也。今作「卷而懷之」，「之」字何所指乎？

志士仁人。

正義曰：「此章言志善之士，仁愛之人。」

樾謹按：志士，即知士也。《禮記・緇衣篇》「爲上可望而知也，爲下可述而志也」，鄭注曰：「志，猶知也。」《楚詞・天問篇》「師望在肆，昌何志」，王注曰：「言太公在市肆而屠，文王何以志知之也。」是志與知義同。《列子・湯問篇》「女志彊而氣弱，故足於謀而寡於斷」，張湛注曰：「志謂心智。」蓋志可爲知，故亦可爲智。《論語》每以仁、知竝言，此云「志士仁人」，猶云「知士仁人」也。仁者安仁，知者利仁，故有殺身以成仁，無求生以害仁。正義以爲志善之士，非是。《孟子・滕文公篇》：「志士不忘在溝壑，勇士不忘喪其元。」此「志」字亦當讀爲「智」。《韓詩外傳》載巫馬期之言曰：「吾嘗聞之夫子，勇士不忘喪其元，志士仁人不忘在溝壑。」是則孔子本以志士仁人竝稱，與此章同，《孟子》所引不備耳。趙岐但據《孟子》文爲注，故曰：「志士，守義者也。勇士，義勇者也。」恐非孔子之本意矣。

樂則《韶》《舞》。

注曰：「《韶》，舜樂也。」

樾謹按：舞當讀爲武。《周官》鄉大夫以鄉射之禮五物詢衆庶，「五曰興舞」，《論語・八佾篇》「射不主皮」，馬注引作「五曰興武」。《莊十年左傳》經文「以蔡侯獻舞歸」，《穀梁》作「獻武」。《詩序》「維清，奏象舞也」，《獨斷》曰「維清，奏象武之所歌也」。皆古人舞、武通用之證。樂則《韶》《武》者，則之言法也，言樂當取法《韶》《武》也。子於四代之樂，獨於《韶》《武》有盡美之論，雖盡善、未盡善，微有低昂，然尚論古樂《韶》之後即及《武》，而夏、殷之樂不與焉，可知孔子之有取於《武》矣。夏時、殷輅、周冕，皆以時代先後爲次，若《韶》《舞》專指舜樂，則當首及之。惟《韶》《武》非一代之樂，故列於後。且時言夏、輅言殷、冕言周，而《韶》《舞》不言虞，則非止舜樂，明矣。

知柳下惠之賢而不與立也。

正義曰：「不稱舉與立於朝廷也。」

樾謹按：不與立於朝廷而但曰「不與立」，文義未足。立當讀爲位。《周官·小宗伯》「掌建國之神位」，注曰：「故書『位』作『立』。立讀爲位，古者立、位同字。古文《春秋》經『公即位』爲『公即立』。」然則「不與立」即「不與位」，言知柳下惠之賢而不與之禄位也。上句「竊位」作「位」字，下句「不與位」作「立」字，猶《孟子·公孫丑篇》「有仕於此而子悦之」〔一〕，作「仕」字；

〔一〕 此，原文作「子」，今據《孟子注疏》改。

「夫士也，亦無王命而私受之於子」，作「士」字也。

君子疾没世而名不稱焉。

樾謹按：此章言謚法也。《周書・謚法篇》曰：「大行受大名，細名受細名〔一〕，行出於己，名生於人。」春秋時列國大夫多得美謚，細行而受大名，名不稱矣，故孔子言此，明當依周公謚法，不得溢美也。

子曰：「衆惡之，必察焉。衆好之，必察焉。」

王曰：「或衆阿黨比周，或其人特立不群，故好惡不可不察也。」

樾謹按：「阿黨比周」解「衆好必察」之意，「特立不群」解「衆惡必察」之意，是王肅所據本「衆好」句在「衆惡」句前。《潛夫論・潛歎篇》引孔子曰：「衆好之，必察焉。衆惡之，必察焉。」蓋漢時舊本如此，今傳寫誤倒耳。《風俗通義・正失篇》引孔子曰：「衆善焉，必察之；衆惡焉，必察之。」雖文字小異，而亦善在惡前，可據以訂正。

〔一〕細名受細名，《逸周書》作「細行受小名」。

知及之，仁不能守之。

樾謹按：《後漢書・班固傳論》引此文作「而不能守之」，視今本爲長。「知及之，而不能守之」，謂無仁以守之也。今作「仁不能守」，夫既仁矣，又何不能守之有？此蓋後人據下文改易而不知其非也。且如下文「不莊以涖之」，若改易其文曰「莊不能涖之」，豈可通乎？當依范氏所引以正其誤。下文言「仁能守之」，則此文不能守之，由於不仁，其故自見，正古文互見之妙也。

事君，敬其事而後其食。

樾謹按：《說文・茍部》：「茍，自急敕也。」「敬」字從茍爲意，故義亦與茍通。「敬其事」者，急其事也，正與「後其食」相對，猶《禮記・儒行篇》曰「先勞而後禄」矣。

無乃爾是過與。（《季氏》）

樾謹按：是當讀爲寔。《爾雅・釋詁》：「寔，是也。」《桓六年公羊傳》曰：「寔來者何？猶曰是人來也。」是與寔古蓋通用。「無乃爾是過與」，猶曰無乃爾寔過與。《襄十四年左傳》曰：「吾令實過。」《國語・晉語》：「簡子曰：『善，吾言實過矣。』」竝與此經同義。《詩・韓奕篇》鄭箋曰：「趙魏之東，實寔同聲。」

不患寡而患不均，不患貧而患不安。

樾謹按：寡、貧二字，傳寫互易，此本作「不患貧而患不均，不患寡而患不安。」貧以財言，不均亦以財言，財宜乎均，不均則不如無財矣，故「不患貧而患不均」也。寡以人言，不安亦以人言，人宜乎安，不安則不如無人矣，故「不患寡而患不安」也。下文云「均無貧」，此承上句言；又云「和無寡，安無傾」，此承下句言。觀「均無貧」之一語，可知此文之誤，易矣。《春秋繁露·度制篇》引孔子曰〔一〕：「不患貧而患不均。」可據以訂正。

焉能繫而不食？（《陽貨》）

集解曰：「吾自食物，當東西南北；不得如不食之物，繫滯一處。」

樾謹按：草木之類，孰是能食者？何獨匏瓜爲不食之物而以取喻耶？食當訓爲用，《易·井》初六：「井泥不食。」李鼎祚集解引虞注曰：「食，用也。」又《國策·衛策》「食高麗也」、《老子》「而貴食母」，高誘、河上公注竝曰：「食，用也。」是食之訓用，乃古義也。《國語·魯語》曰：「夫苦匏不材於人。」然則匏瓜乃無用於人之物，故孔子言吾非匏瓜，安能繫於一處而不爲

〔一〕露，原文作「路」，今徑改。

世用乎？《文選·登樓賦》：「懼匏瓜之徒懸兮，畏井渫之莫食。」按李氏集解引荀爽曰：「三者得正，故曰『井渫』，不得據陰喻不得用，故曰『不食』。」是井卦爻辭言不食者，其義竝爲不用，古説如此，非獨虞翻説也。王仲宣以「匏瓜」與「井渫不食」兩事合用，是固以《周易》之「不食」解《論語》之「不食」矣。

鄉原，德之賊也。

周曰：「所至之鄉，輒原其人情，而爲意以待之，是賊亂德也。」一曰：「鄉，向也，古字同。謂人不能剛毅，而見人輒原其趣嚮，容媚而合之，言此所以賊德也。」

樾謹按：周注迂曲，必非經旨。如何晏説，則與《孟子》「一鄉皆稱原人」之説不合，其義更非矣。原當爲傆，《説文·人部》：「傆，黠也。」鄉傆者，一鄉中傆黠之人也。《孟子》説鄉原曰：「非之無舉也，刺之無刺也；同乎流俗，合乎污世；居之似忠信，行之似廉絜。」則其人之巧黠可知。孔子恐其亂德，蓋即巧言亂德之意。朱注謂原與愿同，雖視舊説爲勝，然愿自是美名。孔子曰：「侗而不愿，吾不知之矣。」則「愿」固孔子所取也。一鄉皆以爲愿人，當問其果愿與否，安得據絶之爲德之賊？且《孟子》所稱鄉原之行，亦非謹愿者所能爲也，然則讀原爲愿，抑猶未得其字矣。

惡果敢而窒者。

馬曰：「窒，窒塞也。」正義曰：「謂好爲果敢，窒塞人之善道。」

樾謹按：窒當讀爲𡍪。《説文・至部》：「𡍪，忿戾也。從至，至而復孫。孫，遁也。《周書》曰：『有夏氏之民叨𡍪。』」今《尚書・多方篇》作「懫」，懫與窒古同字。《周易・損・象傳》：「君子以懲忿窒欲。」《釋文》曰：「窒，劉本作懫。」《一切經音義》卷九曰：「窒，古文懫同。」然則《論語》之「窒」猶《尚書》之「懫」，竝爲「𡍪」之叚字。果敢而𡍪者，言果敢而忿戾也。馬訓爲「窒塞」，正義因以「窒塞人之善道」足成其義，胥失之矣。

年四十而見惡焉。

樾謹按：此章之旨，自來失之。《子罕篇》曰：「四十、五十而無聞焉。」蓋泛論他人，不能爲一概之詞，故曰「四十、五十」，言或四十，或五十，亦屬辭之常也。此文云「年四十」，則爲據實之言，非泛論矣。竊謂此章乃夫子自嘆也，古每叚「惡」爲之。《説文・言部》：「誣，相毁也。」《漢書・樊噲傳》「人有惡噲黨於吕氏」，師古注曰：「惡，謂毁譖，言其罪惡也。」《張禹傳》「數毁惡之」，注曰：「惡，謂言其過惡。」《文選・鄒陽〈獄中上書〉》曰「蘇秦相燕，人惡之於燕王」，李善注曰：「惡，謂讒短也。」竝是叚惡爲誣。據《史記・孔子世家》，孔子年三十五適齊，爲高昭子家臣，以通乎景公。公欲封以尼谿之田，晏嬰不可。孔子斯言，殆因此而發。是時孔子之年固不可考，《歷聘紀年》謂留齊七年，則尼谿之沮或適值四十矣。「其終也已」，猶云吾已矣，夫「終」與「已」其義同。蓋孔子先是在魯，不過爲委吏、爲乘田，未得一行其道。及是景公欲用之，是亦行道之兆也，乃爲晏嬰所讒毁而止，道之不行，於此徵之矣，故發此歎耳。《陽貨》一篇終以孔子此言，正見群小專恣，聖道不行，非無意也。其下《微子篇》所記，皆仁人失所，及巖野隱淪之士，亦由此語發其端矣。

吾非斯人之徒與而誰與？（《微子》）

正義曰：「我非天下人之徒衆相親與？而更誰親與？」

樾謹按：兩「與」字竝語詞，猶云：吾非斯人之徒邪而誰邪？其語意自有與斯人相親之意。然讀兩「與」字爲相與之與，則於文義未得矣。《釋文》曰：「徒與、誰與，竝如字。又竝音餘。」當以「音餘」爲長。

四體不勤，五穀不分。

樾謹按：分當讀爲糞，聲近而誤也。《禮記・王制篇》「百畝之分」，鄭注曰：「分或爲糞。」《孟子・萬章篇》作「百畝之糞」，是其證也。兩「不」字竝語詞，不勤，勤也；不分，分也。《爾雅·釋丘》曰：「夷上洒下不漘。」郭注曰：「不，發聲。」《釋魚》曰：「龜，左倪不類，右倪不若。」邢疏曰：「不，發聲也。」古人多以「不」爲發聲之詞，《詩·車攻篇》「徒御不警，大庖不盈」，毛傳曰：「不警，警也；不盈，盈也。」《桑扈篇》「不戢不難，受福不那」，傳曰：「不戢，戢也；不難，難也。那，多也。不多，多也。」此類不可勝數。丈人蓋自言惟四體是勤，五穀是糞而已，焉知爾所謂夫子？若謂以不勤、不分責子路，則不情矣。此二句乃韵語，或丈人引古諺歟？

虞仲。

樾謹按：虞仲，不詳何人，舊説以爲仲雍，非也。仲雍在伯夷、叔齊前百餘年，豈當反列其後？且仲雍既君吴，子孫世有吴國，豈得目之爲民？竊疑虞仲乃春秋時虞公之弟。《桓十年左傳》：「虞叔有玉。」杜注以爲虞公之弟。虞仲亦其類耳。當時國君之弟，每以伯、仲繫國稱之，若桓十七年蔡季、莊二年紀季，皆是也。虞仲次伯夷、叔齊之後，殆亦讓國之賢公子乎？書傳無徵，宜從蓋闕。顧氏炎武欲改虞仲爲吴仲，恐反失之矣。

君子不施其親。

孔曰：「施，易也。不以他人之親易己之親。」

樾謹按：陸氏《釋文》本「施」字作「弛」。然弛、施古字通用，非有異義也。孔訓施爲易，即用《爾雅·釋詁》「弛，易也」之訓。《詩》云：「豈無他人，不如我同姓。」故戒使不易其親也。有國家者，往往任用外戚，疏遠宗支，豈非所謂以他人之親易己之親者乎？不施易，自不弛廢。不易之意深，不廢之意轉淺矣。其字或可從《釋文》作「弛」，其義仍當從孔注作「易」，古説未可非也。

百工居肆以成其事。（《子張》）

包曰：「言百工處其肆則事成。」正義曰：「肆，謂官府造作之處也。」

樾謹按：肆者，市中陳物之處，故《周官》有肆長。以肆爲官府造作之處，於古未聞，正義説非也。《周易·説卦傳》：「巽爲工。」李鼎祚集解引虞翻曰：「爲近利市三倍，故爲工。」子夏曰：『工居肆。』」然則此「肆」字即「市肆」之「肆」。市中百物俱集，工居於此，則物之良苦，民之好惡，無不知之，故能成其事。以譬君子學於古訓，則言之是非、事之得失，無不知之，故能成其道也。邢氏誤解「肆」字，不特臆説無徵，且於喻意不見矣。

孰先傳焉？孰後倦焉？

包曰：「言先傳業者必先厭倦。」

樾謹按：經文兩「孰」字，明分二事，包注并爲一談，非也。先傳對後傳者而言，性與天道未至，其時不得聞，而灑掃、應對之事童而習之，是先傳者也。後倦對先倦者而言，既冠成人，而後弟子之職不復躬親矣，而嚮道而行，忘身之老，俛焉日有孳孳，死而後已，是後倦者也。「孰先傳焉，孰後倦焉」，猶曰有小道焉，有大道焉，故繼之曰「譬之草木，區以別矣」。包氏所解，未得經旨。

吾友張也，爲難能也，然而未仁。

包曰：「言子張容儀之難及。」

樾謹按：孔子論仁，多以其易者言之，故曰「有能一日用其力於仁矣乎？我未見力不足者」，又曰「可以爲難矣，仁則吾不知也。」然則仁之不在乎難，明矣。子貢問「博施於民而能濟衆」，何其難也！孔子告之以「己欲立而立人，己欲達而達人」，何其易也！孔子嘗謂「師也過」，惟過，故爲難能；惟難能，故未仁。子游此論極合孔子論仁之旨，非先以容儀難及美之，而後以未仁譏之也。

其生也榮。

孔曰：「故能生則榮顯。」

樾謹按：《國語·晉語》曰「非以翟爲榮」，韋注曰：「榮，樂也。」是古謂樂爲榮。「其生也榮，其死也哀」，言其生也，民皆樂之；其死也，民皆哀之也。榮與哀相對，非榮顯之謂。《荀子·解蔽篇》「生則天下歌，死則四海哭」，語意與此相近。

天之曆數在爾躬。（《堯曰》）

集解曰：「曆數，謂列次也。」

樾謹按：《説文》無從日厤聲之字，蓋即「歷」之異文。《禮記·月令篇》「命宰，歷卿大夫至于庶民，土田之數」，鄭注曰：「歷，猶次也。」與此文「天之曆數」其義正同。彼所歷者，卿大夫至于庶民之數；此所歷者，帝王之數。大小不同，其爲歷次一也。

予小子履，敢用玄牡，敢昭告于皇皇后帝。

孔曰：「履，殷湯名。」

樾謹按：古本《論語》疑無「履」字。《尚書·湯誥篇》正義曰：「鄭玄解《論語》云：『用玄牡者，爲舜命禹事。於時總告五方之帝，莫適用，用皇天大帝之牲。』」又《詩·閟宮篇》正義曰：「《論語》曰『皇皇后帝』，注云：『帝，謂大微五帝。』」以《論語》説舜受終于文祖，宜總祭五帝，是鄭康成以此節連上文「舜亦以命禹」讀之，謂是舜、禹之事。若使有「履」字，則明著湯名，鄭豈容有誤乎？《國語·周語》王子晉説伯禹事曰：「皇天嘉之，祚以天下。」韋昭注曰：「祚，禄也。《論語》曰『帝臣不蔽，簡在帝心』是也。」然則韋所見本尚無「履」字，不然正文方説禹事，何取以湯事爲證也？近世學者多疑《論語》孔注是魏晉閒人僞作，即此一字，誠有可疑。蓋因《墨子》引《湯誓》與此文相似，而悟鄭説之非，乃於經文依《墨子》增入「履」字以實其説，其後《僞古文尚書》遂竊此文入《湯誥篇》矣。作僞者轉相師承，遂得縣之日月而不刊，亦非易事也。

尊五美。

正義曰：「當尊崇五種美事〔一〕。」

樾謹按：五種美事，不得以尊崇爲言。尊當讀爲遵，《方言》：「遵，行也。」遵五美，言當遵行五美，非尊崇之謂。《後漢書·祭遵傳》：「遵美屏惡。」《漢平都相蔣君碑》：「遵五迸四。」皆用《論語》文，而字正作「遵」，知漢人舊讀固然矣。

出納之吝。

樾謹按：此自言出之吝耳，納則何吝之有？因「出納」爲人之恒言，故言「出」而并及「納」，古人之辭如此。《史記·刺客傳》：「多人不能無生得失。」言失而并言得也；《游俠傳》曰：

〔一〕 種，原文作「者」，今據下文及《論語注疏》改。

「緩急，人之所時有也。」言急而并言緩也。此言「出納」，亦猶是矣。

謂之有司。

孔曰：「此有司之任耳，非人君之道。」

樾謹按：《周官·泉府職》「與其有司辨而授之」，鄭注曰：「有司，其所屬吏也。」《儀禮·士冠禮》「有司如主人服」，鄭注曰：「有司，群吏有事者，謂主人之吏，所自辟除，府史以下也。今時卒史及假吏皆是也。」然則古所謂有司者，至爲卑微，故以從政之君子而得有司之名，即與謂之虐、謂之暴、謂之賊一律矣。孔注以有司對人君言，非是。子張止問從政，孔子不當以人君之道答之也。有司對有位之君子而言，故曾子告孟敬子亦曰「籩豆之事，則有司存」。

群經平議卷三十二

孟子一

時日害喪？（《梁惠王》）

趙岐章句曰：「時，是也。日，乙卯日也。害，大也。湯臨士衆誓，言是日桀當大喪亡，我與女俱往亡之。」

樾謹按：趙説與《孟子》引《書》之意不合。《尚書·湯誓篇》枚傳謂：衆下比桀於日，曰：「是日何時喪？我與女俱亡！」此説是也。《詩·柏舟篇》毛傳曰：「日，君象也。月，臣象也。」《東方之日篇》傳曰：「君明於上，若日也；臣察於下，若月也。」是詩人之辭每以日喻君。「時日害喪，予及女偕亡」，此兩句乃韵語，疑是夏民歌謡之辭，故與《詩》義相近也。《廣雅·釋詁》：「日，君也。」《韓非子·内儲説》曰：「吾聞見人主者夢見日。」《哀六年左傳》：「有雲如衆赤鳥夾日以飛。周大史曰：『其當王身乎！』」並古人以日喻君之證。《文七年傳》賈季稱趙衰冬日之日，趙盾夏日之日，亦以古卿大夫有土者皆有君道，故以日爲喻也。必謂桀嘗自比於日，因以目之，抑又未達古義矣。

五畝之宅。

章句曰：「廬井、邑居各二畝半以爲宅，冬入保城二畝半，故爲五畝也。」

樾謹按：《漢書·食貨志》云：「六尺爲步，步百爲晦，晦百爲夫，夫三爲屋，屋三爲井，井方一里，是爲九夫。八家共之，各受私田百晦，公田十晦，是爲八百八十晦，餘二十晦以爲廬舍。春令民畢出在野，冬則畢入於邑。」此趙氏所本也。然廬井、邑居各二畝半，則已五畝矣，又云「冬入保城二畝半」，義殊可疑。趙氏此注或有奪誤。詳繹《孟子》本文，「五畝之宅」本連「樹之以桑」爲義，若果有在野、在邑之分，則蠶時民方畢出在野，但於在野之二畝半宅樹桑，已足供蠶事矣，必并在邑之二畝半宅樹之，自野至邑往返采取，雖丈夫猶病其勞，豈婦女所能勝乎？疑孟子之意，但爲一夫之宅，合有五畝，此五畝之宅自在一處，各近其所受之田，冬夏可居。必如班《志》之説，謂冬入夏出，而於其中之百畝各私二畝半以爲宅，則安得云方里而井，井九百畝，其中爲公田，八家皆私百畝乎？是班《志》與《孟子》本是不合。孔穎達於《毛詩·甫田篇》正義已詳辨之，學者必據以説《孟子》「五畝之宅」，不可通也。

申之以孝悌之義。

章句曰：「申重孝弟之義。」

樾謹按：申乃約束之義。《漢書·文帝紀》「勒兵，申教令」、《元帝紀》「公卿其明察申敕之」，師古注竝以申爲約束。《説文·申部》：「申，神也。七月，陰氣成，體自申束。从臼，自持也。」是申之訓束，乃其本義。「申之以孝弟之義」，謂以孝弟之義約束之也。《荀子·仲尼篇》「疾力以申重之」，楊倞注曰：「申重，猶再三也。」趙氏以説此經「申」字，雖亦可通，然不如訓爲「約束」，更合古義矣。

寡人願安承教。

章句曰：「願安意承受孟子之教令。」

樾謹按：「安」乃語詞，猶「焉」字也。《漢書·史丹傳》「安所受此語」，師古注曰：「安，焉也。」《文選·東京賦》「獨微行其焉如」，薛注曰：「焉，言安也。」是安、焉二字古通用。《論語·子罕篇》「焉知來者之不如今也」，《新序·雜事篇》引此「焉」作「安」；《季氏篇》「則將焉用彼相矣」，《漢書・王嘉傳》引此「焉」作「安」，竝其證也。「願安承教」，猶云願焉承教。趙氏訓爲「安意」，是誤以語詞爲實字矣。

願比死者一洒之。

孫奭正義曰：「今願爲死不惜命者一洗除之。」

樾謹按：上云「寡人恥之」，恥以生者言，則洗除亦當以生者言，不得云爲死者洗除也。此「比」字當訓爲近，比死猶近死也。《管子・勢篇》「動静者比於死」，尹知章注曰：「比，近也。」與此文「比死」同義。《國語・齊語》「夫管夷吾射寡人中鉤，是以濱於死」，韋昭注曰：「三君皆云：『濱，近也。』」比與濱一聲之轉，義亦相通。據《竹書紀年》惠王立三十六年改元，又十六年而卒。孟子至梁，實在惠王後元之十五年，次年惠王卒，襄王立，孟子一見即去梁矣。説本顧氏炎武《日知録》及江氏永《群經補義》。然則惠王是時在位已五十一年，其年之老可知。「比死者」，蓋其自稱之辭，猶云垂死之人。「願比死者一洗之」，若曰願及其未死之時一洗除其恥耳。

吾不忍其觳觫若，無罪而就死地。

正義曰：「我不忍其牛之恐慄，若無罪之人而就於所死之地者也。」

樾謹按：此當於「若」字絶句。若，猶然也。「吾不忍其觳觫若」者，吾不忍其觳觫然也。《詩・猗嗟篇》「抑若揚兮」，正義曰：「抑然而美者，其額上揚廣兮。」以「抑然」釋「抑若」，可證「觳觫若」之即「觳觫然」矣。正義以「若」字屬下讀，未得其義。「無罪而就死地」，即以牛言〔一〕，非以人爲比也。

此心之所以合於王者，何也？

章句曰：「寡人雖有是心，何能足以王也。」

樾謹按：合猶足也。上文孟子曰：「是心足以王矣。」故王問曰：「此心之所以合於王者，何也？」《説文・糸部》：「給，相足也。」合與給通，趙氏正以「足」字釋「合」字。各本作「何能足以合於王也」，此不得其義而妄增，阮氏《校勘記》已訂正矣。

明足以察秋豪之末。

樾謹按：《尚書・堯典》「鳥獸毛毨」，枚傳曰：「毨，理也。毛更生整理。」《周官・司裘》疏引鄭注同。是鳥獸之毛皆生於秋，故夏言希草，秋言毛毨，明夏時毛羽脱落，至秋更生也。新

〔一〕牛，原文作「羊」，今據文意及《〈春在堂全書〉校勘記》改。

生之毛，其細可知，故古人言細必稱秋豪。趙氏未説「秋豪」之義，集注謂毛至秋而末鋭小，未詳其意。

以御于家邦。

章句曰：「御，享也。享天下國家之福。」

檆謹按：御通作訝，訝之言逆也。《周官·小宰職》「以逆邦國都鄙官府之治」，鄭注曰：「逆，迎受之。」又《司會職》「以逆邦國都鄙官府之治」，注曰：「逆，受而鉤考之。」此經「御」字，毛傳訓迎而鄭箋訓治，治即「受而鉤考之」之謂。《周官·鄉師職》「以逆其役事」，注曰：「逆，猶鉤考也。」御之徑訓爲治，猶逆之徑訓爲鉤考也。趙氏此注又訓爲享，則即「迎受之」之謂。《僖二十三年左傳》「保君父之命而享其生禄」，杜注曰：「享，受也。」又《哀十五年傳》「其使終饗之」，注曰：「饗，受也。」享、饗古通用，是享有受義。《儀禮·聘禮》「衆皆逆命不辭」，鄭注曰：「逆，猶受也。」御之徑訓爲享，猶逆之徑訓爲受也。毛公訓御爲迎，自足包此二義，鄭、趙皆就毛義引申之耳。《尚書·顧命篇》「御王册命」，正義引鄭注曰：「御，猶嚮也。」蓋亦即迎受之義而引申之，相迎，故相嚮也。御之爲享，正猶御之爲嚮，古訓引申，往往如此。後人不知古訓之例，而於此等處莫措一辭矣。又按：上文「刑於寡妻」，趙氏曰：「刑，正也。」《詩》釋文引

《韓詩》亦曰:「刑,正也。」是趙所用者《韓詩》之義。御之爲享,其亦韓義乎?

抑王興甲兵,危士臣,構怨於諸侯,然後快於心與?

章句曰:「抑,辭也。孟子問王抑亦如是,乃快邪?」

樾謹按:抑之爲辭,皆承上意而進之。《國語·周語》曰:「敢問天道乎?抑人故也?」《大戴禮·五帝德篇》曰:「請問黄帝者人邪?抑非人邪?」竝其例也。此文前無所承,則與他處用「抑」字者不同。抑當讀爲意,古抑、意二字通。《論語·學而篇》「抑與之與」,漢石經「抑」作「意」,是其證也。《戰國策·秦策》曰:「誠病乎?意亦思乎?」《荀子·修身篇》曰:「將以窮無窮,逐無極與?意亦有所止之與?」竝是借意爲抑。《漢書·叙傳》曰:「其抑者從横之事復起於今乎?」此則借抑爲意,「抑者」猶「意者」也。《文選·長楊賦》:「意者以爲事罔隆而不殺,物靡盛而不虧。」《魯靈光殿賦》:「意者豈非神明依憑支持以保漢室者也?」李善注竝引《廣雅》曰:「意,疑也。」《漢書·文三王傳》「於是天子意梁」,師古注曰:「意,疑也。」蓋意之言疑,故爲擬度之辭。《禮記·禮運篇》曰:「聖人耐以天下爲一家,以中國爲一人者,非意之也。」《管子·小問篇》曰:「君子善謀而小人善意,臣意之也。」「意王興甲兵,危士臣,構怨於諸侯,然後快於心與」,猶曰意者王以此爲快與?《戰國策·魏策》曰:「臣願以鄙心意公。」此云

「意王」，猶彼云「意公」矣。

天下之欲疾其君者，皆欲赴愬於王。

樾謹按：兩「欲」字異義。上「欲」字，猶好也，《孟子》書每以欲、惡對言。《離婁篇》：「所欲與之聚之，所惡勿施爾也。」《告子篇》：「所欲有甚於生者，所惡有甚於死者。」所欲、所惡，即所好、所惡也。《中論·夭壽篇》引《孟子》「所欲有甚於生者」正作「所好」，是好與欲義同。此文「欲疾」二字平列，「欲其君」者，謂好其君者也。「疾其君」者，謂惡其君者也。天下之好惡其君者，莫不來告，故曰「皆欲赴愬於王」。

是罔民也。

章句曰：「是由張羅罔以罔民者也。」

樾謹按：趙氏以「罔」爲「羅罔」之「罔」，非經意也。《爾雅·釋言》：「罔，無也。」此「罔」字當訓爲「無」。上文言「無恒産而有恒心者，惟士爲能」，然則無恒産而不陷於罪，得免於刑者，惟士而已，民則皆不免矣，故曰「是罔民也」，猶言是無民也，正與「惟士爲能」相應。民爲邦本，無民則不可以爲國，故下文曰「焉有仁人在位，罔民而可爲也」，蓋言無民之不可爲國也。

樂酒無厭謂之亡。

章句曰：「樂酒無厭，若殷紂以酒喪國也，故謂之亡。」

樾謹按：如注義，則「從獸無厭，若羿之好田獵」，亦豈不足以亡國，何不并謂之亡，而謂之荒乎？趙説「亡」字，非其義矣。亡當讀爲芒。《荀子・富國篇》「芒軔僈楛」，楊倞注曰：「芒，昧也。或讀爲荒。」是荒、芒義通，故《淮南子・詮言篇》曰：「自身以上至於荒芒爾遠矣。」然則「荒芒」猶「流連」也。流、連雙聲，荒、芒疊韵，皆古之恒言。「從流下而忘返謂之流，從流上而忘反謂之連」，連與流一也。「從獸無厭謂之荒，樂酒無厭謂之芒」，芒與荒亦一也。《爾雅・釋天》：「大歲在巳曰大荒落。」《史記・曆書》作「大芒落」，是荒、芒同義之證。流連、荒芒，亦猶上文「遊豫」之比，趙氏曰：「豫亦遊也。」斯爲通論。必逐字爲之説，則轉失之泥矣。

關市譏而不征。

章句曰：「關以譏難非常，不征稅也。」

樾謹按：趙氏所據本疑無「市」字，故注文言關不言市也。《禮記・王制篇》：「古者，公田藉而不稅，市廛而不稅，關譏而不征，林麓川澤以時入而不禁。」與此經大略相同。但此經無「市廛而不稅」一句，文不備耳，不當并關市爲一也。《荀子・王制篇》：「關市幾而不征。」《國語・齊語》：「使關市幾而不征。」《管子・小匡篇》同。是他書固有有「市」字者，後人據以增入《孟子》耳。《公孫丑篇》「關譏而不征」，注曰：「文王治岐，關譏而不征。」以後證前，益知此經「市」字之爲衍文矣。或疑彼經文止言關，故趙氏引此經亦去「市」字，此不然也。彼經上有「市廛而不稅」一節[一]，若此經有「市」字，則趙氏亦可引以爲證。乃彼注但曰「古者無征」，而不據文王治岐爲説，然則此經之無「市」字明矣。《文十一年左傳》正義引彼經亦作「關市譏而不征」。夫彼分關市爲二節，一則曰「天下之商皆悦，而願藏於其市矣」，一則曰「天下之旅皆悦，而願出於其路矣」，其不容并而爲一，更屬顯然。乃孔穎達引彼經亦誤增入「市」字，蓋「關市」連文，他書屢見，遂牽連而書之。此經「市」字之衍，亦猶是矣。

諸侯多謀伐寡人者，何以待之？

樾謹按：《爾雅・釋詁》：「止，待也。」《論語・微子篇》「齊景公待孔子」，《史記・孔子世家》作「止孔子」，是待與止同義。宣王問「何以待之」，猶言何以止之，故孟子告之曰：「置君而後去之，則猶可及止也。」

[一] 稅，原文作「征」，今據上文及《禮記正義》改。

臣聞七十里爲政於天下者，湯是也。

正義曰：「孟子答齊宣，以爲臣嘗聞有地但方闊七十里，而能爲王政於天下者。」

樾謹按：政與正古通用，此「政」字當讀爲「正」。《爾雅・釋詁》：「正，長也。」「爲正於天下者」，爲長於天下也，言湯由七十里而爲天下長也。《吕氏春秋・君守篇》「既静而又寧，可以爲天下正」，高誘注曰：「正，主也。」此言爲政於天下，彼言爲天下正，文異而義同。正義謂「爲王政於天下」，失之矣。

行乎國政，如彼其久也。（《公孫丑》）

章句曰：「行政於國，其久如彼。」

樾謹按：注義非也。《閔二年左傳》：「君與國政之所圖也。」《史記・晉世家》集解引賈逵注曰：「國政，正卿也。」蓋古謂官長爲正。《昭二十九年左傳》「木正曰句芒」，杜注曰：「正，官長也。」故樂官之長曰樂正，酒官之長曰酒正，其義竝同。國之正卿當謂之國正，因正、政古通用，故亦謂之國政耳。「行乎國政」者，管仲在齊，其位在高、國之下，而其號令能行乎高、國。《定十年公羊傳》曰：「孔子行乎季孫，三月不違。」何休解詁曰：「孔子仕魯，政事行乎季孫，三月之中不見違過。」管仲之行乎高、國，與孔子之行乎季孫，皆所謂「行乎國政」也。「得君」與

「行乎國政」正相對,「得君」見桓公不疑,「行乎國政」見高、國不忌。以爲「行政於國」,失之矣。

夫子加齊之卿相,得行道焉。

章句曰:「加猶居也。」

樾謹按:趙訓加爲居,非也。加當讀爲假,「夫子假齊之卿相,得行道焉」,言假藉其位以行道也。《詩·假樂篇》「假樂君子」,《禮記·中庸篇》引作「嘉樂君子」。嘉字從加得聲,「嘉」得通「假」,則「加」亦得通「假」矣。

雖由此霸王,不異矣。

章句曰:「雖用此臣位而輔君行之,亦不異於古霸王之君矣。」

樾謹按:公孫丑之意,謂夫子假藉齊卿相之位以行其道,即與由此而霸、由此而王不異,正極見其事之難也,故曰「如此,則動心否乎」。趙氏説此不明,近解謂亦不足怪,則轉不見其任大而責重矣。

孟施舍之所養勇也。

章句曰:「孟,姓。舍,名。施,發音也。」

樾謹按：孟施，字也。舍，名也。連言之曰「孟施舍」，猶《左傳》稱「孟明視」矣。《周官・小司徒職》曰：「凡征役之施舍。」《鄉師職》曰：「辨其可任者與其施舍者。」然則名舍而字孟施，名字正相應。趙注以施爲發聲，義既未安。近人或以孟施爲姓，或以施舍爲名，胥失之矣。

今夫蹶者趨者。

章句曰：「蹶者相動。今夫行而蹶者，氣閉不能自持，故志氣顛倒。顛倒之閒，無不動心而恐矣。」

樾謹按：趙氏之意，謂蹶由於趨。「今夫蹶者趨者」，猶云大凡顛蹶之人，皆是趨走之人。蓋人之疾趨而行，氣使之也，而至於顛蹶，則無不動心而恐矣，故曰「是氣也，而反動其心」。若以蹶者、趨者平列，則其義轉不見矣。

必有事焉而勿正。

章句曰：「言人行仁義之事，必有福在其中，而勿正，但以爲福，故爲仁義也。」

樾謹按：趙氏章句自此文至「不當急欲求其福」，「福」字凡十見。翟氏灝《孟子考異》曰：「古文福，但作畐。中筆引長形，便類『事』。舊本《孟子》當作『必有畐焉』，故趙氏注之如此。」今按：《說文・畐部》：「畐，滿也。」並非「福」古文，若是「畐」字，不當作「福」字讀之。疑趙本直是「褔」字耳。後人不達「褔」字之義，見趙注首云「言人行仁義之事」，遂改經文爲「必有事」，初非因形似而誤也。夫漢人《孟子》注存於今者，止趙岐一家，而又非若他經之尚有漢石經殘碑可以取證一二，則經中文字舍趙氏將何從？趙氏作「褔」，乃必舍而從作「事」之本，非治經者所敢出矣。雖然其字是也，其義未必然也。請據趙本之字以求《孟子》之旨。褔當讀爲副。《廣雅·釋詁》：「貳、褔，盈也。」是副貳字古或作褔也。王氏念孫《疏證》引顔氏《匡謬正俗》之説，謂當作福。然副貳之義，本從副之爲判而引申之。《説文》無「褔」字，疑即「幅」之俗字，變從巾而從衣，猶帬之或爲裠，常之或爲裳耳。漢《尹宙碑》：「位不褔德。」魏《大饗碑》：「以褔海内，欣戴之望。」竝是叚幅爲副，初非副貳之本字，未可據顔氏之誤説以改《廣雅》之原文也。此經云「必有褔焉而勿正」，猶云必有副焉而勿正。《周官·太宰職》曰：「建其正，立其貳。」副即貳也，故與正相對。何謂副？上文所謂「配義與道」，是也。孟子之養氣，其本在乎持志，惟能持志以帥氣，然後能自反，而知其縮與不縮。縮即直，直即義，故趙氏曰「縮，義也」。義則往，不義則不往，此孟子之養氣所以同符曾子，而異乎孟施舍之守氣也。是故氣必配道與義，然後可謂「善養吾浩然之氣」，此「必有副焉」之説也。若無所配，即無所副，無所副則氣爲正矣。於是不問其縮與不縮，而徒曰「雖千萬人，吾往矣」，是孟施舍所爲能無懼者也。不知持志而但知守氣，是暴之也，非養之也，終歸於餒而已矣。後之學者，日誦《孟子》之書而不得其旨，慕養氣之虛名而不知有持志之實學，於是君臣朋友之閒皆欲以氣勝之。彼自謂「吾善養吾浩然之氣也」，而不知其爲孟施舍之守氣也，豈無忠孝廉節之事足以驚世駭俗？要而論之，終是以氣爲主，義特襲而取之耳，非集義而生之謂也。集之言合也，合之言配也，集義，即配道與義；配道與義，即必有副焉而勿正。因訂一字之譌，而通全章之義，學者慎毋束古注於高閣也。下文云「心勿忘，勿助長焉」，正示人以養之之法。忘之云者，不耘苗者也，告子之「不得於言，勿求於心；不得於心，勿求於氣」，近之矣。其流弊極於《莊》《列》之槁木死灰，佛氏之無心意觸發而止。助之云者，揠苗者也，如黝舍之徒固不足道，乃有如孔子所謂「匹夫匹婦之爲諒」，孟子所謂悻悻小丈夫者，則三代以下，雖學士大夫多中斯病，而人倫之變，從此多矣。故孟子以宋人一喻，極言助長之不可，而終之曰「非徒無益，而又害之」。然則宜何如而可以無害？曰：「以直養則無害。」以直養者，以義養也。直即義也，趙氏曰「養之以義」，是也。養之以義，故能集義而生，是即配道與義之說，亦即必有副焉之說。必如是而後無害，必如是而後謂之善養。學者知此，則知養氣必先持志，可使志動氣，不可使氣動志，而「不得於心，勿求於氣」之可，「不得於言，勿求於心」之不可，亦無不可見矣。

智，足以知聖人；污，不至阿其所好。

章句曰：「宰我等三人之智，足以識聖人。污，下也。言三人雖小污不平，亦不至阿其所好以非其事，阿私所愛而空譽之。」

樾謹按：智與污對文。《萬章篇》曰：「曾不知以食牛干秦穆公之爲污也，可謂智乎？」足見污者不智，智者不污矣。此文當於「智」字、「污」字略逗之，言三子者果明智邪，則足以知聖人；或污下邪，亦不至阿其所好。經文本極分明，趙氏不得其旨。宋蘇洵有《三子知聖人污論》，則并失其讀矣。

無敵於天下者，天吏也。

章句曰：「天吏者，天使之也。爲政當爲天所使，誅伐無道，故謂之天吏也。」阮氏《校勘記》出「天使之也」四字曰：「閩、監、毛三本同。廖本、孔本、韓本、考文古本無『之』字，是也。」

樾謹按：趙氏所據經文，疑本作「無敵於天下者，天使也」，故釋之曰：「天使者，天使之也。」若經文是「吏」字，何必定以「使」字説之乎？「沈同問燕可伐」章「爲天吏，則可以伐之」，趙氏曰：「天吏，天所使。」疑經文亦本作「天使」，故釋之曰：「天使，天所使。」彼不直云「天使」，而曰「天所使」，則此不直曰「天使」，而曰「天使之」，正趙氏之本文。廖、孔諸本無「之」字者，非也。天使之稱，蓋古人恒言。《宣三年左傳》：「夢天使與己蘭，曰：『余爲伯儵。余，而祖也！』」《成五年傳》：「嬰夢天使謂己：『祭余，余福女。』」此兩傳竝有「天使」之文，足徵古有此稱，故《孟子》從俗而言也。若謂《左傳》「天使」字不連讀，乃「天，使人與己蘭」，「天，使人謂己」，則既云「天」矣，何以又云「余爲伯儵」？是知「天使」二字必當連讀。《孟子》兩言「天使」，即可以《左傳》之「天使」說之。古使、吏二字亦或通用，《襄三十年左傳》「使走問諸朝」，《釋文》曰：「使，本作吏。」是其證也。古本《孟子》蓋亦有作「吏」者，乃「使」之叚字。後人不曉「天使」之語，改從作「吏」之本，而又改趙注以從既改之經，於是《孟子》原文不可復見，并「天使」之古語亦因以失傳矣。

巫匠亦然。

章句曰：「巫欲祝活人。」

樾謹按：巫即醫也。《楚辭・天問篇》「化爲黄熊，巫何活焉」，王逸注曰：「言鮌死後，化爲黄熊，入於羽淵，豈巫醫所能復生活？」是巫、醫古得通稱。蓋醫之先亦巫也。《説文・酉部》曰：「古者巫彭初作醫。」是也。故《廣雅・釋詁》曰：「醫，巫也。」巫之與醫，對文則别，散文則通。《孟子》所謂巫，止是醫耳。疾病自以醫爲主，豈有舍醫而專言巫者？趙注未得。

善與人同，舍己從人。

章句曰：「能舍己從人，故爲大也。於子路與禹同者也。」

樾謹按：趙氏之意，似以「人」字即指子路與禹言，殊非經旨。「善與人同，舍己從人」，兩句共爲一義。蓋天下之理容有兩可者，己與人各執一理而各成一善，所謂「善與人同」也。人情每是己而非人，雖明知他人之善，必不肯舍而從之，執一而不能通，斯狹矣。惟舜不然，善與人同，則舍己之善而從人之善，此大舜所以爲大也。

寡人如就見者也？

樾謹按：「者也」猶云「者邪」，古也、邪二字通用。陸德明《經典釋文·序》所謂「也、邪無別」，是也。齊王此言蓋設爲商度之辭，若曰寡人如就見者邪，則有寒疾，不可以風，故欲孟子來朝而見之也。

不得已而之景丑氏宿焉。

章句曰：「孟子迫於仲子之言，不得已，而心不欲至朝，因之其所知齊大夫景丑之家而宿焉。」正義曰：「以其心不欲朝王，故往景丑氏家宿而已。」

樾謹按：孟子既不欲朝王，則竟歸其家可矣，何必之景丑氏宿乎？蓋宿於景丑氏者，將朝王也。將朝王而宿於景丑氏者，便於造朝也。古者卿大夫皆受宅於司里，與公宮相近。《國語·魯語》「文公欲弛孟文子之宅」，又「欲弛郈敬子之宅」，韋昭注曰：「公欲毁之以益宮。」則其近於公宮可知矣。孟文子之言曰：「夫署，所以朝夕虔君命也。臣立先臣之署，服其車服，爲利故而易其次，是辱君命也。」韋注曰：「言朝夕者，不宜遠也。」郈敬子之言曰：「先臣惠伯以命於司里。」韋注曰：「言先臣惠伯受命於司里，居此宅也。」以是二傳考之，古卿大夫皆受宅於司里，如後世賜第之比，其宅必近公宮。今命臣更次於外，爲有司之以班命事也，無乃違乎。《莊三十二年左傳》「公築臺，臨黨氏」，杜注曰：「黨氏，魯大夫。」此黨氏之家，亦必與公宮近，故公築臺得臨之。《哀十一年傳》「季氏使從於朝，俟於黨氏之溝」，杜注曰：「黨氏溝，朝中地名。」即此黨氏矣。孟子之宿於景丑氏，蓋以景丑氏家距朝不遠，故孟子宿此，以爲明日造朝之地。或孟子每朝王，恒主其家，未可知也。《儀禮·鄉飲酒禮篇》賈疏曰：「孟子不肯朝，後不得已而朝之，宿於大夫景丑氏之家。」是賈公彦正以「不得已」爲「不得已而朝王」。但其必宿於景丑氏之故，則自來未見及耳。又按：孟仲子之意，欲使孟子即以是日造朝，而孟子必宿於景丑氏，待明日乃朝者，蓋其不得已而朝也，所以踐仲子之言而不以是日造朝，則仍所以明不可召之義。且仲子固言之矣，曰：「吾不識能至否乎？」則是日不造朝，於仲子仍無失言之咎也。

養弟子以萬鍾。

章句曰：「使養教一國君臣之子弟，與之萬鍾之禄。」

樾謹按：如趙注，則「養弟子」三字自爲句，「以萬鍾」三字不成句矣，此當以六字爲句。蓋齊王之意，以爲孟子即不欲仕，吾將用其弟子中賢者，養之以萬鍾之禄，使孟子得以安居齊國，而諸大夫國人有所矜式也。孟子仕齊，其禄十萬，蓋以孟子大賢，故優隆之。至其弟子則萬鍾足矣。若猶是孟子一人，而今昔懸殊如此，豈齊王所能出之口哉？然萬鍾之禄已自不少，陳戴以齊之公族且爲世臣，而禄亦止萬鍾，疑萬鍾是齊國卿禄之常額，養之以萬鍾，即是使之爲卿，故孟子曰「不用，則亦已矣。又使其子弟爲卿」也。自後人誤解「養弟子以萬鍾」句，乃并下文孟子之語不可曉矣。

必求龍斷而登之。

章句曰：「龍斷，謂堁斷而高者也。」

樾謹按：趙説「龍斷」不了，疑非經旨也。《説文·貝部》「買」下引《孟子》「登壟斷而网市利」〔一〕，是「龍」字本作「壟」。孫奭音義曰：「陸云：龍斷謂岡壟斷而高者。」是陸善經正讀龍爲壟也。惟於「斷」字尚未得解。斷當讀爲敦，敦與斷一聲之轉，古得通用。《莊子·逍遥遊篇》「斷髮文身」，《釋文》云：「斷，司馬本作敦。」是其證也。《爾雅·釋丘》曰：「丘一成爲敦丘。」郭注曰：「今江東呼地高堆者爲敦。」然則壟與敦皆土之高者，《説文·土部》：「壟，丘壟也。」敦即今「墩」字，讀龍斷爲壟墩，自得其義，無煩申説矣。

弟子齊宿而後敢言。

章句曰：「齊，敬。宿，素也。弟子素持敬心來言。」

樾謹按：如注義，則當云「宿齊」，不當云「齊宿」，趙注非也。古宿與肅通。《儀禮·特牲饋食禮》「乃宿尸」、《禮記·祭統篇》「宫宰宿夫人」，鄭注竝云：「宿，讀爲肅。」然則「齊宿」猶「齊肅」也。《賈子·保傅篇》：「有司齊肅端冕。」《國語·楚語》：「故齊肅以承之。」竝以「齊肅」連文。又或作「齊遬」，《禮記·玉藻篇》：「君子之容舒遲，見所尊者齊遬。」是也。「齊宿而

〔一〕 貝，原文作「网」，今據《説文》改。

後敢言」，正自言極其敬謹爾。又按：此人自稱弟子，而孟子與之語自稱長者，與語樂正子同。然則留行之客，雖不知何人，要必孟子弟子之留仕於齊者，若盆成括之流歟？

昔者魯繆公無人乎子思之側，則不能安子思；泄柳、申詳無人乎繆公之側，則不能安其身。

正義曰：「子思之於繆公，師道也，非求容者也，故繆公無人於子思之側，則不能安子思；泄柳、申詳之於繆公，臣道也，則求容者也，故無人於繆公之側，則不能安其身。」

樾謹按：《孟子正義》，朱子謂邵武士人所作，託之孫奭者，其書至鄙俚，不足取，而此數語獨爲明了。孟子之意，賴此而顯。蓋客既爲王留行，則必欲孟子在晝少留，而後自至齊國，力言於王，使王復用孟子。其所坐而言者，雖不詳何語，大旨如此而已矣。若然，是孟子有人乎齊王之側也，是爲孟子求容也，故孟子曰：「子爲長者慮，而不及子思。」蓋孟子在齊，居師賓之位，師道也，非臣道也，奈何不爲子思而爲泄柳、申詳乎？況其人自稱弟子，顯是游孟子之門者，而爲孟子説王，尤不可矣，宜其絶之之深也。趙氏解此章之義既未分明，而後人又曲爲泄柳、申詳回護，於是其義益晦矣。

彼一時，此一時也。

章句曰：「彼時，前聖賢之出，是其時也。今此時，亦是其一時也。」

樾謹按：趙説是也。「彼一時，此一時」，言其時之同也，猶「彼，丈夫也；我，丈夫也」，言其人之同也。下文云「以其時考之，則可矣」，即承此而言。惟其時可，故孟子之時，即太公望、散宜生之時；又推而上之，即伊尹、萊朱之時；又推而上之，即禹、臯陶之時。彼亦一時，此亦一時，非有異也。天欲平治天下，舍我其誰？則孟子雖不得志於齊，而固未嘗不豫也。後人誤解「彼一時，此一時」句，遂謂孟子真若有不豫色者，殊失孟子之意。乃東方朔《答客難》曰：「彼一時也，此一時也，豈可同哉？」則漢人已誤解此二語矣。

不欲變，故不受也。

章句曰：「不欲即去，若爲變詭，見非泰甚，故且宿留。心欲去，故不復受禄〔一〕。」

樾謹按：趙氏以「變」爲「變詭」，是也。以「不欲變」爲「不欲即去」，非也。孟子所以不受禄者，正以既受之而旋辭之，近於變詭，故不受耳。若如趙注，以爲「不欲即去」，則與下句不屬矣。

〔一〕受禄，《孟子注疏》作「受其禄也」。

弔者大悦。（《滕文公》）

樾謹按：《爾雅·釋詁》：「悦，服也。」「弔者大悦」，言弔者大服也。《孟子》書「悦」字當訓「服」者甚多，「取之而燕民悦」，猶云燕民服也；「士則兹不悦」，猶云兹不服也。悦與喜微有區别，如「屋廬子喜」「屋廬子悦」，兩字不可互易。喜者，因有閒可問而喜也；悦者，因既得其義而服也。

夏后氏五十而貢，殷人七十而助，周人百畝而徹。

樾謹按：顧氏炎武《日知録》曰：「古來田賦之制實始於禹。水土既平，咸則三壤，後之王者，不過因其成蹟而已。故《詩》曰：『信彼南山，維禹甸之。畇畇原隰，曾孫甸之。我疆我理，南東其畝。』然則周之疆理，猶禹之遺法也。使夏必五十，殷必七十，周必百，則是一王之興，必將改畛涂，變溝洫，移道路以就之。爲此煩擾無益於民之事也，豈其然乎？蓋三代取民之異在乎貢、助、徹，不在乎五十、七十、百畝，其五十、七十、百畝，特丈尺之不同〔一〕，而田未嘗易也。」顧氏此論，殊爲有見。然以爲是丈尺之不同，則恐不然。蔡邕《獨斷》曰：「夏以十寸爲尺，殷

〔一〕特，原文作「持」，今據《日知録》、清經解續編本《群經平議》及《〈春在堂全書〉校勘記》改。

以九寸爲尺，周以八寸爲尺。」是三代之尺相去無幾，而謂夏后氏之五十畝，周人遂以爲百畝乎？然則五十、七十、百畝之所以異，何也？曰：此萊田多寡之不同也。古者必有休而不耕之田，以養地力，謂之萊田。《周官·遂人》注曰：「萊謂休不耕者。」是也。夏制，民受田百畝而以五十畝爲萊田，則民所耕者止五十畝，故曰夏后氏五十；殷制，民受田百畝而以三十畝謂萊田，民所耕者七十畝，故曰殷人七十；周制，民受田百畝，而萊田在其外，《遂人職》曰：「上地，夫一廛，田百晦，萊五十畝；中地，夫一廛，田百晦，萊百畝；下地，夫一廛，田百畝，萊二百晦。」此鄉遂之制也。《大司徒職》曰：「不易之地，家百晦；一易之地，家二百晦；再易之地，家三百晦。」此都鄙之制也。一易之地，家二百晦，即以百畝爲萊田；再易之地，家三百晦，即以二百晦爲萊田；惟不易之田無萊田，與郊遂異。而要之，一夫歲耕百畝，則無異也，故曰「周人百畝」。明乎此，則知三代之田，初無改易，而特以萊田之多寡爲五十、七十、百畝之異制，則顧氏所疑，可以釋然矣。

其實皆什一也。

章句曰：「民耕五十畝，貢上五畝；耕七十畝者，以七畝助公家；耕百畝者，徹取十畝以爲賦；雖異名而多少同，故曰皆什一也。徹，猶人徹取物也。藉者，借也，猶人相借力助之也。」

樾謹按：三代取民之制，曰貢、曰助、曰徹，其名不同，而其實皆什一。趙氏此注最爲明了，後人誤謂貢法什一，助法九一，則與《孟子》之文不合矣。不知殷人助法非如下文所謂八家同井而中爲公田也。蓋一井九百畝，分授九家，各以三十畝爲萊田，休而不耕，其所耕者七十畝。七十畝之中，各私其六十三畝，而以七畝爲公田，故助法亦什一也。周人變而爲徹，以九百畝分授九家，一夫歲耕百畝，上取十畝爲税，俟收穫之時，命有司巡行田野，就百畝之中任指十畝，徹而取之，故謂之徹。此「徹」字，即以「雍徹」之「徹」。祭畢而徹去之，耕畢而徹取之，其義一也。蓋什一而税，百王所同。夏之貢法，至爲簡易，然年有豐凶，而額無增減，則凶年獨在民，而豐年常在君矣。殷監於夏而變通之，公者自公，私者自私，則年之上下，君民所同，無病於民。然其弊也，民必盡力於私田，而公田或不治，故周又監於殷而變通之，百畝之中亦以十畝爲公田，而不豫定其孰爲公、孰爲私，至臨時徹而取之，則民自無從歧視矣。《易》曰：「通其變，使民不倦，神而化之，使民宜之。」其斯之謂乎？三代遺制，幸有《孟子》此數言存其大略，又幸有趙氏此注足以發明，乃後人不就注文體會，於是助、徹之制俱失矣。或曰：然則下文所謂八家同井，中爲公田者，何歟？曰：此孟子爲滕文公所定之助法，非殷人之助法也。夫二猶不足，魯哀公已云爾矣，況至戰國乎？孟子因時制宜，使國中用什一之法，而野用九一之法，「方里而井，井九百畝。八家皆私百畝，同養公田」，此則九一非什一也，故曰「請野九一而助，國中什一使自賦」。所謂「九一而助」者，以九一行助法也。助本什一，茲則九一，猶是助也，而非什一也。是爲「九一而助」，下文所言是也。後人不達孟子語意，謂殷人助法本如是，失之甚矣。

又按：經文明言「請野九一而助」，而趙注謂「孟子欲請使野人如助法，什一而稅之」；經文明言「國中什一使自賦」，而趙注謂「國中從其本賦，二十而稅一以寬之」，顯與經文相背，趙氏之謬，不待言矣。至鄭康成借《孟子》以說周人徹法，《考工記·匠人》注引《孟子》此文而說之曰：「稅有重輕，通其率以什一爲正。」《詩·甫田篇》孔氏正義又引鄭注而申明之曰：「周制有貢有助，助者九夫而稅一夫之田，貢者什一而貢一夫之穀，通之二十夫而稅二夫，是爲什中稅一也。」此說雖巧，然經文九一、什一對舉，九一是九之一，則什一自是什之一，安得謂是什一而稅一乎？孔氏雖曲爲之說，終不可通。且《載師》云：「凡任地，國宅無征，園廛二十而一，近郊十一，遠郊二十而三，甸、稍、縣、都皆無過十二。」是古人制稅或以十夫計，或以二十夫計，未有以十一夫計者。奇零不齊，可知其非古法矣。恐疑誤學者，附辨之於此。

惟助爲有公田。

樾謹按：《孟子》言「惟助爲有公田」，而《夏小正》曰「初服於公田」，傳曰：「古有公田焉方言先服公田而後服其田也。」是夏制已有公田之名，與《孟子》不合，何也？蓋嘗思之：方夏之時，禹平水土，盡力溝洫，而後成其爲田。天下之田，皆公田也，民爲之耕而貢其十之一焉。自上言之，則此一者民所貢也；自下言之，則其九者皆君之餘也。至殷人爲助法，則七十畝之中止以七畝爲公田，而其餘六十三畝皆私田矣。至周人爲徹法，則無公田矣。然而曰「雨我公田」者，徹法本從助法而變通之，雖臨時徹取，不先定其孰爲公私，而百畝之中要有十畝是公田，故公田之名，在周初不廢也。傳《夏小正》者誤以殷、周之公田說夏之公田，則誤矣。夏制有公無私，殷制有公有私，周制寓公於私。然《噫嘻》之詩曰：「駿發爾私。」則自上言之，固以爲皆民之私田矣。相沿既久，遂不復知有公田之名。使無《大田》之詩，雖孟子亦何以徵之哉？逮及嬴秦，決裂阡陌，井田遺制蕩然無存，而蚩蚩之民各私其田矣。王莽更名天下田爲王田，不得買賣，而適以致亂，豈非古今之異勢乎？

是以暴君污吏必慢其經界〔一〕。

樾謹按：慢之言漫漫也。《釋名·釋言語》曰：「慢，漫也，漫漫心無所限忌也。」《文選·

〔一〕是以，《孟子注疏》作「是故」。

甘泉賦》「指東西之漫漫」，李善注曰：「漫漫，無厓際之貌。」是慢其經畔者，言經畔不正，漫漫然無厓際也。《莊子・齊物論篇》曰「因之以曼衍」，《釋文》引司馬注曰：「曼衍，無極也。」《漢書・楊雄傳》曰「爲其泰曼漶而不可知」，師古注曰：「曼漶，不分別貌。」《文選・司馬相如〈子虛賦〉》曰「案衍壇曼」，李善引司馬彪注曰：「壇曼，平博也。」竝與此「慢」字義近。字亦作「縵」，《漢書・食貨志》注曰：「縵田，田不爲甽者也。」義亦同此矣。

同養公田。

樾謹按：養猶事也，「同養公田」，言同事公田也。養之爲事，蓋古有此義。《萬章篇》「舜往於田」章曰：「百官牛羊倉廩備，以事舜於畎畝之中。」「不託諸侯」章曰：「百官牛羊倉廩備，以養舜於畎畝之中。」語凡兩見，而一作「事舜」，一作「養舜」，是「養」與「事」同。《孝經》曰：「親生之膝下，以養父母日嚴。」養父母，猶事父母也。上文「非野人莫養君子」，養亦事也。

益烈山澤而焚之。

章句曰：「烈，熾也。益視山澤草木熾盛者而焚燒之。」

樾謹按：經曰「烈山澤」，不曰「山澤烈」，注乃以爲「山澤草木熾盛者」，失經旨矣。烈當作列。《禮記・玉藻篇》曰「山澤列而不賦」，鄭注曰：「列之言遮列也。」列山澤而焚之，蓋亦謂遮列山澤而焚之。列、烈古通用，故烈山氏亦稱列山氏，是其證也。《説文・辵部》：「迾，遮也。」是字本作「迾」，列、烈均叚字。又通作「厲」，《周官・山虞》「物爲之厲，而爲之守禁」，鄭司農曰：「厲，遮列守之。」益之列山澤也，亦猶是矣。

君哉，舜也。

章句曰：「舜得人君之道哉。」

樾謹按：君，猶美也。《詩・羔裘篇》「洵直且侯」，毛傳曰：「侯，君也。」《釋文》引《韓詩》曰：「侯，美也。」《文王有聲篇》「文王烝哉」，毛傳曰：「烝，君也。」《釋文》引《韓詩》曰：「烝，美也。」是君與美義通，故《昭元年左傳》曰：「楚公子美矣，君哉。」《白虎通・號篇》曰：「皇，君也，美也。」竝其證矣。「君哉，舜也」，猶曰美哉，舜也。《説文・羊部》：「美，從大，與善同意。」《詩・桑柔篇》鄭箋云：「善，猶大也。」然則美亦猶大也。孔子稱堯曰「大哉」，稱舜曰「君哉」，其意相近。趙注未達其旨。

江漢以濯之，秋陽以暴之，皜皜乎不可尚已。

章句曰：「曾子不肯，以爲聖人之潔白，如濯之江漢，暴之秋陽。皜皜，甚白也〔一〕。」

樾謹按：江漢濯之，誠哉潔白矣。秋陽暴之，則何潔白之有？且贊聖人之德而但稱其潔白，亦小之乎視聖人矣。趙注非也。「江漢以濯之，秋陽以暴之」，猶《説卦傳》云「雨以潤之，日以烜之」，此兩句正以相反而見相劑之妙。惟濯之以江漢，故秋陽暴之而不燥；惟暴之以秋陽，故江漢濯之而不濡。孔子之聖，所以化清和任之迹而集大成也。曾子之稱孔子，猶孟子之稱孔子也。其下曰「皜皜乎不可尚已」，《説文》無「皜」字，古字止作「皓」，亦與「浩」通。《公孫丑篇》「我善養吾浩然之氣」，《文選・答賓戲篇》作「養皓然之氣」，是皓皓即浩浩也。《尚書・堯典篇》「浩浩滔天」，枚氏傳曰：「浩浩，盛大。」《楚辭・懷沙篇》「浩浩沅湘」，王逸注曰：「浩浩，廣大貌。」「浩浩乎不可尚已」，蓋言聖人之大也。因字叚作「皓」，又變作「皜」，後人以爲形容其潔白，遂并上兩句之義而失之矣。

〔一〕甚白，《孟子注疏》作「白甚」。

儒者之道古之人若保赤子。

章句曰：「言儒者曰〔一〕：『古之治民若安赤子。』」正義曰：「儒者之道，有云：『古之人治民，若保安赤子者。』」

樾謹按：趙氏以「曰」字釋經文「道」字。道，猶言也。此文十一字共爲一句，猶云儒者之言古之人若保赤子也。正義斷「儒者之道」四字爲句，失之。

如枉道而從彼，何也？

章句曰：「子如何欲使我枉正道，而從彼驕慢諸侯而見之乎？」

樾謹按：此八字爲一句，乃申明「弗爲」之意，蓋比而得禽獸，雖若丘陵，如枉道而從彼何，故弗爲也。枉道而從彼，即以詭遇言，未及正意。趙説失之。

〔一〕《孟子注疏》「者」上有「家」字。

傳曰：「孔子三月無君，則皇皇如也，出疆必載質。」公明儀曰：「古之人三月無君則弔。」

樾謹按：此皆周霄語也。周霄問：「古之君子仕乎？」孟子曰：「仕。」一言足矣，無事繁稱博引也。「傳曰」「公明儀曰」，皆周霄所引以爲發問之地。蓋周霄意中有此兩説，故竝引之，而先以「三月無君則弔」爲問，又以「出疆必載質」爲問也。自來以此數言爲孟子所稱引，失之矣。

與鑽穴隙之類也。

樾謹按：此句文義似未足。孔氏廣森《經學卮言》曰：「與音歟，絶句。」然於義亦未安。與當訓爲如，《廣雅·釋言》曰：「與，如也。」《漢書·高帝紀》「孰與仲多」、《韓信傳》「孰與項王」，師古注竝曰：「與，如也。」《文選·司馬相如〈子虛賦〉》「孰與寡人乎」，郭璞曰：「與猶如也。」不由其道而往者，如鑽穴隙之類也。與訓爲如，則文義自明矣。

毀瓦畫墁。

章句曰：「孟子言但破碎瓦畫地，則復墁滅之，此無用之爲也。」

槭謹按：「毁瓦」「畫墁」對文成義，如趙説則兩句不一例矣。畫當讀爲劃。《説文・刀部》：「錐刀曰劃。」又曰：「刉，劃傷也。」又曰：「㓟，剥也，劃也。」是劃與毁義相近。《説文・畫部》「畫」篆下有古文書，又有古文劃。劃從刀從古文畫，則即「劃」字也。疑畫、劃古同字，故《孟子》書止作畫耳。墁乃幔之誤，或亦古字通用也。《説文・車部》：「幔，衣車蓋也。」畫幔者，劃傷其車上之幔也。毁瓦以治屋言，乃梓匠之事；畫幔以治車言，乃輪輿之事。車之有幔，猶屋之有瓦也，故以竝言矣。

葛伯仇餉。

章句曰：「仇，怨也。言湯所以伐殺葛伯〔一〕，怨其害此餉也。」

槭謹按：經文言「葛伯仇餉」，不言「仇葛伯害餉」，趙説非也。《尚書・仲虺之誥篇》枚傳曰：「葛伯遊行，見農民之餉於田者，殺其人，奪其餉，故謂之仇餉。仇，怨也。」夫葛伯於餉者何仇？特利其酒食黍稻耳，枚説亦非也。今即《孟子》文考之，此言「仇餉」，下文言「爲匹夫匹婦復讎也」，仇、讎異字，明非同義。此「仇」字當讀爲「賓載手仇」之「仇」，《詩・賓之初筵篇》

〔一〕 此句《孟子注疏》作「言湯伐葛伯」。

「賓載手仇」，鄭箋曰：「仇讀曰𣂏。賓手挹酒，室人復酌爲加爵。」《釋文》曰：「仇，鄭讀爲𣂏，音俱，謂挹取酒。」然則仇與𣂏通，有挹取之義。「葛伯仇餉」，謂挹取其餉也。以仇怨釋之，非其義矣。

有攸不惟臣。

章句曰：「攸，所也。言武王東征安天下，士女小人各有所執往，無不惟念執臣子之節。」

樾謹按：經言「不惟」，而注言「無不惟」，失經旨矣。《玉篇・心部》曰：「惟，爲也。」《尚書・皋陶謨篇》「共惟帝臣」，枚傳曰：「共爲帝臣。」是惟之訓爲，經有明文。「不惟臣」與「共惟帝臣」義可互明。「有攸不惟臣」者，攸，語詞，言有不爲臣也。有不爲臣，故武王東征也。朱子集注本竟作「不爲臣」，與古本不合，然其義是也。義從今作「爲」，字從古作「惟」，斯兩得矣。

侵于之疆。

樾謹按：之與其同，「侵于之疆」者，侵于其疆也。《呂氏春秋・音初篇》：「或曰『后來良日也，之子是必大吉』，或曰『不勝也，之子是必有殃』。」高誘訓之爲其，是其證。

大夫有賜於士，不得受於其家，則往拜其門。

章句曰：「陽貨，大夫也[一]。孔子，士也。」

樾謹按：陽貨乃季氏家臣而謂之大夫。毛氏奇齡《四書賸言》曰：「季氏家臣原稱大夫，季氏是司徒，下有大夫二人，一曰小宰，一曰小司徒。」此説得之。《襄九年左傳》曰：「鄭六卿公子發[二]、公子嘉、公孫輒、公孫蠆、公孫舍之及其大夫、門子皆從鄭伯。」夫不直曰「大夫」，而曰「其大夫」，則知所謂大夫者，乃六卿之私屬，故與門子竝言。門子者，其適子；大夫者，其屬大夫也。此卿之私屬得有大夫見於《左傳》之明證。又《文十二年傳》「趙氏新出其屬曰臾駢」，杜注曰：「臾駢，趙盾屬大夫，新出佐上軍。」陽貨在魯，亦其比矣。孔子是時殆猶爲委吏、乘田乎？考之《周官・地官》有「委人中士二人，下士四人」，即趙注所謂委吏，主委積倉庾之吏也。又有「囿人中士四人，下士八人」，即趙注所謂乘田、園囿之吏也。魯季氏爲司徒，委人、囿人，正其所屬，是孔子爲季氏所屬之士，而陽貨乃季氏所屬之大夫，故陽貨得以大夫之禮自居，而

[一]《孟子注疏》「大夫」上有「魯」字。

[二]《春秋左傳正義》《春秋左傳注疏》「六卿」下均有「公子騑」三字。

孔子亦以大夫之禮事之也。全氏祖望《經史問答》引《禮記·玉藻篇》「大夫親賜於士，士拜受，又拜於其室。敵者不在，拜於其室」，謂陽虎矙孔子之亡而饋蒸豚，是用敵者之禮。周氏柄中《辨正》曰：「此《記》上言『酒肉之賜，弗再拜』，下言『大夫親賜士，士拜受，又拜於其室』，孔疏云：『此非酒肉之賜，故再拜。』陽貨饋豚，正所謂『酒肉之賜，弗再拜』者，故必矙亡而來，非以敵體之禮而然也。」然則全氏讀《禮》殊涉麤疎，益知毛氏所言塙不可易矣。

知我者，其惟《春秋》乎？罪我者，其惟《春秋》乎？

章句曰：「知我者，謂我正王綱也〔一〕。罪我者，謂時人見彈貶者。」

樾謹按：時人見彈貶者，無非亂臣賊子而已，豈足輕重？譬如士師執罪人而殺之，其人亦必怨士師，而爲士師者，豈宜以其人爲罪我者乎？趙説非也。知我、罪我，皆以後世讀《春秋》者而言。《春秋》有天子之事，孔子固明以天子之權予魯，故《公羊》家有王魯之説，而爲左氏之學者深非之。然則如何休者，知孔子者也；如杜預者，罪孔子者也。彼謂《春秋》必不斥周王魯，而孔子之《春秋》實是斥周王魯；彼謂《春秋》必不褒貶天子、黜陟諸侯，而孔子之《春秋》實

〔一〕王綱，《孟子注疏》作「綱紀」。

是褒貶天子、黜陟諸侯，然則孔子有罪矣。雖名爲治《春秋》，而實則罪孔子也。乃孔子之意，固甚望後世有知我者，亦未始不望後世有罪我者，何也？孟子之論伊尹也，有其志則可，無其志則篡。古聖人之事，若湯武之放伐，周公之居攝，孔子之作《春秋》，皆當以是觀之。是故知我、罪我，聽之後人，孔子之意微矣。

周公兼夷狄。

章句曰：「周公兼懷夷狄之人。」

樾謹按：上文言周公誅紂伐奄，戮飛廉，滅國五十，無兼懷夷狄之事。下文又引《詩》云：「戎狄是膺，荆舒是懲。」然則趙氏以「兼夷狄」爲「兼懷夷狄之人」，殆失之矣。兼之言絶也。《考工記・輪人》曰「外不廉而内不挫」，鄭注曰：「廉，絶也。」《説文・火部》作「熑」，曰「火熑車网絶也」，引《周禮》曰：「熑牙外不熑。」又《水部》：「濂，薄水也。一曰中絶小水。」是從「兼」之字竝有「絶」義。《周書・武稱篇》：「爵位不謙。」不謙，即不絶也，説詳《周書》。「周公兼夷狄」，蓋謂屏絶之，故與「驅猛獸」竝言。

群經平議卷三十三

孟子二

仁不可爲衆也夫，國君好仁，天下無敵。（《離婁》）

樾謹按：此當以「夫」字斷句。「仁不可爲衆也夫」，蓋孔子讀《詩》而歎之也，下乃釋其義曰：「國君好仁，天下無敵。」《僖二十四年左傳》曰：「『彼其之子〔一〕，不稱其服。』子臧之服，不稱也夫。」《宣十二年傳》曰：「『亂離瘼矣，爰其適歸。』歸於怙亂者也夫。」《襄二十四年傳》曰：「『愷弟君子，邦家之基』，有令德也夫；『上帝臨女，無貳爾心』，有令名也夫。」皆引《詩》而詠歎

〔一〕其，《春秋左傳正義》《春秋左傳注疏》均作「己」。

之，與此正同。

國必自伐，而後人伐之。

章句曰：「國先自爲可誅伐之政，故見伐也。」

樾謹按：趙氏蓋以國無自伐之理，故云「先自爲可誅伐之政」，然其義迂矣。《説文・人部》：「伐，敗也。」《蓺文類聚・武部》引《春秋説題辭》曰：「伐之爲言敗也。」然則「國必自伐」言國必自敗也，正與「自侮」「自毁」一律。

今之欲王者，猶七年之病求三年之艾也。

章句曰：「如七年病〔一〕，而卻求三年時艾。」

樾謹按：此承「雖欲無王，不可得矣」而言，喻當今之世行仁政而王者之易也。假使病者不過三年，而艾必以七年爲期，斯無及矣。今病者尚可七年，而艾乾三年即已可用，則何爲而不畜乎？趙注似失之。至三年、七年乃古人恒語。古凡言數者，必三、五、七，如「大國五年」「小國七年」，則以五與七言；「三年之艾」「七年之病」則以三與七言。蓋數極於九，至十則復

〔一〕《孟子注疏》「如」下有「至」字。

爲一矣。五，其中數也，自一至五則三爲中數，自五至九則七爲中數。《大戴記》明堂之制，「二九四七五三六一八」，亦以「七」「五」「三」爲中，即此義也。故古人舉得半之數則曰五，不及乎半則曰三，過乎半則曰七。《易》曰：「三日不食。」又曰：「七日來復。」又曰：「七日得。」《詩》曰：「其實七兮。」「其實三兮。」又曰：「鳲鳩在桑，其子七兮。」又曰：「五日爲期。」《論語》曰：「三年有成。」又曰：「比及三年。」又曰：「善人教民七年。」皆是也。若至少之數，不可以三言者，則曰「一」，如「一鉤金」「一杯水」是也；至多之數，不可以七言者，則曰「九」，如「九合諸侯」「叛者九起」，是也。《左傳》「五侯九伯」，五者舉其中數，九者舉其極數也。後人不達古語，凡言數者必求其義，斯鑿矣。

人不足與適也，政不足間也。

章句曰：「時皆小人居位，不足過責也。政教不足復非訛。」

樾謹按：音義出「足間」二字，是孫宣公本下句無「與」字。據阮氏《校勘記》，則岳、孔、韓本皆然，俗本因上句而妄加「與」字，非也。兩句既不一律，其義亦必不同，趙氏所説，殆失之矣。適當讀爲敵。《論語・里仁篇》「無適也」，《釋文》曰：「鄭本作敵。」《禮記・玉藻篇》「敵者不在」，《釋文》曰：「敵，本作適。」是敵、適古通用。「人不足與敵」者，爲人君挾貴以驕士，而士之道義不足以敵之也。曾子曰：「彼以其富，我以吾仁；彼以其爵，我以吾義。吾何慊乎哉？」孟子曰：「在彼者，皆我所不爲也；在我者，皆古之制也。吾何畏彼哉？」若是者謂之足與敵。人苟不足與敵，則奉令承教而已，故曰「政不足閒也」。閒猶與也。《莊十年左傳》「肉食者謀之，又何閒焉」，《昭二十六傳》「諸侯釋位以閒王政」，杜注竝曰：「閒，與也。」此「閒」字義與彼同，言不足參預也。下文曰「惟大人爲能格君心之非」，大人者，别乎人而言之，正所謂足與敵者，若湯之於伊尹，桓公之於管仲，學焉而後臣之，故能格君心之非。

人之易其言也，無責耳矣。

章句曰：「人之輕易其言，不得失言之咎責也。一説人之輕易不肯諫正君者，以其不在言責之位者也。」

樾謹按：趙氏二説，義均未安。「無責耳矣」，乃言其不足責也，猶曰若而人者，吾無責焉爾。孔子稱「君子欲訥於言」，又曰「仁者，其言也訒」，若輕易其言，則無以入德矣，故以不足責絶之也。

子之從於子敖來，徒餔啜也。我不意子學古之道，而以餔啜也。

章句曰：「學而不行其道，徒食飲而已，謂之餔啜也。樂正子本學古聖人之道，而今隨從貴人，無所匡正，故言不意子但餔啜也。」

樾謹按：趙以「不行其道」爲「餔啜」，是也。謂「隨從貴人，無所匡正」，非也。孟子與子敖同使，且未嘗與言行事，樂正子偶從子敖而來，豈必責其有所匡正乎？蓋樂正子，孟門高弟，固亦以行道爲志，其從子敖來，乃欲因以行其道也。夫衛卿可得之言，子路猶且以告。樂正子之賢未及子路，其從子敖來，亦無足怪。然孟子在齊，尚不得行其道，於樂正子何有？即使得仕於齊，亦徒享萬鍾之奉而已，故曰「子之從於子敖來，徒餔啜也」。近、今說此章者，皆謂樂正子之從子敖，不過藉省道路、資糧之費，故孟子以「徒餔啜」責之。夫自魯之齊，相距甚近，所費幾何？爲此說者，徒欲回護樂正子，而不知其視樂正子也反陋矣。朱注云「言其不擇所從，但求食耳」，是亦未嘗明指所食者爲道路、資糧也。

有故而去，則君搏執之。

章句曰：「搏執其族親也。」

樾謹按：臣已去矣，而又曰「搏執之」，故趙氏以爲搏執其族親，其實非也。此對上文「導之出疆」而言，謂君使封疆之吏搏執之也。搏執之，則不得去矣。或其臣有如伍員之橐載而出昭關者，是不可得而搏執也。於是其君又極之於其所往，若晉錮欒氏之比矣。

中也養不中。

章句曰：「中者，履中和之氣所生。」

樾謹按：「中」當讀若「從容中道」之「中」。《大戴禮記・曾子事父母篇》：「兄之行若中道，則兄事之。若不中道，則養之。」孟子語意，正與此類，趙注非也。

王者之迹熄而詩亡，詩亡然後《春秋》作。

樾謹按：此「迹」字即「車輶馬迹」之「迹」。周制十二年一巡守〔一〕，至方岳之下，朝諸侯於明堂，命太史陳詩，以觀民風，是天下皆有王者車輶馬迹焉。巡狩之禮廢，而王者之迹熄，於是太史不復陳詩，而詩亦從此亡矣。所謂亡者，非無詩也，其時士大夫固亦作之，且傳播之，是故春秋時所賦之詩，多出東遷以後，而孔子删詩亦有取焉。然王者不省方，太史不陳詩，則有詩而不收詩之效，雖謂之詩亡可矣，何也？昔日之詩，王者所陳而觀之者也，黜幽陟明，章善癉惡，皆於此乎在焉。此日之詩，聽其自作自傳，莫之陳，亦莫之觀也，雖復憂時感事，陳古刺今，空言而已矣，奚益哉？孔子曰：「吾欲託之空言，不如見之行事之深切著明也。」此即因詩亡而

〔一〕巡，原文作「廵」，今據《〈春在堂全書〉校勘記》改。下同。

作《春秋》之旨。詩，空言也；《春秋》，行事也。孟子推《春秋》之作而上溯之，迹熄詩亡，殆孔氏之遺言矣。

其義則丘竊取之矣。

樾謹按：孔子作《春秋》，其文、其事本之舊史，其義則所謂「筆則筆，削則削，游、夏不能贊一辭」者。孔子何所取之哉？取者，爲也。《廣雅·釋詁》曰：「取，爲也。」即此「取」字之旨。「竊取之」，猶言私爲之，孔子蓋曰「其義則丘私爲之也」。後世治《春秋》者不信三科九旨諸説，而但曰經承舊史，史承赴告，則止有其事、其文，而孔子之義付之悠悠矣。

天下之言性也，則故而已矣。

樾謹按：《荀子·性惡篇》曰：「凡禮義者，是生於聖人之僞，非故生於人之性也。」楊注曰：「故猶本也。言禮義生於聖人矯僞抑制，非本生於人性也。」孟子言性善，則人性本有禮義，故曰「天下之言性也，則故而已矣」，猶曰但言其本然者足矣，與《荀子》之語正相反。《荀子》又引舜之言曰：「妻子具而孝衰於親，嗜欲得而信衰於友，爵禄盈而忠衰於君。」蓋以證人性之惡。乃自孟子言之，則孝也、信也、忠也，是其故也；妻子具而孝衰，嗜欲得而信衰，爵禄盈而忠衰，非其故也。無失其故，斯可矣，故又曰「故者以利爲本」，言順其故而求之，則自得其本也。孟子論性大旨，具見於此。

又從而禮貌之。

章句曰：「又禮之以顔色喜悦之貌也。」

樾謹按：禮當爲體。《周易・繫辭傳》：「知崇禮卑。」蜀才本「禮」作「體」。《詩・谷風篇》「無以下體」，《韓詩外傳》「體」作「禮」，是古字通也。《戰國策・齊策》：「令人體貌而親郊迎之。」《漢書・賈誼傳》：「所以體貌大臣而厲其節也。」此「體貌」二字之證。《桓十四年穀梁傳》「察其貌而不察其形」，范甯注曰：「貌，姿體。」是貌與體義亦相通。古人言容貌，亦言容體，故以「體貌」連文。《荀子・大略篇》「君子之於子，愛之而勿面，使之而勿貌」，楊注曰：「面、貌，謂以顔色慰悦之。」「體貌」亦猶是矣，二字平列。如趙注則當云「禮之以貌」，不當云「禮貌之也」。《告子篇》「禮貌未衰」，又曰「禮貌衰」，凡言「禮貌」者，竝當讀爲「體」。

夫章子，子父責善而不相遇也。

章句曰：「章子，子父親教，相責以善，不能相得，父逐之也。」

樾謹按：孟子論匡章，止言子父責善，不及他事。即趙氏所謂「子父親教」者，亦自據孟子易子而教之義，於匡章事固無考也。乃《戰國策》有所謂章子者，《齊策》曰：「秦假道韓、魏以攻齊，齊威王使章子將而應之。」又曰：「濮上之事，贅子死，章子走。」《燕策》曰：「王因令章子將五都之兵，以因北地之衆以伐燕。」止稱「章子」，不稱「匡章」，無以知其爲即孟子所與遊者也。徒以《齊策》有章子之母爲其父所殺一事，遂從而附會之，謂《孟子》之匡章即其人也。今按：《齊策》所載威王之言曰：「章子之母啓得罪其父，其父殺之而埋馬棧之下。吾之使章子將也，勉之曰：『夫子之强，全兵而還，必更葬將軍之母。』」對曰：「臣非不能更葬先妾也。臣之母啓得罪臣之父，臣之父未教而死。夫不得父之教而更葬母，是欺死父也，故不敢。」此與《孟子》所謂「子父責善」者了不相涉。若匡章果有此事，則是遘人倫之大變，豈惟責善而已乎？高誘注《戰國策》初不以章子爲即匡章。《吕氏春秋·諭大篇》「匡章之難惠子以王齊王也」，注曰：「匡章，乃孟軻所謂通國稱不孝者。」夫《吕氏春秋》注與《戰國策》注竝出高誘一人之手，乃引《孟子》以證《吕氏春秋》之匡章，而不引以證《戰國策》之章子，是高氏之意，固不以匡章、章子爲一人矣。且匡章難惠子事，見《吕氏春秋·愛類篇》，其文曰：「匡章謂惠子曰：『公之學去尊，今又王齊王，何其到也？』」又曰：「齊王之所以用兵而不休，攻擊人而不止者，其故何也？」以此數語觀之，匡章蓋齊之處士，亦是高尚其志者，故見惠子王齊王而非之，又若頗不滿意於齊王之用兵不休者。若是章子，則歷事威、宣兩朝，爲齊大將，屢從戎事，其必不爲此言明矣。《莊子・盜跖篇》「匡子不見父」，《釋文》引司馬彪云：「匡章諫其父，爲父所逐，終身不見父，此事見《孟子》。」夫曰見《孟子》而不云見《國策》，則自唐以前固無匡章即章子之説，未可據姚宏、吴師道之説爲定，而轉使《孟子》「子父責善」之本旨爲之不箸也。

好色，人之所欲。（《萬章》）

樾謹按：「好」乃「妃」字之誤。《漢書・賈誼傳》「及太子少長，知妃色」，師古注曰：「妃色，妃匹之色。」《大戴記・保傅篇》同，賈子《新書》作「好色」，字之誤也。此云「好色，人之所欲」，其下云「人悦之好色富貴」，又云「知好色則慕少艾」，「好」字竝當作「妃」。「妃色」蓋古語，《孟子》《賈子》竝有「知妃色」之文。後人不達古語而改爲「好色」，失之矣。

出，從而揜之。

章句曰：「舜入而即出，瞽瞍不知其已出，從而蓋其井。」

樾謹按：出者，舜也。揜之者，瞍也。「從而」二字文義不合矣。竊謂出者，非舜出也，乃出井中之土也。蓋舜入井後，井中之土必瞽瞍與象縋而出之，瞍與象即以所出之土揜舜於井，故曰「從而揜之」也。然則舜何以得免？曰：《史記》載之甚詳，蓋必古傳記之詞。萬章約舉其文，於完廩也，不及舜以兩笠自捍而下之事；於浚井也，不及舜從匿空中出去之事。蓋萬章之問，惟在象欲害舜，故其事有所不必備也。趙氏解「捐階」爲「捐去其階」，已得其義矣。又一説云：「捐階，舜即旋從階下。」蓋因誤解「出」字，故爲此説以配之，其義甚晦。僞孫疏反以後説爲勝，非也。

弤，朕。

注曰：「弤，彫弓也。天子曰彫弓。」

樾謹按：音義曰：「弤，都禮切，丁音彫，義與弴同。」若依趙注，則但從丁公著「音彫」足矣，乃必先出「都禮切」一音者，蓋孫宣公之意，不以趙注爲然也。《玉篇・弓部》：「弴，丁幺、丁昆二切，天子弓也。弤，同上，畫弓也，又丁禮切，舜弓名。」是弤有丁幺、丁昆、丁禮三音。音丁幺、丁昆者，皆天子之弓，《詩・行葦篇》「敦弓既堅」，毛傳曰：「敦弓，畫弓也，天子敦弓。」然則丁幺切者，從趙注讀如彫也；丁昆切者，從毛傳讀如敦也；至丁禮切，則爲舜弓名，别是一義。孫蓋從舜弓之義，故音都禮切，都禮即丁禮也。舜是時未爲天子，安得用天子之弓？然則顧野王音丁禮切而訓爲舜弓，必有所受之矣。至近世學者相承讀都禮切，而仍從趙注以爲雕弓，是又兩失，不可不知也。

故君子可欺以其方。

章句曰：「方，類也。君子可以事類欺。」

樾謹按：《禮記·樂記篇》「樂行而民鄉方」，《經解篇》「是故隆禮由禮，謂之有方之士」，鄭注竝曰：「方，猶道也。」然則「可欺以其方」，即是可欺以其道。下云「難罔以非其道」，「非其道」即是「非其方」，方與道一也，變文以成辭耳。趙以事類釋之，非是。

封之有庳。

樾謹按：舊説以「有庳」爲今永州府零陵縣，誠爲太遠，先儒疑焉。《漢書·鄒陽傳》作「封之於有畀」，《水經·淮水篇》曰：「淮水東過期思縣北。」又東北，淠水注之，水出弋陽南垂山[一]。西北流歷陰山關。西北出山，又東北流，逕新城戌東。又東北得詔虞水口。又東北注淮。」竊疑畀乃淠之叚字，有淠之國蓋以淠水得名，所謂詔虞水者，殆象之遺跡乎？詔虞者，朝虞也。「詔」字，古止作召，劉向《九歎·遠逝篇》「朝四靈於九濱」，王逸注曰：「朝，召也。」是朝、召聲近義通。象自其國而朝於虞，經臨其地，因有朝虞之名矣。有畀之封，似當在此。《漢

[一]《水經注》「陽」下有「縣」字。

書・武五子傳》又作「有鼻」。據《説文・水部》有淠、濞二篆，淠爲水名，濞爲水暴至聲，疑淠、濞古同字，淠從畀聲，濞從鼻聲，鼻聲即畀聲也，書有繇簡耳。《鄒陽傳》作「有畀」者，「淠」之省也。《武五子傳》作「有鼻」者，「濞」之省也。古文從省，不加水旁，實一字矣。《孟子》書作「庳」，則是「痹」之誤字，痹亦從畀聲也。

《書》曰：「祇載見瞽瞍，夔夔齊栗，瞽瞍亦允。」若是，爲父不得而子也？

章句曰：「舜既爲天子，敬事嚴父，戰栗以見瞽瞍。瞍亦信知舜之大孝，若是爲父不得而子也。以是解咸丘蒙之疑〔一〕。」

樾謹按：趙氏以「瞍亦信知舜之大孝」釋「瞽瞍亦允」之義，是於「允」字絶句，「若」字屬下讀。古也、邪二字通用，「若是逗。爲父不得而子也」，猶曰舜敬事嚴父，若是，尚爲父不得而子邪？正所以解咸丘蒙之疑。《荀子・正名篇》「其求物也？養生也？粥壽也」，楊倞注曰：「也，皆當爲邪。」《孟子》七篇亦往往有此。《告子篇》：「冬日則飲湯，夏日則飲水，然則飲食亦在外也？」《盡心篇》：「殺人之父者，人亦殺其父；殺人之兄者，人亦殺其兄。然則非自殺之也？」

〔一〕是，《孟子注疏》作「此」。

「也」字竝當作「邪」，説詳王氏引之《經傳釋詞》。東晉《古文尚書》竊其語入《大禹謨篇》，而以「允若」連文，蓋由不達古語，故誤讀《孟子》耳。江氏聲作《尚書集注》曰：「孟子既引此經，遂言曰『是爲父不得而子也』。」則未免於爲先入之言所惑矣。

一介不以與人，一介不以取之人。

章句曰：「一介草不以與人，亦不取於人也。」

樾謹按：趙氏蓋讀介爲芥，故以爲草，然非古義也。一介即一个也。《儀禮·大射儀》「搢三挾一个」，鄭注曰：「个猶枚也。」个、介實一字，乃隸體之變。介音古拜反，轉而爲古賀反，後人妄分介、个爲二，遇讀古拜反者作介，讀古賀反者作个，誤也。王氏引之《經義述聞·通説》立七證以明介、个爲一字，當從之。《孟子》「介」字即《禮》經「个」字。因趙氏以「一介草」釋之，故得存其本字耳。一枚之物不輕取與，非必以草言，且孟子立言必有典則。《士虞禮》《特牲饋食禮》及《少牢饋食禮》下篇竝云：「俎釋三个。」《國語·齊語》云：「鹿皮四个。」是物數言若干个，乃古人通語。經傳明文，豈有以草與人及取於人者乎？

天誅造攻，自牧宮。

章句曰：「造作可攻討之罪者，從牧宮桀起，自取之也。」

樾謹按：以「造攻」爲是「造作可攻討之罪」，甚爲不詞。《昭三十一年左傳》曰「攻難之士將奔走之」，杜注曰：「攻猶作也。」蓋攻訓治，故亦訓作。《詩·靈臺篇》「庶民攻之」，毛傳曰：「攻，作也。」《梁惠王篇》引此文趙注曰：「民竝來治作之。」蓋即用傳義，而又加「治」字，以申明「攻」之所以訓「作」也。造攻猶造作，言天所以降誅罰者，由桀自於牧宫造作其罪耳。

主癰疽。

章句曰：「癰疽，癰疽之醫也。」

樾謹按：癰疽，《說苑·至公篇》作「雍睢」，《史記·孔子世家》作「雍渠」，《韓非子》作「雍鉏」，字竝是「雍」。《孟子》書作「癰」，疑是叚借字。《僖十七年左傳》「雍巫有寵於衛共姬，因寺人貂以薦羞於公」，杜注曰：「雍人，名巫。」正義曰：「《周禮》掌食之官，有内雍、外雍。此人爲雍官，名巫，而字易牙。」竊疑癰疽亦雍人也，癰讀爲雍，乃其官也；疽，其名也。雍疽、寺人瘠環，猶雍巫、寺人貂矣。《戰國策》曰「衛靈公近癰疽」，高誘注曰：「《孟子》有其人，蓋醫之幸者。」望文生訓，失與趙同。

知虞公之不可諫而去之秦，年已七十矣。

樾謹按：何氏焯《讀書記》謂此當以「知虞公之不可諫而去」九字爲句，去謂去位也。「之秦」二字自爲句，屬下讀，方與《史記》「虞晉走宛」諸事合。然真德秀《四書集編》、趙順孫《四書纂疏》所載經文竝作「知虞公之不可諫而去之」，是南宋時舊本有無「秦」字者。據下文「知虞公之將亡而先去之」，亦無「秦」字，疑此「秦」字直衍文耳。百里奚事在孟子時已不甚可考，今以《孟子》書爲主，參以《史記》，蓋奚知虞之將亡，先去而之宛。宛，今南陽府南陽縣，是時屬楚。晉之滅虞也，齊霸將衰而楚方盛，奚之走宛，殆有意於用楚乎？然以羈旅之人，資用匱乏，或出其餘智，買賤賣貴，逐什一之利，故孟子有「舉於市」之説。《説苑·臣術篇》云：「賈人買百里奚以五羖羊皮，使將鹽車之秦。」此説雖不足信，然孟子明言「舉於市」，則將鹽車事固宜有之。《史記·孟荀傳》：「伊尹負鼎而勉湯〔一〕，百里飯牛車下而繆公用霸。」然則所謂「飯牛」者，即其將鹽車時事。《書》云：「肇牽車牛遠服賈。」百里奚之食牛正「舉於市」之塙證，非如或説云云也。其後不知以何事爲楚鄙人所執，於是穆公以五羖羊皮贖之。《史記》載其事曰：「繆公聞百里奚賢，欲重贖之，恐楚人不與，乃使人謂楚曰：『吾媵臣百里奚在焉，請以五羖羊皮贖之。』楚人遂許與之。」此乃當時實事也，不然何以有「五羖大夫」之號，至孝公時猶見稱於趙良之口

〔一〕《史記集解》「湯」下有「以王」二字。

乎？媵臣乃託辭，據《左傳》曰：「執虞公，及其大夫井伯，以媵秦穆姬。」是虞君且爲媵，雖謂其臣皆吾媵臣，無不可矣。楚人受秦五羖羊皮，而以百里奚予秦，是楚人固以五羊之皮當百里奚之值，謂之曰「鬻」，亦無不可。然楚人鬻之，非百里奚自鬻之也。後世傳訛，因有自鬻之説。孟子據理斷之，以爲不然，而不復詳述其事之顛末。千載而下，以意推測，儻有得乎？

金聲而玉振之也。

章句曰：「振，揚也。故如金音之有殺，振揚玉音終始如一也。」

樾謹按：集注曰：「先擊鎛鐘以宣其聲，後擊特磬以收其韵。」若然，則當云「金聲之而玉振之也」於文方足。如謂下有「之」字則上可省，然下文又曰「金聲也者，始條理也。玉振之也者，終條理也」，是可知「玉振」下必當有「之」字，「金聲」下必不當有「之」字矣。蓋此句之義，趙注得之。所謂「金聲而玉振之」者，以金聲始洪而終殺，必以玉聲振揚之，此「之」字即指金聲而言。伯夷、伊尹、柳下惠亦金聲也，而不能以玉振之，則始洪而終殺矣。惟孔子金聲而以玉振之，是以始終如一，而爲集大成也。

其至，爾力也；其中，非爾力也。

章句曰：「夫射遠而至，爾努力；其中的者，爾之巧也。思改其手，用巧意，乃能中也。」正義曰：「其射至於百步之外，是人之力也；其所以中的者，非人之力，以其人之巧耳。」

樾謹按：上文以巧譬智、以力譬聖，此云「其至，爾力」「其中，非爾力」，則似所重者反在巧，與上喻意不合矣。王若虛《孟子辨惑》載吕東萊策問進士云：「孟子論孔子集大成，譬之金玉，則智始而聖終；譬之巧力，則聖至而智中。以智爲尚則害前説，以聖爲尚則害後説。」是先儒於此固已致疑。乃尋繹趙注，則經文兩「爾力」皆就伯夷、伊尹、柳下惠三子説，蓋謂三子所以能至者，力也；三子所以能中者，非力也，巧也。三子之力足以至，故不失爲聖；三子之力不足以中，故不能爲時，改而爲清、爲任、爲和，是不能以力中而以巧中，趙氏所謂「思改其手，用巧意，乃能中」是也。若孔子，則至以力，中亦以力，不必以巧見長，此孔子所以遠過乎三子也。如此説則與上喻意一貫，而東萊所疑亦不言而解矣。由正義不能發明趙注之意，故啓東萊之疑，而王若虛并欲改經文爲「智譬則力，聖譬則巧」，何其謬歟！

獻子之與此五人者友也，無獻子之家者也。此五人者，亦有獻子之家，則不與之友矣。

章句曰：「其五人者，皆賢人無位者也。此五人者，自有獻子之家，富貴而復有德，不肯與獻子友也。」

樾謹按：近來説此經者皆以「無獻子之家」爲忘人之勢，然下文不云「若有獻子之家」，而云「亦有獻子之家」，亦者，亦獻子也，謂獻子有而五人亦有也。然則「無獻子之家」自謂五人無獻子之富貴，非謂其視之若無矣，當以趙注爲長。惟趙以「不與之友」爲不與獻子友，此殆不然。四句反覆申明「與之友」，即「與此五人者友」，仍以獻子言，不以五人者言，見獻子所友皆寒素之士。若使其亦有獻子之家，獻子轉不與友矣，蓋所重在獻子之友五人，而不在五人之友獻子。下文引費惠、晉平兩事亦然，可知趙注之誤。

費惠公曰。

樾謹按：顧氏炎武《日知録》曰：「春秋時有兩費，其一見《左傳·成公十三年》晉侯使呂相絶秦曰：『殄滅我費滑。』注曰：『滑國都於費。』其一《僖公元年》：『公賜季友汶陽之田及費。』在子思時，滑國之費，其亡久矣，疑即季氏之後而僭稱公者。」閻氏若璩《四書釋地》主其説。乃以《左傳》求之，魯亦有兩費。季氏之費，今山東沂州府費縣是也；若《隱元年傳》「費伯帥師城郎」，此又一費，今兖州府魚臺縣西南有費亭，東北有郎城，「費伯城郎」是其地也。顧氏棟高《春秋大事表》引《高氏地名考》曰：「費讀如字，與季氏費邑讀曰祕者有别。」乃陸德明《釋文》於《隱元年傳》亦音祕，蓋已混兩費而一之。于欽《齊乘》謂費本伯國，姬姓，魯懿公之孫，後爲季氏邑。此説雖誤，然即其説，知費伯之費昔人固有以爲國名者。蓋費伯以公孫别封於費，若晉成師、鄭大叔之比。因城郎而居之，與鄟、邿諸國竝爲魯附庸，徒以無事，故不經見，而入戰國後，猶以魯費竝稱，所謂費惠公者，殆其苗裔乎？其後國亡而子孫遂以郎爲氏，見《廣韵》。或疑郎爲魯地，屢見經傳，若如此説，則爲費國之都矣，尚得爲魯地乎？不知魯有二費，亦有二郎。魚臺之郎，去曲阜約二百里；而桓十年齊、衛、鄭來戰於郎，《公羊傳》曰：「吾近邑也。」其非一地明矣，説詳江氏永《春秋地理考實》。

亦饗舜。

章句曰：「堯亦就饗舜之所設。」

樾謹按：趙解「亦」字非也。《列子・黄帝篇》「二者亦言」，張湛注曰：「亦當作易。」《論語・述而篇》「五十以學《易》」，《釋文》曰：「魯讀易爲亦。」是亦、易二字古通用。《素問・氣厥論》「謂之食亦」，王砅注曰：「食亦者，食入移易而過，不生飢膚也。亦，易也。」又《骨空論》「易髓無空」，注曰：「易，亦也。」竝其證矣。「亦饗舜」者，易饗舜也，蓋猶是堯之饗舜耳。乃今日堯自爲主，明日使舜爲主，是易而饗之矣，故曰「迭爲賓主」。

生之謂性。（《告子》）

樾謹按：《白虎通・性情篇》曰：「性者，生也。」《禮記・樂記篇》鄭注曰：「性之言生也。」

故性與生古字通用。《荀子·禮論篇》：「天地者，生之本也。」《大戴禮·禮三本篇》「生」作「性」。《戰國策·秦策》：「生命壽長。」《史記·范睢傳》「生」作「性」，竝其證也。「生之謂性」猶云性之謂性，故孟子以「白之謂白」破之。上字作生，下字作性，猶《公孫丑篇》「有仕於此」作「仕」，「夫士也」作「士」，彼士、仕同字，此生、性亦同字。告子此説，即所謂無善、無不善者，其意若曰：所謂性者，止是性而已矣。論者但當就性言性，其善、其不善皆非性中所有，不必論也。此是告子論性之本旨，故公都子曰：「告子曰：『性無善無不善也。』」上文杞柳、湍水之喻，皆從此出。

異於白馬之白也。

樾謹按：此句上「白」字當一字重讀，蓋先折之曰「異於白」，下乃云「白馬之白也」，「無以異於白人之白也」云云，則申説其異之故也。古書自有一字重讀之例。《考工記·輈人》曰：「輈注則利準，利準則久。」賈疏曰：「依後鄭，『利準』不重讀。」據此則經文「利準」二字本無重文，先鄭特就本字重讀之，故後鄭可以不從也。明乎古書之一字可以重讀，則此句之義自明，而亦不必疑其有闕文矣。

以紂爲兄之子，且以爲君，而有微子啓、王子比干。

章句曰：「紂爲君，又與微子、比干有兄弟之親，亦不能使此二子爲不仁。」

樾謹按：《史記》微子是紂庶兄，比干則但云紂之親戚。如《孟子》此文，則是微子、比干皆紂父帝乙之弟矣，與史不合。顧氏《日知録》曰：「以紂爲弟，且以爲君，而有微子啓；以紂爲兄之子，且以爲君，而有王子比干。竝言之，則於文有所不便，故舉此以該彼。」夫舉兄之子，何足以該弟？此論殊不可通。據趙注云「紂爲君，又與微子、比干有兄弟之親」，疑趙氏所見經文作「以紂爲兄弟，且以爲君」，「弟」字誤爲「之子」二字，非特不合《史記》，即以趙注按之，亦自不合矣。朱子集注云：「疑此或有誤字。」殆已見及此，因無左證，不敢質言耳。

乃若其情，則可以爲善矣。

章句曰：「若，順也。性與情相爲表裏。」

樾謹按：性與情，若果有表裏之分，則公都子所舉三説皆自論性，孟子何獨與之言情乎？蓋性、情二字，在後人言之則區以別矣，而在古人言之則情即性也。《呂氏春秋·上德篇》「此之謂順情」，《淮南子·本經篇》「人愛其情」，高誘注竝曰：「情，性也。」下章孟子言牛山之木則曰：「此豈山之性也哉？」其言人則曰：「是豈人之情也哉？」然則性、情一也。以六書而論，性從心生聲，情從心青聲，而青亦從生聲，故從生、從青之字於義得通。《釋名·釋兵》曰：「旌，精也。」《列子·説符篇》：「東方有人焉，曰爰旌目。」《後漢書·張衡傳》注引作「爰精目」。旌從生聲，精從青聲，古字通用。而謂性之與情若冰炭之異，此必不然矣。《荀子·正名篇》曰：「生之所以然者謂之性。性之好惡喜怒哀樂謂之情。」此蓋古義如此，孟子之於荀子不能有異，特自孟子言之，性善而情亦善；自荀子言之，性惡而情亦惡，此則其説之異也。《荀子·性惡篇》引舜之言曰：「人情甚不美。妻子具而孝衰於親，嗜欲得而信衰於友，爵禄盈而忠衰於君。人之情乎！人之情乎！」楊倞注曰：「引此亦以明性之惡。」是可見古人言性必言情。孟、荀雖異，要未嘗區性與情而二之也。《白虎通·情性篇》以仁、義、禮、智、信爲五性，喜、怒、哀、樂、愛、惡爲六情。夫無喜、怒、哀、樂、愛、惡，則仁、義、禮、智、信於何見之？惻隱之心，仁也，獨非愛乎？羞惡之心，義也，獨非惡乎？孟子以惻隱爲仁，羞惡爲義，正是以情見性，若如《白虎通》之説，則仁義屬性，惻隱羞惡屬情，不可合矣。此説也，蓋襲《禮記》而失之。《禮記·禮運篇》曰：「何謂人情？喜、怒、哀、懼、愛、惡、欲七者，弗學而能。何謂人義？父慈、子孝、兄良、弟悌、夫義、婦聽、長惠、幼順、君行〔一〕、臣忠十者，謂之人義。」夫以「人情」對「人義」，非以「人情」對「人性」，則人情即人性也。蓋性之好惡喜怒哀樂謂之情，故此七者謂之情可也，謂之性亦可也。後人不達此義，妄有五性六情之説，遂以性情分屬陰陽，而《孟子》此章之旨晦矣。

人有雞犬放，則知求之；有放心，而不知求。

樾謹按：而猶則也，「人有雞犬放，則知求之；有放心，則不知求」，猶下章云「指不若人，則知惡之；心不若人，則不知惡也」，而與則義同，故古書每以而、則互用。《墨子・明鬼篇》：「非父則母，非兄而姒。」《史記・欒布傳》：「與楚則漢破，與漢而楚破。」竝其證也。此文上句用「則」字，下句用「而」字，亦猶是矣。

此之謂不知類也。

章句曰：「類，事也。」

樾謹按：類之言比類也，《禮記・月令》曰：「必比類。」《國語・周語》曰：「象物天地，比類百則。」「比類」蓋古語，猶今言比例也。《周語》又曰：「度之天神，比之地物，類之民則，方之

〔一〕 行，《禮記正義》《禮記注疏》均作「仁」。

時動。」是重言之則曰「比類」，單言之則或曰比、或曰類。《易·繫辭傳》曰：「以類萬物之情。」《襄九年左傳》曰：「晉君類能而使之。」皆此義也。「不知類」，言其不知比類。注訓爲事，未得其旨。

比天之所與我者。

章句曰：「比方天所與人情性。」

樾謹按：比之言次也。《周官·世婦職》「比其具」，鄭注曰：「比，次也。」《宰夫職》「比官府之具」，注曰：「比，校次之。」又《儀禮·大射儀》「遂比三耦」，注曰：「比，選次之也。」竝與此「比」字義同。蓋心與耳目皆天之所與我者，必比次之，然後知其孰爲大、孰爲小，然後能先立乎其大。下文「先」字，正從「比」字生出。趙氏以「比方」釋之，其義不顯，後人遂誤改作「此」字矣。

有人於此，力不能勝一匹雛，則爲無力人矣。今曰舉百鈞，則爲有力人矣。然則舉烏獲之任，是亦爲烏獲而已矣。

樾謹按：不能勝一匹雛之人，安能舉百鈞？故閻氏若璩《釋地三續》引陳幾亭之言，謂孟子言辭小失。乃以經文尋繹之，孟子此言固無失也。蓋此節之義全在「今曰」二字。以不能勝匹雛之人，而今曰舉百鈞，是非必果能舉也，即此舉百鈞之言，已可爲有力人矣。曹交自謂「食粟而已」，此與「力不能勝一匹雛」者無異。今一旦奮然曰「吾爲堯」「吾爲舜」，是亦爲堯、舜矣，故曰「夫人豈以不勝爲患哉？弗爲耳」。孟子之言本是明了，但「舉烏獲之任」句省一「曰」字，若作「然則曰舉烏獲之任，是亦爲烏獲而已矣」，其意便顯。孟子因上文已有「今曰」字，故此省之。不謂後之學者并上「今曰」字而亦忽略讀過也。

公儀子爲政。

章句曰：「公儀休爲執政之卿。」

樾謹按：《閔二年左傳》：「君與國政之所圖也。」《史記·晉世家》集解引賈逵注曰：「國政，正卿也。」然則「爲政」即爲國政，言爲正卿也。政、正古通用。《爾雅·釋詁》：「正，長也。」「公儀子爲政」，乃「正長」之「正」，非「政事」之「政」。下云「子柳、子思爲臣」，臣與政相對，猶《離婁篇》「曾子，師也；子思，臣也。」臣與師亦相對也。趙不知政爲正之叚字，而以「執政」釋之，非是。本篇又云「魯欲使樂正子爲政」，「爲政」之義亦與此同，猶魯欲使慎子爲將軍也。曰正、曰將軍，竝以位言。趙注曰：「魯君欲使之執政於國。」亦失之矣。

子柳、子思爲臣。

章句曰：「子柳，泄柳也。子思，孔伋也〔一〕。二人爲師傅之臣。」

樾謹按：子思乃穆公所尊禮，觀《公孫丑篇》可知。子思與泄柳申詳分量迥殊，而此乃以並稱，且以子思居子柳之下，即《孟子》本書證之，已自不合矣。據《鹽鐵論·相刺》章：「昔魯穆公之時，公儀爲相，子柳、子原爲之卿，然北削於齊，以泗爲境，南畏楚人，西賓秦國。」其文即本之《孟子》。疑古本《孟子》作「子柳、子原」，非子思也。「爲臣」與「爲政」相對，爲政謂爲正卿，爲臣謂爲庶職也。趙因子思大賢，不宜以官守屈之，故曰「爲師傅之臣」。《離婁篇》：「曾子，師也，父兄也；子思，臣也，微也。」師之與臣，大有别矣，何不曰「爲師」而曰「爲臣」乎？若知「子思」是「子原」之誤，則不必爲是曲説矣。

乃孔子則欲以微罪行。

章句曰：「燔肉不至我，黨從祭之禮不備，有微罪乎？」

樾謹按：孔子「以微罪行」之旨，惟趙氏得之。此注當以「燔肉不至我」爲句，「黨」字屬下

〔一〕孔伋，《孟子注疏》作「孔子之孫伋」。

讀。黨猶儻也，儻者，或然之詞，古書每以「黨」爲之。《漢書・伍被傳》：「黨可以徼幸。」《墨子・法儀篇》：「黨皆法其君奚若。」竝其證也。趙氏述孔子之意，以爲燔肉所以不至我者，儻我從祭之禮不備，故有微罪乎？於是即引爲己罪而去，所謂「不欲爲苟去」也。僞孫疏誤以「我黨」二字連讀，故注意晦而經意亦晦矣。閻氏若璩《釋地續》曰：「孔子不欲其失純在君相，己亦帶有罪焉。其所謂有罪，即在『不税冕而行』一句。冕，原祭服，今也戴於道路閒，尚非罪乎？《史記・世家》：『師己送，曰：夫子則無罪。』觀此似孔子當日自認一罪名而行，千載以下猶可以情測。」今按：閻氏引師己之言爲證，最爲得之，而以「不税冕」實孔子之罪，則大謬矣，豈有孔子之聖而躬冒不韙者乎？且「不税冕而行」，極言其行之速，非因不税冕而後行也。如閻氏此論，設有人問孔子何以去魯者，將以不税冕告之乎？又問何以不税冕而行，則將何以對？是仍爲苟去矣。趙注具在，而學者讀之不審，致滋妄説，故具論之。

則六師移之。

章句曰：「移之，就之也。」

樾謹按：移當讀爲陊。《廣雅・釋詁》陊、陊竝訓壞，是陊與陊義相近。陊即「墮」字，故《集韵》曰：「陊，或作墒。」然則「六師陊之」，猶六師墮之，蓋毁壞其都邑，若《春秋》所書「帥師隳郈」「帥師隳費」之類，是也。因叚移爲陊，而注者以本字讀之，遂失其旨矣。

有天民者，達可行於天下而後行之者也。（《盡心》）

章句曰：「天民，知道者也。可行而行，可止而止。」

樾謹按：如注義，則經文「達」字疑「道」字之誤。章旨亦曰「天民行道〔一〕」，趙氏所據本必是「道」字也。

四體不言而喻。

樾謹按：此句之義殊不可曉。若謂四體不言而人自喻，則四體豈能言者？若謂我之四體，不待我言而喻我之意，則凡人皆然，豈必君子？據《文選·魏都賦》劉淵林注引《孟子》曰：「君子所性，仁義禮智，根於心，其生色睟然見於面，不言而喻。」應吉甫《華林園集詩》李善注引《孟子》曰：「君子所性，仁義禮智信，根於心，施於四體，不言而喻。」兩文不同。然「不言而喻」上皆無「四體」字，疑古本《孟子》「四體」二字不疊也。若謂古人引書，或以意增損，不足據，則何以劉、李二人如出一手乎？且如李所引有「信」字，而劉所引即無之，蓋以意增損，必不能同。

〔一〕旨，原文作「句」，今據《〈春在堂全書〉校勘記》改。

乃兩人所引皆無「四體」字，則是古本如此矣。

易其田疇。

章句曰：「易，治也。」

樾謹按：易者，所以休地力也。《周官·大司徒職》：「不易之地家百畮，一易之地家二百畮，再易之地家三百畮。」鄭司農云：「不易之地，歲種之，地厚，故家百畮；一易之地，休一歲乃復種，地薄，故家二百畮；再易之地，休二歲乃復種，故家三百畮。」是地有一易、再易之分，非不易矣。蓋休而不耕，故地力有餘，多黍多稌，實由於此，乃先王制民之産之精意。若如趙氏訓易爲治，則是憂百畝之不易者，農夫也，非聖人治天下之道矣。

恭敬者，幣之未將者也。恭敬而無實，君子不可虛拘。

樾謹按：此數語蓋承上文而更進一義，言食而弗愛，愛而弗敬，固不可矣；然恭敬亦不可無實，故曰「恭敬者，幣之未將者也」，言未以幣交之時，有此恭敬之心，已足多矣。若既以幣交，則當用其言、行其道，乃爲有實。《告子篇》曰：「迎之致敬以有禮，言將行其言也，則就之；禮貌未衰，言弗行也，則去之。」與此文正相發明。「迎之致敬以有禮」，所謂恭敬也；「禮貌未衰，言弗行也」，則恭敬而無實矣。君子不可虛拘，故去之也。

若崩厥角稽首。

章句曰：「百姓歸周，若崩厥角，額角犀厥地，稽首拜命，亦以首至地也。」

樾謹按：此當以六字爲句，「厥角」「稽首」相對成文。《漢書·諸侯王表》「漢諸侯王厥角稽首」，應劭曰：「厥者，頓也。角，額角也。稽首，首至地也。」視趙注更簡而明。「若崩厥角稽首」乃倒句，若順言之，則當云「厥角稽首若崩」。蓋商衆一聞武王之言，無不厥角稽首，若山冢之猝然而崩也〔一〕。李善注《文選·丘希範〈與陳伯之書〉》《王元長〈曲水詩序〉》《陸佐公〈石闕銘〉》三引《孟子》竝作「百姓若崩厥角」，不連「稽首」二字，則雖未失其義，而似已失其讀。後人并其義而失之，固無怪矣。

是故得乎丘民而爲天子。

章句曰：「丘，十六井也。」

樾謹按：《廣雅·釋詁》曰：「區，小也。」《釋訓》曰：「區區，小也。」丘與區古同聲而通用，

〔一〕冢，原文作「家」，今據《〈春在堂全書〉校勘記》改。

丘民猶言小民。必以「十六井」釋之，非是。

仁也者，人也，合而言之道也。

章句曰：「能行仁恩者，人也。人與仁合而言之，可以謂之有道也。」

樾謹按：「合而言之道也」六字爲一句。此章直是孟子解説「仁」字之義。《禮記・中庸篇》「仁者，人也」，鄭注曰：「人也，讀如『相人偶』之『人』，以人意相存問之言。」《説文・人部》：「仁，親也。從人二。」段氏玉裁注引鄭注而釋之曰：「人偶，猶言爾我親密之辭，故其字從人二。」阮氏元《揅經室集》又從而推闡其義，引《曾子制言篇》「人之相與也，譬如舟車，然相濟達也。人非人不濟，馬非馬不走，水非水不流」，發明「相人偶」之説。明乎此，然後《孟子》此章可得而言矣。蓋「仁也者，人也」，乃孔門相傳之故訓也，然仁即是人，何以又製此從人從二之「仁」字？故釋之曰「合而言之道也」。夫我一人也，人一人也，仁於何有？必我與人相親，人與我相親，而後仁在其中焉。此即「相人偶」之義，亦即「仁」字從人從二之意。別乎我而爲人，此分而言者也；并人、我二人而爲仁，此合而言者也，故曰「合而言之道也」。趙氏誤斷「合而言之」四字爲句，「道也」二字爲句，則其義不可通，遂有增數語於其間，託之外國本者矣。

孟子曰：「無傷也，士憎兹多口。」

樾謹按：此章之文止於此。下文「《詩》云憂心悄悄」一節當在「貉稽曰」之前，與上章合爲一章。其文云：孟子曰：「君子之厄於陳、蔡之閒也，無上下之交也。《詩》云『憂心悄悄，愠于群小』，孔子也。『肆不殄厥愠，亦不殞厥問』，文王也。」蓋因孔子而及文王，孟子之意以文王比孔子也。簡策錯亂，誤倒在後，注家遂誤以爲告貉稽之言。若果孟子爲貉稽引《詩》，則當有次弟，安得先孔子而後文王乎？

以追蠡。

章句曰：「追，鍾鈕也。」

樾謹按：追訓鍾鈕，於古無徵。追疑當爲縋。《説文·糸部》：「縋，以繩有所縣也。」鍾鈕亦所以縣者，故謂之縋。

望見馮婦，趨而迎之。

章句曰：「馮婦恥不如前，見虎走而迎之，攘臂下車，欲復搏之。」

樾謹按：趙氏之意，「望見馮婦，趨而迎之」者，虎望見馮婦，趨而迎之也。蓋馮婦未爲善士之時，虎望風而避矣。今乃不惟不避，又趨而迎之，此馮婦見之，所以恥不如前，而忿然攘臂下車也。注中「見」字非經文「見」字，注文「見」字屬馮婦言，經文「見」字屬虎言。《太平御覽·人事部》引《孟子》曰：「晉有馮婦者，善搏虎。野有衆逐虎，虎負隅，莫敢攖，馮婦趨而迎之。」則因誤讀趙注而妄删經文「望見」二字，失之甚矣。翟氏灝《孟子考異》以此致疑，未深體注意也。

聖人之於天道也。

樾謹按：集注曰：「或云『人』衍字。」其説是也。古人每以聖、知對言，《老子》曰：「絶聖棄智。」《國語·楚語》曰：「其知能上下比義，其聖能光遠宣明。」竝其例也。此云「知之於賢者也，聖之於天道也」，猶《萬章篇》曰：「始條理者，知之事也，終條理者，聖之事也。」皆以聖、知對言。「聖」下不得有「人」字，後人妄加之耳。《説文·耳部》：「聖，通也。」蓋聖之本義與知相近，故《大戴記·四代篇》曰：「聖者，知之華也。」《孟子》書屢言「聖人」，皆大而化之之謂。此「聖」字，則其本義。所謂天道者，乃吉凶、禍福、占驗之道。《後漢書·桓譚傳》曰：「天道性命，聖人所難言。」李賢注引鄭康成《論語》注曰：「天道，七政變動之占也。」古者言天道類如此。《左傳》曰：「天道，多在西北。」又曰：「天道遠，人道爾。」《國語》曰：「我非瞽史，焉知天道？」可見天道者，瞽史所以占驗之術也。知之於賢者也，以人事言；聖之於天道也，以天事言。知者固欲知賢，然或爲耳目之所不及察；聖者固欲知天道，然或爲推步之所不能周，故曰「命」矣。

曰：「殆非也。」

章句曰：「館人曰：殆非爲是事來，事夫子也。」

樾謹按：此非館人之言，亦孟子之言也。「子以是爲竊屨來與？」曰：「殆非也。」乃自問而自答之之詞。《告子篇》：「爲是其智弗若與？曰：『非然也。』」文法正與此同。下文曰「夫予之設科也，往者不追，來者不拒，苟以是心至，斯受之而已矣」，孟子之意，蓋謂從者固非爲竊屨來也，然予之設科如此，則亦有所不能保矣。語意抑揚，而詞氣固不隔也。自趙氏誤以此「曰」字爲「館人曰」，後人因并以下文數語皆爲館人之言，而經文「夫予」字遂誤爲「夫子」，不得謂非趙氏有以啓之矣。

言語必信，非以正行也。

章句曰：「庸言必信，非必欲以正行爲名也。」

樾謹按：趙氏之意，以正行是美事，以正行爲名始是不美，故增益其義如此，不知非孟子意也。上文云「經德不回，非以干禄也」，「干禄」二字見於《詩》，亦是美事，故子張學干禄，孔子不斥其非，且告以干禄之道，曰：「言寡尤，行寡悔，禄在其中矣。」然則經德不回，以之干禄；言語必信，以之正行，此乃學者之常事，即孔、孟教人亦未嘗不以此也。若夫經德不回而非以干禄，言語必信而非以正行，則盛德之至，非聖人不能矣。三代以下儒者恥言干禄，遂覺正行與干禄不可竝論，乃謂其欲以正行爲名，非古義也。

琴張。

章句曰：「琴張，子張也。子張之爲人，踸踔譎詭。《論語》曰：『師也辟。』故不能純善而稱狂也，又善鼓琴，號曰琴張。」

樾謹按：趙注以琴張即顓孫師，乃賈逵、鄭衆之舊説，見《昭二十年左傳》正義。而服虔已疑之，至杜預注《左傳》曰：「琴張，孔子弟子，字子開，名牢。」則本之《家語》，更不足據。《莊子·大宗師篇》：「子桑户、孟子反、子琴張三人相與友。」竊疑此人名張，字子琴，而姓氏不傳。古人名字竝稱，皆先字後名，故曰「子琴張」，亦曰「琴張」也。

曰：「何以是嘐嘐也？言不顧行，行不顧言，則曰『古之人，古之人。行何爲踽踽涼涼？』

樾謹按：此三十字當在「其志嘐嘐然」之下，「夷考其行」之上。「曰：何以是嘐嘐也」，萬章問也。「言不顧行」以下，孟子答也。「踽踽涼涼」正與「嘐嘐」相反。踽踽者，獨也，《詩》云：「獨行踽踽。」是也。涼涼者，薄也，《説文・水部》：「涼，薄也。」是也。凡物之衆者、厚者，皆有大義，殷訓大，亦訓衆；膴訓大，亦訓厚，是其證也。然則「獨」與「薄」皆有小義矣。趙氏訓「嘐嘐」爲「志大言大」，是「踽踽涼涼」正與相反也。狂者言行不相顧，故常以古人之行爲隘小而非笑之，每曰「古之人，古之人。行何爲是踽踽涼涼」，此狂者譏古人之詞也。及考其所爲，則實未能大過古人，故曰「夷考其行，而不掩焉者也」。自此三十字誤移在後文，則與論鄉原何涉？趙注、朱注皆曲爲之説，而義不可通。前文止存「曰古之人，古之人」七字，此乃文字爛脱之有未盡者，今當爲衍文矣。

群經平議卷三十四

爾雅一

權輿，始也。（《釋詁》）

郭璞注曰：「《詩》曰：『胡不承權輿？』」邢昺疏曰：「權輿者，天地之始也。」

樾謹按：《文選·劇秦美新》曰：「權輿天地未祛，睢睢盱盱。」「權輿」二字止作「始」字解，非天地之始謂之權輿也。邢氏誤會其義，謬甚矣。錢氏大昕《潛研堂集》引孫星衍説，謂即《釋草》之「其萌蘿蕍」，亦即《説文》之「䔾，灌渝」，此説自不可易。惟經文曰「初、哉、首、基、肇、祖、元、胎、俶、落、權輿，始也」，「俶、落」以上皆字各成義，則「權輿」亦非必相連爲文。《方言》曰：「奞，始也。」奞即「權」字，而其字從大，是其本義爲大也。奞爲大，而亦爲始，猶元爲始，而亦爲大矣。輿者，衆也。《僖二十八年左傳》「聽輿人之謀」、《成二年傳》「無令輿師淹於君地」，杜注竝訓輿爲衆。故《廣雅·釋詁》曰：「輿，多也。」衆多則亦有大義。《玉篇·多部》㚇、𡖈、䅈、𡖊四字竝曰「大也」，而其字竝從多。至䅈、𡖊二字亦作奓、奝，則又從大，可知其義之通矣。《詩·韓奕篇》「魴鱮甫甫」，毛傳曰：「甫甫然大也。」《廣雅·釋訓》曰：「甫甫，衆也。」《周官·小宗伯》及《冢人職》鄭注竝曰〔一〕：「甫，始也。」然則輿爲衆，故爲大，亦爲始；猶甫爲始，故爲大，亦爲衆矣。此「權輿」訓「始」之本意也。因「權輿」二字適相連成文，故古人即以二字竝舉。《周書·文酌篇》：「一榦勝權輿。」《周月篇》：「是謂日月權輿。」《大戴記·誥志篇》：「孟春百草權輿。」竝本之《爾雅》耳。亦猶下文「林、烝，君也」，而《平都相蔣君碑》即曰：「於穆林烝。」「林烝」二字非相連爲義也。此可見《爾雅》一書雖經後人附益，而實傳之自古矣。

業，大也。

疏曰：「業者，版之大也。」

樾謹按：邢氏以大版爲説，未得其義。《廣雅·釋詁》：「業，始也。」《國語·齊語》「擇其

〔一〕 冢，原文作「冡」，今據《〈春在堂全書〉校勘記》改。

善者而業用之」，韋昭注曰：「業猶創也。」創亦始也。業之義爲始，故亦爲大，猶元之義爲大，故亦爲始矣。《爾雅》甫、業竝訓大，而甫之義即通乎始。《廣雅》昌、孟、業竝訓始，而昌與孟之義即通乎大。然則訓始、訓大，於義得通，《爾雅》《廣雅》正堪互證。

省，善也。

注曰：「省，未詳其義。」

樾謹按：省通作眚。《尚書・洪範篇》「王省惟歲」，《史記・宋微子世家》作「王眚惟歲」。《莊二十二年公羊傳》「肆大省」，《左》《穀》竝作「肆大眚」，是也。《釋名・釋天》曰：「眚，消也，如病者消瘦也。」以消釋眚，乃從雙聲取義，消從肖聲，河上公注《老子》曰：「肖，善也。」然則省之爲善，猶肖之爲善；而省之爲肖，猶眚之爲消矣。「省」字蓋從少得聲，省與少雖於古音非同部，而實一聲之轉。《説文・水部》：「消，少減也。」不徑訓減，而必曰「少減」者，兼以聲訓也。《禮記・喪服小記篇》：「多陳之而省納之。」《荀子・仲尼篇》：「省求多功。」竝以省、多對文，疑即讀省如少矣，故省與肖義得通也。

肇、基，謀也。

注曰：「肇，未詳。」疏曰：「肇者，《大雅・江漢》云：『肇敏戎公。』基者，君子作事謀始也。」

樾謹按：肇亦謀始之意，上文「肇、基」竝訓始，是其證也。《詩·生民篇》「后稷肇祀」，《禮記·表記篇》引作「后稷兆祀」，是肇、兆古字通。《文選·漢高祖功臣頌》「伐謀先兆，擠響于音」，李善注曰：「兆爲謀始，響爲音初也。」正得《爾雅》之義。郝氏懿行《義疏》引《釋言》「肇，敏也」，謂敏、謀古音相近，雖其説亦通，然經以「肇、基」連文，則以謀始之説爲塙矣。

耇、老，壽也。

注曰：「耇，猶耆也。」疏曰：「《方言》云：『燕岱北鄙謂耇爲梨。』郭彼注云：『梨，面色如凍梨也。』舍人曰：『耇，覯也。血氣精華覯竭，言色赤黑如狗矣。』孫炎曰：『耇，面如凍梨，色如浮垢，老人壽徵也。』」

樾謹按：凍梨之義，可以釋梨，不可以釋耇，故郭氏不用以説此經。至訓覯、訓垢，又取象於狗，皆以聲近之字展轉相訓，而義實未安，宜郭氏皆不之用也。《説文·老部》：「耇，從老省，句聲。」《句部》：「句，曲也。」故凡從句聲之字皆有曲義。《竹部》：「笱，曲竹捕魚笱也。」《羽部》：「翑，羽曲也。」《疒部》：「痀，曲脊也。」竝其證也。「耇老」之「耇」，蓋即「痀」之異文，老人之脊必曲，故以爲名。其變從老省者，以疾言則宜從疒，以壽言則宜從老也。《玉部》「玖」

篆下云「讀若『人句脊』之句」，然則「句脊」字本止作句，從疒、從老，皆其孳乳寖多者矣。

㤉，静也。

注曰：「㤉，未聞〔一〕。」

樾謹按：《説文・心部》：「㤉，癡貌。」《疒部》：「癡，不慧也。」其義與静絶遠。然「癡」字從疑，《詩・桑柔篇》「靡所止疑」，毛傳曰：「疑，定也。」不慧謂之癡，正由其性能定而不能動耳，是亦人之一病，故從疒作癡。然所謂癡貌者，非必其爲不慧之貌也。《儀禮・鄉飲酒禮》「賓西階上疑立」，鄭注曰：「疑，讀爲『仡然從乎趙盾』之『仡』，正立自定之貌。」然則㤉猶仡也，其字竝從气聲，義得相通。以其不善者而言，則爲癡貌；以其善者而言，則爲疑立之貌，美惡不嫌同辭。《大學篇》曰：「定而后能静。」正立自定，是爲静矣。學者但知㤉爲癡貌，而不知㤉通乎仡然之仡，癡通乎疑立之疑，故不得其解也。《説文・心部》又曰：「懝，騃也。」癡與懝蓋同字，以疾言則從疒，以心言則從心耳。懝之義爲騃，而《馬部》曰：「騃，馬行仡仡也。」仡仡者謂之懝，故仡然者謂之癡。明乎此，而《爾雅》之與《説文》固一貫矣。

〔一〕《爾雅注疏》《爾雅義疏》「聞」下均有「其義」二字。

順、劉，陳也。

注曰：「皆未詳。」

樾謹按：郝氏懿行《義疏》引洪頤煊《讀書叢録》説，謂《士冠禮》之「南順」即《特牲饋食禮》之「南陳」，其説甚塙。順之與陳，蓋以聲近而義通，陳從申聲，古文作陣，然則順之爲陳，猶坤之爲順矣。劉者，郝云與「擂」聲近。《説文》云：「擂，引也。」或從由作抽，訓引，故又訓陳，其説亦塙。此經以「劉繹」連文，劉繹猶抽繹也。《尚書・立政篇》：「克由繹之。」由即抽也，即此經之「劉繹」矣。下文「留，久也」，留與劉亦通，高誘注《淮南子・原道篇》曰：「劉讀『留連』之留。」是其證也。此文引、延與劉竝訓陳，下文引、延訓長，留訓久，長、久之義同矣。且陳亦有久義，《尚書・盤庚篇》：「失于政，陳于兹。」枚傳以「陳久」釋之。正義曰：「《釋詁》云：『塵〔一〕，久也。』古者塵、陳同。」以是言之，劉猶留也，陳猶塵也，觀下文留與塵同訓，則無疑乎劉之訓陳矣。

〔一〕塵，原文作「陳」，今據《尚書正義》改。

台、朕、賚、畀、卜、陽，予也。

注曰：「賚、卜、畀，皆賜與也。與猶予也，因通其名耳。《魯詩》云：『陽如之何。』今巴濮之人自呼阿陽。」

樾謹按：郭意以賚、卜、畀爲賜予之予，台、朕、陽爲予我之予，其實卜亦予我之予也。卜乃僕之叚字。《禮記・檀弓篇》「卜人師扶右」，鄭注曰：「卜當爲僕。」是其證也〔一〕。古人每自稱僕，故訓僕爲予矣。《詩・天保篇》：「君曰卜爾。」《楚茨篇》：「卜爾百福。」毛、鄭竝用此經爲説，誤也，辯見《毛詩》。至「陽」字，郭引《魯詩》及巴濮語證之，然其義未詳。今按：陽者，養之叚字，《説卦傳》「爲妾，爲羊」，朱震《漢上易傳》引鄭本羊作陽，注曰：「此陽謂爲養，无家女行賃炊爨，今時有之，賤於妾也。」是陽與養通。鄭因兑爲少女，故以女説之。然《宣十二年公羊傳》「廝役扈養」，何休注曰：「炊亨者曰養。」《漢書・兒寬傳》「嘗爲弟子都養」，師古注曰：「養，主給烹炊者也。」然則養之名通於男女，此經「卜、陽」竝言，卜即僕也，陽即養也，皆古人謙稱，自託于執卑賤之役也。

〔一〕是其，原文作「其是」，今據清經解續編本《群經平議》及《〈春在堂全書〉校勘記》乙正。

緝、熙，光也。

注曰：「《詩》曰：『學有緝熙于光明。』」

樾謹按：「緝熙」字，《詩》凡四見，然以字義言，緝無光義，疑湒之叚字也。《説文·水部》：「湒，䜿涌皃。」水涌則有光，故「洸」篆説解曰：「水涌光也。」「湒熙」連文，湒者，水之光；熙者，火之光矣。

黎，衆也。

樾謹按：黎之言麗也，《尚書·禹貢》「厥土青黎」，《史記·夏本紀》作「其土青驪」，是其例矣。黎又通作離，《禹貢》「導弱水至于合黎」，《水經·禹貢山水澤地篇》作「合離」。離亦麗也。《説文·鹿部》：「麗，旅行也。」故此經「黎」「旅」竝訓衆矣。

逐，病也。

注曰：「未詳。」

樾謹按：《詩·考槃篇》「碩人之軸」，箋云：「軸，病也。」正義引此經而曰：「軸與逐，蓋古今字異。」是逐又通作軸。然逐、軸竝非正字也。《詩·鼓鐘篇》「憂心且妯」，傳曰：「妯，動也。」《説文・心部》引作「怞」，疑逐、軸竝怞之叚字。怞爲心動，《漢書・田延年傳》「使我至今病悸」，師古曰：「悸，心動也。」是心動亦爲病也。《周易・頤》六四「其欲逐逐」，虞注曰：「逐逐，心煩皃。」以《易》義證《詩》義，而《雅》詁益明矣。

寫，憂也。

注曰：「寫，有憂者思散寫也。」疏曰：「《小雅・車舝》云：『我心寫兮。』」

樾謹按：以散寫爲憂，義不可通。如其説，則「我心寫兮」，爲「我心憂兮」，而於詩人之旨大悖矣。寫者，瀉之叚字。《方言》曰：「瀉，驚也。宋、衛、南楚凡相驚曰瀉。」驚與憂義相近，瀉爲驚，故即爲憂矣。《説文・犬部》：「南楚謂相驚曰瀉，讀若愬。」凡《説文》讀若之字，義皆得通。《周易・履》九四：「愬愬終吉。」《釋文》引《子夏傳》曰：「愬愬，恐懼皃。」即可以説此經矣。

祠、蒸、嘗、禴，祭也。

樾謹按：郝氏《義疏》曰：「四者皆時祭之名，詳見《釋天》。而此又單訓祭者，蓋不獨時祭有此名，而凡祭亦被斯名也。《小宗伯》云：『大烖及執事禱祠于上下神示。』《女祝》云：『凡内禱祠之事。』《大祝》云：『一曰祠。』鄭注皆不以爲春時祭名。《書・洛誥》云：『王在新邑烝。』

《大宗伯》疏引鄭注云：『是非時而特假祖廟，故文武各特牛也。』《月令》『大饗帝嘗』鄭注曰：『嘗者，謂嘗群神也。天子親嘗帝，使有司祭於群神。』然則鄭意亦以此嘗爲祭名，而不以爲時祭之嘗矣。惟禴未聞，郭以爲皆四時祭名，恐未然也。」今按：郝氏此論，甚得經意。春祭曰祠，夏祭曰礿，秋祭曰嘗，冬祭曰蒸，而四者又爲凡祭之通稱，亦猶春獵爲蒐，夏獵爲苗，秋獵爲獮，冬獵爲狩，而四者又爲凡獵之通稱也。不然，《車攻篇》既曰「駕言行狩」，又曰「之子于苗」，一時之事，何以狩、苗互見乎？《周易·萃》六二、《井》九二竝曰「孚乃利用禴」，干寶注竝曰：「非時而祭曰禴。」然則禴非時祭，古亦有徵，可以補郝說之闕。

載、謨、食、詐，爲也〔一〕。

注曰：「載者，言而不信。謨者，謨而不忠〔二〕。《書》曰：『朕不食言。』」

樾謹按：錢氏大昕謂古爲、僞同字，載、謨者，作爲之義；食、詐者，虛僞之義。而王氏引之又謂載、謨、食皆爲也，引《哀元年左傳》「不可食已」爲證。其義皆極塙，勝郭注遠矣。惟食

〔一〕爲，《爾雅注疏》《爾雅義疏》均作「僞」。
〔二〕謨，《爾雅注疏》《爾雅義疏》均作「謀」。

何以訓爲，義終未明。王氏引或説謂食當讀飭。今按：《周易·井》初六傳「井泥不食」，虞注曰：「食，用也。」《國策·衛策》：「始君之所行於世者，食高麗也。」《老子》：「我獨異於人而貴食母。」高誘、河上公注竝曰：「食，用也。」《荀子·富國篇》「仁人之用國」，楊倞注曰：「用，爲也。」是用與爲義得相通。食訓用，故訓爲，正古義矣，不必改讀作飭也。

行，言也。

注曰：「今江東通謂語爲行。」

樾謹按：《釋宫》曰：「行，道也。」是行與道義通。《周官》「訓方氏掌道四方之政事」，「擅人，道國之政事」，鄭注竝曰：「道猶言也。」行之訓言，猶道之訓言矣。《襄二十五年穀梁傳》：「莊公失言，淫于崔氏。」失言即失道也。然則「行，言也」，猶曰「行，道也」，與《釋宫》之文其義本通。郭引時諺爲證，尚非古義。

徽，止也。

注曰：「徽，未詳。」

樾謹按：《説文·水部》：「瀓，不流，濁也。」段氏注曰：「謂薉濁不流去也。」不流則有止義，徽即瀓之叚字。《禮記·大傳篇》「殊徽號」，鄭注曰：「徽，或作禕。」是其例也。上文「禕，美也」，猶云「徽，美也」。此文「徽，止也」，猶云「瀾，止也」。以聲求之，得其義矣。

衛，垂也。

注曰：「營衛在外垂也。」

樾謹按：《史記·五帝紀》「以師兵爲營衛。」正義曰：「爲營以自衛。」是「營衛」之衛，乃「保衛」之衛，郭引以證此經，於義未塙。衛者，圍之叚字。《禮記·孔子閒居篇》「帝命式于九圍」，鄭注曰：「九圍，九州之界也。」是圍與界義同。界訓垂，故圍亦訓垂矣。

嗟，咨𧪘也。

樾謹按：《釋文》曰：「𧪘，本或作䞣。」《字林》云：「𧪘、䞣，皆古嗟字。」是嗟之與𧪘，古今字耳。若以嗟釋嗟，義不可通。此經當以「嗟」字爲句，「咨𧪘也」三字爲句。咨𧪘即咨嗟，蓋以「咨嗟」釋「嗟」字，謂若《尚書》「王曰嗟」之類，皆是爲咨嗟之聲以發語端也。《詩序》「故嗟歎之」，《釋文》曰：「嗟，咨嗟也。」《漢書·賈誼傳》「嗟若先生」，師古注曰：「嗟，咨嗟也。」皆本《爾雅》文，是古讀固以「咨嗟」連文矣。《釋詁》《釋言》雖多以一字爲訓，而如「毗劉，暴樂也」「覭髳，茀離也」，則亦閒有二字者。此云「咨嗟」亦猶「暴樂」「茀離」之類耳。上文「肆、故，今也」，《詩·思齊篇》毛傳、《抑篇》鄭箋皆以「故今」連讀。宋王觀國《學林》謂非《爾雅》句法，失之不考矣。

於，代也。

注曰：「於，義未詳。」

樾謹按：「於」乃語詞也。《説文·口部》：「哉，言之閒也。」是古人用語詞本取相閒之義。上文「哉」與「之」「言」竝訓閒，邵氏晉涵《正義》曰：「《周頌·雝》云『假哉皇考』、《臣工》云『維暮之春』、《有客》云『薄言追之』，皆謂詞之閒也。」然則「於」亦詞之閒也，凡言於者，皆自此之彼之詞，故《爾雅》不與哉、之、言竝訓閒，而與閒竝訓代，義可互明矣。

艾，歷也。

注曰：「長者多更歷。」

樾謹按：「也」字衍文，古本與下文合爲一條，其文曰「艾、歷、厤、秝、算，數也」，故《詩·訪落篇》「朕未有艾」，鄭箋以艾爲數，即本此文。若如今本，則鄭何以不訓爲歷乎？歷、厤竝訓數，亦猶申、神竝訓重，任、壬竝訓佞。郭所據本於「歷」下衍一「也」字，因從而爲之説，殆非其舊矣。下文「艾、歷、覛、胥，相也」，亦以「艾、歷」二字冠首，與此正同。

神，治也。

注曰：「神，未詳。」

樾謹按：上文「申」「神」竝訓重，郝疏謂申與神同，然則此文神訓治，猶申訓治也。《説文·申部》：「申，神也。七月，陰氣成，體自申束。從臼，自持也。」「自申束」即有治義。《廣雅·釋詁》：「伸，理也。」伸與申通，理即治也。《爾雅》亂、神竝訓治，《廣雅》亂、伸竝訓理，其義同矣。下文又曰「神，愼也」，亦即申束之義。《釋詁》「神」字凡三見，惟首條訓重者申、神竝列，至下二條則有神無申，知神即申矣。郭氏不達叚借之旨，故多未詳也。

允、任、壬，佞也。

注曰：「《書》曰：『而難任人。』允信者，佞人似信。壬猶任也。」

樾謹按：「佞人似信」之説，義不可通。允者，㕣之叚字也。《説文·口部》：「㕣，山閒陷泥地。從口，從水敗皃。讀若『兖州』之兖。」按「兖州」之兖，古字止作沇，以沇水得名。㕣讀若沇，故通作允。訓允爲佞，即訓㕣爲佞也。㕣從口，從水敗皃，正與佞義合。以地言則爲陷，以人言則爲諂，其義又相通矣。《荀子·脩身篇》：「饒樂之事，則佞兑而不曲。」「兑」字疑即「㕣」字之誤。因「㕣」字罕見，淺人遂改爲「兑」矣。此經允、任、壬同訓佞，而義實不同，《爾雅》此例甚多。《説文・女部》：「佞，巧讇，高材也。」允之爲佞，乃巧讇之義；任、壬之爲佞，乃高材之義。任、壬文異義同。佞之言能也、勝也，古人自謙不佞，猶言不任矣。疏引孫炎云：「似可任之佞也。」蓋天下有真可任之人，亦有似可任之人。四岳舉鯀可用，此即鯀之似可任也；堯不以爲可，因四岳再舉而始用，此即堯之難任人也。難者，不輕用之意也。郝疏本郭氏「佞人似信」之説，謂任亦信也，更失之矣。

儴、仍，因也。

樾謹按：《尚書・皋陶謨篇》：「思曰贊贊襄哉。」《釋文》引馬融曰：「襄，因也。」《吕刑篇》：「奪攘矯虔。」《周官・司刑職》疏引鄭注曰：「有因而盜曰攘〔一〕。」蓋即從襄聲生義。儴之訓因，亦當以此。然襄之本義「解衣耕也」，殊無因義。上文「曩，久也」，久則有相因之義，《漢書・食貨志》「陳陳相因」，是也。曩訓久，故儴訓因，文異而義通。曩聲轉而爲乃，《漢書・曹參傳》曰：「乃者，我使諫君也。」師古曰：「乃者，猶言曩者。」古音乃與仍同，故上文曰「仍，乃也」，儴之與仍，猶曩之與乃，故其訓同矣。郝疏以爲攘之叚音，失之。

〔一〕 曰，原文作「而」，今據《周禮正義》《周禮注疏》及清經解續編本《群經平議》改。

珍，獻也。

注曰：「珍物宜獻。」

樾謹按：珍物雖宜獻，而獻物不可即謂之珍，注義非也。珍與眕通，《釋言》曰：「眕，致也。」即此經「珍」字。眕爲致，故珍爲獻，文異而義通。上文曰：「眕，告也。」告與致義亦相近，《禮記·少儀篇》曰：「致膳於君子。」又曰：「凡膳，告於君子。」告即致也，致、告竝即獻也。郭氏此注未免泥乎其形矣。

揚〔一〕，續也。

注曰：「揚，未詳。」

樾謹按：邵氏《正義》引《益稷篇》「皋陶拜手稽首颺言」〔二〕，《史記》作「揚言」爲證，已得之矣。揚言者，繼續其言，枚傳謂大言而疾，非也。惟揚何以爲續？邵亦未得其義。今按：揚者，昜之叚字。《說文·勿部》：「昜，一曰長也。」字亦作通暢。《詩·小戎篇》：「文茵暢轂。」

〔一〕揚，原文作「楊」，今據《爾雅注疏》及《〈春在堂全書〉校勘記》改。下同。

〔二〕手，原文作「子」；颺，原文作「颺」，今據清經解續編本《群經平議》及《〈春在堂全書〉校勘記》改。

毛傳曰：「暢轂，長轂也。」凡物續之則長，長與續義相近。《淮南子·人閒篇》「故交畫不暢」，《文選·神女賦》「不可盡暢」，高誘、李善注竝曰：「暢，申也。」揚之爲續，猶暢之爲申，皆由昜之爲長而引申之。申重與繼續，其義同矣。

祔、祪，祖也。

注曰：「祔，付也。付新死者於祖廟。祪，毀廟主。」

樾謹按：徐鍇《説文繫傳》引郭注曰：「祪，毀也。附新廟，毀舊廟也。」與今本不同，而其義更明。惟「祪，毀也」之上，當有「祔，附也」一句，徐氏因於「祪」篆下引之，故不及耳。郭意蓋以附釋祔、以毀釋祪，而申之曰「附新廟，毀舊廟也」，兩「廟」字即經文「祖」字。《説文·示部》：「祖，始廟也。」是祖之本義爲廟。《尚書·甘誓》曰：「用命賞于祖，弗用命戮于社。」《考工記·匠人》曰：「左祖右社。」竝以祖、社對言，祖社猶廟社也。鄭注《考工記》曰：「祖，宗廟。」得其本義矣。《文二年公羊傳》：「毀廟之主，陳于太祖。未毀廟之主，皆升，合食于太祖。」太祖即太廟也，毀廟言廟，太廟言祖，廟、祖一也，互言之耳。《詩·有瞽篇》序曰：「始作樂而合乎祖也。」「合乎祖」，即合乎廟也。《周書·嘗麥篇》：「乃嘗麥于太祖。」「于太祖」即于太廟也。《禮記·檀弓篇》：「君復於小寢、大寢，小祖、大祖。」「小祖、大祖」，即小廟、大廟也。

《荀子·成相篇》：「武王善之，封之于宋，立其祖。」「立其祖」，即立其廟也。凡此皆祖之本義。此經曰：「祔、祪，祖也。」祖之本義也。《釋親》曰：「祖，王父也。」祖之引申義也。本義爲引申義所奪，而此經之旨失矣。《説文》以祪、祔、祖三篆相次，正本此經之文。蓋有新附之廟，有已毁之廟，故必兼祔、祪而言，然後廟制乃備。吾鄉許氏宗彦《廟祧考》曰：「五廟者，一祖四親。服止五，廟亦止五。先王于親盡之祖，限于禮，不得不毁，而又不忍遽毁，故五廟外建二祧，使親盡者遷焉，行享嘗之禮〔一〕。由遷而毁，去事有漸，禮之正，仁之至。此周人宗廟之大法也。」詳見《鑑止水齋集》。其義至精。然則此經兼祔、祪言，即兼廟、祧言，廟、祧雖別，亦得通稱，故《王制》曰：「天子七廟。」蓋五廟二祧，并稱七廟也。祧得稱廟，故祪亦稱祖矣。郝氏《義疏》謂此文當以「祪祖」連讀，《玉篇》《廣韻》曰：「祪，毁廟之祖也。」祔必於毁祖者，祖親盡則廟毁，祔祭於此，以新死之主將入此廟，故祭而屬之也。此説殊不可通。古者孫祔於祖，但取昭穆相同，非必祔於毁廟之祖也。且如其説，祪祖者，毁廟之祖；而祔者，祔於毁廟之祖，安得即以「祪祖」釋「祔」乎？

〔一〕享，原文作「亨」，今據清經解續編本《群經平議》改。

即，尼也。

注曰：「即，猶今也。尼者，近也。」

樾謹按：《釋文》曰：「尼，本亦作昵。」是尼有親昵之意。即之言就也，相就即相親，故即訓尼矣。《僖二十四年左傳》「即聾從昧」，正義曰：「即是依就之義。」與此經「即，尼」之訓正合，謂與聾者相昵也。郭以「即今」説之，非是。

在，終也。

樾謹按：在當讀爲載。載從𢦏聲，在從才聲，亦或從𢦏聲。《州輔碑》：「𢦏貴不濡。」在作𢦏，是其證也，故在、載得通用。載之言成也，成與終義相近，載爲終，猶就爲終矣。上文載訓始，而此文訓終，正以亂爲治，以故爲今之例。《釋天》「唐虞曰載」，注曰：「取物終更始。」然則載之義，固通乎終始矣。

熲，充也。（《釋言》）

疏曰：「《説文》云：『熲，火光也。』」

樾謹按：《方言》：「攍，竟也。」《廣雅·釋詁》同。《小爾雅·廣詁》：「充，竟也。」攍訓竟，充亦訓竟，是擷、充同義矣。此經「頮」字即《方言》「擷」字，疑擷從頮，亦或從頮，古文又省手耳。邢氏依「頮」字本義爲説，失之。

劑、翦，齊也。

注曰：「南方人呼翦刀爲劑刀。」疏曰：「皆爲齊截也。」

樾謹按：劑、翦、齊，一聲之轉，其義皆通。然此經訓劑、翦爲齊，非訓齊爲劑、翦，則自當以「齊」字之義爲主，不當訓齊爲齊截，以求合於「劑、翦」二字也。劑者，《周官·小宰》「聽賣買以質劑」，司農云：「質劑，謂市中平賈，今時月平是也。」是質劑皆平也。《説文·齊部》：「齊，禾麥吐穗上平也。」齊爲平，劑亦爲平，故曰：「劑，齊也。」翦者，《説文·羽部》曰：「羽生也。」羽初生必整齊。《周官·司裘》疏引鄭康成《尚書》注曰：「毨，理也。毛更生整理。」然則翦之爲齊，猶毨之爲理矣。翦亦通作踐。《禮記·文王世子篇》：「不翦其類也。」《周官·甸師》注引作「不踐其類也」，是其證也。《伐柯篇》《伐木篇》竝曰：「籩豆有踐。」蓋謂其陳設之整齊，故毛傳曰：「踐，行列貌。」鄭箋曰：「踐，陳列貌。」正與《雅》訓合矣。

矜，苦也。

注曰：「可矜憐者亦辛苦。」

樾謹按：矜通作鰥。《禮記·王制篇》：「老而無妻者謂之矜。」是也。《釋詁》曰：「鰥，病也。」鰥訓病，故矜訓苦，《廣雅·釋詁》曰：「病，苦也。」是病與苦義通也。郭注失之迂矣。

誥、誓，謹也。

注曰：「皆所以約勤謹戒衆。」

樾謹按：注中「勤」字衍文也。郭意蓋以「約謹」解經文「謹」字。《韓子·十過篇》：「知伯曰：『吾與二主約謹矣。』」此「約謹」二字連文之證也。約謹猶約結也，謹與結一聲之轉，古亦通用。《桓三年穀梁傳》「謹言而退」，《公羊傳》作「結言而退」，是也。此經曰「誥、誓，謹也」，謂誥誓所以約結其衆也。《說文·言部》：「誓，約束也。」即本之《爾雅》矣。

黼、黻，彰也。

注曰：「黼文如斧，黻文如兩己相背。」

樾謹按：「黼文如斧」，其義易明；「黻文如兩己相背」，自來不得其說。然《尚書·益稷篇》枚傳、《桓二年》《昭二十五年左傳》杜注竝與郭同，則固先儒相承之舊說。兩己相背者，兩身相背也。《禮記·樂記篇》鄭注曰：「躬猶己也。」然則己與身同義矣。兩己猶兩人。《說文·北部》：「北，乖也。從二人相背。」北從二人相背，𠬤從兩己相背，其意相近，故《釋文》

曰：「𢿨，戾也。」戾與乖同也。人各有己，挾其己意而不相從，是爲兩己相背。古君臣之閒獻可替否，不爲苟同，故聖人特著此文。阮氏元謂是「兩弓相背」之誤，轉不如兩己之義精矣。

肇，敏也。

樾謹按：《釋詁》：「肇，始也。」肇爲始，故爲敏，始猶先也，敏猶速也。《呂氏春秋·辯土篇》「其生也必先」，高誘注曰：「先，猶速也。」肇之爲敏，猶先之爲速矣。《方言》：「佻，疾也。」佻與肇聲亦相近。《詩·生民篇》「后稷肇祀」，《禮記·表記》引作「后稷兆祀」，即其例矣。

茅，明也。

注曰：「《左傳》曰：『前茅慮無。』」疏曰：「舍人曰：『茅，昧之明也。』」

樾謹按：《左傳》：「前茅慮無。」杜注雖訓茅爲明，而又云：「或曰：時楚以茅爲旌識。」當以或説爲長，未足以證《雅》訓也。舍人以爲昧之明，疑讀茅爲霧，其説亦迂曲。今按：「茅，明也」與「蠲，明也」兩文相連，竝取明潔之義。《禮記·祭統篇》「明薦之而已矣」，《中庸篇》「齊明盛服」，鄭注竝曰：「明，猶潔也。」《周官·宫人職》「除其不蠲」，鄭注曰：「蠲，猶潔也。」然則蠲之訓明，猶訓潔矣。茅亦潔也。《詩·静女篇》鄭箋云：「茅，潔白之物也。」茅爲潔，故亦爲明，正與蠲同義。《郊特牲篇》曰：「縮酌用茅，明酌也。」即爲此經之塙證矣。

坎、律，銓也。

注曰：「《易·坎卦》主法。法律皆所以銓量輕重。」

樾謹按：《爾雅》釋字義不當以《易》義附會，郭注非也。坎當讀爲科。《孟子·離婁篇》「盈科而後進」，趙注以爲「盈，滿；科，坎」。《盡心篇》「不盈科不行」，注亦曰：「科，坎也。」蓋坎、科一聲之轉，其義相通。《説文·禾部》：「科，程也。從禾從斗。斗者，量也。」然則「科」字正有銓量之義。坎律猶科律也。《廣雅·釋水》曰：「科，坑也。」科即坎之叚字。此經曰「坎，銓也」，坎即科之叚字。王氏引之疑坎爲次之誤，亦未免不求之聲而求之形矣。

陪，朝也。

注曰：「陪位爲朝。」疏曰：「臣見君曰朝。朝之列位必陪重，是『陪位爲朝』也。」

樾謹按：陪者，部之叚字。凡偏旁從邑者隸變作阝，與從𨸏者相混，但有在左、在右之分，而古人又往往不拘。《敦煌長史武班碑》「領校秘郟」，郟即陜也。李翕《析里橋郙閣頌》，王氏念孫謂郙即《廣雅》「陠，衺也」之「陠」。然則部之爲陪，亦猶是矣。朝廷之位各有部署，《文選·西京賦》薛綜注曰：「署，位也。」部訓朝，猶署訓位矣。

康，苛也。

注曰：「謂苛刻。」疏曰：「苛名康者，以康安也。苛刻者心安之。《左傳》曰：『州吁阻兵而安忍。』其類也。」

樾謹按：「康苛」當作「抗荷」，皆同音叚借字也。《後漢書・班彪傳》「尊無與抗」，李善注曰：「抗讀曰康。」然則康亦可讀爲抗矣。《禮記・明堂位篇》「崇坫康圭」，鄭注曰：「康讀爲亢龍之亢。」即其例也。苛與荷古字通。《晏子春秋・諫上篇》：「執法之吏，竝荷百姓。」《漢街彈碑》：「吏無荷擾之煩。」彼「荷」字即是「苛」，知此「苛」字即是「荷」矣。《詩・玄鳥篇》：「百禄是何。」「何」即負荷之本字。《釋文》曰：「本亦作苛。」是古字通也。抗舉與負荷其義相近，故曰：「抗，荷也。」郭以本字讀之，訓爲苛刻，而邢疏乃以安忍之義曲爲之説，無論迂迴難通，且經傳「康」字無作「苛刻」解者，《爾雅》何以横發此訓乎？或謂經文本是「康苛」，若作「抗荷」，則兩字俱易，恐涉臆説。然下文「奘，駔也」，《釋文》引孫炎、樊光本作「將，且也」，「抗荷」之爲「康苛」，亦猶「將且」之作「奘駔」，同音叚借，不必泥其形矣。

展，適也。

注曰：「得自申展，皆適意。」

樾謹按：展之言展轉也，展轉則有相嬗之義，故訓爲適，乃「適齊」「適楚」之適，非「調適」之適也。下文云「逡，退也」，《一切經音義》九及《文選·東都賦》注竝引郭注曰：「逡巡，卻去也。」展轉之爲適，猶逡巡之爲退。重言之曰逡巡，單言之則止曰逡，逡猶逡巡也；重言之曰展轉，單言之則止曰展，展猶展轉也。《儀禮·鄉射禮》注曰：「少退，少逡遁也。」《聘禮》注曰：「三退，三逡遁也。」逡遁即逡巡，鄭君以退爲逡遁，即本《爾雅》之文。郭氏未達此例，而云「得自申展，皆適意」，則失之迂矣。

昆，後也。

注曰：「謂先後，方俗語。」

樾謹按：郝疏以昆爲翼之叚音，然周人謂兄曰翼，乃男子先生者之稱，安得訓後乎？《釋親》曰：「來孫之子爲晜孫。」注曰：「晜，後也。」然則昆之訓後，即晜孫之晜。《國語·晉語》曰：「使寡君之紹續昆裔。」韋注曰：「昆，後也。裔，末也。」《昭二十九年左傳》注曰：「玄孫之後爲裔。」是昆、裔竝以子孫言，昆之訓後，猶裔之訓末。《吴都賦》「虞魏之昆，顧陸之裔」，劉淵林注曰：「昆、裔，皆後世也。」得其義矣。《爾雅》「晜孫」字古本作「昆」，其説見後。

愓愓，愛也。（《釋訓》）

注曰：「《詩》云：『心焉愓愓。』《韓詩》以爲悦人，故曰愛也。」

樾謹按：《説文》愓訓敬，經典亦無訓愛者，郭引《韓詩》説，今不可詳。以聲義求之，愓愓即施施也，愓與施古音相近。《尚書·盤庚篇》「不愓予一人」，《白虎通·號篇》引作「不施予一人」，是其證也。《孟子·離婁篇》「施施從外來」，趙注曰：「施施，猶扁扁，喜悦之貌。」然則《韓詩》以愓愓爲悦人，猶趙注以施施爲喜悦貌，聲近而義通矣。

休休，儉也。

樾謹按：休休猶嘻嘻也。《僖元年公羊傳》何休注曰：「嘻，發痛語首之聲。」休與嘻一聲之轉，《廣雅·釋詁》：「休，喜也。」休之爲嘻，猶休之爲喜矣。《詩·蟋蟀篇》首章「瞿瞿」以目言，二章「蹶蹶」以足言，三章「休休」即嘻嘻，以聲言，竝不敢荒淫之意，故《爾雅》曰：「瞿瞿、休休，儉也。」毛傳以休休爲樂道之心，則不合《雅》訓矣，説詳《毛詩》。

佻佻、契契，愈遐急也。

注曰：「賦役不均，小國困竭，賢人憂歎，遠益急切。」

樾謹按：經文本作「佻佻、契契，遐愈急也」，故郭注以「遠益急切」釋之。遠釋遐字，益釋愈字，急切釋急字也。下文「宴宴、粲粲，尼居息也」，注曰：「盛飾宴安，近處優閒。」疏曰：「尼，近也。」然則此兩經正相對成義。「遐愈急也」，明遠者急切；「尼居息也」，明近者優閒。遐與尼爲對文。今誤作「愈遐急也」，則不特與郭注不合，而與下文亦不一律，且「遐急」二字文義不倫，非上文之「切直」「協服」、下文之「禍毒」「爽忒」二字同義者可比〔一〕，其爲傳寫之誤倒無疑矣。

男子先生爲兄，後生爲弟。男子謂女子先生爲姊，後生爲妹。（《釋親》）

樾謹按：男子先生爲兄，後生爲弟，則女子先生爲姊，後生爲妹，從可知矣。男子謂女子先生爲姊，後生爲妹，則女子謂男子先生爲兄，後生爲弟，從可知矣。兄弟姊妹，男女通稱，故經文亦互見之。

來孫之子爲晜孫。

阮氏《校勘記》曰：「《史記索隱・孟嘗君列傳》、《漢書・惠帝紀》師古注皆引《爾雅》『來孫

〔一〕 比，原文作「此」，今據清經解續編本《群經平議》改。

之子爲昆孫，昆孫之子爲仍孫』，是唐初本《爾雅》作『昆孫』，開成石經始誤爲『𡂟弟』字，猶『𡂟弟』字《釋文》及《後漢書》注亦誤作『昆』也。」

樾謹按：《說文・弟部》：「周人謂兄曰翼。」然經典相承皆作「昆弟」，不作「翼弟」，猶「昆蟲」字依《說文》當作「䖵」，而經典相承止作「昆蟲」，不作「䖵蟲」也。此篇自「父之𡂟弟」以下，「𡂟弟」字凡十六見，《釋文》曰：「本亦作昆，下同。」疑唐初《爾雅》凡「𡂟弟」字、「𡂟孫」字皆作「昆」，實古本也。故唐以前引《爾雅》者皆如此，不得謂「昆孫」是而「昆弟」非也。惟昆孫、昆弟字同而義異，昆弟之昆，翼之叚字也；昆孫之昆，疑當讀爲貫。《釋名・釋親屬》曰：「來孫之子曰昆孫。昆，貫也，恩情轉遠以禮貫連之耳。」此雖依聲取義，爲《釋名》一書之常例，而適得其本字。昆、貫一聲之轉。《說文・玉部》：「琨，或作瓘。」是其證也。《詩・皇矣篇》鄭箋曰：「串夷，即混夷。」然則昆之爲貫，猶混之爲串矣。上文「曾孫」注曰：「曾猶重也。」下文「仍孫」注曰：「仍亦重也。」貫有連貫之義，則亦重也。此與昆弟之昆其義本不相涉，開成石經於「昆弟」字俱改作「𡂟」，遂并「昆孫」字而亦改之，則失其指矣。夫昆者，同音叚借字也；𡂟者，俗字也。既不依《說文》作翼，而變其文作𡂟，直以「昆」字上半、「翼」字下半合成一字，豈古經所宜有乎？竊謂此篇「𡂟」字皆當改從作「昆」之本。「昆弟」字讀爲翼，「昆孫」字讀爲貫，則古字古義俱得矣。

妻之姊妹同出爲姨。

注曰：「同出，謂俱已嫁。《詩》曰：『邢侯之姨。』」

樾謹按：下文「女子同出，謂先生爲姒，後生爲娣」，注曰：「同出，謂俱嫁一夫。」然則此經言「同出」，亦當與下文同，而必異爲之説者，正以莊姜爲衛侯之妻，邢侯之姨，不得言俱嫁一夫耳。然《碩人篇》毛傳但曰「妻之姊妹曰姨」，而此經則有「同出」二字，自與毛傳不同。竊意姨者，本是妻之姊妹同出之稱，姨猶娣也，從夷、從弟古音相同。《周易·涣》六四「匪夷所思」，《釋文》曰：「夷，荀本作弟。」又《明夷》六二「夷于左股」，《釋文》曰：「夷，子夏本作睇，又作眱。」竝其例矣。與妻俱來者皆其姪娣，姪則但謂之姪，而娣則亦謂之姨，蓋聲近而義通。經兼姊妹言之，乃因妹而連言姊，古經自有此例。《禮記·喪服小記》曰：「生不及祖父母、諸父、昆弟，而父税喪，己則否。」正義引王云：「計己之生，不及此親之存，則不税。」夫己之生所不及者，何得言弟？蓋因昆而連言之耳，猶《雜記篇》「爲妻，父母在，不杖，不稽顙」，正義亦謂因父而連言母也，説詳《禮記》。此經「姊妹」猶彼經「昆弟」矣。《説文·女部》：「妻之女弟同出爲姨。」即本《爾雅》而改「姊妹」爲「女弟」，則其義更明，此許君之善於説經也。《莊十年左傳》：

「蔡哀侯娶於陳，息侯亦娶焉。息嬀將歸，過蔡，蔡侯曰：『吾姨也。』」此語即有輕之之意，蓋謂是本吾娣媵之屬耳，所以止而見之，而弗賓也。此「姨」字之本義，亦禮經之正名。自後相承，凡妻之姊妹通謂之姨，故詩人以莊姜爲邢侯之姨，此與《爾雅》之義有別。不然，毛公釋《詩》，何不即用《爾雅》全文，而必去其「同出」二字乎？《襄二十三年左傳》「穆姜之姨子也」，杜注：「穆姜，姨母之子。」正義曰：「據父言之謂之姨，據子言之當謂之從母〔一〕，但子效父言，亦呼謂姨。」《釋名·釋親屬》曰：「母之姊妹曰姨。」則又因妻之姊妹而推之于母之姊妹，其去古義更遠矣。

長婦謂稚婦爲娣婦，娣婦謂長婦爲姒婦。

樾謹按：《成十一年左傳》正義引此文而説之，以爲止言婦之長稚，不言夫之大小。《儀禮》賈疏曰：「假令弟妻年大，稱之曰姒；兄妻年小，稱之曰娣。」其説與孔氏同。邵氏《正義》曰：「孔氏所據者，《左傳》之稱弟妻爲姒耳。不知古之稱娣姒者，猶今人稱妯娌也。兄妻稱弟妻曰妯娌，弟妻稱兄妻亦曰妯娌。蓋晰言之，則兄妻爲姒，弟妻爲娣；合言之，則昆弟之妻統

〔一〕 子，原文作「母」，今據《春秋左傳正義》改。

稱爲娣姒；急言之，則但稱爲姒。孔氏謂娣姒不計夫之長幼，非也。」此二説當以邵説爲正，然苦未有塙證。今按：《墨子·明鬼篇》曰：「若然，則先死者非父則母，非兄而姒也。」以父母、兄姒對言，則姒爲兄妻明矣。下文云「長婦爲嫡婦，衆婦爲庶婦」，是長婦以夫之長幼言，經有明文，豈得曲爲之説乎？是故娣姒猶婚姻也。下文「壻之父爲姻，婦之父爲婚」，此晰而言之也。又曰「婦之父母、壻之父母相謂爲婚姻」，此合而言之也。《僖五年傳》：「江、黄、道、柏，皆弦姻也。」《襄二十三年傳》：「公有姻喪。」《昭九年傳》：「王有姻喪。」諸言姻者，豈必皆壻氏乎？《隱元年傳》「外姻至」，言姻不言婚，則當時已通稱姻矣。今世相沿，壻與婦家竝以姻稱，無以婚稱者，蓋方俗語言積漸而殊，雖三代之聖人亦不能執禮文而一一正之。然則《左傳》稱弟妻爲姒，亦猶是矣，未可據《左傳》以説《爾雅》也。嘗謂《爾雅》一書最古，自黄帝正名百物以來即當有之，特世有增益，不皆其舊耳。是故生曰父母，死曰考妣，《禮》有明文，而《爾雅》則以爲通稱。兄妻爲嫂，弟妻爲婦，通乎男女，而《爾雅》則專屬之女子。凡此之類，皆不當以後世之義繩之。

夫之兄爲兄公，夫之弟爲叔，夫之姊爲女公，夫之妹爲女妹。

樾謹按：此本作「夫之兄爲公，夫之弟爲叔，夫之姊爲女公，夫之妹爲女叔」，蓋兄弟姊妹一也。夫之兄爲公，故姊爲女公；夫之弟爲叔，故妹爲女叔。今作「女妹」者，字之誤也。《禮記·昏義》「和於室人」，鄭注曰：「室人爲女妐、女叔、諸婦也。」正義曰：「女妐，謂壻之姊也。女叔，謂壻之妹也。」此可證《爾雅》「女妹」爲「女叔」之誤。郝氏《義疏》〔一〕、阮氏《校勘記》均已具論之矣。惟「兄公」之「兄」爲衍文，則未有見及者。夫夫之兄婦不得謂之兄，猶夫之妹婦不得謂之妹也。是故夫之兄曰公，乃《禮》經之正名，郭注曰：「今俗呼兄鍾。」則方俗之殊語。《釋名·釋親屬》曰：「夫之兄曰公。公，君也。君，尊稱也。」此即本《爾雅》之文而釋其義。又曰：「俗閒曰兄章。章，灼也，章灼敬奉之也。」又曰：「兄伀，言是已所敬忌，見之怔忪，自肅齊也。」兄章、兄伀之稱，以俗閒別之，明非《雅》義矣。其下文又曰：「俗或謂舅曰章。」又曰：「伀亦如之也。」然則兄章、兄伀之稱，蓋起於此，因舅亦有此稱，故於夫兄之正稱，轉加兄字以別於舅也。《禮記·奔喪篇》注曰：「兄公，於弟之妻。」此蓋從漢世俗稱，非據《爾雅》文。正義曰：「《釋親》『婦人謂夫之兄爲兄公』。」則唐初已衍「兄」字矣。又引皇氏云：「婦人稱夫之兄爲公者，須公平，尊稱也。」此亦可證古本《爾雅》之無「兄」字。

〔一〕郝，原文作「邵」，今據《爾雅義疏》改。

群經平議卷三十五

爾雅二

東北隅謂之宧。（《釋宫》）

樾謹按：《説文·宀部》：「宧，養也。室之東北隅，食所居。」此蓋從「頤」字取義，其實非也。《士昏禮》：「媵布席于奥，夫入于室即席。」是古人飲食亦即在奥，故祭亦如之，乃以東北隅爲食所居，於禮無徵矣。今按：東北與西南兩隅相對，西南隅謂之奥，奥取其隱，則宧必取其明。《曲禮》正義引孫炎云：「宧，日側之明。」日側之義，雖從東北附會，而其訓宧爲明，實古義也。蓋東北隅與户相當，最爲明顯，故東北隅謂之宧，猶西北隅謂之屋漏。《詩·抑篇》正義引孫炎曰：「屋漏者，當室之白，日光所漏入。」然則宧也、屋漏也，皆以受户之光而言。光自户入，正當東北隅，而西北隅亦得受之。其西南隅與户絶遠，則爲奥矣。其東南隅雖與户近，而適爲户扉所掩，則爲窔矣。郭注曰：「窔亦隱闇。」是室中四隅之名，皆以明闇爲義，兩明兩闇，義適相當。《釋詁》曰：「熙，光也。」宧之與熙，蓋聲近而義通矣。

樞達，北方謂之落時。

注曰：「門持樞者，或達北檼以爲固也。」疏曰：「其持樞之木，或達北檼以爲牢固者，名落時。檼即棟也。」

樾謹按：樞者，門扉開闔之所由也，安得復有木以持之？且所謂達北方者，不知達於何地？郭以爲北檼，則專以室户言矣，且北檼之名，亦於古無徵。《釋名·釋宫室》曰：「棟，中也。居室之中也。」然則安得有北檼乎？今按：此當以「樞達」二字爲句，「北方謂之落時」乃釋方俗之殊語，與《釋獸篇》「秦人謂之小驢」其語一律。樞達者，受樞之達也。門扉所由開闔者謂之樞，而其上下設木鑿孔以受樞謂之達。達者，通也，穿也。《廣雅·釋詁》：「達，通也。」高誘注《淮南子·脩務篇》曰：「達，穿也。」是其義也。受樞之達其名曰戺，而北方則有落時之名，故曰「樞達，句。北方謂之落時。落時謂之戺」。郭失其讀，斯失其解矣。

垝謂之坫。

注曰：「在堂隅坫端也。」

檝謹按：《説文·土部》：「垝，毁垣也。」堂隅之坫，經傳從無垝名，疑坫乃阽之叚字。《説文·𨸏部》：「阽，壁危也。」垣毁、壁危，義正相近，故垝謂之阽矣。《釋文》曰：「垝，本又作庋。」則因「阽」字叚作坫，故改垝爲庋以合之，非《爾雅》之舊也。其下云「牆謂之墉」，可知此文亦以牆垣言矣。

九達謂之逵。

注曰：「四道交出，復有旁通。」疏曰：「按《左傳·隱十一年》云：『及大逵。』《桓十四年》：『焚渠門，入及大逵。』《莊二十八年》：『衆車入自純門，及逵市。』《宣十二年》：『入自皇門，至于逵路。』杜預皆以爲道竝九軌。按《周禮》：『經途九軌，不名曰逵。』杜意蓋以鄭之城内不應有九出之道，故以爲竝九軌，於此則不合也。」

檝謹按：《爾雅》之「逵」與《左傳》之「逵」同字異義。《爾雅》之「逵」乃九道交出之名，自一達至九達，義皆一律。《淮南子·説林篇》：「楊子見逵路而哭之，爲其可以南，可以北。」此《爾雅》義也。《左傳》之「逵」則爲道路之通稱。傳於魯國多言衢，於齊國多言莊，於鄭國多言逵，蓋方俗之殊語。左氏就其國史原文而載之，非魯之道必四達，齊之道必六達，鄭之道必九達也，各取大名以命之耳。執《爾雅》以説《左傳》，則疑城内不應有九出之道，而附會于《周禮》之「經涂九軌」，於是傳義失，而《雅》訓亦違矣。

室有東西厢曰廟。

樾謹按：古制：堂東西牆爲序，序以外爲夾室，夾室之前爲東堂、西堂，亦曰東厢、西厢。是厢繫堂，不繫室也，乃云「室有東西厢」，於義難通。疑「室」乃「堂」字之誤。《宣十六年公羊傳》疏引李巡曰：「室有東西厢，謂宗廟殿有東西小堂也。」按《説文・土部》：「堂，殿也。」是殿者，堂之訓。經文是「堂」字，故李巡以「殿」字釋之。若是「室」字，安得以爲「殿」乎？下文「無室曰榭」，《尚書・大誓》正義引孫炎曰：「榭，但有堂也。」《禮記・月令》正義引李巡曰：「但有大殿無室名曰榭。」以彼證此，可知李巡以「殿」字解「堂」字，其所據經文必作「堂」矣。《文選・潘安仁〈爲賈謐作贈陸機〉詩》注引舍人曰：「殿有東西小堂也。」與李巡同，是古本《爾雅》皆作「堂有東西厢」也。且合下文讀之，曰「堂有東西厢曰廟，無東西厢有室曰寢，無室曰榭」，是「堂」之一字冒下三句而言。均是堂也，其有東西厢者曰廟，其無東西厢而有室者曰寢，無室者曰榭。今「堂」字誤作「室」，則合下文讀之而不可通矣，所宜訂正也。

陜而脩曲曰樓。

樾謹按：邵、郝二疏竝引《説文》「樓，重屋也」爲證，此失其義也。古重屋之樓與今所謂樓者相似，皆於屋上爲屋，但古以取明，故其下無版；今以居人，故其下施版，此爲異耳。若陜而脩曲之樓與今所謂樓者絶異，蓋承上文「四方而高曰臺」言之，樓與臺同，皆是絫土而成，其四方者曰臺，其陜而脩曲者曰樓，非重屋也。《方言》曰：「冢〔一〕，自關而東謂之丘，小者謂之塿。」雖非此經「樓」字之義，然同是絫土爲之，較重屋之樓，其義稍近矣。

嫠婦之笱謂之罶。（《釋器》）

注曰：「《毛詩傳》曰：『罶，曲梁也。』謂以簿爲魚笱。」疏曰：「孫炎云：『罶，曲梁，其功易，故謂之寡婦之笱。』」

樾謹按：孫謂寡婦之笱，以功易得名，此説非也。《詩》云：「彼有遺秉，此有不斂穧〔二〕，伊寡婦之利。」所謂嫠婦之笱者，疑亦同此。蓋於水中設簿取魚，使寡婦得以取之而食其利，故有

〔一〕冢，原文作「冡」，今據《方言》及《〈春在堂全書〉校勘記》改。

〔二〕不斂穧，《毛詩正義》《毛詩注疏》均作「滯穗」。

是名。邵氏《正義》曰：「今南方排竹，水中疎節相維謂之魚簿。設門焉，隨潮爲啓閉。」引《淮南子·兵略篇》「發笱門」爲證。此說「笱」字之義極得。寡婦之笱殆是笱之小者，故異其名曰「罶」矣。

衱謂之裾。

注曰：「衣後裾也。」

樾謹按：此經「衣眥謂之襟，衱謂之裾」，「襟裾」連文，郭以裾爲衣後裾，則與襟迥別。而《玉篇·衣部》曰：「衱，裾也。裾，衣袌也。袌，衣前襟也。」襟即古「襟」字，然則襟、裾同物矣。戴氏震作《方言疏證》據此以訂郭注之誤。今按：郭注固未覈，然竟謂襟、裾同物而異名，則亦失之。蓋自衣領至腋下謂之襟，而自腋下直垂至末謂之裾，故襟惟前有之，而裾則前後皆有之。《玉篇》以裾爲袌，袌爲衣前襟，此指前裾而言也。《釋名·釋衣服》曰：「裾，倨也，倨倨然直，亦言在後常見踞也。」此指後裾而言也。各成一義，似皆未備，然云「倨倨然直」，則可知其與襟異矣。襟必斜掩至右，不得倨倨然直也。

䰝謂之鬵。鬵，鉹也。

樾謹按：古本當作「若䰝謂之鬵」，蓋與上連爲一條，皆釋鼎之異名也。《說文·鬲部》：

「鬵，大釜也。一曰鼎大上小下若甑曰鬵。」「大釜」之訓，釋「鬵」字之本義；「其鼎大上小下」之説，即本《爾雅》文，而又詳其形狀也。甑、䰝古字通。《釋文》曰：「䰝，本作甑。」許君所見本，蓋正作「甑」矣。其「鬵，鉹也」之文，亦以鼎言，蓋鼎之若甑者謂之鬵，而鬵又謂之鉹也，何以明之？《説文·金部》：「鉹，曲鉹也。一曰鬵鼎。」「曲鉹」之訓，釋「鉹」字之本義；「一曰鬵鼎」則亦本《爾雅》文。《爾雅》止言「鬵」，而許君增其文曰「鬵鼎」，正以此條是説鼎事也。然則古本《爾雅》作「若䰝謂之鬵」，固無疑矣。

百羽謂之緷。

樾謹按：緷通作揮，故鄭公孫揮，字子羽也。《地官·羽人》：「十摶爲縳〔一〕。」「縳」即「緷」字之誤，説詳《周禮》。

旄謂之藣。

注曰：「旄，牛尾也。」疏曰：「舞者所執也。」

樾謹按：《集韻》：「藣，班糜切，筍虡飾。」引《爾雅》曰：「髦謂之藣。」王氏引之據此訂邢

〔一〕縳，原文作「縛」，今據《周禮正義》及《〈春在堂全書〉校勘記》改。下同。

疏之誤，且引《周頌・有瞽篇》「設業設虡，崇牙樹羽」爲證，其説是也。惟未及「蘢」字之義。蘢者，擺之叚字。《釋名・釋喪制》曰：「披，擺也。各于一旁引擺之，備傾倚也。」據《有瞽篇》正義謂「置之於栒虡之上角」，則亦有在旁引擺之義，故謂之擺矣。「擺」字，《説文》所無，然已見《釋名》，則漢世固有「擺」字。《玉篇》謂擺與捭同，當即捭之或體也。《説文・草部》：「蘢，草也。」徐鍇引此文而説之曰：「蓋似此草也。」則未達叚借之例而臆爲之説矣。

革中絶謂之辨，革中辨謂之䪞。

注於上句曰：「中斷皮也。」下句曰：「復分半也。」

樾謹按：「革中絶謂之辨」，則革中辨即是革中絶耳，豈得分爲二義？若如注義，當云「辨中絶謂之䪞」，於義方明，不當仍云「革中辨也」。疑經文下「辨」字乃「辬」字之誤。《説文・糸部》：「辬，交也。」中絶、中辬兩文相對，中絶謂之辨，辨者，判也；中辬謂之䪞，䪞者，曲也。《廣雅・釋詁》曰：「䪞，曲也。」是其義也。相交則有曲義，故中辬謂之䪞矣。辬、辨形似，又涉上句「辨」字而誤耳。《説文》「䪞」篆説解即用《爾雅》文，而亦作「革中辨」，蓋後人依既誤之《爾雅》改之也。

大篪謂之沂。（《釋樂》）

樾謹按：沂，誤字也。《釋文》引孫炎曰：「篪聲悲，沂悲也。」《太平御覽》卷五百八十引舍人曰：「大篪，其聲悲沂鏘然也。」夫沂與悲義了不相涉，若果是「沂」字，則古人必不作是解矣。沂當作誓，《説文·言部》：「誓，悲聲也。」舍人注云「其聲悲誓」，孫炎注云：「誓，悲也」，皆與字義合。今作沂者，疑別本或假澌爲誓，其字闕壞，遂成沂矣。《釋名·釋樂器》曰：「篪，啼也。聲從孔出，如嬰兒啼聲也。」是篪之名義本取諸啼，故亦謂之誓，誓與啼義相近。下文「大塤謂之嘂」，《詩·何人斯篇》正義引孫炎曰：「音大如叫呼也。」然則「大篪謂之誓」「大塤謂之嘂」，皆象其聲而名之。《釋名》曰：「塤，喧也。聲濁喧喧然也。」誓與啼同，嘂與喧同，《爾雅》與《釋名》其義通矣。

大鼗謂之麻。

注曰：「麻者，音概而長也。」

樾謹按：麻與靡古字通。《吕氏春秋·任數篇》「西服壽靡」，高注曰：「靡，亦作麻。」是也。「大鼗謂之麻」者，言其聲靡靡然也。《詩·黍離篇》毛傳曰：「靡靡猶遲遲也。」故郭以爲聲概而長也。《説文·禾部》：「概，稠也。」《釋言篇》注曰：「粥之稠者曰糜。」然則聲稠謂之靡，猶粥稠謂之縻矣。

四時和謂之玉燭。（《釋天》）

樾謹按：此及下文「四時和爲通正」，「時」字竝「氣」字之誤，説見阮氏《校勘記》。此「四氣」即上文「春爲青陽，夏爲朱明，秋爲白藏，冬爲玄英」也。郭注於青陽等四名竝以氣言之，是其所據本固未誤。至下文「春爲發生，夏爲長嬴，秋爲收成，冬爲安寧」，則不以氣言，而以爲四時之别號，蓋郭所據本已作「四時和爲通正」矣。唐石經於此文作「四氣」，下文作「四時」，即依郭氏本也。今本皆作「四時」，又非郭氏之舊矣。惟經文兩言「四氣和」，其義不同，此文以光言，下文以風言，光也、風也，竝由氣而生也，故此曰「謂之玉燭」，下曰「謂之景風」。燭猶光也，《釋文》引李巡云：「君德美如玉而明若燭〔一〕。」此説失之。蓋玉燭與景風、醴泉一律，燭也、風也、泉也，實指其事；玉也、景也、醴也，爲之美名耳。古人之詞，凡所甚美者則以玉言之，《尚書》之玉食，《禮記》之玉女，《儀禮》之玉錦，皆是也。玉燭猶言玉光，謂光之至美者也。邢疏引《尸子》曰：「燭於玉燭，飲於醴泉，暢於永風。」然則玉燭固不得分而爲二矣。

〔一〕《爾雅注疏》「君」上有「人」字。

十一月爲辜，十二月爲涂。

樾謹按：辜之言故也，涂之言除也。一歲至此，將除去故舊而更新矣，是以十一月謂之故，十二月謂之除也。辜、故，涂、除，竝聲近而義通。《周官·哲蔟氏》注曰：「月謂從娵至荼〔一〕。」荼亦除之叚字耳。《詩·小明篇》：「日月方除。」毛傳以爲除陳生新，當即此「除」字之義。故「二月初吉，至于艽野」也。鄭箋曰：「四月爲余。」恐失之矣。四月爲余，乃「舒」之叚字，《釋文》曰「孫作舒」，是也。《詩》正義引李巡曰：「四月萬物皆生枝葉，故曰余。余，舒也。」其說亦與孫炎同，初非取除陳生新之義，不得混而一之。

焚輪謂之穨。

樾謹按：「焚」字，《釋文》作「棼」，曰：「棼，本或作焚。」蓋焚、棼古通用。《文十一年左傳》「獲僑如之弟焚如」，《史記·魯世家》作「棼如」，是也。棼輪與紛綸同。《文選·封禪文》：「紛綸威蕤。」張揖曰：「紛綸，亂貌。」

〔一〕荼，原文作「茶」，今據清經解續編本《群經平議》改。

暴雨謂之涷。

樾謹按：《説文·水部》：「涷，水。出發鳩山，入於河。從水東聲。」是涷爲水名，其本義也。此經以爲暴雨之名，其别義也。《廣韻·一送》：「涷，瀑雨。又水名。」一本《爾雅》，一本《説文》。至涷爲冰，涷初無暴雨之説。唐石經本作涷，張參《五經文字》隸「涷」字於水部，云見《爾雅》，知此字自當從水。阮氏《校勘記》謂《説文》有涷無涷，誤甚矣，故特訂正之。

夏獵爲苗。

注曰：「爲苗稼除害。」疏曰：「《周禮·大司馬職》鄭玄解苗田與此小異，言『擇取不孕任者，若治苗，去不秀實者』，孫炎亦然。明帝集諸學士作《白虎通義》，其説曰：『夏謂之苗何？擇去其懷任者也。秋謂之蒐何？蒐索肥者也。』按：苗非懷任之名，何云『擇去懷任』？秋獸盡皆不瘦，何云『蒐索取肥』？雖名《通義》，不通也。」

樾謹按：鄭、孫、郭三説皆從苗稼生義，於義難通，當以《白虎通義》爲正。邢氏以苗非懷任之名譏之，殆未喻其意也。彼以擇訓苗，非以懷任訓苗，猶以索訓蒐，非以肥訓蒐也，安得以此爲譏乎？今按：苗讀爲芼。《詩·關雎篇》「左右芼之」，毛傳曰：「芼，擇也。」夏田爲芼，蓋以擇取爲義，故班固以爲擇去其懷任者，乃古義也。鄭、孫擇取之説，猶存古義，而以經字作苗，遂以治苗附會之，則失之迂矣。郭知其不可通，别爲之説，而擇取之義遂不復存，此失之愈遠者也。苗與芼皆叚字，其本字當作「覒」。《説文·見部》：「覒，擇也。從見毛聲，讀若苗。」凡《説文》讀若之字，每即經典通用之字，如勼讀若鳩，而經典即通作鳩；篤讀若篤，而經典即通作篤；亼讀若集，而經典即通作集；叢讀若頌，而經典即通作頌，竝其例也。覒讀若苗，故即以苗爲之。不明乎此而望文生訓，難以論古矣。

錯革，鳥曰旟。

注曰：「此謂全剥鳥皮毛，置之竿頭，即《禮記》云載鴻及鳴鳶。」

樾謹按：如郭義，則當云「錯鳥革」，不當云「錯革鳥」，殆非經旨也。《詩·六月篇》正義引孫炎曰：「錯，置也。革，急也。畫急疾之鳥於縿也。」《鄭志·答張逸》亦云：「畫急疾之鳥隼。」是孫義本於鄭。然急疾之鳥謂之革鳥，於古無徵，雖本鄭義，未爲可據。《説文·㫃部》曰：「旟，錯革畫鳥其上。」然則許君讀此經以「錯革」二字逗之。「錯革，鳥曰旟」，謂置皮而畫鳥於皮上，是謂旟也。《文選·西京賦》薛綜注引《爾雅》曰：「熊虎爲旗。」今無此文，疑古本《爾雅》作「錯革，鳥曰旟，熊虎曰旗」，「錯革」二字總冒下事，蓋置皮而畫鳥爲旟，畫熊虎爲旗也。今本蓋有闕文，故其義晦矣。《六月篇》毛傳曰：「鳥章，錯革，鳥爲章也。」亦當以「錯革」

連文，謂錯革而以鳥爲章也。鄭誤以「革鳥」連文，非《雅》義，亦非傳義。

秦有楊陓。（《釋地》）

注曰：「今在扶風汧縣西。」疏曰：「《周禮》冀州云：『其澤藪曰陽陓。』鄭注云：『所在未聞。』又雍州云：『其澤藪曰弦蒲。』鄭注曰：『在汧。』按《地理志》汧吴山在西，古文以爲汧山。北有蒲谷鄉弦中谷，雍州藪。今注亦云『在汧』，然則《周禮》弦蒲，即此楊陓也。」

樾謹按：郭以《周禮》之「弦蒲」說此經之「陽陓」，殊苦無據。《淮南子·墬形篇》「秦之陽紆」，高誘注曰：「陽紆，蓋在馮翊池陽，一名具圃。」據下文「周有焦護」，注曰：「今扶風池陽縣瓠中是也。」然則高氏之說，殆即以焦護當陽紆，而又牽合《左傳》之具圃，亦非塙詁。至《吕氏春秋·有始覽》「秦之陽華」，高注曰：「陽華，在鳳翔，或曰在華陰西。」則又與注《淮南》不同。竊嘗合諸說論之，當以在華陰爲是。即經字亦當從《吕氏》作陽華，《周禮》之楊紆，《爾雅》之楊陓，並陽華之叚字。《釋文》曰：「陓，郭烏花反。」則陓與華音固相近矣。陽華與華陰，其實一地，皆從華山得名，主乎山而言之，則爲華山之陰，故縣名華陰；主乎地而言之，則華山當其陽，故藪名陽華。《漢書·地理志》「大原郡陽曲」，應劭曰：「河千里一曲，當其陽，故曰陽曲也。」陽華之名，正與陽曲一律矣。是故陽華在華陰，焦護在池陽，弦蒲在汧，三者異地異名。

至《職方氏》稱楊紆爲冀州藪，恐是誤文，亦猶以潁湛爲荆州浸，波溠爲豫州浸，同屬傳寫之誤。學者當據《爾雅》以正《周禮》，未可執《周禮》以疑《爾雅》，以致重惟而貽繆也。

如乘者，乘丘。（《釋丘》）

注曰：「形似車乘也。或云：乘者，謂稻田塍埒。」

樾謹按：此當以或説爲長。《玉篇·土部》：「塍，視陵切，隄也，埒也，畔也。」又曰：「埲，水埒，亦同上。」然則「乘丘」之乘，即「埲」字之省耳。知非車乘者，以下句云「如陼者，陼丘」，注曰：「水中小洲爲陼。」是則如乘、如堵，皆取象於地，猶下文「如畝，畝丘」、「如陵，陵丘」，亦皆取象於地也。若云「形似車乘」，則當與下文「如覆敦者，敦丘」相次，不得次於此矣。

方丘，胡丘。

注曰：「形四方。」

樾謹按：邵氏《正義》説以《淮南·墜形篇》之和丘，郝氏《義疏》説以《漢志》山陽郡之瑕丘，皆足備一説，然未若王氏引之以壺丘説之爲尤塙也。《文九年左傳》：「楚侵陳，克壺丘。」壺丘，蓋即以丘名邑。《昭二十五年公羊傳》注曰：「壺，禮器。腹方口圓曰壺，反之曰方壺。」是壺之制固有方者，故方丘謂之壺丘矣。《列子·湯問篇》有圓嶠、方壺之名，雖屬寓言，而所謂方壺者，或即從方丘之爲壺丘取義歟？經作「胡丘」者，胡、壺聲同。《吕氏春秋》有壺丘子林，而《漢書·古今人表》又作狐丘，狐、胡亦聲同。

畢，堂牆。

注曰：「今終南山道名畢，其邊若堂室之牆。」

樾謹按：如注義，則堂牆乃譬況之辭，當云「如堂牆者，畢」，於文方明，不得但云「畢，堂牆」也。堂者，山中道名。《詩·終南篇》「有紀有堂」，毛傳曰：「堂，畢道平如堂也。」蓋以其如堂而名之曰堂，亦猶「如畝，畝丘」「如陵，陵丘」之例。《山海經·大荒東經》有「大人之堂」，注曰：「大人之堂，亦山名，形狀如堂室耳。」是山固有以如堂得名者。《禮記·檀弓篇》注「堂形四方而高」，然則所謂如堂者，以其四方而高，非堂室之謂也。凡山形四方而高者曰堂，堂之兩邊復有厓岸曰牆，亦謂之畢，故曰「畢，堂牆」也。《爾雅》與毛傳義可互明，主乎畢而言之，則爲堂之牆；主乎堂而言之，則爲畢之道矣。鄭箋申之曰：「畢也堂也，亦高大之山所宜有也。畢，終南山之道名，邊如堂之牆然。」此義爲郭所本而實有誤。堂是道名，畢是道旁厓岸之名，非道名也。若云「堂，終南山之道名。畢，其邊牆」，則簡而明矣。

小山岌大山，峘。（《釋山》）

樾謹按：《説文·馬部》：「馺，馬行相及也。讀若《爾雅》『小山馺大山，峘』。」然則古本《爾雅》作「馺」，不作「岌」也。《説文》讀若之字，亦有即舉本字者，如《走部》「趬，讀若《春秋傳》輔趬」之類。陳氏壽祺《左海經辨》所舉凡十五事，馺讀若馺，即其一也。「小山馺大山，峘」與下文「大山宫小山，霍」「小山别大山，鮮」句法一律，郭解「大山宫小山」曰：「宫謂圍繞之。《禮記》曰：『君爲廬宫之』是也。」然則「小山馺大山」取馬行相及之義，亦猶「大山宫小山」取爲廬宫之之義，謂山之相及猶馬之相及，山之相圍繞猶宫之相圍繞也。若如今本作「岌」，於文爲不辭矣。《玉篇·山部》：「峘，大山也。」蓋由誤讀《爾雅》分「小山馺大山峘」爲二句，與酈道元《水經注》於「廬江水」下引《爾雅》「大山曰宫」，其誤正同。然「岌」下但曰「山高貌」，而不曰「小山也」，是其所見《爾雅》猶作「馺」也。不然，以峘爲大山，必以岌爲小山矣。是可知變馺爲岌，乃唐以後傳寫之誤，當據《説文》訂正。

多草木，岵。無草木，峐。

疏曰：「毛傳云：『山無草木曰岵。』『有草木曰屺。』與此不同者，當是傳寫誤也。」

樾謹按：毛傳與《爾雅》異，而《説文》曰：「岵，山有草木也。」「屺，山無草木也。」《釋名》

曰：「山有草木曰岵，無草木曰屺。」則皆與《爾雅》同。其孰是孰非，固未易論。然即多草木與有草木論之，則《爾雅》之義精矣。蓋天下之山，大抵皆有草木者也，其無草木者謂之峐，其多草木者謂之岵，皆因其有異於常，故特異其名。若如諸書以有無對舉，則天下之山非岵即峐矣，豈古人命名之意乎？然則即此一字，而《雅》訓之精具見，恐未可以毛傳疑《爾雅》也。

山上有水，埒。

注曰：「有渟泉。」

樾謹按：王氏引之《經義述聞》據《列子·湯問篇》注「山上水流曰埒」，謂郭注未允，其説是也。山上有水，即所謂瀑布。《文選·天台山賦》「瀑布飛流以界道」，李注曰：「界道，謂爲道疆界也。」是即名埒之義矣。

潬，沙出。（《釋水》）

注曰：「今河中呼水中沙堆爲潬。」

樾謹按：《説文》無「潬」字，疑即「灘」字也。據《説文》「灘」爲「灘」重文，其説解曰：「水濡而乾也。」竝無水中沙堆之説，蓋是别義，許所不收耳。《玉篇·水部》：「灘，水灘也。灘，同上。」此即《爾雅》「潬，沙出」之「潬」。《釋天篇》「在申曰涒灘」，李巡注曰：「灘，單盡也。」是灘、單聲近，故灘或爲潬矣。《釋名·釋言語》曰：「難，憚也。」灘之與潬，猶難之與憚也。今人習用「沙灘」字，不知其本於《爾雅》矣。

瀵，大出尾下。

注曰：「尾猶底也。」疏曰：「言其源深出底下者名瀵。」

樾謹按：凡泉莫不有底，何獨於瀵言之？且泉之有底乃其源也，非尾也，郭注義不可通。尾者，水之下流也。《水經·㶟水篇》注引諺曰：「高梁無上源，清泉無下尾。」是尾對源而言。「瀵，大出尾下」，言其出甚大，而其尾則歸於下也。《列子·湯問篇》壺領之山「有水湧出，名曰神瀵」，張湛注曰：「山頂之泉曰瀵。」泉在山頂，則其下注可知。《爾雅》蓋以尾之在下，見源之在上也，是故壺領之神瀵，正《爾雅》大出尾下之瀵。若《水經注》所稱瀵水出汾陰縣南四十里，平地開源，濆泉上湧，則是平地之水，但可謂之「大出」，而不可謂之「尾下」，雖沿瀵名，實與《雅》義微別。相習既久，但以濆湧者謂之瀵水，而不知其爲山頂之泉，則尾下之義不可解矣。

「濟有深涉，深則厲，淺則揭」。揭者，揭衣也。以衣涉水爲厲。繇膝以下爲揭，繇膝以上爲涉，繇帶以上爲厲。

樾謹按：涉者，厲、揭之總名。《詩》云：「濟有深涉。」「涉」字之中即包深厲、淺揭二義。

《爾雅》引《詩》而釋之曰：「揭者，揭衣也。以衣涉水爲厲。」則已分釋厲、揭二字。其下三句則又明涉義之兼乎揭、厲，所謂「深則厲，淺則揭」也，均是揭也。繇膝以下謂之揭，繇膝以上謂之涉，是揭淺於涉也。以此推之，均是厲也。繇帶以上謂之厲，繇帶以下謂之涉矣，是厲深於涉也。詩人所謂「深則厲，淺則揭」者，義正如此。《爾雅》不言繇帶以下爲涉者，帶以下即膝以上，「繇膝以上爲涉」，此一句固兼揭、厲言之矣。毛傳曰：「由膝以上爲涉。」「以衣涉水爲厲，謂由帶以上也。揭，褰衣也。」不引「由膝以下」之文，則於「深則厲，淺則揭」之旨不明，毛公之説《詩》固不逮《爾雅》矣。《説文》引《詩》作「深則砅」，其解云：「履石渡水也。」此是許君聊廣異聞，既違《雅》訓，且乖《詩》義。戴氏震作《毛鄭詩考正》從之，謬矣。王氏引之《經義述聞》謂「繇膝以下爲揭」六字，唐以前學者所增，抑何言之鹵莽歟？

瘣，懷羊。（《釋草》）

注曰：「未詳。」

樾謹按：萬希槐《困學紀聞集證》引《大戴記·勸學篇》「蘭氏之根，懷氏之包」，謂懷氏即懷羊也，此恐不然。《荀子·勸學篇》作「蘭槐之根」，是懷者，槐也。《釋木篇》曰：「懷，槐大葉而黑。」懷即櫰之叚字，非此所謂懷羊也。今按，《廣雅·釋草》：「褢，續斷也。」《名醫別録》

云：「續斷一名槐。」槐與瘣通，褢與懷通。然則《爾雅》之「瘣」殆即《廣雅》之「褢」乎？續斷有草、木二種，此入《釋草》，當謂草續斷矣。

熒，委萎。

樾謹按：《釋文》：「委作荽。」阮氏《校勘記》謂委、萎一字，唐石經今本作委，非，當從陸本作荽。其説是也。惟荽、萎二字似乎倒置，經文當本作「熒，萎荽」，萎荽即萎蕤也。《玉篇·草部》：「蘂，萎蕤也。」即本《爾雅》文。蘂與熒同，蕤與荽同。《明堂位篇》「夏后氏之綏」，鄭注曰：「綏讀如『冠蕤』之蕤。」然則荽之通作蕤，猶綏之通作蕤矣。

其葉蕸。

樾謹按：《釋文》云：「蕸，字又作葭。衆家竝無此句，惟郭有。」然芙渠惟葉爲最大，古人命名，雖蓮中之的，的中之薏，猶一一爲之名，何獨於葉而遺之乎？是無此句者，非也。惟「蕸」字《説文》所無，葭則葦之未秀者，非芙渠葉也。疑上句「其莖茄」，或作「其莖葭」，蓋以葭爲茄，乃同音叚借，亦猶《中庸》引《詩》「假樂」作「嘉樂」也。此句古本當作「其葉荷」，《説文》曰：「荷，芙渠葉。」即本《爾雅》文，可證也。荷者，芙渠葉之定名。種芙蕖者，其始彌望，止見有葉而已，因以葉之名名之，故荷即爲大名。上文曰「荷，芙渠」，此文曰「其葉荷」，不嫌同名也。學者疑荷是大名，不應葉專其名，或徑删此句，或移上句「茄」字異文作「葭」者以當之，或又變其字作「蕸」以别於「蒹葭」字，胥失之矣。

莙，牛藻。

注曰：「似藻，葉大，江東呼爲馬藻。」

樾謹按：《説文·艸部》：「藻，水艸也。或作藻。」莙，牛藻也，是莙者，藻之别種。《齊民要術》引《詩義疏》曰：「藻，水草也。生水底。有二種，其一種葉如雞蘇，莖大如箸，可長四五尺；一種莖大如釵股，葉如蓬，謂之聚藻。」郝氏《義疏》云：「陸説二藻之狀，其言葉如雞蘇，即今之大葉藻，所謂馬藻也。言葉如蓬，所謂牛藻也。此注以牛藻爲馬藻，蓋誤。」今按：郝説非也。牛藻者，馬藻之異名。凡草之以馬名者，皆以大而名之。上文「苹，馬帚」，郝云「馬之言大也」，然牛馬同類之物，義得通稱。上文「茭，牛蘄」，注云：「今馬蘄。」然則牛藻之即馬藻，猶牛蘄之即馬蘄矣。又《釋木篇》「終，牛棘」，注云：「即馬棘也。」亦與此同。必分牛藻、馬藻而二之，以郭注爲誤，殆不然矣。

蘜，治蘠。

注曰：「今之秋華菊。」

樾謹按：《説文繫傳·草部》：「蘜，日精也，以秋華。臣鍇按，《本草》蘜即九月黄華者也。」又曰：「蘜，治牆也。臣鍇按，《本草》菊有十名，不言治牆。」小徐之意，蓋以郭注爲誤，郝氏《義疏》從之，然所據者小徐本也。大徐本則云「蘜，日精也，似秋華」。夫曰「似秋華」，則非真秋華矣。《玉篇·草部》：「蘜，居六切。《説文》云：『日精也，似秋華。』蘜，居六切。治牆也，《爾雅》注云：『今之秋華菊。』」疑郭璞、顧野王所見《説文》皆與大徐本同，故竝以治牆之蘜爲秋華菊。此二字音同形似，殆難辨别。然秋華菊見於《月令》，載於《本草》，《爾雅》何容不列其名？若以治牆爲非，則菊之名竟不登於《爾雅》，而所謂治牆者又不能塙指爲何物。邢疏引《本草》陶注云：「菊有兩種，一種莖紫、氣香而味甘，葉可作羹而食者，爲真；一種莖青而作蒿艾，氣味苦，不堪食者，名苦薏，非真也。」郝氏遂疑《爾雅》治牆即指此種而言，然則《爾雅》何以舍其真者，録其非真者乎？且以字論之，日精之蘜，據《玉篇》作蘜，是今本《説文》作蘜者誤，非許氏原文也。至治牆之蘜，則從艸從鞠，而今俗書秋華菊，皆借用「大菊蘧麥」之「菊」，以蘜從鞠聲，菊從匊聲，兩聲本同故也。然則小徐本未必是，大徐本未必非。「蘜」篆下「以秋華」當從《玉篇》作「似秋華」。秋華者，菊之異名，疑漢晉人有此稱，故郭注亦云「秋華菊」矣。似秋華即似菊，陶注所謂一種非真者，當即謂此。《説文》乃字書，故蘜、蘜竝列，《爾雅·釋草》則録其真者，而其似者從略，故有「蘜」無「蓻」也。《夏小正》「九月榮鞠」，《禮記·月令》「鞠有黃華」，竝「蘜」字之省，而非「蓻」字之省，益可知郭注之不誤矣。

中馗，菌。小者菌。

注於上句曰：「地蕈也，似蓋，今江東名爲土菌，亦曰馗廚，可啖之。」又注下句曰：「大小異名。」

樾謹按：中馗謂之菌，小者又謂之菌，則何以見大小之異名乎？以《釋蟲篇》「蚍蜉，大螘。小者螘」例之，則當云「中馗，大菌。小者菌」。以《釋魚篇》「蜎蠌，小者蟧。蜃，小者珧」例之，則當云「中馗，小者菌」，不當云「中馗，菌。小者菌」也。據《說文·草部》：「菌，地蕈也。」疑古本《爾雅》作「中馗，地蕈。小者菌」，故《說文》即以「地蕈」釋「菌」，蓋對文則地蕈與菌大小異名，散文則亦可通也。今注中「地蕈」字，蓋本在正文，傳寫誤入注文，而又增「也」字以足句。學者遂據注中「土菌」之文臆增「菌」字〔一〕，而大小異名者轉若大小同名，義不可通矣。

〔一〕遂據，原文作「據遂」，今據清經解續編本《群經平議》及《〈春在堂全書〉校勘記》乙正。

薇，垂水。

注曰：「生於水邊。」

樾謹按：上句云「虋，從水生」，此云「薇，垂水」，蓋别虋與薇之異，見一生水中，一生水邊也。陳藏器《本草》云：「薇生水旁，葉似萍。」此可證薇是水邊之草。至《詩·草蟲篇》正義引陸璣疏云：「山菜也。」則因《詩》言「山有蕨薇」，《伯夷傳》又言「登彼西山兮，采其薇矣」，故以薇爲山菜而實非此經所謂垂水之薇也。《釋文》引顧云：「水濱生，故曰垂水。」此説非是。「垂水」與上句「從水生」一律。若以垂水爲薇之名，豈從水生爲虋之名乎？郝氏《義疏》引或説曰：「薇名垂水，非生水濱。」以附合陸璣「山菜」之説，則更失之矣。

拔，蘢葛。

注曰：「似葛，蔓生，有節。江東呼爲龍尾，亦謂之虎葛。」

樾謹按：正文「蘢」字，古本蓋止作「龍」，以其蔓生若龍尾然，故謂之龍葛。而又有虎葛之名，龍葛、虎葛，命名雖異，取義一也。因是草名，遂加草作蘢，非其舊矣。亦猶本篇「莵荄」「莵奚」「莵瓜」「莵葵」，諸「莵」字，古止作「兔」。《説文》「黄，兔瓜也」「莃，兔葵也」，即用《爾雅》文，可證其不從草也。上文「紅，蘢古」，據《詩·隰有游龍篇》傳曰：「龍，紅草也。」則其字亦止作

「龍」。惟「龍，天蘥」之「龍」與《説文》合，當從草耳。

蘦，大苦。

注曰：「今甘草也。蔓延生，葉似荷，青黄，莖赤有節，節有枝相當。或云：蘦似地黄。」

樾謹按：甘草而名大苦，名與實乖，莫此爲甚，義殊可疑。其引或説謂似地黄，據蘇頌《圖經》，地黄葉似車前，葉上有皺文而不光，花似油蔴花而紅紫色，與郭所説甘草形狀全不相似，然則所引或説是别一義，不知所謂似地黄者究何物也。沈括《筆談》云：「郭注乃黄藥也，其味極苦，故謂之大苦，非甘草也。」此不知其何以知之，疑其所見郭注與今本異。而王氏念孫《廣雅疏證》非之，且謂苦與苄通，大苦即大苄，乃「苄」字之叚借，非以其味之苦也。此恐不然。經典固有叚字，而《説文》一書解説字義，必當各從本字，其曰：「苷，甘草也。」「苄，地黄也。」「蘦，大苦也。」「苦，大苦苓也。」然則大苦與苄明分爲二，豈得即以地黄當之？沈括之説，或未可非乎？

樓，落。柚，條。（《釋木》）

注於上句曰：「可以爲桮器素。」於下句曰：「似橙，實酢。生江南。」

樾謹按：樓、落；柚、條，竝疊韻字。《詩·大東篇》「無侵穫薪」，傳曰：「穫，艾也。」箋云：「穫，落，木名也。」《釋文》曰：「穫，鄭木名；字則宜從木。」是毛、鄭不但義異，字亦不同。毛公蓋以《爾雅》所云「檴，落」者，檴即穫也。落有二義：草零木落之落，就其自落者言也；落實取財之落，以人落之而言也。《爾雅》訓落，毛傳訓艾，其義通矣。「穫，落」「柚，條」兩文一律，竝非木名。柚者，「甹」之叚借字。《説文·马部》：「甹，木生條也。」引《商書》「顛木之有甹枿」，「古文言由枿」。柚之訓條，即木生條之本義矣。《禹貢》：「厥草惟繇，厥木惟條。」繇亦甹之叚借，草木得通稱也。甹，古文作由，故通作柚，又通作繇。《中山經》曰：「荆山有橘、櫾。」是「橘柚」字古亦作櫾。然則《禹貢》繇、條，此經作「柚，條」，亦猶「橘、柚」之爲「橘、櫾」矣。木之落者謂之檴，木之生條者謂之柚，故曰「檴，落。柚，條」。學者見前後文皆釋木名，亦以木名説之，不知上文「髡，梱」在「柏，椈」「椵，柂」二者之閒。陳氏壽祺以《説文》梡、梱説之，則亦非木名也，是即其例矣。《説文》：「柚，條也，似橙而酢。」又曰：「條，小枝也。」夫條爲小枝，何以爲似橙而酢之木果？然則「柚」篆説解義不可通。或「條也」二字後人據《爾雅》增入，非許書之舊乎？

楔，荆桃。

注曰：「今櫻桃。」

樾謹按：「楔，荆桃；旄，冬桃；榹桃，山桃」，蓋别桃之異種，猶下文「休，無實李」三句，别李之異種，「棗，壺棗」十一句，别棗之異種也。櫻桃雖有桃名，實非桃類，何得以冠桃類之首？且偏考經傳無稱櫻桃爲荆桃者。竊疑桃有荆桃，猶棗有齊棗，乃桃之别種，非櫻桃也。《文選・南都賦》「樫松楔樓」，李善注引《爾雅》：「楔，荆桃。郭璞曰：『櫻桃也。』」而《蜀都賦》「樓枒楔樅」，劉逵注曰：「楔，似松，有刺也。」則不謂櫻桃矣。或《爾雅》舊注固不盡如郭義乎？《玉篇・木部》：「櫻，於耕切，含桃。《上林賦》云：『櫻桃也。』」「梒，胡諳切，今謂之櫻桃也。亦作含。」「楔，革鎋切，荆桃也。」初無今謂櫻桃之説，然則郭璞之説，顧野王所不用也。

大而皵，楸；小而皵，榎。

注曰：「老乃皮麤皵者爲楸，小而皮麤皵者爲榎。」

樾謹按：注以大爲老，則以小爲少矣。疏引樊光説同。《釋文》引孫炎亦云「老乃皮麆皵爲楸」，是固《爾雅》家相傳之舊説。然上文曰「楸，小葉曰榎」，以葉之大小别楸、榎也〔一〕。此云

〔一〕榎，原文作「檟」，今據《爾雅注疏》改。下兩「榎」字亦同。

「大而皵，楸；小而皵，榎」，以枝榦之大小别楸、榎也。兩「小」字不當異義。《釋鳥篇》「鳥少美長醜爲鸜鷅」，彼言少長，不言大小，知大小非少長矣。《楚辭·哀郢篇》「望長楸而大息兮」，王逸注曰：「長楸，大梓。」是可證楸爲大樹也。

唐棣，栘。常棣，棣。

樾謹按：《詩·何彼襛矣篇》傳：「唐棣，栘也。」《采薇篇》傳：「常棣，棣也。」均與《爾雅》合。《晨風篇》傳：「棣，唐棣也。」則與《爾雅》異矣，此必有一誤。而《兼明書》引孔氏《論語解》曰：「唐棣，棣也。」亦與《晨風》傳同。《藝文類聚》八十九引《三家詩》曰：「夫栘之華，萼不煒煒。」是《毛詩》作「常棣」，《三家詩》作「夫移」，然則常棣是栘，明矣。《常棣篇》傳：「常棣，棣也。」《釋文》曰：「本或作『棠棣，栘』，非。」竊疑作栘者，毛傳之原文；作棣者，後人據《爾雅》改之。《何彼襛矣篇》《采薇篇》竝可類推。陸德明以《爾雅》訂毛傳，故以不非者爲非。其實《爾雅》之文本作「唐棣，棣；常棣，栘」，今本傳寫互易，非其舊也。《説文·木部》：「栘，棠棣也。」《文選·謝宣遠〈於安城答靈運〉詩》注引《毛詩》曰：「棠棣之華，萼不韡韡。」是棠棣即常棣也。《甘泉賦》注引《爾雅》正作「棠棣，栘」也，可證今本「唐棣，栘」之誤。《玉篇·木部》：「榶，徒郎切，棣也。」榶，即「唐棣」之唐。又曰：「栘，余支、成兮二切，棠棣也。」可證梁時《爾雅》猶作「唐棣，棣；棠棣，栘」，與許君所見同。乃又曰：「棣，徒計切。《詩》曰：『唐棣之華。』唐棣，栘也。」則與「栘，棠棣也」之説自相違錯，此必後人所改，非顧氏之原文矣。

蠸輿父，守瓜。（《釋蟲》）

注曰：「今瓜中黄甲小蟲，喜食瓜葉，故曰守瓜。」疏曰：「蠸輿父，一名守瓜。」

樾謹按：錢氏大昕《潛研堂集》據《莊子·至樂篇》「瞀芮生乎腐蠸」，謂「此蟲名蠸，又名輿父」，其説非也。依郭注自以「蠸輿父」連文。蠸輿猶權輿也。《釋詁》曰：「權輿，始也。」故凡物之初生者爲權輿，《釋草篇》「其萌蘿蕍」，是也。物之小者亦爲權輿，此篇「蠸輿父」，是也。《莊子》止謂之蠸者，省文耳。《鹽鐵論·散不足篇》：「諸生獨不見季夏之蟓乎？」郝氏《義疏》引以説此篇之蟓蠸，是亦從省止稱一字也。《説文·虫部》：「蠸，蟲也。」《玉篇》：「蠸，食瓜蟲。」相沿既久，而「蠸輿父」之名止見於《爾雅》矣。然司馬彪注言一名守瓜，竝無一名輿父之説，亦可證郭注、邢疏之不誤也。

蒺蔾，蝍蛆。

注曰：「似蝗而大腹，長角，能食蛇腦。」疏曰：「《廣雅》云：『蝍蛆，蜈蚣也。』郭云：『似蝗而大腹，長角，能食蛇腦。』則非蜈蚣也。」

樾謹按：如郭氏之注，誠非蜈蚣矣。然所謂蝍蛆者，究莫能塙指爲何物。竊疑此與下文「蛝，馬蝬」實一物也。《廣雅·釋蟲》曰：「蛆蟝、馬蠽，馬蚿也。」又曰：「馬蝬，蠽蛆也。」馬蝬即馬蠽之異名。蠽蛆與蛆蟝乃一聲之轉，此云蝍蛆，即蠽蛆也。蠽從截聲，蝍從即聲，兩聲相近。《司隸校尉楊孟文頌》「未秋截霜」，言未秋即霜也，是其例矣。《御覽》引吴普《本草》云：「馬蚿，一名馬軸，又謂之馬陸。」《本草》云：「馬陸，一名百足，今南方人稱蜈蚣爲百脚。」然則古人混蝍蛆、蜈蚣而爲一，正以此二蟲竝多足耳。陶注《本草》「馬陸」云：「此蟲足甚多，寸寸斷便寸行。」又引李當之云：「蟲形，長五六寸，狀如大蛩。」蛩即蟋蟀，下文云「蟋蟀，蛬」，蛬與蛩通。然則高誘注《淮南子·説林篇》以蝍蛆爲蟋蟀，亦以二蟲相似故耳。《爾雅》既云「蒺藜，蝍蛆」，又云「蛝，馬蝬」，一物異名而前後兩見，亦猶「蟼，天螻」與「蝚，蛖螻」。「不過，蟷蠰」與「莫貈，蟷蜋」雖異名而實同物也。《廣雅》一書踵《爾雅》而作，而「馬蚿」與「蠽蛆」分爲兩條，疑即本乎此矣。

翥醜罅。

注曰：「剖母背而生。」疏曰：「翥，飛也。醜，類也。蟲類能飛翥者謂蟬屬，皆剖拆母背以爲孔罅而生。」

樾謹按：下文「螽醜奮，强醜捋，蠭醜螸，蠅醜扇」，上一字皆蟲名，下一字皆蟲之形狀也。獨此文蝨訓飛，則非蟲名；螸訓剖母背而生，則非蟲之形狀，與下文不類矣。且蠭醜、蠅醜，孰是不能飛者，何獨於此別之爲「蝨醜」乎？注、疏舊説，疑不可從。《廣韻·九御》引《爾雅》蝨作蠹，云「蟲名」，其説是也。「蠹醜螸」者，謂凡蠹之類，喜居螸隙中也。蠹疑即蟅之異文，蟅之爲蠹，猶甘蔗之蔗或作睹也。《周官·赤犮氏》「凡隙屋，除其貍蟲」，鄭注曰：「貍蟲，䗪肌求之屬。」是即可爲「蠹醜螸」之證。

鮂，黑鰦。（《釋魚》）

注曰：「即白鯈魚，江東呼爲鮂。」

樾謹按：白鯈即白鰷。羅願《爾雅翼》云：「其形纖細而白，故曰白鰷。」夫以纖細而白者謂之黑鰦，名與實乖矣，疑鮂魚非白鰷也。《玉篇·魚部》：「鮂，似由切，魚也。或作鮋。」「鮋，直留、市由二切，魚名。」「鰦，子夷切，黑鰦也。」竝無「即白鰷」之説。其「鯈」字注云：「徒堯切，白鯈魚也，似雞赤尾，六足四目。又直流切。」按，白鯈之魚，人所習見，安得有六足四目之怪狀？其文必傳寫有誤。「又直流切」四字當在「似雞赤尾」之上，蓋「鯈，徒堯切，白鯈魚也」，乃其本義，「徒堯切」，即讀如鰷矣。「又直流切，似雞赤尾，六足四目」，則正《爾雅》所謂「鮂，黑鰦」者，「直流切」，即讀如鮰，與「鮰，或作鮋」，音直留切，正同一音也。此乃魚之異者，初非白鯈。《爾雅》本作鮰，不作鯈，而説《爾雅》者誤以鯈當鮰，故《玉篇》即於「鯈」字下載之。然别之爲直流切，則固未嘗混而一之也。《山海經・北山篇》：「彭水，鯈魚，其狀如雞而赤毛，三尾、六足、四首，其音如鵲。」與《玉篇》所説略同，而字亦作「鯈」，蓋鮰、鯈二字古音本同，無嫌通用。但據黑鰦之名，必非白鯈之屬。白鯈謂之鯈，而鮰亦謂之鯈，鳥獸蟲魚固多異物而同名者。魵謂之鰕，鯢大者亦謂之鰕；似鮎之魚謂之鯢，雌鯨亦謂之鯢；鱣謂之鯉，鯪魚亦謂之鯉，皆其例矣。顧野王斤斤於徒堯、直流之異音，此未免爲後世之見。然即其音之異，以知其義之殊，有功於《雅》訓不淺也。

蚼蚅。

注曰：「未詳。」

樾謹按：此即《釋蟲篇》之「蝝，蝮蚼」也，郭彼注曰：「蝗子，未有翅者。」蝗是蟲類，故入《釋蟲》，而蝗本魚子所化，故又入《釋魚》也。凡魚生子，多在岸旁淺水處，或水涸，其子即變爲蝗，《爾雅》「蚼蚅」即謂此矣。「蝝，蝮蚼」見于《釋蟲》，而「蚼蚅」又見于《釋魚》，亦猶「蛭蟣」見于《釋魚》，而「蛭蝚，至掌」又見于《釋蟲》也。郭於《釋蟲》不解「蛭蝚，至掌」，於《釋魚》不解「蚼蚅」，未知其爲同物耳。

鸍，鵵軌。（《釋鳥》）

注曰：「未詳。」

樾謹按：下文「狂，茅鴟」注曰：「今鵵鴟也。」鵵軌疑即鵵鴟矣。是故茅鴟與怪鴟相次，怪鴟即鵂鶹也。此文「鸍，鵵軌」與「鵅，鵋鵙」相次，鵋鵙亦即鵂鶹也。比類而觀，鵵軌之即鵵鴟，信矣。下文又曰「萑，老鵵」，蓋鵵軌之老者謂之萑，故曰「萑，老鵵也」。《説文・萑部》：「萑，鴟屬，有毛角〔一〕，所鳴其民有旤〔二〕。」然則鵵軌名鸍者，鸍猶甾也。甾音如「災禍」之災，因以爲名歟？

鷚，天鸙。

樾謹按：《釋文》曰：「鸙，《説文》作蘥。」今《説文・鳥部》：「鷚，天鸙也。」蓋後人據《爾雅》改之，非其舊矣。惟蘥乃草名，《釋草》所謂「龍，天蘥也」，凡草木鳥獸之同名者，多雙聲疊

〔一〕角，原文作「羽」，今據《説文》改。
〔二〕民，原文作「家」，今據《説文》改。

韻字，若《釋草》有「莪蘿」、《釋蟲》有「蛾羅」、《釋草》有「蚍衃」、《釋蟲》有「蚍蜉」，皆是也。至「天龠」非雙聲疊韻字，鷚鳥何取與蘢草同名？不得援莪蘿、蚍衃之例矣。疑《説文》本作「天籥」，天籥者，籲天也。《書·召誥》「以哀籲天」，即其義也。此鳥高飛直上，鳴聲相屬，有如告訴，今人謂之告天鳥。告天之名與天籥同，但語有雅俗耳。

鶅，鶪老。鳸，鴳。

疏曰：「舍人、李巡、孫炎、郭氏皆斷『老』上屬，『鳸』下屬。解云：『鶅』一名鶪老。鳸，一名鴳。鴳，雀也。唯樊光斷『鶅鶪』爲句，以『老』下屬，注云：《春秋》云：『九鳸爲九農正。』九鳸者，春鳸、夏鳸、秋鳸、冬鳸、棘鳸、行鳸、宵鳸、桑鳸、老鳸。是以『老』爲下屬。」

樾謹按：近時説《爾雅》者，郝氏謂兩讀俱通，邵氏疑下文「鳸」字上舊有「老」字，後人誤以爲重衍而去之。王氏引之《經義述聞》則以「老」字下屬爲是。今按：《説文·鳥部》：「鴳，雇也。」「鶅，欺老也。」然則許叔重讀《爾雅》正以「老」字上屬爲句矣。王氏謂《説文》當云：「鶅，欺也。」此大不然。「欺老」二字合爲鳥名，止一「欺」字，非鳥名也。《欠部》：「欺，詐欺也。」今云「鶅，欺也」，不幾以詐欺説「鶅」字乎？可知鶅爲欺老，《爾雅》舊讀固然。樊光必以「老鳸」下屬者，以《左傳》九鳸有「老鳸」耳。夫《左傳》晚出之書，又經漢儒附益，不可爲典要。所説五鳩、五雉、九扈皆因《爾雅》之文附會其説，在《爾雅》初無此義也。是故「隹其，夫不」，不稱祝鳩，而爽鳩又爲來鳩，且不與鶻鳩、鳲鳩、鵙鳩相次，則非説《左傳》之「五鳩」也。此云「扈，鴳」，是鴳爲扈之總名，繼之以「桑扈，竊脂」，亦止説桑扈一種。其下「春扈，鳻鶞。夏扈，竊玄。秋扈，竊藍。冬扈，竊黄。棘扈，竊丹。行扈，唶唶。宵扈，嘖嘖」，不與「桑扈」之文相次，則非説《左傳》之九扈也。至雉之名尤多，賈逵注《左傳》强以南方、東方、北方、西方四雉，益以伊洛而南之翬爲五雉，此説之不可通者。《爾雅》云：「伊洛而南，素質、五采皆備成章曰翬。江淮而南，青質、五采皆備成章曰鷂。」此兩文正相對。説五雉者，何以數翬不數鷂乎？以是言之，《爾雅》之文本與《左傳》不合。《説文》於「雇」篆下列九雇之名，即用賈逵義，《左傳》家説也。於「鴳」篆下止曰「雇也」，不言「老雇」，此《爾雅》古義也。樊光乃據《左傳》以説《爾雅》，而《爾雅》之古義亡矣。蓋由爲左氏學者求九扈之名，於《爾雅》而止得其八，不得已斷「老」字下屬，强立「老扈」之名，違《爾雅》舊讀，不可從也。

鷹，鶆鳩。

注曰：「鶆，當爲『鷞』字之誤耳。《左傳》作『鷞鳩』，是也。」

樾謹按：鶆，《釋文》作「來」，云：「郭讀作爽。衆家竝依《字林》作『鶆』字，音來。」是「來」

爲正字，「鵃」爲或體，衆家悉無異説。《昭十七年左傳》正義引樊光曰：「來鳩，爽鳩也。」雖依《左傳》爲説，未敢質言字誤也。郭據《左傳》以改《爾雅》，竊所未安。《玉篇·鳥部》：「鶆，所良切，鸛鶆。」「鵃，力才切，鵃鳩也。」不從郭讀，其見卓矣。

貗子，貆。（《釋獸》）

樾謹按：《周官·草人職》「鹹潟用貆」，鄭注曰：「貆，貒也。」賈疏曰：「按《爾雅》云：『貗子，貒。或曰貆。』故以貆、貒爲一也。」是今本《爾雅》蓋有闕文。或疑貆通作貛。下文「貒子，貗」，郭注：「一名貛。」是貒、貛同物，故鄭以貒釋貛耳。若然，鄭當云「貆讀爲貛」矣。今無改讀之文，此説非也。

麐父，麢足。

樾謹按：麐父之名，古書未見。《釋文》引李巡本作「澤父」，云：「澤父，獸名。」疑古本《爾雅》作「麐，黑麈。澤父，麢足」。「麐，黑麈」與上文「貔，白狐」以類相從。「澤父，麢足」與下文「豺，狗足」以類相從。《釋獸》一篇文多相儷也，傳寫奪「黑麈澤」三字，遂合爲一條矣。《太平御覽》引《説文》曰：「麐，黑色麈。」蓋即本《爾雅》。今《爾雅》無「黑麈」之文，傳《説文》者亦删去「黑色麈」三字，然陶注《本草》云：「麐，形似麈。」則麐固麈類，今世俗猶有「香麈」之名，是亦古義之未泯者也。

狻麑，如虦貓，食虎豹。

注曰：「即師子也。」

樾謹按：後世俱謂狻麑即師子。《說文・犬部》：「狻麑，獸也，如虦貓，食虎豹者。」《虎部》：「虪，一曰師子。」是師子乃虪也，非狻麑也。《後漢書・順帝紀》「陽嘉二年，疏勒國獻師子〔一〕、犎牛」，注曰：「師子，似虎，正黄，有髯耏，尾端茸毛大如斗。」是師子非淺毛之獸，而經云「如虦貓」，則狻麑殆非師子矣。

豹文鼮鼠。

注曰：「鼠文采如豹者。漢武帝時得此鼠，孝廉郎終軍知之，賜絹百匹。」疏曰：「《說文》云：『鼨，豹文鼠也。』今郭氏以『豹文』下屬，未知孰是。」

樾謹按：《說文》是也。《釋獸》一篇，皆先舉其名而後詳其形狀，「豹文」二字自當上屬作「鼨鼠豹文」，不當下屬作「豹文鼮鼠」也。《玉篇・鼠部》：「鼨，之弓切，豹文鼠。」與《說文》合。

〔一〕師，原文作「獅」，今據上下文及《後漢書》改。

又曰：「鼮，徒廳切，鼠名。漢武帝時有此鼠，文如豹，終軍識之，賜絹百匹。」此蓋後人據郭注增益之。《玉篇》原文止言鼠名，無終軍事也。終軍之事，不見于《漢書》。《藝文類聚》引《竇氏家傳》，以爲是光武時孝廉郎竇收事，疑世俗相傳，本無實事，郭據以説經，遂致失其句讀。唐時盧若虚據《説文》訂正，見《唐書》本傳。近人説《爾雅》者皆知之，乃猶依違郭義，兩存其説，何也？

騉蹄，趼，善陞甗。（《釋畜》）

注曰：「騉蹄，蹄如趼而健上山。秦時有騉蹄苑。」

樾謹按：疏引舍人云：「騉蹄者，溷蹄也。趼，平也。謂蹄平正。」是以「騉蹄」連讀爲句。又引李云：「騉者，其蹄正堅而平似趼也。」是讀「騉」字爲句。二讀不同，郭從舍人，是也。此云「騉蹄，趼，善陞甗」，下云「枝蹄，趼，善陞甗」，兩文相對。《莊子・駢拇篇》釋文引崔注曰：「枝指，謂指有岐也。」馬之枝蹄，猶人之枝指矣。然則何謂騉蹄？曰：騉者，同也。《説文・日部》：「昆，同也。」《手部》：「掍，同也。」《周語》「若能類善物，以混厚民人者」，韋昭注曰：「混，同也。」竝字異而義通。《老子》「故混而爲一」，河上公注曰：「混，合也。」合亦同也。馬蹄之枝分者謂之枝蹄，馬蹄之混合者謂之騉蹄，其趼雖同，而騉蹄與枝蹄不同，故以「騉蹄，趼」「枝蹄，趼」別而言之也。乃「枝蹄，趼」上有「騉駼」二字，而「騉蹄，趼」上更無他文者，古人於騉蹄之馬不別爲之名，但以騉蹄名之。若依下文之例而曰「騉蹄，騉蹄趼」，則於詞贅矣，故無文也。舍人以「溷蹄」解「騉蹄」，溷猶混也，郭雖從其讀，未能得其義矣。然則騉駼之名，何以轉施於枝蹄之馬？曰：《釋文》引舍人云：「騉駼，外國之名。」此説是也。蓋其國出枝蹄馬，因即以國名之，猶騊駼亦外國名，《楊雄傳》「前番禺，後陶塗」，師古曰：「國名，出騊駼。」是騊駼亦以國得名者也。騉駼之名與騉蹄之義，初不相涉，學者可無疑矣。

青驪驎，驒。

注曰：「色有深淺，斑駁隱粼，今之連錢驄。」

樾謹按：郭意蓋讀驎爲粼，不知驎即連也，驎與連一聲之轉。《釋名·釋州國》曰：「鄰，連也，相接連也。」是其例矣。均是青驪二色之馬，其不相雜廁者謂之駽，其青中有驪，驪中有青，相接連者謂之驒，故曰「青驪，駽〔一〕」。青驪驎，驒」也。後世以驒爲連錢驄，即「驎」字之轉音矣。《釋文》作「粼」，蓋本郭義。又引孫云「似魚鱗也」，若然，當云「如鱗」，不得止言「鱗」也。《説文》云：「青驪，白鱗，文如鼉魚。」「白」字經文所無，且魚可言鱗，馬不可言鱗，於義更未安矣。

〔一〕駽，原文作「絹」，今據《爾雅注疏》改。

陰白雜毛，駰。

注曰：「陰，淺黑。今之泥驄。」

樾謹按：《詩》正義引孫炎説，亦以陰爲淺黑，然陰非黑色之名。或謂從陰幽取義，鑿矣。陰當讀爲黔。《説文·黑部》：「黔，黄黑也。」《玉篇》曰：「記林切，黄色如金也。」《廣韻》曰：「居吟切，淺黄色也。」以是言之，黔爲黄黑色，其色非黄非黑，可謂之淺黑，亦可謂之淺黄。此承上文「黄白雜毛」之下，則當以淺黄之義爲長。蓋猶是黄白雜毛者，其黄色深，則爲黄白雜毛之駓；其黄色淺，則爲陰白雜毛之駰。陰乃黔之叚字，陰、黔竝從今得聲，古音相同，故得通借也。

犬生三，猣，二，師，一，玂。

注曰：「此與豬生子義同。名亦相出入。」

樾謹按：《釋獸篇》：「豕生三，豵；二，師；一，特。」豵、猣音同，惟玂與特異，故郭謂與豬生子同義。錢氏大昕因《説文》無「猣」字，據《玉篇》「猥，犬生三子也」，謂「猣」是「猥」字之誤，此不然也。《玉篇·犬部》：「猣，子公切，犬生三子也。」「玂，巨衣切，犬生一子。」正與《爾雅》合。又曰：「豵猔，二同子宋切，犬生一子。」一子，蓋三子之誤，是其所見《爾雅》有作「豵」者。犬謂之豵，豬謂之豵，足知其同義矣。又曰：「猥，於隗切，犬聲，又犬生三子也。」又曰：「猣，音即，犬生三子。」此是別義，非出《雅》訓。或猣誤作猣，又誤作猥，未可知也。顧野王兼存其義，以廣異聞，豈可據以改經乎？

未成毫，狗。

注曰：「狗子未生𣯶毛者。」

樾謹按：上文「未成羊，羜」，下文「未成鷄，僆」，此文亦當一律，不當言「未生𣯶毛」也。且如注義，則經文何不言「未生毫」而言「未成毫」乎？狗、犬通稱，至今猶然。若以狗爲未生𣯶毛者，則下文云「尨，狗也」，豈亦未生𣯶毛之謂乎？尨字從犬從彡，《説文》謂是犬之多毛者，其不得以爲未生𣯶毛，明矣。《爾雅》以狗釋尨，狗、犬一也，若如此注，則犬之與狗，若羊之與羜、鷄之與僆，區以別矣，《爾雅》何不以犬釋尨，而以狗釋尨乎？下文又曰「狗四尺爲獒」，夫未生𣯶毛至四尺以上相去縣絶，何不曰「犬四尺爲獒」，而曰「狗四尺爲獒」乎？然則郭注非也。毫即獒也。此云「未成毫，狗」，下云「狗四尺爲獒」，兩文正可互明。蓋狗自四尺以上始得獒稱，四尺以下通謂之狗。羊有未成羊之名，雞有未成雞之名，狗則無之，惟至四尺以上者異其名曰獒，故曰「未成獒，狗」也。獒與毫古字通，《尚書》「旅獒」，馬、鄭均作「豪」，是也。豪、毫古今字，疑古本《爾雅》并下文「四尺爲獒」之「獒」，亦止作「豪」，故《説文》「獒」篆下但曰「知人心可使者」，引《春秋傳》「公嗾夫獒」爲證，而不用《爾雅》「四尺爲獒」之説，是許君所見《爾雅》不作「獒」也。後人改四尺之「豪」爲「獒」，而此文「未成豪」之「豪」則以不得其解，而轉仍其舊，但傳寫者從俗作「毫」耳。《釋文》曰：「毫，本作豪。」此古本也。今定其字作「豪」，其義爲四尺以上之稱，則得之矣。